제7판

민간 경비론

최선우 저

PRIVATE SECURITY

도서출판 진영사

제7판 민간경비론

최선우

2008년 02월 15일 초판 인쇄
2008년 02월 20일 초판 발행
2013년 01월 22일 개정판발행
2014년 03월 02일 전정판발행
2014년 08월 20일 전정판2쇄발행
2015년 08월 20일 제4판 발행
2019년 02월 15일 제5판 발행
2021년 03월 02일 제6판 발행
2024년 09월 02일 제7판 발행

발행인 박 진 영
발행처 도서출판 진영사
인천광역시 부평구 갈산동 주부토로236 인천테크노밸리 U1 지식산업센터 B동 1507호
전화 : 032)505-4207
팩스 : 032)505-4206
E-mail : 0183734207@hanmail.net
등록 : 122-91-77317

ISBN 978-89-6541-667-8 93350
값: 30,000원

Dedication

이 책을 한국 민간경비분야의 학문적 발전에 탁월한 업적을 남기신 전(前) 동국대학교 경찰행정학과 이윤근교수님께 바칩니다.

그는 평소에 공경비인 경찰만으로는 우리사회가 직면한 치안문제를 해결할 수 없다고 생각하고 있었으며, 이의 현실적인 대안 가운데 하나로서 민간경비(Private Security)의 학문적·제도적 정착을 모색하였습니다. 이러한 문제인식 하에 그는 일찍이 서구의 민간경비에 많은 관심을 가지고 국내에서 처음으로 이 분야에 관한 박사학위논문을 발표(1989년)하고, 이후 이와 관련된 수많은 연구업적을 남겼습니다. 지금까지도 국내에서 발표되는 수많은 저술과 관련논문은 그가 도입하여 제시한 민간경비의 이론적 틀 및 주요쟁점을 여전히 원용하고 있다는 사실 만으로도 그의 업적이 한국 민간경비분야에 얼마나 지대한 영향을 끼쳤는가를 짐작할 수 있습니다. 본인이 민간경비분야에 대해 알게 되고, 또 이렇게 책을 발간할 수 있었던 것은 전적으로 이윤근 교수님과의 인연에서 비롯된 것입니다. 늦은 감이 있지만 이 자리를 통해 진심으로 감사드립니다.

그러나 더욱 왕성하고 탁월한 업적을 낼 수 있었음에도 불구하고, 2004년 이윤근 교수님은 갑작스러운 죽음을 맞이하였습니다. 이는 한국 민간경비의 발전에 크나큰 손실이 아닐 수 없습니다. 그러나 생전에 그가 보여준 인간적 태도와 수많은 업적은 많은 이들의 귀감이 되고 있으며, 그의 많은 제자가 국내 관련학과에서 저마다 열심히 연구하여 후학을 양성하고 있다는 것으로 작은 위안이 됩니다. 지금도 많은 제자는 당신과 함께 했던 그 시절을 몹시 그리워하고 있습니다.

최선우 올림

제7판 서 문

우리는 일상생활에서 직·간접적으로 범죄 및 화재와 같은 각종 사건과 사고를 자주 경험하게 된다. 현대 산업화·도시화된 사회에서 이 문제는 항상 존재하고 있고, 따라서 우리의 삶의 질(quality of life)을 떨어뜨리는 요인이 되고 있다.

모든 인간은 살아가는 동안 행복한 삶을 원하고 있다. 행복이라는 의미가 무엇인지는 개인마다 다르겠지만, 그 근원에는 1차적으로 의식주가 해결되고, 2차적으로 질병과 재난, 그리고 범죄 등의 위험으로부터 안전한 상태를 확보하는데 있다고 본다. 의식주와 안전은 인간이 행복한 삶을 살아가는데 필요한 핵심이며, 따라서 이것이 담보되지 못하면 인간다운 삶을 영위하는 것은 기대하기 어렵다. 민간경비(Private Security)는 사적인 차원에서 특히, 안전의 욕구를 충족하게 해 주는 중요한 수단이라고 할 수 있다.

이번 개정판(제7판)에서는 전체적인 틀의 변화는 없지만, 최근 민간경비시장의 변화 및 개정된 관련법, 그리고 새로운 자료 등을 활용하여 부족한 부분을 보완하고자 하였고, 전체적인 문맥 및 문장의 검토·수정을 하였다. 바란다면, 이 책을 통해서 민간경비를 체계적으로 학습할 수 계기가 될 수 있기를 기대한다. 이번 개정판 발간에 많은 지원을 해 준 박진영사장님과 편집진에게 감사의 마음을 전한다. 오랜 인연을 맺어온 진영사의 무궁한 발전을 기원한다. 끝으로 이번 제7판 발간의 기쁨을 사랑하는 가족과 함께 하고자 한다. 늘 감사하는 마음이다.

2024년 9월 진월동 연구실에서

저자 씀

서 문

오늘날 민간경비는 하나의 산업으로 성장·발전하여 사회·경제적으로 많은 관심을 받고 있다. 이러한 상황에서 민간경비분야에 관한 연구가 매우 활발하게 이루어지고 있다는 점은 매우 의미가 있다고 본다. 학문적으로 민간경비 현상에 접근했을 때 이는 거시적으로 민간경비 전체를 접근할 수 있을 것이며, 미시적으로는 개별적인 관련분야를 중심으로 접근할 수 있을 것이다. 이 책에서는 이러한 점들을 고려하여 민간경비를 조망하고자 하였다. 그러나 연구자의 지적능력의 한계로 인해 상당부분 미흡한 점이 적지 않음을 고백하지 않을 수 없다.

이 글을 쓰는 과정에서 몇 가지 저서와 논문들에 매우 중요한 영향을 받았고, 따라서 적지 않게 인용하였음을 밝힌다. 이와 관련하여 먼저, 이윤근교수님의 「한국 사경비 발전방안에 관한 조사연구(1989, 박사학위논문)」와 「민간경비론(2001)」은 매우 중요한 분석기준을 제시해 주고 있다. 그에 의해 한국민간경비가 학문적으로 체계가 성립되었다고 해도 과언이 아닐 것이다. 외국 서적으로는 특히 헤스(K. Hess)와 레블레스키(H. Wrobleski)의 「Introduction to Private Security(1996)」는 관련내용을 전개하는데 많은 자료 및 영감과 방향을 제시해 주었다.

또 이상원교수님의 「범죄예방론(2005)」은 민간경비의 중요한 역할이라고 할 수 있는 범죄예방과 그와 관련된 경비시스템 연구에서 많은 도움을 받았다. 그리고 김성언교수님의 「민간경비의 성장과 함의: 치안활동의 신자유주의적 재편과 계약적 통치의 등장(2004, 박사학위논문)」을 빼놓을 수 없다.

그의 연구는 민간경비를 연구하는데 매우 접근하기 어려운 민간경비의 개념논의와 역사, 그리고 성장요인 등에 대해 통찰력 있는 견해를 제시해 주고 있다.

끝으로 안황권교수님 외 7인에 의한 「비교시큐리티제도론(2007)」 역시 비교론적 관점에서 각국의 민간경비현상을 체계적으로 제시해주고 있어 많은 도움을 받았다. 이 밖에도 이 글을 전개하는데 각 장마다 많은 도움을 받은 문헌들은 적지 않지만, 일일이 밝히는 것은 생략하기로 한다. 다만, 이 자리를 통해서 관련학자분들께 진심으로 감사의 마음을 전한다. 이들의 민간경비와 관련된 수많은 연구가 없었다면, 본인은 감히 엄두도 내지 못하였을 것이다.

그리고 이 글을 쓰는데 많은 자료 제공과 조언을 해주신 우리대학의 동료교수인 손봉선교수님과 이동원교수님께 감사드린다. 또 이 글의 워드작업을 도와준 서경희 등 자료실 학생들에게도 감사의 마음을 전한다. 그리고 이 책의 출판을 적극적으로 지원해주고, 상당한 시간이 지체되었음에도 불구하고 묵묵히 기다려주신 진영사 박진영사장님께도 다시 한번 감사의 마음을 전한다.

이 책을 쓰는 과정에서 본인이 민간경비에 대해 얼마나 무지했는가를 다시 한 번 실감하였다. 집필하는 과정에서 받은 스트레스는 이루 말할 수가 없다. 그래서 포기하려는 마음을 얼마나 자주 했는지 모르겠다. 특히 인용하고 참조해야할 가치 있는 국내외 문헌들이 너무 많은데, 본인의 아둔함으로 그것들을 제대로 활용하지 못한 부분이 허다하다. 물론, 하나하나 나름대로 정리했을 때 그 성취감은 무엇과도 비교할 수 없다. 그리고 본인의 주관이 지나치게 개입된 부분이 있다는 점 역시 고백하지 않을 수 없다. 상당히 오랜 기간 준비했음에도 불구하고 항상 시간에 쫒기면서 원고를 작성하다보니 허술한 곳이 너무나 많아 아쉽기만 하다. 차후에 기회가 주어진다면 편안한 마음으로 다시 보완할 것을 약속드린다. 그리고 자그마한 바람이 있다면, 민간경비 관련분야를 연구하고 관심 있는 분들께 조금이나마 도움이 되었으면 한다.

끝으로 이 책의 발간 기쁨을 나의 가족들과 함께 나누고자 한다. 많은 삶을 살아온 것은 아니지만 가족의 행복이 내 삶과 에너지의 원천이라는 점을 다시 한 번 깨닫게 된다. 가족이 모두 건강하고 무탈하여 오랜 기간 이 책을 정리하는데 시간을 투자 할 수 있었던 것 같다. 모두에게 감사드릴 뿐이다.

2008년 2월 진월동 연구실에서

저자 씀

목차요약

목 차

제1편

민간경비의 개관

우리는 일상생활에서 직·간접적으로 범죄와 화재, 그리고 각종 위험과 관련한 사건들을 자주 경험하게 된다. 현대 산업화·도시화된 사회에서 이러한 문제는 항상 상존하고 있고, 이로 인해 우리의 삶의 질(quality of life)은 심각한 위협을 받고 있는 실정이다. 이러한 문제에 대응하기 위해서 공식적으로 경찰 및 소방과 같은 공공기관에서 대응을 하고 있지만 항상 만족스러운 것은 아니다. 국가가 아무리 최대한의 보호조치를 취해준다고 할지라도 이는 한계가 있기 때문이다. 어떻게 보면, 이러한 문제는 본질적으로 사적인 문제라고 할 수 있다.

이 글에서 중점적으로 다루고자 하는 민간경비(Private Security)는 바로 사적인 차원에서 이와 같은 안전의 욕구를 충족시켜주는 중요한 수단이라고 할 수 있다. 따라서 예컨대, 귀금속점에서는 개별적으로 경보장치와 감시카메라를 설치하고, 또 경비원들의 순찰활동에 의한 보호서비스를 제공받기도 한다. 물론 공짜는 아니다. 국가에 납부하는 세금 이외에 일정한 보호비용을 별도로 경비업체에 지불하고 보호서비스를 제공받는 것이다. 오늘날 이러한 민간경비는 우리 일상생활에까지 아주 깊숙이 들어와 있음을 알 수 있다.

제1편에서는 이러한 민간경비와 관련된 개념과 시장구조, 역사적 발전과정, 성장배경, 그리고 공경비인 경찰과의 관계 등을 중심으로 개괄적으로 살펴보기로 한다. 이는 현대 민간경비를 이해하는데 있어서 가장 기초적이고 본질적인 내용이라고 할 수 있다.

제1장
민간경비의 의의

제1절 기본논의

우리사회에서 민간경비(民間警備, Private Security)란 무엇을 의미하는가? 민간경비는 말 그대로 공적 차원이 아닌 민간 차원에서 이루어지는 안전 또는 보호활동이라고 할 수 있다. 현대와 구별되는 전통사회의 민간경비는 크게 두 가지 관점에서 논의될 수 있다. 하나는 개인 또는 이웃 주민들 스스로가 지키는 자경주의(自警主義) 개념이고, 다른 하나는 지배계층과의 종속관계 속에서 이들의 재산보호와 권력유지를 위한 경비활동 개념으로 접근할 수 있다.

현대 민간경비 역시 이러한 전통적 민간경비의 연장선에서 형성·발전된 것이라 할 수 있다. 그러나 오늘날 순수한 형태의 자경주의 개념은 다소 희석되었고, 과거와 같은 지배계층과의 종속관계 속에서 이루어지는 경비활동 역시 성립되지 않는다고 본다. 그 대신 '자본주의'(資本主義, Capitalism)와 '산업'(産業, Industry)이라는 새로운 개념이 보다 강하게 민간경비와 결합·적용되고 있다고 볼 수 있다.

이러한 현대 민간경비와 관련하여 서구에서는 19세기 산업혁명 이후, 그리고 우리나라에서는 1950년대 이후에 하나의 산업으로 성장·발달하여 개인과 기업 그리고 공공기관의 안전과 관련하여 일정한 역할을 해 왔다. 그런데, 국내외의 학자들이 '민간경비'에 대한 개념정의를 시도하고 있으나 여전히 이에 대한 합의점을 찾지는 못하고 있는 것 같다. 이는 민간경비에 내재하고 있는 ㉠ '민간'(Private)과 '경비'(Security)의 의미가 명확하지 않다는 점, ㉡ 민간경비의 현실과 법·제도상의 차이가 존재한다는 점, 그리고 ㉢ 민간경비와 공경비를 구분하기 어려운 영역이 존재한다는 점 등 여러 가지 요인에서 비롯된다고 본다. 사실 어떤 연구대상에 대한 개념정의의 어려움은 비단 민간경비에 국한된 것이 아니라 모든 학문이 안고 있는 본질적인 문제이자 한계라고 할 수 있다.

더욱이 민간경비에 대한 통일적 개념정의에 쉽게 도달하지 못하고 있는 것은 무엇보다도 그 개념에 추상성과 가변성 또는 역사성(歷史性)이 내재해 있기 때문이라고 본다. 각 나라에 따라 민간경비에 대한 개념논의가 다의적인 것은 바로 이 때문이다. 어쨌든 현재에도 민간경비의 활동영역이 계속 확대되고 있다. 예컨대, 사이버공간의 현실화는 새로운 치안환경 또는 민간경비의 활동영역을 만들어 내고 있다. 이는 정보안전관리 또는 컴퓨터보안이라는 새로운 영역을 의미하는 것이다.

그리고 민간경비의 활동이 다른 산업분야와 결합되어 나타나는 현상도 증가하고 있다. 또 기업의 아웃소싱(Outsourcing)에 의한 경비·보안과 청소, 그리고 건물관리가 하나의 관리시스템에 의1해 이루어지기도 한다. 아울러 시설물 내의 경비·보안과 냉난방, 화재예방, 심지어는 개인의 질병 점검까지 하나의 관리시스템에 의해 이루어지기도 한다.

최근에는 물리적 보안 요소(CCTV, 출입통제장치 등)와 정보보안 요소(IT: 불법 출입자 정보인식 시스템 등)를 통합한 '융합보안'(融合保安, Convergence Security) 개념이 주목을 받고 있다.[1)]

이 장에서는 이상과 같은 논의를 바탕으로 민간경비의 개념정의와 관련하여 몇 가지 관점에서 살펴보기로 한다. 이러한 접근은 민간경비에 대한 일종의 '분석의 틀'(Framework of Analysis)을 제공해주는 역할을 해줄 것이다.

제2절 민간경비의 개념논의

일반적으로 민간경비는 "인간의 실수, 비상사태, 재난, 그리고 범죄 등에 의해 야기된 손실을 예방하기 위하여 인적·물적 그리고 절차적으로 일정한 보호서비스를 제공하는 '영리기업'(營利企業, Profit-Oriented Enterprise)"을 의미한다.[2)]

민간경비는 조사, 경비, 순찰, 경보, 경호, 무장호송 등 안전·보안과 관련된 다양한 형태의 서비스를 제공하는 사적인 조직을 의미하는 것이다. 여기에 서구에서는 거짓말 탐지업무까지 민간경비 영역에 포함하기도 한다.[3)] 그러나 이러한 일반적 개념정의로는

1) 최근 학문의 영역에 있어서 인접학문의 특징을 융합하여 접근하는 것과 같이 '시큐리티'(security) 영역에서도 각 경비·보안요소를 융합하여 그 성과를 극대화시키고자 하는 시도가 이루어지고 있다. 사실, 이러한 융합현상은 전혀 새로운 것이라기보다는 어느 시대나 그 시대가 직면한 사회현상·문제의 복잡·다양화 및 과학기술의 수준 등에 비례하여 일정부분 적용되어 온 것이라고 할 수 있다. 다만, 근래 들어 국내외에서 시큐리티와 관련하여 '융합보안'이라는 개념을 새롭게 인식하고 있다는 점에 주목할 필요가 있다. 물론, 이의 개념은 명확한 것은 아니며, 접근하는 관점에 따라 달리 사용되고 있다. 일반적으로 물리적 보안요소(출입통제, 접근감시, 잠금장치 등)와 기술적 보안요소(방화벽, 바이러스·취약성관리, 사용자 인가절차, 백업·복구 등), 그리고 여기에 관리적 보안요소(범죄조사, 정책개발, 인사관리, 윤리조사, 보안감사 등)를 상호 연계하여 시큐리티의 효율성을 높이고자 하는 통합적 접근방법이라 할 수 있다. 이에 대한 세부적 내용은 김정덕·김건우·이용덕(2009), "융합보안의 개념정립과 접근방법", 정보보호학회지 제19권 제6호, pp. 68~74 참조.

2) Hess, Kären M. and Wrobleski, Henry M.(1996), Introduction to Private Security, N.Y.: West Publishing Company, p. 318.

민간경비가 내포하고 있는 수많은 의미들을 제대로 파악하기가 어렵다고 본다. 따라서 민간경비의 개념을 좀 더 체계적으로 분석하여 살펴볼 필요가 있다.

민간경비의 개념분석은 먼저 '민간경비'(Private Security)라는 용어 자체의 어휘적 특성과 직업적 특성 등에서 접근할 수 있을 것이다. 이를 위해 ㉠ 서구식 표현인 'Private'과 국내 표현인 '민간'(民間) 또는 '사적'(私的)이라는 것이 갖는 의미, ㉡ 'Security'와 국내 표현인 '경비'(警備) 또는 '보안'(保安)이 갖는 의미를 살펴볼 필요가 있다. 아울러 민간경비 역시 하나의 산업으로서 ㉢ '영리성'(이윤추구)을 갖는다는 점, ㉣ 그러한 업무를 수행하는 자에 대한 일정한 '고용관계'가 존재한다는 점,[4] 그리고 민간경비와 관련된 ㉤ 권한의 정도, ㉥ 전문성과 직업성, ㉦ 실질적 의미와 형식적 의미의 개념 등을 중심으로 민간경비에 내재하는 의미와 이의 한계를 살펴보기로 한다.

1. 경비 · 보안 · 안전: 시큐리티

1) 시큐리티에 내재하는 의미

민간경비의 일차적 기능은 시큐리티(Security)와 관련된 서비스를 제공하는 것이다. 시큐리티는 경비, 보안, 안전 등과 관련된 것으로서, 이는 내적 · 외적 위험(Risks)과 위해(Dangers)로부터 자유로운 상태 또는 그것을 달성하기 위한 다양한 수단과 조치라고 할 수 있다. 미국정부에서는 시큐리티에 대해서 "사람의 보호, 원재료 · 장비 · 시설 및 문서 등에 대한 권한 없는 자의 접근통제, 그리고 사보타주(Sabotage, 노동자의 파괴행위) · 손해 · 절도와 같은 범죄 등의 예방을 위한 물리적 수단"이라고 정의를 내리고 있다.[5]

사전적인 의미에서 시큐리티의 개념은 "외부의 위험과 위해, 범죄 등으로부터 자유로운 상태, 그러한 위험과 위해에 대한 주관적 두려움으로부터의 해방, 그러한 상태를 유지하기 위한 노력 혹은 조치, 그러한 조치들을 공급하는 주체 혹은 수단"이라는 네 가지 요소를 포함하고 있다.[6] 비슷한 관점에서 피셔와 그린(Fischer and Green)은 시큐리티를 "개인 혹은 집단의 간섭이나 해가 없고 훼방이나 손해에 대한 두려움 없이 목적한 바를 추구할 수 있는 안정되고 상대적으로 예측 가능한 환경"으로 정의하고 있다.[7]

---

3) Kakalik, J. S. and Wildhorn, S.(1977), The Private Police, N.Y.: Crane Russak(The Rand Corporation), p. 3.
4) 민간경비의 개념분석은 김성언의 연구에서 매우 체계적으로 제시되고 있다. 이하 김성언(2004), "민간경비의 성장과 함의: 치안활동의 신자유주의적 재편과 계약적 통치의 등장," 서울대학교 박사학위논문, pp. 9~15 재구성.
5) Dingle, Jeff(1993.11/12), "Back to the Basis," Security Technology and Design, p. 75.
6) George, Bruce and Button, Mark(2000), Private Security, Leicester: Perpetuity Press, p. 7.

이처럼 시큐리티라는 용어는 보는 사람의 관점에 따라 아름다움의 기준이 다르듯이 따라 다양한 설명이 가능하다고 본다.

그런데 위에서 언급한 위해 및 위험 등의 성격과 근원을 명확하게 설정하지 않는다면 시큐리티의 개념은 지나치게 확장될 것이다. 위험으로부터 보호기능을 수행하는 특정한 직업이나 활동을 시큐리티로 설정한다면, 모기, 바퀴벌레나 쥐와 같은 유해(有害)한 해충이나 동물로부터의 피해를 막아 사람들에게 안전한 상태를 제공하는 해충구제회사도 민간경비업체에 포함되어야 할 것이다. 그러나 이들 해충구제회사를 민간경비업체라고 부르지는 않는다.

따라서 민간경비의 개념 규정과 관련해서 위험의 보호 등의 범위를 한정하려는 시도가 이루어지게 된다. 예컨대, '절도나 폭력으로부터 물리적인 재산, 자산과 개인들을 보호하는 것'으로 정의할 수 있다. 그러나 이렇게 되면 '사기와 파괴행동(Vandalism)과 같은 범죄들로부터의 보호'는 제외된다. 또한 범죄에 초점을 맞추게 되면 '군중통제, 질서유지, 화재예방 및 대응, 그리고 각종 재해 등 범죄와 직접적으로 관련되지 않은 부분'은 제외된다.[8]

한편 시큐리티라는 용어를 '손실예방'(損失豫防, Loss Prevention) 등으로 대체하는 주장도 제기된다. 그러나 손실예방으로 설정하는 것은 민간경비의 활동 영역을 사업환경과 같은 경제분야나 경제적 이익보호 등으로 제한하는 결과를 낳는다. 왜냐하면 민간경비는 직접적인 손실예방과는 거리가 있는 교통통제나 질서유지와 같은 비경제적인 영역에서도 발견될 수 있기 때문이다(물론 이러한 활동이 궁극적으로는 기업의 경제적 이익을 보호하는 효과도 가져다줄 것이다).

이처럼 민간경비를 규정하는 시큐리티 관련 활동들은 '위험으로부터의 보호'라는 포괄적인 개념부터 '범죄로부터의 보호'라는 협소한 개념에 이르기까지 다양하게 정의되고 있다. 또한 경제적 측면에서의 '손실의 예방'의 개념에서부터 '질서의 유지'라는 비경제적 활동까지 포괄되고 있다.

이에 조지와 버튼(George and Button)은 이러한 논의를 포괄적으로 수용하여 시큐리티의 요소를 ㉠ 범죄예방, ㉡ 질서유지, ㉢ 손실예방, ㉣ 보호로 설정하고 이 네 가지 특성을 많이 가지고 있을수록 민간경비의 속성을 더 많이 가지고 있는 것으로 보았다.[9] 예컨대, 해충구제회사는 오직 '보호' 개념만이 적용될 수 있지만, 일정시설에 근무하는

7) Fischer, Robert J. and Green, Gion(1998), Introduction to Security, Boston: Butterworth Heinemann, p. 75.

8) George, Bruce and Button, Mark(2000), op. cit., p. 9.

9) Ibid., p. 10.

민간경비원의 경우에는 위의 네 가지 요소들이 모두 관련성을 가지고 적용될 수 있음을 알 수 있다.

그런데, 조지와 버튼은 어떤 시큐리티 관련 활동이나 산물을 민간경비로 규정하는 절대적인 구분선을 확정하는 것 자체가 불가능하다고 본다. 대신 위의 네 가지 기능들을 많이 가지고 있는 활동일수록 민간경비로 인식될 개연성이 높다고 설명한다.

이상과 같은 논의를 바탕으로 '시큐리티의 영역'을 아래의 그림과 같이 설정할 수 있을 것이다. 이러한 영역은 편의상 설정한 것이며, 따라서 각 영역이 뚜렷이 구분되는 것이 아니라 경우에 따라서는 중복되기도 한다는 점에 주의할 필요가 있다.

시큐리티의 개념적 영역

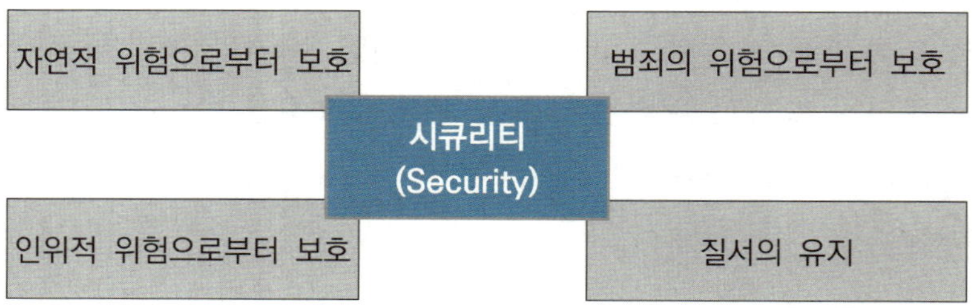

2) 시큐리티를 '경비' 또는 '보안' 등의 용어로 해석하는 문제

이전에는 '시큐리티'(Security)를 일반적으로 '경비'(警備)로 번역하여 사용해 왔다. 그러나 최근 들어 경비라는 용어와 함께 보호대상의 특성에 따라 '보안'(保安)이라는 용어도 사용하고 있다. 또 '안전'(安全)이라는 용어로 사용하기도 하고 '시큐리티'라는 용어를 그대로 사용하기도 한다.

이와 관련하여 이창무교수는 시큐리티를 '보안'(保安)으로 해석하는 것을 제안하고 있다.[10] 우리나라 용역경비업법의 모태가 된 것이 일본 경비업법 이었기 때문에 용어의 사용에 있어서도 시큐리티를 '경비'라는 말로 번역해 온 것은 일본으로부터 상당한 영향을 받은 것이라는 점이다. 아울러 남북한이 대치하는 상황에서 '경비'라는 용어가 '보안'이라는 용어보다 더 선호된 측면이 없지 않다는 것이다.

그리고 오늘날 '경비'라는 용어보다는 '보안'이라는 용어가 광범위하게 사용되고 있다는 점(예: 산업보안, 사이버보안, 정보보안 등)도 지적하고 있다. 따라서 과거의 구시대적이고 아날로그적인 이미지를 가지고 있는 '경비'라는 용어를 '보안'이라는 용어로 대

10) 이창무(2010), "'민간경비' 용어의 수정 필요성에 관한 고찰", 한국공안행정학회보 제38호, pp. 205~226.

체하여 민간경비의 정체성을 재정립하자는 것이다. 이러한 견해는 상당한 설득력을 갖는다고 본다.[11]

한편, '민간경비'라는 용어가 이미 학계는 물론 사회적으로도 널리 수용되고 있는 상황이므로 새로운 개념의 제시가 오히려 더 혼란을 초래할 여지가 없지 않다고 보기도 한다. 따라서 김성언교수는 관례대로 'Private Security'에 대한 번역어로 '민간경비'라는 용어를 사용하는 것을 제안하고 있다. 다만 그는 개인의 신변이나 재산의 보호, 심리적 평안의 유지 등 포괄적인 안전추구 행위와 상응조치들을 지칭할 때는 '경비' 대신 '보안'이란 말로 표현할 것을 제안하고 있다.[12]

생각건대, 민간경비 관련법이 처음에는 '용역경비업법'(用役警備業法, 1976)으로 제정되었다가 '경비업법'(1999)이라는 명칭으로 바뀌었듯이, 향후 시장변화 및 사회의 인식변화에 부합하는 이의 적절한 명칭에 대한 재검토가 진지하게 이루어져야 할 것으로 보인다.

2. 민간차원

그런데 시큐리티서비스는 군대 · 경찰과 같은 공적인 법집행기관, 조직화된 민간경비업체, 그리고 개인 또는 유관조직 등에 의해 조달될 수 있다. 이러한 점에서 본다면, 시큐리티의 개념만 가지고는 '민간경비'와 경찰과 같은 '공경비'를 구분하는 것은 어렵다는 점을 알 수 있을 것이다. 시큐리티가 가지고 있는 네 가지 기능들은 경찰과 같은 공적인 법집행기관에도 적용될 수 있기 때문이다.

따라서 여기에서 민간경비에 내재하는 민간 즉, '사적'(私的, Private)인 성격을 명확히 하지 않으면 안된다. 사적인 성격은 두 가지 의미를 내포하고 있는 것으로 논의된다. 하나는 민간경비의 수요자(需要者)와 관련된 것이고, 다른 하나는 공급자(供給者)와 관련된 것이다.

그리고 민간경비의 사적인 성격과 관련하여 민간경비원의 신분은 말 그대로 '민간인'(民間人)이기 때문에 특별한 권한을 가지고 있지 않다는 점이다. 물론 경우에 따라서는

---

11) 어떤 시설물 내에서 시큐리티 관련업무를 수행하는 자에 대해 '경비원'이라는 말과 '보안요원'이라는 용어를 각각 사용하였을 경우, 그 어감과 전문성 등에 있어서 차이가 느껴진다. 다만, 보호하고자 하는 시설물과 대상물의 특성에 따라 용어사용의 선별성은 있다고 본다.

12) 김성언(2004), 앞의 논문, pp. 1~2.; 한편, 현재 시장을 통한 시큐리티 조달 방식과 관련하여 계약경비산업과 보안산업이라는 두 가지 용어가 사용되고 있다. 전자는 비용을 받고 보안을 공급하는 사설경비업체 중심의 용어이며, 후자는 보안 조달에 필요한 테크놀로지, 장비의 제작과 판매업체들이 형성하는 산업을 나타낼 때 주로 사용되는 경향이 있다.

특별한 권한(예: 국가중요시설에 근무하는 특수경비원의 무기사용 권한 등)을 보유하기도 하는데, 이에 대한 자세한 논의는 제6장 '민간경비의 권한' 부분에서 다루기로 한다.

1) 수요자 차원에서의 '사적'인 의미

수요자 차원에서의 '사적'(私的)인 의미는 '누가 민간경비를 이용할 수 있는가'하는 것이다. 또는 '모든 사람은 민간경비를 이용할 수 있는가'하는 것과 관련된다. 수요자 차원에서 '사적'이라는 것은 '아무나 민간경비 서비스를 이용할 수 없다는 것'을 의미한다. 이것은 두 가지 관점에서 논의할 수 있을 것이다.

하나는 민간경비 서비스는 일정한 비용을 지불하는 '특정고객'(Special Clients)에 한정해서 배타적으로 그 혜택이 제공된다는 것을 말한다. 여기에서는 '비용'이 중요한 의미를 갖는다. 예컨대, 고급승용차는 그에 상응하는 비용을 지불한 사람만이 소유할 수 있듯이, 민간경비회사로부터 경호 및 경비서비스를 받기 위해서는 역시 그에 상응하는 비용을 지불해야 혜택을 받을 수 있다. 이것이 바로 사적으로 소비되는 전형적인 민간경비서비스의 특징이다.

피셔와 그린(Fischer and Green)이 민간경비에 대한 정의를 내릴 때, 보호 또는 치안서비스가 공적 자금이나 일반조세로부터 그 비용이 지불되는 사람들에 의해 제공될 때, 그들의 기능은 공공경찰의 기능을 의미한다고 보았다. 반면, 특별한 개인이나 조직의 보호를 위해 서비스가 공급될 때, 그러한 서비스들은 일반적으로 민간경비 영역에 속하게 된다고 본 것은 이러한 맥락에서이다.[13)]

민간경비의 이러한 점은 비용을 지불하지 않아도 그 혜택을 누릴 수 있는 공적(公的) 차원에서 이루어지는 경찰서비스와는 차이가 있다. 예컨대, 어떤 개인이 세금을 납부하지 않았다는 이유로 경찰이 112 신고를 받고 출동하지 않을 수는 없는 것이다(이 문제는 제4장 민간경비의 공공성 부분에서 상세히 살펴보기로 한다).

다른 하나는 '비용'에 의미를 두기보다는 오히려 '소속성 · 연고성'에 초점을 두는 경우이다. 비용의 지불 여부를 떠나서 예컨대, 일정한 아파트 단지를 중심으로 그곳에 거주하는 아버지들이 자율방범대를 결성하여 단지 주변의 순찰활동을 실시하고, 귀가하는 자녀를 마중 나가 무사히 집으로 돌아올 수 있도록 보호활동을 하기도 한다.

물론 이 경우 또한 모든 사람이 혜택을 받는 것이 아니라, 그 아파트 단지 내에 거주하는 주민과 자녀들만이 이에 해당한다. 다만, 전자와 같이 '비용'이 중요한 요소라기보다는 '소속성 · 연고성' 또는 일정한 '시간의 투자' 정도가 중요한 요소가 될 것이다. 이

13) Fischer, Robert J. and Green, Gion(1998), op. cit., p. 75.

러한 소속성과 연고성에 의한 이용 역시 민간경비의 영역으로 볼 수 있으나, 이는 영리를 목적으로 하는 민간경비라기보다는 순수한 시민참여 형태로 보아야 할 것이다. 이 문제는 뒤의 고용관계에서 다시 살펴보기로 한다.

2) 공급자 차원에서의 '사적'인 의미

이는 '누가 민간경비 서비스를 제공 하는가'하는 것이다. 또는 '누구나 다 민간경비 서비스를 제공할 수 있는가'하는 것과 관련된다. 공급자 차원에서 '사적'이라는 것은 민간경비 서비스의 공급주체가 국가 즉, 중앙정부나 지방정부가 아닌 민간차원의 어떤 기업이나 조직이라는 것을 의미한다.

다만 위의 수요자 차원에서의 구분과 같이 두 가지 관점에서 논의할 수 있다. 하나는 사적인 서비스 공급 주체가 자체적인 영리적 이익을 위해서 민간경비 관련 서비스를 제공하는 경우를 들 수 있다.

이러한 관점은 이 책에서 논의하는 전형적인 민간경비를 의미하며, 이에 따르면 민간경비는 "비용을 지불하는 특정고객이나 자신들을 고용한 개인 혹은 기업에 대해 다양한 위험으로부터 인명, 재산, 그 밖의 이익 등을 보호하기 위해 사적으로 민간경비 서비스를 제공하는 민간 개인 및 조직"으로 규정할 수 있을 것이다.[14] 또는 "영리를 목적으로 특정고객에게 민간경비 서비스를 공급하는 개인 및 사설조직의 활동"으로 정의되기도 한다. 다만, 주의할 것은 우리나라 현행 경비업법상의 경비업은 '법인'(法人)만이 영위할 수 있도록 하고 있다는 점이다(제3조).

한편, 이와 구분되는 다른 하나는 비영리적인 목적하에서 사적으로 민간경비 관련 서비스를 제공하는 경우이다. 위에서 살펴본 아파트 단지 내의 자율방범대 등의 경우가 바로 그것이다.

---

14) Meter, Clifford Van(Executive Director)(1976), Private Security: Report of the Task Force on Private Security, Washington, D.C.: National Advisory Committee on Criminal Justice Standards and Goal, p. 4.

3. 영리성

1) 영리성의 의미

이상에서 살펴본 바와 같이 '시큐리티'의 개념과 '사적' 개념 속에서 민간경비의 개념을 정의하는 데는 여전히 모호한 부분이 있음을 알 수 있다.

이와 같은 문제점을 분명하게 설명해 주는 요소가 바로 여기에서 살펴볼 '영리성' 즉, '이윤추구'(Profit-Oriented) 특성과 관련된 것이다. '사적' 차원의 특성에서 우리가 일반적으로 민간경비라고 부르는 것은 영리성을 목적으로 하는 경우로 제한할 필요가 있기 때문이다. 비영리단체 또는 비영리조직은 민간경비 영역에서 제외하는 것이 일반적이다. 왜냐하면 민간경비를 하나의 산업으로 간주했을 때, 산업이 갖는 의미는 바로 '이윤추구'를 본질로 하기 때문이다.

그런데, 민간경비의 이윤추구 특성과 관련하여 몇 가지 논쟁이 제기되고 있다. 민간경비의 이윤추구는 비용을 지불할 수 있는 특정고객에 한정해서 민간경비 서비스나 생산물을 제공함으로써 가능하게 된다.

이것은 민간경비 관련 서비스의 제공 책임이 일반 시민이 아닌 특별한 고객과의 '계약'(契約) 관계를 통해서 이루어진다는 것을 의미한다.[15] 또 민간경비서비스의 제공 목적이 일반시민의 이익을 위한 것이 아니라 특정고객의 특수이익 즉, 사적인 이익을 위한 것이라는 점을 의미한다.

2) 영리성이 갖는 한계

이윤추구를 기준으로 민간경비를 정의하게 되면, '계약경비'(契約警備, Contract Security)만 그 범주에 포함될 뿐, 자체적으로 민간경비원을 고용하여 관련 업무를 전담하게 하는 이른바 '사내경비'(社內警備, In-house Security) 또는 '자체경비'(自體警備, Proprietary Security)는 그 범주에서 제외된다.[16] 현행 경비업법(제4조 제1항)에서는 계약경비만을 그 대상으로 하고 있다는 점에 주목할 필요가 있다.

그리고 이윤추구를 기준으로 할 경우, 민간경비회사에 의해 고용되거나 개인적으로 독립해서 민간경비관련 업무에 종사하는 사람들의 활동만이 민간경비의 범위 속에 포함

---

15) 현행 경비업법에서도 다음과 같이 계약관계를 분명히 규정하고 있다. "경비업을 영위하고자 하는 법인은 '도급'(都給: 당사자 가운데 한쪽이 어떤 일을 완성할 것을 약속하고, 상대편이 그 일의 결과에 대해서 일정한 보수를 지급하기로 하는 계약)받아 행하고자 하는 경비업무를 특정하여 그 법인의 주사무소의 소재지를 관할하는 시·도경찰청장의 허가를 받아야 한다(제4조 제1항).

16) Shearing, Clifford D. and Stenning, Philip C.(1983), "Private Security: Implications for Social Control," Social Problems 30, pp. 194~195.

되고, 공공부문에 의해 고용된 경우(예: 청원경찰 등)는 제외되는 문제가 발생한다. 공공기관이 경비회사에 위탁하지 않고 민간인을 직접 고용해서 민간경비관련 업무를 종사하게 하는 경우도 있기 때문이다. 이들은 단지 공공부문에 고용되어 있다는 점이 다를 뿐, 사설 경비회사의 경비원들이 수행하는 것과 거의 동일한 임무에 종사하는 사람들이다. 이렇듯 이윤추구성을 중심으로 민간경비를 정의하는 것은 한계에 부딪히게 된다.

이러한 맥락에서 쉐링과 스테닝(Shering & Stenning)은 민간경비와 민간경비산업을 구분할 것을 제안하고 있다. 이들은 민간경비산업을 고용계약에 의해 고객에게 다양한 경비서비스를 제공하는 사업의 모든 양식 즉, 계약경비산업으로 한정하며, 따라서 이른바 '사내경비' 또는 '자체경비'는 이러한 민간경비산업에서 제외되는 것으로 간주하자는 것이다.[17]

그러나 이러한 주장 역시 한계가 있다. 쉐링과 스테닝의 구분에 의하면 시큐리티 기능이 자신의 주된 업무는 아니지만 그것의 일환으로 이를 수행하는 사람들의 활동은 민간경비의 범주에 포함되기 때문이다. 예컨대, 사람들을 영접하고 고객들의 문의사항 등을 다루는 일이 주된 임무인 회사나 호텔의 접수계원, 안내원들은 업무와 관련하여 출입통제의 기능을 수행한다.

한편, 조지와 버튼은 이러한 직무범주에 있는 사람들은 시큐리티 역할이 자신의 원래의 임무에 착근(着根)되어 있다는 점에서 민간경비의 '가장자리'(Margins)에 위치하고 있는 것으로 규정할 필요가 있다고 제안하고 있다.[18]

4. 고용관계의 존재

사적인 방법으로 시큐리티를 제공하는 활동들이 모두 민간경비에 해당하는 것은 아니다. 이를 구분하는 요인은 '고용관계'의 존재라 할 수 있다.[19] 따라서 자발적으로 시큐리티 기능을 수행하는 자경단이나 자율방범대원들의 경우에는 직업적인 형태로서 시큐리티 관련 업무에 종사하지 않고 고용관계가 존재하지 않기 때문에 민간경비의 범주에서 제외된다고 볼 수 있다. 대신 이들은 보다 넓은 개념인 '사적 치안활동'(Private Policing) 기능을 수행하고 있는 것으로 규정된다.

사적인 치안활동이란 사적인 주체에 의해 내적 · 외적 위험과 위해 등으로부터 안전을 확보하기 위한 제반활동을 의미하는 것이다. 이러한 고용관계의 존재 여부는 민간경비

17) Ibid., pp. 194~195.
18) George, Bruce and Button, Mark(2004), op. cit., p. 13.
19) Ibid., p. 13.

의 개념을 정의하는데 유용한 분석의 틀을 제공해 줄 것이다.

그런데 민간경비의 특성으로 '영리성'을 전제로 한다면, 위에서 지적한 바와 같이 자체경비는 영리성을 목적으로 한 것이 아니기 때문에 민간경비 영역에서 제외된다. 그러나 서구에서는 민간경비를 논의할 때 영리를 목적으로 하는 계약경비뿐만 아니라 자체경비 역시 포함하고 있다. 물론, 자체경비 역시 영리를 목적으로 경비활동을 하는 것은 아니지만 개인 또는 기업의 안전관리를 통해 자산을 보호해주는 역할을 하기 때문에 궁극적으로 영리를 추구한다고 볼 수도 있을 것이다.

현행 경비업법상의 민간경비는 일종의 영리추구를 목적으로 한 경비업을 대상으로 한 것이라면, 청원경찰법상의 청원경찰(청원경찰을 민간경비의 한 유형으로 보았을 때)은 직접적인 영리추구보다는 시설보호를 통한 간접적인 영리추구 기능을 한다고 볼 수 있다.

그리고 민간경비를 단지 직접적인 영리추구를 전제로 해서 개념정의를 하게 되면, 그 범위는 매우 축소된다는 점은 분명한 사실이다. 따라서 영리성에 대한 개념을 포괄적으로 해석(직접적인 영리성과 간접적인 영리성을 포함하는)하고 아울러 고용관계를 중요한 개념적 분석도구로 사용하는 것도 필요하다고 본다.

외부계약(Outsourcing)에 의해 민간경비를 고용하거나 아니면 내부의 고용계약을 통해서 민간경비원을 선발 · 채용하는 것 모두를 사적인 차원에서 보호대상에 대한 일정한 시큐리티 서비스를 제공하는 것으로서 민간경비로 그 개념을 범주화시키자는 것이다.

5. 권한의 정도

민간경비가 갖는 '사적'인 의미는 말 그대로 '민간차원'에 의해서 경비관련 제반활동이 이루어진다는 것을 의미한다. 이것은 국가나 지방정부에서 공공경찰에게 부여하고 있는 '특별한 권한'(사인과 구별되는 물리적 강제력 행사)을 민간경비원에게는 부여하고 있지 않다는 것이다.

물론, 일정한 민간경비원의 경우 일반시민보다 비교우위의 권한을 인정하는 경우가 있다. 이와 관련하여 ㉠ 경비업법상의 국가중요시설에 근무하는 특수경비원의 무기사용 권한,[20] ㉡ 청원경찰법상의 청원경찰의 경찰관직무집행법에 의한 경찰권한,[21] 그리고

---

20) 특수경비원은 국가중요시설의 경비를 위하여 무기를 사용하지 아니하고는 다른 수단이 없다고 인정되는 때에는 필요한 한도 안에서 무기를 사용할 수 있다(제14조 제8항).

21) ① 청원경찰은 청원경찰의 배치 결정을 받은 자(청원주)와 배치된 기관 · 시설 또는 사업장 등의 구역을 관할하는 경찰서장의 감독을 받아 그 경비구역만의 경비를 목적으로 필요한 범위에서 '경찰관직무집행법'에 따른 경찰관의 직무를 수행한다(제3조 제1항). ② 시 · 도경찰청장은 청원경찰이 직무를 수행하기 위하여 필요하다고 인정하면 청원주의 신청을 받아 관할 경찰서장으로 하여

㉢ 민영교도소 등의 설치 · 운영에 관한 법률상의 민영교도소 등의 직원의 권한 등을 들 수 있다.[22)]

그러나 원칙적으로 민간경비에 종사하고 있는 대부분의 민간경비원은 일반시민과 구별되는 어떠한 특별한 법적 권한도 갖고 있지 않다는 점에 주의할 필요가 있다. 따라서 민간경비원의 권한은 일반시민으로서 갖는 권한(예: 형법 제21조의 정당방위, 제22조의 긴급피난, 제23조의 자구행위 등)을 전제로 한다고 볼 수 있다. 다만, 법적으로 일반시민의 권한을 상대적으로 많이 인정하는 국가(예: 영국 및 미국과 같은 영미법계 국가)에서는 민간경비원의 권한 역시 그에 상응하여 인정될 것이다(민간경비의 권한은 제6장에서 보다 상세하게 살펴보기로 한다).

6. 전문성 · 직업성의 정도

민간경비의 개념정의를 내리는데 있어서 '전문성' 역시 고려될 수 있다고 본다. 전문성 차원에서 민간경비를 접근한다면, 그것은 관련 업무에 대한 지식뿐만 아니라 고도의 숙련성을 함께 가지고 있어야 한다는 것을 의미한다.

또 민간경비업무 자체가 하나의 유일한 직업적 생계수단으로 인식하고 종사해야 한다는 것도 포함된다고 볼 수 있다. 따라서 다른 특정한 일에 종사하면서 부업(side job)과 같이 부수적인 활동으로 민간경비 관련 업무를 수행하는 것은 전문적이라고 보기는 어렵다. 물론, 본업이냐 부업이냐에 관한 경계를 명확하게 구분하는 것은 어렵다. 다만, 민간경비와 유사한 수많은 형태의 직업군들이 있음을 감안할 때 전문성과 직업성은 이의 일정한 한계를 구분해주는 기준이 될 수 있을 것이다.

사실, 오늘날 민간경비가 안고 있는 가장 큰 문제점 가운데 하나가 바로 이 직업적 '전문가주의'(Professionalism)라고도 볼 수 있다. 다른 직업과 구분되는 독자적 · 전문적인 영역을 확보하지 못하고, 무자격자 또는 부적격자가 관련 업무에 종사해서는 안된다고 본다. 따라서 이를 규제 및 통제하기 위한 제도적 장치(적절한 허가요건과 결격사유, 행정처분 및 형사처분, 경비지도사 및 신변보호사 등 관련 전문자격증제도의 전문화 · 내실화 등)의 마련은 중요한 의미를 갖는다고 본다.

금 청원경찰에게 무기를 대여하여 지니게 할 수 있다(제8조 제2항).

22) ① 민영교도소등의 직원은 '형의 집행 및 수용자의 처우에 관한 법률'에 따른 교도관의 직무 중 위탁계약(委託契約)에서 정하는 범위에서 그 직무를 수행한다(제30조 제1항). ② 한편, 형의 집행 및 수용자의 처우에 관한 법률에서는 교도관은 전자장비(전자영상장비 등)를 이용한 계호(戒護)(제94조), 보호장비(수갑, 포승 등)의 사용(제97조), 보안장비(교도봉, 가스분사기 등)의 사용(제100조 제3항), 무기(권총, 소총, 기관총 등)의 사용(제101조) 등의 권한을 행사할 수 있도록 하고 있다.

7. 실질적 의미의 민간경비와 형식적 의미의 민간경비

끝으로 민간경비의 개념과 관련하여 '실질적 의미'(實質的 意味)와 '형식적 의미'(形式的 意味)로 구분하여 살펴볼 수 있다.

실질적 의미의 민간경비는 '민간차원'에서 개인 및 집단의 생명과 신체에 대한 위해를 방지하고 재산 등을 보호하는 '모든 활동'을 의미한다. 여기에서 말하는 민간차원의 보호활동은 현행 경비업법상의 민간경비뿐만 아니라 지역 내의 자율방범대 및 개인적 차원 등에서 이루어지는 범죄예방 관련 제반활동을 말한다.

이러한 실질적 의미의 민간경비는 학문적(學問的) 관점에서 민간차원에서 범죄예방 관련 활동이 어떻게 이루어지고 있는지를 연구하고 그것을 이론적(理論的)으로 정립하기 위해 정립된 개념이라 할 수 있다.

반면, 형식적 의미의 민간경비는 생명과 신체에 대한 위해방지 및 재산보호와 관련된 실질적인 활동의 여부보다는 '형식적 근거' 즉, 실정법(實定法)에서 이를 규정하고 있는지의 유무에 초점을 두고 있다.[23] 이러한 점에서 '형식'은 '법형식'(法形式)을 의미한다고 볼 수 있다.

형식적 의미의 관점에서 본다면, 현행 경비업법과 같은 실정법에서 규정하고 있는 어떠한 활동(예: 경비 · 보안요원의 안내 및 봉사활동 등)은 비록 경비 및 보호와 관련된 것이 아닐지라도 그것 역시 민간경비에 해당되는 것이다. 반면, 어떠한 활동이 경비 및 보호와 관련되어 실질적으로 이루어진다고 할지라도 법에서 규정하고 있지 않으면 그것은 민간경비에 해당되지 않는다.

따라서 예컨대, 정보보호 또는 정보보안은 실질적 의미의 민간경비에서는 중요한 영역을 차지하고 있지만, 우리나라와 일본의 경우에는 경비업법과 같은 실정법에 규정되어 있지 않기 때문에 형식적 의미의 민간경비에는 포함되지 않는다고 볼 수 있다.

이러한 형식적 의미의 민간경비는 법에서 규정하고 있는 제도에 근거를 둔 것으로서 '제도적 의미의 민간경비'와 동일한 의미를 갖는다고 본다. 법에서 제도적으로 규정하고 있는 형식적 의미의 민간경비와 관련하여 우리나라와 일본의 경우에는 각각 경비업법 등에 나타나 있다. 미국의 경우에는 주(州)마다 처한 환경에 따라 민간경비에 대한 법적 내용이 서로 다르게 나타나고 있으며, 전체적으로 볼 때, 상대적이지만 우리나라와 일본보다는 미국이 민간경비를 포괄적으로 개념규정하고 있는 것으로 보여진다.

우리나라의 형식적 의미의 민간경비 즉, 경비업법상의 민간경비는 크게 시설경비, 호

---

23) 안황권 · 안성조(2006), 신경호경비법론, 서울: 백산출판사, pp. 186~187.

송경비, 신변보호, 기계경비, 특수경비, 그리고 혼잡·교통유도경비업무로 구분하고 있다(경비업법 제2조).[24] 일본의 경비업법에서는 민간경비업무를 시설경비, 호송(운반)경비, 신변보호, 혼잡경비를 기본업무로 규정하고 있다(경비업법 제2조). 사실, 우리나라와 일본이 법적·제도적으로 인정하고 있는 민간경비는 상당히 제한적이다. 어떻게 보면 말 그대로 '경비·경호'업무에 치중하고 있다는 생각이 든다.

한국·일본 민간경비 관련업무의 법규정내용(형식적 의미의 민간경비)

구분	한 국	일 본
경비업무의 유형	시설경비	시설경비
	호송경비	혼잡·교통유도경비
	신변보호	호송경비
	기계경비	신변보호
	특수경비	-
	혼잡·교통유도경비*	-
관련근거	경비업법 제2조(정의)	경비업법 제2조(정의)[25]

* 경비업법 개정(2024.1.30, 시행 2025.1.31)으로 혼잡·교통유도경비업무가 신설됨

그런데 나라마다 차이는 있지만 경비업법 등 국가에서 규정하고 있는 것과 실질적으로 시장에서 형성·발전되고 있는 민간경비분야와는 상당한 차이점이 있다는 점이다. 이러한 문제는 민간경비 시장의 현실과 민간경비 관련 제도와의 불일치 문제로 볼 수 있는데, 가능한 한 이들 양자의 차이가 최소화되는 것이 바람직하다고 본다. 민간경비의 법적 근거 및 관련 내용에 대한 상세한 논의는 다음의 민간경비 활동 영역에서 살펴보기로 한다.

---

24) 그런데 주의할 점은 이러한 경비업법상의 분류에 있어서 나머지는 모두 '보호대상'을 중심으로 분류한 것이라면 기계경비업무는 '보호수단'을 기준으로 한 것이라는 점이다. 바꿔 말하면 기계경비라는 것은 인력경비와 함께 시설, 호송, 신변, 특수시설(국가중요시설) 등을 보호하기 위해 사용하는 수단이기 때문에 분류기준에 있어서 적절하지 못한 부분이 없지 않다. 다만, 기계경비는 특히 시설경비와 밀접한 관련성을 맺으며, 다른 경비업무와는 달리 기계장치를 사용하는 시스템이어서 경비업무에서도 별도로 취급해야 할 필요성도 있다고 본다.

25) 이 법률에서 경비업무(警備業務)란 다음 각 호의 어느 하나에 해당하는 업무로서 타인의 수요에 따라 행하는 것을 말한다.
1. 사무소, 주택, 흥행장, 주차장, 유원지 등(이하 '경비업무 대상시설'이라 함)에서 도난 등의 사고 발생을 경계하고 방지하는 업무
2. 2명 또는 차량의 혼잡한 장소 또는 이러한 통행에 위험이 있는 장소에서의 부상 등의 사고의 발생을 경계해, 방지하는 업무
3. 운반 중의 현금, 귀금속, 미술품 등과 관련된 도난 등의 사고의 발생을 경계하고 방지하는 업무
4. 사람의 신체에 대한 위해의 발생을 그 신변에서 경계하고 방지하는 업무(일본 경비업법 제2조)

제3절 민간경비의 활동 영역

1. 문제의 제기

2022년 현재 4,277개의 민간경비 업체가 경찰에 허가·등록되어 있으며, 이에 종사하는 민간경비원은 190,015명에 이르고 있다. 우리나라의 민간경비는 지난 1976년 (용역)경비업법이 제정된 이래로 빠르게 성장하고 있음을 알 수 있다.[26] 아래에서는 2022년 현재 우리나라 민간경비의 현황을 보여주고 있다.[27]

아래 표에서 보는 바와 같이, 허가된 전체 민간경비업 가운데 시설경비업이 차지하는 비중이 약 83.0%를 차지하고 있음을 알 수 있다. 그리고 기계경비는 그 업무의 특성상 상대적으로 업체의 규모가 크고 다수의 고객을 대상으로 기계경비서비스를 제공하고 있기 때문에, 그 가입대상의 규모 및 매출액에 있어서 상대적으로 높은 비중을 차지하고 있다는 점을 고려할 필요가 있다고 본다. 한편, 경비업체의 지역적 분포를 볼 때, 서울지역이 1,413개 업체(약 33.0%), 경기지역(남부와 북부)이 872개 업체(약 20.0%)에 이르고 있어 서울과 경기가 전체의 약 53.0%를 차지하고 있음을 알 수 있다.

26) 제정된 (용역)경비업법에 의해 1977년 12월에 「한국경비실업」이 내무부장관 허가 제1호를 취득하였다. 이후 1980년(경비업체 13개, 경비원 5,632명), 1985년(55개, 8,709명), 1990년(252개, 25,559명), 1995년(833개, 40,109명), 2000년(1,882개, 81,618명), 2005년(2,515개, 122,327명), 2010년(3,473개, 142,363명), 2015년(4,449개, 153,767명), 2020년(4,438개, 164,014)에 이르고 있다. 이윤근(2001), 민간경비론, 서울: 엑스퍼트, p. 29.; 경찰청(2006), 경찰통계연보, p. 112.; 경찰청(2023), 경찰통계연보, p. 59.

27) 1개 경비업체(법인)가 2개 이상의 경비법 영업이 가능하다. 위 표에서 보는 바와 같이, 2022년 현재 경비업체수(법인수)는 4,277개에 이르지만 업종수(시설경비, 호송경비, 신변보호, 기계경비, 특수경비)를 모두 합하면 5,051개에 달한다.

민간경비 현황(2022)

구분	업체수 (법인수)	허가 업종별					경비원수
		시설경비	호송경비	신변보호	기계경비	특수경비	
전 체	4,277	4,189	31	579	131	121	190,015
서 울	1,413	1,376	23	256	39	46	45,511
부 산	310	307	1	40	4	10	12.263
대 구	212	205	1	22	10	4	7,554
인 천	216	207	0	32	9	7	14,745
광 주	149	147	1	24	7	0	4,724
대 전	149	148	0	9	7	5	5.576
울 산	81	81	0	12	2	5	4,660
세 종	17	17	0	2	0	0	1,140
경기남부	679	666	1	83	23	12	39,176
경기북부	193	189	2	35	3	2	11,325
강 원	99	97	1	8	3	2	4,323
충 북	80	79	0	7	6	0	5,133
충 남	112	110	0	9	2	4	7,967
전 북	127	125	1	5	4	4	4,100
전 남	118	116	0	10	4	10	4,821
경 북	133	132	0	5	1	2	6,574
경 남	165	163	0	16	7	7	8,939
제 주	24	24	0	4	0	1	1,484

그런데, 민간경비에 대한 체계적인 이해를 위해서는 경비업법 등 관련법에 의한 제도적 현황뿐만 아니라 '시장에 대한 분석'이 함께 이루어져야 한다고 본다. 제도적인 현황은 관련법을 중심으로 검토하면 가능하기 때문에 비교적 용이하다. 그러나 관련시장에 대한 분석은 제도권 밖에서 이루어지는 민간경비 관련 활동까지도 파악해야 하기 때문에 결코 쉬운 일이 아니다.

이에 대하여 김성언교수는 민간경비를 하나의 '산업'(産業, Industry)으로 인식하고 접근하기 위해서는 관련 산업부문의 직종, 고용인원, 사업체수, 시장의 경제규모 등에 대한 신뢰할 수 있는 자료가 있어야 하는데, 현재 알려진 자료들은 매우 제한적일 뿐만 아니라 상당수는 추정치에 불과하다고 보고 있다.[28)]

28) 김성언(2002), 한국의 민간경비: 성장과 함의, 한국형사정책연구원, pp. 123~124.; 김성언교수에 의하면 국내의 연구들은 경찰청에 등록된 경비업체와 경비원의 숫자를 중심으로 민간경비산업의 규모를 추정하고 있다고 한다. 이러한 집계방식은 인력경비 위주로 민간경비산업을 파악한다는 한계를 안고 있다. 예컨대, 보안장비를 제작하고 설치하는 사업체들은 제외된다는 문제가 발

사실, 민간경비산업과 관련한 신뢰할만한 자료의 부재, 측정의 불확실성 문제는 비단 우리나라만의 문제는 아니다. 이와 관련하여 존스와 뉴번(Jones and Newburn)은 민간경비산업의 규모와 관련된 불확실성을 민간경비산업의 개념정의 방식 및 그 내재적 특성에서 찾기도 한다. 민간경비 시장 내의 높은 직업적 이동성, 시장 내에서 정확한 위치설정이 어려운 중소규모 경비업체의 상대적 중요성, 본질적으로 잘 드러나지 않는 민간경비분야의 일부 활동들로 인해 그 규모를 정확하게 파악하기가 힘들다는 것이다.[29]

더욱이 이러한 문제와 관련하여, 기업들이 자체적으로 고용하고 있는 '사내경비'(社內警備) 또는 '자체경비'(自體警備)의 규모를 파악하는 것은 거의 불가능에 가깝다고 볼 수 있다. 마찬가지로 공공기관에 의해 고용되어 보안관련 업무에 종사하는 인원의 규모를 파악하는 것 역시 쉬운 일이 아니다. 그리고 민간경비와 공경비 간의 이른바 '경계지대' 또는 '중간지대'에 해당하는 경비형태, 그리고 민간부문 내에서도 민간경비서비스와 다른 서비스업과도 구분(예: 경비업법상의 호송경비와 심부름센터나 택배서비스 등의 경계)이 명확하지 않은 경우가 있다. 더욱이 민간경비의 법적 규정 및 활동영역, 그리고 그러한 활동의 합법성(合法性) 인정 여부(예: 탐정제도 등)는 나라마다 차이가 있다는 점이다.

그런데, 이처럼 정확한 통계적 파악이 어렵다는 점, 또는 그 활동영역이 공사(公私) 간에 불명확하다는 점, 그리고 그 활동성격이 합법적이지 못하다는 점 등을 이유로 이들 관련 집단의 활동을 민간경비 영역에서 전적으로 배제하는 것은 문제가 있다고 본다. 따라서 이러한 부분들을 가능한 한 고려하면서, 아래에서는 민간경비의 '보호대상'을 기준으로 하여 기본적인 관점에서 살펴보고, 다음으로 시장 분석을 통해서 각 유형별로 그 특징을 살펴보기로 한다.

2. 보호대상에 따른 기본적 구분

민간경비의 활동영역과 관련하여 미국 홀크레스트 보고서(Hallcrest ReportⅡ)는 보호대상을 중심으로 구분하고 있는데, 이러한 접근은 민간경비의 활동영역에 대한 기본적인 이해 차원에서 유용한 분석틀을 제공해준다고 본다. 이 보고서에 의하면 특정대상에 대한 보호수단으로서 민간경비를 크게 세 영역으로 나누고 있는데, 이는 ㉠ 물리적 경비·보안(Physical Security), ㉡ 정보보호·보안(Information or Intelligence

---

생된다는 것이다.

29) Jones, Trevor and Newburn, Tim(1998), Private Security and Public Policing, Oxford: Clarendon Press, pp. 54~55.

Security), ㉢ 인적 보호 · 보안(Personnel Security) 등으로 구분된다.[30)]

1) 물리적 경비 · 보안

물리적 경비 · 보안은 크게 ㉠ 사람과 차량에 대한 접근 통제 · 감시, ㉡ 불법침입의 예방 및 탐지, ㉢ 재산(정보 · 건물 · 소유물 · 장비 등)에 대한 보호 등 세 가지로 나눌 수 있다. 이러한 물리적 경비 차원에서의 범죄예방활동은 보호대상의 잠재적 위험성 정도에 따라 이루어지게 된다(위험관리에 대한 세부적인 논의는 제16장 참조).

물리적 경비 · 보안은 기본적으로 시설물 등의 주변환경에 대한 보호활동에서 시작된다. 여기에는 일반적으로 이루어지는 경비 · 보안요원의 순찰활동, 특정지점에 대한 경계근무, 담장 · 출입문 · 벽 등과 같은 물리적 장벽(Physical Barriers)의 설치, 잠금장치(Locking System), 경비조명(Security Lighting), CCTV와 같은 감시카메라, 침입 탐지기의 설치 등이 포함된다.

그리고 일반적으로 널리 사용되고 있는 접근통제시스템(Access Control System) 또한 물리적 경비의 주요 구성요소가 된다. 접근통제시스템은 기본적인 잠금장치에서 보다 정교화된 통제장치(지문 · 혈관 · 안구감식, 카드식 감식 등)에 이르고 있다. 시설물의 내부공간에 대한 범죄예방은 기본적으로 경보기(Alarms), 잠금장치, 전자적 접근통제 및 감시시스템 등이 개별적 또는 통합적으로 이루어지게 된다.

오늘날 물리적 경비 · 보안의 추세를 볼 때, 범죄예방을 포함한 내부 시설물에 대한 보호절차가 개별적으로 이루어지는 것이 아니라 중앙통제시스템에 의해 냉난방, 통풍, 발전시스템 등 모든 안전시스템이 총괄적으로 이루어지고 있다.

이러한 물리적 경비 · 보안에 있어서 무엇보다도 중요한 것은 경비원 또는 보안요원들의 역할이라 할 수 있다. 이들은 순찰활동, 특정지점 경계, 출입감시, 그리고 내부 통제시스템에 대한 확인 등 수많은 요소에 대한 안전관리책임을 지게 된다. 이는 경비원 · 보안요원을 자체적으로 고용하여 상주시키거나 또는 외부경비회사와 계약에 의해 이루어지든 간에 매우 중요한 요소가 된다.

2) 정보보호 · 보안

민간경비의 두 번째 보호대상으로 정보보호 · 보안을 들 수 있다. 공공부문과 민간부

---

30) Cunningham, William C., Strauchs, John J., Van Meter, Clifford W.(1990), Private Security Trends: 1970 to 2000 The Hallcrest ReportsⅡ, Washington: Hallcrest System Inc., pp. 125~127.; 최선우(2002), 치안서비스 공동생산론, 서울: 대왕사, pp. 108~111.

문을 불문하고 모든 조직들은 조직생존 및 발전과 관련된 중대한 정보들을 보호하고 보안을 유지하고자 하고 있다(정보보호에 대한 세부적 논의는 제13장 참조).

민간부문에서 중요하게 다루어지는 정보는 예컨대, 조직운영상의 중대한 영향을 미치는 재무 · 회계와 관련된 정보, 인사에 관한 정보, 제품 및 기술에 관한 정보, 고객관리와 관련된 정보 등 매우 다양하다. 따라서 중요한 개인 또는 기업의 정보에 대한 절도 및 파괴행위 등은 사기행위 등에 의해 기업에 직접적인 손실을 가져다주는 것과 마찬가지로 치명적인 영향을 미치게 된다.

정보보호의 또 다른 관점은 새로운 정보에 대한 관리뿐만 아니라 이미 사용된 정보 및 쓸모없게 된 기록에 대한 처리 및 폐기 등에서도 요구된다. 또한 불의의 사고에 의해 컴퓨터시스템에 문제가 발생하게 되었을 경우 이에 대한 복구 또한 정보보호의 대상이 된다.

이러한 정보보호에 있어서 가장 중요한 것은 무엇보다도 컴퓨터보안(Computer Security)이라고 할 수 있다. 과학기술의 발달로 개인과 조직이 가지고 있는 핵심정보의 대부분이 컴퓨터시스템에 저장되어 있기 때문이다. 따라서 이에 대한 공격과 파괴, 절취하고자 하는 컴퓨터범죄 및 산업스파이가 크게 증가하고 있는 것도 사실이다. 컴퓨터시스템에 저장되어 있는, 그리고 인터넷 등 컴퓨터 네트워크상에서 전달되고 있는 엄청난 양의 정보를 안전하게 관리 · 보호하는 것은 매우 중요한 일이다.

일본에서는 정보화시대에 민간경비가 적절하게 대응하기 위하여 2000년대의 민간경비를 예측하면서, 경비산업을 분류하고 각 부문에 대한 시장을 예측한 바 있다. 여기에서 민간경비는 크게 접근통제 분야, 방재 · 방범, 비상용 전원설비, 감시, 보관설비, 암호, 시큐리티 소프트웨어, 통신회선, 백업서비스, 교육, 컨설팅, 경비, 보험, 방범 · 방재공사 및 보수유지 등으로 세분화하고 있는데 향후 정보보호 관련 분야가 두드러지게 강조되고 있다는 점에 주목할 필요가 있다.[31]

요약건대, 전통적 민간경비가 인간과 시설의 보호에 초점을 두었다면, 현대적 민간경비는 여기에 정보보호가 추가되면서, 이의 활동영역은 보다 확대되고 복잡 · 다양화 되었다고 할 수 있다.

---

31) 日本情報處理開發協會(1990), 21世紀へ飛躍するセキュリティ産業, p. 2.; 박병식(1996), 민간경비론, 서울: 법률출판사, p. 25 재인용.

3) 인적 보호 · 보안

미국의 인적 보호 · 보안은 어떠한 조직에서 신규채용하여 고용하고자 하는 지원자들에 대한 배경조사(Background Check), 조직 구성원들에 대한 안전의식의 함양, 고용된 직원들에 대한 성실의무계약(Fidelity Bonds), 그리고 요인(VIP)에 대한 경호(Protection) 및 특정 개인에 대한 조사/수사(Investigation) 등이 해당된다.

이 가운데에서 특히, 요인경호(要人警護)는 수많은 조직에서 주요 관심사항이 되고 있음은 주지의 사실이다. 따라서 요인에 대한 사업장 및 거주지에서의 신변보호, 행사 및 이동기간 동안의 신변보호에 대한 과학적이고 체계적인 접근이 이루어지고 있다.

이러한 요인경호 또는 신변보호는 전통적으로 국가차원(대통령경호처, 경찰, 군 등)에서 정치적으로 중요한 인물을 대상으로 한 공경호(公警護)가 중심이 되었는데, 오늘날에는 경제적 · 사회적으로 중요한 인물에 대한 민간차원의 경호 즉, 신변보호가 활발하게 이루어지고 있다.[32] 또 최근 들어 노약자, 학생, 영유아 등 일반인에 대한 납치 · 유괴, 그리고 '묻지마' 형식의 범죄 등이 증가함에 따라 이에 대한 신변보호의 중요성이 대두되고 있다.

그런데, 미국과 같은 경우, 인적 보안 · 경호의 대상으로서 거시적으로 신변보호 뿐만 아니라 내부직원의 인사관리과정 등과 관련된 부분까지 포함시키고 있다는 점에서 그 적용대상이 훨씬 포괄적임을 알 수 있다. 반면, 우리나라나 일본의 경우에는 신변보호 등으로 제한되어 논의되고 있다고 볼 수 있다.

한편, 우리나라의 경우 특정인에 대한 조사/수사와 관련된 업무를 수행하는 공인탐정 또는 민간조사원제도가 아직까지 합법화되지 않은 반면, 미국, 영국 등 많은 국가에서는 제도적으로 활성화되어 있다는 점이다. 일본 역시 2006년 6월에 「탐정업무의 적정화에 관한 법률」이 제정되어 국가차원에서 제도적으로 시행되고 있다는 점에 주목할 필요가 있다.[33]

---

32) 대통령 등의 경호에 관한 법률 및 경찰법 · 경찰관직무집행법 등 국가차원에서는 '경호'(警護)라는 용어를 사용하고 있고, 경비업법 등 민간차원에서는 '신변보호'(身邊保護)라는 용어를 사용하고 있다. 국가차원에서 이루어지는 경호는 그 주체가 국가라는 점에서 대규모적이고, 민간차원의 신변보호는 상대적으로 소규모적이라 할 수 있다. 따라서 현행법인 대통령 등의 경호에 관한 법률상의 '경호'는 단순히 신변보호뿐만 아니라 경비(경계 · 순찰)가 접목되어 광의적 개념으로 사용되고 있고, 경비업법상의 '신변보호'는 말 그대로 신변보호 자체에 국한되어 협의적 개념으로 사용되고 있다(경호에 대한 세부적인 내용은 제20장 참조).

33) 권창기 · 김동제 · 강영숙(2011), 탐정학, 인천: 진영사, pp. 491~496.

3. 민간경비 시장의 분석

이상에서 살펴본 것처럼, 민간경비는 물리적 경비 · 보안, 정보보호 · 보안, 그리고 인적보호 · 보안을 중심으로 하나의 산업으로서 민간경비시장에서 활성화되어 있다고 볼 수 있다.

따라서 미국에서는 일찍부터 민간경비를 하나의 거대산업으로 인식하고 이에 대한 이에 대한 시장분석(Market Analysis)을 체계적으로 하고 있다. 이와 관련하여 홀크레스트 보고서에서는 민간경비를 시장현황에 따라 구분하고 있다.[34] 아래 표에서는 민간경비산업 분야와 이들에 의해 제공되는 서비스 유형, 그리고 그러한 서비스를 이용하는 고객에 대하여 개괄적으로 보여주고 있다.[35]

민간경비의 활동영역

민간경비산업 분야		제공되는 서비스		고 객
•자체 경비 · 보안 •계약 경비 · 보안 •경비 · 보안장치 제조 · 판매 •민간조사(PI) •경비 · 보안 자문 등	⇨	•경비 · 감시 •조사/수사 •무장호송차량 •안내서비스 •질서유지 •경보시스템 •침입탐지 •내부범죄 탐지 •경호 •사이버보안 •위험 · 손실분석 등	⇨	•개인 •정부기관 •주거시설 •산업시설 •금융시설 •판매시설 •숙박시설 •의료시설 •교육시설 •운송시설 등

민간경비 활동영역 가운데 자체경비(自體警備, Proprietary Security)를 제외하고는 대부분이 계약경비(契約警備, Contract Security)에 해당한다고 볼 수 있다. 그러나 계약경비 외에도 경비관련 장치를 제조 · 판매 · 설치하는 보안업체도 고려 대상이 된다.

---

34) 홀크레스트 보고서에서는 민간경비 활동영역은 자체경비(Proprietary Security), 경비 및 순찰서비스(Guard and Patrol Services), 경보서비스(Alarm Services), 민간조사(Private Investigations), 무장차량서비스(Armored Car Services), 자물쇠 제조(Locksmiths), 경비관련 자문(Security Consultants), 경비장치의 제조 및 판매(Security Equipment Manufacturing and Distributing), 기타(경비견, 약물검사, 법의학적 분석, 경비보험계약, 경비시장조사 등)로 구분하고 있다. Cunningham, William C., Strauchs, John J., Van Meter, Clifford W.(1990), op. cit., pp. 127~132.

35) Timm, Howard W. & Christian, Kenneth E.(1991), Introduction To Private Security, California: Cole Publishing Company, p. 9 재구성.

이 밖에도 계약경비의 한 영역이면서도 독자적인 위상을 가지고 있는 민간조사(PI)와 경비·보안 관련 전문적인 지식과 정보를 제공해주는 자문가(Consultants)의 활동 역시 새로운 시장을 구축하고 있다. 한편, 정보보호 및 컴퓨터보안과 관련된 사이버보안(Cyber Security) 역시 자체경비 및 계약경비와 연계하여 매우 빠른 속도로 성장하고 있음은 주지의 사실이다.

이러한 논의를 바탕으로 아래에서는 크게 ㉠ 자체경비, ㉡ 계약경비, 그리고 ㉢ 보안장치 제작 및 판매시장 등으로 구분하여 살펴보기로 한다(정보보호 및 컴퓨터보안은 제13장에서 별도로 다루기로 한다).

1) 자체경비 시장

(1) 자체경비의 의미

개인, 기업 등이 자체적으로 고용하고 있는 '사내경비' 또는 '자체경비'의 규모를 파악하는 것은 쉬운 일이 아니다. 자체경비업무의 수행을 위해서 법적으로 어떠한 인·허가 절차를 거치는 것이 아니라 고용계약 등에 의해서 자유롭게 이루어지기 때문이다. 또 전문적으로 자체경비업무만을 수행하는 것인지 아니면, 다른 업무(시설관리, 안내 등)와 병행하면서 하는지도 파악하는 것이 쉽지 않다.

그러나 자체경비의 정확한 실체 파악의 어려움에도 불구하고, 분명한 것은 많은 기업, 정부, 그리고 다른 여러 조직은 자신들의 재산을 보호하고 손실을 예방하기 위하여 일정한 경비프로그램에 따라 자체적으로 경비조직을 관리운용하고 있다는 점이다(경우에 따라서는 개인도 민간경비원을 자체적으로 고용하기도 한다).

이들 자체적으로 운용되는 민간경비는 범죄뿐만 아니라 반달리즘(Vandalism), 사고, 화재, 그리고 자연재해 등 여러 가지 문제로 인해 발생하는 손실을 예방·대응하는 활동을 수행하고 있다. 앞으로 자체경비는 단지 경비활동뿐만 아니라 내부감사, 안전관리, 보험, 그리고 시설관리 등을 총괄하는 거시적·종합적인 '위기관리'(危機管理, Risk Management) 형태로 발전될 것으로 보인다.[36]

(2) 자체경비의 법적 근거

자체경비라는 것은 일종의 자경주의(自警主義, Vigilantism)에서 비롯된 것이라 할 수 있다.

이와 관련하여 미국의 경우, 자신의 신체와 재산을 보호할 수 있는 헌법상의 권리보

36) Cunningham, William C., Strauchs, John J., Van Meter, Clifford W.(1990), op. cit., p. 128.

장 규정 외에도 이러한 목적 달성을 위해 '타인'(민간경비원)을 고용할 수 있는 영국의 보통법(Common Law)상의 전통과 권리에 뿌리를 두고 있다. 이를 토대로 미국의 여러 주에서는 개인 자신의 신체와 재산에 대해 보호할 수 있는 권리를 보장하고, 그러한 권리를 실현하기 위하여 타인을 고용할 수 있다는 것을 규정한 법을 제정하고 있다.

우리나라도 마찬가지로 개인은 자신의 신체와 재산을 보호하기 위하여 타인의 권리를 침해하지 않는 범위 내에서 일정한 민간경비원을 고용할 수 있음은 물론이다. 물론, 이러한 자경주의가 헌법상에서 구체적으로 명시되어 있지는 않지만, 국민의 행복추구권, 자유권적 기본권 등에 포함되어 있다고 볼 수 있다.

이처럼 자경주의 전통에서 본다면, 자체경비는 민간경비의 가장 전형적인 형태라고 볼 수 있다. 그리고 자본주의가 발달함에 따라 그러한 경비수요에 부응하기 위하여 일정한 경비서비스를 제공하고 그 대가로 영리를 추구하는 계약경비가 발전해 온 것이라 할 수 있다.

(3) 청원경찰의 정체성

청원경찰(請願警察)은 일정한 기관의 장 또는 시설 · 사업장 등의 경영자(經營者)가 시 · 도경찰청장에게 이의 배치를 신청하되, 자신이 비용을 부담하여 이들을 고용하여 경비업무를 수행하게 한다는 점에서 자체경비의 성격을 갖는다.

여기에서 말하는 기관 또는 시설 · 사업장은 ㉠ 국가기관 또는 공공단체와 그 관리 하에 있는 중요 시설 또는 사업장, ㉡ 국내 주재(駐在) 외국기관, ㉢ 그 밖에 행정안전부령으로 정하는 중요 시설, 사업장 또는 장소를 말한다(청원경찰법 제2조).

이들 청원경찰은 근무지역 내에서 경찰관직무집행법(警察官職務執行法)에 따른 경찰관의 직무를 수행할 수 있도록 허가되어진 일종의 '준경찰'(準警察)이라고 할 수 있다.[37] 따라서 근무지역 내에서의 활동영역은 상당히 포괄적임을 알 수 있다. 그러나 근무지역 밖에서는 민간인 신분임에는 분명하다. 이러한 점에서 청원경찰은 국가중요시설을 관할로 하는 일종의 '특별구역 경찰'(SDP: Special District Police)이라고 볼 수도 있을 것이다.

---

37) 경찰관직무집행법상의 경찰관의 직무라는 것은 ① 국민의 생명 · 신체 및 재산의 보호, ② 범죄의 예방 · 진압 및 수사, 범죄피해자 보호, ③ 경비, 주요 인사(人士) 경호 및 대간첩 · 대테러 작전 수행, ④ 치안정보의 수집 · 작성 및 배포, ⑤ 교통 단속과 교통 위해(危害)의 방지, ⑥ 외국 정부기관 및 국제기구와의 국제협력, ⑦ 그 밖에 공공의 안녕과 질서 유지와 관련된 다양한 업무를 의미한다(제2조). 물론, 청원경찰이 경찰관직무집행법상의 직무를 수행한다고 하지만, 세부적인 업무(수사, 경비, 경호, 대간첩작전수행 등)에 있어서는 각 개별법(특별법)의 적용을 받기 때문에 일반 경찰과는 권한 행사에 있어서 많은 차이가 있다고 본다.

아래 표에서는 청원경찰의 현황을 보여주고 있는데, 그 규모가 점차 감소하고 있음을 알 수 있다.[38] 이러한 청원경찰의 감소는 특히, 경비업법상의 특수경비제도의 도입과 무관하지 않는데, 이에 대한 설명은 뒤에서 다시 살펴보기로 한다.

청원경찰현황

(단위: 개소, 명)

구 분	계		국가기관, 지자체		국가기관, 지자체 외	
	시설	인원	시설	인원	시설	인원
1995	5,360	30,243	-	-	-	-
2000	2,805	20,423	-	-	-	-
2005	2,219	16,868	1,380	10,731	839	6,137
2010	1,786	14,738	1,259	10,171	527	4,520
2015	1,710	12,988	1,277	9,349	451	3,971
2020	1,682	13,643	1,330	10,041	352	3,602
2021	1,683	13,593	1,350	9,973	333	3,620
2022	1,655	13,010	1,349	9,770	306	3,240

한편, 청원경찰의 이원적(二元的) 신분구조 때문에 청원경찰의 정체성에 대한 논란의 여지가 적지 않다. 이는 위에서 언급한 '지역적 한계'(관할)의 문제라기보다는 활동에 대한 법적인 책임문제(형사책임과 민사책임)와 관련된다.

형사책임과 관련하여, 청원경찰이 직무를 수행할 때 직권을 남용하여 국민에게 해를 끼친 경우에는 6개월 이하의 징역이나 금고에 처하도록 하고 있다. 이와 같이 청원경찰에 대해 형법(刑法)이나 그 밖의 법령에 따른 벌칙을 적용할 때에는 공무원(公務員)으로 보고 있다(청원경찰법 제10조 제1항, 제2항).

그런데 민사책임과 관련하여, 청원경찰(국가기관이나 지방자치단체에 근무하는 청원경찰은 제외)의 직무상 불법행위(不法行爲)에 대한 배상책임에 관하여는 민법(民法)의 규정을 따르도록 하고 있다(제10조의2). 청원경찰의 직무상 불법행위에 대해서도 공무원으로 본다면, 국가배상법을 적용해야 하겠지만 현행법에서는 이 경우에는 민간인으로 본 것이다.

청원경찰의 정체성 문제는 제복착용에서도 나타난다. 지난 2010년 7월 이전의 청원경찰 제복의 제식은「청원경찰법 시행규칙」제9조에 의해 경찰복제와 동일하게 하도록 규정하고 있었다(그 색상과 재질은 청원주가 결정). 아울러 장구의 제식 및 재질은 경찰

38) 경찰청(2002), 경찰통계연보, p. 267.; 경찰청(2020), 앞의 책, pp. 244~245.

장구와 동일하도록 하였다. 이로 인해 일반시민들은 청원경찰과 경찰을 혼동하기도 하였다.

생각건대, 1962년도에 청원경찰은 국가 '방호'(防護) 개념에 의해 탄생하였고, 따라서 일반시민들이 청원경찰과 경찰을 구분하지 못할 때 오히려 청원경찰의 근무 효과는 극대화된다고 보는 측면도 있었다고 본다. 경찰이 현실적으로 국가중요시설의 경비를 직접 수행하기가 어렵고, 따라서 청원경찰로 하여금 이를 대신하게 하는 한편, 경찰과 동일한 제식 등을 갖추도록 함으로써 국가공권력의 상징적 효과를 기대하고자 한 것이다.[39]

그러나 2010년 7월 1일 청원경찰법 시행규칙이 개정되어 청원경찰 제복의 제식 역시 경찰공무원 또는 군인 제복의 색상과 '명확하게 구별'될 수 있도록 하였다(다만, 장구의 제식과 재질은 종전대로 경찰장구와 같이하도록 하고 있다)(제9조 제2항 참조).

2) 계약경비 시장

(1) 시설경비

① 시설경비의 의미

사람들은 민간경비산업의 종사자들을 단순히 어떠한 시설에 근무하는 경비원(警備員, Guard)과 동일시하는 경향이 있다. 일반인들은 다양한 형태의 민간경비를 잘 알지 못하기 때문에 시설경비가 전체 민간경비를 대표하는 것으로 인식하기도 한다. 그러나 이러한 시설경비활동은 계약을 통해서 이루어지는 민간경비의 한 분야일 뿐이다.

---

39) 종래부터 현재에 이르기까지 민간경비원의 제복은 경찰 또는 군인의 제복과 명확히 구분될 것을 요구하고 있다. 이와 관련하여 경비업법 시행규칙 제19조에 따르면, "경비원의 제복은 경찰공무원 또는 군인의 제복과 색상 및 표지장이 명확히 구별될 수 있어야 하며, 경비원임이 식별될 수 있는 복장으로 정하여야 한다"고 규정하고 있다. 이 부분은 후술하겠지만 청원경찰과 민간경비의 태생적 배경이 다소 차이가 있다. 청원경찰은 '방호'(防護), 민간경비는 '방범'(防犯)의 개념에서 출발한 것이며, 따라서 공무수탁(公務受託)의 정도(이 부분은 어떻게 보면 국가의 통제 가능성 정도의 차이로 볼 수 있다)는 청원경찰이 강하다고 본다. 그러나 본질적으로는 그 이면의 정치적 역학관계가 중요하게 작용한 것이라고 본다. 최근 청원경찰법 시행규칙의 개정에 의한 복제규정의 변화는 바로 그러한 점을 보여준 예라고 볼 수 있다.

시설경비의 주요업무

- 권한 없는 자의 출입 및 활동에 대한 예방, 감시 및 통제
- 화재 · 절도 · 손실 등에 대한 예방 및 감지
- 차량 또는 보행자에 대한 교통의 통제 및 규제
- 신체적 위험에 놓인 개인의 보호
- 시설 내부의 순찰활동 실시
- 범죄 · 테러 · 화재 등 비상사태에 대한 대응
- 경찰 등 법집행기관과의 연락체계 확립
- 자산보호와 관련된 규정 및 정책의 집행 등

다만, 계약경비(Contract Security)산업에서 시설경비는 가장 가시적인 요소(예: 제복을 입은 시설경비원의 정문 경계근무 및 순찰활동 등)를 띠고 있으며, 가장 많은 고객(사용자)층을 형성하고 있는 것이 사실이다. 현행 경비업법상의 민간경비업 가운데 시설경비업이 차지하는 비중(업종 수와 관련 종사자 수 등)이 매우 높은 것도 사실이다.[40]

이러한 시설경비서비스는 공사(公私)부문을 불문하고 모든 산업 · 시설에 제공되고 있다. 예컨대, 금융, 운송, 소매, 의료, 기타 많은 기관 및 산업체들은 계약을 체결하여 시설경비서비스를 이용하고 있다. 또 국가 및 지방정부 등 공공기관에서도 일정부분 이러한 서비스를 이용하고 있음은 물론이다.

② 시설경비의 법적 근거

경비업법 제2조에서는 시설경비업무(施設警備業務)라는 것은 '경비를 필요로 하는 시설 및 장소'(경비대상시설)에서의 도난 · 화재 그 밖의 혼잡(混雜) 등으로 인한 위험발생을 방지하는 업무'를 의미하는 것으로 규정하고 있다.

한편, 우리나라에서는 국가중요시설에 대한 경비는 일반시설과는 별도로 규정하여 특수경비원들이 담당하도록 하고 있다. 여기에서 말하는 특수경비업무(特殊警備業務)라는 것은 "공항(항공기 포함) 등 대통령령이 정하는 국가중요시설의 경비 및 도난 · 화재 그 밖의 위험발생을 방지하는 업무"를 의미하는 것으로 규정하고 있다(제2조 제1호 마목).

이러한 특수경비제도는 2001년 경비업법 개정으로 도입되었는데, 이를 계기로 민간경비원(특수경비원)이 국가중요시설 내에서 무기(권총과 소총)를 사용할 수 있는 법적 근거가 마련되었다는 점에서 의미를 갖는다(이는 민간경비의 청원경찰에 대한 역할한계를 극복하는 중요한 계기가 되었음은 물론이다).

---

40) Cunningham, William C., Strauchs, John J., Van Meter, Clifford W.(1990), op. cit., p. 128.; 앞에서 살펴본 바와 같이, 우리나라의 경우, 경찰의 허가를 받은 민간경비업체의 전체업종 가운데, 시설경비업이 약 97.5%를 차지하고 있다는 점에 주목할 필요가 있다.

이처럼 시설경비는 근무지 내에서 상주(常住)하면서, 일정한 경비 및 보호활동을 수행하는 형태를 의미한다고 볼 수 있다(이에 대한 세부논의는 뒤에서 살펴보기로 한다).

③ 유사 민간경비에 의한 시설경비

아파트와 같은 공동주택에 근무하는 경비원들의 경우 경비업법의 적용을 받는 경우 외에도「공동주택관리법」(共同住宅管理法, 2016 제정)의 적용을 받는 경우도 있다. 경비업법의 적용을 받아 공동주택에서 근무하는 경우는 전형적인 민간경비원(특히, 범죄·화재 등 위험발생 방지를 전문적으로 수행한다는 점 등)에 해당하지만, 공동주택관리법의 적용을 받아 근무하는 경비원들은 전형적인 민간경비원들이라고 보기에는 한계가 있다.

물론, 공동주택관리법상의 경비원들 역시 공동주택 단지 내에서 발생하는 범죄 및 화재와 같은 여러 가지 위험으로 주택과 건물 및 거주자 또는 방문자들을 보호하는 역할을 하고 있다는 점은 주지의 사실이다. 특히 낯선 사람의 출입을 통제함으로써 범죄예방 기능을 수행한다. 그러나 이들은 이러한 위험방지 업무뿐만 아니라 안내, 주차관리, 시설점검, 쓰레기 분리·정리에 이르기까지 다양한 업무를 수행하고 있다는 점이다.

그런데, 경비업법의 적용을 받는 경비원들과 공동주택관리법의 적용을 받는 경비원들은 범죄예방 및 안전교육에 있어서도 많은 차이가 있다. 공동주택관리법의 적용을 받는 경우, 공동주택단지에서 관리주체는 '경비업무에 종사하는 자(그리고 시설물 안전관리자 및 안전관리책임자로 선정된 자)'로 하여금 각종 안전사고의 예방과 방범(범죄예방)을 위하여 시장·군수·구청장이 실시하는 방범교육과 안전교육을 받도록 하고 있다(제32조 제2항).[41]

41) 시장·군수·구청장은 제2항에 따른 방범교육 및 안전교육을 국토교통부령으로 정하는 바에 따라 다음의 구분에 따른 기관 또는 법인에 위임(委任)하거나 위탁(委託)하여 실시할 수 있다. ① 방범교육: 관할 경찰서장 또는 제89조 제2항에 따라 인정받은 법인, ② 소방에 관한 안전교육: 관할 소방서장 또는 제89조 제2항에 따라 인정받은 법인, ③ 시설물에 관한 안전교육: 제89조제2항에 따라 인정받은 법인(공동주택관리법 제32조 제3항).

경비업법상의 경비원과 공동주택관리법상의 경비원의 범죄예방 교육훈련

① 경비업법상의 경비원
범죄예방 및 안전 교육과 관련하여 경비업법상의 경비원은 일정한 신임교육과 직무교육을 받도록 하고 있다(제13조 제1항). 이에 따라 경비원의 신임교육은 24시간, 직무교육은 매월 2시간 받도록 하고 있다(동법 시행령 제18조, 시행규칙 제12조 · 제13조).

② 공동주택관리법상의 경비원
공동주택관리법상에서는 신임교육에 대한 특별한 규정이 없고, 방범교육 등과 관련하여 년 2회 이내 매회별 4시간으로 규정하고 있을 뿐이다. 더욱이 방범교육대상자는 모든 경비원이 아니라 경비책임자(소방 및 시설물에 관한 안전교육의 경우: 시설물 안전관리 책임자)만이 그 대상으로 하고 있다는 점이다(동법 시행규칙 제12조 제1항).

③ 개선방안
생각건대, ㉠ 경비업법상의 경비원에 대한 신임교육 문제(교육기관의 교육수준 문제 및 교육내용의 현실화 문제) 직무교육의 문제(경비지도사에 의한 매월 2시간 교육의 실효성 문제)와 ㉡ 공동주택관리법상의 방범교육 등 관련 법적 미비점 등 모두 보완되어야 할 것이다. 따라서 향후 ㉢ 경비업법상의 경비원에 대한 교육훈련 규정 및 내용을 보완하고, 아울러 공동주택관리법상의 경비원에 대한 방범교육 등은 경비업법상의 신임교육과 직무교육의 규정을 준용하도록 하는 방안이 검토되어야 할 것이다.

그런데, 이러한 범죄예방 및 안전교육은 민간경비원들의 '전문성'(專門性) 확보 차원에서 중요한 의미를 가지고 있는데, 특히 공동주택관리법상의 경비원들에 대한 범죄예방 교육은 매우 미흡하다는 점이다.

한편, 경비업무를 수행하는 주체는 비단 공동주택에만 존재하는 것은 아니다. 한국표준산업분류에 의하면, 이러한 역할을 담당하는 산업에는 ㉠ 주거용 부동산 관리업, ㉡ 비주거용 부동산 관리업, 그리고 ㉢ 사업시설 유지관리 서비스업 등 크게 세 가지 유형이 있다.

주거용 부동산 관리업은 아파트 관리사무소와 같이 타인을 위해 주거용 건물을 관리하는 활동을 말한다. 비주거용 부동산 관리업은 사무용건물 관리사무소와 같이 타인을 위해 비주거용 건물의 관리를 담당하고, 사업시설 유지관리 서비스업은 고객의 사업운영을 지원하기 위해 사업시설 유지관리에 관련된 다양한 서비스를 제공하는 활동을 말한다. 이러한 사업체는 경비, 청소, 우편물 선별, 세탁, 점검 및 유지 수리 등의 관련서비스를 제공하기도 하며, 시설유지관리를 위해 운영요원을 파견하기도 한다.

또 아파트나 상업용 건물 등에 경비인력을 공급하는 인력공급업이 존재한다. 인력공급업이란 자기관리 하에 있는 노동자를 계약에 의해 타인 또는 타사업체에 일정기간 공급하는 산업활동을 말한다. 이 노무자들은 인력공급업체의 직원이지만 고객 사업체의 지시 및 감독을 받아 업무를 수행한다. 이렇게 파견된 인력들은 경비는 물론, 청소, 쓰

레기수거, 환경미화 등 다양한 업무에 종사하고 있다.[42]

이상과 같은 유사 민간경비산업 가운데 특히 부동산 관리업이 증가하고 있는 현상에 주목할 필요가 있다. 이러한 산업의 성장은 아파트의 증가와 무관하지 않다고 본다. 아파트와 같은 공동주택에서는 여러 세대가 사적인 공간에 같이 거주하기 때문에 경찰로부터 보호를 받기 힘든 치안수요가 생겨나기 때문이다. 어떻게 보면 이상과 같은 종사자들의 범죄예방 등의 관련기능은 본래 자신들의 업무 속에 착근(着根)되어 있다고 볼 수 있다.[43]

(2) 호송경비

① 호송경비의 의미

호송경비(護送警備) 또는 운반경비라는 것은 견고하게 무장된 차량과 무장경호경비원들이 현금, 위험물, 귀중품, 보석, 기타 높은 가치 또는 위험성을 가진 물품을 안전하게 호송하는 활동을 말한다. 오늘날 금융기관에서 설치한 수많은 자동현금인출기의 운용에 따른 현금호송의 증대 등 위험성 대비 호송서비스가 갖는 높은 수익률 등의 이유로 인해 일정한 시장성을 확보하고 있다.[44]

다만, 무장차량의 확보 · 유지비용 및 신용보험(Fidelity Insurance, 예: 현금호송을 담당한 경비원이 오히려 현금을 가지고 도주해 버린 경우와 같이 계약불이행에 의해 사용자에게 손해를 입힌 경우, 이에 대한 보상 등) 문제 등으로 인해 영세한 민간경비회사가 관련시장에 진출하는 것은 장벽이 있다. 현행 경비업에서 호송경비가 차지하는 비중은 매우 낮다. 그러나 이는 호송경비의 특성에서 비롯된 것이며, 따라서 이의 중요성이 낮기 때문인 것은 아니다.

---

42) 공동주택관리법상의 경비원 외에도「집합건물의 소유 및 관리에 관한 법률」(약칭: 집합건물법)에 종사하는 경비원도 존재한다. 여기에서 집합건물이란 '1동의 건물 중 구조상 구분된 여러 개의 부분이 독립한 건물'(예: 상가 등)을 의미한다. 경비업법상의 민간경비와 유사한 경비업무를 수행하는 이들의 규모 역시 민간경비 못지않다. 2001년 현재 ① 주거용 부동산 관리업의 경우 사업체 수가 12,314개, 관련종사자 수가 134,609명, ② 비주거용 부동산 관리업은 사업체 수가 3,744개, 관련종사자 수가 39,568명, ③ 사업시설 유지관리 서비스업의 경우 사업체 수가 580개, 관련종사자 수가 15,659명, ④ 인력 공급업의 경우 사업체 수가 2,307개, 관련종사자 수가 87,225명에 이르는 것으로 나타났다. 통계청(2002), 전국사업체기초통계조사(http://nso.go.kr).

43) 김성언(2004), 앞의 논문, pp. 119~121.

44) Cunningham, William C., Strauchs, John J., Van Meter, Clifford W.(1990), op. cit., p. 130.

② 호송경비의 법적 근거

호송경비와 관련하여 경비업법 제2조에서 '운반중에 있는 현금 · 유가증권 · 귀금속 · 상품 그 밖의 물건에 대하여 도난 · 화재 등 위험발생을 방지하는 업무'로 규정하고 있다.

한편, 일본의 경비업법에서 규정하고 있는 호송경비업무는 우리나라보다 좀 더 포괄적이라고 할 수 있다. 일본의 경우에는 현금, 귀금속, 미술품 외에 핵연료물질 등 위험물의 도난 등의 사고발생을 경계하고 방지하는 업무까지 포함하고 있기 때문이다. 이는 그만큼 민간경비의 활동영역이 넓다는 것을 의미한다.

③ 유사 민간경비에 의한 호송경비

호송경비와 관련하여 민간경비와 유사한 기능을 수행하는 다수의 직업군이 존재하고 있다. 예컨대, 심부름센터나 택배서비스는 민간경비의 호송서비스와 유사한 역할을 담당한다고 볼 수 있다. 왜냐하면, 이러한 탁송회사들도 간혹 귀중품이나 중요한 문서들을 운반하는 경우가 있기 때문이다. 만약 탁송회사들이 귀중품이나 중요문서, 위험물질, 약품 등의 배달을 주요 업무로 맡는다면 민간경비산업의 범주에 포함시킬 수도 있을 것이다. 이러한 점에서 탁송회사와 경비업법상의 호송경비 간의 구분은 정도의 문제라고 할 수 있다.

다만, 경비업법상의 호송경비는 현금, 유가증권, 금괴 등 귀중품 운반을 전문적으로 담당한다는 점에서 일반 탁송회사와 차별화 된다. 물론, 운반차량 및 운반도구(현금운송가방 등)의 물리적 구조가 다른 점도 고려되어야 할 것이다. 또한 탁송회사는 직원들에게 호송경비원들과 같은 수준의 안전관리 능력을 요구하지도 않는다. 그리고 탁송회사 직원들은 범죄예방 또는 손실예방이라는 관점에서 업무를 수행하는 것은 아니라고 본다. 따라서 비록, 탁송회사 직원들이 보호의 기능을 수행하기는 해도, 민간경비원들과 같이 보호서비스를 전문적으로 제공하지는 않기 때문에 민간경비가 아닌 주변적 영역으로서 고려해야 할 것이다.[45]

(3) 신변보호

① 신변보호의 의미

일반적으로 신변보호(身邊保護)라는 것은 특정인에 대한 '일신(一身)상의 제반 보호활동'을 의미한다고 볼 수 있다. 오늘날 국내외 치안환경의 악화와 안전에 대한 사회적 욕

45) George, Bruce and Button, Mark(2000), op. cit., p. 118.; 김성언(2004), 앞의 논문, pp. 111~112.

구가 높아짐에 따라 이러한 신변보호의 필요성은 정치적 · 경제적 중요인물뿐만 아니라 예술인, 스포츠선수, 일반시민(여성, 어린이, 노약자 등)에 이르기까지 광범위하게 대두되고 있다. 이와 더불어 최근에는 GPS를 이용한 '위치정보시스템'이나 일반 여성 및 어린이 등 범죄에 취약한 사람을 대상으로 한 '에스코트 서비스'의 수요가 높아지고 있음은 주지의 사실이다(이에 관한 세부적 내용은 제20장에서 살펴보기로 한다).

② 신변보호의 법적 근거

신변보호와 관련하여 경비업법 제2조에서는 '사람의 신체에 대한 위해의 발생을 방지하고 그 신변을 보호하는 업무'를 말한다고 규정하고 있다.[46] 물론, 시설경비 등에 의해 시설 내의 구성원(임직원, 방문객 등)에 대한 신변보호활동이 부차적으로 이루어지는 것이 사실이다. 그러나 여기에서 의미하는 신변보호는 이러한 부차적인 경호 및 보호활동이 아니라 신변보호를 전문적으로 수행하는 이른바 '경호원' 을 의미한다고 볼 수 있다.

(4) 기계경비

① 기계경비의 의미

민간경비시장에서 빠른 성장세를 보이고 있는 사업 가운데 하나가 바로 기계경비(機械警備)라고 할 수 있다. 기계경비의 빠른 성장 원인은 산업시설 및 상업시설, 그리고 공공시설뿐만 아니라 최근 들어 주거시설에서 CCTV와 같은 감시장치, 자석 · 열 · 충격 감지기와 같은 경보장치를 설치하는 경우가 증가하고 있기 때문이다. 그리고 최근 과학기술의 발달로 감시장치인 CCTV에 경보장치가 결합되어 운용되는 형태로 발전하고 있기 때문에 이의 명확한 구분이 어렵게 되고 있다.

일반적으로 기계경비는 순찰서비스와 함께 제공된다고 볼 수 있다. 기계경비서비스를 제공하는 경비회사는 이들 장치를 설치한 일정한 시설을 중심으로 순찰차 등을 이용한 순찰활동을 실시하고, 동시에 범죄 및 화재와 같은 사건 발생시에 현장에 출동하여 대응하는 형태로 운용된다.

---

46) 민간경비 차원의 경호개념에 비하여 공경비 차원의 경호개념은 좀 더 광의적이다. 이는 공경호 대상(대통령 등 갑호, 국회의장 등 을호, 장관 등 병호)이 가지고 있는 국내외의 정치적 중요성과 이에 따른 경호규모성 등에서 비롯된 것이라 할 수 있다. 이 가운데, 특히 대통령 등(갑호 경호대상)의 경호는 오늘날 불안정한 국내외 치안환경에서 보다 강조되고 있다. 대통령 등의 경호개념은 "경호대상자의 생명과 재산을 보호하기 위하여 신체에 가하여지는 위해(危害)를 방지하거나 제거하고, 특정 지역을 경계 · 순찰 및 방비하는 등의 모든 안전 활동을 말한다"고 규정되어 있다(대통령 등의 경호에 관한 법률 제2조). 이처럼 공경호의 개념 속에는 '신변보호'와 '경비'(警備)의 개념이 결합되어 있음을 알 수 있으며, 이는 '3중경호이론'(三重警護理論)으로 요약된다.

② 기계경비의 법적 근거

기계경비와 관련하여 경비업법 제2조에서는 '경비대상시설에 설치한 기기에 의하여 감지 · 송신된 정보를 그 경비대상시설 외(外)의 장소에 설치한 관제시설의 기기로 수신하여 도난 · 화재 등 위험발생을 방지하는 업무'로 규정하고 있다.

그런데 기계경비에 의한 경보대응서비스를 경비대상시설 외의 관제시설뿐만 아니라 경비대상시설 내의 장소에서 실시하는 것도 관계가 없다고 본다. 다만, 현행 경비업법에서는 경비대상시설 외의 관제시설에서 이루어지는 기계경비로 한정(限定)하고 있다. 이는 이른바 '무인기계경비'를 염두 해 두고 마련한 규정인지 아니면, 일본 경비업법 제2조 제5항을 그대로 원용한 것에서 비롯된 것인지는 불분명하다.[47]

그리고 주의할 것은 경비업법 제2조상의 경비업의 유형 가운데, 시설경비 · 호송경비 · 신변보호 · 특수경비는 모두 보호대상(保護對象)을 기준으로 한 것이라면, 기계경비는 보호수단(保護手段)을 기준으로 한 것이라는 점이다. 이러한 이유로, 기계경비업무를 경비업 가운데 하나의 유형으로 두는 현행법의 태도는 다소 문제가 있다고 본다. 기계경비업무는 시설경비 등의 업무를 수행하는 과정에서 인력경비(人力警備)와 함께 운용될 수 있는 '수단'(手段)으로서의 의미를 가지고 있는 것이기 때문이다.

이러한 기계경비업무는 최근 건물(특히, 소규모 점포 등)에서 야간에 숙직과 같이 근무하는 경우가 줄어들면서, 외부 순찰업무와 병행하여 활발하게 이루어지고 있다. 또한 최근 범죄문제의 심화, 휴일의 증가, 그리고 기계경비장치 기술의 고도화 · 과학화 등을 배경으로 하여 급속히 그 수요가 증대되고 있다. 그리고 홈시큐리티(Home Security)의 일반화, 현금자동인출기(ATM)의 설치 증대, 교육시설 · 의료시설 등 각종 시설경비의 필요성 증대 등으로 인해 이의 시장규모는 확대되고 있다고 볼 수 있다.[48]

③ 기계경비의 운용

이러한 기계경비가 제공하는 서비스는 크게 4가지로 구분할 수 있다. 기계경비장치 판매자, 기계경비장치 설치자 및 기술자, 기계경비장치 작동 감시자, 그리고 기계경비장치의 작동에 출동하는 대응자(출동요원)로 나뉜다.

47) 일본 경비업법에서는 기계경비업무라는 것은 "경비업무용 기계장치(경비업무 대상시설에 설치하는 기계에서 감지한 도난 등의 사고 발생에 관한 정보를 해당 경비업무 대상시설 이외(以外)의 시설에 설치하는 기계에 송신하고 또한 수신하기 위한 장치로 내각부령으로 정하는 것을 말한다)를 사용하여 수행하는 경비업무(시설경비)를 말한다"고 규정하고 있다(제2조 제5항). 이처럼 일본 경비업법에서는 기계경비를 경비업무의 한 유형으로 보지 않고, 경비업무 가운데 시설경비에서 행하는 업무로 보고 있음을 알 수 있다.

48) 안황권 외(2007), 비교시큐리티제도론, 서울: 진영사, p. 139.

여기에서 기계경비장치 설치자 및 기술자는 다양한 형태의 관련장치 설치에 필요한 교육훈련을 받고, 아울러 이의 유지관리에 대한 책임을 맡고 있다. 기계경비장치 작동 감시자는 중앙센터에서 경보장치의 작동 여부를 감시하고, 경찰과 같은 공공기관과 가입자에게 연락을 취하고, 다른 기계경비회사 경비원들과 관련정보를 공유하기도 한다. 기계경비장치 대응자는 관련장치가 작동하였을 경우 현장에 출동하여 발생한 상황에 필요한 조치를 취하게 된다.

그런데 이러한 4가지 구분 즉, 기계경비장치 판매자, 설치자 및 기술자, 감시자, 그리고 대응자로 나누었을 때, 기계경비서비스를 어디까지로 정할 것인가는 분명하지 않다. 기계경비장치 제작 및 판매 영역은 엄격하게 이 범주에 포함하기가 어려울 수도 있기 때문이다. 일반적으로 기계경비장치 작동 감시자와 대응자가 민간경비의 영역으로 인식된다고 볼 수 있다.

(5) 혼잡 · 교통유도경비

① 혼잡 · 교통유도경비의 의미

사전적 의미로 혼잡(混雜)이라는 것은 '한데 뒤섞여 매우 어수선하고 떠들썩한 상태'를 의미한다. 이러한 혼잡한 상황은 사람이나 차량 등이 특정한 장소 등에서 뒤섞여 있을 때 발생하게 된다. 예컨대, 공사현장, 도로를 점유하는 대형 행사장, 옥외집회 현장 등을 들 수 있다. 이와 관련하여 특히, 도로에서 이루어지는 공사 현장의 경우, 사람과 시설에 의한 적절한 안전조치가(차로변경, 공사장 인식, 보행로 확보 안내 등) 취해지지 않으면 심각한 문제가 생길 수 있다.

혼잡 · 교통유도경비는 이러한 혼잡한 상황에서 발생할 수 있는 위험을 적절하게 통제하여 사람이나 차량이 안전하고, 원활하게 진행하도록 하는 활동이라고 할 수 있다.

② 혼잡 · 교통유도경비의 법적 근거

우리나라에서도 경비업법이 개정되어(2024.1.30, 시행 2025.1.31), 혼잡 · 교통유도경비의 법적 근거가 마련되었다.[49] 이에 따라 경비업법 제2조에서 '혼잡 · 교통유도경비'를 규정하고 이에 대해서 '도로에 접속한 공사현장 및 사람과 차량의 통행에 위험이

49) 경비업법이 개정되기 전까지 우리나라 경비업법상에서 혼잡 · 교통유도경비라는 것은 경비업무의 한 유형으로서 명시적으로 규정되어 있지 않았지만, 시설경비나 신변보호업무 등에 어느 정도 포함되어 있다고 본다. 예컨대, 경비업법은 '시설경비업무'에 대해서 '경비를 필요로 하는 시설 및 장소에서의 도난 · 화재 그 밖의 혼잡(混雜) 등으로 인한 위험발생을 방지하는 업무'로 규정하고 있다는 점에서 이의 근거를 찾을 수 있다. 한편, 공경비인 경비경찰의 활동에도 혼잡 · 교통유도경비(집회시위 및 각종 행사 등)가 포함되어 있다고 본다.

있는 장소 또는 도로를 점유하는 행사장 등에서 교통사고나 그 밖의 혼잡(混雜) 등으로 인한 위험발생을 방지하는 업무'로 정의하였다(제1항 바목).

혼잡 · 교통유도경비의 제도화와 관련하여 미국의 경우, 2009년도 16개 주에서 시행하던 교통유도경비제도를 2010년도에는 49개 주에서 도로공사 및 건설공사 현장에서 차량이나 보행자의 안전을 확보하기 위하여 교통유도경비제도를 실시하고 있다.

일본 또한 1972년 경비업법 제정하면서부터 혼잡 · 교통유도경비를 경비업무의 하나로 규정하여 오늘에 이르고 있다.[50] 그리고 일본에서는 이러한 교통유도경비를 개별자격증으로 인정하고 있으며, 이것이 민간경비업 분야에서 차지하는 비중이 매우 높다.[51] 지난 10여년간(1995~2005) 일본민간경비에서 혼잡경비(교통유도 등)업무가 차지하는 비중은 전체 민간경비원의 50%를 넘어서고 있다는 점에 주목할 필요가 있다.[52]

(6) 민간조사

① 민간조사의 의미

오늘날 많은 선진 국가에서는 민간조사원(PI: Private Investigator)을 민간경비의 한 유형으로 인식하고 있다. 민간간조사원은 이른바 '사설탐정'(私設探偵) 또는 '공인탐정'(公認探偵)으로 불리기도 하는데, 이들은 개인 및 기업과 같은 고객과 일정한 계약을 체결하고, 각종 조사 또는 수사와 관련된 정보서비스를 제공하고 있다.

이와 관련하여 예를 들면, 미국의 많은 법률회사(Law Firm)에서는 민간조사원을 고용하여 민사소송 및 형사소송에 대비하여 각종 정보를 수집하는 활동을 수행하도록 하고 있다. 보험회사에서도 방화, 생명보험 사기, 대규모 범죄보험관련 소송, 근로자 보상

---

50) 일본 경비업법에서는 '사람 또는 차량의 혼잡(混雜)한 장소 또는 이들의 통행에 위험이 있는 장소에서의 부상 등의 사고의 발생을 경계하고 방지하는 업무'를 규정하고 있다(제2조 제2항).

51) 일본은 1972년 경비업법을 제정하면서 이러한 혼잡경비 즉, 교통유도경비를 경비업무의 일부로 규정하였으며, 2005년 국가공안위원회 규칙 제20호 「경비원 등의 검정 등에 관한 규칙(警備員等の検定等に關する規則)」을 통해 정식으로 경비원 검정제도(檢定制度)를 실시하고 있다. 여기에서 혼잡경비에 대한 법적 근거는 본문에서 설명한 경비업법 제2조 제1항 제2호에서 찾을 수 있고, 보다 구체적으로는 위의「경비원 등의 검정 등에 관한 규칙」제1조에서 특정 종류별 경비업무를 정의하고 있다. 동 규칙 제4항을 보면, 경비업법 제2조 제1항 제2호에서 규정하는 경비업무 중 "공사 현장이나 기타 사람 또는 차량 통행에 위험이 있는 장소에서의 부상 등의 사고 발생을 경계하여 방지하는 업무를 '교통유도경비업무'(교통유도에 관한 것에 한함)"라고 정의하고 있다. 이처럼 일본의 교통유도경비는 도로공사 현장이나 주차장 등에 출입하는 차량이 도로를 통행하는 차량이나 보행자에게 피해가 가지 않도록 그 출입을 유도하고, 도로공사 등이 대중교통에 미치는 피해를 줄이기 위해 일반차량이나 보행자의 통행을 유도하는 것임을 알 수 있다. 신성균(2013), "교통유도업무의 제도화방안에 관한 연구," 동국대학교 박사학위논문, pp. 65~66.

52) 일본전국경비업협회(2005. 8), Security Times, vol. 309, pp. 10~14.

소송, 자동차사고 등과 관련된 조사를 처리하도록 하고 있다. 또 일반기업에서는 채용 예정인 직원의 배경조사, 보험 및 신용조사 등을 의뢰하기도 한다. 나라마다 차이는 있지만 민간조사원은 다음과 같은 활동을 수행하는 것으로 인식되고 있다.[53)]

민간조사의 주요 업무

- 실종사건의 조사
- 각종 사건의 민사·형사재판에 이용될 증거의 확보
- 기업 지원자들에 대한 신용조회 등 배경조사
- 기업 내부절도 또는 기타 직원에 의해 저질러지는 범죄조사
- 기업 신규지원자 및 내부직원의 약물조사
- 도난당한 물품의 소재파악 및 원상회복
- 특정 사건 진상조사위원회에 이용될 증거의 확보 등

② 민간조사의 법적 근거

영미법계 국가에서는 자경주의(自警主義) 전통이 강하여 민간조사(탐정)제도가 일찍이 발달하였다. 예를 들면, 형사재판의 당사자주의(當事者主義)와 민간조사는 밀접한 관련성이 있다고 볼 수 있다. 당사자주의에서는 개인의 권리가 사법시스템에 의해 자동적·수동적으로 보호되는 것이 아니라, 자신의 적극적·능동적인 소송활동을 통해서 보호될 수 있는 것이다. 따라서 소송당사자는 유능한 민간조사원을 고용해 자신에 유리한 증거를 최대한 확보하고자 할 것이며, 이는 민간조사제도가 발전하게 된 이유 가운데 하나라고 볼 수 있다.[54)]

그러나 우리나라의 경우에는 아직 민간조사가 하나의 '독립된 법률형식'을 갖추고 제도적으로 정착되어 운영되지 못하고 있다.[55)] 이러한 상황에서 우후죽순처럼 빠르게 관련시장이 확대되고 있기 때문에, 이들에 의한 비윤리적·불법적 활동은 적지 않은 사회적 문제를 발생하게 할 우려가 적지 않다고 본다.

---

53) Hess, Kären M. and Wrobleski, Henry M.(1996), op. cit., p. 33~34.

54) 황정익(2006), "공인탐정제도의 사회적 필요성과 향후 발전과제," 한국민간경비학회보, p. 123.

55) 1977년부터 2020년 8월 4일까지 국내에서 '신용정보 이용 및 보호에 관한 법률'(약칭: 신용정보법)에 의해, 자신을 탐정이라고 소개하거나 사설탐정업을 영위하는 것은 불법이었다(제40조 제5항). 그러나 2020년 8월 5일부터 신용정보법상 금지조항의 적용이 신용정보회사 등으로 한정되면서, 탐정이라는 명칭은 신용정보회사가 아닌 한 누구든지 사용할 수 있게 되었다.
이에 따라 현재 흥신소, 심부름센터 등을 포함하여 수많은 관련 종사자는 탐정이라는 명칭을 사용하고 있다. 이와 더불어 방송 및 유튜브 등 다양한 매체를 통해 자신의 활동을 소개하고 있다. 그러나 민간조사(탐정) 관련 기본법이 없는 상태에서 탐정이라는 명칭만 사용 가능하고, 특별한 규제장치가 마련되어 있지 않기 때문에 「변호사법」, 「개인정보보호법」, 「스토킹범죄의 처벌 등에 관한 법률」(약칭: 스토킹처벌법) 등 관련법률의 위반 가능성이 적지 않다.

민원서류 대행이나 택배서비스 등 단순 대행업무를 하던 이른바 '심부름센터'들이 최근에는 '○○위기관리센터'(Risk Management Center)나 '○○보안컨설팅'(Security Consulting)이란 이름들을 내걸고 있다. 적어도 이름에서는 심부름센터라는 느낌을 가질 수 없다. 이들 업체들이 선전하고 있는 업무들을 보면 더욱 놀랄 정도이다. VIP나 유학생 신변보호서비스, 지적재산권침해조사, 기업보안컨설팅, 교통사고조사, 보험사기조사, 유전자감식, 해외업무, 교육과 출판 등을 망라하고 있다. 뿐만 아니라 국제공인 PI(Private Investigator)자격증을 갖춘 차세대 시큐리티산업을 선도하는 선진국형 종합보안컨설팅회사라고 선전하고 있다.
그러나 전문경호업체 등 민간경비와 관련된 몇 몇 전문업체를 제외하고는 아직도 대부분의 업체가 매우 영세한 것이 사실이다. 개인이나 몇 사람의 동업자들이 인터넷이나 지역생활지 등을 대상으로 선전하면서 실상은 불륜조사, 채권확보, 신상정보유출, 도청 등 불법을 자행하고 있다. 뿐만 아니라 의뢰인으로부터 거액을 약속받는다면 청부살해나 납치마저 서슴치 않고 있어 사회문제가 되고 있다. 이런 업체들 중 현재 세무서에 공식적으로 등록된 경우가 500여개이고, 비공식적으로는 3,000여개 이상이며, 서울에만도 1,000여개가 성업 중이라고 한다.[56)]

③ 민간조사의 정체성

우리나라의 현행 경비업법에서도 민간조사와 관련된 내용이 규정되어 있지 않고, 따라서 이를 민간경비의 한 영역으로 보는 것은 한계가 있다고 본다.[57)]

그리고 비록 시장(market)에서 다양한 민간조사활동이 이루어지고 있지만, 관련 법적 근거가 명확하지 않기 때문이다. 그러나 미국이나 일본 등에서는 합법적으로 민간조사활동이 다양한 형태로 이루어지고 있고, 따라서 민간경비의 중요한 영역으로 포함하고 있다. 민간조사는 고객의 안전 및 손실과 관련된 다양한 정보를 수집하는 것이 주요활동이기 때문이다.

56) 이상배(2006), "민간조사제도의 정착 및 수사기관과의 관계정립에 관한 연구: 심부름센터의 불법행위 방지를 중심으로," 2006년도 정책연구보고, p. 2.; 전대양(2006), "민간조사업 법안의 주요 쟁점에 관한 연구," 한국민간경비학회보, pp. 36~37.

57) 일본 역시 우리와 마찬가지로 민간조사업의 법적 근거가 마련되어 있지 않다가 지난 2006년 6월에 「탐정업무의 적정화에 관한 법률」을 제정(2007년 6월 시행)하였다. 다만, 일본 민간조사(탐정)업은 경비업법에 규정하기보다는 별도의 법에 규정하고 있다는 점에서 민간경비의 한 영역으로 볼 수 있느냐 하는 의문이 제기될 수도 있다. 그러나 민간조사의 본질적 특성을 고려하고, 아울러 일본 민간조사업 역시 경찰관할 즉, 도도부현 공안위원회(都道府県 公安委員會)에서 관리(신고제)하고 있다는 점에 비추어 볼 때 이 역시 민간경비의 한 영역으로 볼 수 있을 것이다(다만, 민간조사의 운영·관리상의 특성으로 경비업법과 분리하여 규정하고 있다). 향후 우리나라에서도 민간조사 관련법이 도입될 가능성이 높다고 보며, 일본과 마찬가지로 경비업법이 아닌 별도의 개별법으로 제정될 것으로 보인다.

3) 보안장비 제작 및 판매서비스

민간경비의 주요 영역 가운데 하나로 보안장비 제작 및 판매 분야를 포함시킬 수도 있다. 이렇게 된다면 민간경비산업의 영역은 더욱 확대된다. 미국에서는 민간경비산업을 설명할 때 이러한 보안장비 제작 및 판매 분야를 포함하기도 한다.[58] 그러나 우리나라 현행 경비업법상으로 보안장비 제작 및 판매업이 민간경비의 활동영역으로 분류된 것은 아니다. 다만, 관련장비가 범죄예방 및 손실예방과 밀접한 관련성을 가지고 있기 때문에 이를 민간경비의 한 영역으로 논의할 수는 있을 것이다.

보안장비는 기계적·물리적 형태와 전자적 형태로 구분할 수 있다. 기계적·물리적 보안장비의 대표적인 형태는 자물쇠, 금고, 경비조명, 셔터, 울타리 등이다. 전자적 보안장비의 대표적인 형태는 감시카메라(CCTV), 경보 장치, 전자적 출입통제 장치, 폭발물감지 장치, 금속탐지 장치, 컴퓨터안전 장치, 전화안전 장치 등을 들 수 있다(기계적·물리적 형태이냐 아니면 전자적 형태이냐 하는 구분 역시 상대적이며, 경우에 따라서는 한 장치에 두 가지 기능을 동시에 갖는 경우도 있다). 기계적·물리적 보안장비가 전통적인 형태라면, 전자적 보안장비는 현대적인 형태라고 할 수 있다.

우리나라의 보안시장의 경우 지난 9년간(1993~2001)을 비교해 보았을 때, 전통적 보안장비 관련업은 다소의 증가 형태(예: 잠금장치 제조업의 경우 연평균 0.2% 증가)를 보여주었다면, 현재 보안장비 관련업(예: CCTV 등 감시장치 제조업은 연평균 35.5% 증가)은 빠른 속도로 성장률을 보여주고 있다는 점이다. 이는 보안시장의 구조변화를 의미하며, 치안활동의 중심축이 외부의 침입에 대한 단순한 수동적 방어활동이 아닌 보다 적극적인 예방 및 방어활동을 중요시하는 쪽으로 발전되고 있음을 암시한다.[59]

생각건대, 현실적으로 보안장비의 제작·설치·판매 시장을 민간경비산업의 영역으로 포함시키는 데는 한계가 없지 않다고 본다. 그리고 보안장비 관련 시장에 대한 정확한 통계를 파악하는 것이 불가능하다는 문제점도 안고 있다. 이는 보안장비 관련시장과 일반 장비시장이 뚜렷이 구분되지 않는다는 점을 의미한다.

우리나라의 경우, 보안장비 시장의 추세를 파악할 수 있는 자료가 통계청의 전국사업체기초통계 조사인데, 문제는 한국표준산업분류표에 의해서는 보안장비 관련 업종을 정확하게 분리해내기가 어렵다는 점이다. 전국사업체기초통계 조사자료에 나타난 기계적·물리적 보안장비 제조업체 현황은 산업대분류의 조립금속제품 제조업 중 '일반철물제

58) Cunningham, William C., Strauchs, John J., Van Meter, Clifford W.(1990), op. cit., p.129.

59) 김성언(2004), 앞의 논문, p. 105.

조업'과 '금고제조업' 정도이다. 전자적 보안장비제조업체의 현황은 '방송 및 무선통신기기 제조업'과 '전기경보 및 신호장치제조업'을 통해 그 근사치를 파악할 수 있다. 그러나 문제는 금고제조업을 제외한 나머지 업종들의 경우에는 보안장비 이외의 품목들도 그 업종의 제조물품 항목으로 포함되기 때문에 현실적으로 과대추정 될 위험성을 안고 있다는 점이다.[60]

예컨대, '일반철물제조업'에는 대표품목인 자물쇠 및 열쇠 제조만 포함되는 것이 아니라 창문용, 건물용, 가구용, 선박 및 차량 등의 운송장비와 기타 일반용 철물 제조도 포함된다. '방송 및 무선통신기기 제조업'에는 감시카메라의 제작은 물론, 유무선 방송중계기기나 무선전신기, 무선전화기, 라디오 방송용기기의 제작 등도 포함되어 있다. '전기경보 및 신호장치 제조업'은 음향 또는 시각용 경보장치 및 내부통신장비를 제조하는 활동을 말하는데, 도난경보기뿐만 아니라 화재경보기와 가스경보기의 제조, 음향신호장치의 제조 등도 이 산업의 범주에 포함되어 있다는 점이다.

또 렌즈나 거울 등을 제작하는 회사를 들 수 있다. 렌즈나 거울은 경우에 따라서는 경비의 목적으로 활용되지만 그렇다고 해서 이들 제조회사를 민간경비산업으로 분류하는 것은 한계가 있다. 그리고 일반적으로 자물쇠와 열쇠 제조회사들을 민간경비산업에 포함하기도 하는데, 그렇다면 구두 수리점 등에서 열쇠를 복사해주는 서비스를 민간경비산업의 범주에 포함하는 것이 타당한가라는 의문이 제기될 수 있다.

4) 기타

미국에서는 민간경비와 관련된 자문서비스(Security Consultant Services)를 제공하는 것도 민간경비의 한 영역으로 포함하기도 한다. 이러한 민간경비 관련 자문서비스는 ㉠ 기술적 · 기계적인(Engineering) 분야, ㉡ 관리(Management) 분야, ㉢ 요인경호(Executive Protection) 분야, 그리고 ㉣ 컴퓨터 안전관리(Computer Security) 분야 등 크게 4가지로 구분되고 있다.[61] 각 영역에서 전문적인 지식과 교육훈련을 받은 전문가들은 고객의 필요한 수준에 맞춰 적절한 자문활동을 하게 된다.

민간경비의 기술적 · 기계적인 분야의 자문가들은 일반적으로 경비시스템을 설계하고, 이 경비시스템에 적용되는 기술적 · 물리적인 수단을 상세하게 개발하는 일을 하고 있다. 이러한 자문서비스가 적절하게 이루어지기 위해서는 기본적으로 의뢰자가 보호를

60) 위의 논문, pp. 103~104.

61) Cunningham, William C., Strauchs, John J., Van Meter, Clifford W.(1990), op. cit., pp. 130~131.; Hess, Kären M. and Wrobleski, Henry M.(1996), op. cit., pp. 36~37.

필요로 하는 특정 재산이 무엇인지를 파악하고, 이에 대한 어떠한 경비시스템을 적용하는 것이 최선의 비용/효과적인 방법인지를 파악해야 한다.

민간경비의 관리 분야의 자문가들은 예산과 인사관리와 결합한 위험성 조기감지 프로그램의 개발, 특별한 손실문제의 분석, 자산보호 프로그램의 구축 등의 업무를 수행하고 있다. 어떤 경우에는 이들은 법률, 회계, 또는 기업합병 · 인수 등에 있어서 상당한 전문적 지식을 필요로 하는 독특한 서비스를 제공하기도 한다. 또한 이들은 소송사건에서 전문가로서의 역할을 하기도 한다.

한편, 위기관리(Risk Management) 및 요인보호 분야의 자문가들은 기업의 요인 및 시설보호와 관련된 계획을 수립하는 활동을 하고 있다. 이 가운데 요인보호 분야는 특히 매우 빠른 성장세를 보이고 있다. 왜냐하면 많은 기업은 국제화된 사회 속에서 테러의 발생 가능성 및 여러 위험에 노출될 우려가 있기 때문이다. 따라서 이들 자문가는 기업 내부요인뿐만 아니라 외부요인에 의해서 야기되는 납치 · 공격 등과 같은 '불의의 위험사태에 대응하기 위한 사전적 대응전략'(Contingency Plan)을 개발하고 있다(이에 대한 세부적인 내용은 제16장에서 살펴보기로 한다).

그리고 컴퓨터보안 및 안전관리 자문가들의 활동영역은 오늘날 기업기밀 및 컴퓨터에 연결된 정보보호의 필요성의 증가와 더불어 크게 증가하고 있다. 이들 자문가는 전자자료 처리시스템(EDPS: Electronic Data Processing System)의 검사, 소프트웨어 보호 및 데이터 암호프로그램의 개발, 그리고 관련 위험성 평가 · 분석 등과 관련된 서비스를 제공하고 있다(이와 관련된 세부적인 내용은 제13장에서 살펴보기로 한다).

이 밖에도 민간경비는 이와 관련된 20개 이상의 분야에서 시장을 형성하고 있다. 예컨대, 경비견(Guard Dogs), 약물 테스트, 법의학, 민간경비 관련 보험, 민간경비 시장조사, 민간경비 관련 출판, 민간경비 교육훈련소, 쇼핑서비스, 정직성 테스트, 제복 대여 및 판매 등을 포함한다. 이러한 관점에서 본다면 민간경비의 영역이 과연 어디까지인가에 대한 의문이 제기되기도 한다.

물론, 우리나라에서 이상과 같은 영역과 관련하여 경비업법상의 어떠한 규정이 있는 것은 아니다. 다만, 그 활동의 특성이 시큐리티와 관련되기 때문에 논의의 대상이 된다고 본다. 또 앞에서 언급한 바와 같이 우리나라의 경우 '심부름센터'나 '컨설팅'이라는 이름하에 관련 업무를 종합적으로 수행(경우에 따라서는 불법적인 방법을 사용하여)하는 수많은 업체가 난립하고 있는 것도 사실이다. 우리나라의 경우, 민간경비와 관련하여 전문적인 자문서비스를 제공하는 영역은 아직까지 미개척분야라고 할 수 있다.

제2장
민간경비의 역사적 발전과정

제1절 기본논의

고대문헌이나 성서와 같은 여러 자료에서 개인의 생명과 재산의 보호 및 사회의 질서 유지를 위해 야간감시자(Night Watchman)나 경비원(Guard) 등을 배치하였다는 기록을 발견할 수 있다. 자경주의(自警主義, Vigilnatism) 차원에서 볼 때, 민간경비의 역사는 인류의 역사와 더불어 시작되었고, 그것은 국가라는 실체를 전제로 발전한 공경비보다 훨씬 선행하였음을 알 수 있다. 따라서 민간경비의 역사적 발전과정에 대한 논의는 인류의 역사적 등장에서부터 접근할 수 있을 것이다.

사실, 개인의 생명과 재산을 보호하고 사회의 질서를 유지한다는 것은 인류역사에서 가장 본질적인 과제 중의 하나라고 할 수 있다. 인간은 주변의 열악한 환경과 자연재해, 그리고 동족 간의 공격으로부터의 자신과 가족을 스스로 보호하기 위한 방법을 찾지 않을 수 없었을 것이다. 이를 위해 주거형태를 활용하는 방법을 들 수 있는데, 절벽에 위치한 동굴 집, 나무 위에 만든 집, 그리고 수상가옥 등은 대표적인 예라 할 수 있다.[1)]

그러나 이 장에서는 이러한 논의보다는 현대적 의미의 민간경비 즉, 19세기 후반 이후에 각국에서 형성·발전된 민간경비를 중심으로 접근하고자 한다. 이 시기 이후에 민간경비는 하나의 '산업'(産業, Industry)으로서 '자본주의'(資本主義, Capitalism)와 밀접하게 역학관계를 맺으면서 발전되었음을 이미 앞에서 언급한 바 있다.

이 장에서는 미국, 일본, 그리고 우리나라를 중심으로 민간경비의 역사를 살펴보기로 한다. 물론, 국가에 따라 현대적 의미의 민간경비가 형성·발전된 시기는 서로 다르다. 예컨대, 서구의 민간경비가 19세기 이후에 형성·발전되었다고 한다면 우리나라는 1950년대에 이르러 비로소 형성발전 되었기 때문이다. 따라서 이 글에서는 이러한 시대적 상황들을 기본적으로 이해하고, 국가마다 내재한 특수한 상황을 살펴보고자 한다.

---

1) 이윤근(2001), 민간경비원론, 서울: 엑스퍼트, p. 10.

제2절 미국 민간경비의 역사적 발전과정

1. 식민지시대의 공경비와 자경주의

미국의 치안활동은 영국을 중심으로 한 유럽인들이 개척자로서 건너왔을 때부터 시작되었고, 이들의 목적은 외부의 적이나 내부의 범죄자 등으로부터 식민지사회 구성원의 안전을 지키기 위한 것이었다.

당시에 미국사회에서는 어떠한 독창적인 공적(公的) 또는 사적(私的)인 치안활동 관련 조직이 조직화되지 못하였고, 영국 등 이주민들이 자기들 본국에서 친숙했던 제도들을 미국에 이식시키는 형태를 취하였다. 그리고 이러한 제도들은 점차 자신들의 새로운 환경에 적합하도록 변형되어 갔다고 볼 수 있다.

식민지시대(1607~1776)의 미국에 있어서 법집행과 관련된 대표적인 제도는 영국의 영향을 받은 보안관(Sheriff), 치안관(Constable), 그리고 경비원(Watchman) 등을 들 수 있다.[2] 보안관은 일찍부터 가장 중요한 법집행기관으로서, 식민지 총독에 의해 임명되어 법집행뿐만 아니라 세금징수, 선거관리, 도로 · 교량 등 공공시설의 유지와 관련하여 포괄적인 역할을 하였다. 치안관 역시 식민지사회에서 부보안관(Little Sheriff) 역할을 하였는데, 마찬가지로 법집행뿐만 아니라 시민생활에 있어서 넓은 영역에까지 관여하였다.

이들 보안관과 치안관이 공적인 차원에서 치안활동을 담당하였다면, 경비원제도는 자경주의적 차원(그것이 강제적이든, 자발적이든 간에)에서 이루어진 것이라 할 수 있다. 지역사회의 안전과 관련하여 영국의 자경주의적 책임의 전통에 따라 공적인 법집행기관 외에 사회구성원 전체(일정한 연령의 모든 남자)에 대해 치안에 대한 책임을 지도록 한 것이다.

이에 따라서 각 지역사회의 구성원들은 의무적으로 야간경비와 순찰활동을 교대로 하여 범죄와 화재 그리고 의심스러운 사람의 발견 등 경계 · 예방활동을 하였다. 경비원제도는 후에 몇몇 대도시에서 주간경비제도로 변형시키기는 하였지만, 당시에는 어디까지나 야간활동이 원칙이었다.

---

2) 정진환(2006), 비교경찰제도, 서울: 백산출판사, pp. 141~142.; Hess, Kären M. and Wrobleski, Henry M.(1996), Introduction to Private Security, N.Y.: West Publishing Company, pp. 15~16.

2. 미국의 독립과 초기시대

미국은 1776년 독립선언을 하였지만, 동부 13개 주에 국한된 독립이었다. 그러나 1812년 영국과의 전쟁이 끝나면서 미국은 급속한 영토 확장을 하기 시작했다. 동부지역은 오대호가 운하로 연결되면서 지역 간의 교역이 급속히 늘어났었고, 그 결과 화물운송 등에 따른 경비의 필요성이 대두되었다. 이에 따라 경비원 내지 감시원들이 부두와 운하 곳곳에 배치되었다.

한편, 모든 주민에게 치안유지 책임이 있었다고 하는 '보통법'(Common Law)의 전통에 따라 경비원제도는 여전히 존속되었다. 그러나 산업혁명의 진행과 도시화의 진전에 따라 이러한 임무는 점차 귀찮은 것으로 되어 갔다. 특히 전문적인 훈련도 받지 않고 법적으로 명확한 권한이나 보수도 없었다. 그리고 있다 해도 극히 적은 사례에 지나지 않아, 이러한 임무를 수행한다는 것은 일반시민으로서는 대단히 귀찮고 고통스러운 일이었다.

그래서 점차로 돈을 주고 대리로 사람을 사서 의무를 대행시키는 사람이 증가하게 되었다. 이렇게 돈을 받고 타인의 의무를 대행하는 사람이 생기고, 이것을 사회가 용인하게 되자, 이 임무는 점차 경시되고 제대로 된 사람이 할 일이 아니라고 생각하게 되었다. 돈을 지불할 능력이 없는 사람만이 노력봉사를 하여 돈의 지불을 면제받는다고 하는 사고방식으로 역전되어 버린 것이다.[3)]

이러한 배경 속에서 19세기 중반 들어 미국 동부지역 곳곳에서 공식적인 경찰이 등장하기 시작하였다. 이에 따라 1838년 보스턴에 이어 1844년 뉴욕에 처음으로 경찰이 창설되었다. 뒤를 이어 필라델피아, 시카고, 뉴올리안즈, 세인트루이스 등지에서도 속속 경찰조직이 만들어졌다.

그러나 당시까지만 하더라도 연방경찰이나 미국 전체를 관할하는 있는 형사사법기관은 아직 존재하지 않았다. 그리고 한편으로는 당시의 공적인 경찰은 대도시에만 설치되어 있었기 때문에 나머지 지역에서는 전적으로 자경주의나 민간경비에 의존할 수밖에 없는 상황이었다.

이 당시 남부지역에서는 노예는 가장 중요한 재산 가운데 하나였다. 19세기 초에 미국의 여러 지역에서 노예제도 폐지를 위한 여러 가지 움직임이 활발하게 추진되고, 그 압력 또한 거세지고 있었지만, 남부의 노예제도는 여전히 굳게 유지되었다. 이러한 상황에서 1820년 미주리 협정(Missouri Compromise)에 의해 노예제도의 유지하고자

3) 우에노 하루오(上野治男)/제일가제법령출판사편집부 역(1983), 미국의 경찰, 서울: 제일가제법령출판사, pp. 280~281.

하는 세력과 철폐하고자 하는 세력이 남북으로 확연히 갈라지면서 남부의 흑인노예를 북부로 탈출시키려는 움직임 또한 크게 늘었다.

당시 거대 농장을 기반으로 하는 남부 경제에 있어서 노예들은 자본의 핵심이었다.4) 따라서 남부에서는 이른바 '도망노예 송환법'(Fugitive Slave Law, 1850)을 제정하여 도망친 노예의 반환과 탈출을 도와준 사람들에 대한 처벌을 강화하여 노예의 이탈을 단속하였다. 그러나 일단 북부로 도망친 노예를 공식적인 통로를 이용해 되돌려 받는다는 것은 사실상 불가능에 가까웠다.

이에 따라 도망친 노예만을 전문적으로 잡아들이는 사설탐정(私設探偵)들이 고용되기 시작하였다. 노예제도 폐지론자들과 이에 동조하는 언론기관들은 북부지역에서 활동하는 사설탐정들을 공개하여, 이들의 활동을 저지하기도 했지만 이들 사설탐정이 전면에 나서지 않고, 은밀하게 움직이는 탓에 이를 적발하는데 어려움을 겪을 수밖에 없었다.5)

3. 서부개척시대와 남북전쟁시대

이상과 같은 시대적 배경에서 미국의 도시에 공식적인 정규경찰이 설치되었다고는 하나 이들이 전문적인 고도의 지식과 능력이 있었던 것도 아니고, 또 한편으로는 일반시민들이 전통적으로 가지고 있던 치안유지의 책임 역시 없어진 것도 아니었다.
여전히 개인의 생명과 재산의 보호는 어디까지나 개인의 책임이라는 인식이 강하게 남아있었고, 또한 현실적으로도 공공경찰이 모든 개인의 생명과 재산을 완전하게 보호할 수 있는 능력도 없었다.

따라서 자기의 재산은 어디까지나 자기가 지키지 않으면 안 되는 상황이었다. 특히, 서부개척지역에 대해서는 경찰이 있다고 해도 도시지역에서만 활동하였으며, 그 이외의 지역에는 실효성이 있는 경찰은 존재하지도 않았고, 기대하기도 어려웠다.

---

4) 당시 미국의 흑인노예 이주는 백인들의 이주와 거의 동시에 시작되었다. 백인들이 남부 버지니아 제임스타운(James Town)에 이주한 것이 1609년인데, 바로 10년 뒤인 1619년에 흑인노동자들이 버지니아에 유입되고 있었다. 그리고 일반적으로 미국남부 대농장과 관련되어 알려진 노예제도는 18세기 말에 가서야 본격적으로 시작되었다. 이에 따라 1790년 당시 70만 명이 못되던 흑인노예는 1830년에 이르러 200만 명이 넘게 증가하였고, 노예제도 찬반을 둘러싼 갈등으로 시작된 남북전쟁(1861~1865) 기간의 인구통계에 의하면 약 400만 명에 이른 것으로 나타났다. 이러한 흑인노예의 숫자는 노예제도가 남부에 아주 깊게 뿌리를 내리고 있다는 반증이 된다(이 당시 남부의 백인인구는 800만 명 정도였다). 최선우 외(2011), "국가질서와 시민불복종의 연구: 소로우(H. D. Thoreau)의 사상을 중심으로," 한국공안행정학회보 제45호, p. 212 재인용.

5) 안황권 외(2007), 비교시큐리티제도론, 서울: 진영사, p. 333.

1) 서부개척시대

1848년에 이르러 캘리포니아에서 금광이 발견되었고, 이어 네바다와 콜로라도 등의 지역에서도 귀금속이 발견되면서 이른바 '골드러시'(Gold Rush)를 이루어졌고, 불과 1년 정도의 기간 동안에 10만 명이 넘는 사람들이 동부와 유럽에서 밀어닥쳤다. 이에 따라 서부개척지역에 들어온 사람들이나 금을 운반하기 위한 역마차 등은 동부와 서부지역 사이를 빈번히 왕래하였고, 이를 위해 19세기 말까지 여러 노선을 연결하는 철도가 부설되었다.

그러나 서부지역을 왕래하는 사람들과 귀금속을 안전하게 보호할 수 있는 유효한 경찰은 그 당시에 존재하지 않았다. 이로 인해 주요 운송수단인 열차 및 역마차 등은 인디언이나 강도와 같은 공격자 및 범죄자들의 습격을 받아 승객들은 귀중품을 빼앗기고, 화물은 도둑맞고, 열차는 폭파당하고, 통신수단이 차단되는 등의 사건이 빈번하게 발생하였다.

이 때문에 역마차회사, 철도회사들은 귀금속을 지키기 위해 무장경비원들을 고용하지 않을 수 없었던 것이다. 이들은 주로 광산과 귀금속 운송경비에 배치되었다. 귀금속을 비롯한 여러 상품운송이 활기를 띠면서 이를 전문적으로 다루는 운송업체들이 생겨난 것도 이 시기였다.

이러한 상황에서 1850년 웰스(Henry Wells)와 파고(William G. Fargo)가 손을 잡고 아메리칸 익스프레스(American Express)를 설립하였고, 이어 2년 뒤 서부지역만을 대상으로 웰스파고(Wells Fargo)를 창립하였다. 한편, 캘리포니아에서 채굴된 금은 아담스 익스프레스(Adams Express)가 전담하여 운송하였다.[6] 이러한 귀금속 및 상품운송은 자연스럽게 범죄자들을 유혹하였고, 이에 대비한 무장경비원들의 배치는 필수적이었다. 항상 총을 휴대하고 귀금속이나 귀중품들을 호송 경비한다고 해서 당시 이들 무장경비원들은 'Riding Shotgun'으로 불리기도 하였다.

당시 철도가 활발하게 개발되었는데, 이후 철도는 귀금속과 상품의 주된 운송수단이 되었다. 연방정부는 철도부설을 장려하기 위해 철도 옆 양쪽 1마일(약 1.6km)의 땅을 철도건설회사에게 무상 양도하는 법안을 발표하였다. 그리고 승객과 화물들을 상시적인 위험에서 보호하기 위해 각 주는 철도경찰법(鐵道警察法)을 제정하여, 사유철도에 그 철도를 보호하기 위한 완전한 경찰권한을 가진 민간경비조직을 설치하는 것을 인정하였다. 당시 서부의 각 주 및 준주(準州), 자치단체에서는 철도경찰이 그 지역 유일의 치안

6) 위의 책, pp. 333~334.

기관인 경우가 많았다. 1914년에 철도경찰관이 1만 2천 명에서 1만 4천 명에 이르렀던 것으로 전하여지고 있다(오늘날에는 40개 이상의 주에서 어느 정도의 경찰권한을 철도경찰에 부여하고 있다).

그 결과 철도의 개발은 급속하게 이루어졌고, 이로 인해 미국 민간경비산업은 일대 전기가 마련되었다. 경찰은 대도시에만 집중되었고, 사법관할권이 주 경계를 넘지 못했기 때문에 그에 대한 공백을 민간경비가 맡게 되었던 것이다. 운송과정에서 강도 등의 범죄가 발생했을 경우, 운송업체는 독자적인 경비와 수사를 강구하지 않으면 안 되었기 때문에 경비 및 사설탐정이 전면에 나서는 계기가 된 것이다.

핑커톤(Allan Pinkerton, 1819~1884)

이 시기의 미국 민간경비산업에서 가장 대표적인 인물로 핑커톤(Allan Pinkerton, 1819~1884)을 빼놓을 수 없다. 당시만 해도 연방정부에서 화폐를 발행하지 않고 각 주의 은행에서 독자적으로 발행했기 때문에 위폐의 폐해가 심각한 시대였다. 핑커톤은 한 위폐사범 일당을 검거하는데 결정적인 공헌을 하여, 그 공로를 인정받아 한 지역의 부보안관으로 임명되었다. 그리고 1843년 핑커톤은 시카고 최초의 형사로 임명되었다.

그러나 그는 시카고지역의 형사로 근무하였지만, 열악한 근무여건 속에서 경제적 어려움 등을 겪게 되었고, 당시 공공경찰보다 여건이 좋은 민간경비에 많은 관심을 가지게 되었다. 이에 따라 1850년에 락 아일랜드(Rock Island) 및 일리노이즈 북부(Illinois Central) 철도회사와의 경비계약체결을 위해 형사직을 그만두었다. 그리고 다음 해인 1851년에 핑커톤 국가탐정회사(Pinkerton National Detective Agency)를 설립하여 본격적인 활동을 수행하여, 각종 사건을 해결하면서 언론과 각종 매체의 관심을 한 몸에 받았다. 핑커톤 탐정회사의 슬로건은 'We Never Sleep'으로 하였고, 'Open Eye'를 로고로 제작하였다. 핑커톤 탐정회사의 중점적 활동은 열차 강도의 체포와 철도경비시스템을 구축하는데 있었다.[7]

이후, 1855년 핑커톤은 일리노이 중부 철도회사와 경비 및 수사계약을 맺은 데 이어, 미시간 중부와 남부, 인디애나 북부, 그리고 시카고와 갤러나 유니온 등의 철도회사들과 계약을 체결하였다. 그 후 50년에 걸쳐 핑커톤의 회사는 미국에서 유일하게 주(州)

7) Hess, Kären M. and Wrobleski, Henry M.(1996), op. cit., p. 18.

간 철도수송의 안전을 도모하는 업무를 담당하는 경비회사가 되었다.[8]

한편, 미국에서 1858년에 홀메스(E. Halmes)는 최초로 경보회사(Central- Station Burglar Alarm Company)를 설립하였는데, 이는 또 다른 형태의 민간경비서비스(오늘날의 기계경비)의 출현을 알리는 계기가 되었다는 점에서 주목할 만하다. 홀메스의 경보회사는 1874년 ADT(American District Telegraph) 회사가 출현하기 전까지는 경쟁상대가 없을 정도로 번창하였다.[9]

2) 서부개척시대의 민간경비에 대한 평가

미국의 서부개척은 19세기 후반에도 계속 진행되어 이에 따른 (경찰이 전혀 없는 인구가 적은 시골지역에도) 철도의 부설은 빠르게 추진되었다. 19세기 당시 미국(특히, 서부)에서는 경찰보다 민간경비회사가 먼저 생겨났고, 어떤 의미에서는 경찰보다 훨씬 먼저 사회에 정착되어 높은 평가를 받았다.

그것은 당시까지만 해도 공공경찰은 영향력이 약했고, 따라서 의뢰자에게 만족할만한 치안서비스를 제공하는데 한계가 있었기 때문이었다. 특히 경찰은 관할 상의 한계로 인해 활동이 제약되어, 주(州) 경계를 넘어서 활동이 불가능하였다는 점이다. 그러나 민간경비회사의 경비원들은 주 경계를 벗어나서도 범인을 추적할 수 있었고, 경찰로서 갖는 까다로운 법 절차상의 제약 등이 없었기 때문에 자유로이 활동할 수 있다는 이점을 가지고 있었다.

따라서 미국의 서부 확장은 영토 및 자원의 확보와 함께 민간경비산업이 성장할 수 있는 계기가 되었다는 점이다.[10] 경찰이 일부 도시지역의 치안을 담당하는 것조차도 한계가 있었기 때문에 대부분의 지역은 사실상 공권력의 부재상태였다. 이 치안공백을 메우기 위해 각종 자경단(自警團, Vigilance Committee)이 조직되었지만, 효율적인 치안유지를 기대하기가 어려웠다. 따라서 사실상의 치안유지는 민간경비업체의 몫이 될 수밖에 없었던 것이다.

앞에서 언급한 아담스 익스프레스, 웰스 파고, 오버랜드 익스프레스 등이 서부지역 곳곳에 지점을 설치하면서 관련 사업을 계속 늘려간 것은 이 때문이다. 1875년부터 1883년까지 캘리포니아에서만 28대의 역마차를 털고 수차례 강도행위를 일삼은 블랙 바트(Black Bart)를 붙잡은 것도 웰스 파고 소속의 사설탐정이었다.

---

8) 우에노 하루오(上野治男)/제일가제법령출판사편집부 역(1983), 앞의 책, p. 282.
9) Harvey Burstein(1994), Introduction to security, N.J.: Prentice Hall, p. 2.
10) 안황권 외(2007), 앞의 책, pp. 337~338.

한편, 핑커톤사 역시 서부개척시대에 치안의 공백을 메우는 매우 중요한 역할을 하였음은 물론이다. 강도의 표적이 된 은행과 목장주들은 핑커톤사에 수사를 의뢰했다. 핑커톤사의 요원들은 은행과 열차를 털어 온 리노(Reno) 갱단을 잡아들이는 한편 전설적인 열차강도 프랭크와 제시 제임스 (Frank & Jesse James)를 수차례에 걸친 노력 끝에 잡아들일 수 있었다. 이로 인해 많은 요원들이 추적 도중 목숨을 잃기도 하였다. 그러나 막대한 현상금과 서부 전역에 깔린 정보원들로 확실한 그물망을 쳐 놓고 심지어 경찰의 제보까지 확보할 수 있었기 때문에, 법과 보안관은 피할 수 있어도 핑커톤으로부터는 도망칠 수 없다는 확고한 평판을 얻게 되었다.

또한 공공경찰의 치안유지 능력이 턱없이 부족한 상황에서 핑커톤이 확보해 놓은 용의자 관련 자료와 정보는 바로 공공질서와 치안의 원천이었다. 1884년 사망할 때까지 핑커톤은 수사 분야에서 혁혁한 공헌을 했다. 당시 정부 어느 기관에서도 범죄자들에 관한 정보를 기록·관리하는 곳이 없을 때 핑커톤은 유형별로 범죄자 기록을 정리함으로써 오늘날 '프로파일링'(Profiling)의 전형을 세웠다.

그리고 범죄자들에 대한 각종 신상정보와 범죄수법을 기록하여 경찰당국의 요청 시 제공함으로써 경찰과 민간경비업체의 바람직한 관계정립을 만들기도 했다. 범인을 체포하면 그들을 발가벗겨 몸의 각종 흉터나 특징을 세밀하게 기록하여 훗날 수사에 도움을 주는 방법도 그의 아이디어였다. 그의 이 같은 활약은 1887년 첫선을 보인 아서 코난 도일(Arthur Conan Doyle)의 셜록 홈즈 시리즈에도 큰 영향을 미쳤다고 전해진다.

그러나 이 시대에는 경찰(서부에서는 주로 보안관)도 그랬지만, 민간경비회사의 경비원들도 매우 난폭한 방법으로 경비업무를 하는 경우가 적지 않았고, 어떤 때에는 열차강도를 체포한다는 명분으로 그들의 은신처를 습격하여 늙은 모친과 어린아이를 포함한 가족 전체를 몰살하고, 정작 범인은 놓쳐 버리는 등의 행위를 자행함으로써 사회적 비난을 받는 일도 적지 않았다.

물론 당시의 공공경찰 역시 마찬가지였다. 서부에서는 보안관들의 난폭한 법집행이 빈번하였고, 동부의 도시경찰은 정치인의 간섭으로 인한 부정부패가 만연되어 있었기 때문이다. 다만 공공경찰과 비교하면 그래도 민간경비원들은 관할구역의 한계, 정치인의 간섭 없이 의뢰자에게는 일정한 치안서비스를 제공할 수 있는 효율적인 조직이었던 셈이다.[11]

---

11) 우에노 하루오(上野治男)/제일가제법령출판사편집부 역(1983), 앞의 책, pp. 284~285.

3) 남북전쟁시대

미국 역사에서 연방정부와 연방에서 분리할 권리를 주장했던 남부 11개 주(州, state) 사이에 일어난 4년간의 전쟁 이른바 '남북전쟁'(Civil War, 1861~1865)이 발생하였다.

1860~1861년 남부지역 주들의 연방 탈퇴와 잇따른 무장 소요 및 노예제 · 무역 · 관세 및 주권(州權)에 관련된 문제들로 몇십 년을 끌어온 지역 간의 갈등은 최고조에 달했다. 이 불화는 근본적으로 남부와 북부의 경제적인 차이 때문에 생겨난 것이었다. 남부 경제가 노예의 노동력에 의한 대농장을 기반으로 하는 반면, 북부는 자유민의 노동에 의한 작은 농장들과 날로 발전해 가는 제조업에 있었다. 따라서 북부의 여러 주는 언젠가는 새로운 주가 형성될 서부지역에서 노예제를 금지하기를 바라고 있었다.

그러나 남부의 여러 주는 북부의 이러한 태도는 결국 노예제도 자체를 위태롭게 하지 않을까 두려워하였다. 따라서 이에 맞서 남부의 몇몇 주들은 노예를 소유할 권리를 지키기 위해 연방에서 탈퇴하겠다고 위협했다. 그리고 노예제도를 반대하는 공화당 후보 링컨(Abraham Lincoln, 1809~1865)이 1860년 말 대통령으로 당선되자, 남부의 주들은 이러한 위협을 실천에 옮겨 연방에서 탈퇴한 것이다.

이러한 시대적 상황에서 핑커톤의 민간경비회사는 당시 대통령에 당선된 링컨과도 연결되었다. 1860년 링컨이 대통령에 당선되어 워싱턴으로 가는 도중 주요 도시를 들르면서 국민과 대화의 시간을 갖게 되어 있었다. 당시 링컨에 대한 암살 소문이 끊이지 않자, 링컨이 이용하게 될 펜실베니아 철도회사에서 핑커톤에게 암살소문의 진상을 파악해 줄 것을 부탁하였고, 핑커톤사의 탐정들이 조사한 결과 실제로 이와 같은 암살계획이 비밀리에 진행되고 있는 것으로 밝혀졌다. 링컨의 당선에 불안을 느낀 남부 주민들이 볼티모어 환영행사 도중 그를 암살하려고 계획을 꾸미고 있었던 것이다. 핑커톤은 링컨과 직접 동승하게 되었고, 이미 알려진 기차와는 다른 기차를 이용하여 링컨은 암살위험에서 벗어날 수 있었다.[12)]

한편, 남북전쟁이 발생하자 핑커톤은 북부군을 위해 육군첩보부를 설립하여 그 책임자가 되어 첩보활동 수행하였다. 당시 남부군은 북부지역의 경제교란을 위해서 대량의 위조화폐를 발행하였는데, 이를 방지하고 적발하는 것도 주요 활동 가운데 하나였다. 이 기관은 남북전쟁 후 비밀경호국(Secret Service, 1865)으로서 연방정부의 정식기관이 되었다.[13)]

---

12) 안황권 외(2007), 앞의 책, p. 335.

13) 우에노 하루오(上野治男)/제일가제법령출판사편집부 역(1983), 앞의 책, p. 283.; 비밀경호국(Secret Service)은 1865년 링컨대통령이 암살(4월)되기 직전에 승인하여 동년 7월 재무부(財務

4. 노동자 운동시대

1) 시대적 배경

미국의 경우, 남북전쟁 이래로 1930년대에 이르기까지 노동쟁의가 적지 않게 발생하였다. 사실, 노동관련 학자들에 의하면, 미국은 전세계 산업국가 가운데 '가장 유혈이 낭자하고, 가장 폭력적인'(the bloodiest and the most violent) 노동운동의 역사를 가지고 있다고 하였다.[14)]

남북전쟁 이후 미국의 산업성장과 이민의 급증은 극심한 노사분규를 부추겼다. 당시 일자리를 원하는 값싼 임금의 이민자들이 물밀듯이 미국 땅을 밟았기 때문이었다. 반면, 산업혁명으로 대량생산의 기틀을 닦은 대기업들은 기업사냥을 통해 재벌식 경영체제를 갖추고 노동력 착취를 통해 성과를 극대화하고자 하였다. 이러한 상호관계 속에서 노동자들은 노동쟁의를 통해 자신들의 근무환경을 개선하고자 하였는데, 당시 기업 경영주들이 노동자들에게 취한 태도는 간단했다. 그것은 힘으로 분쇄하는 것이었다. 경영주 측에서는 사설 민간경비원을 동원하여 노조결성과 이들의 활동을 방해하였던 것이다.[15)]

그런데, 이 기간 동안의 노동조합은 오늘날에 비해 그 조직이 작고 약했으며, 당시에는 합법적으로 노동조합을 결성하고, 단체협상을 할 권리조차 없었다. 더욱이 경찰 및 법원과 같은 법집행기관은 일반적으로 기업의 입장에 있었다. 따라서 파업을 하는 노동자들은 사용자 측의 무장세력(민간경비원 및 구사대 등)과 합법적 세력(경찰 등)에 대항하여 맞붙게 되었다. 이러한 사용자 측의 무장세력과 노동자들 간의 충돌은 결과적으로 상해 및 죽음과 같은 폭력사태를 빈번하게 일으켰다. 그리고 파업을 주도한 자들은 대부분 구치소와 교도소에 수감되었다.

部, Department of the Treasury) 산하에 설치되었다. 당시 비밀경호국은 국가 중요정보 수집, 위폐 및 위조지폐 단속과 관련수사 등의 업무를 담당하였는데, 1901년 매킨리 (W. McKinley) 대통령이 암살당한 사건을 계기로 대통령경호의 필요성이 제기되었고, 이에 따라 비밀경호국은 종전의 업무 외에 '경호'(警護)업무를 아울러 담당하게 되었다. 'Secret Service'를 '첩보국' 으로 표현하기도 하는데, 오늘날 대통령경호의 업무를 비중 있게 담당하고 있기 때문에 이를 '비밀경호국'으로 표현하고 있다. 한편, 2001년 9.11테러사건을 계기로 미국 각 부처에 분사되어 있던 테러기능을 통합하여 2002년 11월에 국토안보부(國土安保部, Department of Homeland Security)를 창설하였고, 아울러 테러위협에 대한 대통령경호의 중요성이 다시 한번 강조되었는데, 이에 따라 종전의 재무부 산하의 비밀경호국은 국토안보부(DHS) 산하에 두고 그 규모가 확대되었다.

14) Taft, Philip and Ross, Philip(1969), "American Labor Violence: Its Cause, Character, and Outcome," in Hugh Davies Graham and Ted Robert Gurr, eds., The History of Violence in America, A Report to the Commission on the Causes and Prevention of Violence, N.Y.: Bantam Books, pp. 281~395.

15) 안황권 외(2007), 앞의 책, pp. 336~337.

당시까지만 하더라도 노동자들의 집회의 성격 및 규모와는 상관없이 군중들이 모였다는 이유 하나만으로 파업자들에 대하여 기업 및 관계당국(경찰과 같은 공권력)이 조직적·폭력적인 수단을 사용할 수 있는 충분한 빌미(정당한 근거)가 되었다.[16)]

2) 민간경비의 노동운동 개입

처음에는 철도회사 등이 민간경비를 이용하는 가장 대표적인 고객이었다. 그러나 19세기 후반 및 20세기 초반에 이르는 동안 수많은 노사분규가 전염병처럼 확산되었다.

이때의 노사분규는 유럽에서 새로 들어온 사회주의, 무정부주의(無政府主義)의 영향을 받아 노사 간의 관계에 그치지 않고 점차 지역 전체의 소요상태로 확산되어 갔다. 설상가상으로 경기침체가 이러한 상황을 더욱 악화시켰다. 당시에는 기업의 산업시설을 효율적으로 보호할 수 있는 경찰력이 부족하였고, 아울러 노사분규에 따른 파업, 공장파괴를 예방하고 기업자산을 보호하기 위해서 회사 측은 민간경비회사에 이를 의뢰하지 않을 수 없었던 것이다.[17)]

이에 따라 대기업들은 자신들의 이익보호를 위한 방법을 모색하기 시작하였다. 이러한 문제들은 탄광 및 철강산업에서 가장 두드러졌으며, 제조공업 역시 예외는 아니었다.

결과적으로 이러한 노사분규는 민간경비에 있어서 특히, 계약경비산업(Contract Security Industry)의 비약적인 성장을 가져다주는 기폭제가 되었다. 이에 따라 핑커톤과 번즈 등의 경비회사는 이 분야에서 오랫동안 번창하게 되었다. 경비계약에 있어서 이들의 주요 상품은 어려움을 겪고 있는 고객(기업주)에게 제공되는 중요한 경비인력이었던 것이다.[18)]

당시 핑커톤사 역시 많은 회사 특히, 광산과 철도회사들과 연계되어 활동하였다. 광산노조 움직임 중 눈길을 끈 조직은 맥과이어(M. Maguires)라는 비밀 단체였다. 핑커톤은 광산회사들의 요청을 받고, 맥팔런드(J. McParland)라는 비밀요원을 맥과이어 조직에 위장 침투시켜 1873년부터 1876년까지 3년간 조직원으로 활동하게 하면서 조직의 움직임과 비밀을 속속들이 파악하여 보고하도록 하였다. 결국 맥팔런드의 결정적 증언으로 맥과이어 조직은 와해되었다. 그리고 핑커톤은 기업주들의 해결사로서 자리를 굳혔다.

그런데, 민간경비업체의 노조활동의 방해는 비단 정보제공만이 아니었다. 노조의 시

---

16) Mckee, James B.(1981), Sociology: the Study of Society, N.Y.: CBS College Publishing, pp. 437~438.

17) 우에노 하루오(上野治男)/제일가제법령출판사편집부 역(1983), 앞의 책, p. 285.

18) Harvey Burstein(1994), op. cit., p. 2.

위를 물리적으로 막고 분쇄하는 것도 민간경비원의 역할이었다. 이런 가운데 무더위가 기승을 부리던 1892년 7월 노사대립의 기념비적인 홈스테드(Homestead) 사건이 발생하였다. 펜실베니아 피츠버그에서 그리 멀지 않은 곳에 위치한 카네기 철강회사의 홈스테드 공장이 그 무대였다. 임금협상이 결렬되자 경영주 측에서는 공장주변에 철조망을 치고 망루와 탐조등까지 설치하여 노조원들의 공장 내 진입을 막았다.

1892년 6월 말 카네기사는 핑커톤사와 계약을 맺고 윈체스터 장총으로 무장된 핑커톤사의 경비원 300명을 공장 주변에 배치하려고 하였다. 핑커톤사는 그동안 철도회사들의 각종 노사분규를 단 한 번의 실수 없이 철저하게 해결해 온 관록을 자랑하고 있었다. 그러나 7월 1일 노조 측이 경비원 도착에 앞서 먼저 공장을 점령한 뒤 기차역과 공장으로 향하는 도로 곳곳에 바리케이트를 치고 경영주 측의 공격에 대비했다. 핑커톤사의 무장경비원 300명은 막힌 도로가 아닌 강을 건너 공장을 급습하고자 했다. 하지만 이 계획을 미리 눈치챈 노조 측이 강둑에 미리 천여 명의 노조원을 집결시켜 놓고 있었다. 강가에서 양측이 충돌했고, 핑커톤사 경비원 3명과 노조원 5명 등 8명이 숨졌다. 수적 열세로 인해 핑커톤사 경비원들은 항복할 수밖에 없었고, 모두 기차역으로 끌려갔다. 그러나 2주 뒤 주지사 명령에 따라 주 방위군을 투입하여 공장을 접수하는 것으로 사태는 마무리되었다.[19)]

이 홈스테드 사건은 마침 한창 열기를 띠어가던 미국 대통령선거에서 정치적 문제로 비화되었다. 결국 철강회사와 경비회사의 문제를 집중해서 거론한 클리블랜드(G. Cleveland)가 선거에 승리하여 대통령에 당선(재임, 1893~1897)됐다. 위기감을 느낀 핑커톤사는 "경비원들을 노사분규에 개입시킨 행위는 위험하고 바람직하지 않다"고 유감을 표명한 뒤 다시는 이 같은 노사문제에 개입하지 않겠다고 공식적으로 밝혔다.

그러나 바로 1894년 미국 의회는 흔히 '핑커톤 법'(Pinkerton Law)이라고 불리는 법안을 통과시켰다. 이 법안에 의해서 미국 정부기관은 핑커톤사 또는 이와 유사한 조직의 요원들을 고용하지 못하게 되었다.

그러나 이후에도 사설탐정회사들이 노사분규에 개입하고 있다는 정보에 따라 미국 상원 소위원회가 조사를 재개하였고, 탐정회사 수입의 약 30% 정도가 노사분규에 관여하여 발생했다는 것을 밝혀냈다.

19) 안황권 외(2007), 앞의 책, pp. 336~337.

5. 제1차 세계대전 전후

이상에서 볼 때, 미국 민간경비 역사에 있어서 핑커톤사는 매우 중요한 위치를 차지하고 있음을 알 수 있다. 그러나 핑커톤사의 성장은 전체 민간경비산업의 한 부분에 불과한 것이다. 널리 알려지지는 않았지만, 미국사회 전역에 적지 않은 민간경비회사가 이미 자생적으로 설립되어 활동하고 있었기 때문이다.

이와 관련하여 1909년에 윌리엄 번스 국제탐정회사(William J. Burns International Detective Agency)가 만들어졌다. 이 회사를 창립하기 전에 비밀경호국 요원이었던 번즈(Burns)는 여러 차례 유명사건을 해결함으로써 명성을 얻고 있었다.

당시에는 비밀경호국이 유일한 연방 수사기구였기 때문이다. 더욱이 '핑커톤 법'의 통과로 정부기관이 사설탐정을 고용하지 못하게 되면서, 경호실 수사요원의 필요성은 더욱 높아졌다. 1908년 연방수사기관(FBI: Federal Bureau of Investigation)의 전신인 수사국(BI: Bureau of Investigation)이 발족하자 버즈가 책임자로 임명되었다. 번즈는 핑커톤과 마찬가지로 조사 및 수사 업무에 주력하면서 미국 금융연합과 호텔연합 등을 새로운 고객으로 맞았다.[20]

제1차 세계대전(1914~1918) 직전 미국에서는 안전에 관한 관심이 매우 높아졌는데, 이는 도시화와 산업화가 진전되어, 산업시설 파괴활동이나 산업스파이와 같은 문제가 증가하였기 때문이라고 할 수 있다.[21] 그리고 제1차 세계대전이 끝난 후 미국은 공산주의라는 새로운 위협에 직면하고 있었다. 당시 팔머(A. M. Palmer) 법무부장관은 직접 나서서 공산주의자 색출을 강조하였다. 기업들도 공산주의자들의 사보타주(Sabotage; 노동자가 일터에서 일을 하면서 일부러 작업 능률을 떨어뜨리거나 기계 등을 파괴하여 사용자에게 손해를 주는 행위)와 테러 가능성에 대비해야 했다. 이러한 상황에서 민간경비는 유용한 대응 수단으로 인식되었다.

한편, 금주법(禁酒法, 1919~1933)의 시행도 민간경비산업의 성장계기가 되었다. 일명 '발스테드법'(Volstead Act)이라 불리는 금주법의 제정으로 인해 주류의 양조, 판매, 운반, 수출·입을 법으로 금지하였다. 20세기 초 당시 미국에서는 진보주의 정치가 사회적으로 큰 영향을 미쳤는데, 이에 따라 정치개혁과 청렴성을 강조하면서 보수정치의 폐해가 집중 부각되었고, 보수정치의 권력유지 수단인 경찰의 부도덕성과 비리가 언론의 도마 위에 오르기도 하였다. 결국 이러한 경찰의 각종 부정부패는 많은 기업으로 하여금 민간경비를 이용하게 하였다.

---

20) 위의 책, pp. 339~340.
21) 우에노 하루오(上野治男)/제일가제법령출판사편집부 역(1983), 앞의 책, p. 287.

특히, 1919년 보스턴 경찰이 근무조건 등을 이유로 파업하였는데, 이로 인해 기업들의 경찰에 대한 불신은 극에 달했다. 이러한 상황에서 기업의 노동자들이 파업하게 되자, 경영주들은 직접 경비원들을 고용하고 전직 수사관들을 뽑아 각종 조사업무를 맡겼다. 포드(Frod)자동차 회사의 경우, 노조활동을 불허하고 노조와의 대립이 심했기 때문에 경비원과 사설탐정들의 주된 업무는 노사분규에 관한 것이었다. 노조결성을 방해하고, 심지어는 자동차노조연맹 등 연합 노조시위를 폭력적으로 분쇄하는 것도 회사소속 경비원들의 역할이었다. 이러한 활동이 1920년대와 1930년대 민간경비의 한 모습이었다.

6. 제2차 세계대전 전후

일본은 미국의 진주만을 공습(1941)하였는데, 이를 계기로 미국은 본격적으로 제2차 세계대전(1939~1945)에 참전하였다. 물론, 일본의 진주만 공습 이전부터 미국의 군수산업은 크게 성장하였는데, 이는 영국과 연합국을 지원하고 있었다. 그러나 미국이 형식적으로는 중립을 표방하고 있었기 때문에 이와 같은 군수산업에 독일이나 다른 동맹국 출신 노동자들이 근무하는 것을 법으로 제한 하기가 어려웠다. 바꿔 말하면, 국가 차원에서 정부가 경찰력 등을 동원하여 이들의 행동을 규제하는 것은 한계가 있었던 것이다. 결국 민간경비회사들이 이 역할을 담당하였다.[22)]

따라서 제2차 세계대전 시기에 민간경비는 한층 그 활동영역을 확대시켜 나갔다. 군사산업이 확대되고, 적의 사보타주 활동이나 산업스파이 활동의 위험이 증가한 것에 비례하여 민간경비의 중요한 역할을 하게 된 것이다.

이 시기에 연방수사기관(FBI)에는 군사기밀을 가지고 있는 군수산업시설 등에 대한 스파이 단속 임무가 새롭게 부여되었다. 아울러 연방정부는 군수산업시설의 안전을 확보하기 위하여 20만 명이 넘는 시설경비원들에게 '보조군사경찰'(Auxiliary Military Police)의 자격을 부여하고 군사물자, 장비, 직원 및 기밀의 보호에 관한 임무를 수행하도록 하였다. 한편, 미국 각 지방의 경찰에 대해서는 이들 보조군사경찰의 교육훈련에 대한 책임을 맡도록 하였다.[23)]

이러한 보조군사경찰의 역할을 하는 담당 민간경비원들은 독일 등 적대국 출신의 근로자들에 의한 군수물자 파괴 기도에 대응하고, 군수물자에 관한 중요정보가 밖으로 새어 나가지 않도록 보안규정을 철저하게 적용했다(실제로 1916년 제1차 세계대전 당시 뉴욕항 부두에 야적해 놓은 실탄과 폭탄 2백만 파운드가 독일 요원에 의해 폭발하여 4

22) 안황권 외(2007), 앞의 책, pp. 340~341.
23) 우에노 하루오(上野治男)/제일가제법령출판사편집부 역(1983), 앞의 책, p. 287.

명이 사망하고 5천만 달러의 손실이 발생한 적이 있었다). 이러한 사고의 재발을 방지하기 위해 미국 측은 민간경비를 통해 보안을 철저히 하고자 했던 것이다.

그리고 당시 민간경비의 역할은 군수품 보안에만 국한되지 않았다. 전시 배급을 공정하게 하기 위해 이를 감독할 인력이 필요했고, 민간경비업체의 경비원들이 이 역할을 맡았던 것이다. 젊은 경찰인력들이 군 병력으로 차출되어 전선으로 나갔기 때문에 이로 인해 생긴 치안공백 역시 민간경비가 맡아야 할 임무였다. 각종 공장시설, 상수원과 철도, 통신 등 각종 국가기반시설 역시 민간경비의 도움을 필요로 했다.

한편, 제2차 세계대전 이후 미소 냉전이 계속되고 우주개발 경쟁이 가속화되었다. 이에 따라 미국 항공우주국(NASA) 등 주요 과학시설에 대한 경비가 강화되면서 민간경비산업의 새로운 시장이 마련되었다. 아울러 미국 전역을 강타한 매카시즘(McCarthyism, 미국 공화당 의원 조지 매카시의 이름을 딴 극단주의적 반공주의)의 열풍은 국가중요시설에 대한 경비 강화의 목소리를 높였고 이에 따라 민간경비산업이 더욱 성장할 수 있는 계기가 되었다. 국방부, 원자력 위원회, NASA 등 주요기관의 경우, 모든 시설의 보안점검은 물론 인력에 대한 재조사가 이루어졌다.

또 1950년 한국전쟁(6.25) 역시 군수산업의 활황으로 민간경비의 수요를 높였다. 미국 국방부는 엄격한 보안기준(Industrial Security Manual)을 마련하여 군납업체에 대한 보안기준을 강화하는 한편 민간경비를 통한 재점검과 보안효율성 검토를 강화한 것이다.

이러한 과정에서 1954년 조지 왜켄허트(George R. Wackenhut) 등 4명의 전직 FBI 요원들은 왜켄허트 민간경비회사(Wackenhut Corporation)를 설립하였다. '핑커톤 법'에도 불구하고 왜켄허트는 처음부터 NASA, AEC 등 정부기관과 이들 정부기관과 계약을 맺고 있는 회사들을 주된 고객으로 삼았다. 이러한 과정에서 불과 10년 사이, 왜켄허트사는 핑커톤사, 번즈사에 이어 미국에서 세 번째로 큰 민간경비 회사가 되었다.

이처럼, 미국은 제2차 세계대전 후 민간경비산업은 비약적인 발전을 하였는데, 이 가운데서도 전자공학과 기술혁신에 의한 기계경비가 크게 발전하여 침입경보장치나 화재경보기의 개발과 이의 수요가 증가하였다는 점에 주목할 필요가 있다.[24)]

24) 위의 책, p. 288.

7. 사회혼란과 민간경비의 성장

미국은 비교적 조용한 시기를 보냈던 1950년 말기를 넘어 1960년대 들어 범죄와 테러, 그리고 사회 혼란상황이 늘어나면서 다시 민간경비에 대한 필요성이 크게 증가 하였다. 아울러 미국이 월남전쟁(Vietnam War, 1955~1975)에 본격적으로 개입하면서 새롭게 군수산업이 활기를 띠게 되었고 민간경비산업의 필요성 역시 커졌다.

당시 반전 열기가 뜨거워지고 특히 대학의 반전 분위기에 따른 시위는 사회불안을 증대시켰다. 그리고 당시에 히피문화와 마약이 열병처럼 번져갔다.

이로 인해 마약수요는 급증했고, 마약을 사기 위한 돈을 마련하려는 절도, 강도 등의 범죄 역시 폭증했다. 그러나 사회에 만연된 도덕불감증은 이런 범죄에 대한 경각심마저 누그러뜨려 상점에서 물건을 훔치거나 은행을 터는 것조차 '부의 재분배'로 인식할 정도였다. 일부 히피집단은 자신들의 조직구성원이 되기 위한 통과의례로 절도 등 범죄를 조건으로 하기도 하였다. 쉽게 물건을 훔치거나, 폭발물을 제조하는 방법, 수표위조 등 각종 불법 행위를 알려주는 방법과 관련한 서적과 유인물들이 범람하였던 것이다.

이러한 상황 속에서 통신기기 제조회사인 ITT(International Telephone and Telegraph)의 뉴욕 본사와 여러 지점에 폭발물이 터져 피해자가 속출했고, 여러 금융기관이 폭발물 테러로 인한 피해를 입었다. 실제로 당시에는 폭발물 테러와 함께 수천 건의 폭발 위협이 따랐다.

미국 정부기관도 피해를 입기는 마찬가지였다. 1970년 정부기관 건물에 43건의 폭발물 테러가 있었고 421건의 폭발위협이 있었다. 1971년에는 52건의 폭발물 테러와 824건의 위협이 있었는데, 이로 인해 15명이 사망하고, 1천만 달러의 재산피해가 발생하였다. 이러한 상황 속에서 자연스럽게 민간경비원들에 의한 건물의 출입통제가 강화되었음은 물론이다.

한편, 인종차별 철폐를 위한 인권운동 역시 사회불안의 요소로 등장했다. 흑인폭동은 결국 군대의 동원까지 초래하기도 하였다. 1962년 미시시피 주의 옥스퍼드(Oxford), 이듬해에 앨라배마 주의 헌츠빌(Huntsville)에서 흑인폭동이 일어나 군대를 동원해 진압해야 했다. 그리고 1967년은 폭동이 최고조에 이른 한해였다. 이 한 해 동안 150여 개 도시에서 폭동이 발생하였다. 이듬해인 1968년 흑인 인권운동가 마틴 루터 킹(Martin Luther King)박사가 암살당하자 워싱턴, 볼티모어, 그리고 시카고 등지에서 발생한 시위와 폭동을 진압하기 위해 정규군이 동원되었다. 이러한 사회불안은 민간경비산업 성장의 또 다른 계기가 되었다.

그리고 항공교통량의 급증에 따른 항공기 납치도 민간경비산업의 성장에 큰 영향을 끼쳤다. 1969년 40여 차례의 비행기납치 시도가 발생, 이 중 34건이 성공하여, 80%가 넘는 성공률을 보였다. 1970년에는 27건 중 18건이 성공해 여전히 2/3의 높은 성공률을 나타냈다. 하지만 1970년 9월 항공보안관 프로그램을 시행하고, X레이 투시 등 탑승 전 탑승객의 수화물 검사 등의 보안조치를 시행함으로써 항공기 납치사건을 크게 줄일 수 있었다.

그런데, 범죄와 무질서, 그리고 테러가 크게 증가했으나 워렌(Warren)대법원장을 비롯한 연방법원의 인권 중시 성향과 이에 따른 판례들로 경찰의 합법적인 증거수집 부담은 크게 가중되었다. 경찰은 합법적인 증거수집과 미란다(Miranda v. Arizona, 1966) 원칙 등 피의자의 권리가 대폭 증진됨에 따라 수사에 큰 어려움을 느꼈던 것이다. 각종 법적 제약이 많아지고 영장 발부가 까다로워져 경찰이 준비해야 하는 서류 또한 만만치 않았기 때문이다. 서류준비에 좀 더 많은 시간을 빼앗기게 되고 이는 곧 순찰과 수사 활동을 그만큼 줄일 수밖에 없는 결과를 초래하였다. 결국, 범죄 등의 증가로 기업과 상인들이 가장 큰 타격을 받았고, 이에 대한 대안으로 민간경비산업은 성장을 지속하였다.

한편, 미국사회 전역에 범죄가 크게 증가하면서 보험회사들은 큰 손해를 볼 수밖에 없었고, 일부 보험회사들은 자체 판단에 따라 위험성이 높은 기업과 상점들에 대해서는 보험계약을 거부하기도 했다. 재계약을 취소하는가 하면, 보험료를 올리거나 보험금을 축소하는 방안이 마련되기도 했다.

예컨대, 스프링클러(sprinkler)를 설치한 석조건물이 아무런 화재진압시설이 없는 목조건물보다 적은 화재보험료를 내는 것이 당연하듯, 경비시스템을 갖춘 기업이 절도 등 범죄에 대비한 손해보험료를 덜 내는 것 역시 당연하게 받아들여지게 된 것이다.

민간경비와 보험회사

민간경비와 보험 간에 아무런 관계가 없는 것처럼 보이지만 실제로는 그렇지 않다. 미국의 민간경비가 발전하게 된 배경 가운데 하나로 범죄의 증가를 들 수 있다. 각 기업에서는 범죄로부터 자신의 자산을 지키기 위해 경비를 강화하고, 만일의 경우를 대비해서 보험에 가입할 필요성이 생겨난 것이다. 민간경비는 사전예방적 조치라면 범죄 · 손실보험은 사후대응적 조치인 셈이다.

그런데, 기업이 보험에 가입하기 위해서는 스스로 범죄 및 손실예방에 대한 노력을 하지 않으면 안되게 되었다. 기업이 민간경비회사와 계약을 통하여 경비시스템과 경비원을 배치하지 않으면 높은 보험료를 지불해야만 했기 때문이다. 또 경우에 따라서는 보험회사 측에서 지정하는 민간경비업체와 계약하는 것이 의무화되는 경우도 있어서 이로 인해 특정 민간경비회사를 크게 발전시키는 이유가 되기도 하였다. 반면, 범죄가 급증함에 따라 지불 불능으로 도산하는 보험회사가 생겨났고, 또 폐지되는 보험상품이 나타나기도 하였다.[25]

이처럼 기업의 보험가입이 어려워지고 혜택 또한 축소되자 민간경비산업은 또 다른 성장의 계기를 맞이하였다. 보험에 가입한 기업과 상점들도 보험료 할인 혜택을 받기 위해 민간경비회사에 경비계약을 요청한 것이다. 특히, 기계경비회사와 계약을 맺었을 경우 가장 큰 할인 혜택을 받을 수 있었기 때문에 이를 계기로 기계경비회사가 급신장할 수 있었다.

이와 같은 기계경비회사의 급신장 속에서 1961년 법무부는 반독점법(反獨占法) 위반으로 ADT사, 홈즈전자보호(Holmes Electric Protective)사, 자동화재경보(Automatic Fire Alarm)사 등을 제소하기에 이르렀고, 1967년 연방대법원에 의해 이들 업체의 분할 결정이 내려졌다. 이처럼 담합(談合)과 함께 독점(獨占)으로 인한 불공정 행위에 대해 엄격한 처벌이 가해지는 이유는 이들이 시장경제에 악영향을 미치기 때문이다.[26]

이러한 상황 속에서도 기계경비산업은 더욱 성장하였고, 새로운 기계경비시스템을 개발·상용화되었다. CCTV가 개발됐으며 마이크로웨이브, 레이저 빔을 비롯한 각종 감지장치들이 개발되었다.

한편, 미국에는 연방차원에서 1968년 「은행보호법」(銀行保護法, Bank Protection Act)이 제정되어 은행을 포함한 모든 금융기관에 일정수준의 보안수준을 갖출 것을 요구하였고, 이에 따라 새로운 감지장치와 경보장치들이 금융기관에 설치되기 시작하였다.[27]

그리고 1970년대 들어서면서 나타난 새로운 특징은 그동안 기업과 상점들 위주로 판매되어 오던 경보장치와 서비스가 일반 가정집에도 확대되기 시작했다는 점이다. 홈시큐리티(Home Security)가 등장한 것이다. 이는 일단 중상류 계층을 중심으로 설치 붐이 일어나기 시작하면서 오늘날 전체 미국가정의 30%이상이 경보장치를 설치하고 있다. 아울러 시어즈(Sears)와 메이시(Macy's) 같은 유명 백화점 체인들도 가정용 시큐리티 장치와 관련한 독자적인 매장을 갖추고 적극적인 판매에 나서게 되었다.

---

25) 위의 책, pp. 288~289.

26) 우리나라의 경우에도 기계경비업체들이 지난 10년 4개월 동안 '지역 나눠먹기' 방식으로 담합했다가 '독점규제 및 공정거래에 관한 법률' 위반으로 공정거래위원회의 제재를 받은 사건이 발생하였다. 공정거래위원회는 경비수요가 적은 시·도를 대상으로 관할지역을 나누고 상대 지역에서는 영업을 하지 않는 방식으로 담합한 에스원과 ADT캡스에 총 50억 4,400만 원의 과징금을 부과한 것이다. 공정거래위원회에 따르면, 에스원과 ADT캡스는 2000년 경남, 충남·북, 전남·북 지역의 14개 시·군을 분할해 맡기로 하고, 상대 회사가 관리하게 될 지역에 있는 자신의 무인경비 대상 건물·시설 등을 넘겨주는 대신에 자기 지역에 있는 상대 회사의 무인경비 대상 건물·시설 등을 넘겨받았다. 보다 구체적으로 에스원은 경남 함양·산청, 충북 단양·괴산, 전북 무주·진안·장수·임실 등 8개 지역에 있는 자신의 경비대상 건물을 ADT캡스에 넘겼다. 대신 ADT캡스로부터 경남 남해·합천, 충북 영동, 충남 서천, 전북 순창, 전남 보성 등 6개 지역의 경비대상 건물을 받았다. 상대 회사에 넘기는 경비대상 건물 중 수익률이 높은 이른바 '우량물건'이 많은 경우에는 상대 회사로부터 차액을 지급받았다. 경향신문(2014. 10. 12.)

27) http://what when how.com/the american economy/bank protection act.

8. 정부의 민간경비 이용의 증가

1980년대 들어 달라진 점은 정부기관의 민간경비에 대한 수요가 크게 늘었다는 점이다.[28] 1972년 조사 당시에는 민간경비업체와 경비계약을 맺은 지방자치단체가 단 한 곳도 없었고, 1% 미만이 범죄감식실(Crime Lab) 같은 보조 기능을 위해 민간경비업체와 계약을 맺고 있는 것으로 나타났다.

그러나 이후 정부기관의 민간경비업체에 대한 용역의뢰가 급격하게 늘어, 경찰이 담당하고 있는 대부분이 업무에 대해서 민간경비업체들이 용역을 맡아 담당하고 있는 실정에 이르렀다. 특히, 보조적인 업무 즉, 회계, 전산, 주차관리, 지문채취, 범죄감식, 신원조사를 비롯해 공공기관 건물 경비와, 공항, 학교, 컨벤션 센터 등 각종 주요건물에 대한 경비를 맡게 된 것이다.[29]

한편, 일부 지역에서는 아예 치안업무 전체를 민간경비업체에 맡기기도 하였다. 롱아일랜드(Long Island)의 이스트 힐(East Hills)에서는 30명의 민간경비업체 소속의 경비원이 24시간 교대로 순찰활동을 하면서 지역 치안을 맡고 있다.

이제 일반 기업과 소매상점에 이어 정부기관은 세 번째로 매출이 큰 민간경비업체의 고객으로 자리 잡게 된 것이다. 이에 따라 미국 연방정부가 최대의 민간경비의 고객 가운데 하나로 등장한 것이다.[30]

왜켄허트 민간경비회사의 경우 오래전부터 미국 정부기관의 경비업무를 맡아오고 있는데, 플로리다 주 탬파(Tampa)공항과 네바다 핵실험 장소의 경비를 독자적으로 맡아오고 있다. 또 플로리다 주에 있는 케네디 우주센터의 경비를 맡고 있으며 마이애미 도시철도의 경비 또한 맡고 있다. 아울러 1993년 플로리다 주 고속도로 휴게소에서 영국인 관광객이 피살당하는 사건이 발생하자 플로리다 주정부는 왜켄허트와 계약을 맺고 모든 고속도로 휴게소의 경비를 맡기기도 하였다.

이러한 왜켄허트는 1960년대 중반에는 수사기능까지 담당하기도 했다. 1960년대 중반 당시 조직범죄와의 전쟁을 선포한 플로리다 커크(C. Kirk)주지사는 경찰이 범죄조직

28) 이하 안황권 외(2007), 앞의 책, pp. 344~351.

29) Fixler, Philip E. and Poole, Robert W. Jr.(1992), "Can Police Service be Privatized?" in Bowman, Gary W. et al.(eds.), Privatizing the United States Justice System: Police, Adjudication and Correction Service from the Private Sector, NC: McFarland & Company, Inc, p. 32.

30) McCrie, Robert D.(1992), "Three Centuries of Criminal Justice Privatization in the United States," in Bowman, Gary W. et al.(eds.), Privatizing the United States Justice System: Police, Adjudication and Correction Service from the Private Sector, NC: McFarland & Company, Inc, p. 19.

과의 연루 의혹 등으로 제대로 수사가 이뤄지지 않자 아예 왜켄허트와 계약을 맺고 조직범죄 소탕에 들어가 지역 정치인과 관료 등이 연루된 조직범죄 일당을 체포하기도 하였다.

오하이오와 버지니아 주에서는 일선 경찰관들이 부패 등의 이유로 마약수사가 미진하자 전직 마약수사관들로 이루어진 민간경비업체에 수사를 의뢰, 마약사범들을 소탕하기도 하였다. 미시간 주 켄트우드(Kentwood)에서는 1993년 민간경비업체와 3년간 계약을 맺고, 부정수표 단속을 벌이기도 하였다.

이밖에도 바하마의 파라다이스 아일랜드(Paradise Island), 애리조나 주의 오로밸리(Oro Valley), 미시간 주의 칼라마주(Kalamazoo), 플로리다 주의 인디언 스프링스(Indian Springs), 웨스트버지니아 주의 버팔로 크리크(Buffalo Creek) 등에서 민간경비업체와 계약을 맺고 지역의 치안을 맡긴 결과, 범죄율 감소와 경비절감의 효과를 거둔 바 있다.[31]

이상과 같이 민간경비산업은 범죄예방 등 부문에서 이미 상당부분 경찰의 역할과 기능을 대신하고 있고, 실제로도 그 규모 면에서 경찰을 넘어서고 있는 것이 사실이다. 물론 이러한 민간경비의 활동에 대해 기존 경찰노조의 반발과 일부 지역주민의 반대로 몇몇은 일시적인 운영에 그치기도 했으나 기대 이상의 효과를 거두었다는 점에는 이견이 없다. 이처럼 미국 민간경비산업의 추세는 꾸준한 상승세를 지속하고 있으며, 1990년대 중반까지 미국에서 두 번째로 빠른 성장률을 보인 것으로 나타나고 있다.

더욱이 2001년 9.11테러가 발생하면서 미국 민간경비산업은 새로운 급성장의 계기를 마련하고 있다. 비록 각종 테러에 대한 위협으로 미국은 국토안보부(DHS: Department of Homeland Security)를 신설(2002)하고 비밀경호국과 해안경비대, 이민국 등 22개 기관의 18만 명이 넘는 직원들을 통합해 운영하고 있으나, 공항경비 등 갑자기 늘어난 테러로 인해 그 수요를 감당하기에는 한계가 있기 때문이다. 따라서 자연스럽게 민간경비업체들이 이러한 공백을 보완하기 위해 동원되었고, 이는 민간경비산업의 급성장으로 이어졌다.

최근 미국 민간경비산업의 동향을 살펴보면, 무엇보다도 인수·합병(M&A)이 눈에 띄게 증가하고 있다는 점이다. 이는 인수·합병을 통해 부족한 부분을 보완하고, 시너지효과를 노리는 한편, 완전히 독립화한 민간경비기업 '군'(群)으로 자리 잡는 것을 의미한다. 고객이 출입통제 부분, 경비 부분, 관련기기 부분 등 필요에 따라 각각 별도의 민간

31) Benson, Bruce(1998), To Serve and Protect: Privatization and Community in Criminal Justice, New York University press, pp. 17~20.

경비업체와 접촉할 필요 없이 한 업체에서 민간경비와 관련된 모든 욕구를 충족시켜 준다는 것이다.

이를 위해 핑커튼사는 시큐리타스(Securitas)에 인수되기 전에 이미 8개 민간경비회사를 인수하는 등 인수 · 합병 등에 열을 올렸다. 현재 세계 최대 민간경비업체인 시큐리타스는 전 세계 30개국에 모두 20만 명의 직원을 거느리고 있으며, 연간 매출액은 60억 달러에 달하고 있다. 인수 · 합병은 같은 업종 기업에 국한되는 것이 아니라 다른 업종의 기업인수도 포함된다. 이를 통해 민간경비의 계열화를 이루는 것이다.

미국 민간경비업체에서 벌어지고 있는 또 다른 현상은 지금까지 민간경비산업과는 큰 관련이 없던 기업들이 새롭게 민간경비시장에 진출하고 있다는 점이다. 예컨대, SONY와 또 다른 전자기기업체인 NICE시스템, 그리고 소프트웨어 업체인 Lenel의 등장이다.

이와 같은 외부 업체들의 등장은 시스템통합을 활발하게 촉진하고, 보다 새로운 기술의 진입을 빠르게 하고 있다. 결론적으로 미국 민간경비산업은 기업과 시스템의 통합 그리고 관련 분야의 세분화, 바꿔 말하면, 민간경비산업의 거대화(Macronization)와 세분화(Micronization)가 동시에 진행되고 있으며 그 속도가 빨라지고 있다는 것을 의미한다.

제3절 일본 민간경비의 역사적 발전과정

1. 전통적인 일본의 민간경비

일본에서 현대 이전의 민간경비는 헤이안(平安, 794~1185)시대에 출현한 무사(武士) 계급에서 찾을 수 있을 것이다. 당시 일본의 칸무(桓武)천황은 혼란한 정치적 상황을 일신하고 율령정치를 확립하기 위해서 794년 헤이안쿄오(平安京, 오늘날의 교오토)로 옮겼다. 이후 1192년 카마쿠라 막부가 성립되기까지 약 400년간을 헤이안시대라고 부른다.

헤이안시대 초기의 율령정치 쇄신과정에서 9세기 중엽부터 후지와라(藤原) 일족이 정치적으로 대두하였다. 이들은 정부의 권력을 장악하고 다른 유력씨족들을 제거하는 한편, 천황의 외척이라는 지위를 이용하여 천황을 대신하여 정치의 실권을 잡고 이른바 '섭정정치'(攝関政治)를 전개하였다. 후지와라 일족들에 의한 섭정정치의 전성기는 10세기말에서부터 11세기 초반에 걸친 후지와라 미찌나가(藤原道長), 요리미찌(頼通)시대라 할 수 있다.

이처럼 중앙에서 후지와라 일족들에 의한 섭정정치가 확립되어가는 과정에서 정치적 기강이 흐려지고 이는 지방정치를 문란하게 만들어 급기야는 부랑인(浮浪人)의 폭행과 도적들까지 극성을 부리게 되었다.

따라서 지방의 호족이나 묘슈(名主)들은 자위(自衛) 수단으로 자신이 데리고 있던 사람들을 무장시켜 이에 대처하였으며, 중앙에서는 이들 무력단체를 불러들여 경비와 순찰 등의 임무를 맡겼다. 이는 중앙의 경비를 강화하는 한편, 지방세력에 대한 통제 목적도 가지고 있다고 볼 수 있다.

한편, 중앙에서 후지와라 일족의 섭정정치가 전개됨에 따라 이에 밀려 자신들의 입지가 어려워진 중앙의 귀족들은 지방으로 내려와 지방에 토착화하면서 지역인들을 모집하여 무사단을 결성하기도 하였다. 또 지방에 파견된 지방관 중에서도 임기가 끝난 다음에도 중앙으로 돌아가지 않고 그곳에 머물러 무사단을 결성하는 경우도 발생하였다.

이러한 현상이 대개 9세기 말에서 10세기에 들어서면서 나타났는데, 이것이 무사의 발생이며 따라서 무사는 사적인 무력집단 구성원들이라 할 수 있다. 카마쿠라(鎌倉, 1192~1333)시대가 되면서 이들을 '사무라이'(侍)라고도 부르는데, 사무라이란 '상전의 곁에 서서 대기하며 모시는 경호(警護) 및 시종(侍從)이라는 의미'를 가지고 있다.

이런 무사들이 지방 유력자들을 중심으로 결합되면, 무사단(武士團)이 되고 이들 무사단이 지방의 치안과 방위를 맡게 되면서 일종의 공권력(公權力)을 행사하게 되었다. 따라서 지방관들은 죄인의 체포 및 압송 등 일종의 경찰 업무인 검비위사(檢非違使, けびいし)의 직무를 이들 무사단에게 주어 지방의 치안을 바로 잡으려고 했다. 사적으로는 개인에게 고용된 입장이면서 경찰과 군대의 임무를 수행했다는 점에서는 국가조직의 중요한 몫인 치안과 방위 등 공적인 임무를 하였던 것이다.[32)]

그 후 도쿠가와(德川, 1603~1867)시대 이후에는 장병위(長兵衛)라는 이름으로 경비업무를 전문으로 하는 직업경비업자가 생겨나 노동력 공급이나 경비업무를 실시하였고, 도쿠가와시대 이후에는 경비업무의 범위를 넓혀 부유한 상인들의 저택경비나 물품 및 귀중품 운반까지 전문적인 직업 경비원들에 의해 실시되었다.[33)]

한편, 제2차 세계대전(1939~1945) 전에 일본에는 '청원순사'(請願巡査)제도가 도입되었다. 일본은 전쟁을 위해 전투기, 군함 등 군수공장을 가지고 있었기 때문에 이들 군수시설의 경비를 강화할 필요가 있었다. 그러나 국가예산 대부분을 전쟁에 투입한 결

---

32) 다음백과사전(http://enc.daum.net/dic100/view).

33) 深澤賢治(1988), 警備保障, 東京: 東洋經濟新聞社, pp. 68~70.; 이윤근(1989), "한국 사경비 발전 방안에 관한 조사연구," 동국대학교 박사학위논문, p. 37.

과, 군수시설의 경비에 예산을 투입할 여력이 없었다.

이에 국가예산 절감차원에서 군수시설의 시설주에게 소요경비를 부담하게 하고, 경비 책임을 지우는 청원순사제도를 만들어 청원순사로 하여금 관련시설의 경비를 맡도록 한 것이다. 그런데, 흥미 있는 사실은 일본의 청원순사제도가 일본 민간경비업의 발전에 장애물로 작용한 점도 없지 않았다.[34)]

2. 현대적 의미의 민간경비 탄생

이상과 같이 특정 정치적 계급이나 특정시설에 대해 실시되어 오던 일본의 전통적 형태의 민간경비는 제2차 세계대전 이후 현대적 의미로 새롭게 탄생하게 되었다.

그 첫 출발점으로 등장한 것이 1962년 7월에 발족한 일본 경비보장주식회사(警備保障株式會社)로서, 현재 일본 제1의 민간경비업체인 세콤(SECOM)의 전신이다. 일본 세콤은 미국의 경비시스템을 도입한 것으로 알려져 있지만, 실제로는 스웨덴의 경비회사 SP(Security Patrol)와 제휴하여 설립되었다.[35)]

그런데, 일본의 근대화과정을 비추어 볼 때, 현대적 의미의 민간경비산업의 역사는 상대적으로 짧다고 볼 수 있다. 그 이유 가운데 하나로서 일본은 제2차 세계대전 이후 치안이 잘 유지되어 있어서 "물과 안전은 그다지 중요하지 않다"라는 의식이 강하였고, 따라서 이에 대한 관심이 낮았기 때문이라는 점도 없지 않았다.[36)]

그리고 그 이유를 민간경비 관점에서 살펴보면, 제2차 세계대전 전에는 일본산업계가 자체적으로 야경, 수위, 순시, 또는 보안원 등으로 운영해 왔다는 점이다. 그리고 극히 일부분이긴 하지만, 필요한 경비를 기업에서 부담하고, 공공경찰에 준하는 경찰권을 제한적으로 부여하는 청원순사(請願巡査)제도를 운영하고 있었기 때문이었다(후술하겠지만 일본의 청원순사제도는 우리나라의 청원경찰제도와 유사하다고 볼 수 있다). 이로 인해 위탁 내지 계약방식에 의해 운용되는 민간경비를 제도적으로 도입할 여지가 특별히 없었다는 점도 제기된다.[37)]

그러나 일본의 민간경비는 1964년 동경올림픽의 선수촌 경비활동을 계기로 경비업의

---

34) 警備防災委員會施設警備硏究會(編)(1985), 施設警備の硏究と實務, 全國ビルメンテナンス協會, p. 23.; 박병식(1996), 민간경비론, 서울: 법률출판사, p. 35.

35) 警備保障新聞 제5호(1978.3.5).; 이백철 · 주희종 · 박병식(1995), "민간방범역량강화를 위한 사경비제도 발전방안," 치안논총 제11집, p. 152.

36) 全國警備業協會(1987), 警備業法の解說, p. 3.

37) 警備防災委員會施設警備硏究會(編)(1985), 앞의 책, p. 23.; 이백철 · 주희종 · 박병식(1995), 위의 논문, p. 152.

존재가 널리 인식되었다. 그리고 동경올림픽이 끝나고 6년이 지난 1970년에 만국박람회가 일본 오사카에서 개최되었는데, 당시 민간경비는 대회장 내의 시설관리, 관람객들의 안전 및 질서유지 등에 투입되었다. 이 대회 기간 6개월 동안 6,400만 명의 관람객이 방문하였는데, 별다른 사고 없이 행사를 무사히 마무리할 수 있었다. 이는 일본 민간경비의 양적 · 질적 성장을 증명해 주는 계기가 되었다. 따라서 일본 민간경비는 만국박람회 이후 일반 국민에게 낯설지 않은 형태로 인식되기에 이르렀다.

3. 일본 민간경비의 성장과 경비업법의 제정

일본의 민간경비는 1972년에 경비업자 수가 약 780명, 경비원 수는 약 4만 1천 명에 달하는 성장산업으로 주목받기에 이르렀다. 그런데 일본의 민간경비산업의 성장 이면에는 부작용도 적지 않게 나타났다. 당시까지만 하더라도 민간경비산업이 건전한 발전방향을 확립하지 못하였고, 경비원의 비행 및 위법 · 부당한 업무수행에 대한 비판여론이 적지 않았던 것이다.

당시 민간경비원의 비행과 관련하여 예컨대, 한 여성이 길에서 우연히 습득한 물건을 경찰로 오인하여 건설현장의 경비원에게 신고하였는데, 경비원이 이를 횡령해 버린 사건이 발생하였다. 또 경비원의 제복이 경찰제복과 유사한 점을 악용하여 교통경찰을 가장해 교통위반자로부터 금전을 사취하려 한 사건, 백화점에 근무 중이던 경비원이 금고를 털어 7천만엔 상당의 귀금속을 절취한 사건 등이 발생하였다.

그리고 특히, 1970년대에 이르러 민간경비원이 노동쟁의(勞動爭議)와 시민운동에 경찰기동대와 유사한 복장을 착용하고 출동하는 등의 부당사례가 신문에 보도되자 경비업에 대한 여론의 비판이 급증하였고, 이에 대한 법적 규제가 요구된 것이다.[38)]

이러한 상황에서 민간경비를 건전한 산업으로 육성하기 위해서는 적절한 가이드라인 내지 규제사항이 마련되어야 한다는 주장이 설득력을 갖게 되었다. 이에 경비업체 및 경비원의 자격요건들을 엄격히 규제하고 국가공권력을 침해하지 않는 범위 내에서 경찰업무를 보조하는 방향으로 유도하고자 경비업법(警備業法)이 제정되었던 것이다. 이러한 일본 관계당국의 조치들은 이미 법 제정 이전에 민간경비산업이 일본사회에 중요한 영향력을 행사하고 있다는 점을 인정한 것이었다. 일본 경비업계 또한 자신들의 입지를 강화하고 법적으로 허용된 경비업협회를 창설하여 경찰과의 관계를 돈독히 함으로써 시장의 활성화에 박차를 가하고자 하였다.[39)]

38) 全國警備業協會(1987), 앞의 책, p. 6.
39) 김성언(2004), "민간경비의 성장과 함의: 치안활동의 신자유주의적 재편과 계약적 통치의 등장,"

결과적으로 법적으로 민간경비업에 대한 일정한 규제사항을 정함으로써, 이의 적절한 활동을 유도하고, 안전사회의 기반을 형성하는 사업으로 건전하게 육성할 것을 목적으로 하는 경비업법(警備業法)이 제정되어 1972년 7월에 공포하고 11월에 시행되었다. 이러한 경비업법에는 경비업무를 실시하는데 국민의 권리와 자유 기타 공공안전을 해치지 않도록 필요한 규제를 하고, 경비업자 및 경비원에 대한 특별한 지위는 일체 인정하지 않는다는 내용을 규정하였다.

제정된 경비업법(1972)의 주요규제 내용

① 경비업자 및 경비원의 결격사유와 경비업을 영위하려는 자의 공안위원회에 신청(申請. 신고) 의무
② 경비업자 및 경비원이 경비업무를 행함에 있어서의 기본원칙
③ 경비원의 교육과 필요한 지도감독 등

4. 일본 민간경비시장의 확대와 기계경비의 발전

경비업법 제정 이후 10년 사이에 일본 민간경비산업은 사회의 수요에 따라 공항경비와 원자력 관련시설의 경비까지 이루어지는 등 활동영역이 확대되었고, 경비업무의 기계화가 급속히 진행되어, 질적 · 양적인 면에서 크게 변화하였다.

그런데, 경비산업의 성장과 발전과 더불어 관련 문제가 또 나타나게 되었고, 따라서 이에 대한 적절한 운영 및 개선에 대한 사회적 요구가 크게 제기되었다. 그러나 경비업계는 이에 충분히 부응할 만큼 성숙하지 못하여 사회적 기대에 부응하지 못하였다. 또한 1972년의 시대적 배경 속에서 제정된 경비업법상의 규제만으로는 충분한 대처할 수 없는 상황에 이기도 하였다.

경비업법의 존재에도 불구하고 여전히 범죄 전과를 가진 자와 조직폭력단 관련자가 경비업을 영위하는 경우가 적지 않았고, 근무지에서의 절취와 알코올 중독으로 입원한 경력이 있는 경비원이 살인사건을 저지르는 등 경비원의 비행이 속출하여 사회적 신뢰를 잃고 있었다. 이러한 현상은 경비업의 건전한 발달을 저해하는 요인이 되었음은 물론이다. 그리고 이러한 문제의 한 요인으로 경비원들에 대한 지도 및 교육이 제대로 이루어지지 못하였다는 점이 지적되었다.

또 과거와는 달리 야간 및 휴일에 무인건물이 증가하였다. 전자기술의 발달에 따른 기계적 장치의 발명 및 개선, 경비업자의 경영합리화 등으로 기계경비업이 빠른 속도로

서울대학교 박사학위논문, p. 145.

발전되어, 무인기계경비(無人機械警備)가 범죄예방에 있어서 필요불가결한 것으로 자리 잡게 된 것이다. 그러나 경비업무 대상시설로부터 떨어진 장소에서 기계에 의해 경계 및 경비활동을 수행하는 기계경비업무의 특수성을 고려한 법적 규제가 없었고, 이상 경보시의 판단과 부적절한 지령, 즉응체제의 미비 등으로 인해 피해의 발생과 확대를 방지하지 못한 사례가 급증하였다. 아울러 경찰기관에 대한 오경보(false alarm)도 상당한 수준에 달하였다.

이러한 상황에 대응하기 위해 1982년 경비업무의 일부를 개정하는 법률안을 국회에 제출하였고, 동년 7월에 개정되어 1983년 1월 15일부터 시행되었다. 개정된 경비업법의 특징은 크게 다음 3가지로 요약할 수 있다.40)

개정된 경비업법(1982)의 주요규제 내용

① 부적격자를 배제하기 위하여 경비업을 영위하는 자의 요건을 신청제에서 인정제(認定制, 허가제)로 강화
② 경비원지도교육책임자 및 기계경비업무관리자제도의 신설과 경비원교육의 강화
③ 급증하는 기계경비업에 대한 관련규정의 대폭 신설 등

경비업법이 개정된 1982년에는 경비업자수가 약 3,500명으로 10년 전보다 약 4배가 늘었고, 경비원 수는 약 13만 4천 명에 달하여 3배가 넘게 성장하는 등 국민의 방범 및 방재활동의 기반을 형성하는 안전사업의 핵심으로서 국민생활 영역에 자리를 잡게 되었다.

한편, 1980년대에 일본 민간경비는 자국뿐만 아니라 해외로 진출하기 시작하였음에 주목할 필요가 있다. 1980년대 초 한국에 진출하였으며, 1988년에는 중국 본토에까지 진출하는 등 성장을 계속하였다.41)

5. 1990년대 전후 일본 민간경비의 동향

1) 상주경비에서 기계경비로의 전환

1990년대 전후하여 노동집약산업으로 성장해 온 민간경비업은 내적·외적 요인에 의해 변화가 일어나기 시작하였다. 가장 큰 특징은 시설경비분야에 있어서 인력에 의한 상주경비(常住警備)에서 기계경비로 활발하게 전환되는 움직임을 보이고 있다는 점이다.42)

---

40) 이백철·주희종·박병식(1995), 앞의 논문, pp. 158~159.
41) 日本防犯防災新聞 제186호(1989.1.25).; 이윤근(1989), 앞의 논문, pp. 38~39.; 2017년 현재 일본민간경비산업의 규모는 9,434개 업체에 543,244명에 이르고 있다. 일본경찰청(https://www.npa.go.jp).

경제적 불황에 허덕이는 많은 기업이 장기적으로 비용 면에서 저렴한 기계경비를 도입하기 시작한 것이다. 이와 관련하여 일본 동경의 시설경비 대상시설의 추이를 살펴보면, 상주경비가 전체적으로 감소하는 추세에 있었다. 반면, 기계경비는 증가 경향을 보이고 있다는 점이다.

상주경비의 약 40%를 차지하고 있는 빌딩 및 회사와 아파트에서 상주경비가 조금씩 감소하고, 특히 백화점과 판매시설에서는 급속히 감소하여 전체적으로 5.8%가 감소한 것으로 나타난 것이다. 이에 반해 기계경비는 두 자리 숫자로 성장하던 것이 1992년에는 6.0%의 증가에 그치기는 하였지만 빌딩, 회사, 백화점, 판매시설, 관공서 등에서 눈에 띄게 증가하였다.

2) 과점화와 양극분화

그런데, 이 시기에 민간경비의 과점화 내지 양극화 현상이 두드러지게 나타났다.

경비업체인 세콤(SECOM)과 종합경비보장(綜合警備保障)의 2대 기업에 의한 과점화가 매년 심화되었고, 특히 기계경비에 있어서 그 경향이 더욱 뚜렷하게 나타나게 된 것이다.[43]

1992년 통계에 의하면, 세콤 그룹 10개사와 종합경비보장 그룹 26개사의 매출액은 경비업계 전체의 24.54%를 차지하는 것으로 나타났다. 이것은 대단히 큰 격차를 보여주는 것이다. 전체경비업체와 비교해 보면, 2대 그룹의 경우에는 1개사 평균 매출액이 103억 7,606만 엔인 것에 대하여 나머지 경비업자의 경우에는 1억 7,555만 엔으로 이는 2대 그룹사의 1.69%에 지나지 않는다는 것을 의미하기 때문이다.

더욱이, 기계경비의 경우를 보면 전체 대상시설 수 가운데 세콤 본사가 36.6%, 종합경비보장 본사가 19.3%를 차지하고 있어, 2대 그룹 본사만으로 과반수를 초과하고 있으며, 동경의 경우에는 무려 80%를 넘는 상황이었다.

이처럼 2개 경비회사가 기계경비분야에서 힘을 발휘하고 있는 가장 큰 이유는 경비업법에서 규정하고 있는 즉응체제의 준수의무(출동시간 등)를 일단 충족시키기 위해 대기소를 설치해두고 있는데, 그 구역 내에서의 경비대상시설의 수와 대처요원의 수에 대해서는 규정하고 있지 않아 이를테면 '규모효과'(規模效果, scale merit)가 발생한다는 점이다.

이는 경비업무의 활동 분야가 넓고, 수요가 증가하면 상당한 정도의 저비용화가 가능

42) 이백철 · 주희종 · 박병식(1995), 앞의 논문, pp. 159~160.
43) 위의 논문, p. 160.

하다는 것을 의미한다. 더욱이 양사가 일찍부터 기계경비에 착수하여 특히 대도시에서는 지역체제를 이미 확립했다는 것이 계약체결에서 강점으로 작용하고 있다고 할 수 있다. 또한 기계경비의 경우 일정한 계약기간이 있는데, 일단 기기를 설치한 후에는 연장되는 경우가 많기 때문이라고도 볼 수 있다.

3) 경비업계의 새로운 시장 전개

일본에서는 기존의 경비개념과는 색다른 새로운 분야가 끊임없이 개척되고 있다. 그 예로 이른바 '경비택시'제도와 '도시안전시스템'(Town Security System)등을 들 수 있다.[44)]

(1) 경비택시

경비택시는 사고, 응급환자의 발생, 화재, 강도 및 불법침입 등의 긴급사태가 발생하였을 때, 택시가 출동하여 관계기관에 연락하거나 가까운 의료기관에 통보하는 제도이다. 처음에는 노인이나 독신 여성 등을 대상으로 한 긴급구조시스템에 국한되었으나 지방 현(縣)경찰의 지도로 방범, 방재를 포함한 시스템으로 바뀌어 일반가정뿐만 아니라 점포와 사무소까지 그 대상이 확대되어 갔다.

이 시스템은 계약자가 환경 및 신체에 이상을 느꼈을 때 팬던트(Pendant: 목걸이, 팔찌 등 장식물과 같은) 형태의 휴대용 무선장치의 버튼을 누르면, 옥내에 설치한 발신장치가 작동되어 배차센터에 자동으로 연결되었다. 센터에서는 합성음으로 들려오는 상대방의 등록번호를 컴퓨터에 입력하고 화면에서 그 소재지를 확인한 후, 가장 가까운 곳을 주행 중인 빈 택시에 출동 · 지원할 것을 지시하도록 되어 있다. 그리고 빈 택시가 한 대도 없을 경우를 대비하여 배차센터에는 전용차량과 운전요원을 상시 확보해 두고 있기 때문에 통보를 발신한 후 20분 이내에 도착할 수 있다는 이점을 가지고 있다.

1989년 6월 29일 일본 운수성(運輸省) 지역교통국이 전국의 지방운수국에 내린 '택시사업자가 행하는 구조사업에 대한 지침'에 의해, 택시회사가 본래 업무에 지장이 없는 범위 내에서 경비업과 대행업을 겸업할 수 있도록 정식 인정되었다. 이에 대해 경찰청은 경비업법에 규정된 경비업의 조건에 비추어 위법이 없는 경우에는 인정하도록 전국 경찰관서에 지시하였다. 아울러 신청업자에 대해 전용차량의 배치, 관제국과 대기소의 확보, 지도교육책임자, 기계경비업무 관리자격 등 필요한 조건을 충족 시켰는지를 지도 · 감독하도록 지시하였다.

---

44) 이밖에도 고령자 긴급통보서비스, 지하매설물감시, 주차장 무인감시시스템, 쓰레기 불법투기 야간순찰, 에스코트서비스 등 수많은 민간경비영역이 개척되고 있다. 이에 대한 내용은 박병식(1996), 앞의 책, pp. 216~225 참조.

(2) 도시안전시스템

도시안전시스템(Town Security System)은 일정한 지역에 건설된 공동주택 등을 포함하여 모든 주택에 각종 경보센서와 화재 및 가스감지센서 등의 시스템 단말기를 설치하여 일반회선을 통해 연결하고, 설비고장과 전기장해의 대응, 장기부재 등 버튼통보에 대한 대응, 정기순찰 등의 서비스를 제공하는 체제를 말한다.

1987년 사가미(相摸)철도회사가 선로변에 개발한 신도시 중심부에 홈시큐리티 관제센터를 설치하여 모든 주민이 참가하는 홈시큐리티(Home Security)시스템을 적용하고 있다.

이와 같은 도시안전시스템은 세이부(西武)그룹이 교토(京都)시 서부에 대규모 주택단지를 개발하여 주민들을 대상으로 CATV 방송과 병행하여 제공하는 등 일본 도시개발 전역에서 이의 상용화가 이루어지고 있다(우리나라의 역시 최근 도시개발과정에서 이러한 시스템이 접목·적용되어 새로운 민간경비 영역으로 성장하고 있음은 물론이다).

6. 민간조사제도의 합법화

일본의 경우, 2006년 6월 이전까지는 우리나라와 마찬가지로 민간조사원[사설탐정]제도에 대하여 국가가 특별히 면허제도를 가지고 있지 않고 흥신소나 조사업이라는 명칭을 사용하여 업종의 난립현상을 보이고 있으며, 단순한 행정법상의 규제대상에 불과하였다.

따라서 민간조사원제도에 대하여 일본은 면허제도 없이 일반서비스업종의 하나로 취급하고 있어 관리감독이 어려울 뿐만 아니라 자유롭게 설립할 수 있으므로 불법이 성행하는 것도 부정할 수 없는 실정이었다.[45)]

이러한 사정으로 수많은 민간조사 관련 업체와 민간조사 관련 학원이 난립하였다. 예컨대, 1954년에는 탐정경비사 양성소와 같은 민간단체에서 탐정 교육과정을 이수한 자에게 '탐정학사'라는 민간자격을 부여하기도 하였다. 이것은 일본탐정협회가 국가에 의장등록을 하고 독자적으로 발행한 학교의 졸업증명서와 비슷한 자격증으로 다른 일반서비스업과 마찬가지로 탐정업 개업에 따른 신고나 가맹의무는 없는 것이었다.[46)]

이와 같이 일본에서는 민간조사원이 되는 일이 어렵지 않았고, 생활 속의 다양한 의뢰에 따른 수요가 증가하였다. 또 장기간의 경기침체와 더불어 한 건의 의뢰만 있어도 수입이 괜찮다는 인식이 확대되면서 자기 직업을 가지고 있으면서, 퇴근시간 이후나 주

---

45) 조현빈(2006), "주요국가의 공인탐정 현황 및 정책적 시사점," 한국민간경비학회보, p. 286.
46) 김태환·강영숙 역(2004), 프로탐정의 테크닉, 서울: 백산출판사, pp. 170~175.

말 등을 이용하여 '부업'으로 민간조사업을 하는 사람들도 적지 않았다.

이러한 상황에서 국가의 관리가 제대로 이루어지지 않아 민간조사업은 수많은 업종의 난립으로 사실상 방치상태에 놓여 있게 되었고, 이로 인한 불법적인 문제가 나타나게 되었다.[47]

한편, 일본사회에서는 1960년대까지 미개발 빈민지역이라 할 수 있는 특정지역인 동화지구(同和地區)의 부락민 출신에 대한 사회적 차별문제가 매우 심각하였다.[48] 이에 따라 결혼 상대자나 기업 등의 취업대상자가 해당지역의 부락민 출신인지의 여부를 알아보기 위해 흥신소 등의 민간조사업체에 의뢰하는 등 인권침해 사례가 사회적으로 큰 파장을 일으켰으며, 최근까지도 유사 사건들이 계속 성행 · 적발되어 왔다. 이러한 사회적 영향으로 1985년 오사카부(府)의 경우 유일하게 조사회사나 흥신소 등의 민간조사업체들의 부당한 차별조사를 금지하기 위한 취지로 조례(條例)를 제정하여 관련업자들의 불법행위를 제지하려고 했지만 법률이 아닌 지방 조례에 불과했으므로 시행상의 강제성은 약했다.

이처럼 일본에서는 민간조사업과 관련된 사회적 부작용과 심각한 문제들이 계속 증가함에 따라 오랫동안 이의 입법화를 추진해 왔는데, 그 결과로서 2006년 6월 8일에 이르러「탐정업무의 적정화에 관한 법률」(探偵業の業務の適正化に関する法律, 이하 탐정업법)을 공포하였고, 2007년 6월 1일에 시행하기에 이르렀다. 이로써 국가가 관리 · 규제하는 공인탐정제도가 도입된 것이다. 이 법을 통해 탐정업에 대하여 필요한 규제 및 업무운영의 적정화를 도모하고, 나아가서 개인의 권리 · 이익의 보호에 기여하고자 하였다.

---

47) 이하 강영숙 외(2009), 탐정(민간조사)학개론, 인천: 진영사, pp. 118~119 재구성.

48) 동화지구(同和地區, 부라쿠민 마을)는 메이지시대(明治時代 1868~1912) 이전의 전근대적인 일본의 신분제도 하에서 존재하는 최하층에 천민마을을 의미한다(우리나라 근대 이전의 향, 소, 부곡와 유사한 존재). 이와 관련하여 1993년 일본정부의 보고서에 따르면, 4,533개 동화지구에 892,751명의 부라쿠민이 있는 것으로 되어 있는데 실제 인구는 2~3백만 명은 될 것으로 추정되고 있다. 오늘날 일본 경제의 급성장과 정부주도의 처우 개선 노력 등으로 인해 부라쿠민 거주지의 주거 환경은 상당 부분 개선되었으나, 현재까지도 암암리에 '부라쿠민 출신'이라는 이유 하나만으로 채용 · 결혼 등에서 감당할 수 없는 불이익을 받는 경우가 있기 때문에 일본 사회의 민감한 사회문제로 대두되고 있다. 실제로 일본 기업의 인사 담당자들은 사립탐정소, 흥신소 등에서 발간한 '특수부락지명총람' 등을 구입하여 지원자의 출신지를 가려내는 데에 사용하는 등의 문제가 상당부분 있었다. 특수부락지명총람의 존재는 일종의 낭설로 여겨졌으나, 1975년에 최초로 부락지명총람사건이 언론에 드러나면서 그 실체가 드러났고, 최소 9종류의 책자가 채용 · 결혼 문제 등으로 고민하는 사람들을 위해 시대의 정서에 역행함에도 불구하고 발간되고 있는 것으로 확인되었다. 더욱이 부라쿠민 차별철폐운동이 진행될수록 색출작업도 고도화되어, 1990년에는 도쿄 도내의 행정서사들에 의한 부라쿠민 의심자 족보구매사건, 1998년에는 오사카 시내의 대형 흥신소가 기업들로부터 차별신원조사를 의뢰받은 사건 등이 일어났다.
http://bbs1.agora.media.daum.net/gaia/do/debate/read.

다만, 일본의 탐정업은 허가제가 아닌 신고[届出, けで]제 형식을 취하고 있다. 동법 제4조에서는 탐정업과 관련하여 '탐정업을 운영하려고 하는 자는 내각부령으로 정하는 바에 의하여 영업소마다 해당 영업소의 소재지를 관할하는 도도부현 공안위원회(都道府県 公安委員会)에 관련 사항을 기재한 신고서를 제출'하도록 하고 있다. 물론, 여기서의 신고는 단순한 신고의 의미가 아니라 '의무적 신고'(届出)의 의미를 갖는다는 점에 유의할 필요가 있다. 일본 탐정업법의 주요 내용은 다음과 같다.[49]

일본탐정업법의 주요 내용

구분	내용
업무의 적정화	기본원칙의 명확한 규정으로 불법행위의 금지, 비밀엄수의무 규정의 명확화
계약의 적정화	중요사항의 설명, 조사결과 취급방법 규정의 명확화
신고제	효과적인 단속과 규제를 위한 신고[届出]제 도입
결격사유	탐정업무로부터 폭력단원 등의 배제
교육 및 감독	소속종사원 교육, 감독 등의 규정 제정
벌칙	필요한 벌칙 제정

제4절 한국 민간경비의 역사적 발전과정

1. 전통적 민간경비

현대 이전의 전통적 의미의 민간경비는 오랜 세월 동안 우리 조상이 대부분 실시하여 왔던 경비형태라고 할 수 있다. 이와 관련하여 고조선시대나 삼국시대에는 부족이나 촌락 또는 지역사회의 전체가 공동운명체적 성격을 띠고 외침으로부터 자신들을 보호하기 위하여 자경주의활동을 실시하였다. 이는 서구의 감시자(Watchman) 또는 경비원(Guard)과 유사한 역할을 하였다고 볼 수 있다.

고려시대나 조선시대에는 지방의 호족이나 중앙의 세도가들이 자신들의 권력을 유지하거나 재산을 보호하기 위해 무사들을 고용하여 사병화하기도 하였다. 특히, 고려시대의 삼별초(三別抄)는 최씨 무신정권의 사병(私兵)집단이지만 국가기구로써의 공권력을 행사하기도 하였다. 조선시대 이후 현대 민간경비가 시작되기 이전인 1950년대까지는 주로 권력가나 사업가들이 힘센 장정들을 고용하여 주택이나 기타 시설물에 대한 경비

49) 위의 책, p. 126.

나 자신들에 대한 경호임무를 맡기기도 하였다.[50] 예컨대, 개항 이후 개성에서는 인삼 도둑이 많아지자 인삼밭 경비를 위해 경비원을 고용하기도 한 사례가 있다.

그러나 전근대시대에 있어서 임금을 매개로 계약을 통해 성립된 민간경비활동은 일반화되지 못하였다고 볼 수 있다.[51] 근대 이전의 민간경비에 대해서는 이상과 같이 간략히 살펴보고 아래에서는 1950년대 이후의 현대적 의미의 민간경비에 대해서 상세하게 살펴보기로 한다.[52]

2. 현대 민간경비의 태동

우리나라에 현대적 의미의 민간경비가 처음 도입된 것은 1950년대의 일이다. 한국전쟁 이후 국내에 주둔하게 된 주한미군에 대한 '군납경비'를 통해 민간경비산업이 처음 태동하게 된 것이다.[53] '군납'(軍納)은 주한국제연합군기관(주한미군) 또는 외국기관에 물품을 매각하거나 공사를 수급 · 시공하거나 또는 용역을 제공하는 행위를 말한다. 초창기의 군납은 야채류 납품이 주종을 이루었으나, 점차 잡역 · 수선 · 주택경비 등으로 확대되었다. 당시 미8군 군납경비(軍納警備)를 맡은 업체는 1954년에 설립한 용진보안공사, 1958년에 설립된 화영기업과 경원기업, 1959년에 설립한 신원기경 등 이었다.

이러한 선발업체들의 경비 능력이 향상되면서 1962년 5월에는 국내 최초로 민간경비계약이 체결되었다. 1958년에 설립된 범아실업공사는 국내에서 소비되는 석유류의 원활한 공급을 위해 한국 · 미국 · 대한석유저장주식회사 3자 협정으로 설립된 코스코(KOSCO: Korea Storage Company)와 부두에 야적한 석유류의 경비 및 검수를 위한 용역경비계약을 체결한 것이다. 그 후 범아실업공사는 부산의 사상, 영도 등의 지역에 각 저유소(貯油所)와 서울 왕십리, 울산 정유소 및 외국인 주택과 유류 파이프라인의 경비업무를 시작하였다. 이어 미국 건설회사와 건설현장에 대한 경비계약을 맺고 경비를 담당하였다.

한편, 1960년대 초에 이르러 미군부대에 대한 군납경비가 정비되기 시작하였다. 군납은 당시로서는 대단히 큰 이권사업이었다. 주한미군에 대한 군납이 이권관계를 둘러싼 조직폭력 및 온갖 부정과 비리의 온상이 되자, 당시 국가재건최고회의는 1961년 12월에 임시조치법안을 공포하였다. 이 법에 의해 각 업종에 대해 상공부에 등록하지 않

---

50) 이윤근(2001), 앞의 책, p. 17.
51) 김정환 · 서진석(2003), 한국경비산업발전사(Ⅰ), 서울: 백산출판사, p. 35.
52) 이하 김성언(2004), 앞의 논문, pp. 127~157 재구성.
53) 한국경비협회(1998), 한국경비협회 20년사, p. 49.

은 업체는 군납업을 영위할 수 없도록 하였다. 그리하여 건설군납, 용역군납, 물품군납 등 3개의 군납조합이 조직되었고, 군납 용역경비도 체계를 갖추게 되었다. 어쨌든, 당시 경비업체들은 주로 미 8군에 대한 용역경비를 전담함으로써 계약경비산업이 성장할 수 있는 계기를 마련하였다고 볼 수 있다.

그런데 미국 닉슨 대통령은 "핵공격 이외의 공격에 대해서는 당사국이 그 1차적 방위 책임을 져야 하고 미국은 군사 및 경제원조만 제공한다"는 닉슨 독트린(Nixon Doctrine)을 선언(1969.7)함에 따라 1971년 3월 초부터 서부전선에 배치되었던 2만 명에 달하는 미 제7사단이 철수하기 시작하면서 군납경비는 침체의 길로 접어들게 되었다.

이로 인해 1970년대 초에 비해 70여 개의 경비시설이 감소 되었고, 경비인력도 약 1,000여명 감원된 것이다. 일부 군납경비업체는 국내기업의 용역경비를 겸하거나 다른 업종으로 전환하기도 하였다.[54] 따라서 민간경비산업이 생존 및 성장하기 위해서는 새로운 시장이 형성되어야만 했다.

3. 청원경찰제도의 도입과 민간경비의 일시적 침체

1) 청원경찰제도의 도입

(1) 청원경찰제도의 도입 배경

1960년대 초반 국가주도형 경제개발이 본격화됨에 따라 경비를 필요로 하는 산업시설, 공장, 금융기관 등이 서서히 등장하기 시작하였다. 이러한 시설들은 이제 막 태동하고 있는 민간경비[계약경비]산업의 잠재적 고객이 되었다.

그런데, 한국전쟁 이후 남북 간에 형성된 첨예한 대립상황은 이러한 산업시설에 대한 경비를 단순히 범죄피해로부터의 예방 즉, '방범'(防犯)이 아닌 적대세력으로부터의 시설파괴에 대한 '방호'(防護)의 개념으로 인식하게 되었다. 방호개념이 적용되는 것은 국가가 이 시설들에 대한 경비에 적극적으로 개입하겠다는 것을 의미한다.

그러나 국가가 실질적으로 이들 산업시설의 경비를 직접 담당할 수는 없었다. 이는 산업화가 진행됨에 따라 이러한 시설들이 계속 증가했지만, 경찰자원(警察資源)을 이에 비례해서 증대시킬 수는 없었기 때문이다. 이러한 이유 등으로 경찰은 위험요인이 있을 때만 국가중요시설이나 공공기관 등에 경찰을 일시적으로 배치할 뿐, 그 인력을 항상 상주시키지는 않았다.

따라서 산업화가 진전됨에 따라 경찰을 대체할 수 있는 다른 경비수단 및 경비인력이

54) 위의 책, p. 50.

절실히 요구되었다. 당시 서서히 성장하고 있던 민간경비업체들이 그 대안이 될 수 있었지만 정부는 이들 산업시설의 국가적 중요성 때문에 그 경비를 국가의 통제하에 두고자 하였다. 그 결과 생겨난 것이 '청원경찰'(請願警察)제도이다. 앞에서 언급한 바와 같이 일본은 제2차 세계대전 전에 청원순사제도를 운용한바 있는데, 이는 우리나라의 청원경찰제도와 상당한 유사성을 갖는다고 볼 수 있다.[55]

(2) 청원경찰법의 제정

현행 청원경찰제도는 ㉠ 국가기관 또는 공공단체와 그 관리하에 있는 중요시설 또는 사업장, ㉡ 국내 주재(駐在) 외국기관, ㉢ 그 밖에 행정안전부령으로 정하는 중요시설, 사업장 또는 장소의 하나에 해당하는 기관의 장 또는 시설・사업장 등의 경영자(청원주)가 '경비'(經費 Cost)를 부담할 것을 조건으로 경찰의 배치를 신청하는 경우 그 기관・시설 또는 사업장 등의 '경비'(警備, Security)를 담당하게 하기 위하여 배치하는 경찰을 말한다(청원경찰법 제2조).

여기에서 청원경찰은 해당기관・시설의 장 또는 경영자(청원주)의 신청에 의해 배치되는 경찰을 말하며, 이들은 배치된 시설 또는 기관의 구역을 관할하는 경찰서장(警察署長)의 감독을 받아 '그 경비구역만의 경비를 목적으로 필요한 범위'에서 경찰관직무집행법(警察官職務執行法)에 따른 경찰관의 직무를 수행하도록 하고 있다(청원경찰법 제3조).

요약건대, 청원경찰의 제반 비용은 해당시설의 청원주가 부담하고, 이들이 행사하는 일정한 공권력은 국가가 부여하는 형식을 취하고 있음을 알 수 있다(이로 인해 이들의 정체성을 규명하는데 한계가 있음은 물론이다).

이러한 청원경찰제도의 근거 법령으로 청원경찰법과 시행령이 처음 제정된 것은 1962년 4월의 일이었다. 그러나 이 제도의 시행규칙은 이로부터 5년 6개월이 지난 1967년 11월 9일에야 제정되었다. 이 기간 동안 청원경찰제도는 사문화(死文化)되어 있었던 것이다. 이러한 제도 시행상의 지체는 1960년대 초 경공업 위주의 산업구조에서는 청원경찰에 대한 수요가 그리 많지 않았기 때문인 것으로 생각된다.

그러나 이러한 지체는 경찰이 독점해 왔던 경찰권한을 민간부문에 이양하는 문제에 대해 정부가 얼마나 소극적이었는지를 단적으로 보여 준 것이다. 정부의 소극적 태도의 기저에는 공공시설의 치안활동은 국가경찰이 담당하지 않으면 안 된다는 관념이 내재되어 있던 것이다. 그 결과 청원경찰제도는 자격요건, 임용과 배치, 봉급 및 제수당의 범위, 교육, 복장, 직무, 무기휴대 등에 있어서 철저한 국가통제하에 운영되는 것을 조건

55) 박병식(1996), 앞의 책, p. 35.

으로 시행되기에 이른다.

어쨌든, 우여곡절 끝에 탄생한 청원경찰제도는 1973년 12월 31일 청원경찰법의 전문개정을 통해 성장의 기틀을 마련하게 되었다. 새롭게 전문개정 된 청원경찰법은 청원경찰을 배치할 수 있는 시설의 범위를 확대하였다. 이에 따라 청원경찰제도는 국가기관 또는 공공단체와 그 관리하에 있는 중요시설과 사업장, 국내주재 외국기관, 선박, 항공기 등 수송시설, 금융 또는 보험회사, 언론사, 통신사, 방송사, 인쇄소, 학교, 기타 공안유지와 국민경제상 고도의 보호 내지 보안을 필요로 하는 중요시설과 사업장으로 확대적용할 수 있게 되었다.

(3) 청원경찰제도가 갖는 의미

청원경찰제도는 당시 남북의 군사적 대치상황에서 국가경찰력만으로는 국가의 사활이 걸린 중화학공업단지와 같은 국가의 중요산업시설에 대한 경비를 충족시킬 수 없다는 현실적 필요성에 의해 만들어진 국가와 시장경제 간 타협의 산물이었다. 청원경찰제도는 정부와 수요자의 이익이 합치된 제도였던 것이다.

정부의 입장에서는 국가가 부담해야할 잠재적 경비(經費)를 절감하면서도 실질적으로는 경찰력을 강화시키는 효과가 있었고, 수요자의 입장에서는 일정비용으로 경찰공무원에 준하는 공권력을 행사할 수 있는 청원경찰을 배치할 수 있어 시설경비에 효과적이었다.

그런데 비록 청원경찰제도가 국가의 직접적인 감시와 통제 속에서 운영되었지만, 그것은 우리나라 민간경비의 성장에 중요한 전기를 마련해 주었다. 청원경찰제도는 특정시설의 소유주나 경영자가 스스로의 비용으로 자신이 소유하거나 운영하는 시설, 장소 등의 경비업무를 수행하는 '자체경비'의 한 형태라고 할 수 있다. 자체경비의 중요한 특징은 경비에 소요되는 비용을 '수익자'가 직접 부담한다는 점이다.

이러한 측면에서 청원경찰제도는 치안활동 영역에서 수익자부담원칙(受益者負擔原則)이 사적부문은 물론 공적부문으로도 점차 확대되어 나갈 것임을 예고하는 제도였다고 볼 수 있다. 더욱이 공적인 시설에 대한 경비가 민간부문에 의해 행해진다는 것은 앞으로 치안활동에서 국가의 역할과 위상에 중대한 변화가 야기될 것임을 암시하는 것이었다.

뿐만 아니라 비록 제한된 범위 내에서 이기는 하지만 민간인에게 경찰권한의 일부가 법적인 근거를 갖고 이양되었다는 것은 한국사회에서도 더 이상 치안활동을 국가가 독점할 수 없게 되었음을 의미하는 것이었다. 한국사회에서도 서구학자들이 말하는 치안활동의 다변화와 구조변동이 1970년대부터 서서히 진행되고 있었던 것이다.[56)]

56) 김성언(2004), 앞의 논문, p. 130.

2) 청원경찰과 민간경비의 갈등

우리나라의 민간경비산업의 토대는 미군부대에 대한 군납경비를 통해서 구축되었지만, 실질적인 성장의 기반은 1960년대 초부터 시작된 경제개발에 의해 마련되었다. 국가주도 경제개발계획에 따라 주요산업시설이 증가하면서 이러한 시설들에 대한 경비의 필요성이 제기되었던 것이다. 이에 국가시설과 국영기업체, 새롭게 조성된 산업공단에 대한 경비수요를 담당하기 위해 추가로 민간경비회사들이 설립되었던 것이다.

그런데, 민간경비업자들은 청원경찰과 경비시장을 놓고 서로 경쟁하지 않으면 안 되었다. 왜냐하면 당시의 산업화 수준에서는 대규모 산업시설, 공항, 항만, 발전소, 송신시설, 행정시설 등은 민간경비업체와 청원경찰 모두에게 가장 중요한 고객이었기 때문이다. 그러나 당시 민간경비에 대한 정부의 태도는 우호적이지 않았다.

남북대치 상황에서 국가 기간산업시설에 대한 경비를 국가안보 차원에서 바라보았던 정부로서는 경비업무와 관련한 무기사용의 법적 문제와 경비원의 신분관리, 국가 기밀보호 등의 문제를 들어 민간경비원들이 국가중요시설의 경비를 담당하는 것에 대해 부정적인 입장을 보인 것이다.

정부의 이러한 태도는 1972년 6월 12일 당시 내무부가 전국 중요산업시설 260개소에 '국가중요시설 경비태세 확립'(경비 2040-4712)이라는 제목으로 발송한 공문,[57] 그리고 1974년 4월 13일 대통령훈령 제36호에 잘 반영되어 있다. 내무부 공문은 국가중요시설의 방호를 청원경찰과 직장예비군에 의한 체제로 운영할 것을 지시하였으며, 1974년의 대통령훈령 제36호는 이를 다시 수정하여 청원경찰을 중심으로 공업단지 및 국가중요산업시설의 경비체제를 확립하도록 시설주들에게 요청하였다. 1970년대 초 정부는 국가중요산업시설에서는 오직 청원경찰에 의한 경비만을 인정하는 정책을 펼쳤던 것이다.

---

57) 내무부치안국의 공문의 주요내용은 다음과 같다. '최근 일부 시설에서 민간경비 용역회사와 시설경비에 대한 용역계약을 하여 하청시킴으로써 실질적으로 시설경비체제에 변화를 초래하고 있을 뿐만 아니라, 이질적 신분관리 및 무기의 법적 문제와 국가비밀보호를 위한 보안관리에 있어 비합법적인 새로운 형태의 시설방호체제로 발전될 우려가 있으니 다음 사항을 준수하여 시설경비태세에 만전을 기하여 주시기 바랍니다. ① 시설경비는 평시에 청원경찰관 또는 소속직원이나 종업원으로 하여금 그 일부를 수행하고, 비상사태 시에는 소속직원과 종업원으로 편성된 직장예비군에 의하여서만 방호임무를 수행하는 자위의 태세를 강조하는 대통령훈령의 취지를 잘 이해하시고 이에 어긋남이 없도록 할 것. ② 소속직원이나 종업원 신분이 아닌 신분을 가진 경비원에 대해서는 1972년 7월 31일까지 청원경찰법에 의한 청원경찰관으로 할 것. ③ 중요시설 경비임무 수행상 합법적으로 무장할 수 있는 자는 청원경찰관과 시설에 소속된 직원과 종업원으로 편성된 직장예비군만이 무장할 수 있음을 이해하시고, 그 이외의 자에게 무장을 시켜 경비하는 사태가 없도록 유의 할 것.' 한국경비협회(1998), 앞의 책, p. 51.

4. 정부의 민간경비산업의 육성

1) 시대적 배경

1970년대 중반에 들어서면서 민간경비산업의 성장에 유리한 조건들이 형성되기 시작하였다. 특히, 재미있는 사실은 민간경비산업은 그것과 이해관계의 상충을 빚었던 바로 그 청원경찰제도로부터 부흥의 계기를 마련하게 된 것이다.

1970년대 들어 청원경찰을 고용한 기업주들이 용역청원경찰로 전환하는 경우가 늘기 시작한 것이다. 용역경비업체들이 기업주들에게 청원경찰로 고용할 인력을 제공하기 시작했던 것이다. 뿐만 아니라 이 시기가 되면서 방호개념(防護概念)에서 방범개념(防犯概念)이 분리되기 시작하였다. 따라서 기업들은 청원경찰을 담당하는 부서인 비상계획실 내에 방호과와 안전과를 편성하고 예비군담당과 경비담당으로 나누어 전문화·분업화하기 시작했던 것이다. 이러한 분화는 전문적인 민간경비제도의 출현을 예고하는 것이었다.[58]

사실, 1970년대 중반 한국사회는 급속한 도시화와 산업화의 후유증이 표면화되기 시작하였다고 볼 수 있다. 그동안 감소하였던 범죄 발생율은 1970년대 중반 이후로 다시 증가하기 시작했지만 경찰력은 장비와 인력부족, 시국치안 및 대간첩작전의 수행 등으로 민생치안의 수요에 대처하는데 한계를 보일 수밖에 없었다. 이러한 상황에서 민간경비제도는 부족한 경찰력을 보완할 수 있는 하나의 대안으로 떠오르게 된 것이다.

그런데 1970년대에 범죄가 양적·질적으로 증대되고, 경찰력은 이른바 '시국치안'(時局治安)에 초점을 두었던 상황 속에서도 민간경비산업의 자생적 발전 수준이 대단히 미약하였다. 수요자의 구매력 문제는 차치하더라도 민간경비를 선택할 수 있는 시장 자체가 제대로 형성되어 있지 못했던 것이다.

따라서 민간경비산업이 국가 재정압박으로 형성된 치안수요의 틈새로 진입했다는 가설은 우리의 경우에는 쉽게 성립하기 어렵다(물론, 특정시점을 근거로 한다면 이러한 주장은 설득력을 갖는다고 본다). 그렇지만 이러한 공백으로부터 민간경비산업이 발전할 수 있는 맹아(萌芽)가 싹트기 시작했다. 민생치안에 대한 정부의 대응력 부족은 새로운 대안적 시장이 형성되는 계기로 작용한 것이다.[59]

따라서 1960년대와 1970년대의 치안상황에서 정부는 대안적 치안력을 확보해야 했는데, 우선 취할 수 있는 것은 군 징집인력을 동원하는 방법이고, 그다음이 민간자원들

---

58) 위의 책, p. 52.
59) 김성언(2004), 앞의 논문, p. 141.

을 활용하는 것이었다. 물론, 당시의 민간경비회사들이 10개에도 이르지 못하는 상황이었기 때문에 민간경비산업이 직접적인 대안으로 고려되기 힘들었다. 그러나 이러한 상황에도 불구하고 정부 및 경찰은 민간경비의 중요성을 인식하여 용역경비업법이 제정되기 이전인 1970년대 초에 상업적인 경비회사의 설립, 지도감독, 경찰과의 협조관계의 법제화 등을 구상하고 있었다.[60]

2) 용역경비업법의 제정

한편, 민간경비산업에 대한 정부의 정책도 입장이 변화되었다. 이러한 변화에 대한 초기의 구상은 일본의 민간경비산업의 발전에 자극을 받아 현실화 되었다. 앞에서 살펴본 바와 같이, 일본은 이미 1964년 동경올림픽과 1970년 오사카 만국박람회를 성공적으로 개최한 바 있다. 그리고 이들 행사의 안전관리와 관련하여 민간경비가 큰 역할을 담당하였고, 그로 인해 민간경비에 대한 사람들의 인지도는 상당한 수준에 이르렀다는 관념이 보편화되어 있었다.

이와 같은 일본에서의 민간경비산업의 활성화는 한국 경비업계는 물론 정부의 정책관계자들에게도 큰 관심을 불러일으켰다. 일본은 민간경비산업에 대한 체계적인 정비를 위해 1972년 5월 경비업법을 제정·공포하였고, 이는 경비업법 제정의 필요성을 느꼈던 한국의 정부 관계자들과 민간경비업계에 커다란 자극제가 된 것이다.

따라서 정부에서는 관련 담당자를 일본에 파견하여 일본의 민간경비산업에 대해 조사연구 하도록 하였다. 정부 차원에서 국가의 중요산업시설에 대한 보호업무를 민간부문에 위탁하여 운영하게 하는 민간경비제도에 대해 본격적으로 관심을 갖기 시작한 것이다.

이처럼 한국의 민간경비는 태동기부터 일본의 직접적인 영향을 받았는데, 일본의 경비업법 제정은 한국 민간경비 관계자들에게는 일종의 '모방적 동형화'(模倣的 同型化, Mimetic Isomorphism) 모델을 제시해준 셈이었다.[61] 모방적 동형화는 제도의 목표가 모호하거나, 환경에 대한 예측 가능성이 낮을 때, 성공적인 타 제도를 모방하는 과정을 통해 제도들이 유사한 특성을 갖게 됨을 말한다.

그런데, 당시 민간경비제도의 도입은 정부당국뿐만 아니라 다양한 집단의 이해관계가 얽힌 관심사였다. 초기 민간경비회사를 설립했던 사람들의 상당수가 대부분 퇴직 경찰간부나 퇴역 군장교들이었다. 용역경비업법이 제정되던 1976년 당시 9개 회사가 내무부장관의 허가를 받았는데, 그 중 한국경비보장, 범아공신, 용진기업 등이 전직 경찰간

60) 치안본부(1985), 한국경찰사(3), p. 395.
61) 김성언(2004), 앞의 논문, p. 142 재인용.

부나 퇴역 군장교들에 의해 설립되었다.

5.16 군사쿠데타 이후 군 장교들이 경찰 요직을 상당수 장악하게 되면서 군과 경찰은 비슷한 조직문화를 형성하였다. 군대나 경찰은 모두 계급정년제가 있었으며, 진급에서 누락되는 경찰 및 군 엘리트들이 구조적으로 생성될 수밖에 없었다. 따라서 법조계의 전관예우 관행처럼 상위직급의 전역자·퇴직자들을 위한 어떤 혜택이 필요하다는 공감대가 형성되었다. 민간경비업은 군 또는 경찰 출신 퇴직자들에게는 매력적인 요소였다고 볼 수 있다. 왜냐하면 민간경비업은 자신들의 전직 경험을 충분히 활용할 수 있다는 장점을 가지고 있기 때문이다.

용역경비업법이 제정되던 1976년은 베트남 전쟁이 끝나고 월남파병 장병이 귀국하던 시기이다. 당시 「대한민국 재향군인회」에서는 월남파병 제대군인들과 재향군인회 회원들의 취업 문제를 해결하기 위해 국방부의 후원하에 관계요로에 용역경비업법제정 및 민간경비사업의 개발을 위한 로비활동을 전개하였다.

뿐만 아니라 퇴직경찰들의 모임인 「대한민국 재향경우회」에서도 용역경비업법 제정을 관계기관에 건의하였다. 정부 역시 당시의 치안상황에서 경찰력만으로는 부족하다는 정책적 판단하에 민간경비업계의 의견을 긍정적으로 검토하였다.

따라서 민간경비산업의 부흥은 이러한 여러 집단의 이해관계를 충족시켜 줄 것으로 기대되었다. 그러나 당시에는 민간경비업에 대한 사회적 인지도가 낮았고, 민간경비업의 발전을 뒷받침해줄 수 있는 법적·제도적 여건들도 구비되지 않아 사업을 전개하는 데에는 걸림돌이 적지 않았다. 이에 민간경비 관계자들은 이를 홍보할 수 있는 가장 좋은 수단으로 경비업법 제정에 총력을 기울였던 것이다. 왜냐하면 경비업법의 제정은 민간경비산업을 국가에서 보증한다는 의미가 있기 때문이다.

이상과 같은 적지 않은 우여곡절 끝에 「용역경비업법」안은 1976년 12월 17일 국회 본회의를 통과하였고, 12월 31일 법률 제2946호로 제정·공포되었다. 이 용역경비업법(用役警備業法)에 근거하여 1977년 6월 30일 대통령령으로 용역경비업법 시행령이 마련되었으며, 1977년 11월 22일에는 내부부령으로 용역경비업법 시행규칙이 제정되었다.

이러한 관계법령들이 제정됨에 따라 '한국경비실업'이 1977년 12월 29일에 내무부장관 허가 제1호를 취득하였고, 뒤를 이어 한국경보, 한국보안공사, 범아실업공사, 용진실업, 신원기경, 봉신산업, 경화기업 등이 영업허가를 받았다. 1978년 8월 17일에는 경비업체 대표들이 모여 한국경비협회(韓國警備協會)를 발족시켰다.[62]

---

62) 에스원(2001), 에스원이십년사, 서울: 에스원, pp. 127~128.

5. 대기업의 진출과 기계경비산업의 발전

이처럼 민간경비에 관한 법률(용역경비업법)이 제정(1976)되고, 이 법에 따라 경비업무의 건전한 발전과 경비원의 자질향상 및 교육훈련 등을 도모하기 위하여 경비협회가 설립(1978) 되었지만 초창기 민간경비업체들은 대부분 경영난을 겪지 않을 수 없었다. 민간경비업에 대한 사회적 인식이 여전히 낮았던 시기였기 때문에 영업활동이 부진하여 회사운영이 결코 쉽지 않았다.

1970년대만 해도 우리나라 민간경비산업은 인력경비 위주로 운영되고 있을 뿐, 기계경비는 용어조차 생소하였다. 초창기 민간경비업체들은 대부분 규모가 영세했기 때문에 이미 이웃 일본에서 일반화되고 있었던 기계경비업을 도입할 여력이 아직은 없었다. 더욱이, 이 당시 기업이나 단체들은 이른바 '수위'(守衛)제도를 두고 자체적으로 경비원을 고용하고 있었기 때문에 인력경비업무를 경비전문 회사에 의뢰한다는 사고 자체가 낯설었다. 사실, 우리나라에 처음으로 민간경비가 도입되었을 당시 용역경비의 대부분은 인력경비였다. 인력경비는 적은 자본으로도 시작할 수 있었기 때문에 경찰이나 군인들이 퇴직 후에 영위할 수 있는 복리사업 정도로 인식되는 분위기였다.

1) 삼성대기업의 진출

1980년대에 들어서면서부터 우리나라 민간경비산업은 새로운 전환기를 맞이하게 되었다. 특히, 이러한 영세한 민간경비 시장에 삼성이라는 재벌그룹이 진출하면서 경제규모가 확대되기 시작하였다. 1970년대 후반, 당시 일본에서는 일본경비보장과 일본종합경비보장 등 2,500여 개의 민간경비회사들이 성업하고 있다는 점에 자극을 받은 당시 삼성그룹 이병철회장은 한국에서의 민간경비산업의 성장 가능성을 전망하고, 이의 도입을 적극적으로 고려하기 시작한 것이다.[63)]

그러나 기존의 영세한 민간경비업체들이 대기업의 경비시장 진출에 조직적으로 반발하였다. 이에 삼성은 단독으로 민간경비회사를 설립하고자 했던 초기의 방침을 바꾸어 기존의 경비회사 인수를 검토하였고, 그 결과 한국경비보장에의 경영 참여라는 방식으로 경비시장에 진출하게 되었다. 이에 따라 삼성그룹은 1980년 7월 3일 한국경비보장과 지분인수를 통한 경영 참여 계약을 맺음과 동시에 일본 최대의 경비회사인 세콤(SECOM)과 합작투자 계약을 체결하였다. 합작회사의 지분비율은 삼성 40%, 일본 세콤 40%, 한국경비보장 20%의 형태였다.[64)]

63) 위의 책, p. 132.
64) 위의 책, p. 181.

에스원의 전신인 한국경비보장은 1981년 상호를 한국안전시스템주식회사로 변경하고, 그해 3월 5일 국내 최초로 기계경비사업을 시작하였다. 한국안전시스템은 1996년 2월 29일 주식회사 에스원(S1)으로 상호를 변경하여 오늘에 이르고 있다.

그러나 당시 우리나라 1인당 국민소득은 약 1,600달러 정도로서 민간경비산업의 토대가 마련되지 못한 상태였다. 뿐만 아니라 당시 민간경비라는 것이 숙직(宿直) 내지 야간경비(夜間警備) 등 사람의 오감에만 의지하던 시절이었기 때문에, 남에게 용역비를 내면서 자신의 재산을 맡긴다는 것이 쉽지 않았다. 더구나 기계경비의 계약조건이 월 18만원 수준의 3개월분 용역료를 선납하도록 되어 있었기 때문에 이러한 조건에 익숙해 있지 않았던 당시로서는 영업 수주가 매우 어려웠다. 그리고 귀금속점이나 안경점과 같은 일반점포의 종업원들은 주로 시골의 일가친척이었고 가게에서 생활하면서 일을 배우곤 했기 때문에 굳이 기계경비의 필요성을 느끼지 않았다.

이러한 일화는 당시 기계경비가 새로운 경비수요를 창출하면서 성장하였다기보다는 기존의 전통적 경비방식을 대체하면서 성장해 나갔다는 사실뿐만 아니라 비조직화된 자체경비 형태에서 전문화된 새로운 계약경비 형태로 전환해 가는 과정을 보여주고 있다.[65]

(1) 자사계열사의 활용

한국안전시스템(현 에스원)이 우리나라 민간경비시장에서 급성장할 수 있었던 중요한 이유 중의 하나는 삼성그룹 계열사에 대해 경비수요를 적절히 활용할 수 있었다는 점을 들 수 있다.

당시 한국안전시스템은 우리나라 최초로 기계경비를 도입했지만 아직 시장 여건이 마련되어 있지 않았기 때문에 많은 어려움을 겪어야 했다. 따라서 신규고객의 확보가 지연된 것은 경영상의 어려움으로 나타났다. 지속적인 투자가 이루어져야 했으므로 설립자본금을 계속 잠식당하자 1981년 8월에 자본금을 3억 원 증자해 총 5억 원이 되었다. 그러나 자본금의 잠식은 계속되었다. 따라서 기계경비를 조기에 정착시키려면 우선 수익성 있는 사업이 필요하였다.

이에 한국안전시스템은 삼성그룹의 인력경비 업무를 흡수함으로써 돌파구를 찾고자 했다. 이렇게 하여 1981년 중앙개발로부터 삼성본관을 비롯해 삼성빌딩, 여의도 동방생명빌딩의 인력경비업무와 경비요원을 인수하게 되었다. 뒤이어 수원의 삼성전자 단지, 제일제당의 4개 공장, 제일모직과 제일합섬의 사업장, 전주제지, 삼성중공업의 인력경비업무와 직원들을 차례로 인수하였다.

65) 김성언(2004), 앞의 논문, p. 149.

물론, 삼성 계열사들의 반발도 적지 않았다. 한국안전시스템이 삼성그룹 관계사라고 하지만 회사의 경영업무를 다른 회사에서 관장한다는 것에 의문을 제기했던 것이다. 게다가 경비요원들의 반발도 무시할 수 없었다. 신설회사로 바뀐다는 것에 대한 불안감이 형성되었기 때문이다.

어쨌든, 이처럼 삼성그룹 자체의 지원을 받고 추진된 계열회사들에 대한 인력경비의 인수는 한국안전시스템의 안정적인 수익구조를 창출해 주었다. 인력경비를 인수함으로써 생긴 여유자금으로 설비확장과 영업력을 배가할 수 있었다.

(2) 금융시설 등 기계경비시장의 개척

한국안전시스템은 사업 첫해에는 주로 귀금속점이나 전당포를 대상으로 영업활동을 펼쳤는데, 1982년부터는 유통업계와 금융기관으로 영업대상을 넓혀나갔다. 보수적이고 대외적인 신뢰도가 높은 금융기관을 기계경비의 고객으로 끌어들인다면 고객의 확대는 물론 홍보 효과를 극대화할 수 있다는 계산이었다.[66]

그러나 금융기관은 국가의 정책적인 결정이 필요한 곳이어서 시장개척에 상당한 어려움을 겪게 되었다. 그 무렵 관공서나 금융기관, 학교 등에서 숙직으로 인한 여러 가지 폐단이 사회적 쟁점으로 부상하고 있었다.

숙직을 하고 난 다음날 숙직자들이 업무에 임하기가 어려워 숙직문제가 인력낭비라는 골칫거리로 인식되기 시작했던 것이다. 따라서 은행관계자들의 입장에서도 기계경비의 도입을 고려해 볼 만한 일이었다. 그러나 영업이 끝난 뒤 은행의 출입문 열쇠를 기계경비회사에 넘겨주어야 한다는 점은 수많은 현금을 보유하고 있는 은행으로서는 쉽게 결정할 수 있는 일이 아니었다. 더욱이 은행을 감독하는 재무부는 은행들의 기계경비의 도입을 금지하는 조치를 취하기까지 하였던 것이다.

따라서 어떻게 보면, 한국안전시스템이 금융권을 시장으로 확보할 수 있었던 것은 재무부가 각 은행에 발송한 '시스템경비(기계경비) 절대불가'의 공문을 철회하고 각 은행의 기계경비 가입 여부를 자율적으로 결정하도록 입장을 변경하면서부터이다. 이에 한국안전시스템은 기계경비 도입에 부정적이었던 은행관계자들에게 공격적인 마케팅을 전개할 수 있었다.

이러한 전략은 어느 정도 효과가 있었고, 1983년 5월에는 조흥은행과 7개 지점을 시범적으로 운영해 보자는데 합의하였다. 몇 달 동안의 기계경비를 시범운영 한 결과 은행 측은 기계경비가 비용 면에서 효율적이라는 점을 인식하게 되었다. 새로운 지점을

66) 에스원(2001), 앞의 책, pp. 151~153.

신설할 경우, 숙직실 공간을 확보하는 데 드는 건축비용, 그리고 직원들의 숙직비용보다는 기계경비 용역료가 더 저렴했기 때문이다. 이렇게 하여 1984년에는 상업은행, 서울신탁은행, 국민은행과 계약을 체결하는 등 은행권에 대한 기계경비사업을 계속 확장할 수 있었다.

은행에 기계경비 영업을 시작하게 되면서 한국안전시스템은 성장의 새로운 전기를 맞이하게 되었다. 조흥은행을 시작으로 보수적이고 공신력 있는 은행에서 기계경비가 확산되면서부터 이에 대한 사회적 인식이 새로워졌기 때문이다. 특히 일반고객들을 대상으로 기계경비를 이해시키고 설득하는 데 큰 도움을 주었다. 여기에 삼성그룹이라는 브랜드의 효과도 상당히 영향을 미쳤던 것으로 보인다.

결론적으로 우리나라에서 기계경비가 도입되고 활성화되는 데는 삼성그룹이라는 대기업의 힘이 중요하게 작용하였다. 삼성그룹은 당시 퇴직경찰관들의 복리후생 차원으로 여겨지던 인력경비 중심의 경비산업에 기계경비라는 새로운 요소를 도입함으로써 민간경비업이 전문적인 산업의 한 분야로 인식되는데 크게 기여를 한 것은 사실이다. 더욱이 대기업의 막강한 자금력과 정치적 · 사회적 인맥은 기계경비에 낯설었던 당시 상황에서 기계경비 시장의 하부구조를 구축하는데 일조하였다. 경비시장은 물론 여타의 산업부문 또한 강력한 정부의 규제하에 놓여 있던 상황에서 이를 완화할 수 있었던 데는 삼성그룹이라는 브랜드의 힘도 적잖은 영향을 미쳤다고 본다.

삼성그룹은 아직 충분하게 형성되지 않은 기계경비 시장을 개척하기 위하여 그룹 계열사들을 적절히 이용하였으며, 초기의 시장형성을 위해 직원들의 인적 연줄망을 총동원하여 판로를 개척하는 등 적극적인 마케팅을 펼쳤던 것이다. 그러나 기계경비 시장에서의 한국안전시스템(에스원)의 성공은 경제발전의 효과가 가시화되고 사회적 · 개인적 부가 확대됨으로써 재산범죄의 위험기회가 상대적으로 증가했고, 범죄로부터 재산을 보호할 필요성 즉, 안전에 대한 사회적 수요가 커졌기 때문에 가능한 일이기도 했다.[67]

2) 다른 기계경비업체의 진출

한국안전시스템(현 에스원)의 경제적 성공은 다른 경비업체들의 시장 진입을 자극하였다. 그러나 기계경비업을 운영하기 위해서는 대자본이 소요된다는 점에서 실제로 시장진입이 용이했던 업체는 그리 많지 않았다.

이러한 상황에서 일부 새로운 기업들이 기계경비산업에 진입하기 시작하였다. 당시에는 기계경비에 대한 노하우가 전혀 없었기 때문에 새로운 기업들은 외국경비회사와의

67) 김성언(2004), 앞의 논문, p. 152.

합작·제휴방식으로 시장진입을 모색하게 되었는데, 그 결과 기계경비시장에서 한국안전시스템의 독점적 지위는 더 이상 유지되기 어려웠다.

1982년 범아종합경비(현 NSOK)와 일본의 종합경비보장이 합작계약을 체결하여 정부의 인가를 받았고, 1983년 대한중앙경비보장과 일본의 센트럴(Central)경비보장이 합작계약을 체결하여 정부의 인가를 받았다. 한편, 1971년에 설립되어 인력경비를 주로 하던 한국보안공사(현 CAPS)가 1984년 미국의 아뎀코(ADEMCO)사와 기술제휴 하여 기계경비업에 진출하였다.[68] 이렇게 하여 1980년대 중반 이후 우리나라 기계경비시장은 본격적인 경쟁체제가 형성되었다.[69]

이들 각각의 경비회사들은 시장점유율을 높이기 위해 경쟁회사들보다 성능이 우수하고 저렴한 기술개발에 박차를 가하고 있다. 오늘날 기계경비산업은 출입통제, CCTV, 전자상품감시(EAS: Electronic Article Surveillance; 매장에서 판매하는 상품의 무단 반출 감시)시스템, 그리고 종합적인 시설 내·외부 침입감지시스템 등의 영역으로 확대되고 있다. 이러한 기계경비의 발전은 산업 및 상업시설은 물론 아파트 등 일반 주거시설에까지 확산되는 계기를 마련하였다.

6. 청원경찰과 민간경비의 이원화문제의 대두

청원경찰법은 1962년에 제정되어 1973년에 전문개정되었고, 용역경비업법(현 경비업법)은 1976년에 제정되었다(물론, 경비업법 제정 이전에도 민간경비는 일정한 시장을 형성해 왔다).

그런데, 이들 민간경비와 청원경찰 사이에는 일정한 갈등이 있어 온 것이 사실이다. 이는 이들 양자의 역할과 또 이들이 활동하는 경비시장이 상당히 중첩되기 때문에 비롯된 문제라고 볼 수 있다. 특히, 국가중요시설(國家重要施設)에 있어서 이들 양자가 동시에 경비관련 업무를 수행하고 있는 경우가 적지 않은데, 여기에서 동일한 업무를 수행하고 있음에도 불구하고, 신분과 보수 등에서 많은 차이가 존재하고 있다는 점이다.

이와 같이 내면적으로 잠재해 있던 민간경비와 청원경찰의 이원화문제가 이윤근교수 등에 의해 1980년부터 후반에 학문적으로 제기되었고,[70] 1990년대에 이르러 이러한 문제는 여러 관련학자 및 실무가들에 의해 더욱 심도 있게 연구되어 그 통합의 당위성

68) 김정환·서진석(2003), 한국경비산업발전사(Ⅰ), 앞의 책, pp. 173-174.; 한편, KT 텔레캅은 1998년 시설경비업으로 시작하여 2000년대 이후 기계경비산업에 참여하여, 에스원(S1), 캡스(CAPS)와 더불어 한국 기계경비시장을 3분하고 있다고 볼 수 있다.

69) 에스원(2001), 앞의 책, pp. 154~156.

70) 이윤근(1989), 앞의 논문, pp. 163~164.

이 활발하게 논의되었다.[71] 이처럼 청원경찰법과 경비업법의 통합논의는 사실 1980년대부터 제기되었다고 볼 수 있다.

한편, 2001년 4월 경비업법개정(제8차)으로 특수경비제도가 새롭게 규정된 것을 계기로 하여 민간경비의 국가중요시설에 대한 경비는 명문화되었다. 동시에 2001년 4월에 청원경찰법의 개정으로 청원경찰의 신분보장은 보다 강화됨으로서,[72] 양자의 이해관계와 기득권을 어느 정도 인정하는 수준에서 법개정이 이루어졌다고 볼 수 있다.[73] 일단은 각각의 존재성에 대해서 상호 인정하게 된 것이다. 그러나 이에 대한 문제는 현재까지도 여전히 내재하고 있다고 본다.

두 제도는 도입 당시에는 각기 고유한 특성과 영역을 가지고 나름대로 역할을 하며 발전해 왔으나, 사회의 변화와 시대적 흐름에 따라 특히 청원경찰의 존재의의와 독자적인 고유영역이 점차 축소되어 상호 혼선의 폭이 심화되고 있다는 지적이다.[74] 이에 더하여 청원경찰제도는 국가 공경비인 경찰제도와 민간경비제도의 과도기적 시기에 등장한 제도라고 보기도 한다.

그런데, 운용 현실에서는 민간경비가 수행하는 업무와 청원경찰이 수행하는 업무가 별다른 차이가 없는 것처럼 보이지만 법적으로 본다면 민간경비와 청원경찰은 신분과 권한 면에서 상당한 차이가 있다. 경찰 관리부서에서도 차이가 있다. 민간경비는 생활안전과에서 담당하고, 청원경찰은 경비과에서 담당하고 있기 때문이다. 그러나 일종의 '체(體)'와 '용(用)'의 관계로 본다면, 본질은 서로 다르지만 현실적인 활동은 유사하다는

71) 이윤근(1992), "용역경비업법과 청원경찰법의 통합 및 단일법안화에 관한 연구," 행정논총 제20집.; 이백철 · 주희종 · 박병식(1995), 앞의 논문, pp. 162~176.; 이윤근(2001), 앞의 책, pp. 193~208.

72) 2001년에 종래의 청원경찰법 시행령 제14조(의사에 반한 면직)의 규정이 삭제되는 대신 청원경찰법에 제10조의4(의사에 반한 면직)가 신설되어 청원경찰의 신분보장은 보다 강화되었다고 볼 수 있다. 이 신설규정에서 '① 청원경찰은 형의 선고 · 징계처분 또는 신체 · 정신상의 이상으로 직무를 감당하지 못할 때를 제외하고는 그 의사에 반하여 면직(免職)되지 아니한다. ② 청원주가 제1항의 규정에 의하여 청원경찰을 면직시킨 때에는 그 사실을 관할경찰서장을 거쳐 시 · 도경찰청장에게 보고하여야 한다'고 하고 있다.

73) 정진환(2006), 경찰행정론, 서울: 대영문화사, pp. 426~437.

74) 2019년 말 현재 전국의 청원경찰 현황은 전국 총 1,718개 시설에 13,634명이 배치되어 있다. 이 가운데 국가기관 및 지자체 1,340개 시설에 9,861명이 배치되어 있고, 국가기관 및 지자체 외 378개시설에 3,773명이 배치되어 있다.; 이러한 청원경찰의 규모는 과거에 비하면 매우 많이 축소된 것이다. 청원경찰제도가 도입된 이래로 청원경찰의 규모가 가장 많았던 시기는 1993년이라 할 수 있다. 이 당시 총 6,539개 시설에 33,689명이 배치되었으며, 이 가운데 국가시설 1,303개에 13,180명, 국영시설 1,904개에 8,519명, 개인기업 3,332개에 11,990명으로 총 6,539개 시설에 33,689명인 것으로 나타났다. 경찰청(2020), 경찰통계연보, pp. 244-245.; 경찰청(2002), 경찰통계연보, p. 267.; 박주현(2004), 민간경비실무론, 서울: 학문사, p. 92.

점이 문제이다. 신분과 권한 등 몇 가지 차이가 있음에도 불구하고 실제 하는 업무에 있어서는 크게 차이가 없다는 것이다.

결국, 이러한 문제는 국가중요시설에서 청원경찰과 민간경비원(특수경비원)이 국가중요시설에 근무하였을 때 나타날 수 있는 문제로 귀결된다. 따라서 아래에서는 현재와 같이 이원화된 경비구조에서 나타나게 되는 문제와 관련하여 몇 가지 차원에서 살펴보기로 한다.[75]

1) 지휘체계의 문제

민간경비와 청원경찰 양 제도의 지휘 · 감독체계를 보면 매우 흡사하다는 것을 알 수 있다. 시 · 도경찰청장 내지 관할 경찰관서장의 지휘 · 감독에 따르게 되어 있으며, 개별적으로는 각각의 시설마다 청원주나 경비업자의 지휘가 이루어진다고 볼 수 있다.[76] 그리고 각 시설의 실질적인 근무의 지휘 · 감독은 청원주 및 경비업자가 임명한 구역경비책임자 또는 사업장별 감독자(소장, 반장, 조장, 부조장 등)에 의하여 이루어진다고 볼 수 있다.

한편, 국가중요시설경비에는 청원경찰법상의 청원경찰과 경비업법상의 특수경비가 동시에 참여할 수 있는데, 이 경우 지휘 · 감독체계상의 문제가 제기될 수 있다.

경비업법에 따른 경비업자가 국가중요시설의 경비를 도급받았을 때에는 (특수경비원을 중요시설에 배치할 수 있고) 청원주는 그 사업장에 배치된 청원경찰의 근무 배치 및 감독에 관한 권한을 해당 경비업자에게 위임할 수 있도록 하고 있다(청원경찰법 시행령 제19조 제1항).

그러나 이와 같이 경비업자에게 위임한 경우에 이를 이유로 청원경찰의 보수나 신분상의 불이익을 주지 못하도록 하고 있다(제19조 2항). 아울러 경비업자는 청원경찰에

---

75) 위의 책, pp. 431~435.

76) ① 청원경찰의 감독: ㉠ 청원주는 항상 소속 청원경찰의 근무상황을 감독하고, 근무수행에 필요한 교육을 하여야 한다. ㉡ 시 · 도경찰청장은 청원경찰의 효율적인 운영을 위하여 청원주를 지도하며 감독상 필요한 명령을 할 수 있다(청원경찰법 제9조의3). ② 민간경비의 감독: ㉠ 경찰청장 또는 시 · 도경찰청장은 경비업무의 적정한 수행을 위하여 경비업자 및 경비지도사를 지도 · 감독하며 필요한 명령을 할 수 있다. ㉡ 시 · 도경찰청장 또는 관할 경찰관서장은 소속 경찰공무원으로 하여금 관할구역 안에 있는 경비업자의 주사무소 및 출장소와 경비원배치장소에 출입하여 근무상황 및 교육훈련 상황 등을 감독하며 필요한 명령을 하게 할 수 있다. 이 경우 출입하는 경찰공무원은 그 권한을 표시하는 증표를 관계인에게 내보여야 한다. ㉢ 시 · 도경찰청장 또는 관할 경찰관서장은 경비업자 또는 배치된 경비원이 이 법이나 이 법에 따른 명령,「폭력행위 등 처벌에 관한 법률」을 위반하는 행위를 하는 경우 그 위반행위의 중지를 명할 수 있다. ㉣ 시 · 도경찰청장 또는 관할 경찰관서장은 경비업무 장소가 집단민원현장으로 판단되는 경우에는 그 때부터 48시간 이내에 경비업자에게 경비원 배치 허가를 받을 것을 고지하여야 한다(경비업법 제24조).

대한 채용 및 해임 등 임용(任用)권한을 가지고 있지 않다는 점이다.[77] 따라서 경비업자의 청원경찰에 대한 실질적인 지휘 및 감독은 사실상 쉽지 않다는 점이다.

물론, 청원경찰의 임용에 관한 사항은 청원경찰의 신분보장과 밀접한 관련이 있기 때문에 경비업자가 이를 행사하게 된다면, 일정한 문제가 발생할 수도 있다고 본다. 그러나 현행 규정상에서는 국가중요시설에서 어떠한 사건이 발생했을 때, 일괄된 지휘·감독체계로 책임 있는 대응조치를 신속하게 강구 할 수가 없어 경비업무의 효율성을 저하시키는 결과를 초래할 수도 있다는 것이다. 적절한 인사권한 없는 지휘·감독권은 한계가 있기 때문이다.

2) 보수수준의 문제

청원경찰법 관련규정을 살펴볼 때, (국가기관 또는 지방자치단체에 근무하는) 청원경찰은 경찰공무원의 보수를 감안하여 정하도록 되어 있음을 알 수 있다.[78]

그렇다면 민간경비원으로서 청원경찰과 거의 동일한 업무를 수행하는 특수경비원의 경우는 어떠한가? 경비업법에서는 특수경비원에 대한 처우 관련규정은 없다. 일반경비와 마찬가지로 민간경비업체로서 사업자에게 맡겨져 있을 뿐이다. 따라서 청원경찰에 비하여 특수경비원에 대한 보수수준은 매우 열악한 상태라고 할 수 있다.

사실, 계약경비 형태의 성격을 지니고 있는 민간경비는 공개입찰계약(公開入札契約) 또는 수의계약(隨意契約) 방식에 의해서 이루어지고 있다. 그러나 민간경비에 대한 낮은 국가적·사회적 인식수준에 의해 경비계약은 대체로 저가입찰에 따른 저임금의 문제를 안고 있으며, 이는 직접적으로 특수경비원의 보수수준에 영향을 미치게 된다. 이들 특수경비원을 포함한 민간경비원은 비록 최저임금제의 적용을 받도록 하고 있지만,[79] 각

77) 청원경찰은 청원주가 임용되, 임용할 때에는 미리 시·도경찰청장의 승인을 받아야 한다(청원경찰법 제5조 제1항).

78) 청원경찰의 보수와 관련하여 청원경찰법에서 규정하고 있는데, 먼저 ① 국가기관 또는 지방자치단체에 근무하는 청원경찰의 보수는 다음과 같이 재직기간에 해당하는 경찰공무원의 보수를 감안하여 대통령령으로 정하도록 하고 있다. ㉠ 재직기간 15년 미만: 순경, ㉡ 재직기간 15년 이상 23년 미만: 경장, ㉢ 재직기간 23년 이상 30년 미만: 경사, ㉣ 제직기간 30년 이상: 경위(제6조 제2항). 다음으로 ② 국가기관 또는 지방자치단체에 근무하지 않는 청원경찰의 보수는 경찰청장이 고시(告示)한 최저부담 기준액 이상으로 지급하도록 규정하고 있다(제3항 및 동법시행령 제10조 참조).

79) 최저임금제도는 국가가 법적인 강제력을 가지고 임금의 최저한도를 정해 이를 밑도는 수준으로 사용자가 근로자를 고용하지 못하도록 함으로써 상대적으로 불리한 근로자를 보호하는데 있다. ① 과거의 최저임금법상 감시(監視) 또는 단속적(斷續的)으로 근로에 종사하는 근로자는 법정 최저임금액의 10%를 감액한 금액으로 하도록 하였다(법 제5조 제2항 및 시행령 제3조 제2항). 여기에서 '감시적 근로자'란 아파트 경비원, 수위, 물품감시원 등과 같이 심신의 피로가 적은 노무에

소속 경비업체의 사정에 따라 보수수준이 결정되므로 구조적으로 청원경찰과는 현격한 차이를 보일 수밖에 없는 것이다. 특수경비원의 보수 수준의 열악성은 이들의 근무의욕이나 경비업무에의 효율성에 악영향을 주는 것은 물론이고, 이직률을 높이는 주요 요인으로 작용하고 있는 것이다.[80]

3) 신분보장과 직업안정성의 문제

그동안 청원경찰은 과도기적 제도에 불과하다는 등의 지적이 제기되어 왔고, 따라서 직업적 존재성에 위협을 느껴왔던 것이 사실이다. 그러나 청원경찰은 특수경비제도의 도입(2001)을 계기로 신분보장이 오히려 강화된 것 역시 주지의 사실이다. 2001년 청원경찰법의 법률개정 및 신설(과거 시행령에 규정되었던 신분보장에 관한 조항들을 법률로 상향 규정)된 것이다(제4조~제6조, 제10조의4 등 참조). 이와 같은 법규정에 따라 청원경찰은 특수경비제도가 신설되었지만 특별한 신분상의 불안감이 없는 직업적 안정을 유지할 수 있게 되었다.[81]

이에 반해 민간경비 관련법인 경비업법에는 경비원(일반경비원 · 특수경비원)에 대한 신분보장 관련규정이 존재하지 않는다. 근로자의 직업적 안전성은 신분보장 외에 소속 경비회사의 안전성과도 연결되어 있다.

위의 보수수준에서 지적한 바와 같이 민간경비업체는 주로 경비계약에 의해 그 업무

종사하는 사람을 의미하고, '단속적 근로자'란 보일러기사 등과 같이 평소의 업무는 한가하지만 기계고장 수리 등 돌발적인 사고 발생에 대비, 대기시간이 많은 업무에 종사하는 사람을 의미한다. 그러나 이들 경비원 등의 직무가 심신피로가 적은 것은 결코 아니라는 점이다. 이처럼 민간경비에 대한 국가적 · 사회적 인식은 여전히 낮은 것을 알 수 있다. ② 이러한 문제로 인해 2015년부터 경비원 등에 대해 최저임금을 적용하도록 한 것은 바람직한 일이다. 그러나 사용자의 입장에서는 임금인상에 대한 부담 문제로 경비원의 감축, 기계경비시스템의 도입, 근무시간의 단축(휴게시간 연장) 등을 고려하고 있기 때문에 이의 현실화 과정에서 다소 간의 갈등이 있을 것으로 보인다. 한편, 특수경비원들의 상황은 일반 경비원들보다는 양호하겠지만 근무의 중요성과 청원경찰과의 비교 차원에서 볼 때, 여전히 문제는 잠재되어 있다고 본다.

80) 최선우(2013), "민간경비의 자율적 운영에 관한 연구," 한국치안행정논집 제10권 제3호, pp. 198~199.

81) 그러나 청원경찰의 입지가 줄어든 것은 사실이며, 이러한 민간경비의 성장으로 청원경찰의 규모는 점차 감소하고 있음은 물론이다. 또 청원경찰의 근무여건도 민간경비원에 비해 양호할 뿐이지 결코 좋은 조건은 아니라고 본다. 청원경찰은 자신들의 입지를 확보하기 위해 2009년 '전국 청원경찰 친목협의회'(청목회)를 통해 청원경찰법 개정안을 국회에서 통과시켜달라며 38명의 여야 의원에게 청목회 회원들로부터 모금한 불법 후원금 약 3억 원을 전달한 사건(일명 '청목회 사건')이 발생하였다. 이에 대해 대법원은 핵심관계자 3인에 원심의 징역형을 확정판결 하였다. 대법원 관계자는 "기부자가 공무원이자 정치인인 국회의원이 직접 담당 · 처리하는 입법개정에 관해 청탁하기 위해 정치자금을 제공하는 행위도 정치자금법 제31조 제2항에 위배된다고 판단한 최초의 사례"라고 하였다. 연합뉴스(2013. 10. 31).

의 지속성 여부가 결정되기 때문에 공개입찰 또는 수의계약에 의한 용역수주가 없으면, 당해 업체는 실질적인 존립에 위협을 받지 않을 수 없다. 그나마 특수경비업무를 수행하는 민간경비업체는 비교적 대형회사들이어서 대체로 건실한 업체로 알려져 있기는 하지만 여기에 속하여 있는 특수경비원들이 제도적으로 신분이 보장되어 있는 것은 아니어서 직업적 안정성이 확보되어 있다고 볼 수 없다.

7. 특수경비원제도의 신설과 의의

이상과 같은 민간경비와 청원경찰 간에 내재한 갈등 속에서 2001년 4월 7일 경비업법 전문개정을 통해 특수경비원제도가 도입되었다. 특수경비원제도의 도입으로 인해 오히려 청원경찰의 정체성을 인정함으로써 청원경찰의 입지가 강화되지 않았는가 하는 지적도 제기될 수 있다. 경비업법과 청원경찰법의 통합이 이루어지지 않고, 청원경찰의 존재를 그대로 인정하고 있기 때문이다.

그러나 공항과 같은 국가중요시설의 경비, 질서유지, 그 밖의 다양한 위험 영역에서 민간경비원들의 권한이 확대되었다는 점은 대단히 큰 의미를 갖는다. 국가중요시설에서 도입된 특수경비원은 전적으로 민간인 신분을 가지고 민간인 이상의 권한을 행사할 수 있게 되었다는 점이다. 국가중요시설에서 경비업무를 수행하는 특수경비원들은 경비목적상 필요하다면 해당 지역의 관할 경찰관서장과 시설주의 책임하에 무기(권총과 소총)를 휴대하는 것이 가능해졌기 때문이다(특수경비원의 무기사용권한에 대해서는 제6장에서 살펴보기로 한다).[82)]

종래의 청원경찰을 민간경비의 하나로 간주하고, 이들이 근무지 내에서 「경찰관직무집행법」에 의한 직무를 수행할 수 있다는 점에서 일반 시민 또는 일반 민간경비원들에 대해서 비교우위의 권한을 행사했음은 주지의 사실이다. 그러나 청원경찰은 그 신분이 원칙적으로는 민간인이지만 여러 가지 면에서 공무원과 관련된 요소(특히, 국가기관이나 지방자치단체에 근무하는 청원경찰의 경우)를 적지 않게 가지고 있다. 이러한 점에서 볼 때, 청원경찰의 활동은 순수한 형태의 민간경비라고 보기는 어려운 점이 없지 않다.

---

82) ① 시·도경찰청장은 국가중요시설에 대한 경비업무의 수행을 위하여 필요하다고 인정하는 때에는 관할경찰관서장으로 하여금 시설주의 신청에 의하여 시설주로부터 국가에 기부채납(寄附採納: 국가에 무상으로 재산을 줌) 된 무기를 대여하게 하고, 시설주는 이를 특수경비원으로 하여금 휴대하게 할 수 있다. 이 경우 특수경비원은 정당한 사유 없이 무기를 소지하고 배치된 경비구역을 벗어나서는 안 된다(경비업법 제14조 제4항). ② 시설주가 위의 규정에 의하여 대여 받은 무기에 대하여 시설주 및 관할 경찰관서장은 무기의 관리책임을 지고, 관할 경찰관서장은 시설주 및 특수경비원의 무기관리상황을 대통령령이 정하는 바에 따라 지도·감독하여야 한다(제5항).

전통적인 관점에서 본다면, 우리나라의 경우 일반시민 또는 민간경비원들이 무기를 휴대하는 것은 사실상 불가능하며, 이는 전적으로 국가가 독점한 고유한 영역이라고 할 수 있다. 따라서 국가가 독점하고 있는 고유한 무기휴대 권한을 민간인에게 위임했다는 것은 전통적 경찰기능들이 서서히 민간으로 이양되고 있는 하나의 중요한 계기를 마련해주고 있다고 보아야 할 것이다.

따라서 장기적으로 봤을 때, 현행 경비업법상 특수경비원제도를 두게 된 것은 민간경비의 획기적인 전환점이 된다고 본다. 특수경비원제도의 도입은 국가중요시설 경비의 외주화(Outsourcing)가 활성화될 수 있는 계기가 된 것이며, 따라서 향후 민간경비의 활동영역 및 권한은 확대될 것으로 보인다.

어떻게 보면, 특수경비원제도는 청원경찰을 고용하고 있는 국가중요시설 시설주(청원주)의 재정부담의 경감과 그동안 꾸준히 성장해 왔던 민간경비의 시장 확장이라는 이해관계가 서로 맞아 떨어져 탄생한 제도라 할 수 있다. 청원경찰은 시설주가 고용하기는 하지만 청원경찰법에 의해 신분이 보장되고 보수 또한 경찰공무원의 보수를 감안 또는 경찰청장이 정하는 최저부담 기준액으로 책정되기 때문에 인력순환이 비탄력적이며, 장기근속 청원경찰이 많은 경우에는 퇴직금으로 지급해야 하는 비용도 높아져 인건비 부담이 가중될 수밖에 없다.

현재 국내 대부분의 공항을 비롯한 정유시설, 무선기지국, 국책은행, 국가연구소 등 국가중요시설에서 특수경비원들에 의한 경비 및 보안업무가 실시되고 있다. 이러한 특수경비원제도가 마련됨에 따라 국가중요시설에서의 치안활동의 민영화(民營化)는 가속화될 것으로 보인다.[83]

---

83) 김성언(2004), 앞의 논문, pp. 155~156.

제3장
민간경비의 성장의 이론적 배경

제1절 기본논의

제2장에서 살펴보았듯이 미국, 일본, 그리고 우리나라 민간경비산업의 발전은 수많은 정치 · 경제 · 사회적 배경 속에서 이루어졌음을 알 수 있다. 어떻게 보면 현대 민간경비산업의 성장과정은 국가의 근대화와 불가분의 관계를 맺고 있다고 볼 수 있다. 그런데, 근대화의 긍정적인 요소(개인의 자유와 권리, 자본주의, 과학기술 등)뿐만 아니라 부정적인 요소(범죄와 무질서, 각종 사고와 손실 등)의 증가와도 밀접한 관련성이 있다고 본다. 특히, 부정적인 요소들은 민간경비의 수요를 필요로 하는 수많은 기회를 제공해 왔다고 볼 수 있다.

그렇다면 이러한 근대화과정에서 성장 · 발전해 온 민간경비를 구체적으로 어떠한 관점에서 설명할 수 있을 것인가? 또 우리나라와 서구(특히, 미국)의 민간경비와 비교해 볼 때 어떠한 이론적 차이가 있는가?

이와 같은 민간경비의 성장요인과 관련된 이론적 논의는 사실상 쉬운 일이 아니다. 그것은 수많은 정치 · 경제 · 사회의 복잡한 역학관계 속에서 역사성 · 가변성을 갖기 때문이다. 따라서 예컨대, 20세기 초의 민간경비의 성장배경과 21세기의 민간경비 성장배경은 다르다고 본다. 어떠한 이론적 근거가 과거의 성장배경을 설명하는 데는 유용할 수도 있겠지만 현재에는 크게 의미를 갖지 않을 수도 있을 것이며, 반대로 과거에 크게 다루어지지 않았던 쟁점들이 오늘날에 크게 부각되기도 한다는 점이다. 필요는 항상 수요를 창출하기 마련이다. 민간경비 역시 각종 역사적 필요성 속에서 새로운 형태의 수요를 낳고 그로 인해 성장 · 발전(경우에 따라서는 후퇴)해왔다고 볼 수 있다.

이윤근(李潤根, 1954-2004)교수는 미국의 민간경비를 소개하고, 이를 토대로 한국에 민간경비가 학문적 · 제도적으로 정착하는데 많은 영향을 끼쳤다. 그는 동국대학교 경찰행정학과를 졸업하고, 미국 위치타 주립대학(Wichita State Univ.)에서 "A Study of Relationships Between Private and Public Security Agencies in the United States"(1984)라는 논문을 주제로 석사학위를 취득하였다. 이어서 국내에서 처음으로 "한국 사경비(私警備) 발전방안에 관한 조사연구"(1989)라는 주제를 가지고 박사학위논문을 발표하였다. 이후 동국대학교 경찰행정학과 교수로 재직하고(1991~2004), 한국민간경비학회 회장(초대 · 제2대, 2000~2004)으로 역임하는 동안 민간경비 관련분야에 대한 수많은 연구업적을 남겼다. 현재에도 많은 후학은 그가 제시한 민간경비의 이론적 틀 및 주요 쟁점들을 여전히 중요한 준거의 틀로 원용하고 있다.

민간경비의 성장이론과 관련하여 이윤근교수는 처음으로 서구의 담론을 한국에 소개하고 이를 우리 현실에 적용하고자 하였다는 점에서 매우 큰 의미를 갖는다.[1] 그리고 김성언교수는 민간경비의 성장과 관련된 서구의 담론을 한국의 역사적 상황에서 해석하여 새롭고, 체계적인 견해를 제시하였다는 점에서 의의를 갖는다.[2] 한편, 이창무교수는 한국과 미국의 민간경비 성장요인을 비교분석하였는데[3], 특히 역사적 관점에서 이를 설명하였다는 점에서 의의를 갖는다. 민간경비의 성장은 역사적 배경을 제외하고는 논할 수 없기 때문이다.

그런데, 이러한 민간경비의 성장배경과 관련된 수많은 논의는 다음과 같은 세 가지 차원에서 크게 벗어나지 않는다고 본다. 민간경비의 성장관련 논의는 ㉠ 범죄 및 손실문제의 상존 및 증가, ㉡ 국가공권력(경찰 등)의 한계인식, ㉢ 개인 및 조직의 안전의식의 증대라는 세 가지 관점에서 접근할 수 있다고 본다.

민간경비의 성장과 관련된 기본요인

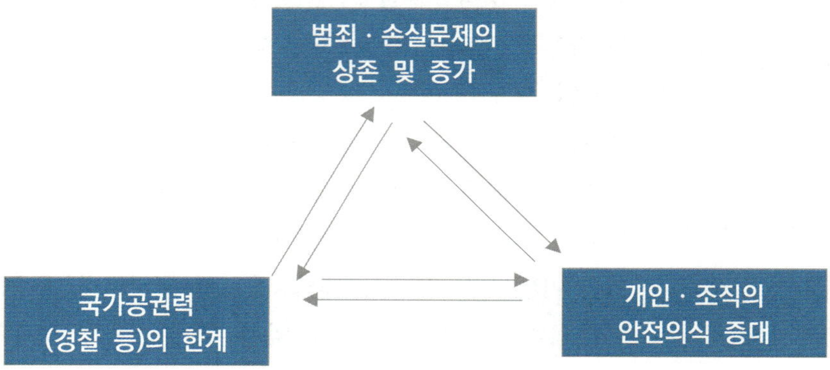

다만 주의할 것은 민간경비의 성장원인에 대한 이러한 세 가지 관점은 상호독립성, 상호의존성, 상호연계성 등이 복잡하게 얽혀 있다는 점이다. 예컨대, 범죄 및 손실문제의 증가로 인해서 개인과 조직이 이에 대한 두려움이 증대되고 따라서 이를 예방하기 위한 안전의식이 증대되었다고 설명할 수도 있다. 그러나 반드시 그렇지만은 않다는 것이다. 범죄 및 손실문제의 증가와는 상관없이 대중매체(TV, 신문, 인터넷 등)에서 이러한 문제를 보도하는 것 자체만으로도 개인과 조직은 안전에 위협을 느낄 수도 있으며,

1) 이윤근(1989), "한국 사경비 발전방안에 관한 조사연구," 동국대학교 박사학위논문.
2) 김성언(2004), "민간경비의 성장과 함의: 치안활동의 신자유주의적 재편과 계약적 통치의 등장," 서울대학교 박사학위논문.
3) 이창무(2003), "한국과 미국의 민간경비 성장요인에 대한 비교연구," 한국민간경비학회보 제2호, pp. 223~241.

따라서 대중매체가 안전의식을 주지시켰고, 결과적으로 민간경비의 성장을 가져다주었다고 볼 수도 있는 것이다.

이러한 해석은 무엇을 의미하는가? 이는 민간경비의 성장원인이라는 것이 위의 세 가지 관점을 기본으로 하되, 경우에 따라서는 인과론적 관계를 맺지 않고 독립적인 관점에서 설명될 수도 있다는 것을 의미한다.

또 경우에 따라서는 동일한 현상을 보는 관점에 따라 다르게 해석되기도 한다는 점이다. 예컨대, '범죄문제의 심화' 현상에 대해서 공경비인 경찰의 입장에서 볼 때, 그것은 '경찰의 역할한계'로 해석될 수 있으며, 시민의 입장에서는 '범죄에 대한 두려움 증대'로 해석될 수 있다는 점이다. 그리고 이들 두 요인은 결과적으로 민간경비의 성장과 일정한 관련성을 맺고 있다고 볼 수 있다.

이러한 점들을 고려하면서 민간경비의 성장원인을 설명하는 것은 쉽지 않은 일이라고 본다. 결국은 개별적인 것에 초점을 두고 부분적으로 연계되는 부분을 설명하는 방식을 취할 수밖에 없다고 본다. 따라서 이 장의 각 절에서 설명하는 내용은 논의의 편의상 구분한 것이며, 따라서 다른 시각에서도 얼마든지 접근이 가능하다는 점을 인식할 필요가 있다.

제2절 범죄문제의 상존과 증가

1. 범죄문제의 역사성과 민간경비

흔히들 인간은 '사회적 동물'(社會的 動物)이라고 한다. 이는 인간은 혼자서 살아가는 존재가 아니라 서로가 상호작용하면서 함께 살아가는 것을 의미한다. 이러한 인간의 사회적 상호작용은 크게 협력, 경쟁, 그리고 갈등 등의 형태로 나타난다. 인간의 사회적 상호작용은 오늘날에 국한된 현상이 아니라 인류가 출현함과 동시에 시작된 것이다. 여기서 주목할 것은 협력 및 경쟁과 마찬가지로 갈등 역시 자연스러운 사회화과정의 일부분이라는 사실이다. 범죄라는 것은 인간의 상호작용의 과정 및 결과로서 나타나는 갈등현상 가운데 하나라고 볼 수 있다.

이런 점에서 볼 때, 범죄통제를 위한 경비활동 또는 치안활동 역시 인류의 역사와 함께 한 것임을 알 수 있다. 창세기에 이브(Eve)의 사과절도나 카인(Cain)의 아벨(Abel) 살해, 그리스 신화 속의 판도라 상자, 그리고 모세의 십계(十戒), 불교의 오계(五戒) 또는 십계(十戒) 등에서 범죄문제를 규정하고 있다. 이는 인류의 역사와 함께 범죄문제가 인식되고 있으며, 한편으로는 인간의 본성 속에 범죄성이 있다는 것을 의미하는 것이기도 하다.[4]

한편, 범죄와 관련하여 뒤르켐(E. Durkheim) 등은 범죄를 자연스러운 사회현상 가운데 하나로 보고 사회구조와 이의 관련성을 연구한 바 있다. 그는 범죄가 우리사회에 부정적인 기능 및 결과를 가져다주지만 부분적으로 긍정적인 특성도 갖는다고 보았다. 범죄가 사회를 통일시키고 결속력(結束力, Solidarity)을 강화시킨다는 순기능적인 측면도 있다는 것이다.[5]

따라서 범죄에 관한 관심과 이의 대응책은 비단 최근에만 있었던 것은 아니다. 사회 또는 국가는 인간의 본질적 요구라 할 수 있는 '안전의 욕구'를 충족시키기 위하여(비록 이것이 소수의 지배권력의 권력유지수단이 되기도 하고, 불공정하게 이루어졌을지라도) 오랫동안 범죄통제를 위한 노력은 계속 이루어져 왔음은 사실이다. 그리고 이러한 일련의 노력들은 범죄통제를 위한 여러 가지 공식적·비공식적 대응을 해왔음을 알 수 있다.

따라서 일반적으로 범죄의 두려움에서 사적 차원의 민간경비 수요가 창출되었다는 설명은 지극히 당연한 일이다. 이러한 점에서 본다면, 오늘날과 같은 기업화된 민간경비가 없을 뿐이지 사실 민간경비의 역사는 사회구성과 출발을 같이 한다고 볼 수 있다. 사회가 만들어지고 사유재산제도가 생겨나면서 이를 지킬 필요성이 생겨나고, 이에 따라 사병(私兵) 또는 경비원을 고용하기 시작하였다.

이러한 점에서 본다면, 국가 차원의 군대와 경찰보다 민간경비의 역사는 훨씬 앞서는 것이다. 고대 바빌론과 이집트 기록 등에서 엿보이는 사병은 이와 같은 사실을 입증하며, 성경에서도 사설 경비원에 관한 기록은 여러 차례 나타난다. 그러나 이는 주로 극소수의 특권계층만을 위한 민간경비였다고 볼 수 있다. 대다수의 일반 국민은 필요성을 절감하면서도 경제적인 이유와 신분상의 제약으로 인해 민간경비의 혜택을 누릴 수 없었다.[6] 한편, 일반인들은 위와 같은 민간경비의 형태라기보다는 순수한 형태의 자경주의(Vigilantism) 차원에서 소극적인 보호활동을 하였다고 볼 수 있다.

---

4) 이상현(1996), 범죄심리학, 서울: 박영사, p. 11.
5) Conklin, John E.(1998), Criminology, Boston: Allyn and Bacon, pp. 41~42.
6) 이창무(2003), 앞의 논문, pp. 228~229.

2. 범죄문제의 증가와 민간경비의 성장

1) 범죄문제의 증가와 민간경비

오늘날 범죄문제가 심각한 수준에 이르고 있다고 한다. 물론, 심각성의 정도 또는 기준이 어디까지인지는 명확하지는 않다. 다만, 오늘날의 범죄문제에 대한 접근은 문제인식의 차원을 넘어서 '삶의 질'(Quality of life)을 위협하는 중요한 기준으로 삼고 있다는 점이다. 과거 전쟁의 위협 등이 심각한 수준이었다면, 오늘날에는 범죄 및 각종 재해의 문제가 심각한 수준에 이르렀다고 볼 수 있을 것이다. 어쨌든, 범죄문제가 일정 수준을 넘어서 심각한 수준에 이르고 있다고 인식하고 있다면, 그에 상응한 자경주의 역시 증대될 것이고, 결과적으로 민간경비의 이용 또한 증대될 것이다. 또 실질적으로 많은 개인과 기업들은 범죄피해의 두려움 감소 및 범죄의 위협에 효율적으로 대응하기 위해 각종 보호수단(잠금장치, 금고, 감시장치, 경보장치, 호신장비, 경호원 등)을 구비하여 강화하고 있다는 점이다.

범죄의 심각성은 범죄로 인한 직접적인 피해뿐만 아니라 체감치안의 정도에 따라 일반시민 전체에도 영향을 미친다. 범죄로 인한 당사자와 가족의 육체적 · 물질적인 피해, 그리고 오늘날 크게 이슈화되고 있는 정신적 피해 및 범죄에 대한 두려움 역시 고려된다. 특히 오늘날과 같이 대중매체가 발달한 환경 속에서는 범죄피해를 직접 경험하지 않은 일반 시민들도 범죄와 관련된 각종 정보를 수없이 접하기 때문에 범죄에 대한 두려움, 공권력에 대한 불신풍조가 늘고 있는 것이 사실이다.

이처럼 범죄문제가 오늘날 크게 우려되고 있으며, 실질적으로 커다란 사회문제 가운데 하나로 떠오르고 있는 이유는 사회의 개방화 · 도시화 · 과학화 · 정보통신의 발달 등에 편승하여 과거 어느 시기보다도 복잡해지고 있기 때문이다. 우리사회의 범죄문제의 심화현상은 다음과 같은 관점에서 논의 될 수 있을 것이다.[7]

경제성장에 따른 소비욕구의 기형적인 분출로 향락문화 · 과소비 사치풍조가 만연하면서 범죄양상도 충동적이고, 흉폭화되어 가는 경향이 있으며, 파급효과가 큰 반사회적 · 반인륜적인 범죄가 늘어가고 있다. 아울러 산업화의 진전에 따라 전문기술직, 관리직, 사무직 근로자가 증가하고 이들의 사회적 역할이 확대되면서 이른바 '화이트칼라 범죄'(White-Collar Crime)가 증가하고 있다.

교통과 통신의 발달은 범죄의 광역화 · 기동화를 촉진하고 있으며, 첨단 기술을 활용하는 지능적인 범죄가 증가하고 컴퓨터 · 인터넷 등을 활용하는 각종 신종범죄가 속속

---

7) 최선우(2002), 치안서비스 공동생산론, 서울: 대왕사, pp. 85~88.

등장하고 있다. 또한 조직범죄 및 반인륜적 범죄가 사회분위기에 편승하여 국민의 불안감을 확산시키고 있으며, 마약류의 남용이 점차 보편화되고, 연령층도 갈수록 낮아지고 있어 개인뿐만 아니라 사회와 국가전체에 악영향을 끼치고 있다.

그리고 학교폭력을 비롯한 청소년 비행문제가 심각한 사회문제로 대두되고 있다. 청소년 비행은 비단 범죄행위뿐만 아니라 무단가출, 유해한 장소의 출입, 음주나 흡연, 약물남용, 성행위 등 제반 일탈행위를 모두 포함하고 있다. 이 같은 비행은 청소년의 사회화 과정과 밀접한 관련이 있는 가정 · 학교 · 대중매체 등이 부적절하게 또는 불균형적으로 작용할 때 발생하게 되며, 특히 가정이 중요한 역할을 하게 된다. 청소년 비행자 및 범죄자의 가정환경을 살펴보면 부모가 맞벌이 등으로 무관심하거나 지나친 과잉보호 등에서 비롯되는 경우가 많으며, 결손가정도 상당부분 차지하고 있어 이혼 등에 의한 가족의 해체도 중요한 원인이 되고 있음을 보여주고 있다. 가정과 더불어 학교는 청소년들의 성장에 지대한 영향을 미치고 있는데, 입시위주의 교육환경은 청소년들에게 중압감과 좌절감을 안겨주게 되고 나아가 비행을 저지르게 하는 원인이 되고 있으며, 심지어는 자살과 같은 극단적인 결과를 선택하는 경우도 적지 않게 발생하고 있다.

이와 함께 최근 들어서는 대중매체 등 사회유해환경이 청소년들에게 미치는 파급효과가 큰 것으로 나타나고 있는데, 특히 컴퓨터 통신이 보편화되면서 사이버 공간상에 온갖 음란정보가 청소년들에게 무방비로 노출되어 있어 심각함을 더해주고 있다. 결국, 청소년 비행은 가정과 학교, 사회라는 생활환경 중 어느 하나라도 균형을 잃게 되면 언제라도 일어날 수 있는 것이며, 기성세대들의 불법과 부도덕성이 그대로 반영되고 표출되어 나타난다고 할 수 있다.

2) 경기침체에 따른 범죄증가와 민간경비의 성장

거시적인 관점에서 국가경제의 위기는 범죄문제와 밀접한 관련성이 있다는 점이 제기되고 있다. 경제가 침체함으로써 실업률이 증가하고, 그에 따라 '생계형 범죄' 또는 '한탕주의형 범죄' 등이 증가하게 되고, 사회구성원들 가운데 일정부분의 사람들은 이러한 범죄증가를 우려하여 결과적으로 민간경비를 보다 더 이용하게 된다는 것이다.

그러나 한편으로는 민간경비 역시 영리를 목적으로 하는 경제적 주체이며, 따라서 경기침체가 일정 수준을 넘어서게 되면(경기침체가 최악의 상태로 전개되면), 민간경비 역시 성장은 기대하기 어려울 것이다. 따라서 일정 수준까지의 경제침체가 민간경비 성장에 기여할지는 모르나 그 현상은 일시적이며, 민간경비 역시 하나의 영리기업으로서 경제침체와 그 방향을 같이 한다고 보아야 할 것이다.

우리나라는 그동안 지속적인 경제성장을 하여 왔으나 지난 1997년 IMF 사태 이후 경제침체와 함께 범죄문제가 양적 · 질적으로 심화된 것으로 나타났다. 물론 경제침체와 범죄와의 관계가 명확히 나타나는 것은 아니지만 사회구조적 차원에서 실업 및 이로 인한 양극화 현상, 사회심리적 차원에서 아노미 · 상대적 박탈감, 문화적 차원에서 가족해체 · 공동체의식 결여, 그리고 실업 · 가족해체가 청소년에게 미치는 영향 등을 고려할 때 경기침체는 범죄와 적지 않은 관계를 갖고 있다고 볼 수 있다.[8)]

그러나 기업환경에서 자주발생하고 있는 범죄들은 실업과 같은 경제상태 자체적인 요인이라기보다는 범죄를 실행할 수 있는 기회(Opportunity)와 직접적으로 관련되어 있으며, 이는 결국, 잠재적 범죄위협에 대한 통제의 부족에서 비롯된 것이라고도 할 수 있다. 화이트칼라 범죄는 사법적 규제영역의 허점을 노리며, 지능적으로 이루어지기 때문에 공공경찰이 이를 예방 · 통제하기가 쉽지 않다. 이러한 화이트칼라 범죄는 경제적 환경과는 관련 없이 우리 사회 곳곳에서 만연하고 있음을 알 수 있다.

이상과 같은, 경기침체와 범죄문제의 심화, 그리고 이에 따른 민간경비의 성장과 관련하여 주목할 만한 견해가 있다. 민간경비의 성장은 다른 분야의 경기침체에서 비롯된다는 이른바 '경제환원론'(經濟還元論, Economic Reduction Theory)의 관점이 바로 그것이다.

경제환원론과 이의 재해석

민간경비의 성장과 관련하여 종래 경제환원론(經濟還元論, Economic Reduction Theory)의 관점은 '민간경비의 성장을 범죄의 증가에 따른 직접적인 대응이라는 전제하에서 출발하고 있으며, 특히 거시적 차원에서 범죄의 증가를 실업의 증가에서 그 원인을 찾으려고 하는 것'이 특징이다. 요약컨대, 경제환원론은 경기가 침체되어 실업률이 증가하고, 이로 인해 범죄문제가 증가하기 때문에 이를 대응하기 위해 민간경비가 성장한다는 것이다.[9)]

그러나 경제환원론에 대한 이러한 접근은 지극히 단편적인 관점에서 바라본 것이다. 논의의 배경이 된 1965년에서 1972년 사이의 5년 동안 미국의 민간경비산업은 매우 빠른 성장을 하였는데, 반대로 그 시기는 미국의 국가경제 침체기였다. 그리고 이 기간 동안 서비스업종만 비교해 볼 때에도 민간경비는 다른 서비스업보다 지속적으로 높은 성장률을 보여주었다. 이에 대해서 경제학자 서로우(Thurow)는 자신의 저서 『제로섬 사회(The Zero Sum Society, 1982)』에서 "어떤 서비스직종은 경제를 활성화시키기보다는 억제시킨다고 하였으며, 그 대표적인 예가 민간경비에 해당한다"고 주장하였다.[10)]

제로섬(Zero-Sum) 사회는 어떤 시스템이나 사회 전체의 이익이 일정하여 한쪽이 이익을 보면 반드시 다른 한쪽이 손해를 봄으로써 그 사회의 발전이 이득과 손실의 합이 제로(0)가 되는 사

8) 이와 관련하여 한국범죄방지재단 학술세미나(1998) "IMF시대의 범죄문제와 대책"에서 발표된 'IMF시대의 범죄문제와 대책(심영희),' '주요 각국의 사례를 중심으로 본 실업률과 범죄율간의 관계(최인섭),' '경기침체기 범죄와 국가의 통제정책(박병진)' 등 참조.

회를 말한다. 바꿔 말하면, 민간경비는 기존에 만들어진 제품을 보호하는 역할을 수행하는 것이지 새로운 상품을 생산해 내지는 못하고 그러면서도 상당부분의 노동인력을 소비한다는 점이다. 결과적으로 민간경비는 성장한 반면, 다른 경제는 침체되었고, 그 성장과 침체의 합은 제로(Zero, 零)가 된다는 것이다.

물론, 이러한 경제환원론 관점이 일정부분 타당성을 갖는 부분이 있는 것은 사실이다. 실제로, 당시에 제조업, 도매업 및 소매업 분야에서 민간경비를 크게 이용하였기 때문이다. 그러나 이처럼 당시 경기침체의 원인이 지나친 민간경비의 이용에서 비롯되었다는 점에 대해서 적지 않은 반론이 제기되었다. 이러한 시각은 민간경비의 생존과 관련해서 중대한 영향을 미치기 때문에 관련 당사자들 간에 첨예한 논쟁이 제기되었음을 알 수 있다.[11)]

민간경비 관련자들의 입장에서 본다면 경기의 침체는 민간경비의 지나친 이용에서 비롯된 것이 아니라 절도나 화재 및 기타 여러 가지 위험요소에 의해 자산의 손실을 입게 되었고, 결과적으로 경제에 악영향을 미쳤다고 주장하였다는 점이다. 그리고 손실된 자산은 소비자가 새로운 재품을 구매했다고 해서 자동으로 대체되는 것은 아니라는 점이다.

따라서 공장과 같은 많은 산업시설에서 민간경비원들과 경비시스템을 운용하는 것은 제품을 만드는데 필요한 원자재, 정밀한 금속물질, 생산기계, 그리고 기업의 기밀 등을 보호하기 위한 것이고, 이러한 조치는 기업에 이익창출을 위해 새로운 제품을 생산해 내는데 직접적인 영향을 미친다는 것이다. 그리고 생산된 제품이 구매자 또는 소비자가 구매하기에 앞서 범죄 등에 의해 손실을 입게 되면, 이 역시 기업의 이익에 악영향을 미치게 된다는 것이다. 더욱이, 사고 및 낭비로부터 보호하고 위험을 감소시키는 것은 건전한 기업 이미지를 형성하는데 도움이 된다는 점이다. 한편, 민간경비원들을 고용함으로써 조직 내에서 내부직원들에 의한 알코올이나 약물남용 등의 문제와 내부절도 등의 문제를 감소시킬 수 있다는 것이다.

그리고 서로우(Thurow)의 관점에서 본다면, 오히려 공경비인 경찰이 경기침체의 주요한 원인이라는 의미를 갖는다. 사회 내에서 통제 및 보호서비스를 제공하는 경찰 역시 생산성 있는 활동을 하지 않고, 단지 노동력만을 투입하고 있는 것이 되기 때문이다.

---

9) 이러한 단편적 견해는 이윤근교수가 박사학위논문(1989)에서 제시한 이래로 국내의 모든 관련서적에서 이를 비판 없이 그대로 원용하고 있다. 이에 대한 내용은 Cunningham, William C. & Taylor, Todd H.(1985), Private Security and Police In America, The Hallcrest Report, Portland: Chancellor Press, pp. 110~111 참조.

10) Thurow, Lester C.(1982), The Zero-Sum Society, N.Y: Basic Books, p. 88.

11) Cunningham, William C. & Taylor, Todd H.(1985), op. cit., p. 111.

반면, 민간경비는 기업의 안정성과 영리성을 유지하기 위하여 총체적인 자산보호 및 손실예방프로그램을 운영한다는 점에서 오히려 경기를 활성화하는 역할을 한다고 볼 수 있을 것이다.[12] 그러나 이러한 시각에서 본다면 경찰 및 형사사법 역시 사회간접자본(SOC)의 하나로서 거시적인 영역에서 사회를 보호해줌으로서 다른 산업이 능동적으로 활동할 수 있는 장(場)을 마련해 준다고 할 수 있을 것이다.

어쨌든, 민간경비의 성장에 대한 경제환원론적 시각은 이 이론이 내재적으로 갖는 경제결정론적 단순성 이외에도 특정시기의 특정사례를 중심으로 도출되었다는 한계를 안고 있다. 아울러 경기침체와 민간경비의 성장 간의 관계마저도 인과관계적 성격의 것이 아니라 단순한 상관관계의 성격을 갖는 것이기 때문에 이론적으로 취약성을 갖는다고 보아야 할 것이다.[13]

3) 범죄통계와 민간경비의 성장관계

그렇다면, 통계적으로 봤을 때 범죄발생율과 민간경비산업의 성장 간의 관계는 어떻게 나타나는가?[14] 이와 관련하여 1980년대에서 1990년대 중반까지 우리나라와 미국의 범죄통계를 비교해 봤을 때, 범죄발생건수는 크게 증가하지 않았음에도 불과하고 민간경비는 크게 성장하였다는 점이다. 예컨대, 우리나라의 경우 1988년 범죄에 대한 두려움을 느낀다는 응답이 전체조사대상자의 50.9%로 나타났는데, 1997년에는 57.2%로 나타났다. 그리고 1980년에 인구 10만명 당 범죄발생건수가 1,477건이었는데 1995년에는 2,015건으로 34.6% 증가한 것으로 나타났다. 반면, 민간경비업체 직원은 1980년에서 1995년 사이에 5,632명에서 40,109명으로 61.2% 늘어났는데, 이는 범죄증가율을 훨씬 뛰어넘는 성장세를 보인 것이다. 더욱이 특기할만한 것은 절도가 1985년에 인구 10만명 당 253건에서 1995년에는 136건으로 46%가 줄었다는 사실이다. 또 강도는 1980년 인구 10만명 당 6, 23건에서 1995년 7, 60건으로 큰 차이가 없다는 점이다.

미국 역시 1980년에서 1995년에 이르는 동안 인구 10만명 당 범죄발생건수가 3.3% 증가에 그치고 있다. 더욱이, 절도범죄의 경우 1990년에서 1995년에 이르는 동안 15.6% 감소했고, 강도는 9.2% 감소한 것으로 나타났다. 많은 경우에 민간경비를 이용하는 이유가 절도와 강도피해를 예방하기 위해서라는 점을 고려할 때, 이와 같은 범죄율의 감소는 의외가 아닐 수 없다. 이 기간 동안 민간경비산업이 크게 성장한 사실을 놓

12) Ibid., p. 111.
13) 이윤근(1989), 앞의 논문, pp. 17~18.
14) 이창무(2003), 앞의 논문, p. 234.

고 볼 때, 더욱 의외로 여겨진다.[15]

그러나 단순한 통계적 수치의 비교는 본질적으로 한계가 있음은 물론이다. 실제로 1990년대 중반 이후에는 범죄율이 증가한 것으로 나타났는데, 특히 그동안 감소하던 침입절도와 침입강도가 빠르게 증가한 것으로 나타났다. 이러한 요인들은 민간경비에 대한 수요를 자극한 것으로 보여 지기 때문이다. 더욱이 실질적인 범죄율의 증가 못지않게 사람들이 감정적으로 느끼는 범죄에 대한 두려움이라는 점을 생각하며, 범죄와 민간경비의 성장이 관련이 없다고 주장하기는 힘들다.

이와 관련하여 미시적인 수준에서 일반시민들이 민간경비에 의존하게 되는 동기를 분석한 결과, 범죄피해 경험이 많을수록, 그리고 침입범죄에 대한 두려움이 높을수록 민간경비에 대한 의존도가 높게 나타났다.[16]

그리고 무엇보다도 TV, 신문 언론매체를 비롯한 영화, 인터넷 등 각종 매체를 통해 범죄사건이 시시각각 우리 일상생활에 침투하고 있다는 점이다. 점점 강한 자극을 요구하는 수요자의 취향에 맞춰 범죄관련 기사 및 영화는 갈수록 폭력적이고 자극적으로 변화하고 있다. 또한 그 내용에 있어서도 누구나 이 같은 범죄의 피해자가 될 수 있다는 가능성을 적극 강조하여 현실과는 다른 범죄의 모습을 만들어 내고 있으며, 이러한 가상의 범죄에 사람들은 두려움을 느끼게 되는 것이다. 그리고 민간경비 역시 대중매체를 통해 범죄에 대응하는 민간경비관련 광고를 지속적으로 내보내고 있는 것이다. 결국, 이와 같은 대중매체에 의한 범죄의 일반화 및 민간경비의 상품화는 민간경비의 성장에 충분히 기여했다고 보인다.[17]

제3절 국가공권력의 한계

1. 국가의 형성과 민간경비

여기에서는 근대국가 형성 이후 국가가 제공하는 공공서비스 또는 국가공권력의 관점에서 민간경비의 성장을 설명하고자 한다. 민간경비의 이용이 특정한 고객에 국한된다는 것은 근대 이후에도 마찬가지이다. 중요한 것은 현대 민간경비는 '국가'(國家)라는 실체

15) 위의 논문, p. 234.
16) 김성언(2004), 앞의 논문, p. 289.
17) 이창무(2003), 앞의 논문, pp. 234~235.

의 존재와 이의 상호관계를 전제로 해서 논의 된다는 점이다. 물론, 근대 이전인 고대·중세시대에도 국가라는 실체가 존재하고 거기에서 공경비와 민간경비가 함께 논의 될 수 있을 것이다. 예컨대, 우리의 경우 삼국시대의 지방 호족들의 사병이나 고려시대 무인정권기의 사병, 그리고 조선시대 상인들에 의해 고용된 경비원 등이 여기에 해당된다.

그러나 제1장에서 살펴본 바와 같이, 현대 민간경비는 국가라는 실체를 전제로 하면서도 그 개념정의에 있어서 여러 가지 특성(영리성, 고용관계, 전문성 등)을 반영한 것이다(아울러 현대 민간경비는 자본주의의 성장에 따른 산업화·도시화와도 밀접한 관련성을 갖는다고 볼 수 있다). 또 우리나라의 경우에는 남북한의 대립이라는 정치환경적 요인을 간과할 수가 없다. 이러한 시각에서 본다면, 국가공권력의 한계와 관련하여 서구에서는 19세기 산업혁명 이후, 그리고 우리나라에서는 1950년대 이후가 여기에 해당한다고 볼 수 있다.

2. 치안의 사각지대 존재

국가의 입장에서 볼 때, 치안의 사각지대(死角地帶) 또는 범죄의 사각지대는 국가공권력(경찰력 등)이 미치지 못하는 공간적 장소 또는 직무상의 영역을 말한다. 물론, 범죄의 사각지대는 국가를 떠나서 어느 시대를 막론하고 공적 영역과 사적 영역(또는 그 중간형태)에서 존재해온 것이 사실이다. 그러나 국가의 관점에서 보는 범죄의 사각지대는 크게 두 가지 차원으로 접근 할 수 있다.

하나는 국가가 당연히 보호해주어야 함에도 불구하고, 국가의 능력이 한계가 있어 이를 실행하지 못하는 공적 영역이 존재한다는 점이다. 이는 국가형성 초기에 주로 나타난다고 볼 수 있다. 이와 관련하여 예컨대, 미국의 경우 19세기 중반 서부개척과 철도의 발달로 영토는 급속히 확장되었고 경제와 교역 역시 급성장하였다. 그러나 남북 갈등과 뒤이은 남북전쟁(1861~1865) 등으로 이로 인한 정치적 불안은 새로 확장된 지역에까지 국가가 신경 쓸 여유가 없었다. 따라서 기존의 도시에 대해서도 경찰은 치안을 담당하기에 한계가 있었고, 새롭게 개척된 지역은 사실상 공권력이 부재한 상태였다고 볼 수 있다. 따라서 이러한 치안수요에 부응하기 위하여 민간경비가 하나의 산업으로 등장하고, 그러한 공경비의 영역에까지 개입하여 보호서비스를 제공하고, 이를 통해서 성장할 수 있었다.[18] 이러한 점에서 미국의 민간경비는 자생적(自生的)으로 발전하였다고 볼 수 있다(이에 대한 논의는 제2장 미국 민간경비의 역사에서 상세하게 설명한 바

18) 위의 논문, p. 226.

있다).

다른 하나는 완벽한 공적 영역은 아니지만 그렇다고 해서 경찰이 전혀 개입할 필요가 없는 사적 영역이 아닌 장소가 증가하게 되었다는 점이다. 대표적으로 국가가 발전됨에 따라 수없이 등장한 각종 국가중요시설 등을 들 수 있다. 국가중요시설의 소유관계를 떠나서 이러한 곳은 전적으로 공경비인 경찰이 개입하기에는 자원상의 한계가 있고, 또 그렇다고 해서 전적으로 민간경비에 맡기기도 어려운 부분이라고 할 수 있다. 최근 일반화된 거대 민간소유시설(예: 판매시설, 스포츠시설 등)도 비슷한 맥락에서 접근할 수 있을 것이다.

우리나라의 현대 민간경비제도는 (비록 상대적이기는 하지만) 자생적으로 발달한 서구와는 달리 국가의 정치적 · 정책적 판단에 따라 전격적으로 도입되었다. 법률에 근거한 민간경비제도가 도입되기 직전인 1970년대 중반 경찰은 유신체제(維新體制)에 반대하는 시민사회의 완강한 저항을 분쇄하는데 집중되어 있었기 때문에 민생치안에 투입될 수 있는 경찰자원은 절대적으로 부족하였다. 그 결과 1960년대 중반 이후로 감소하던 범죄는 이 시기에 다시 급증하였다. 이에 정부는 부족한 치안력을 확보하기 위하여 세 가지 전략을 채택하였다.

먼저 전투경찰이나 의무경찰, 교통순시원 같은 준경찰제도를 신설하는 것이며, 다른 하나는 방범위원회 및 방범대원제도 등을 결성하는 것과 같이 비영리적인 민간부문의 자원을 직접적으로 동원하는 것을 들 수 있다. 그리고 마지막으로 민간경비산업을 육성하는 것이었다. 당시 우리나라의 민간경비산업의 육성은 자생적 · 적극적으로 시장을 형성하는 방식이 아니라 규제 방식을 통해 정부가 민간경비산업의 품질을 보증하는 형태로 전개되었던 것이다.[19]

19) 김성언(2004), 앞의 논문, p. 286.

공동화이론

한 사회에 있어서 민간경비는 경찰이 수행하는 경찰 본연의 기능이나 역할을 보완한다는 관점에서 접근할 수 있다.[20] 공동화이론(空洞化理論, Vacuum Theory)은 경찰 자신들에게 부여된 범죄예방 및 통제와 같은 치안활동상의 수행능력에 일정한 한계(경찰인력, 장비, 시설 등의 이유로)가 있으며, 따라서 이로 인해 발생하게 되는 '공동상태'를 민간경비가 보완해 준다는 주장을 기본골격으로 하고 있다. 경찰과 같은 공경비가 감당하지 못하는 이른바 '치안환경의 사각지대'를 민간경비가 메워 준다는 논리이다.

생각건대, 사회의 다원화와 분화에서 초래되는 사회적 긴장과 갈등 그리고 대립 등에 의한 무질서나 범죄의 증가, 그리고 각종 위험의 증가에 대응하기 위해서는 경찰과 같은 국가공권력 역시 이에 비례해서 증가해야 한다. 그러나 경찰력의 증가는 현실적으로 이러한 사회적 요구(치안수요)를 따라가지 못하고 있다. 그 결과 생겨나는 갭(Gap) 즉, '공동'(空洞, 사각지대)을 메우는 과정에서 민간경비가 발전한다는 주장이다.

이 이론에서 유추할 수 있는 것은 경찰과 같은 공경비와 민간경비가 상호 갈등이나 경쟁관계에 있는 것이 아니라는 점이다. 따라서 공동화이론은 기본적으로 경찰과 같은 공경비와 민간경비 양자 사이의 관계가 어떠한 성격을 갖는가 하는 논의에서 그 이론적 뿌리를 찾을 수 있다.[21] 여기에서 민간경비는 경찰과 대등한 관계라기보다는 보조적 관계 속에서 경찰의 한계를 보완해주는 역할을 수행한다고 볼 수 있다.

3. 국가공권력의 한계에 대한 재인식

1) 공권력의 한계 인식과 민간경비성장 관련 역사적 사건

이상과 같은 범죄문제 등에 대한 공권력의 한계는 역사적 사건 등을 계기로 더욱 극명하게 나타나고, 이에 따라 민간경비는 다시 한 번 성장하는 계기가 된다는 점이다.[22]

특정 시기에 발생한 역사적 사건(예: 전쟁, 테러, 노동운동, 스포츠 행사 등)들은 공경비인 경찰만으로는 이를 감당하는데 한계에 직면하게 되고 결과적으로 민간경비에 일정 부분 의존할 수밖에 없었던 것이다. 이러한 역사적 사건이 발생하게 되면, 단기간 내에 엄청난 치안수요가 요구되기 때문이다.

미국의 제1·2차 세계대전을 비롯하여, 한국전쟁, 월남전쟁 등 각종 전쟁으로 인한 자국에 대한 국가공권력의 한계는 민간경비산업의 수요를 크게 늘리면서 고도의 성장을 가져다주는 계기가 되었고, 매카시즘(McCarthyism, 1950~1954년 미국을 휩쓴 반공산주의) 같은 극단적 보수주의 역시 민간경비산업에는 성장의 촉진제가 되었다고 볼 수 있다. 마찬가지로 1960년대 말 1970년대 초 미국을 휩쓸었던 반전운동과 인권운동 역

20) Kakalik, James S. & Wildhorn, Sorrel(1977), The Private Police, N.Y: Crane Russak and Company, Inc., pp. 17~20.
21) 이윤근(1989), 앞의 논문, pp. 18~19.
22) 이창무(2003), 앞의 논문, pp. 235~236.

시 민간경비성장에 한몫을 단단히 했고, 1984년 로스앤젤레스올림픽, 1996년 애틀란타올림픽 역시 민간경비산업의 성장에 기여하고 있다.

또 1995년 오클라호마 연방청사 건물테러,[23] 2001년 9월 11일 발생한 뉴욕 세계무역센터에 대한 테러 등은 이제 더 이상 공경비만으로는 국가안전 및 사회안전을 유지할 수 없다는 것을 인식하게 되고, 결과적으로 민간경비의 필요성을 더욱 부각시켜주는 사건들이라 할 수 있다.

이와 같은 역사적 사건들에 의해 일본 및 우리나라 역시 민간경비가 성장하게 됨은 물론이다. 일본 역시 1964년 동경올림픽, 1970년 오사카 만국박람회 등 국제적인 행사에 민간경비가 활용되어 성공적으로 행사를 마쳤고, 이후 1972년 경비업법이 제정되는 과정을 거쳐 민간경비가 성장할 수 있는 중요한 계기가 됨은 물론이다.

그리고 우리나라 역시 1960년대 북한의 남한침투 및 교란 등으로 인해 국가공권력의 한계를 실감하고 이를 보완하기 위해 청원경찰 및 민간경비 등 대처인력을 강구하게 된 것이다.[24] 이러한 과정에서 일본의 경비업법 제정이 우리나라 (용역)경비업법 제정(1976)에 적지 않은 영향을 끼친 것은 주지의 사실이다. 그리고 1986년 서울아시안게임, 1988년 서울올림픽, 1993년 대전엑스포, 2002년 한·일 월드컵, 2018년 평창 동계올림픽 등 국제적 행사의 개최를 통해 민간경비산업의 필요성과 역할 인식을 하게 되고 이는 성장으로 이어졌던 것이다.

2) 수익자부담에 따른 민간경비의 수요 증가

그런데 치안활동에 있어서 공경비의 한계인식과 이에 따른 민간경비의 참여유도와 더불어 한편으로는 국가공권력(경찰 등)이 어디까지 책임을 져야 하는가 하는 문제가 제기되고 있다. 이는 정부가 제공하는 치안서비스의 한계를 정하자는 것과 관련된다고 볼 수 있다.

---

23) 1995년 4월 19일 반정부 집단의 테러리스트들은 오클라호마 주 오클라호마 시의 미국정부 연방빌딩(Alfred P. Murrah Federal Building)에 대해 폭탄을 실은 트럭으로 현관 로비를 돌진하는 테러를 감행하였다. 이 사고로 168명이 사망하고, 800여명이 넘는 민간인이 부상하여, 2001년 9월 11일 발생한 테러(약 3,000명 사망) 이전까지만 해도 사상 최악의 테러사건으로 기록되고 있다.

24) 일명 '김신조 사건'은 1968년 1월21일 밤 청와대를 습격하기 위해 중무장한 북한군 31명이 남한에 침투했다가 28명이 사살(2명이 북으로 도주)되고, 군 병력 1만 9,213명이 투입된 무장공비 침투 사건이다. 이 사건을 통해 남한의 안보대세를 정비하게 되었다. 국가 비상사태 시 국가의 안전보장을 위하여 '태극연습'을 그 해 처음 실시하였고, 이듬해인 1969년 '을지연습'으로 개칭해 지금까지 41년 동안 매년 실시하고 있다. 또, 북한의 비정규전에 대비하기 위해 향토예비군을 창설(1968.4)하기도 하였다. News Korea(2010. 06. 16.).

미국에서 1960년대 후반부터 1970년대에 이르는 동안 국가의 공공서비스가 어디까지 이루어져야 하는가의 한계를 확실히 하자는 이른바 '행정수비범위론'(行政守備範圍論, 행정의 적정 책임영역)이 제기되었는데, 이는 민간경비차원에서의 수익자부담과도 밀접한 관련성이 있다고 본다(물론, 후술하는 민영화에 대한 근거로서 더욱 설득력을 갖는다).

현대사회에서 공공경찰의 역할이라 할 수 있는 범죄 등으로부터 국민의 생명, 신체 및 재산의 보호 등의 활동은 거시적인 차원에서 이루어지는 것이며, 따라서 경찰이 모든 특정 개인에 이르기까지 이러한 기능을 수행하는 것은 사실상 불가능 한 일이다. 경찰의 역할은 거시적 차원에서 그리고 공적인 차원에서 국가 및 지역사회 내의 범죄 등으로 인한 신체 및 생명, 재산의 보호 등 공공의 안녕과 질서유지 기능을 수행하기 때문에 실질적으로 모든 국민 개개인을 대상으로 이를 수행하는 데에는 한계가 있을 수밖에 없는 것이다.[25]

특히, 자본주의사회에서 개인 또는 기업이 시행하는 수익사업에까지 경찰과 같은 국가공권력이 투입되어 이를 보호해 주는 것은 한계가 있다. 이른바 '수익자부담이론'(受益者負擔理論, Beneficiary Burden Theory)의 관점에서 본다면, 예컨대, 야구와 축구 같은 각종 스포츠행사에 있어서까지 경찰이 일일이 보호할 필요성은 없다는 것이다. 물론, 경찰이 전혀 관여하지 않고 책임을 질 필요가 없다는 의미는 아니다. 경찰은 거시적 차원에서 다중(多衆)이 모인 행사장의 안전 확보를 위한 관리 · 감독자로서의 역할 수행만으로 충분하다고 볼 수 있다. 따라서 관람객의 입장권 판매 등을 통해 수익을 창출하는 주최 측에서 시설 및 관중에 대한 안정관리 등 제반 조치를 취해야하는 것이지 거기까지 경찰이 적극적으로 개입하여 보호해 준다는 것은 국가행정의 수비범위를 넘어선다는 것이다.

마찬가지로 영리추구를 목적으로 하는 일반 기업의 빌딩 내에까지 경찰이 투입되어(사실상 일반 경비원을 고용하지만) 이를 보호해 줄 필요성은 없는 것이다. 따라서 민간차원에서 대규모 공연행사를 개최할 때, 행사의 개최로 인해 이익을 얻는 주최 측은 수익자부담이론에 의해 얻게 되는 수익 가운데 일정부분을 참여자들의 '안전'과 관련된 비용으로 사용해야 한다는 것이다. 아울러 행사에 참여한 이용자들 역시 행사참여를 위해 지불한 비용(관람료) 가운데 일정 부분 안전과 관련된 비용이 포함되어 있다는 것을 인식해야 한다는 점이다.

이는 개인 차원에서도 설명이 가능하다. 예컨대, 개인이 자신의 건강을 보호받기 위

25) 최선우(2002), 앞의 책, pp. 121~122.

해서 국가 의료보험에 전적으로 의존하기보다는 추가적으로 상업적인 의료보험에 가입하는 것이나, 혹은 자동차를 소유한 개인이나 기업이 교통사고에서 발생하는 각종 피해로부터 보호받기 위해서는 개별적으로 자동차 운전자보험에 가입해야하는 것과 비슷한 관점에서 이해할 수 있을 것이다. 결국, 자본주의 사회에서는 범죄 등의 위험으로부터 개인 및 기업의 자산보호는 일정부분 사적인 추가비용에 의해 담보 받을 수밖에 없는 것이다.

수익자부담이론

수익자부담이론(受益者負擔理論, Beneficiary Burden Theory) 또는 수익자부담원칙은 자본주의사회에서 국가기구의 일부로서, 경찰과 같은 공경비가 갖는 근본적 성격과 역할 및 기능에 관한 통념적 인식에 의문을 제기하면서 출발하고 있다. 개인의 안전과 사유재산의 보호는 전적으로 경찰과 같은 공경비의 역할과 책임이라는 종래의 일반적 관념에서 다소 벗어난 것이라 할 수 있다.

이러한 관점에서는 경찰과 같은 공경비는 자본주의의 전반적 체제유지를 위한 역할을 하는데 일정 부분을 담당하는 공조직으로 인식된다. 따라서 자본주의사회에서 경찰 등 국가 공권력의 행사는 원칙적으로 거시적 측면에서 질서유지나 체제수호 등과 같은 역할과 기능에 한정하고, 사회구성원 개개인의 사적(私的) 차원이나 여타 집단과 조직 등 예컨대, 회사 등의 안전과 보호는 결국 해당 개인이나 조직이 담당해야 한다는 인식에 기초를 두고 있다. 여기에서 특히, 수익이 창출되는 곳의 안전은 그 수익을 얻는 주체가 이에 대한 책임을 져야 한다는 것이다.[26)]

이러한 논리는 경찰의 보호활동 영역은 사회 모든 영역에 걸쳐 이루어지지만 그것은 임의적인 것이며, 어떤 면에서는 범죄수사와 같은 사후 대응적인 면에 집중되어야 한다는 것을 의미한다. 또 실질적으로 이익추구를 목표로 하는 민간기업 등에 대한 경찰의 예방적 활동은 경찰의 인적·물적 자원의 운영 면에서 볼 때, 한계가 있을 수밖에 없기 때문에 이는 자체적인 해결노력이 필요하고, 결과적으로 민간경비의 수요증대는 불가피하다고 본다.

이러한 수익자부담원칙에 의한다면 관련 치안서비스의 혜택은 특정 개인 및 조직의 일정한 부담을 전제로 한 것이기 때문에 그 적용범위 및 대상을 선정하는데 있어서 고려해야 할 사항이 적지 않다. 그리고 전형적인 공공서비스 영역 가운데 하나인 치안서비스에 대해서 이처럼 수익자부담원칙이 일정부분 적용되고 있으며, 이의 현실성 또는 필요성 문제는 인정한다고 해서 논의가 끝난 것은 아니다.

---

26) Shearing, Clifford D. and Stenning, Phillip C.(1981), "Modern Private Security: Its Growth and Implications," in Michael Tonry and Norval Morris,(ed.), Crime and Justice: An Annual Review of Research, vol. 3, Chicago: University of Chicago Press, quoted in Cunningham, William C. & Taylor, Todd H.(1985), op. cit., p. 111.

치안서비스 영역에서 수익부담원칙이 적용 될 수 있다면, 또 적용되고 있다면, 그 다음 문제로서 그 적용범위가 어느 정도까지 허용될 수 있을 것인가 하는 문제가 제기된다. 수익자부담원칙을 지나치게 확대했을 경우, 국가공권력의 불신 혹은 국가공권력의 무책임, 시민 또는 이용자의 지나친 비용부담 문제 역시 제기될 수 있기 때문에 이에 대한 심도 있는 논의가 전개되어야 할 것이다.

사례: 상주참사와 수익자부담원칙에 의한 경비책임의 문제

2005년 10월 3일 오후 7시 MBC 가요콘서트가 열릴 예정이었던 경상북도 상주시민운동장에서 행사진행과정에서 11명이 사망하고 100여명이 부상당하는 대참사가 발생하였다. 당시 원활한 출입통제가 이루어지지 못해 문 앞에 모여 있던 수많은 사람이 한꺼번에 조그만 출입구로 몰리면서 압사사고에 의해 순식간에 참변이 발생한 것이다.
이 사고의 책임 소재를 놓고 상주시와 행사를 주최한 국제문화진흥협회, MBC, 관할경찰 모두 '내 탓이 아니다'며 서로 책임 떠넘기기에 급급한 인상을 주었다. 국제문화진흥협회는 "행사장 안전을 위해 경찰에 병력을 요청했으나 불가능하다는 통보를 받았다"며 경찰에 화살을 돌렸다. 그러나 상주경찰서는 "지난달 26일 관계자 대책회의에서 구두로 병력 요청을 받은 사실이 있으나 협회에서 공문을 보내오지 않았다"며 국제문화진흥협회에 책임을 떠넘겼다(그러나 상주시는 경찰에 공문서 상으로 지원요청을 한 것으로 밝혀졌다). 상주시도 국제문화진흥협회에 공연지원금 1억 원을 주기로 하는 등 공연을 사실상 주최했음에도 계약 내용을 근거로 협회에 책임을 미루고 있다. 상주시는 "국제문화진흥협회가 경비와 현장통제 등 모든 행사진행을 맡고 있으며, 이에 대한 서류상의 계약도 있다"고 하였다. 한편, MBC는 "우리가 주최한 행사가 아니며 공연 녹화만 진행할 예정이었다"며 "당초 공연이 불가능하다고 통보했으나 시와 협회 관계자들이 MBC를 방문해 재차 공연을 요구한 것으로, 도의적인 책임은 있지만 행사진행 및 안전과 관련한 모든 준비는 상주시와 협회가 맡기로 했다"며 사고 책임을 상주시와 협회에 떠넘겼다.
어쨌든, 2만명이 넘는 시민들이 참석한 당시 사고 현장에는 콘서트 주최측인 국제문화진흥협회에서 파견된 아르바이트생 50명을 비롯하여 경찰 14명, 경비업체 직원 25명 등 현장관리자가 90여명에 불과해 현장 통제에는 역부족이었다는 지적을 받고 있다. 특히 사고발생 장소인 직3문(출입구)에는 5,000명이 넘는 인원이 순식간에 몰려들었는데, 경찰과 행사진행요원이 한명도 없었고 경비업체 직원 8명만 있었던 것으로 파악되었다. 또 주최측이 대규모 공연 개최시에 마련해야 하는 재해대책을 소방당국에 제출하지 않아 공연법 규정을 위반했다는 혐의도 받고 있다.

현행법(경찰법, 경찰관직무집행법 등)상으로 각종 행사를 위해 모인 군중에 의해 발생되는 혼란상태의 예방과 경계, 그리고 대응책임을 지고 경찰은 이번 사건으로 자유로울 수 없을 것으로 보인다. 그러나 영국 · 미국 · 일본 등의 각국에서와 같이 영리를 목적으로 하는 각종 행사에 대해서는 수익자부담원칙에 입각하여 영리를 얻는 행사주체가 자체경비원을 주로 활용하도록 하고 있음을 인식할 필요가 있다. 우리나라는 여전히 공경비인 경찰이 직접 그 임무를 수행하는 경우가 상대적으로 많은 것이 사실이다.

따라서 무엇보다도 많은 군중이 모이는 각종 행사의 안전관리와 관련하여 책임기관을 명확히 규정할 필요가 있으며, 이의 책임을 전적으로 공경비인 경찰에 전가시키기보다는 기본적으로 공연행사의 개최로 인해 영리를 직접적으로 얻는 행사주체기관이 행사진행의 안전관리에 요구되는 경비부담을 일부 또는 전부 부담하여 사전·사후의 책임을 지는 것이 바람직할 것으로 보인다. 경찰 역시 적절한 지도 및 지휘감독 책임을 가지고 있음은 물론이다.

3) 치안활동의 민영화와 민간경비의 성장

치안활동의 민영화(民營化, Privatization)에 대한 논의 역시 위에서 언급한 행정수비범위론의 연장선에서 설명할 수 있다. 미국의 민영화에 대한 논의는 1970년대 이후 신자유주의(新自由主義) 확대에 따른 정치변화의 바람을 크게 탔고, 이는 민간경비의 성장으로 이어졌다고 볼 수 있다.[27] 신자유주의의 영향에 따른 중앙정부 기능의 축소(보다 엄밀하게는 '작고 강한 정부')가 민간경비산업의 발전을 가져다주는 직접적인 계기가 되었다는 것이다.

사실, 근대국가의 성립 이후 국가의 본질은 물리적 강제력을 독점적으로 사용하고 있었다. 예컨대, 군사와 형사사법 등의 영역에서 있어서 사적인 개입을 허용하지 않았던 것이다. 그러나 이러한 국가의 독과점 현상이 비록 부분적이기는 하지만 완화되는 현상을 보이고 있는 것이다. 다양성과 역동성을 지향하고 있는 포스트모던(Post-modern) 사회에서 볼 때, 이러한 변화는 매우 큰 의미를 갖는다고 본다.[28]

이와 관련하여 관료제(官僚制)의 병폐가 주요 요인이라는 점이 지적되었다. 전통적으

---

27) 신자유주의(Neoliberalism)는 국가권력의 시장개입을 비판하고 시장의 기능과 민간의 자유로운 활동을 중시하는 이론이라 할 수 있다. ① 미국과 영국 등 선진국들은 제1차 세계대전 이후 세계적인 공황을 경험하면서 케인즈(Keynes)이론에 바탕을 둔 수정자본주의를 채택하였는데, 그 요체는 정부가 시장에 적극적으로 개입하여 소득평준화와 완전고용을 이룸으로써 복지국가를 지향하는 것이다. 그런데, 1970년대 이후 세계적인 불황이 다시 다가오면서 이에 대한 반론이 제기되었다. 당시의 장기적인 스태그플레이션(Stagflation; 경제불황 속에서 물가상승이 동시에 발생하고 있는 상태)은 케인즈이론에 기반한 경제정책이 실패한 결과라고 지적하며 대두된 것이 신자유주의이론이다. ② 신자유주의는 자유시장과 규제완화, 재산권을 중시한다. 따라서 신자유주의론자들은 국가권력의 시장개입을 완전히 부정하지는 않지만 국가권력의 시장개입은 경제의 효율성과 형평성을 오히려 악화시킨다고 주장한다. 신자유주의자들은 자유무역과 국제적 분업이라는 말로 시장개방을 주장하는데, 이른바 '세계화'나 '자유화'라는 용어도 신자유주의의 산물이다. 신자유주의의 도입에 따라 케인즈이론에서의 완전고용은 노동시장의 유연화성로 해체되고, 정부가 관장하거나 보조해 오던 영역들이 민간에 이전되었다. 자유방임경제를 지향함으로써 비능률을 해소하고 경쟁시장의 효율성 및 국가 경쟁력을 강화하는 긍정적 효과가 있는 반면, 불황과 실업, 그로 인한 빈부격차 확대, 시장개방 압력으로 인한 선진국과 후진국 간의 갈등 초래라는 부정적인 측면도 초래되고 있다. 다음 백과사전(http://100.daum.net/encyclopedia/view).

28) 최선우(2003), "형사사법의 역사성과 체제론적 접근," 한국공안행정학회보 제16호, p. 208.

로 시장기능으로 해결할 수 있는 문제를 국가가 직접 개입 · 해결하려고 하다 보니 국가기구의 비대화를 낳게 되었고, 아울러 엄청난 예산의 팽창을 가져왔다. 이는 표를 의식한 정치인들과 임금과 혜택의 확대를 노린 공무원집단의 이기적 욕심이 낳은 결과였다.

20세기 초기 베버(Max Weber) 등으로부터 '공공선'(公共善)을 실현할 수 있는 완벽한 조직으로 칭송받던 관료기구는 결국 자체 몸 부풀리기에만 급급하다가 이제는 그 비대함으로 운신조차 어렵게 된 것이다. 결국, 관료제는 실수를 감추는데 급급하고, 원칙없이 제멋대로이며, 비효율적이고, 변화를 거부하고, 서비스정신이 결여되어 있는 개혁의 대상으로 인식되기에 이르렀다. 이에 따라 신자유주의 경제학자들의 중심으로 관료제정부의 축소와 시장경제로의 환원의 목소리가 높아졌고, 결과적으로 정부기능의 민간이양 또는 민간위탁의 주장이 거세어졌던 것이다. 이는 대표적인 정부의 기능인 치안기능 역시 예외일 수는 없는 것이다.[29)]

이러한 논의는 공공지출의 증가율을 통제하려는 정부의 노력과 시장의 자유화, 민영화(Privatization) 및 아웃소싱(Outsourcing), 작은 정부의 지향 등을 목표로 하는 정책의 고려 등이 공공서비스 공급에 중요한 영향을 미쳤다는 것이다. 이러한 관점에서 조세수입의 감소로 인해 재정압박에 직면한 정부가 치안활동의 비용문제를 해결하기 위해 범죄통제나 그 밖의 경찰기능에 대한 책임을 민간부문과 공유하려 함으로써 민간경비가 성장하게 된다고 설명하고 있다. 민간경비는 치안활동 영역에서 공공경찰의 한계로 야기된 틈새(그리고 더 나아가 경찰이 본질적으로 감당하지 못하는 영역)를 메우기 위한 새로운 대안으로 등장하였다는 것이다.[30)]

이후 민간경비와 공경비의 관계에 있어서 '보조적 파트너' 관념에서 '평등한 동반자' 관념으로 발전하게 되었다. 이는 민간경비가 치안활동에서 그만큼 중요한 위치를 차지하게 되었다는 것을 의미한다.

29) 이창무(2003), 앞의 논문, pp. 226~227.
30) 김성언(2004), 앞의 논문, p. 20.

이익집단이론

플레벨(Flavel)은 민간경비의 성장배경과 관련하여 공동화이론의 관점에 보는 민간경비의 공경비에 대한 보조적 입장을 부정하면서 이른바 '이익집단이론'(利益集團理論, Interest Group Theory)을 제시하였다. 그는 이러한 관점에서 "그냥 내버려 두면 보호받지 못한 채로 방치될 재산 등을 민간경비가 보호한다"고 하였다.[31] 이는 민간경비가 성장함에 따라 민간경비기업들은 하나의 이익집단을 형성함으로써 공경비인 경찰과 대등한 관점에서 자신들의 활동 영역을 더욱 확대하기 시작하였음을 의미하는 것이다.

이 주장은 그 내용에 있어서 어떻게 보면 공동화이론의 입장과 크게 다른 것 같지는 않다. 다만 공동화이론의 주된 관심과 출발점이 공경비인 경찰과 민간경비의 관계에 대한 성격을 밝혀내고자 하는데 있다고 한다면, 이익집단이론은 민간경비를 하나의 '독립적 행위자'(Independent Actor)로 인식하고 있으며, 따라서 민간경비가 자체적으로 고유한 이해관계를 가질 수 있는 것으로 파악하면서 출발한다는 점에서 근본적인 차이점이 발견된다.

이익집단이론에 따르면 한 사회 내에 존재하는 많은 이익집단이 그들의 이익을 극대화하기 위해서 행동을 하는 것과 같은 방식으로 민간경비도 자신의 집단적 이익을 실현하기 위해서 규모를 팽창시키고, 새로운 규율이나 제도를 창출시키는 등의 노력을 기울인다는 것이다. 민간경비의 양적 성장은 초기단계에서 일어나는 현상이며, 궁극적으로는 이익집단으로서의 내부적 결속과 제도화 그리고 조직화의 결과 세력과 입지를 강화하게 된다는 것이 이익집단이론의 주장이다.[32]

이러한 점에서 볼 때, 우리나라의 '한국경비협회', 일본의 '전국경비업협회'(全國警備業協會), 미국의 '산업안전협회'(ASIS: American Society for Industry Security) 등은 영리목적을 위하여 경찰과 민간경비와의 관계개선, 민간경비관련 법률의 규정 및 개정 등을 주장하면서 일종의 이익집단으로서 역할하고 있다고 볼 수 있다.

우리나라의 경우, 문민정부 이후 '작고 효율적인 정부'를 외치는 목소리가 커지면서 한국통신을 비롯해 국영기업의 민영화가 어느 정도 진척을 보였다. 민간경비에서도 특수경비원제도의 신설 등을 통해 국가중요시설의 경비를 민간경비업체가 보다 현실적·전문적으로 맡게 되는 괄목할만한 발전을 가져왔다.

그러나 미국의 경우와 비교해 볼 때 아직 초기단계라 할 수 있다. 아직까지 민간조사(사설탐정) 업무 등에 대해서 제도적으로 인정하지 않고 있는 실정이다. 또 미국의 일부 지역에서 보는 바와 같이 일정 지역의 치안업무를 완전이 민간경비에 위탁하는 단계에 이르기까지는 많은 시간이 걸릴 것으로 보인다.[33] 그러나 이상과 같은 민영화는 우리나라에도 필연적으로 가속화될 것이며, 결과적으로 민간경비의 성장은 빠르게 진행될 것으로 보인다.

---

31) Flavel, W.(1973), "Research into Private Security," Second Bristol Seminar on the Sociology of the Police, April, 1973.; Cunningham, William C. & Taylor, Todd H.(1985), op. cit., p. 111.

32) 이윤근(1989), 앞의 논문, pp. 19~20.

33) 이창무(2003), 앞의 논문, p. 228.

민간경비의 상품화와 거대 민간경비회사의 등장

공경비인 경찰의 한계와 그에 따른 공동화현상 및 이익집단의 형성 등의 관계에서 민간경비는 하나의 상품으로 등장하였고, 또 그러한 민간경비 관련상품을 판매하는 민간경비회사가 거대화되어 결과적으로 민간경비산업의 성장을 가져다주는 계기가 되었다고도 볼 수 있다. 스피처(Spitizer)는 이러한 관점에서 민간경비의 치안유지활동은 고객의 소비활동을 안전하게 할 뿐만 아니라 더 나아가 시큐리티 자체가 점차 상품화되고 있다고 주장하였다.[34] 그의 논점은 오늘날 민간경비의 치안서비스는 다른 상품처럼 시장에서 사고 팔린다는 것으로 요약된다.
그러나 문제는 감시장치 · 자물쇠 · 경보장치 · 경비원 순찰 등과 같은 경비상품의 객관적 소비가 경비안전과 관련된 주관적 상태에 대응하여 생산되지 않는다는 것이다. 실제로 그가 제안한 것에 대한 반대의 경우도 발생할 수 있다. 민간경비의 치안서비스 상품을 획득하기 위하여 많은 비용을 지불할수록 불안감을 더욱더 느낄 수 있다는 점이다. 이러한 이유로 일반시민의 안전에 관한 관심은 민간경비에 대한 지속적인 수요의 발생을 가져다주게 될 것이다.
한편, 우리나라의 민간경비의 시장규모가 확대되기 시작한 것은 1980년대 초 대기업 삼성이 민간경비시장에 진출하면서 부터이다. 삼성이 출자한 한국안전시스템(현 에스원)은 우리나라 최초로 기계경비 시장을 개척하였다. 한국안전시스템은 일반점포에서 시작하여 금융시설, 우체국, 학교, 정부기관, 군부대, 일반주택 순서로 시장을 확대해 나갔던 것이다. 바꿔 말하면 상품화된 민간경비 관련 제품을 대기업이 개입함으로써 그 품질의 양과 질이 보다 증가하였고, 결과적으로 이는 민간경비관련시장의 규모를 확대하였다고 볼 수 있다고 본다(그러나 그 이면에는 영세한 수많은 민간경비업체가 오히려 성장의 기회가 차단되었다는 반론도 제기된다).

4) 치안활동의 공동생산과 민간경비의 성장

(1) 전통적 관점: 민영화의 한계와 시민참여

민영화와 마찬가지로 공공서비스의 공동생산이론(共同生産理論, Coproduction Theory)에 대한 학문적 · 실천적 관심은 1970년대 후반 들어서면서 미국을 중심으로 시작되었다. 어떻게 보면, 수익자부담과 민영화 그리고 공동생산에 대한 논의는 국가행정 전반에 대한 재검토 및 개혁과정에서 나타난 것이라고 볼 수 있다.[35]

그 배경을 잠시 살펴보면, 미국정부는 1970년대 중반 이후 석유파동에 따른 경제적 침체와 비능률적 정책수행으로 인해 주민들로부터 조세저항에 봉착하게 되었다. 따라서 정부 내에서는 생산성 향상을 위한 각종 노력이 전개되었는데, 특히 지방정부는 과거의 관료제 중심의 서비스 전달체계에서 벗어난 새로운 형태의 방안을 모색하게 되었다. 그 중 가장 보편적으로 채택된 것이 계약 · 인가 · 사용자부담 등을 포함하는 민영화전략이

34) Spitizer, S.(1987), "Security and Control in Capitalist Societies: the fetishism of security and the secret thereof," In J. Lowman, R. J. Menzies & T. S. Palys, (eds.), Transcarceration: Essays in the Sociology of Social Control, Aldershot: Gower, p. 50.; 최선우(2002), 앞의 책, p. 91.

35) 위의 책, pp. 43~46.

었다. 그러나 경제적 능률성의 추구를 목표로 하였던 민영화는 서비스 공급과정에 있어서 시민참여가 제한됨으로써 '시민정신'(市民精神)의 함양을 중시하는 미국의 정치적 이념과 상충하는 결과를 초래하였다.[36]

이에 따라 서비스 공급의 책임과 권한을 정부기관과 시민이 공유함으로써 지방정부의 재정적 위기를 완화하는 동시에 시민의 이익과 선호를 직접적으로 반영할 수 있는 방안 즉, 공동생산방식에 대한 학계의 연구와 실무적 노력이 본격화되었다.

이러한 논의는 치안문제에 대해서도 동일하게 적용된다고 본다. 경찰활동이 효율적으로 이루어지기 위해서는 경찰조직의 자체적인 개혁뿐만 아니라 시민의 적극적인 지지와 협력이 필요하며, 이는 시민과 경찰사이의 상호이해와 신뢰관계가 구축되면서 가능하게 된다. 바꿔 말하면, 시민의 적극적인 지지와 협력 없이는 경찰활동이 성공적으로 이루어지는 것을 기대하기가 어렵다는 것을 의미한다.

이러한 관점에서 시민을 치안서비스 수혜자이면서 동시에 서비스 생산자로 끌어들이는 방안이 논의되어 왔다. 치안서비스 생산과정에 시민이 참여하게 됨으로써 시민이 얻을 수 있는 이익 가운데 하나는 시민의 안전감이 증대된다는 점과 함께 경찰활동에 대한 시민감시의 영역이 확대된다는 점이다. 오늘날에는 치안서비스뿐만 아니라 모든 공공서비스 영역에 있어서 시민참여가 일반화되고 있는데, 이는 시민이 적극적으로 참여함으로써 공공서비스가 투명해지고 더 나아가 시민의 삶의 질이 향상된다고 보고 있기 때문이다.

(2) 민간경비 등 참여주체의 다양화 모색

그런데, 이러한 일반 시민참여의 강조와 더불어 1980년대 이후 영리추구를 목적으로 하는 민간경비가 경찰활동의 주요 논쟁 가운데 하나로 등장하고 있다.[37] 시민참여와 유사성을 가지면서 한편으로는 또 다른 성격을 지닌 민간경비가 주요 관심사항이 된 것은 민간경비가 경찰활동에 적지 않게 영향을 미치고 있음을 인식하게 되면서 비롯된 것이라 할 수 있다. 이는 전술한 바와 같이 기존 공동생산이론이 참여주체를 지나치게 이원화하여 접근한 것에 비해 상당히 진일보한 것이라 할 수 있다. 따라서 최근 들어서는 민간경비가 경찰활동에 있어서 '핵심적 논쟁'(Core Issues)으로까지 인식되고 있음에 주목할 필요가 있다.[38]

---

36) Morgan, David R. and England, Robert E.(1988), "The Two Faces of Privatization," Public Administration Review 48(6), p. 982.

37) 최선우(2002), 앞의 책, pp. 16~19.

38) Johnston, Les(1996), "Policing Diversity: the impact of the public-private complex in

민간경비가 핵심적 논쟁대상이 된 것의 주요 원인 가운데 하나는 최근까지 민간경비가 지속적으로 성장하여 그 규모가 미국, 일본 등 일부 국가에서는 공공경찰을 능가하고 있다는 점에서 비롯된다. 오늘날 범죄예방과 같은 경찰활동에 있어서 경찰과 시민뿐만 아니라 민간경비가 적지 않게 참여하고 있으며, 그 활동영역이 더욱 확대되고 있음을 알 수 있다. 우리나라도 사회 · 경제적 변화에 따른 치안수요의 증대는 경찰활동에 있어서 민간경비의 참여증대를 불가피하게 하고 있으며, 현실적으로 경찰과 민간경비가 상호 협력적 또는 독자적인 영역을 형성해 나아가고 있음을 알 수 있다.[39)]

이 때문에 경찰의 입장에서는 민간경비의 지속적인 급성장을 중요하게 고려하기 시작하였는데, 이는 미래 경찰의 역할수행에 대해 잠재적으로 영향력을 행사할 것이라는 인식과 더불어 민간경비가 갖는 자체적인 중요성이 전반적으로 수용되기 시작하였음을 의미하는 것이다. 민간경비를 단지 경찰활동의 보조적 차원으로 보지 않고 주체적 차원으로 인식하고자 하는 까닭도 여기에 있다.

따라서 치안서비스 생산과정에 있어서 서비스 수혜자인 '시민'과 또 다른 서비스 생산주체로 등장하고 있는 '민간경비'의 참여를 활성화할 수 있는 방안이 논의되고 있는 것이다.[40)] 이는 공공경찰이 안고 있는 한계를 일부 극복하고 시민의 안전욕구를 증대시키기 위하여 개인 및 집단이 범죄예방활동에 자율적 · 적극적으로 참여하도록 하며, 한편으로는 민간경비의 풍부한 인적 · 물적 민간경비 자원을 보다 효율적이고 체계적으로 활용하고자 하는 의도에서 비롯된 것이다.

결국, 오늘날 경찰활동에 있어서 시민과 민간경비의 참여는 당위성을 갖기 시작했으며, 공공부문과 민간부문이 결코 분리된 것이 아니라 복잡다양한 네트워크(Net Work)에 의해서 상호작용을 하고 있음을 부인할 수 없게 된 것이다. 이와 같은 이유로 오늘날 미국과 영국 등 선진국에서는 경찰활동에 대한 접근에 있어서 이른바 '서비스 생산주체의 다원화'에 초점을 맞추고 있는 실정이다. 경찰활동에 있어서 서비스 생산주체의 다원화라는 것은 경찰이 독자적으로 치안서비스 생산과정에 참여하는 것이 아니라 이외에도 시민 그리고 민간경비가 하나의 독립된 주체로서 참여하게 되었음을 의미하는 것이다.[41)]

policing," In Frank Leishman et al.(eds.), Core Issues in Policing, New York: Longman Publishing, p. 54.

39) 이윤근(1996), "한국 민간경비산업의 과제와 발전방안," 치안정책연구, 제5호, pp. 33~56.

40) Johnston, Les(1992), The Rebirth of Private Policing, London: Routledge, pp. 153~158.

41) 경찰활동에 있어서 주체의 다원화라는 것은 경찰이 독자적으로 치안서비스 생산과정에 참여하는 것이 아니라 이외에도 시민과 민간경비 등이 하나의 독립된 주체로서 참여하게 되었음을 의미하는 것이다. 따라서 범죄예방과 통제 등 치안서비스 공동생산의 주체를 다원화 관점에서 논의 할

이러한 견해는 '경찰활동'(Policing)은 곧 '공공경찰'(Public Police)이라는 전통적 견해에서 발전된 것이라 할 수 있다. 사실, 엄밀히 말한다면, 역사적으로 국가 또는 사회지배계층이라는 실체가 사회적 헤게모니를 장악하기 이전에는 일반 지역사회 중심의 사회방어 또는 통제기제가 마련되어 있었으나, 이들 국가권력이 확대됨에 따라 이러한 사회통제기제를 국가가 거의 전담·독점하여 오늘에 이르고 있는데, 최근 들어 국가와 사회가 위기상황에 직면하면서, 과거의 민간부문의 역할이 국가적 관점에서 또는 자경주의적 관점, 그리고 영리추구적 관점 등에서 재인식되고 있다고도 볼 수 있다.

이러한 이유로 기존의 공동생산과 관련된 두 가지 기본전제 즉, '치안질서를 유지하고 사회의 안전을 높이기 위하여 어떻게 하면 시민들로 하여금 적극적이고 협조적인 역할을 수행하게 할 것인가?' 그리고 '경찰이 시민들의 새롭고 다양한 요구에 어떻게 잘 대응해 나갈 것인가?'라는 기본명제 외에 '민간경비의 경찰활동 참여를 어떻게 최대한으로 활용할 것인가?'라는 세 가지의 명제가 함께 논의되어야 할 것이다.

(3) 공동생산이론에 의한 민간경비의 역할 모형

치안서비스 공동생산의 이론적 모형은 경찰·시민·민간경비의 '공동생산 삼자구조'(Tripartite Structure of Coproduction)관계로 나타낼 수 있다. 물론, 여기서 시민은 모든 지역사회 내의 모든 시민을 의미하는 것이 아니며, 경찰활동에 적극적이든 소극적이든 간에 일정부분 관심을 가지고 참여하는 시민을 의미하는 것이다.[42] 경찰과 민간경비는 공동생산의 생산주체로서 작용하는 반면, 시민은 생산객체(서비스의 수혜대상)이면서 동시에 생산주체로서 작용하게 된다. 아래에서는 이러한 삼자관계를 보여주고 있다.

때, 우리는 시민과 민간경비 뿐만 아니라 더 나아가 신문과 TV와 같은 대중매체(Mass Media) 그리고 사이버 네트워크(Cyber Net Work)까지도 공동생산의 주체로 파악하여 논의 할 수 있을 것이다. 오늘날 정보통신이 급속도로 발전하고 있는 추세에 비추어 볼 때, 이들의 사회감시·고발 기능은 보다 확대되고 있음은 주지의 사실이다. 최선우(2002), 앞의 책, p. 62.

42) 위의 책, pp. 95~104.

치안서비스 공동생산의 삼자구조

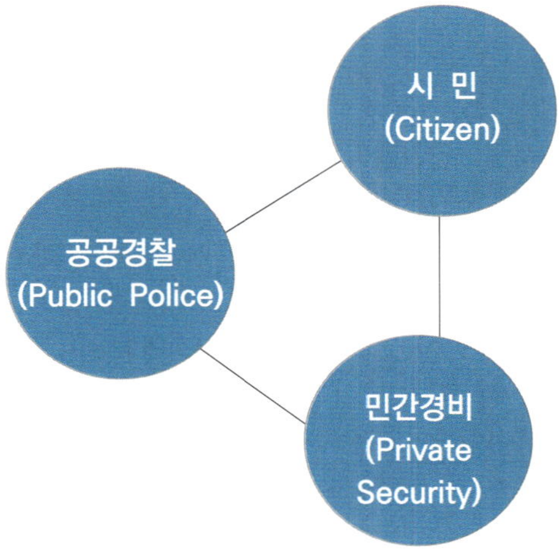

경찰 · 민간경비: 정규생산자, 시민: 소비생산자

따라서 경제학적 관점에서 본다면 경찰과 민간경비는 치안서비스의 '정규생산자'로서 작용하게 되며, 시민은 소비자이면서 생산에 참여하는 이른바 '소비생산자'로서 작용하고 있다고 볼 수 있다. 거시적 차원에서 볼 때, 시민과 민간경비와 같은 민간부문의 치안서비스 공동생산은 공공경찰활동의 영역 내에서 이루어진다고 볼 수 있다. 시민과 민간경비의 치안서비스 참여는 기본적으로 경찰과의 관계를 바탕으로 경찰서비스의 영역 내에서 이루어지는 것이다.

그러나 각 세부영역에서는 이들이 맡고 있는 치안서비스 영역은 서로 다르게 나타날 수 있다. 경찰서비스가 일반적으로 일정한 공적 영역(예컨대, 길거리 등)을 중심으로 이루어진다면, 시민서비스는 개인 또는 주거지 중심의 소규모 지역 내에서 경찰이 담당하기 어려운 범죄의 사각지대에 대하여 자체적인 영역을 가지고 부분적으로 치안서비스 활동에 참여한다고 볼 수 있다. 경찰서비스가 세부적으로 모든 개인 또는 주거지역에 제공되기는 어렵기 때문에 시민참여는 이러한 공백을 보완해줄 것이다.

민간경비 또한 경찰서비스 영역 내에서 경찰과는 다른 활동을 수행하는데 특정 민간경비 이용자를 중심으로 집중적으로 경비서비스를 제공하게 된다. 경비원의 고용, 경비장치의 설치를 통하여 범죄로부터 범죄대상 '목표물의 강화'(THA: Target Hardening Approach)를 꾀할 수 있으며, 특히 최근 들어 경찰과 같은 공공부문이 담당하기 어려운 사이버 네트워크상의 정보보호 분야에 대해서 민간경비의 참여 영역이 보다 확대되고 있다(비록 경비업법상의 민간경비 활동영역은 아니지만 경비 · 보안시장으로 볼 때에는 매우 중요한 위치를 차지하고 있다). 이제는 개인 또는 물리적 시설에 대한 것뿐만 아니라 사이버 공간상의 침입 · 절취 · 파괴행위도 중대한 위협요인이 되고 있음은 주지의 사실이다.

경찰 · 시민 · 민간경비의 치안서비스 공동생산 제관계

구 분	경 찰	시 민	민간경비
대 상	일반 개인/지역/국가	특정 개인 · 집단/지역	특정 고객/지역
범 위	거시적/중범위적	미시적	중범위적/미시적
주요역할	범죄예방 · 수사 등	범죄예방 등	범죄 · 손실예방 등
전달체계	정 부	개인 · 집단	영리기업
본질적 목표	개인/지역/국가안전	개인 · 집단/지역안전	영리추구

그리고 각 서비스주체의 궁극적 · 본질적 목표는 서로 다르게 나타난다고 볼 수 있다. 먼저, 경찰서비스의 경우 거시적으로 개인의 자유와 권리를 보호하고 공공의 안녕과 질서유지를 목표로 하고 있다. 시민참여의 경우 거시적인 개인의 자유와 권리보호 및 공공의 안녕과 질서유지라기보다는 미시적으로 특정 개인 및 거주지역의 안전 확보라는 목표를 갖고 있다. 한편, 경찰 및 시민참여와는 달리 민간경비는 '영리' 또는 '이윤'추구를 본질적 목표로 하고 있으며, 치안서비스 생산은 목표달성을 위한 수단에 불과하다고도 볼 수 있다. 이러한 점 때문에 민간경비의 외부효과성(外部效果性) 문제가 제기될 수 있다(이에 대한 세부적인 논의는 제4장에서 살펴보기로 한다).

제4절 개인 및 조직의 안전의식 증대

1. 자경주의와 민간경비의 성장

1) 자경주의의 의미

자경주의(自警主義, Vigilantism)는 국가공권력 이전 즉, 국가에 의한 제도적 공경비의 등장 이전에 인간의 사회적 상호작용 혹은 자연과의 관계에서 본능적으로 나타나는 방어기제라고 할 수 있다. 기능론적 관점에서 볼 때, 이는 범죄 및 재해 등 외부의 위험에 대한 인간의 본능적인 개인 및 집단방어, 안전욕구와 관련된 것이다. 따라서 자경주의는 동서고금을 막론하고 인간이 추구하는 가장 본질적인 욕구라고 할 수 있다.

그러나 인류의 역사적 발전과 함께 이러한 자경주의 기능 역시 보다 복잡한 형태로 나타나고 있음을 알 수 있다. 사회경제적 측면에서 인류의 역사적 발전단계를 구분할 때, 원시공동체사회, 봉건사회, 자본주의사회 등으로 구분하기도 한다. 원시공동체사회는 하나의 평등사회로서 공동생산과 공동분배의 특징을 갖는다. 그러나 봉건사회 이후 계급제와 사유재산제도가 형성됨에 따라 사회구조는 복잡해진다. 이는 개인 및 집단의 이해관계가 복잡하게 얽혀서 상호작용하기 시작했다는 것을 의미한다. 따라서 우리사회가 빠르게 변화할수록 이러한 복잡현상은 심화되고 있음을 알 수 있다. 비록 오늘날에는 신분상의 계층화는 인정되지 않고 있지만 이는 명목적인 것에 불구하고 실제로 자본주의 논리 속에서 인간의 사회경제적 계층화는 여전히 가속화되고 있다.

따라서 원시공동체사회의 자경주의는 단순히 공동체사회라는 속성 속에서 개인 및 집단의 방어수단으로서 작용했다면, 오늘날의 자경주의는 공동체사회라는 특징보다는 개별적이고 경우에 따라서는 이기적인 형태의 자경주의로 발전되었음을 이해할 필요가 있다. 어쨌든 인간의 사회적 상호작용 속에서 개인, 개인이 속한 집단(가족 또는 직장 등)의 안전성은 향상된 '삶의 질'을 위한 하나의 기초단계로 인식되고 있다.

그렇다면, 인간이 가지고 있는 수많은 본질적 욕구 가운데 안전에 대한 욕구 즉, 자경주의 욕구는 어떻게 나타나고 있는가를 살펴볼 필요가 있다. 이와 관련하여 매슬로우(A. H. Maslow)는 인간의 생래적(生來的)·내재적(內在的) 욕구에 주안점을 두어 인간의 보편적인 욕구를 분류하고 그 상호관계를 설명하였다. 그는 인간의 욕구를 다섯 가지 계층으로 분류하여 접근하였는데, 이는 ㉠ 생리적 욕구(Physiological Needs), ㉡ 안전에 대한 욕구(Safety Needs), ㉢ 애정에 대한 욕구(Love Needs), ㉣ 존경에 대한 욕구(Esteem Needs), ㉤ 자기실현의 욕구(Need for Self-Actualization)를 의미한다.[43)]

매슬로우에 의하면 다섯 가지의 인간욕구는 원칙적으로 계층을 이룬다고 하였다. 그리고 하위 욕구로부터 상위 욕구에 이어지는 욕구의 계층은 '우성의 원리'(Principle of Relative Potency)에 따라 형성된다고 보았다. 하위 욕구가 선행적으로 충족되고 나서 다음 단계인 상위 욕구를 추구하게 된다는 것이다. 이때 충족된 욕구는 약해지며 동기유발 요인으로서의 의미를 상실한다는 것이다. 물론, 이러한 순수논리는 인간생활의 실제에 비추어 상당히 수정될 필요가 있다. 욕구계층의 고정성에 대한 예외, 욕구충족의 상대성, 그리고 동기유발요인의 복합성 등과 관련하여 기본적인 욕구단계이론이 보완될

43) Maslow, Abraham H., "A Theory of Human Motivation," Jay M. Shafritz, J. Steven Ott (ed.)(1996), Classics of Organization Theory, N.Y: Wadsworth Publishing Company, pp. 163~175.

필요성은 있기 때문이다.[44)]

욕구단계이론의 관점에서 본다면 안전에 대한 욕구는 의식주와 같은 생리적 욕구 다음으로 인간이 추구하는 가장 본질적인 욕구라고 볼 수 있다. 국가의 유무 또는 국가의 안전성, 개인의 사회경제적 지위 고하를 막론하고 인간은 누구에게나 본능적인 안전욕구를 가지고 있음을 알 수 있다. 이 때문에 민간경비의 성장배경을 논의 할 때 자경주의는 가장 본질적인 요인 가운데 하나로 인식되고 있다.

2) 자경주의의 강화

민주주의가 발전하고 자유시장경제원리가 보편화됨에 따라 시민은 자신의 안전을 위한 개인적·집단적 노력이 점차 증대되고 있음은 부인할 수 없는 사실이다. 이와 같이 시민의 삶에 대한 안전의식의 증대와 더 나은 삶의 영위를 위해 특히 범죄와 관련하여 개개인의 자경주의를 강화시키고 있으며, 따라서 공공경찰의 역할에만 전적으로 의존하는 전통적인 사고방식에서 벗어나 민간경비에 대한 수요를 증가시키고 있다고 볼 수 있다.[45)]

삶에 대한 안전의식의 증대는 결과적으로 치안서비스에 대한 인식변화를 가져다준다. 따라서 경찰활동이 갖는 공공재적 성격 때문에 민간부문의 참여가 제한된다는 논리는 매우 단순하면서도 피상적인 접근이 되고 있다. 실질적으로 민간부문이 이러한 한계 내에서만 논의된다면 치안서비스의 민영화 및 공동생산에 대한 논의는 제기되지 않았을 것이며, 또한 민간경비가 공공경찰의 수준 이상으로 성장하기란 불가능하였을 것이다.

따라서 시민의 안전의식 증대 및 이의 구체화과정은 기존 경찰서비스에 대한 인식전환을 가져다주고 있다. 경찰서비스는 기본적으로 거시적 측면에서 지역사회(地域社會, Community) 중심의 안전 확보 등과 관련된 역할을 중심으로 하고, 사회구성원 개개인 차원이나 여타 집단과 기업과 같은 조직 등의 안전과 보호는 결국 해당 개인이나 조직이 직접적으로 또는 민간경비를 이용해서 이를 담당해야 한다는 인식을 가져다주게 된 것이다.

여기에서 예컨대, 시민이 경찰에 대한 불신과 인식이 나빠서 민간경비를 이용하게 되는지, 아니면 경찰에 대한 인식이 좋은 경우 경찰업무의 어려움을 이해하고 경찰의 업무를 덜어줄 의향으로 민간경비를 이용하게 되는지를 규명할 필요가 있다.

이와 관련하여 래덜렛(Radelet) 등은 시민들이 민간경비를 이용하는 이유가 그들 지역사회 내의 경찰에 대한 불만에서 비롯된 것은 아니라고 보고 있다. 이는 오늘날 우리

44) 오석홍(1996), 조직이론, 서울: 박영사, p. 299.
45) 최선우(2002), 앞의 책, pp. 88~90.

사회에 범죄문제가 심화됨에 따라 범죄에 대한 두려움이 증대되고 있으며, 한편으로는 경찰이 수행할 수 있는 물리적 한계를 시민 스스로 인식하고 있는 실용주의자적 경향에서 비롯된 것이라고 분석하고 있다.[46] 시민이 자율적으로 지역사회 내의 주민방범활동에 참여하게 되는 동기도 이와 같은 맥락에서 해석할 수 있다.

그러나 이와 같은 시민의 안전의식 증대와 더불어 민간경비에 대한 수요가 증가하기 위해서는 전반적인 국민소득의 증대 등이 함께 이루어져야 한다. 아이러니하게도 만약 범죄문제가 심각하게 인식되지 않는다면, 민간경비에 대한 시민들의 관심이나 직접적인 이용이 오늘날과 같이 커지지는 않을 것이다. 이유가 무엇이든 간에 결과적으로 시민의 자경주의 의식의 증대 및 소득수준의 증가는 시민으로 하여금 민간경비의 이용을 증대시키는 중요한 요인이라고 본다.

따라서 범죄문제 등에 대한 시민의식의 성장은 개인적·가정적, 기업적 차원에서 경비관련 각종 서비스 및 장치의 수요를 증대시켰으며, 전문적인 경비서비스를 제공하는 민간경비산업의 발전에 기여하게 된 것이다.

2. 기업의 안전과 민간경비의 성장

1) 기업의 노동자집단의 통제와 민간경비의 성장

(1) 역사적 관점

기업의 안전에 대한 의식 증대 역시 자경주의를 전제로 하고 있다. 다만 이에 대한 논의에 앞서 역사적 관점에서 국가의 근대화로 인한 산업화과정에서 민간경비가 어떠한 역할을 수행하며 성장하였는지를 볼 필요성이 있다.

이에 따르면 자본주의사회의 산업화과정에서 사용자는 기업의 이익보호를 위해 노동자계급의 통제 필요성을 인식하였고, 이러한 통제수단으로 민간경비를 활용하였다는 것이다. 민간경비는 국가경찰의 통제력이 미치지 못하는 곳에서 경찰을 대신해서 노동자계급을 통제한 것이다. 이러한 견해는 19세기 말과 20세기 초 미국에서의 산업자본주의의 등장에 초점을 맞추고 있다.[47]

당시 석탄, 철광 및 철강산업들은 국가통제가 잘 미치지 못하는 시골지역에서 발달하였다. 이민자 및 하층민으로 구성된 노동자들의 호전성은 당시 기업들을 위협하였는데, 그 결과 기업들은 민간경비를 중심으로 하는 사적 치안활동에 의존하게 되었다. 또한

---

46) Radelet, Louis A. & Carter, David L.(1994), The Police and The Community, N.Y.: Macmillan College Publishing Company, pp. 451~452.

47) 김성언(2004), 앞의 논문, p. 16.

산업지역들의 상당수는 '회사의존도시'(Company Town)를 구성하였다. 이러한 기업들에 의해 고용된 민간경비원들은 단순히 평화유지의 업무를 넘어서서 노동자들을 고분고분하게 하는 일에도 적극적으로 가담하였다. 당시 기업들은 자체적으로 경비조직을 갖추기도 했지만, 노동자들의 뒷조사나 노사분쟁의 해결을 위해 계약경비회사들을 이용하기도 하였다.

예컨대, 핑커톤(Pinkerton)과 같은 계약경비회사들은 일반적인 재산보호서비스 외에 노동자 염탐, 노동쟁의로부터 회사보호, 파업참여자들을 설득하여 업무로 복귀시키는 일 등 다양한 노동쟁의 분쇄 및 통제활동을 수행하였다. 파업기간 중에 민간경비에 의해 이루어지는 사적인 경찰활동은 회사와 노동자 사이에 심각한 반목을 낳기도 하였다. 그리고 파업에 가담한 노동자들의 인권이 침해되는 일도 빈번하게 발생하였다.[48)]

그런데 이러한 문제가 오늘날까지도 완전히 사라진 것은 아니다. 미국의 경우, 많은 우여곡절 끝에 이러한 문제가 상당히 해소되었지만, 우리나라는 여전히 적지 않은 노동쟁의 과정에 민간경비가 투입되어 불법적인 폭력을 저지르는 경우가 발생하고 있다.[49)] 물론 우리나라의 경우, 19세기 말과 20세기 초의 미국현실과 동일한 것은 아니다. 오늘날 노동쟁의는 특히, 비정규직 노동자들과 관련되며, 여기에서 민간경비와의 갈등이 표출되고 있다.

이와 관련하여 배귤리(Bagguley) 등은 오늘날 경제현상의 변화와 관련하여 여러 조사를 통해 노동시장의 현상을 확인하였는데, 노동쟁의과정에서 발생하는 폭력문제는 특히 노동의 '유연성화'(Flexibilitation), '하청계약화'(Subcontracting) 등과 관련이 있다고 본다.[50)] 노동의 유연성화는 바로 '이중 노동시장'의 발달을 의미하며, 하청계약화는 '서비스생산이 저렴한 생산자에 이전되는 것'을 의미한다.

사실, 배귤리가 말하는 노동의 유연성은 높은 보수를 받는 '핵심적 업무'와 낮은 보상을 받는 '그다지 중요하지 않은 업무' 간에 구별이 이루어지고 있다는데 초점을 두고 있다. 그런데 문제는 우리나라의 노동현실은 동일한 업무를 수행하는 노동자들에 대해서도 이른바 '정규직'과 '비정규직' 그리고 비정규직 가운데 '특수고용직'과 같은 불안정하

---

48) Button, Mark(2002), Private Policing, London: Willan Publishing, p. 28.

49) 이에 대한 자세한 논의는 최선우 · 김양현(2007), "노동쟁의과정에서 민간경비의 폭력에 관한 사례연구," 한국공안행정학회보 제26호 참조.; 후술하겠지만 지난 2013년 6월 경비업법(이른바 '컨택터스법')이 개정되어 민간경비의 노동쟁의 등 집단민원현장에 불법적 · 폭력적 개입을 규제하고자 한 것은 우리나라 민간경비의 현실을 반영한 것이다.

50) 이러한 현상들은 ① 노동의 유연성화, ② 서비스기능의 구체화, ③ 자체공급화, ④ 하청계약화, ⑤ 집약화, ⑥ 분권화, 마지막으로 ⑦ 집권화 등으로 요약된다. 이에 대한 자세한 내용은 최선우(2002), 앞의 책, pp. 74~75 참조.

고 기형적인 노동구조가 형성되고 있다는 점이다.

또한 하청계약에 있어서도 그 근본적 취지(하청계약의 장점)와는 달리 상대적으로 열악한 위치에 놓인 하청기업의 상황을 약점으로 삼아 사용자 측이 악용하는 면(불평등계약, 납품금액 확정 방법상의 불이익, 대금지급의 지연, 대기업에 의한 일방적인 발주취소 및 부당한 반품 등)이 없지 않다. 한편, 정규직이라 할지라도 구조조정이라는 미명하에 그 신분이 불안정한 상태에 놓이고 있다.

물론, 사용자의 입장에서는 노동자들의 권리보호보다는 비정규직을 정규직으로 전환시켰을 때 추가되는 비용부담문제 등에 관심을 갖는 것이 현실이다. 그러나 경제구조의 변화를 빌미로 일방적으로 노동자들의 근무조건을 열악한 상황에 이르게 하는 것은 문제가 있다고 본다. 이는 어떻게 보면 최근 경제패러다임으로 등장한 신자유주의(新自由主義)의 딜레마라 할 수 있을 것이다. 그러나 이유가 무엇이든 간에 결과적으로 사용자(회사)의 이익보호를 위해 민간경비가 적극적으로 투입되어 왔다는 사실은 부인할 수 없다고 본다.

(2) 민간경비의 노동쟁의 개입 원인

그렇다면, 민간경비가 노동쟁의 과정에 개입하여 물리력을 행사하는 이유는 무엇인가? 한 마디로 말하면 그것은 '돈'이 되는 사업이기 때문이다.

이와 관련하여 예컨대, K노동조합 ○○○사무국장은 "2005년 초 노동쟁의 이후 투입된 민간경비원 120명을 지금까지(2006. 5) 공장에 상주시키고 노조 사무실 주위에 보초근무를 서고 있다. 이들의 하루 일당만 해도 수십만원이라는 얘기가 있는데, 1년이 넘었으니 회사가 용역에 지출한 비용만 해도 수십억 원에 육박할 것이다"라고 하였다. 예컨대, 시설보호 및 신변보호 등의 목적으로 집단민원현장(集團民願現場)인 노사분규 사업장에 투입되는 민간경비원들에게는 사용자들이 일당 20만~30만원씩 준다고 하며,[51] 노조파괴에 성공하면 성과급이 지급되기도 한다. 군산·인천에 공장을 둔 자동차 부품업체 M사는 노조를 상대로 낸 손해배상청구소송 소장에 피해액 20억원 중 7억원을 '용역경비 비용'으로 명시해 청구하기도 하였다.[52]

51) 현행 경비업법상의 집단민원현장이란 다음의 장소를 말한다. ① 노동조합 및 노동관계조정법에 따라 노동관계 당사자가 노동쟁의 조정신청을 한 사업장 또는 쟁의행위가 발생한 사업장, ② 도시 및 주거환경정비법에 따른 정비사업과 관련하여 이해대립이 있어 다툼이 있는 장소, ③ 특정 시설물의 설치와 관련하여 민원이 있는 장소, ④ 주주총회와 관련하여 이해대립이 있어 다툼이 있는 장소, ⑤ 건물·토지 등 부동산 및 동산에 대한 소유권·운영권·관리권·점유권 등 법적 권리에 대한 이해대립이 있어 다툼이 있는 장소, ⑥ 100명 이상의 사람이 모이는 국제·문화·예술·체육 행사장, ⑦ 행정대집행법에 따라 대집행을 하는 장소(제2조 제5호).

사례: 민간경비와 노사분쟁

2009년 '◯◯자동차 사태'당시 경비용역을 맡았던 두 곳의 경비업체가 4~5개월 동안 각각 62억원, 21억원의 매출을 기록한 것으로 나타났다. 경향신문이 15일 ◯◯자동차가 2009년 법원에 제출한 '용역업체 대금지급 허가 신청서' 등 관련 서류를 입수 · 분석한 결과 이 같은 사실이 확인되었다.

이 가운데 경비업체인 A사는 2009년 4~8월에 ◯◯자동차 용역경비를 맡으면서 62억원의 매출을 올렸다. 자본금 1억원인 이 업체는 당시 ◯◯자동차 한 곳에서만 매달 약 12억원씩 벌어들여 5개월 만에 자산의 62배에 이르는 매출을 기록하였다. 그리고 파업 사태가 정점에 이르렀을 때인 2009년 6월에는 한 달간 28억 2150만원을 벌어들인 것으로 나타났다. A사는 2009년 8월 ◯◯자동차 파업사태가 끝나자 자진폐업 하였다. 농성 중인 노조원들을 강제 진압하는 과정에서 폭력을 행사하는 등 경비업법을 위반한 사실이 적발돼 허가가 취소됐기 때문이다.

A사에 이어 ◯◯자동차 용역경비를 맡은 B사도 승승장구하며 성장했다. B사는 2009년 9월 A사가 폐업을 하자마자 ◯◯자동차 용역경비를 맡았다. B사는 파업은 끝났지만 노사분쟁이 지속됐던 2009년 9~12월 4개월간 21억원을 벌어들였다. 현재까지 4년째 경비를 맡고 있는 이 업체는 지난 6월 말까지 모두 102억원의 매출을 올린 것으로 나타났다. B사도 회사 설립 자본금이 1억원의 영세업체였지만 ◯◯자동차 한 곳에서만 자본금의 102배에 이르는 매출 실적을 올린 것이다. 경비업계 관계자들은 전국 주요 파업 현장에 개입한 노사분쟁 전문 경비업체들이 모두 ◯◯자동차 용역회사와 유사한 조건으로 막대한 수익을 올리며 용역경비를 하고 있다고 밝혔다.

수도권 지역의 한 경비업체 대표는 이날"노사분쟁 전문 경비업체에 ◯◯자동차와 같은 일감은 '로또 중 로또'로 불린다"며"최근 파업 현장에 나서는 경비업체의 매출 규모는 일감을 맡는 기간이 얼마나 되는지에 따라 달라질 뿐 단가 면에서 보면 3년 전 ◯◯자동차 사태 때보다 많으면 많았지 적지는 않을 것"이라고 말했다. 그는 "최근 문제가 된 안산 S◯◯을 비롯해 전국 각지에서 벌어지는 '용역 폭력'은 ◯◯자동차 경비용역을 맡았던 A사처럼 한탕 크게 하고 빠진 뒤 문제가 되면 자진폐업하면 그만이라는 인식 때문에 끊이지 않는 것"이라고 진단하였다.[53)]

사실, 우리나라 민간경비수요는 민간경비산업이 성장한 것에 비해 그렇게 많은 것이 아니다. 그럼에도 불구하고 영세한 민간경비업체는 우후죽순처럼 생겨나고 있는 것이 현실이다. 그러다 보니 각종 민간경비업체는 조직의 생존을 위해서 돈이 되는 사업은 물불을 가리지 않고 뛰어드는 것이 현실이다. 공교롭게도 최근 경제구조의 변화에 따라 자본가집단(사용자 측)의 조직구조개혁이 이루어지고 있고, 이에 따라 노동자 측과 상당한 대립현상을 보이고 있는 시점에서 민간경비는 새로운 활로를 찾은 듯하다.

민간경비업체의 영업수익사업(기계경비 및 특수경비 제외)을 살펴보면, ㉠ 공연(이벤트), 콘서트, 스포츠 행사 등을 주 사업으로 하는 업체, ㉡ 인권(노조), 주주총회 등 위험 및 사고발생 가능성이 큰 사업을 하는 업체, ㉢ 보안 및 인력파견(아웃소싱)과 '㉠ 과 ㉡

52) 한겨레21(2006. 05. 16).
53) 경향신문(2012. 08. 16).

사업'을 50% 비중을 두고 사업을 하는 업체 등으로 크게 분류할 수 있다. 그리고 주목할 것은 노동쟁의현장 등 이른바 '집단민원현장'(集團民願現場) 투입인원이 다른 행사에 비해서 가장 낮지만 연간매출액에서는 상당한 비율을 차지한다는 점이다.[54] 실제로 면담과정에서 경비업체 관련자의 말에 의하면, 노동쟁의과정의 투입이 주요 수입원이라고 밝힌 바 있다.[55]

(3) 민간경비의 노동쟁의 개입의 역학구조

이상과 같은 논의를 바탕으로 노동쟁의과정에서 민간경비에 의해 폭력이 발생하게 되는 구조를 설정할 수 있을 것이다. 아래 그림에서 보는 바와 같이 노사 간의 갈등이 발생하고 사용자 측과 노동자 측 간에 어떠한 대화와 타협이 결렬되면, 그 다음 수순으로 사용자 측에서는 외부 민간경비업체와의 계약을 통해 민간경비원들을 동원하고, 아울러 회사 내의 일부 직원들을 중심으로 이른바 '구사대'(救社隊)를 결성하게 한다. 그리고 이들로 하여금 노동자들을 대상으로 불법적인 물리력을 행사하도록 하고 있음을 알 수 있다.

여기에서 민간경비에 대한 관리감독 책임을 가지고 있는 경찰은 사용자 측과는 구체적이지는 않지만 일정한 정치적 타협관계를 발견할 수 있으며, 민간경비의 행태에 대해서도 소극적으로 묵인해주는 느슨한 연계현상을 발견할 수 있다.[56]

민간경비의 노동쟁의 개입 역학구조

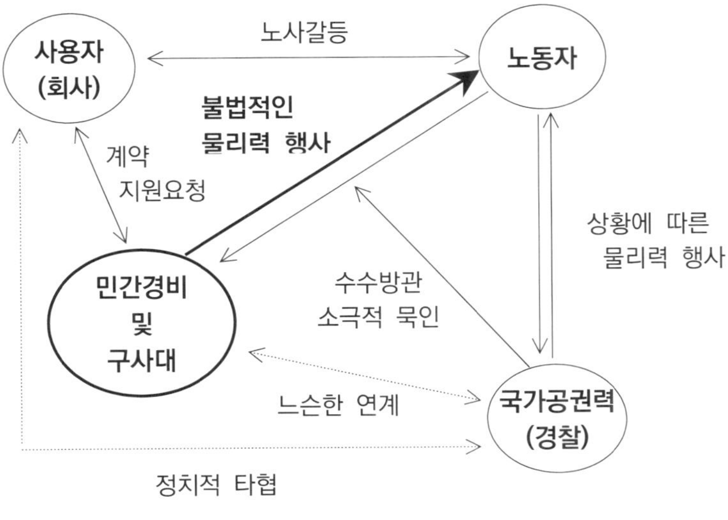

54) 김평식(2005), "민간경호경비사업실태와 범죄예방 전략에 관한 연구," 광운대학교 석사학위논문, pp. 51~52.
55) 최선우 · 김양현(2007), 앞의 논문, pp. 131~132.
56) 위의 논문, pp. 132~133.

또한 경우에 따라서는 경찰이 노동자들에 대해 강제적 물리력을 행사하는 경우도 있다. 사기업의 경우에는 민간경비가, 공기업의 경우에는 경찰이 개입하는 형태를 보여주고 있다.[57] 물론, 노동자 역시 경찰에 대해 격렬한 물리력을 행사하면서 상호간에 적지 않은 피해를 입기도 한다.[58]

이러한 문제로 인해 지난 2013년 5월 이른바 '컨택터스 법(CONTACTUS Law)'이라 불리는 경비업법의 일대 개정이 이루어졌음은 주지의 사실이다(이에 대해서는 제5장 민간경비의 규제에서 살펴보기로 한다).

2) 자본주의 위기에 따른 기업의 안전의식 증대

이상과 같은 기업의 민간경비 이용 역시(자신들의 이익 보호라는 명분하에) 일종의 자경주의에 기초를 두고 있다고 볼 수 있다. 다만, 이러한 상황은 민간경비의 성장이 자본주의의 위기 또는 자본주의의 폐단과 필연적으로 관련되어 있다는 점이다(또 그 이면에는 국가 공권력 스스로 한계를 인정하였다는 점이다).[59]

전통적인 사회에서는 동질적인 봉건주의적 공동체의식에 의해 비공식적이고 자발적인 사회통제가 어느 정도 가능하였다고 볼 수 있다. 그러다가 자본주의의 성장 특히, 산업화 이후 노동자계급의 발달로 공공질서의 유지는 하나의 중요한 당면과제가 되었다. 위에서 살펴본 바와 같이 산업화 이후 노동자계급의 출현은 자본가 입장에서는 심각한 위협의 대상이었음을 알 수 있다. 그러나 결과적으로 이러한 무질서와 범죄에 대한 대응은 국가가 중심적으로 관리하는 형태로 합리화되고 변화되었다고 볼 수 있다.

그런데, 20세기 후반 자본주의는 공적으로 제공되는 경찰과 같은 사회통제시스템만으로는 더 이상 안전하지 않다는 것을 인식하게 되었다. 이는 자본주의 이익보호의 일차적 관심이 노동자 통제에 있었던 산업자본주의 하에서보다 훨씬 복잡한 문제를 내포하고 있다. 거대한 다국적기업들의 발달과 급속하게 진행하는 기술적 발전 속에 내재하는 잠재적 위험성의 증대, 그리고 노동조합(勞動組合)의 성장 등은 기업이윤의 보호를 더욱 어렵게 한 것이다. 이러한 기업의 위해요인에 대한 대응책으로서 공적인 치안활동보다는 사적인 민간경비에 의한 활동이 더욱 효율적이라는 사실을 깨닫게 되었다는 점이다.

따라서 현대 기업자본주의 단계에서 민간경비는 대규모 노동인력을 보유하고 있는 거대기업의 안전과 관련된 중요한 문제들을 수행하게 된다는 것이다. 이러한 문제들은 단순히 노사분쟁뿐만 아니라 기업 내의 사기, 기업기밀의 절도(산업스파이), 경쟁회사의 공장이나 설비 등의 파괴, 기업임원에 대한 조사도 포함된다. 이러한 기능 가운데 상당

57) 레이버투데이(2006. 04. 03).
58) 중앙일보(2006. 10. 21).
59) 김성언(2004), 앞의 논문, pp. 17~18.

부분은 공공부문이 할 수도 없고 하려고 하지도 않는 일이다.

요약컨대, 민간경비는 이러한 자본주의 기업환경의 변화에 부응하기 위해 등장한 역사적 산물이라는 것이다. 따라서 자본주의가 발전함에 따라 민간경비는 노동운동의 '압제자'(壓制者)의 지위에서 기업질서의 '강화자'(强化者)의 지위로 그 성격이 변화되었다고 보는 것이다.[60)]

3. 거대 상업 · 주거시설의 등장과 민간경비의 성장

우리나라 민간경비산업은 우리사회의 근대화과정 및 그 결과들과 밀접한 관련을 맺으면서 발전해 왔다. 산업화 · 도시화로 인한 민간경비의 수요를 창출하는 새로운 공간과 시설의 형성은 그 이면에 범죄 문제를 야기하였고, 결과적으로 민간경비의 성장을 가져다주는 계기가 된 것이다.[61)]

1) 거대 상업시설의 등장과 민간경비의 성장

경제발전이 본격화된 1960년대 이후로 많은 사람이 이용하는 상업시설은 점점 늘어났다. 백화점, 호텔, 병원, 금융기관, 레저 · 스포츠시설, 놀이공원 등은 숫자뿐만 아니라 규모 면에서도 확대되었다. 이는 대형 상업시설뿐만 아니라 개인이 운영하는 도 · 소매업이나 음식 · 숙박시설, 24시간 편의점 등도 비슷한 성장유형으로 발전하였다.

이와 관련하여 쉬어링(Shearing)과 스텐닝(Stenning)은 20세기 후반 현대사회의 주요 특징으로서 기존 자본주의 관계를 변화시키는 '거대 민간소유재산'(Mass Private Property)의 출현을 지적하고 있다.[62)] 이들에 의하면, 공공경찰의 기원은 개인의 재산권 보호와 관련되어 있으며, 민간경비의 출현은 '지리학적으로 광범위하게 연결된 거대 민간소유재산'의 등장에 따른 결과로서 나타난 것이라고 하였다. 공공경찰의 경찰활동만으로는 크게 확대된 민간소유의 재산을 보호하기 위해서는 한계가 있기 때문이다.

따라서 이러한 거대 상업시설의 증가는 민간경비의 성장과 밀접한 관련이 있음을 알 수 있다. 미국에서 가장 치안이 잘 되어 있는 곳 중의 하나가 바로 카지노이다. 카지노 시설 내부에는 각종 감시카메라가 설치되었고, 테이블마다 경비원들이 배치되어 관련 업무를 수행하고 있다.

그런데, 이러한 카지노 및 쇼핑센터와 같은 거대 민간소유재산의 전형적인 형태에서의 경찰활동은 근본적으로 애매모호한 사회적 관계를 형성하고 있다. 일반적으로 개인

60) Button, Mark(2002), Private Policing, London: Willan Publishing, p. 29.
61) 김성언(2004), 앞의 논문, pp. 287~288.; 이창무(2003), 앞의 논문, pp. 231~232.
62) Shearing, C. D. & Stenning, P. C., op. cit., p. 229.; 최선우(2002), 앞의 책, p. 91.

영역은 사생활보호 차원에서 공공의 접근이 가능한 한 제한되고 있지만 쇼핑센터의 경우 민간 소유재산임에도 불구하고 공공경찰의 접근을 특별히 제한하지 않는다는 점이다(물론, 경찰은 범죄 등 특별한 사건이 발생하지 않는 한 이러한 쇼핑센터에 일상적으로 접근하지는 않는다). 쇼핑센터는 항상 수많은 고객이 이를 이용하도록 함으로써 영리를 추구하기 때문에 이에 대한 접근을 근본적으로 제한할 수는 없는 것이다.

다만, 매장의 질서유지, 범죄예방 등 치안서비스를 수행하기 위하여 민간경비를 자체적 또는 계약을 통하여 고용하고 있다. 여기에서 민간경비는 소비자(시민)의 소비욕구를 최대로 활용하기 위해 공공접근을 극대화하는 동시에, 들치기, 걸인, 부랑자, 음주자, 불량청소년 등 상업적 활동을 침해하는 사람들의 불법적 행위를 통제하는 역할을 하고 있다.

이처럼 거대 상업시설의 경영자들은 시설의 접근성·편리성을 극대화하면서 동시에 이에 관한 보안·안전에 대한 책임 역시 비례적으로 증가한다고 볼 수 있다. 왜냐하면, 과거와 같이 공적 영역과 사적 영역의 구분방식으로는 더 이상 설명하기 힘든 준(準)공적 공간 또는 혼성적 공간을 규제하기 위한 법률은 발달하지 않았고, 대신 그러한 공간들은 여전히 사인(私人)간의 관계를 규정하는 사법(私法)의 적용을 받는 경우이기 때문이다. 결과적으로 민간경비는 이와 같은 공중의 접근이 허용되는 사적인 시설물들의 증가할수록 확대된다고 볼 수 있다.[63]

2) 거대 주거시설의 등장과 민간경비의 성장

한편, 주거문화의 변화 역시 민간경비의 성장에 적지 않은 기여를 하였다고 볼 수 있다. 이러한 변화는 초고층 주상복합 아파트(이른바 '타워팰리스')의 등장과 더불어 본격화되었다(서울 도곡동 지역에 위치한 타워팰리스는 1994년에서부터 진행된 프로젝트의 산물이다).

타워팰리스(Tower Palace)는 주변과의 관계성을 구축하기보다는 철저하게 독립적으로 자체적인 규모와 기능의 극대화에 초점을 두고 있다. 예컨대, 타워팰리스 단지와 도시 가로는 일정한 정도의 단절을 보이며, 보행인과 외부인의 접근이 차단되어 있다. 아무나 타워팰리스 단지에 진입할 수 없게 된 것이다. 이는 중세 유럽의 '성'(城)을 연상케 한다.[64] 그리고 치안활동 분야만을 놓고 볼 때 타워팰리스에서는 건물 내의 방범과 질

63) 김성언(2004), 앞의 논문, p. 25.

64) 사회가 산업화·도시화 되어감에 따라 공동체의식은 점차 약화되고, 범죄에 대한 두려움은 증가하고 있다. 도시계획자와 주택개발업자들은 이러한 경향을 역전시키기 위해 주민들이 서로 밀접하게 결합되고, 안전하게 생활할 수 있는 주거 공동체를 조성하기 위한 전략을 모색해 왔다. 이러한 전략 가운데 가장 대표적인 것이 '출입이 통제되고 보안이 강화되는 주거단지'의 건설이다. '게이티드 커뮤니티'(Gated Community)불리는 주거단지가 바로 그것이다. 이를 '보안 지향형 주거단지' 또는 '폐쇄적 공동체' 등의 이름으로 부르고 있는데, 이는 울타리, 벽, 경비실, 순찰, 전체적 출입통제시스템 등 여러 가지 물리적 방벽을 통해 위부인의 접근이 제한되는 주거지역을 말한다. 타워팰리스(Tower Palace) 역시 이러한 경향의 결과물이라 할 수 있다. 이는 구성원들 간의 동

서유지, 위험관리 등의 중요한 기능이 공공경찰이 아닌 자체적 혹은 계약에 의한 민간경비에 의해 수행된다는 점이다.

타워팰리스가 민간경비와 관련해서 흥미를 끄는 이유는 건물과 단지를 총체적으로 연결하는 복합안전망 체계를 구축하고 있다는 점이다. 타워팰리스는 현대사회에서 나타날 수 있는 화재, 지진, 강풍, 범죄 등의 다양한 '복합위험성'(Complex Risk)을 종합적으로 관리할 수 있는 시스템을 구축하고 있다. 구체적으로 타워팰리스의 보안시스템을 보면, 종합경비(Total Security)서비스에 의한 세대 내 보안시스템(터치메뉴 방식)을 가동하고 있다.

예컨대, 디지털 도어록의 지문인식, 비밀번호 입력에 의한 출입관리시스템으로 출입을 통제한다. 타워팰리스 현관에는 입주민들의 지문정보를 입력해 놓은 지문 인식기가 있다. 지문인식기를 통하지 않고 현관에 들어서려면 열쇠와 암호를 같이 사용해야 한다. 이러한 방식으로 외부인의 출입은 철저히 차단된다. 외출 버튼을 누르고 나가면 가스밸브가 자동으로 닫히고, 에어컨과 조명 등 가전기도 작동을 멈춘다. 24시간 방범시스템이 구축되어 있어 누군가가 침입하면 집안사람의 휴대전화와 경비업체, 경찰에 실시간으로 연락이 가도록 설계되어 있다. 원격검침이 가능하기 때문에 검침원들이 직접 찾아올 필요도 없다. 거실뿐만 아니라 침실은 물론 화장실에도 확장형 비디오폰이 설치되어 있어 화장실에 있을 때에도 비디오폰을 통해 찾아온 방문자를 확인할 수 있고, 현관문을 열어 줄 수 있다. 위급 상황에서는 버튼을 눌러 경보를 울릴 수 있다.[65)]

이러한 타워팰리스는 최첨단 전자정보통신기술과 보안기술이 접목된 미래형 주거공간, 주거공동체의 모습을 보여준다고 할 수 있다. 이 공간에서의 방범활동과 위험관리는 공동체 구성원들의 계약적 동의와 참여를 통해서 이루어진다. 민간경비산업은 이제 주거시설에까지 깊숙하게 침투하게 되었고, 따라서 이러한 현상은 향후 민간경비의 성장과 밀접한 관련을 가지고 있다고 볼 수 있다.

이상과 같은 논의 속에서 오늘날 민간경비가 사회의 수많은 영역에서 활동하고 있음은 주지의 사실이며, 선진국으로 갈수록 그 역할은 더욱 확대되고 있다. 또한 미국과 같은 선진국의 경우 민간경비는 그 규모 면에서 공공경찰의 그것을 능가하고 있는 실정이며, 우리나라의 경우에도 이러한 추세에 함께 하고 있다. 민간경비가 크게 발전하고 있다는 것은 바꿔 말하면 치안서비스 생산에 있어서 점차 많은 비중을 차지하고 있다는 것을 의미하는 것이다.

질성, 사회적 지위, 그리고 특히, 안전보장을 추구하는 중간계급의 거주지에 대한 선호를 반영한 것이라 할 수 있다. 그러나 이러한 주거공동체의 건설이 공동체 의식과 유대감을 창출하고 범죄의 발생 및 두려움을 감소시키는데 성공했는지는 아직 정확히 알려져 있지 않다. 이에 대한 자세한 내용은 남영우(2006), "폐쇄적 공동체의 성립과 발달," 한국도시지리학회지, 9(1), pp. 81~90.; 김성언(2011), "범죄의 두려움과 주거 단지의 요새화," 형사정책연구, 22(4), pp. 316~346.; 정헌목(2012), "게이티드 커뮤니티의 공간적 특성과 사회문화적 함의," 서울도시연구, 13(1), pp. 37~56 참조.

65) 이에 대한 보다 자세한 내용은 김성언(2004), 앞의 논문, pp. 241~246 참조.

제4장 민간경비의 공공성과 경찰과의 관계

제1절 기본논의

민간경비와 공경비(경찰)의 관계가 중요하게 논의되고 있는 이유는 범죄예방과 같은 민간경비의 제반 활동이 공경비인 경찰과 상당 부분 유사하기 때문이다. 그러면서도 민간경비가 하나의 산업으로서 지속적이면서도 빠른 성장을 하고 있으며, 공경비인 경찰의 규모와 비교했을 때 이와 대등하게 혹은 그 이상으로 그 규모가 확대되고 있기 때문이다.

그런데, 치안서비스는 본질적으로 사적(私的)인 차원에서 다루어질 문제가 아니라 다분히 공적(公的)인 차원에서 다루어질 필요가 있다. 치안서비스는 개인의 자유와 권리의 보호 및 공공의 안전과 질서유지 등과 밀접하게 관련성을 맺고 있기 때문에, 그것이 사적 차원에서 이루어지게 되면, 인권침해 등 그 폐단이 문제시될 소지가 높다는 점이다.

따라서 이 장에서는 먼저 공공서비스로서 치안서비스가 어떠한 성격 또는 특성을 가지고 있는지를 살펴보고자 한다. 민간경비가 제공하는 각종 서비스가 하나의 치안서비스로서의 성격을 가지고 있다면, 그와 관련된 개념과 제반 특성을 이해하는 것은 중요한 의미가 있다고 본다. 이것은 오늘날 자유민주국가에서 민간경비가 활성화될 수 있는 하나의 근거가 될 수 있으며, 한편으로는 민간경비의 활동 영역상의 한계를 설정해 주는 의미도 갖기 때문이다.

다음으로 민간경비와 공경비인 경찰과 관련하여 어떠한 역할관계를 가지고 있는지를 살펴보고자 한다. 치안서비스로서 민간경비와 공경비는 '방어공간'(防禦空間, Defensible Space)의 관점에서 일정한 활동 영역을 가지고 있다고 보며, 따라서 그러한 활동 영역에서 일정한 역할을 어떻게 담당하고 있는지를 검토하는 것은 의미가 있다고 본다. 끝으로 민간경비와 경찰의 관계구조를 살펴보고자 한다. 이러한 민간경비와 공경비 상호간의 관계구조는 수직적 관계, 경쟁적 관계, 협력적 관계 등으로 접근할 수 있을 것이다.

제2절 민간경비의 공공성

1. 치안서비스의 의의

1) 공공서비스로서 치안서비스의 개념

일반적으로 정부는 일정한 정치권력과 권한을 가지고 국민생활을 보호 · 규제 · 봉사하며, 동시에 보다 바람직한 방향으로 사회변화를 촉진하는 기능을 하고 있다. 나아가 이러한 변화과정에서 발생하는 제반 사회문제들을 해결함으로써, 국민의 삶의 질을 향상하는 기능을 수행하고 있다. '공공서비스'(Public Service)라는 것은 이러한 기능과 관련한 정부의 제반활동을 의미하는 것이다.[1]

공공서비스는 인간의 문제를 해결하고 바람직한 환경을 만들려는 목적으로 한 사회 내에서 편익을 배분하는 정부의 활동으로 정의된다. 이러한 공공서비스는 중앙정부나 지방자치단체 같은 공공기관에서 생산 · 공급하는 재화와 서비스를 의미한다고 볼 수 있는데, 정부가 제공하는 공공서비스는 국방, 소방, 교육, 보건, 경찰 등 우리의 일상생활과 관련하여 수많은 종류가 있다.[2]

요약컨대, 공공서비스란 일반적으로 기능적 의미에서는 국가(중앙정부 및 지방정부)가 하여야 할 사업의 총체 또는 공익을 만족시킬 목적으로 공공단체에 의하여 수행되는 활동으로 정의할 수 있으며, 조직적 의미로는 그러한 사업을 담당하는 기구 또는 기관(인적 · 물적 수단의 총합)을 의미한다고 볼 수 있다.

그런데, 국가행정에 있어서 공공서비스의 개념이 등장했던 초기에는 공공서비스의 운영은 주로 국가행정청이 직접 수행하거나 영조물법인(營造物法人: 한국방송공사, 과학기술원 등)에 의해 이루어졌으나 오늘날에는 사인(私人)이 공공서비스에 참여 및 이를 제공하는 범위가 확대되고 있음에 주목할 필요가 있다.[3] 물론, 사인에 의한 공공서비스의 제공은 해당 공공서비스가 어떠한 성격을 가지고 있느냐가 중요하다. 한편, 사인에 의한 공공서비스의 제공은 현행 법 · 제도에서 위탁(委託), 지정(指定), 특허(特許) 등의 다

---

1) 일반적으로 재화와 서비스를 제공하는 주체에 따라 공공부분(Public Sector)과 민간부문(Private Sector)으로 나눈다. 그리고 그 형태에 따라 유형의 재화(Goods)와 무형의 서비스(Services)로 구분된다. 예컨대, 방범장치(CCTV, 경보장치 등)는 재화에 해당하고, 순찰활동은 서비스에 해당한다. 여기에서는 이를 구분하지 않고 혼용하여 사용하기로 한다.

2) 최선우(2002), 치안서비스 공동생산론, 서울: 대왕사, p. 20.

3) 홍성필(2002), "사인에 의한 경찰작용에 관한 연구," 성균관대학교 박사학위논문, p. 99.

양한 형태로 이루어지고 있다(이에 대해서는 제5장에서 살펴보기로 한다).

여기에서 논의하고자 하는 치안서비스도 공공서비스 가운데 하나에 해당한다. 치안서비스는 범죄와 무질서, 그리고 각종 재해 등의 위험으로부터 시민의 인적·물적 재산을 보호하는 공공서비스 가운데 가장 기본적인 것이라 할 수 있다. 이러한 이유로 치안서비스 역시 '사회간접자본'(SOC: Social Overhead Capital)의 특성을 아울러 가지고 있다고 볼 수 있다. 본래 사회간접자본은 민간기업의 제반활동에 필수불가결하게 요구되는 서비스를 말한다.[4] 거시적 관점에서 볼 때, 범죄와 무질서, 재해 등의 위협은 국가경제에 적지 않은 악영향을 미친다고 볼 수 있다. 바꿔 말하면, 이러한 위협요인이 제거 또는 최소화되었을 때 국가경제가 발전할 수 있을 것이다.

2) 치안서비스의 제공 주체

치안서비스는 공공서비스의 일부로서 국민보호와 질서유지에 관련된 수많은 재화와 서비스를 의미하는 것으로 오늘날 국방서비스에서 형사사법서비스, 경찰서비스, 그리고 민간차원(민간경비 및 시민의 자경활동 등)에 이르기까지 다양한 형태로 이루어지고 있다.[5]

치안서비스 가운데 국방서비스는 본질적으로 중앙정부에서 제공·관리하는 형태를 띤다. 국방서비스는 대외적으로 국가안보와 관련된 것이며, 따라서 국가체제의 형태를 떠나서 국가(중앙정부)에서 담당하는 것이 바람직하기 때문이다. 그러나 국방서비스 외에 다른 치안서비스는 국가에 따라 차이가 있다고 본다. 지방분권적인 영미법계(英美法系) 전통을 계수한 국가에서는 기본적으로 지방자치단체에서 이러한 서비스를 제공하고, 중앙집권적인 대륙법계(大陸法系) 전통을 계수한 국가에서는 국방서비스와 마찬가지로 기본적으로 중앙정부에서 이를 담당하고 있다고 볼 수 있다. 민간차원에서 이루어지는 치안서비스의 활동영역 역시 국가에 따라 차이가 있음은 물론이다. 중앙집권적인 국가에서는 지방분권적인 국가에 비하여 사적(私的)인 치안활동의 영역이 제한적이라고 본다.

치안서비스로서 국방서비스, 형사사법서비스, 경찰서비스, 그리고 민간부문(민간경비 및 시민의 자경활동) 등 각 주체가 담당하는 치안서비스 영역은 아래 그림과 같이 나타낼 수 있을 것이다. 이러한 치안서비스 영역 구분은 '기능적 관점' 뿐만 아니라 특히,

4) SOC개념화를 처음 체계화한 허쉬만(A.O. Hirschman)은 수송, 통신, 전력 등을 협의의 SOC라 하였고, 이에 추가하여 교육, 의료, 보건, 후생, 국방, 법질서 및 치안유지 등 일상생활에 필요한 모든 공공시설을 포함하여 이를 광의의 SOC라고 보았다. 이상안(2005), 경찰행정학, 서울: 대명출판사, pp. 67~71.
5) 최선우(2002), 앞의 책, pp. 25~30.

'지리적 관점'과도 밀접한 관련성이 있다고 할 수 있다.

이 그림에서 보는 바와 같이 공공부문에서 생산하는 치안서비스의 지리적 영역이 일정하지 않고 서비스주체에 따라 차이가 있다는 점을 인식할 필요가 있다. 특히, 후술하겠지만 치안서비스 지리적 영역이 작아질수록 그만큼 순수공공재성 정도가 약해진다고 볼 수 있으며, 이는 민간부문(민간경비 등)의 참여가 가능하게 되는 정도와 관련된다고 볼 수 있다.

치안서비스의 영역과 주체

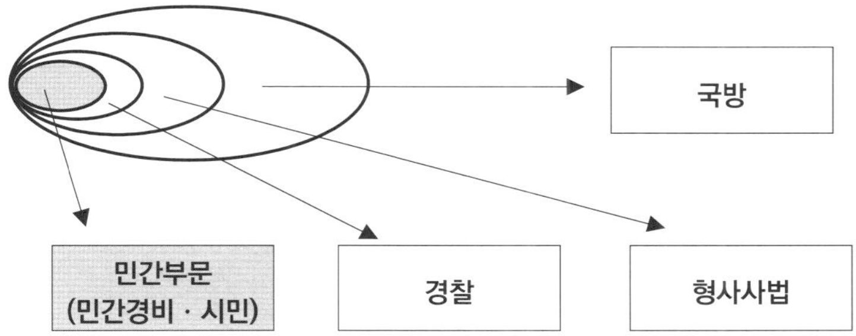

(1) 국방 및 형사사법기관

국방서비스는 국가방위(國家防衛)를 기본목표로 한다는 점에서 가장 거시적인 서비스를 제공한다고 볼 수 있다. 한편, 형사사법서비스는 범죄통제에 있어서 개념상으로 경찰서비스를 포함하며, 또한 관할이 거시적이라 할 수 있다. 그리고 조직의 관점에서 볼 때에도 형사사법은 경찰뿐만 아니라 검찰, 법원, 교정기관 등 여러 기관(공식적기관 및 비공식적 기관)이 연계되어 이루어지는 활동이라 할 수 있다.

(2) 경찰

형사사법적 측면에서 볼 때 경찰서비스는 범죄통제의 일부를 담당하고 있다. 사전 예방적 차원에서 범죄예방과 사후 대응적 차원에서 범죄수사 및 체포활동 등을 하고 있다. 그런데, 경찰의 영역은 이에 국한되지 않고 각종 위험(인위적 · 자연적)의 예방을 포함하고 있으며, 더욱이 비규제적인 대민봉사활동까지 중요한 영역으로 인식되고 있기 때문에 경찰서비스에 대한 접근은 매우 복잡하고 어렵다.

범죄통제에 있어서 경찰은 형사사법체계의 제1단계에 위치한 '입구'(Intake Valve)로서, 예컨대, 경찰의 범죄예방과 수사의 결과 여하에 따라 다음 단계인 기소와 재판 그리고 행형과 교정대상의 양과 질을 좌우하게 된다.[6] 이는 경찰의 범죄예방활동이 어느 정도의 성과를 거두느냐에 따라 혹은 범죄인지와 검거율에 의해서 형사사법적 대응의 양이 결정되고, 수사과정의 인권 존중과 증거확보의 정도에 따라 유죄와 양형 결정 등 형사사법의 질을 좌우하게 된다는 것을 의미한다. 그렇기 때문에 경찰서비스는 범죄통제에 있어서 가장 본질적이고, 대표적인 치안서비스 가운데 하나로 인식되는 것이다.

그리고 경찰서비스는 기본적으로 순찰활동과 같이 관할구역에 기초를 두고, 주민들이 경찰서나 지구대 및 파출소에 요청하여 관련 서비스를 제공받는 형태를 취하고 있다. 이는 서비스가 제공되는 공간이라는 측면에서 파악한 것으로서 서비스 배분의 연구에서 특히 중요하다. 반면에 경찰서비스의 파급효과라는 측면에서 본다면 상대적으로 그 규모가 작은 서비스에 해당한다고 볼 수 있다. 경찰서비스는 국방과 같이 거시적인 차원에서 이루어지기보다는 지역 중심으로 이루어진다고 볼 수 있다. 이는 경찰제도(국가경찰 vs. 자치경찰)와는 관계없이 본질적인 특성이라고 할 수 있다.[7)]

그리고 경찰서비스는 민간부문 특히, 민간경비의 활동과 밀접한 관련을 맺고 있기 때문에 이와 관련된 역할 및 활동영역, 그리고 권한 등을 이해하는 것은 매우 중요하다.

(3) 민간부문

치안서비스 활동주체와 관련하여 민간부문(Private Sector)을 주요대상으로 논의하지 않을 수 없다. 전통적 관점 특히, 대륙법계의 관점에서는 민간부분의 역할 및 활동영역이 상당히 제한적인데, 오늘날에는 대륙법계 전통이 강한 국가(독일, 프랑스, 일본, 우리나라 등)를 포함하여 대부분의 선진국에서 민간부문 특히, 민간경비산업의 빠른 성장에 주목하고 있다.

따라서 치안서비스의 한 주체로서 민간경비가 비록 공경비와는 성격 및 권한 등에서 차이가 있지만 이를 중요한 고려대상으로 파악하지 않을 수 없는 실정이다. 그리고 여기에 산업으로서의 민간경비가 아닌 순수한 형태의 일반시민 참여 역시 포함시킬 수 있다. 이는 기존에 치안서비스의 객체 즉, 수혜 대상으로만 인식되었던 시민 역시 다양한 형태로 치안서비스 생산과정에 참여하는 비중이 증대되고 있기 때문이다.

이러한 점에서 민간부문의 치안서비스 참여형태는 크게 민간경비와 일반시민으로 구분할 수 있다. 현행법상 민간경비는 경찰에 의한 허가 및 지도·감독을 받기 때문에 경찰관할 내에서 이루어진다고 볼 수 있다. 그런데 민간경비의 활동영역은 경찰과 마찬가

6) 백형조(1985), "한국형사사법행정의 문제점과 대책: 경찰의 역할을 중심으로," 서재근 편저, 한국형사사법행정의 발전과 그 과제, 서울: 신흥출판사, p. 25.
7) 김 인(1997), "경찰의 치안서비스 활동에의 시민참여 활성화방안," 치안연구소, p. 40.

지로 범죄예방 등에 국한되지 않고, 각종 손실예방과 관련하여 수많은 역할을 수행하고 있으며, 따라서 법적 · 제도적으로는 경찰과 밀접한 관련을 맺고 있지만, 이 밖에도 실질적 운영은 다양한 형태로 이루어지고 있다.[8)]

한편, 시민의 치안활동은 주로 근린주구(近隣住區) 내에서 이루어지는데, 자생적 · 자발적으로 이루어지기도 하고 경찰 지구대 및 파출소 등과와 연계되어 조직 · 운영되기도 한다.[9)] 물론, 이러한 시민참여가 치안활동에 있어서 어떠한 직업적 전문성과 독자성을 가지고 이루어지는 것은 아니라고 본다.

2. 치안서비스의 성격

치안서비스는 공공서비스의 한 유형이기 때문에 공공서비스가 갖는 일반적 특성을 이해하면서, 각각의 치안서비스가 가지고 있는 특성을 이해해야 할 것이다. 정부에서 제공하고 있는 각종 치안서비스(군, 형사사법, 경찰 등)는 모두 동일한 것이 아니라 저마다 일정한 특성을 가지고 있고, 그러한 특성의 정도는 민간부문의 참여 범위와 관련하여 매우 중요한 의미를 갖는다. 여기서 말하는 치안서비스의 성격 또는 특성은 바로 '공공성'(公共性)의 정도를 의미한다.

치안서비스 가운데 공공성 정도가 강할수록 이는 민간부문보다는 정부에서 제공하는 것이 바람직하다고 볼 수 있다. 바꿔 말하면 공공성 정도가 강한 서비스를 민간부문에서 제공했을 경우 국가체제 및 사회 · 경제, 그리고 개인적으로 매우 위험한 사태를 야기할 수 있기 때문에 이는 공적인 정부에서 관여하는 것이 바람직하다는 의미이다. 예컨대, 국가방위를 민간부문에 맡겼을 경우 엄청난 위기상황을 초래할 수도 있을 것이다. 또 현재 유통되고 있는 화폐를 국가에서 관리하지 않고 민간부문에서 관리했을 경우 사회혼란을 야기시킬 수도 있을 것이다.

따라서 민간부문에서 제공되는 재화와 서비스는 시장경제원리(市場經濟原理)에 의하지만 공공부문에서 제공되는 서비스는 그렇지 못하다고 볼 수 있다. 공공성 정도가 강한 서비스 또는 재화일수록 (경우에 따라서는 시장경제원리에는 부합되지 않을 수도 있

8) 일반적으로 논의되는 민간경비는 경비업법에 근거를 두고 경찰관할 하에 놓여 있지만 이 밖에도 「민영교도소 등의 설치 · 운영에 관한 법률」(2000년 제정)에 의해 설치된 민영교도소 역시 법무부 산하에서 운영되는 민간경비의 한 형태라고 볼 수 있다. 또 현행 경비법상에는 근거를 두고 있지 않지만 정보보호 및 사이버보안 역시 민간경비산업의 한 축을 이루고 있다고 본다.

9) 개념적으로 근린주구(Neighbourhood Unit)는 1924년 미국의 페리(C.A. Perry)가 제안한 것으로 어린이놀이터, 상점, 교회, 학교와 같이 주민 생활에 필요한 공공시설의 기준을 마련하고자 초등학교 도보권을 기준으로 설정된 단위주거지역을 기준으로 하는 도시계획 접근 개념을 말한다.

지만) 국가가 관리하는 것이 바람직하며, 오히려 시장경제원리에 의존하게 되면 보다 바람직하지 못한 방향으로 전개될 가능성이 높다는 것을 의미한다.

민간경비와 관련된 치안서비스의 성격 즉, 치안서비스의 공공성 논의는 특히 경찰과 관련된 문제이다. 민간경비에 대한 법적·제도적 관리주체가 경찰이며, 더욱이 중요한 문제는 민간경비의 제반활동 영역이 공경비인 경찰의 활동대상 및 영역과 상당한 유사성·중복성을 갖기 때문이다. 따라서 치안서비스로서 경찰서비스의 공공성 정도가 어떠한 지는 중요한 의미를 갖는다. 경찰서비스가 국방서비스와 같이 공공성 정도가 매우 강한지, 아닌지에 따라 민간경비의 참여 수준이 결정되기 때문이다.

물론, 위에서 재화와 서비스를 제공하는 주체를 크게 공공부문과 민간부문으로 구분하였는데, 이것이 명확히 구분되는 것은 아니다. 공공부문과 민간부문 중간영역에서 제공되는 여러 가지 형태의 재화와 서비스가 존재하는데, 이를 '비순수공공서비스' 또는 '비순수공공재'라고 부른다. 이는 위에서 언급한 공공성 정도에 따른 구분이다.

이상과 같은 논의에 따라 재화와 서비스는 크게, ㉠ 순수공공재(Pure Public Goods), ㉡ 비순수공공재(Impure Public Goods), 그리고 ㉢ 민간재(Private Goods)로 구분할 수 있는데, 아래에서는 이러한 공공서비스가 갖는 기본적인 특성을 살펴보면서, 특히 순수공공재이론을 바탕으로 공공서비스로서 치안서비스가 갖는 특성을 살펴보기로 한다.

1) 순수공공재이론

공공재 또는 공공서비스의 성격과 관련하여 머스그레이브(Musgrave)는 샤무엘슨(W.Samuelson)의 공공재이론(Theory of PublicGgoods)을 발전시켜 순수공공재를 정의하는 ㉠ 비경합성(Non-rivalness), ㉡ 비배제성(Non-excludability), ㉢ 비거부성(Non- rejectability)이라는 세 가지 기준 등을 제시하였다.[10] 치안서비스가 이러한 세 가지 기준에 부합될수록 민간부문(특히, 민간경비)의 접근이 제한되게 된다.

(1) 비경합성

치안서비스의 순수공공재성과 관련하여, 비경합성(非競合性, Non-rivalness) 또는 공동소비라는 것은 서비스의 소비에 참여하는 사람의 수가 아무리 많아도 한 사람이 소비할 수 있는 양에는 전혀 변함이 없는 재화와 서비스의 특성을 말한다.

10) 이상안(1999), 신경찰행정학, 서울: 대명출판사, pp. 481~483.; Pinch, Steven/엄운섭 역(1994), 도시문제와 공공서비스, 서울: 신구문화사, pp. 22~23.

따라서 원칙적으로 치안서비스의 이용에 있어서 '추가이용자의 추가비용이 발생하지 않는다'(No extra cost to adding users)는 것이다. 민간재화는 주어진 공급량에서 한 사람의 소비자가 증가하면 다른 사람이 소비할 수 있는 양은 그만큼 감소한다. 그리고 소비가 많아져서 제품이 희소하게 되면 값은 오르게 된다. 그러나 공공재로서 치안서비스는 한 개인이 소비에 참여함으로써 타인의 소비에의 참여 이익을 손상시키지 않는다는 것이다.

따라서 치안서비스는 많은 사람이 동등한 서비스를 동시에 소비하며 동등한 이익을 서로 받을 수 있는 것이지, 어느 특정인이 서비스를 받음으로써 다른 사람은 참여가 제한되어 손해를 보는 그런 재화가 아니라는 것이다. 만약 치안서비스가 민간재라면 주어진 공급량에 영향을 미치게 마련이다. 그러나 치안서비스는 사회의 질서유지와 보호를 함으로써 시민의 생명과 재산의 침해를 사전에 방지하게 되며, 모든 지역주민(소비자)에게 동등·균질의 서비스 공급이 전제된 것이다. 이와 같이 치안서비스는 한 개인이 얼마만큼 소비하든 다른 사람의 소비와 관련이 없는 비경합적 특징을 갖고, 그 커뮤니티 내의 모든 사람에게 공동소비를 가능하게 해준다는 것이다.

(2) 비배제성

치안서비스의 비경합성이 서비스 자체의 특성에서 비롯된 것이라면 비배제성(非排除性, Non-excludability)은 서비스공급 주체의 이해관계와 관련된 것이다. 비배제성이라는 것은 치안서비스를 제공자가 특정 집단 또는 개인을 서비스 제공대상에서 제외시켜 혜택을 받지 못하도록 할 수 없다는 것을 의미한다.

따라서 시민의 치안서비스의 '이용 또는 접근에 대해서 제한할 수 없다'(No possible limitation on access)는 것이다. 예컨대, 경찰이 평소에 품행이 좋지 못하거나, 세금을 내지 않은 사람이라고 해서 이들이 강도피해를 당해서 신고했을 경우 보호서비스를 제공하지 않을 수 없다는 것이다.

원칙적으로 시장경제에서는 소비자가 그 시장가격을 지불하지 않으면 소비혜택에서 배제되지만 치안서비스의 경우 그 이용자가 서비스에 대하여 세금을 지불하건 하지 않건 간에 소비혜택에서 배제할 수 없다.

(3) 비거부성

치안서비스의 비거부성(非拒否性, Non-rejectability)은 서비스를 이용하는 객체(일반시민)의 이해관계에서 접근한 것이다. 치안서비스의 비거부성이라는 것은 어떤 서비스가 일단 공급된다면 이것은 모든 시민들은 자신들의 의지와는 상관없이 서비스를 이용하게 된다는 점이다.

시민들은 '서비스의 이용에 대한 선택권이 없다'(No choice as to use of service or goods)는 것이다. 예컨대, 시민은 국방 또는 경찰서비스를 거부할 수가 없다는 것이다. 이는 본인의 의지와는 상관없이 대한민국 내에 거주하고 있다면, 외적의 침입으로부터 보호를 받고 있으며, 또 일정지역에서는 경찰이 보호서비스를 제공해주고 있기 때문이다. 이와는 달리 시장경제원리에 의하는 민간재는 본인이 일정한 비용을 지불했을지라도 거부의사를 표시하여 이후의 혜택을 받지 않을 수도 있다는 점과는 대조된다.

공공재가 존재할 때 시장의 실패가 발생하는 이유는 공공재가 가지고 있는 이상과 같은 특징에서 비롯된 것이다. 이에 따라 사람들은 다른 사람들의 부담에 의해 생산된 공공재를 공짜로 소비하는 이른바 '무임승차자'(Free Rider)가 되려고 한다. 소비자인 지역주민이 치안서비스에 대한 값을 지불하건 안 하건 간에 소비향유에서 배제되지 않는다면 아무도 자발적으로 치안서비스의 사용비용을 지불하려 하지 않을 것이다. 이는 치안서비스의 사회적 수요량에 대한 적정한 공급을 불가능하게 하여 결국, 치안부재로 인한 무질서 문제를 발생하게 할 것이다.

이와 같은 상황에서 시장에 치안서비스의 공급을 맡길 때 아무도 치안서비스에 대한 진실된 선호를 표시하지 않기 때문에 사회적으로 필요한 양만큼의 공급이 불가능하게 되어 시장의 실패가 발생하게 된다. 따라서 치안서비스는 정부의 강제적 힘에 의해 적절히 공급될 수밖에 없으며, 치안서비스의 비용부담도 조세를 통한 재정적 징수에 의하여 결정될 수밖에 없는 것이다.[11]

2) 경찰서비스의 순수공공재성의 한계

그런데, 공공재라 할지라도 현실적으로 순수공공재에 해당되는 것은 희소하며 대부분은 순수공공재와 민간재의 중간영역에 위치하는 비순수공공재 또는 준공공재라 할 수 있으며,[12] 특히 지방정부가 시민에게 공급하는 서비스 가운데는 이러한 순수공공재성을 완전히 갖춘 것은 드물다.[13] 따라서 공공부문이 생산·공급하는 재화와 서비스 중에서도 공공재가 아닌 것도 많으며, 민간부문에서 생산·공급된다 할지라도 일정한 요건만 갖춘다면 공공재라 할 수 있는 것도 존재한다.

---

11) 이상안(1999), 앞의 책, p. 469.
12) 신해룡(1994), 공공선택의 재정경제학, 서울: 세명서관, p. 111.
13) 박경원(1992), "도시 공공서비스의 성격과 공급유형," 노정현 외 공편, 지방자치시대의 도시행정, 서울: 나남신서, p. 340.

위에서 살펴본 바와 같이 원칙적으로 공공재는 소비에 있어서 비경쟁적인 성격을 갖고 있는 반면, 민간재는 한 사람이 소비하는 경우 다른 사람의 소비는 배제되므로 경쟁성을 띠고 있다. 그러나 비순수공공재의 경우에는 주어진 공급량이 일정할 때 한 사람의 추가사용은 다른 사람의 사용을 배제하지는 않으나 효용을 감소시키게 되므로 일종의 기회비용이 생기게 된다. 이러한 부분적인 경쟁적 성격을 '정체현상'(停滯現像, Congestion)이라고 한다.

예컨대, 경찰서비스와 같은 공공재를 들 수 있는데, 한정된 규모의 경찰서비스에 대하여 관할대상 주민이 늘어남에 따라 다른 사람이 사용하고 있을 가능성이 높기 때문에 개인당 효용이 낮아질 수 있다. 따라서 국방, 형사사법과 같은 치안서비스는 공공재성이 강하다고 볼 수 있으며, 그중에서도 경찰과 같은 치안서비스는 그 정도가 약하다고 볼 수 있다. 물론, 공공재의 대표적인 국방서비스도 국민이 늘어나면 한정된 국방지출로부터 각 개인이 누리게 되는 혜택이 감소하는 현상이 나타날 수도 있을 것이다(그러나 경찰서비스와는 현격한 차이가 있다).

따라서 치안서비스로서 경찰서비스는 일정지역을 중심으로 이루어지기 때문에 일반적인 공공서비스의 성격에 덧붙여서, 편익의 공간적 한계를 지니는 지방재적 성격과 공동소비에 있어서 혼잡발생의 특징을 갖는다. 대부분의 공공서비스의 경우 공간적 편익지역은 한정되어 있어 그 지역주민에게만 혜택이 돌아가게 된다. 경찰서비스에 있어서 일반적 서비스 대상은 관할구역의 지역주민을 중심으로 이루어지게 된다. 또한 소비자가 증가함에 따라 소비자가 받는 혜택의 질이 떨어지게 되는 경우가 발생하게 된다. 경찰서비스가 비록 공공서비스로서의 성격을 가지고 있지만, 관할 구역의 인구증가 및 주민의 경찰서비스 요구의 증대는 경찰활동에 있어서 혼잡발생을 가져다줄 수 있기 때문이다.

따라서 경찰서비스가 일정지역 중심으로 이루어진다는 점을 감안 할 때, 공공서비스로서의 순수공공재성은 상당히 희석된다고 볼 수 있는데, 어떤 면에서 경찰서비스의 이러한 성격(공공재성 정도)은 민간부분의 참여 정도를 허용하는 범위와 같다고도 할 수 있다. 이를 위해서는 이와 같은 관점을 심도 있게 논의할 필요가 있다. 공공서비스로서 경찰서비스에 대한 '지리적 관점'(地理的 觀點)에 대한 논의가 중요하게 작용하는 이유는 지리적 관점이 공공서비스가 갖는 순수공공재이론을 가장 침해하는 요인이 되기 때문이다. 공공서비스의 하나로서 경찰서비스의 지리적 관점에 관한 논의는 결국 민간부문 특히 민간경비의 치안서비스 제공을 가능하게 하는 요인으로 작용할 것이다. 이상과 같은 논의와 관련하여 티보트(Tiebout)와 타이츠(Teitz)는 공공서비스에 영향을 미치는 지리적 요인을 세 가지 차원에서 설명하였다.[14]

(1) 행정구역 편성

먼저 행정구역 편성(Jurisdictional Partitioning) 현상을 들 수 있다. 국가행정이라는 것은 국가체제의 형태 여부를 떠나서 기본적으로 중소규모의 지방행정구역으로 분할되어 있다는 점이다.

그리고 이들 지방행정기관 또는 지방정부가 제공하는 공공재와 공공서비스의 양과 질은 정치 · 경제 · 사회, 그리고 행정적 특성에 따라 매우 다양하며, 그 결과 개인이 수혜를 받는 공공부문 자원의 양은 그들의 지리적 또는 관할구역의 위치에 달려있다. 그런데, 우리나라의 경찰조직은 국가경찰을 기본으로 하고 있기 때문에 다원화된 경찰서비스를 기대하는 것은 한계가 있다.[15] 그러나 세계적 경향과 시민의식의 성장은 그 동안 경찰행정이 다소 정형화된 규제중심 활동뿐만 아니라 비정형화된 서비스지향적 활동을 요구하고 있으며, 이로 인해 경찰활동의 양적 다원화와 질적 수준향상을 요구하고 있다는 사실이다.

따라서 우리나라 경찰조직이 비록 국가경찰과 자치경찰이라는 혼합형 경찰체제를 이루고 있지만, 경찰활동이라는 것은 조직 운용상으로 볼 때, '경찰청→시 · 도경찰청→경찰서→지구대(파출소)'라는 하위 단위 중심으로 이루어지고 있으며, 따라서 경찰활동의 대상도 경찰서 및 지구대(파출소) 단위의 관할구역의 지역주민(소비자)과의 관계를 중심으로 이루어질 수밖에 없는 것이다.

경찰활동이 이처럼 일정한 소규모 관할구역을 중심으로 이루어진다면, 이는 그만큼 비순수공공재성을 갖는다고 볼 수 있다. 바꿔 말하면 규모가 작아질수록 위에서 설명한 순수공공재의 특성을 유지하기가 어렵다는 것을 의미한다. 경찰서비스의 이러한 성격은 자치경찰제가 도입된다면 보다 명확해질 것이다.

(2) 거리감퇴 효과

두 번째는 '거리감퇴 효과'(Tapering)를 들 수 있다. 각 행정구역 내에서 경찰서 · 법원 · 공원 · 도서관 · 스포츠센터 등과 같은 많은 공공기관은 이론상으로는 모든 지역사회

---

14) Tiebout, C. M.(1956), "A pure theory of local expenditure," Journal of Political Economy, vol. 64, pp. 416~424.; Teitz, M. E.(1968), "Toward a theory of urban public facility location," Papers and Proceedings of the Regional Science Association, vol. 31, pp. 35~44.

15) 국가경찰은 다시 행정안전부장관 소속의 경찰청(육상경찰)과 해양수산부장관 소속의 해양경찰청으로 이원화되어 있고, 또 2021년부터 자치경찰의 도입으로 경찰청 사무의 일부는 지방분권화되었지만, 그것으로 인해 지역특성에 맞는 경찰서비스가 제공될 수 있는 계기가 되었다고 보기에는 아직 한계가 있다.

에서 이용할 수 있지만, 이들 시설은 분명히 특정한 지점에 위치하고 있다는 점이다.[16)]

따라서 이들 서비스가 공급지역에서 무료로 제공된다고 할지라도 이용자들은 해당 시설에 이동하는데 드는 비용(예: 교통비 등)을 부담해야 한다는 점이다. 일반적으로 시간·노력·비용은 이동 거리에 따라 증가하는 경향이 있으며, 이른바 '수요법칙'에 따르면, 비용이 증가하면 소비되는 재화의 양은 감소하기 때문에 결국 시간·노력·비용의 제약 때문에 소비되는 공공서비스의 양이나 빈도는 시설로부터 멀어질수록 감소 된다는 것이다. 이동 거리가 비용을 증대시키면 결국 서비스가 이용되지 않는 지점이 발생한다.

치안서비스의 거리감퇴 효과

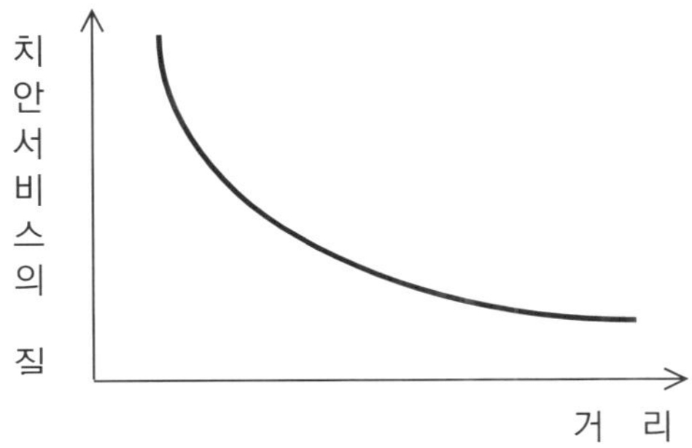

이와 같은 상황하에서 거리감퇴 효과는 공공재의 공급에 있어서 비배제성의 기준을 침해하게 되는 것이다. 따라서 만약 공급된 서비스가 경찰순찰차나 소방차, 구급차의 서비스처럼 소비자에게 '도달되는 서비스'(Outreach Service)라면 마찬가지 원리가 적용되는 것이다. 이 경우 배달비용은 전형적으로 공공재의 공급자가 부담하므로 시설의 공급지점으로부터 멀리 떨어진 수혜자에게 서비스를 공급하는 경우에는 서비스 공급비용은 증가한다.

그리고 서비스의 질도 공급지점의 거리에 따라 다를 수 있다. 따라서 어떤 지역은 경찰순찰이 충분히 이루어지지 않을 수 있는 한편, 긴급서비스는 원거리 지점에 도달하는데 많은 시간이 걸릴 수 있다. 이 경우에 거리는 추가비용 없이 모두에게 동질의 재화를 공급한다는 공동공급의 기준을 침해하게 되는 것이다.

16) Wolch, J. R.(1979), "Residential Location and the Provision of Human Service: Some Directions for Geographic Research," Professional Geographer, vol. 31, pp. 271~277.

(3) 외부성 효과

세 번째는 외부성(外部性, Externalities) 또는 외부성 효과를 들 수 있는데, 이 역시 공공서비스의 지리적 관점에 대한 타당성을 제공하는 요인이 된다(광의의 외부성은 가격을 부여할 수 없는 효과를 말한다).

선진산업사회에 있어서 많은 경제·사회활동 등을 비용이나 가격을 반영하지 않는 부차적 효과를 갖게 되는데, 여기에서도 위치가 중요하게 작용한다. 이들 활동은 특정한 위치에서 발생하고, 부차적 효과는 공간적 범위 내에서 이들 특정지점으로부터 외적으로 확산될 수 있기 때문이다. 이러한 외부성 효과는 외부성의 발생지점으로부터 거리가 증대됨에 따라 감소하는 경향이 있다.

외부성 효과는 주변지역에 이익을 발생하는 정(+)의 효과와 불이익을 발생하는 부(-)의 효과가 있다. 부의 외부성이 발생하는 것은 일반적으로 유해시설로 불리는데, 쓰레기처리장으로부터의 악취나 도로와 공항으로부터의 소음이 전형적인 사례일 수 있다. 정의 외부성을 갖는 활동들은 일반적으로 유익시설(Salutary Facilities)로 일컬어지며, 여기에는 공원과 같은 한적하고 쾌적한 환경이나 도서관과 같은 개인의 사회적 가치 상승을 촉진하는 교육시설 등이 해당된다.

그렇다면, 경찰관서는 어떠한가? 경찰서나 지구대 및 파출소가 주거지역 근처에 위치해 있을 경우 지역주민은 안전도를 느낄 수 있으며, 따라서 경찰서 또한 외부효과를 갖는다고 볼 수 있다. 실질적으로 경찰관서가 주거지역으로부터 인접해 있을 때, 개인에 따라 상당한 외부성 효과(범죄발생 및 두려움 감소, 심리적 안정감 증대 등)를 갖게 될 것이다.[17)]

이러한 외부성 효과와 관련되는 복잡한 문제들을 몇 가지 관점에서 논의할 수 있는데, 행정구역 편성과 거리감퇴 효과의 경우와 같이 정의 외부성이든 부의 외부성이든 외부성의 중요성은 개인의 가치체계에 달려있다고 볼 수 있다. 이들 부차적 효과의 중요성은 지역 간에 폭넓은 차이가 있을 수도 있지만 같은 지역 내에서는 개인들 간의 차이가 있을 수 있다. 또한 외부성 효과는 지방정부의 행정구역 내에서만 존재하는 것이 아니라 그 행정경계를 넘어서 영향을 미칠 수 있다. 따라서 인접한 지역에도 정과 부의

17) 치안환경적 조건에 따라 다르겠지만 범죄발생은 파출소의 입지 및 순찰경로·방식과 일정한 관계가 있다고 볼 수 있다. 공동주택 단지와 파출소 등 경찰관서가 인접해 있을 경우 어떠한 효과가 있는가와 관련된 한 연구에서는 (서울 강남구와 서초구의 파출소를 중심으로) 파출소를 중심으로 200m까지 범죄율이 급감하고, 그 외의 지역에서는 범죄율이 다시 상승한다는 사실을 밝히고 있다. 권오은(2002), "GIS를 활용한 범죄지역 분석: 파출소를 중심으로," 서울시립대학교 대학원, 석사학위논문.; 최선우(2012), "공동주거 단지의 범죄발생 특성에 관한 연구: 공간적 분석 중심," 한국민간경비학회보 제11권 제1호, p. 245 재인용.

효과를 미치게 되는 것이다.

3) 경찰서비스에 대한 민간경비의 참여 가능성

결국, 행정구역의 편성, 거리감퇴 효과, 외부성 효과의 영향 등으로 인해 실질적으로 국가 또는 지방정부가 순수하게 제공할 수 있는 공공서비스는 매우 제한적이며, 한편으로는 이들 특정서비스를 제외하고는 민간부문의 접근이 가능하다는 것을 의미한다.

재화 및 서비스의 이러한 연속체에 따라 이의 특성들은 아래의 표와 같이 나타낼 수 있는데, 국가방위나 법체계 등은 순수공공재 성격을 어느 정도 충족시키고 있다고 볼 수 있으며, 경찰서비스와 소방서비스 등은 비순수지방재로 분류될 수 있다.[18]

순수지방재는 특정한 지방정부 또는 행정구역 내에서 동등한 비용으로 모든 개인이 자유롭게 이용할 수 있는 서비스 및 재화들로 이루어져 있다. 공간적 관점에서 볼 때, 주요 관심사항은 행정구역 편성, 거리감퇴 효과, 외부성 효과의 다양한 조합으로 인하여 순수공공재 성격을 충족시키지 못하는 지방공공재 또는 서비스류를 비순수지방재로 나타낼 수 있다.

아래 표에서는 이러한 비순수성이 발생하는 요인을 나타내주고 있다. 지방분권화 된 정치 · 행정구역으로 인한 행정수행 때문에 모든 서비스가 지리적 변화를 보이는 것을 파악할 수 있다. 또한 어떤 서비스들은 다른 서비스보다 더 큰 지리적 변화를 보이기도 한다는 점이다.

18) Bennet, R. J.(1980), The Geography of Public Finance, London: Methune.; Steven Pinch/엄운섭 역(1994), 앞의 책, p. 27 재구성.

순수공공재/순수민간재의 재화와 서비스의 연속체

구 분	재화/서비스유형	비순수성의 요인		
		행정구역 편성	거리감퇴 효과	외부성 효과
순수공공재	국가방위서비스	–	–	–
	법체계	–	–	–
	통 화	–	–	–
순수지방재	전 기	–	–	–
	지방라디오	–	–	–
	상수도	–	–	–
비순수지방재	경찰서비스	V	V ps O	V+
	소방서비스	V	V ps O	V+
	쓰레기수거	V	V O	V–
	학 교	V	V ps	V+
	오물처리	V	V ps	V–
순수민간재	식료품	–	–	–
	의료품	–	–	–
	자동차	–	–	–

V: 비순수성이 발생하는 요인, ps: 특정지점서비스, O: 배달서비스, +: 정의 외부성, -: 부의 외부성.

본질적으로 경찰서비스는 일정한 지역사회 또는 소규모 관할구역을 중심으로 이루어지고 있다. 시민과 민간경비 같은 민간부문에서 경찰서비스에 대한 참여가 활발하게 논의되고 있는 이유도 이와 같은 경찰서비스의 지역사회 중심경향 때문이라고도 할 수 있다. 이러한 점에서 오늘날 활발하게 논의되고 있는 '지역사회 지향적 경찰활동'(Community Oriented Policing)은 국가 이전의 존재해 온 본질적인 경찰활동을 현대적 관점에서 재해석하여 적용하는 것이라 할 수 있다.[19]

어쨌든, 민간경비서비스가 공공서비스 내지 치안서비스로서의 성격을 갖는 이유는 비록 특정대상을 중심으로 서비스가 제공되지만, 결과적으로 치안환경의 개선에 어느 정도 기여를 하고 있다는 점 때문일 것이다. 민간경비의 경우 본질적으로 영리를 목적으로 하고 있지만 수단으로서는 치안서비스를 하나의 상품으로 생산·제공하고 있기 때문이다.

이러한 논의의 중요한 근거 가운데 하나는 위에서 살펴본 공공서비스의 순수이론이

19) 경찰과 지역사회[커뮤니티]의 관계 및 지역사회[커뮤니티] 경찰활동에 대한 세부적인 내용은 최선우(2017), 경찰과 커뮤니티: 커뮤니티 경찰활동, 서울: 박영사 참조.

'재화와 서비스 자체의 성질에 기초를 둔 것이며, 공공부문에서 생산되는지 민간부문에서 생산되는지와 같이 생산주체에 기초를 두는 것은 아니라는 점'이다.[20]

따라서 민간경비의 경우 무임승차 문제는 특별하게 발생할 여지가 없지만 경우에 따라서는 발생할 수도 있다. 민간경비가 일정지역에 활성화됨으로써 민간경비를 이용하지 않는 경우에도 어느 정도 외부효과를 받게 된다면, 무임승차는 발생할 가능성이 있다. 그러나 역으로 민간경비를 이용하지 않음으로써 오히려 범죄의 주요 대상(Target)이 될 수도 있기 때문에 이러한 문제는 신중하게 논의되어야 할 것이다.[21]

끝으로 치안서비스와 같은 공공서비스는 원칙적으로 공익을 만족시킬 목적으로 공공단체에 의해 수행되는 활동이기 때문에 사인 간의 법률관계를 지배하는 원리와는 다른 정치적 의미가 포함된 독자적인 원리가 요구된다. 공공서비스의 수행주체는 원칙적으로 국가라고 할 수 있으며, 이를 특허에 의하여 사인이 수행한다 하더라도 국가가 제공하는 경우의 서비스 수준에 준하는 보장이 이루어져야 한다는 것을 의미한다.

공공서비스에는 ㉠ 평등의 원칙, ㉡ 계속성의 원칙, ㉢ 적응의 원칙이 있는데, 이러한 원리에 준해서 민간경비의 활동이 이루어져야 할 것이다.[22] 이러한 기본원칙은 민간경비가 제공하는 서비스의 질을 향상 시켜주는 중요한 기준이 될 것이다.

특수경비업무의 계속성의 원칙

공공서비스란 공권력이 스스로 담당하지 아니하고는 공익에 대한 충족이 불충분하다고 판단하여 스스로 담당하기로 결정한 공익활동을 가리킨다. 국가는 행정기구를 통하여 국가가 담당하고 있는 임무인 서비스를 중단 없이 제공하여야 한다. 국가가 이러한 임무를 제대로 수행하지 못할 때는 국가책임의 대상이 된다. 이와 같이 국가가 질서의 유지와 국민생활에 필요한 기본적 수요를 충족시키기 위해 공공서비스를 중단 없이 제공하여야 한다는 원칙이 공공서비스의 '계속성(繼續性)의 원칙'이다.

공공서비스 이론가들은 국가를 공공서비스의 조직체로 보았을 정도로 계속성은 공공서비스의 근본적 가치를 지니고 있다. 공공서비스는 공익의 실현 작용인 점에서 공공서비스의 중단은 모든 국가작용을 방해하여 공동생활의 무질서를 초래할 우려가 있기 때문이다. 오늘날 공공서비스의 계속성은 헌법적 가치를 지니고 있으며, 이에 따라 수익성을 이유로 공급을 중단한다거나 전면적인 파업을 할 수 없다. 한편, 국가 등과 공법상 근무관계가 없는 조직도 일정한 경우에는 공공서

---

20) 위의 책, p. 23.

21) 이러한 문제를 일정부분 해결하기 위해서는 민간경비가 벌어들이는 이익의 일정부분을 사회에 환원하는 방법도 고려할 수 있을 것이다. 물론, 영세한 민간경비업계에서 이러한 사회환원은 적지 않은 비용부담으로 작용할 것이다. 따라서 예컨대, 경비협회(警備協會)를 중심으로 하여 자산 규모가 있는 민간경비업체 등이 자발적으로 참여하여 기금을 마련하고 그것을 토대로 사회환원을 위한 프로그램을 개발하고 이를 운용하는 방안 등을 검토할 수 있을 것이다. 최선우(2013), "민간경비의 자율적 운영에 관한 연구," 한국치안행정논집 제10권 제3호, p. 197.

22) 홍성필(2002), 앞의 논문, pp. 106~109.

비스의 수행주체로 인정될 수 있는 한도에서는 이러한 계속성의 원칙이 적용된다고 할 수 있다. 이와 관련하여 ① 경비업법 제7조에서는 특수경비업무(공항 등 대통령령이 정하는 국가중요시설의 경비 및 도난 · 화재 그 밖의 위험발생을 방지하는 업무)를 수행하는 특수경비업자에게 특수경비업무의 개시 신고 시 국가중요시설에 대한 특수경비업무의 수행이 중단되는 경우 시설주의 동의를 얻어 다른 특수경비업자 중에서 관련경비업무를 대행할 자를 지정하여 허가관청에 신고하도록 하고 있다. 경비대행업자의 지정을 변경하는 경에도 또한 같다(동조 제7항). 그리고 ② 특수경비업자는 국가중요시설에 대한 특수경비업무를 중단하게 되는 경우에는 미리 이를 경비대행업자에게 통보하도록 하고, 경비대행업자는 통보받은 '즉시' 그 경비업무를 인수하도록 하고 있다(제8항). 경비업법상의 이러한 규정은 위험발생의 방지라는 공공서비스의 계속성을 보장하기 위한 규정이라고 할 수 있다.

제3절 민간경비와 공경비의 활동 영역

이상에서 살펴본 바와 같이 모든 치안서비스가 순수공공재의 성격을 가지고 있는 것은 아니며, 특히 경찰이 제공하는 치안서비스는 그러한 특성을 더욱 보여주고 있음을 알 수 있다. 이는 일정 부분 민간부문(민간경비와 시민 등)에서 참여가 가능하다는 것을 의미한다. 또 현실적으로 민간경비의 제반 치안활동은 특히 경찰과 밀접한 인접성을 가지고 있으며, 따라서 상호간의 미묘한 역학관계가 형성될 여지가 많다는 점을 알 수 있다.

뒤에서 살펴보겠지만 '방어공간'(防禦空間, Defensible Space)의 개념은 민간경비와 공경비의 역할관계를 규명하기 위한 것이라기보다는 활동영역의 차이를 보여주는 것이며, 아울러 민간경비의 기본전략이라 할 수 있는 '환경설계를 통한 범죄예방'(CPTED) 전략의 기초가 되는 것이다. 환경설계를 통한 범죄예방에 대한 상세한 논의는 제10장에서 하기로 하고, 여기에서는 방어공간의 개념을 적용하여 민간경비와 공경비의 활동영역이 어떻게 구분될 수 있는가를 설명하고자 한다.

1. 방어공간의 영역 설정

뉴만(O. Newman)이 제시한 방어공간은 크게 4단계로 계층화되어 설명되고 있는데,[23] 이는 우리가 일상적으로 생활하는 생활공간과 관련된 것이다. ㉠ 사적 영역(Private Area), ㉡ 준사적 영역(Semi-Private Area), ㉢ 준공적 영역(Semi-Public

23) Newman, Oscar(1973), Defensible Space: Crime Prevention Through Urban Design, N.Y.: Macmillan Publishing Company, pp. 9~10.

Area), ㉣ 공적 영역(Public Area)이 바로 그것이다.

이를 우리의 생활공간인 아파트단지를 비교하여 설명한다면, 첫 번째 단계인 사적 영역은 거주자가 임의대로 생활하는 공간인 아파트 단지 내의 자기 집을 의미한다. 두 번째 단계인 준사적 영역은 아파트 내부의 거주자들이 공통으로 사용하는 복도 및 엘리베이터 등을 들 수 있다. 세 번째 단계인 준공적 영역은 아파트 단지 정원이나 놀이공원, 주차장 등을 들 수 있다. 마지막으로 네 번째 단계인 공적 영역은 아파트 단지 밖의 길거리(Street) 등을 들 수 있다.

물론, 이러한 영역설정은 다분히 상대적이며, 이를 개인주택이나 산업시설 및 상업시설, 그리고 빌딩 등 여러 공간에 응용하여 설명할 수 있다. 또 최근 크게 개발되고 있는 이른바 '타워팰리스' 등 고급 아파트단지 그리고 특정상업시설 등은 이러한 영역설정을 하는데 또 다른 어려움이 있다. 이들 고급 아파트단지 등은 위에서 설정한 세 번째 단계까지 사적인 영역성(물론, 거주민들 간에는 다시 영역설정이 이루어지겠지만)이 상당히 강하다고 볼 수 있다. 고급 아파트의 경우 아파트 단지 전체를 일종의 요새화하고, 그 안에서 첨단경비시스템이 작동되고 민간경비원이 경계 · 순찰활동을 실시함으로써 거주자 이외의 사람들이 아파트 단지 내에 들어오는 것을 철저하게 통제하고 있다.

2. 방어공간의 영역 설정이 갖는 의미

그렇다면, 방어공간의 관점에서 볼 때 이들 영역 설정은 어떠한 의미를 갖는가. 이것은 두 가지 차원에서 논의할 수 있을 것이다. 첫 번째는 배타성의 정도이며, 두 번째는 민간경비와 공경비의 활동 또는 개입의 한계를 설정한 것이다. 어떻게 보면 양자는 동전의 양면과 같은 성격을 가지고 있다고 볼 수 있다.

1) 배타성의 정도

배타성(排他性)의 정도는 자신이 생활하는 공간에 대해서 어느 정도 영향력을 행사할 수 있는가 하는 문제인데, 예컨대, 사적 영역인 자기 집안 내부에 대해서는 집주인은 절대적인 권한을 행사할 수 있다.

헌법에서 보장하는 사생활불간섭 원칙, 사주소불가침의 원칙은 국가공권력뿐만 아니라 및 타인에 대해서도 중요한 의미를 갖는다. 허가받지 않고 사적인 영역에 무단으로 침입하는 것은 범죄로 간주되며, 사적 공간의 소유자 및 이용자는 자신의 영역을 적절한 상태로 보존 · 유지하기 위하여 외부침입에 대한 일정한 차단조치 및 방어벽을 구축할 수 있는 것이다.

물론, 준사적 영역에서부터는 이러한 배타적인 권한이 아주 제한된다. 그러나 완전히 제한되는 것은 아니다. 아파트 주민이 아닌 사람이 아파트 복도 및 엘리베이터를 이용할 경우, 주민들은 이들에 대해 일정한 제한조치(출입금지 및 확인 등)를 가할 수 있고 일정한 감시활동을 수행하기도 한다(최근 만들어진 아파트나 다세대주택은 건물현관에 출입통제장치가 설치되어 거주자 이외의 자가 건물 내로 들어오는 것을 방지할 수 있도록 설계되고 있다). 이러한 제한조치는 준공적 영역인 아파트 단지 내의 정원이나 주차장에 대해서도 어느 정도 행사할 수 있게 된다.

2) 민간경비와 공경비의 활동 정도

중요한 것은 이와 같은 4단계 방어공간의 영역 설정은 민간경비와 공경비의 활동 영역 및 활동 정도를 결정짓는다는 점이다. 바꿔 말하면, 형식적 · 명목적으로는 공경비인 경찰이 관할구역 내의 모든 시민의 안전과 관련하여 일정한 책임을 지고 있지만 현실적으로 개인이 거주하는 집안 내부의 사적 공간에 대해서까지 직접적으로 보호하는 것은 불가능하다는 점이다. 아울러 아파트 내의 복도 및 엘리베이터 공간, 그리고 아파트 단지 내의 정원이나 주차장에 대해서도 평상시에 경찰이 보호활동을 하는 것은 어렵다.

결국, 경찰과 같은 공경비가 평상시에 범죄와 같은 여러 가지 위해로부터 시민을 보호해줄 수 있는 공간은 주로 길거리와 같은 '공적 장소'(公的 場所, public area)를 중심으로 이루어질 수밖에 없다는 것을 의미한다.

물론, 경찰의 범죄예방 활동 가운데 방범심방활동이 있어 관할구역 내의 각 가정, 기업체, 기타 시설을 방문하여 범죄예방, 청소년선도, 안전사고방지 등의 지도계몽과 상담 및 연락을 행하고 민원사항을 청취하여 주민의 협력을 얻어 예방경찰상의 기초 자료를 수집하는 활동을 하기도 한다.[24]

24) 정경선(1998), 경찰방범론, 경찰대학, p. 108.

방어공간의 계층구조와 민간경비와 공경비의 활동 영역

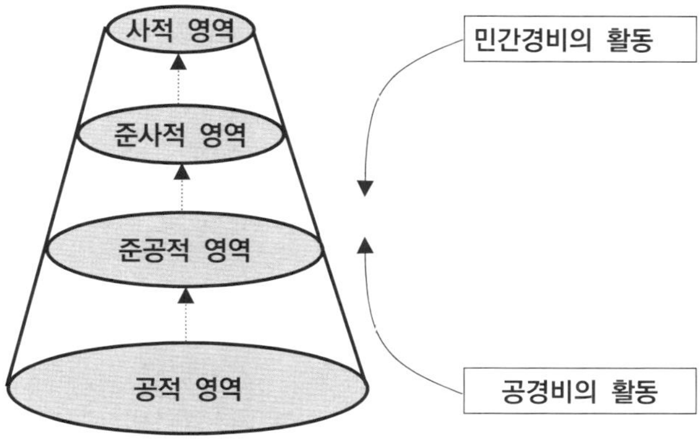

따라서 이러한 점에서 본다면 기본적으로 민간경비는 사적인 영역에서 개입하고, 경찰은 공적인 영역에서 개입하고 있음을 알 수 있다. 그렇다고 해서 반드시 사적인 공간에서는 민간경비가 시작하고, 공적인 공간에서는 공경비가 시작된다는 것은 아니다. 이 역시 상대적인 것이다. 이러한 문제는 민간경비의 주요 고객이 단지 사적인 차원에만 국한되지 않는다는 점에서 발생한다.

최근 민간경비의 주요 고객 가운데 하나가 중앙 및 지방정부의 공공시설이며, 이러한 정부의 공공시설에서 시설 내의 안전관리를 위해 민간경비를 이용하는 경우가 적지 않다. 정부가 관리하는 공공시설은 사적인 공간이라기보다는 공적인 공간이다. 일반 대중에게 공개되어 일정한 공공서비스를 제공하고 있는 것이다. 그러나 이러한 시설에 공경비인 경찰이 투입되어 안전관리활동을 하는 데에는 경찰자원상의 한계가 있기 때문에 민간경비나 청원경찰과 같은 다른 수단을 이용하고 있다.

따라서 이러한 시각에서 본다면, 민간경비가 항상 사적인 영역에서 출발한다고 보는 것이 옳은 것은 아니다. 다만, 그러한 공간 역시 관리주체가 중앙정부 또는 지방정부(본질적으로는 국민이 낸 세금에 의해 운영되기 때문에 국민이 주인이라고 할 수 있다)라는 점이며, 이들 각각의 관점에서 본다면, 그것은 하나의 사적 차원과 비슷한 성격을 갖는다고 본다. 관리주체가 시설 내의 안전에 대한 책임을 지며, 공경비인 경찰에 의존하기가 어렵기 때문에 자체적인 차원에서 민간경비 등에 의존하게 된다는 점이다.

여기에서 주목할 것은 치안서비스로서 민간경비가 개입하는 정도는 사적인 성격이 강할수록 높다는 점이다. 예컨대, 사적 성격이 거의 없는 일반 길거리에 개인이 사비를 들여 경비시스템을 설치하는 경우는 드물다고 본다. 물론, 경찰과 같은 공경비의 민영화가 보다 진전되어 거리의 순찰활동까지 경찰 대신 민간경비가 수행하게 된다면 사적 영역과 공적 영역의 한계는 다시 설정해야 할 것이다.

이는 공경비가 일반시민을 대상으로 하여 치안서비스를 제공하는 것과는 달리 민간경비는 특정고객(개인 및 조직)의 이익보호를 위해 일정한 비용을 받고 특정보호대상을 중심으로 관련서비스를 제공한다는 것과 동일한 맥락에서 해석될 수 있다. 그리고 이러한 민간경비의 특성은 치안서비스로서 외부성 효과 문제, 그리고 형평성 문제 등과도 관련된다는 점은 이미 지적한 바와 같다.

제4절 민간경비와 경찰의 역할관계 및 관계구조

1. 민간경비와 경찰의 역할관계

오늘날 민간경비와 경찰은 각각 어떠한 역할을 수행하고 있는가? 이와 관련하여 일찍이 민간경비가 발전한 미국의 경우를 살펴볼 필요가 있다. 홀크레스트(Hallcrest)보고서에서 조사한 바에 의하면, 아래 표에서 보는 바와 같이 미국의 민간경비와 경찰의 역할이 상당히 유사하다는 것을 알 수 있다.[25)]

이러한 역할의 유사성은 민간경비와 경찰 상호간의 역할갈등의 여지가 잠재해 있음을 의미한다고 볼 수 있다. 물론, 이 문제는 활동영역(지리적 · 공간적 규모, 사적으로 이용하는지 또는 공적으로 이용하는지의 차이 등)과 물리적 강제력을 행사할 수 있는 권한의 정도 등과 함께 검토해 보아야 할 문제이다.

아래 표에서는 민간경비가 수행하는 일들이 공경비인 경찰보다 다양하게 이루어지고 있음을 보여주고 있다. 이는 민간경비의 개념 또는 범주화 문제인데, 현대 민간경비는 '시큐리티'(Security)와 관련하여서는 접근하기 때문에 이러한 현상이 나타난다고 볼 수 있다.[26)]

25) Cunningham, William C. et al.(1990), Private Security Trends: 1970 to 2000 The Hallcrest ReportsⅡ, Washington: Hallcrest System Inc., pp. 118~120.

26) 그러나 이러한 접근은 상대적인 것이며, 실제 범죄 및 무질서로부터 개인의 자유와 권리를 보호하고 공공의 안녕과 절서유지를 위하여 수많은 제반 활동을 하는 경찰의 역할(특히, 우리나라와 같은 대륙법계 국가의 경찰의 경우)은 어떠한 국가활동보다도 포괄적이고 방대하다고 본다.

미국의 민간경비와 경찰의 역할 비교

우선 순위	민간경비		경찰
	자체경비	계약경비	
1	생명 · 재산보호	생명 · 재산보호	범죄수사/체포/기소
2	범죄예방	범죄예방	공공질서유지
3	손실예방	손실예방	범죄예방
4	화재예방	화재예방	지역사회관계
5	출입통제	출입통제	공공에 대한 일반원조
6	범죄수사	질서유지	교통법규집행
7	고용자 신원조사	고용자 신원조사	교통통제
8	질서유지	범죄보고	-
9	체포/기소	체포/기소	-
10	사고예방	정보안전관리	-
11	범죄보고	범죄수사	-
12	정보안전관리	사고예방	-
13	교통통제	교통통제	-

그런데, 민간경비와 경찰의 역할 및 수행하는 활동 등은 나라마다 차이가 있다. 우리나라 경우 법적으로 경찰은 공소기능을 갖지 않고(예외, 경찰서장이 행사하는 즉결심판 청구권) 검찰이 이를 가지고 있다. 그리고 범죄수사에 있어서도 경찰은 제한된 권한(영장청구권의 제한 등)을 가지고 있다.

경찰이 이러할 진데, 단지 사인에 불과한 민간경비원들이 범죄수사 등의 임무를 수행하는 것은 인정되기 어려운 부분이다. 그리고 청원경찰을 민간경비의 한 형태로 볼 때, 이들은 관할 경찰서장의 감독을 받아 그 경비구역 내에 한하여 경찰관직무집행법에 의한 경찰관의 직무를 행할 수 있도록 하고 있다는 점에서 일정부분 한계를 가지고 있다(경찰은 경찰관직무집행법뿐만 아니라 수많은 개별법에 의한 직무를 수행하기 때문에 청원경찰보다 훨씬 포괄적인 직무와 권한을 행사할 수 있음은 물론이다).

한편, 우리나라의 경우, 미국에서와 같이 고용자에 대한 신원조회도 민간경비차원에서 이루어지고 있다고는 보기 어렵다(이는 민간경비의 개념범주화 문제라고 볼 수 있다).

한국의 민간경비와 경찰의 역할비교

구분	주요 임무	관련근거
민간 경비	• 시설경비업무 • 호송경비업무 • 신변보호업무 • 기계경비업무 • 특수경비업무	경비업법 제2조(정의)
청원 경찰	• 관할 경찰서장의 감독을 받아 그 경비구역만의 경비를 목적으로 필요한 범위 안에서 경찰관직무집행법에 의한 경찰관의 직무를 수행	청원경찰법 제3조(청원경찰의 직무)
경찰	• 국민의 생명 · 신체 및 재산의 보호 • 범죄의 예방 · 진압 및 수사, 범죄피해자 보호 • 경비, 주요 인사(人士) 경호 및 대간첩 · 대테러 작전 수행 • 공공안녕에 대한 위험의 예방과 대응을 위한 정보의 수집 · 작성 및 배포 • 교통 단속과 교통 위해(危害)의 방지 • 외국 정부기관 및 국제기구와의 국제협력 • 그 밖에 공공의 안녕과 질서 유지 • 위와 관련된 수많은 개별법상의 직무	경찰관직무집행법 제2조(직무의 범위) 및 수많은 개별법

아래 표에서는 우리나라 민간경비와 경찰의 역할을 포함하여 제반 관계를 살펴본 것이다.[27] 다만, 민간경비의 내용에 있어서 자체경비(自體警備)보다는 계약경비(契約警備)를 중심으로 비교하였다. 자체경비를 포함시킬 경우 예컨대, 주체는 고객뿐만 아니라 개인 및 기업자체도 해당된다. 또 법률관계에서도 고용계약에 의해 관련 업무를 수행토록 할 것이다. 재원(財源) 역시 경비업법상의 자본금과 경비료에 의한다고 볼 수 있다.

27) Bilek, Arther & Lejins, Peter P.(1977), Private Security, Cincinnati: Anderson Publishing Co., p. 7.; 이윤근(2001), 민간경비론, 서울: 엑스퍼트, p. 5.; 홍정선(2007), 경찰행정법, 서울: 박영사, p. 147.

한국의 민간경비와 경찰의 제관계

민간경비	구 분	경찰
사익보호	목 적	공익 및 사익보호
범죄예방 및 손실예방	역 할	범죄예방과 범죄진압
민간 영리기업	주 체	국가(지방정부)
고객(사인, 국가 · 지방정부)	대 상	국민, 국가 · 지방정부
경비계약	법률관계의 근거	법 령
원칙적 권력 미보유	권 력	권력보유
위탁자의 사권(私權)	권한의 근거	통치권(경찰권)
자본금과 경비료	재 원	세 금
민간경비원	인 력	경찰공무원

민간경비업은 범죄예방 및 손실예방 등 위험방지에 관한 사무를 사인(私人)으로 하여금 수행하게 하는 제도이다. 민간경비업의 인정은 경찰이 수행하는 위험방지사무 등과 같은 것이 오로지 국가에 의해서만 수행되는 것이 아니라 사인에 의해서도 수행됨을 뜻하는 것이다. 그것은 사회기능의 분화와 경비수요의 급증에 대한 경찰의 한계에 대한 보완의 의미를 가지며, 한편으로는 국가예산의 절감에도 기여한다.

그런데, 민간경비와 경찰의 역할이 유사함에도 불구하고 일정한 차이가 있다. 사실, 범죄예방활동에 있어서 민간경비와 경찰에 공통된다고 할지라도 엄밀하게 말하면 차이가 있다고 본다. 경찰은 자신들의 순찰구역을 중심(일반시민 대상)으로 할 것이며, 민간경비의 경우 자신들이 맡고 있는 시설 또는 사람을 중심(특정고객 대상)으로 할 것이고, 시민의 경우 자신들의 주거지역 등을 중심으로 할 것이기 때문이다. 물론, 민간경비로 하여금 민영화 등을 통해 경찰이 수행하는 범죄예방활동을 아울러 수행하도록 할 수 있다.

그리고 민간경비와 경찰의 본질적 차이는 특히, 범죄에 대한 사후대응활동에 있다고 본다. 이는 타인에게 명령 · 강제하는 '법집행 권한'(法執行 權限) 즉, '공권력'(公權力)의 유무를 의미하는 것이다. 범죄예방활동은 민간경비로 하여금 수행하도록 할지라도 범인의 체포나 범죄의 수사는 경찰이 수행하여야 할 것이며, 여기에 바로 민간경비와 경찰의 근본적인 차이가 있다고 본다.[28)]

또 민간경비의 개념에서 살펴보았듯이 민간경비가 '특정한 고객'(Special Clients)을 대상으로 일정한 역할을 수행한다면, 공경비인 경찰은 특정 의뢰자가 아닌 일반시민의 보호 및 공공의 안녕과 질서유지의 역할을 수행하고 있다. 그리고 이러한 역할수행과

28) 위의 책, p. 146.

관련하여 경찰은 각종 강제권을 포함한 권한이 부여되어 있음에 반해, 민간경비는 특별한 권한이 없거나 있더라도 극히 한정·제한되어 있는 것이 사실이다.[29)]

2. 민간경비와 경찰의 관계구조

이상에서 논의한 기본관계를 바탕으로 민간경비와 공경비의 관계구조에 대하여 이윤근교수는 경찰과 민간경비 관계를 크게 경쟁적 관계구조와 협력적 관계구조로 논의한 바 있다.[30)] 이러한 접근은 미국의 민간경비를 연구의 기본모델로 전개한 것이라고 볼 수 있다. 반면, 대륙법계 성향이 강한 국가에서는 이러한 관계구조보다는 오히려 전통적으로 민간경비에 대한 공경비의 비교우위의 관계를 인정해 온 것이 사실이다.

따라서 아래에서는 이러한 전체적인 논의를 바탕으로 민간경비와 경찰의 관계를 ㉠ 보조적 관계구조, ㉡ 경쟁적 관계구조, ㉢ 협력적 관계구조 등 3가지 차원에서 살펴보기로 한다.

1) 보조적 관계구조

민간경비와 공경비의 관계에 대해서 민간경비는 보조적·보충적 관계(Complementary or Supplementary)에 있다는 관점에서 접근할 수 있다. 이와 관련하여 랜드(Rand) 보고서는 지역사회에서 민간경비가 제공하는 치안서비스는 단지 경찰이 제공하는 치안서비스에 대하여 단지 보조적·보충적인 기능을 수행한다고 보고 있다고 보았다.[31)]

카칼릭(Kakalik)과 와일드혼(Wildhorn)은 민간경비의 성장배경을 공동화이론으로 설명하였는데, 여기에서 민간경비와 경찰의 관계를 상호보완성 관계로 보았다. 그러나 이들은 기본적으로 민간경비를 경찰의 '손아래 파트너'(Junior Partner)로 가정하였다.[32)]

이러한 입장은 민간경비는 경찰이 수행하고 있는 경찰 본연의 기능이나 역할상에 나타나는 한계를 보충 또는 보조한다는 것이다. 따라서 민간경비는 어떠한 요인이든 간에 경찰이 단지 '제한적 성장'(Limited Growth)을 하였을 때에만 존재하게 된다. 이는 경

---

29) 이윤근(2001), 앞의 책, p. 4.
30) 이윤근(1998), "한국 사경비 발전방안에 관한 조사연구," 동국대학교 박사학위논문, pp. 18~19.
31) Cunningham, William C. & Taylor, Todd H.(1985), Private Security and Police In America, The Hallcrest Report, Portland: Chancellor Press, p. 111.
32) Kakalik, J. S. & Wildhorn, S.(1976), The Private Police: Security and Danger, N.Y.: Crane, Russak & Company.; Johnston, Les(1992) "Policing Diversity: the impact of the public-private complex in policing," In Frank Leishman et al.(eds.)(1996), Core Issues in Policing, New York: Longman Publishing, p. 55.

찰이 제 역할을 충분히 할 정도로 성장하였다면 민간경비가 존재하지 않았다는 것을 의미한다.

그러나 오늘날 이러한 논리는 이론상·명분상으로는 가능할지 몰라도 현실적으로는 이론의 여지가 있다. 자본주의사회에서 시장경제논리에 따라 존재하는 민간경비산업이 단지 공경비를 보조하기 위해서 존재하게 되었다는 것은 인정하기가 어렵기 때문이다.

다만 국가적 입장(치안서비스의 공공재성 등을 고려하여)에서 법규정에 의해 공경비에 대한 민간경비의 보조적 위치를 규정하는 것은 가능하다. 우리나라 현행법에서와 같이 공경비에 대한 민간경비의 독립적 지위를 인정하지 않고, 공경비인 경찰의 통제 및 관리(민간경비업의 허가 및 지도 감독 등)를 받도록 규정하고 있는 것은 좋은 예이다.

그러나 이는 운영 면에서 그렇게 규정하고 있는 것이지 본질적인 상호관계를 규정하고 있는 것은 아니라는 것에 주의할 필요가 있다. 개인 또는 기업의 본질적 안전욕구 차원에서 본다면 민간경비 역시 독립된 존립 목적을 가지고 있음은 분명하다.

2) 경쟁적 관계구조

민간경비와 공경비의 관계에서 민간경비는 공경비와 경쟁적(Competitive) 관계에 놓여 있다는 관점에서 논의되기도 한다. 이와 관련하여 스코트(Scott)와 맥퍼슨(McPherson)은 경찰과 민간경비가 서로 간에 경쟁관계에 있다는 입장을 취하였으며, 따라서 민간경비와 공경비가 생산·제공하는 치안서비스에 있어서 기본적으로 차이가 있는 것이 아니라는 주장이다.[33)]

따라서 이 입장은 민간경비와 경찰간에 존재하는 유일한 차이는 경찰이 가지고 있는 법적 권한(Legal Authority)에 의해 민간경비에 비하여 많은 법집행 권한 또는 규제력을 가지고 있다는 점이지, 업무의 내용에 있어서 차이가 있는 것은 아니라는 것이다.

공경비나 민간경비가 수행하는 역할 면에서, 이들이 제공하는 치안서비스가 별 차이가 없다면 양자 간에는 경쟁관계가 형성되는 것은 당연한 귀결사항이라고 볼 수 있다. 그리고 최근 범죄예방 및 손실예방과 관련하여 민간경비 활동영역의 확대 및 건강 및 주거편리시스템 등과 결합된 새로운 서비스가 창출되는 것을 보면, 민간경비의 활동영역은 오히려 공경비보다 훨씬 다양화된 형태를 띠고 있다.

이러한 경쟁관계와 관련하여 먼저 공경비가 법적 권한 면에서 많은 권한을 가지고 있

33) Thomas M. Scott and Marlys McPherson, "The Development of the Private Sector of the Criminal Justice System," Law and Society Review 6, 1971, pp. 267~288.; Cunningham, William C. & Taylor, Todd H.(1985), op. cit., p. 111.

다는 점 때문에 비교우위 있다고 볼 수 있다. 그러나 공경비가 제공하는 치안서비스의 공공재성은 특정 대상에 대한 치안서비스라기보다는 불특정 다수인 일반시민을 대상으로 한 것이기 때문에 질적(質的)이라기보다는 양적(量的)인 성향을 갖는다. 반면 민간경비가 제공하는 치안서비스는 비록 일정한 추가비용(공경비에 대한 조세납부 외에)을 제공한 대가로 받는 것이기 때문에 질적인 혜택을 누릴 수 있다는 장점을 갖는다.

민간경비의 이러한 특성 때문에 일정한 소득수준이 넘는 시민들은 단지 공경비가 제공하는 치안서비스의 혜택(양적인 혜택)뿐만 아니라 민간경비가 제공하는 치안서비스의 혜택(질적인 혜택)까지도 함께 받고자 할 것이다.

이렇게 본다면, 공경비와 민간경비의 상호 경쟁적 관계는 공경비의 법적 권한의 비교우위성과 민간경비의 현실적 서비스의 비교우위성 속에서 논의 될 수 있을 것이다. 그리고 이러한 관계 속에서 지나친 경쟁의식은 경우에 따라서는 상호 갈등을 가져다줄 수도 있을 것이다.

오늘날 지방화시대를 맞이하여 각급 지방자치단체에서는 실질적인 의미에서 자율권을 신장시키고 지역의 특성을 효과적으로 활용하기 위해서는 재정상의 독립이 필수적인 요건이기 때문에 민간부문에서의 생산성 향상 노력에 주목하지 않을 수 없다.[34] 우리나라의 경우 아직 적절한 수준의 자치경찰제도가 도입되지는 않았지만 국가행정의 지방화 현상은 앞으로도 계속된다는 점을 감안할 때, 경찰조직의 자치화도 일정시점에 이르러서는 더욱 가속화될 것으로 기대된다. 그리고 중앙 및 지방정부의 재정적 위기는 국가행정에 있어서 새로운 방향을 모색하고 있으며, 경찰조직도 예외일 수는 없다고 본다.

이러한 이유로 인해 영국과 미국 등에서는 이미 부분적으로 민영화(民營化)가 이루어지고, 경우에 따라서는 일부 지역의 치안을 담당하는 경찰활동 자체가 민간부분에 의해 운영되는 경우도 나타나고 있다. 만약 공공서비스에 있어서 이러한 민영화 논리가 일반화된다면, 공공경찰과 민간부문 간에 치안서비스 경쟁관계는 필연적이라 할 것이다.

3) 협력적 관계구조

민간경비와 공경비의 관계에서 민간경비는 공경비와 협력적(Cooperative) 관계에 놓여 있다는 관점에서도 논의되기도 한다. 사우스(South)는 민간경비와 경찰의 관계를 수직적 · 보완적 관계로 보는 것은 문제가 있으며, 상호 수평적인 관계에 놓여 있다고 지적하였다.[35] 그의 이론에서 유추할 수 있는 것은 민간경비와 경찰이 상호갈등이나 경쟁

34) 남기범 · 김현성(1997), 고객만족경영이론의 경찰에의 도입 방안, 치안연구소, p. 10.
35) South, N.(1989), "Reconstructing Policing: differentiation and contradiction in

관계에 있는 것이 아니라 상호보완적 · 협력적 그리고 역할 분담적 관계를 갖는다는 것이다.

플레벨(Flavel)은 공동화이론에서 주장하고 있는 민간경비의 보조적 견해를 부정하고 '이익집단이론'(Interest Group Theory)을 통해 협력적 관계를 제시하였음을 주목할 필요가 있다.36) 물론, 협력적 관계가 과열되거나 이해관계가 상충되면, 경쟁적 관계가 될 수 있으며, 따라서 이익집단이론은 경쟁적 관계를 설명하는 데에도 사용될 수 있을 것이다.

이러한 이익집단이론적 관점은 그 내용에 있어서 어떻게 보면 공동화이론의 입장과 크게 다르지 않은 것 같다. 공동화이론의 주된 관심과 출발점이 경찰과 민간경비의 관계(민간경비의 보조적 위치)에 대한 성격을 밝혀내고자 하는데 있다. 반면, 이익집단이론은 민간경비를 하나의 독립적인 행위자(Actor)로 인식하고 있다. 이익집단이론은 민간경비가 자체적으로 고유한 이해관계를 가질 수 있는 것으로 파악하면서 출발한다는 점에서 근본적인 차이점이 발견된다.

또한 공동화이론과는 달리 이익집단이론에서는 민간경비를 하나의 독자적인 주체로 인식하고 있기 때문에, 공동화이론에서 나타나는 민간경비의 경찰에 대한 의존성은 상대적으로 약하다고 볼 수 있다.

오늘날 기업 차원에서 이루어지는 민간경비의 본질적인 존립목적은 영리지향성(Profit-Oriented)이라고 할 수 있다. 따라서 민간경비가 생산해 내는 치안서비스는 목적을 위한 하나의 '수단'(Measures) 또는 '상품'(Goods)으로서 존재한다고 볼 수 있다. 다만, 영리를 극대화하기 위해서는 수단 또는 상품을 최고의 양질로 제공하고자 노력할 것이다.

이익집단이론의 관점에서 볼 때, 민간경비는 자신들의 이익을 극대화하기 위하여 일차적으로 경찰과 협력적 관계를 지속하고자 할 것이다. 이는 경찰은 민간경비에 비하여 법적 권한이 많기 때문에 민간경비는 경찰의 지속적인 지원과 최소한의 통제를 요구하게 될 것이며, 경찰의 입장에서는 민간경비를 적절히 통제하면서 이들의 풍부한 인적 · 물적 자원을 활용하여 치안서비스를 극대화하고자 노력할 것이다.

---

post-war private and public policing," in Matthews, R. (ed.), Privatizing Criminal Justice, London: Sage.; Johnston, Les(1992) "Policing Diversity: the impact of the public-private complex in policing," In Frank Leishman et al.(eds.)(1996), op. cit., p. 55.

36) Flavel, W.(1973), "Research into Private Security," Second Bristol Seminar on the Sociology of the Police, April.; Cunningham, William C. & Taylor, Todd H.(1985), op. cit., p. 111.

따라서 일정 단계에 이르기까지는 민간경비와 경찰의 관계는 상호 협력적 관계가 모색될 수도 있을 것이다. 그러나 일정한 단계에 이르게 되면, 이해관계의 상충으로 인하여 양자 간의 관계는 협력관계를 넘어 상호 갈등 · 경쟁적 관계도 형성할 수도 있을 것이다.

이상과 같은 민간경비와 경찰의 관계와 관련하여 민간경비의 경영진과 경찰관들에 대한 조사결과, 민간경비 경영진들과 경찰관은 양 집단 간의 경쟁적 관계를 부정하고 공동화이론과 이익집단이론을 지지한 것으로 나타났다. 물론, 일부 경찰관들은 민간경비가 경찰서비스 영역을 침식하고 있다는 우려를 나타내기도 하였다.[37]

4) 협력적 관계구조의 구체적 내용

생각건대, 민간경비와 경찰의 바람직한 관계구조는 협력적 관계를 기반으로 한, 공동생산방식을 지향하는 것이라 할 수 있다.

이와 관련하여 정진환교수는 1970년대 이후 대부분의 국가가 치안활동에서 민간부문(민간경비 및 일반시민)의 영역을 활용하고 있다고 보았다. 국가마다 발전과정에서 약간의 차이가 있기는 하나 경찰력의 한계와 민주성의 확보라는 두 가지 공통적 요구에 따라 선진국일수록 민간부문의 활용범위는 확대되어 가고 있다고 본 것이다. 이에 따라 경찰의 전통적 기능인 법집행과 질서유지 기능 중 전자는 공경비인 경찰에, 후자는 민간조직에 이양해 가는 추세를 보이고 있다는 것이다.

따라서 정진환교수는 존스톤(Johnston)의 견해를 토대로 민간조직을 활용하는 형태는 일반적으로 민간경비산업을 이용하는 방식과 경찰과 민간경비가 혼성 또는 합동으로 치안조직을 형성하는 두 가지 방식이 있다고 하였다. 그는 민간조직 활용과 관련하여 이루어지고 있는 민간경비와 경찰의 협력구조의 구체적 내용을 아래와 같이 제시하였다.[38]

물론, 이러한 민간경비와 경찰의 협력 형태라는 것이 전혀 새로운 것은 아니다. 이미 오래전부터 정도의 차이는 있지만 어떠한 형태로든지 민간부문과 경찰의 협력은 이루어지고 있으며, 따라서 일부를 제외하고는 우리나라에서도 이루어지고 있는 내용들이다. 다만, 민간경비와 공경비의 협력관계가 치안환경을 보다 개선시키는데 이점이 있다면, 앞으로 이에 대한 발전방향을 적극적으로 모색해야 할 것이다.

---

37) Ibid., p. 111.
38) 정진환(1999), "민간경비와 경찰연구의 새 방향," 한국경찰학회보, pp. 254~256.; Johnston, Les(1992), The Rebirth of Private Policing, London: Routledge, pp. 192~193.

(1) 개인간의 연결

민간경비와 경찰의 '개인 간의 연결'(Interpersonal Links)은 두 가지 형태로 이루어질 수 있다. 하나는 민간경비업체에서 고위 경찰관, 군인 그리고 공무원을 새로 채용하는 방법이며, 이는 영국과 미국에서 주로 행해지고 있다.

우리나라의 경우에도 퇴직한 경찰 및 군 간부 등을 민간경비회사에서 고문 등으로 채용하여 활용하고 있음은 물론이다. 또 다른 하나는 현직 경찰관이 민간경비회사에서 '부업'(Moonlighting)으로 근무하는 형태이다. 미국에서는 상당수의 경찰관이 이러한 부업에 종사하고 있는 것으로 나타났으며,[39] 경찰노조는 일종의 직업중개인(Job Broker) 역할을 하고 있다. 영국에서는 경찰관 부업이 법으로 금지되고 있지만 전혀 없는 것은 아니다. 그러나 우리나라는 공무원(경찰공무원)은 공무(公務) 외에 영리를 목적으로 하는 업무에 종사하지 못하도록 법으로 엄격히 금지하고 있음은 물론이다.[40]

(2) 공동운영

미국에서는 민간경비와 경찰의 공동 임무수행이 다양한 형태로 이루어지고 있다. 막스(Marx)는 이러한 공동운영(Joint Operation)방식에 대해서 체계적인 접근을 시도하였다.[41] 영국에서는 이러한 형태가 흔한 것은 아니다. 1988년 스톤핸쥐(Stonehenge)에서 민간경비와 경찰이 공동으로 운영한 유사한 형태가 있었다. 영국 남부의 윌트쉬어(Wiltshire) 주의 경찰이 민간경비와 공동으로 치안서비스 임무를 수행하였으며, 이때 민간경비는 경찰이 설정한 폴리스라인(Police Line) 후면에서 일을 도왔다.

우리의 경우에는 근래 들어 정도의 차이지만 민간경비와 경찰이 공동으로 일정한 임무를 수행하는 것을 발견할 수 있다. 예컨대,「2002 한 · 일 월드컵」및「2018 평창 동계올림픽」에서 경기장 내외의 안전관리와 관련하여 민간경비와 경찰이 공동으로 경비업무를 수행한 바 있다. 마찬가지로 각종 대규모 스포츠행사, 공연, 지방자치단체 축제 등에서 민간경비와 경찰이 경비 및 질서유지와 관련하여 각자 일정한 역할을 설정하고, 상호 유기적인 협력관계를 형성 · 발전시키는 것이 일반적이다.

---

39) Reiss. A. J.(1988), Private Employment of Public Police, Weakington: U.S. Dept of Justice, Government Printion Office.

40) 공무원은 공무 외에 영리를 목적으로 하는 업무에 종사하지 못하며 소속 기관장의 허가 없이 다른 직무를 겸할 수 없다(국가공무원법 제64조 제1항).

41) Marx. G.(1987) "The Interviewing of Public and Private Police in Undercover Work," in C. D. Shearing and P. C. Stenning (eds.), Private Policing, California: Sage, pp. 172~193.

(3) 업무의 교환

민간경비와 경찰의 업무의 교환(Exchange of Services)과 관련하여 정보의 교환이 가장 대표적인 것이며, 그 외에도 기술적인 자문 등 여러 가지 형태가 있다. 영국에서는 민간경비회사가 범죄기록에 접근하는 것이 금지되어 있으나 미국에서는 민간경비회사가 범죄기록에 관한 정보를 상당부분 보유하고 있다. 예컨대, 컨닝햄(Cunningham)과 테일러(Taylor)의 연구에 따르면, 연방수사기관인 FBI는 비수사기관으로부터 지문(指紋)을 매 건수 당 일정한 비용을 지불하고 매입하는 경우가 있다고 하였다.[42] 민간경비와 경찰의 정보교환은 각자가 가지고 있는 직무상의 특성을 최대한 활용할 수 있기 때문에, 특정한 업무와 관련하여 일정한 정보를 배타적이지 않고 상호교환·공유하는 것은 매우 중요한 일이라 할 수 있다.

(4) 특별권한의 인정

최근 영국에서도 민간경비원에게 법원의 안전이나 죄인의 호송 등의 업무에 특별한 권한을 부여(Granting of Special Powers)하고 있다. 미국에서는 민간경비의 역사가 오래인 만큼 민간경비원에게 경찰과 유사한 권한을 부여하는 이른바 '특별경찰'(SPO: Special Police Officer)제도는 일찍부터 존재하였다. 미국 오리건주의 회사경찰(Company Police), 뉴욕시 백화점이나 라스베거스 카지노 등에 특별경찰은 얼마든지 있다.

이러한 민간경비원들에 대한 특별권한을 부여하는 것은 그만큼 경찰이 민간경비의 존재성을 인정하고 협력을 요청하는 것이라 할 수 있다. 우리나라에서도 최근 국가중요시설에 근무하는 특수경비원들에 대해 총기사용과 관련하여 일정한 권한을 인정하는 것은 이와 관련된 단적인 예라 할 수 있다.

(5) 민간경비원을 고용하는 공공기관

미국에서는 많은 수의 민간경비원들이 정부의 공공시설(군사기지, 공공건물, 핵시설 등)에서 근무하고 있다. 영국에는 아직 구체적인 통계는 없지만 국가의 중요부서, 경찰청사 그리고 도시의 재산 등을 보호하는 일 등에 민간인이 고용되어 있다. 우리나라의 경우에도 정부시설 및 국가중요시설과 같은 일정한 공공시설에 대해서는 청원경찰 및 민간경비원(특수경비원)을 배치하여 운영하고 있음은 물론이다.

사실, 경찰을 포함한 공공기관의 역할이 모두 전문성을 요구하는 것은 아니다. 경우

---

42) Cunningham, William C. & Taylor, Todd H.(1985), op. cit., p. 193.

에 따라서는 단순 업무도 있으며, 또 경찰보다 민간인이 전문성을 가지고 있는 경우도 얼마든지 있다. 따라서 앞으로 '민간인을 고용하는 공공기관'(Public bodies hiring private personnel)은 보다 늘어날 것이다.

(6) 새로운 조직형태

막스는 자신의 연구에서 민간부문과 공공부문의 구분을 애매하게 하는 새로운 조직형태(New Organization Forms)에 주목하였다. 그는 이것은 국가(주정책 또는 도시정책)와 함께 공동으로 일하는 민간단체(회사)가 준공공적 지위를 가지고 중요한 일을 수행할 때 생성된다고 하였다. 이와 같은 사례는 미국에서 흔히 일어나고 있으며, 영국에서도 1970년대 이후 서서히 생겨나고 있다.

제2편

민간경비의 법적관계 및 조직화과정

제5장 민간경비의 법적 근거와 규제
제6장 민간경비의 권한
제7장 민간경비의 책임
제8장 민간경비의 조직화
제9장 민간경비의 채용과 교육훈련, 윤리

제2편에서는 민간경비의 법적 관계 및 조직화과정에 대해서 기본적으로 살펴보기로 한다. 현대 법치주의 국가에서는 민간경비 역시 일정한 법적 근거를 두지 않을 수 없다. 따라서 먼저, 이러한 법적 근거 속에서 민간경비의 존재를 확인하고, 이에 대한 규제와 관련하여 살펴볼 필요가 있다. 민간경비에 대한 규제는 민간경비를 하나의 사업으로 설립하는데 요구되는 허가, 관리감독 문제, 자격증, 민간경비원들의 적절한 직무수행 등과 관련된 것이다.

그리고 민간경비원의 권한과 책임을 살펴보고자 한다. 법치주의하에서 원칙적으로 민간경비원은 일반시민으로서의 권한을 가지고 있지만, 경우에 따라서는 그 이상의 권한을 행사하기도 하는데 이에 대한 제반 사항을 살펴보기로 한다. 그런데 권한에는 책임이 항상 따르기 마련이다. 따라서 민간경비원이 권한을 적절하게 행사하지 못하여 고객 및 일반시민에게 일정한 손실 또는 손해를 끼쳤다면 그에 상응하는 책임이 뒤따라야 함은 물론이다.

다음으로 민간경비의 조직화과정에 대해서 살펴보기로 한다. 민간경비 활동 역시 일정한 '조직'을 전제로 한 것이며, 따라서 민간경비 관련업무의 수행과 관련하여 조직을 어떻게 구조화할 것인가 하는 것은 중요한 문제이다. 그리고 구조화된 조직을 운용 및 관리할 수 있는 인적자원이 필요한데, 이러한 인적자원에 대한 인사관리는 다양한 과정을 거치게 된다. 따라서 여기에서는 이와 관련하여 채용과 교육훈련, 그리고 윤리문제를 중심으로 접근하고자 한다.

제5장
민간경비의 법적 근거와 규제

제1절 기본논의

이 장에서는 민간경비의 법적 근거 및 규제 등과 관련된 문제를 중심으로 살펴보기로 한다. 민간경비는 말 그대로 사적(私的) 차원에서 치안서비스와 관련된 활동을 수행하고 있는데 이는 전통적인 국가관(특히 대륙법계 중심) 즉, '치안서비스는 공적 차원에서 이루어져야 한다'라는 종래의 관념에서 볼 때 상당히 논쟁의 여지가 있다고 본다. 따라서 이와 관련하여 헌법 및 법적 근거를 살펴보기로 한다.

그리고 헌법 및 관련법에서 민간경비의 활동근거를 찾았다면, 아울러 그에 대한 일정한 규제의 필요성 및 규제 방법에 대해서 살펴볼 필요가 있다. 민간경비는 그 규모 및 활동업무의 특성, 그리고 이의 공정거래 및 건전한 발전을 도모하는 차원에서 일정한 규제가 필요한 것이 사실이다. 물론 최근 들어 정부의 민간기업 또는 산업에 대한 지나친 규제가 오히려 경제발전에 역효과를 가져오고 있다는 비판에도 불구하고 많은 사람들은 민간경비의 규제 필요성에 대해 공감하고 있는 실정이다.

오늘날 정부의 간섭 및 규제를 줄여나가는 전반적인 추세 속에서도 민간경비의 활동을 단지 민사상의 규제에만 의하지 않고 공법상의 규제를 가하는 것은 고객 및 일반시민의 생명과 재산을 보다 적극적으로 보호하고 문제의 소지를 사전에 예방하며, 건전한 민간경비산업의 육성과 발전을 도모하기 위한 것임을 인식할 필요가 있다.

사실, 민간경비원에 의한 시민의 권리침해, 권한의 남용, 비윤리적인 기업행위, 무기의 오남용, 부적절한 지휘감독 등이 여전히 문제시되고 있다. 또 기계경비업체에서 제공되는 경보장치의 오경보(False Alarm)는 종종 경찰에게 심각한 문제를 제공하기도 하며, 경보장치에 대해 잘 알지 못하는 소비자들을 현혹하는 방법으로 이를 판매하는 경우도 있었다.

민간경비의 규제와 관련하여 기본적으로 두 가지 차원에서 접근할 수 있다. 하나는 민간경비를 하나의 사업으로 등록하기 위해서는 일정한 조건 및 기준을 마련하여 그에 따르도록 하는 것과, 다른 하나는 민간경비업무를 수행하는 민간경비원들에 대해 일정한 전문자격을 갖추도록 하는 것이다.[1)]

---

1) Hess, Kären M. and Wrobleski, Henry M.(1996), Introduction to Private Security, N.Y.: West Publishing Company, pp. 41~46.

이러한 규제방법을 보다 다양한 관점에서 살펴본다면 첫째, 적절한 채용 및 교육훈련, 면허증이나 자격증제도의 실시, 인허가의 기준 강화 등을 통하여 고객에 대한 양질의 민간경비서비스 제공하고 아울러 경비업의 '상향적인 표준화'를 지향하는 방법을 들 수 있다. 둘째로, 사전 예방적 차원에서 감독기관의 적절한 지도·감독을 통한 '공적인 규제'의 강화방법이다. 경찰과 같은 공권력이 국민의 자유와 권리를 보호하기 위해 민간경비업에 대한 적절한 규제나 지도·감독을 담당하여야 한다는 것이다.[2)]

이상과 같은 논의를 바탕으로 이 장에서는 민간경비의 법적 근거로서 헌법과 법률유보의 차원에서 경비업법을 중심으로 접근하고, 아울러 규제와 관련하여서는 민간경비의 인허가, 그리고 자격증제도 등을 중심으로 살펴보기로 한다.

제2절 민간경비의 법적 근거

1. 헌법적 근거

1) 영미법계의 관점

자경주의(Vigilantism) 전통에서 본다면, 자체경비(自體警備, Proprietary Security)는 민간경비의 가장 전형적인 형태라고 볼 수 있다. 그리고 자본주의가 발달함에 따라 그러한 경비수요에 부응하기 위하여 일정한 경비서비스를 제공하고 그 대가로 영리를 추구하는 계약경비(契約警備, Contract Security)가 발전해 온 것이라 할 수 있다.

따라서 치안활동에 대한 사인자치주의 또는 자경주의 전통이 강한 영미법계 관점에서는 공경비인 경찰 이전에 사적인 차원의 일반시민 또는 민간경비의 치안활동은 뿌리 깊은 역사가 있다. 미국의 경우, 수정헌법에서 시민의 무기휴대의 권리를 보장하고 있을 만큼 자경주의가 강한 나라이다.[3)] 어쨌든, 미국의 민간경비의 법적 근거는 자신의 신체

2) 이백철·주희종·박병식(1995), "민간방범역량강화를 위한 사경비제도 발전방안," 치안논총 제11집, p. 237.

3) 무기휴대의 권리(수정헌법 제2조, 1791년 제정): '잘 규율된 민병대(Militia)는 자유로운 주(州)의 안보에 필수적이다. 따라서 무기를 소장하고 휴대하는 시민의 권리는 침해될 수 없다'(A well regulated militia being necessary to the security of a free State, the right of the People to keep and bear arms shall not be infringed).; 미국에서 개인의 총기소유권리는 행정력이 미치지 못하는 광활한 땅을 개척해야 했던 당시에 자신은 물론 가족의 생명과 재산을 지키기 위해서 반드시 필요한 권리로 인식되어 왔으며, 여기에는 국가가 개인을 온전히 보호해 줄 수 없다는 관념도 영향을 미쳤다. 한편, 수정헌법 제2조의 해석과 관련하여 '개인의 권리'이론과 '주

와 재산을 보호할 수 있는 헌법적 권리뿐만 아니라 타인을 고용할 수 있는 영국의 보통법(Common Law)의 전통과 권리에 뿌리를 두고 있다.

2) 대륙법계의 관점

민간경비의 법적 근거에 관한 문제를 전통적으로 치안활동에 관한 국가독점 현상이 강한 대륙법계 국가에서는 어떠한 식으로 접근하고 있는지 살펴볼 필요가 있다. 독일의 경우, 독일 기본법 제33조 제4항에서는 '고권적 권한(高權的 權限)의 행사는 계속적 사무로서 원칙적으로 공법상의 근무관계, 충성관계에 있는 공무원에 맡겨야 한다'고 하여 고권적 권한의 행사를 제도적 의미에서 행정의 담당자 중에서도 공무원에 유보하고 있는 규정을 두고 있다.

여기에서 '고권적 권한'이라는 것에 대한 의견은 분분하지만 적어도 '공권력의 행사를 동반하는 침해행정(侵害行政)의 권한을 포함하고 있다는 것'에 대해서는 이견이 없다. 그리고 공무에 종사하는 자 중에서도 고용인 및 노무원이 아닌 공무원에게만 유보할 수 있는 규정으로 해석되고 있다. 고권적 권한의 행사가 공무원에 위임될 수밖에 없다는 이러한 규정을 사인에의 행정권한 위임과 관련해서 보면 '계속적인 사무'는 국가에서 담당하고 '일시적인 사무나 혹은 예외적인 사무'에 대한 고권적 권한은 공무원이 아닌 자에게 위임하는 것이 허용된다고 해석되고 있다.

결국, 독일에서는 사인에의 행정권한 위임에 있어서 헌법상의 관계에서 일정한 한계가 있음을 알 수 있다. 그런데 한편으로는 독일 기본법상 사인에 대한 고권적 행정사무의 위탁에 관한 규정은 존재하지 않으나 사인에 의한 행정사무의 수행을 오래전부터 인정해 온 독일의 공법 전통에 비추어 이미 행정법질서에 있어서 '헌법 이전에 확립된 요소'에 속하므로 헌법제정자도 이 전통을 배제하려면 명문으로 규정하여야 한다고 보기도 한다.[4]

3) 우리나라의 민간경비에 대한 헌법적 근거

우리나라도 마찬가지로 개인은 자신의 신체와 재산을 보호하기 위하여 타인의 권리를 침해하지 않는 범위 내에서 일정한 경비원을 고용할 수 있음은 물론이다. 그러나 우리

의 권리'이론 두 관점이 존재하는데, 미국 연방대법원은 민병대의 유지에 필요한 한도 내에서 '개인의 권리'이론을 지지한 것으로 해석된다. 최근 미국 내에서 총기관련 인명피해 사건이 적지 않게 발생하면서 이에 대한 논란이 계속되고 있다. 위키백과(https://ko.wikipedia.org).

4) 최정일(1996.12), "한국과 독일에 있어서의 행정사무의 민간위탁에 관한 고찰," 법제개선연구 제2집, p. 342.

나라의 헌법에는 독일 기본법과 같이 사인에의 권한위임을 제한한다고 할 수 있는 규정이 있는지, 있다면 어떠한지에 대해서는 종래 크게 논의된 바가 없다고 본다. 또 헌법 규정상 특정의 행정권한을 명시적으로 국가 또는 그 공무원에 유보하고 있다는 규정도 존재하지 않는다.

다만, 우리나라 헌법은 기본원리로서 국민주권원리(國民主權原理)가 주어져 있고, 국민에 의해 신탁된 '공권력의 행사'에 대해서는 행정부(行政府)가 행사하는 것이 원칙이며, 국민의 기본권과의 관계에서도 국가의 행정활동은 행정이 책임을 지는 것이라고 할 수 있다. 결국, 지휘 · 감독을 행하는 책임을 질 수 있는 조직 또는 공무원에 의한 행정이 원칙적으로 확립되어 있다고 할 수 있을 것이다.

따라서 국민에게 그 의사에 기초한 자력구제를 금지하고, 긴급피난 등의 예외적 경우를 제외한 실력의 발동을 금지하는 한편, 국가 및 그 사법조직 및 행정조직이 공권력을 행사하는 통치구조로 되어 있으며, 이러한 의미에서 우리나라에서도 '공권력의 국가독점의 원칙'은 타당하다고 본다. 이와 같이 권력의 국가독점 원칙과의 관계에서 사인에 의한 권력적 활동은 원칙적으로 배제된다. 국민 상호간에는 기본적으로 그 자유권에 기초한 합의에 의한 경우 이외에는 권리의무관계의 형성이 인정되지 않으며, 일방적으로 다른 국민의 권리의무관계를 변동시키는 규제적 · 강제적 작용은 국가기관이 독점하는 것이고, 이것을 해제하는 작용도 마찬가지로 해석되어야 한다.

이와 같은 해석의 기초로는 '국민주권원리'를 선언하고 있는 헌법 제1조 제2항, 그리고 '행정권은 대통령을 수반으로 하는 정부에 속한다'고 규정한 헌법 제66조 제4항, '행정 각 부의 설치 · 조직과 직무범위는 법률로 정한다'는 헌법 제96조 제4항, '공무원은 국민전체에 대한 봉사자이며, 국민에 대하여 책임을 진다'라고 하여 공무수행의 주체를 공무원이라고 규정한 헌법 제7조, '모든 국민은 법률이 정하는 바에 의하여 공무담임권을 가진다'는 헌법 제25조 등을 들 수 있다.

그리고 한편으로는 우리 헌법 제37조 제2항에서 '국민의 자유와 권리는 그 본질적 내용을 침해하지 아니하는 범위 안에서 법률로 정할 수 있다'라고 명시되어 있기 때문에 권력적 성격을 갖는 치안활동을 민간인에게 위탁하여 행사할 수 있는지에 대한 여부가 문제시된다.

그런데 헌법의 태도와 현실과의 괴리가 크게 존재하고 있는 것도 부인할 수 없는 사실이다. 예컨대, 헌법상 제한규정을 두고 있는 독일에서조차 일정한 공권력의 행사, 실력의 발동을 사인에게 위임하는 것으로 보이는 현상이 있다는 것과 아울러 미국의 경우 최근 국가의 공권력에 의한 강제력 발동의 전형적인 예인 교도소를 민영화하는 현상을 고려할 필요가 있다. 우리나라도 「민영교도소 등의 설치 · 운영에 관한 법률」이 2000년 1월에 제정(2001년 7월 시행)되었다. 물론, 이러한 공권력의 행사를 민간에 위임하는 것이 허용되어서는 안 된다는 주장이 없는 것은 아니다.

결과적으로 현행 헌법은 민간경비업을 전면적으로 금지하고 있지 않다고 보며, 이의 인정 여부 및 인정 범위는 입법자가 정할 사항이라고 보기도 한다.[5] 법과 현실을 고려할 때 일시적이고, 예외적인 경우에 한하여 엄격한 요건심사와 행정에 준하는 통제요건을 충족한 조건하에 사인에 대한 특허가 이루어지고 궁극적인 책임을 정부가 지는 것이라면, 행정권한의 위임은 헌법위반이라고 할 수 없을 것이다.[6] 따라서 현재 많은 법률에서 채택되고 있는 제도를 개별적 · 구체적으로 검토하여 공권력 행사의 국가독점 원칙의 예외로서 인정할 가치가 있는가, 그렇지 않은가에 대한 타당성을 개별적으로 검토하지 않으면 안 될 것이다.[7]

2. 법률유보의 문제

사인(私人)에 의한 치안서비스의 제공이 헌법상 예외적으로 존재 · 허용된다고 하는 경우, 사인에게 치안서비스업무 또는 경비업무를 위임하는 권한은 행정부의 '조직권한'에 속하는가 아니면 입법권자에게 속하는가에 대한 문제가 제기된다. 법률유보의 원칙이 공무위탁에도 미치는 것인가 아니면 위탁행위는 법률유보에 속하지 않는 행정조직권한에 속하는가에 대해 살펴볼 필요가 있다.

사인에게 치안서비스제공 권한을 위임하는 것은 국가기관에 배분된 권한을 부분적으로 사인에게 위임하는 것인데, 이러한 권한배분을 법률의 수권 근거 없이 사인에게 위임하는 것이 과연 가능한가의 문제 즉, 법률유보(法律留保)의 문제가 검토될 필요가 있는 것이다.

미국의 헌법적 규정뿐만 아니라 일부 주에서는 개인은 자신의 신체와 재산을 보호할 권리를 가지고 있으며, 그러한 권리를 실현시키기 위하여 타인을 고용할 수 있다는 것을 법으로 규정하고 있다.

우리나라의 헌법은 행정조직에 관한 기본적인 사항을 정하고 그 구체적이고 세부적인 것은 법률로 정하도록 하는 '행정조직 법정주의'(行政組織 法定主義)를 취하고 있다는 점

---

5) 홍정선(2007), 경찰행정법, 서울: 박영사, p. 150.
6) 신보성(2000.7), "사인에의 행정권한 위임의 법적 고찰," 법조 제526권, p. 89.; 홍정선(2007), 앞의 책, p. 150.
7) 홍성필(2002), "사인에 의한 경찰작용에 관한 연구," 성균관대학교 박사학위논문, p. 114.

에서 볼 때, 행정권한의 설정 및 그 행사주체는 법률에 따라야 할 것이므로 행정권한의 사인에의 위임에는 법률의 수권을 요한다고 해야 할 것이다.

여기에서 법령의 근거를 요한다고 하는 것은 반드시 '형식적 의미의 법률'에 근거를 두고 그 구체적인 내용은 대통령령 등 하위법령에서 정할 수 있다는 의미로 해석해야 할 것이다. 법률에서 구체적으로 범위를 정한 사항에 대하여서는 대통령령 · 총리령 · 부령 등 하위법령에 위임할 수 있기 때문에 위임근거가 있는 경우 하위법령에서도 정할 수 있다고 본다. 다만 법률에 의해 사인에 위임할 수 있다고 하더라도 그 위임의 범위는 위임행정기관의 권한을 넘어서거나 비교될 수 있을 만한 권한이 주어져서는 안 되며 국가는 감독의무와 보증의무를 져야 할 것이다.[8]

그리고 주의할 것은 사인에 대한 치안활동 권한의 위임에 법률의 수권을 요한다는 의미는 법률의 수권 근거만 존재하면 무제한으로 권한의 위임이 가능함을 의미하는 것은 아니라는 점이다. 해당 사무가 치안서비스적 성격을 강하게 지니는 경우 특히, 공권력에 의한 강제가 수반되는 권력적 사무나 공익에 관한 재량적 가치판단을 요하는 사무를 사인에게 위임하는 데는 매우 엄격한 판단을 필요로 하며, 이는 위임의 본질상 내재적 한계라고 할 수 있을 것이다. 또한 치안활동 관련 권한의 전부나 중요부분을 사인에 위임하는 것 역시 위임행정청의 권한의 소멸을 가져오는 것이므로 허용되지 않는다고 할 것이다.

한편, 사인에의 치안활동권한의 위탁에 법률유보를 요한다고 하는 경우, 법률유보의 내용은 위탁하는 업무의 내용과 범위 그리고 위탁자 혹은 위탁자의 자격을 포함한다고 할 수 있다.

민간경비의 개념 및 활동영역은 경우에 따라서 매우 포괄적이기 때문에 이의 한계를 명확하게 설정하는 것은 쉬운 일이 아니다. 이러한 점에서 본다면, 민간경비와 관련된 직 · 간접적 법적 근거를 모두 파악하는 것은 쉽지 않다고 본다. 다만, 현행법상 경비업법은 민간경비의 제도적 근거가 되는 대표적인 법이라는 점에서 의미가 있다고 본다.

경비업법(警備業法)은 1976년 제정 이래, 그동안 경비업계의 환경변화에 따라 여러 차례 개정되었고 특히 중요한 개정은 제4차(1991), 제5차(1995), 제7차(1999), 제8차(2001), 제9차(2002), 제10차와 제11차(2005),[9] 제17차(2013), 그리고 제33차(2024) 개정이라고 할 수 있다.

---

8) 위의 논문, p. 117.
9) 안황권 · 안성조(2006), 신경호경비법론, 서울: 백산출판사, pp. 185~186 재구성.

1) 제4차 개정: 허가관청의 경찰로의 이관

현행 경비업법상의 민간경비업에 대한 허가권은 경찰이 가지고 있다. 그러나 (용역)경비업법 제정 당시인 1976년에는 지방단체장(地方團體長)이 이를 가지고 있었다. 즉, '용역경비업을 영위하고자 하는 자는 대통령령이 정하는 바에 따라 서울특별시장 · 부산시장 또는 도지사의 허가를 받아야 한다. 다만, 영업구역이 2개 이상의 도(서울특별시 · 부산시 포함)에 걸칠 때에는 내무부장관의 허가를 받아야 한다'(용역경비업법 제4조 제1항)고 규정하고 있다.

이후 1991년에 (용역)경비업법이 개정되어 허가관청이 경찰로 이관되었다는 점에 주목할 필요가 있다. 즉, '용역경비업을 영위하고자 하는 자는 대통령령이 정하는 바에 따라 지방경찰청장의 허가를 받아야 한다. 다만, 영업구역이 2이상의 지방경찰청 관할구역에 걸칠 때에는 경찰청장의 허가를 받아야 한다'(제4조 제1항)고 개정된 것이다.

2) 제5차 개정: 신변보호업무의 신설, 경비지도사제도의 도입 등

제5차 개정(1995)에서는 개인의 신변을 보호하고 위해발생을 방지하는 신변보호업무(身邊保護業務)를 민간경비의 한 분야로 추가하고, 경비원의 자질향상을 도모하기 위하여 경비원의 지도 · 감독 및 교육을 전담하는 '경비지도사제도'(警備指導士制度)제도를 신설하였다(이전에는 시설경비와 호송경비 2종이 규정되어 있었다).

그리고 경비업을 건전하게 육성하기 위하여 민간경비업에 대한 경찰청장의 허가권한을 경비업을 하고자 하는 법인의 주사무소의 소재지를 관할하는 '지방경찰청장'에게 위임(委任)하고, 경비업체의 임 · 직원, 경비지도사 및 경비원은 직무상 알게 된 경비대상의 비밀을 누설하거나 부정한 목적으로 사용하지 못하도록 개정하였다.

3) 제7차 개정: 용역경비업법의 '경비업법'으로의 명칭 변경 등

제7차 개정(1999)에서는 종래의 '용역경비업법'(用役警備業法)의 명칭을 '경비업법'(警備業法)으로 변경하였다는 점에 주목할 필요가 있다. 이를 통해 과거 단순한 인력경비에 국한된, 그리고 사회적 인지도가 다소 낮은 '용역'이라는 의미를 없앴다는 점에서 의의를 둘 수 있다. 그리고 행정규제기본법에 의한 규제정비계획에 따라 경비지도사의 자격 등과 관련된 규정을 합리적으로 조정하고, 설립과 가입이 강제되던 경비협회 관련 규정을 정비하는 등 경비업법과 관련된 과도한 규제를 개선 · 완화하였다.

4) 제8차 개정: 경비업법의 전부개정

제8차 개정(2001)에서는 경비업법 제정 이래 최초의 '전부 개정'이 이루어졌다는 점에서 중요한 의미를 갖는다(2015년 현재까지 전부 개정은 이때가 유일하다). 이 때에 종래의 시설경비업무, 호송경비업무, 신변보호업무 외에 기계경비업무와 특수경비업무가 추가되었다. 1980년대에 기계경비가 시작된 이래로 20년 만에 법으로 규정되었고, 특히, 인천국제공항의 개항을 계기로 국가중요시설의 경비에 '특수경비원'(特殊警備員) 제도를 신설한 것은 매우 큰 역사적 의의를 갖는다.

한편, 이 때 개정된 경비업법에서 '경비업자는 이 법에 의한 경비업 외의 영업을 하여서는 아니된다'고 규정하였다(제7조 제8항). 이 밖에도 5년마다 경비업 허가갱신제도, 특수경비원의 무기휴대 · 사용권한, 기계경비업자의 대응체제 구축 및 오경보 방지를 위한 설명의무 등의 획기적인 개정이 이루어졌다.

5) 제9차 개정: 경비업자의 겸업금지 의무 개선 등

제9차 개정(2002)에서는 경비업자 대부분이 경비업 외에 다른 업무를 겸업하고 있는 경비업계의 현 실정에 맞추어 경비업법에 의한 경비업 외의 영업을 할 수 없도록 하는 경비업자의 겸업금지의무 조항을 삭제하고,[10] 특수경비업자로 한정함으로써(제7조 제8항),[11] 경비업자의 영업에 대한 규제를 완화하였다는 특징을 갖고 있다.

6) 제10차와 제11차 개정: 벌칙 및 신고의무 강화 등

2005년에는 두 차례 개정이 있었는데, 경비원이 경비업무의 범위를 벗어난 행위를 하거나 이를 하게 한 자에 대하여 형사처벌을 할 수 있도록 하는 한편, 신변보호 또는 시설경비업무를 수행하는 일반경비원이나 특수경비원을 배치할 때에는 24시간 전까지 신고하도록 하고 이를 위반한 경우에는 배치폐지를 명할 수 있도록 하는 등 현행 제도의 운영과정에서 나타난 일부 미비점을 개선 · 보완하는 내용이었다.

---

10) 제8차 개정에 의해 규정되었던 경비업법 제7조 제8항의 내용(경비업자의 경비업 외의 영업 금지)에 대해 헌법재판소에서 위헌결정을 내렸다. 헌재 2002.4.25., 2001헌마614.

11) 특수경비업자는 이 법에 의한 경비업과 경비장비의 제조 · 설비 · 판매업, 네트워크를 활용한 정보산업, 시설물 유지관리업 및 경비원 교육업 등 대통령령이 정하는 경비관련업 외의 영업을 하여서는 아니된다(현 경비업법 제7조 제9항).

7) 제17차 개정: 경비업에 대한 규제 강화

(1) 제17차 경비업법의 개정 배경

2013년 6월 7일의 제17차 개정(2014년 6월 8일 시행)은 경비업법에 있어서 매우 큰 역사적 사건이라고 할 수 있다. 본래 경비업법은 민간경비에 대한 자율적 운영보다는 국가차원의 규제를 목적으로 제정되었다고 본다. 그리고 일정한 기간이 지나면서 규제뿐만 아니라 자율적 운영을 도모하는 내용도 아울러 가지면서 법이 발전하였다고 본다(그 이면에는 경비협회 및 관련 민간경비업체의 정치적·사회적 노력과 전문성 확보 등의 결과라고 볼 수 있다).12)

그러나 여전히 민간경비업체의 불법적인 폭력행사 문제(특히, 집단민원현장)는 상존하고 있었고 이로 인해 이른바 '컨택터스(CONTACTUS)법'이라 불리는 경비업법의 일대 개정이 이루어졌음은 주지의 사실이다. 이는 2012년 7월 27일 경호경비업체인 컨택터스사(社)가 노동쟁의가 진행되고 있는 경기도 안산 반월공단의 (주)SJM에 투입되어 불법적인 폭력사태를 자행하여 사회문제시 된 것을 배경으로 한다. 정치권에서는 이 사건뿐만 아니라 용산참사(2009. 01), 쌍용자동차 사태(2009. 05~08), 유성기업 사태(2011) 등 그동안 각지에서 벌어졌던 민간경비에 의한 '용역폭력' 문제를 근절하기 위한 노력으로 규제를 강화하는 법안 발의를 한 것이다.13)

이러한 배경하에 이루어진 제17차 경비업법 개정에서는 법규정에 '집단민원현장'(集團民願現場)을 새롭게 명시하고, 민간경비의 전반적인 영역(허가와 허가취소, 결격사유, 경비업자 등의 의무, 복장·장비·출동차량, 배치신고·허가, 감독, 벌칙 및 형의 가중처벌, 과태료 등)에 대한 엄격한 규제강화를 그 주요 골자로 하고 있다(이에 대해서는 이 장의 뒤에서 자세히 살펴보기로 한다).

---

12) 이러한 내용은 경비업법의 목적(제1조)에서 발견할 수 있다. ① 1976년 경비업법이 제정된 이래로 '이 법은 용역경비업에 관하여 필요한 사항을 정함으로써 용역경비업무의 실시에 적정을 기함을 목적으로 한다'고 규정하고 있다. 그러다가 ② 2001년 경비업법의 전부개정에서 '이 법은 경비업의 육성 및 발전과 그 체계적 관리에 관하여 필요한 사항을 정함으로써 경비업의 건전한 운영에 이바지함을 목적으로 한다'고 그 규정내용이 개정되어 현재에 이르고 있다. ③ 전자가 규제(規制)를 고려한 것이라면, 후자는 규제와 자율(自律)의 의미를 동시에 가지고 있는 것으로 볼 수 있다.

13) 안황권(2013.8.30), "개정경비업법의 문제점과 발전방안," 2013 민간경비 전문가(학계) 초청 대토론회(한국프레스센터 기자회견장), p. 24.; 최선우(2013), "민간경비의 자율적 운영에 관한 연구," 한국치안행정논집 제10권 제3호, pp. 183~184.

집단민원현장(경비업법 제2조 제5호)[14)]

① 노동조합 및 노동관계조정법에 따라 노동관계 당사자가 노동쟁의 조정신청을 한 사업장 또는 쟁의행위가 발생한 사업장
② 도시 및 주거환경정비법에 따른 정비사업과 관련하여 이해대립이 있어 다툼이 있는 장소
③ 특정 시설물의 설치와 관련하여 민원이 있는 장소
④ 주주총회와 관련하여 이해대립이 있어 다툼이 있는 장소
⑤ 건물 · 토지 등 부동산 및 동산에 대한 소유권 · 운영권 · 관리권 · 점유권 등 법적 권리에 대한 이해대립이 있어 다툼이 있는 장소
⑥ 100명 이상의 사람이 모이는 국제 · 문화 · 예술 · 체육 행사장
⑦ 행정대집행법에 따라 대집행을 하는 장소

(2) 제17차 경비업법의 개정상의 문제점

자유민주질서와 법치주의가 엄연히 존재하는 우리 현실에서 민간경비에 의한 불법적인 폭력행위는 결코 용납되어서는 안 될 심각한 문제인 것은 분명한 사실이다. 또 민간경비에 대한 관리관청인 경찰 역시 일정부분 그 책임을 회피하기는 어렵다고 본다. 사실, 민간경비에 의해 자행되는 불법행위 문제는 비단 어제 오늘의 일이 아니다. 따라서 현시점에서 이러한 민간경비업체의 불법행위를 근절하고, 경찰의 역할을 재정립하기 위한 경비업법의 개정은 다소 늦은 감이 없지 않다고 본다.

그런데, 문제는 이러한 사태의 심각성(오래 전부터 지속되어 왔고, 또 그 불법행위의 양적 · 질적인 문제 등)에도 불구하고, 이번 경비업법의 개정과정은 정치적 이해관계 속에서 상당히 졸속(拙速)으로 이루어졌다는 점을 지적하지 않을 수 없다.[15)]

민간경비업은 비록 단일법에서 이를 규정하고 있지만 그 활동 영역(시설경비, 호송경비, 신변보호, 기계경비, 특수경비)이 다양하기 때문에 이의 규제 또는 통제 역시 전체적인 요소와 개별적인 요소를 모두 고려해야 한다. 따라서 예컨대, 민간경비업의 유형 가운데 노사분쟁 등 집단민원현장의 개입이 '시설경비업무 또는 신변보호업무' 등의 특수한 형태로서 자행된 것이라면, 우선적으로 그것에 국한하여 그에 관한 문제를 철저하게 진상 조사하여 해결책을 모색하는 것이 바람직하다는 것을 의미한다. 바꿔 말하면,

14) 집단민원현장이라는 용어가 사용되지는 않았지만, 경비업법 개정 이전에도 동법 시행규칙 제24조에 이와 관련된 세부 내용이 명시되어 있었다. 다만, 이번 법 개정으로 경비업법 자체에 보다 구체적으로 명시되고, 일부의 내용(본문의 ⑥, ⑦)이 추가된 것이다.

15) 종래의 법규정에도 민간경비 규제 관련 내용은 적지 않다고 본다. 다만 그러한 규정이 존재함에도 불구하고 관리감독 관청인 경찰이 규제를 적절하게 하지 못한 부분도 없지 않다. 이렇게 본다면, 단순히 '보여주기식'의 법 개정을 통해 규제내용을 일일이 열거하여 위화감(違和感) 조성하기보다는 정비되지 못한 법적 미비점을 발견 · 보완하고 이를 적절하게 적용하는 것이 중요하다고 본다.

민간경비에 대한 적절한 규제도 중요하지만, 수많은 경비업체의 '업무현실'과 '의견'을 고려하지 않은 규제 일변도의 법개정은 많은 부작용을 낳을 수밖에 없다고 본다.16)

자본주의 사회에서 영리추구를 목적으로 하는 민간경비의 '자율적 운영'과 이에 대한 '규제'간의 적절한 조화를 모색하는 것은 쉬운 일이 아니라고 본다. 민간경비 역시 영리추구를 본질로 하기 때문에 국가는 자율적 운영을 보장해 주어야 하지만, 이의 제반 활동 또는 서비스는 일종의 '치안서비스'로서 다른 여타의 민간서비스와는 그 성격에서 차이가 있고, 따라서 상당한 수준의 국가적 규제가 요구됨은 물론이다. 그러나 민간경비의 자율적 운영을 강조하다 보면, 이로 인한 인권침해 등의 문제가 우려되고, 반대로 규제를 강조하다 보면, 민간경비의 시장경제가 위축되어 제기능을 하지 못할 우려가 있다고 본다.17)

8) 제33차 개정: 혼잡 · 교통유도업무의 신설

2024년 1월 경비업법 개정(시행, 2025. 1. 31)으로 경비업무의 종류에 '혼잡 · 교통유도경비업무'가 추가되었다. 혼잡 · 교통유도경비업무라는 것은 '도로에 접속한 공사현장 및 사람과 차량의 통행에 위험이 있는 장소 또는 도로를 점유하는 행사장 등에서 교통사고나 그 밖의 혼잡 등으로 인한 위험발생을 방지하는 업무'를 말한다(경비업법 제2조 제1호 바목).

혼잡 · 교통유도경비에 대한 법적 근거가 마련됨으로써, 관련 경비원들에 대한 체계적인 교육훈련 등이 가능해지고, 이를 통해 공사현장 또는 행사장 등 혼잡지역의 안전사고 위험이 줄어들 것으로 기대된다. 이로써 경비업법상의 경비업무는 시설경비, 호송경비, 신변보호, 기계경비, 특수경비, 그리고 혼잡 · 교통유도경비 6가지가 되었다.

---

16) 영국은 민간경비를 체계적으로 정비 · 규제하기 위하여 민간경비산업법(Private Security Industry Act)을 제정(2001)하였는데, 이를 위해 영국정부는 1999년 3월에 "잉글랜드와 웨일즈 지역의 민간경비산업의 규제를 위한 정부의 계획안"(The Government's Proposals for Regulation of Private Security Industry in England and Wales)이라는 백서에서 민간경비산업의 규제안을 제시하였다. 영국 민간경비산업위원회(http://sia.homeoffice.gov.uk).; 이를 통해 많은 관련자들의 의견을 수렴하고, 이에 대한 광범위한 공감대를 형성하여 법안을 제정하게 된 것이다. 이렇게 했을 때, 진정한 의미의 실질적 법치주의가 구현되는 것이다. 오늘날과 같이 다가치(多價値) 사회에서 여러 사회구성원들의 이해관계를 반영하여 최대다수의 의사를 반영하는 민주질서를 구현하는 것은 사실상 한계가 있다. 그렇기 때문에 '절차적 민주주의'(節次的民主主義)를 실현하는 것은 무엇보다도 중요한 일이다. 최선우(2013), 앞의 논문, p. 184.

17) 위의 논문, p. 184.

3. 민간경비에 의한 치안활동의 법적 의미

민간경비를 전형적인 공무수탁사인(公務受託私人)으로 보기도 어렵고, 또 단순한 행정보조자로 보기도 어렵다. 그러나 현실적으로 민간경비는 공무(公務, 치안서비스)와 관련하여 다양한 활동을 하고 있는 것이 사실이다. 따라서 전형적인 '사인에 의한 행정'의 개념을 넓게 해석하여 민간경비에 의한 치안활동 역시 포함시켜 정의할 필요가 있다고 본다.

'사인(私人)에 의한 행정활동 또는 공공서비스의 제공'이 행정주체로 인정되는 공무수탁사인으로서의 활동 이외에도 '실질적으로 국가가 담당해야 하는 성격의 사무'를 비행정주체(非行政主體)로서 수행하는 경우까지도 포함할 필요가 있다는 것이다.[18]

이와 관련하여 예컨대, 민간경비원이 행하는 범죄예방 및 위험방지활동은 전형적인 경찰활동에 속하는 것으로 '사인에 의한 행정'으로 함께 논의할 수 있을 것이다. 특히 청원경찰의 경우 근무지 내에서 경찰관직무집행법에 의한 경찰관의 직무를 행한다는 점, 그리고 경비업법상의 '특수경비원'의 '무기사용 권한'은 전형적인 경찰업무 가운데 하나라고 할 수 있다.

민간경비원의 활동을 보면,[19] 특히 개인이나 사적 단체와의 사적 계약이나 요청에 의해 범죄예방 및 위험방지활동 등을 수행하는 경우 엄밀한 의미에서 '사인에 의한 행정'에 포함하기 어려울 것이나, 이들이 행하는 각종 활동 등은 그 활동 목적(범죄예방 및 위험방지 등)이나 방법(일정한 경우 권력적 수단의 사용) 등에 비추어보면 본래 국가목적과 관련된 활동의 성격을 띤다고 할 수 있다. 한편, 국가나 행정기관 등의 요청에 의해 민간경비가 안전활동 및 범죄예방활동을 하는 경우도 적지 않다. 독일의 경우 행정기관의 요청에 의한 민간경비의 활동이 전체의 70%에 이른다고 한다.[20]

따라서 주목할 것은 국가행정 특히, 경찰 및 형사사법에 대한 국가독점적 경향이 강한 대륙법계 국가에서도 '사인에 의한 행정'을 폭넓게 해석하는 경향이 있다는 점이다.

---

18) 홍성필(2002), 앞의 논문, p. 18.

19) 민간경비 외에도 예컨대 국가는 일정한 요건을 갖춘 자동차운전 전문학원을 지정하고(도로교통법 제104), 지정받은 자동차운전 전문학원에게 운전기능(장내 기능검정) 및 도로상 운전능력이 있는지에 관한 검정(도로주행 기능검정)을 실시하게 할 수 있다(제108조). 이러한 검정업무는 국민의 권리의무와 밀접하게 관련되는 국가가 담당해야 하는 행정업무라 할 수 있으므로, 이러한 특허받은 자동차운전 전문학원에 의한 검정업무는 비록 특허 받은 운전학원에 행정주체성(行政主體性) 즉, 공무수탁사인성(公務受託私人性)이 인정되지 않는다 할지라도 사인에 의한 행정에 포함된다고 본다. 주지한 바와 같이 이전에는 운전면허취득을 위한 검정은 그 성격상 국가사무라고 할 수 있기 때문에 국가(경찰청)에서 실시되어 왔으나 1995년부터 자동차운전 전문학원제도에 따라 사인에 의해 실시되었음을 인식할 필요가 있다.

20) 홍성필(2002), 앞의 논문, p. 19.

이와 관련하여 독일 행정법학에서 말하는 '사인에 의한 행정'은 '사인에 의한 행정사무의 수행', '사인에 의한 국가적 사무의 수행'이라고 하는 논제에서 보듯 견해의 차이가 있기는 하지만 사인이 위임받은 행정권한을 행사하는 현상뿐만 아니라 어떠한 형태로든 사인이 행정사무 또는 국가적 사무의 성격을 지닌 사무를 수행하는 현상을 폭넓게 지칭하는 것으로 보인다. 이러한 현상은 행정작용 및 행정조직 양면에 걸쳐 복잡하고 다양한 행정 및 행정법현상의 한 단면을 특징적으로 나타내는 것이라 할 수 있다.

제3절 민간경비의 규제

1. 민간경비의 규제 필요성

민간경비에 대한 규제(規制, Regulation)는 공경비인 경찰이 주도적인 역할을 담당하고 있는 우리나라뿐만 아니라 미국을 포함한 각국에서 활발하게 논의되어 왔다. 미국의 경우, 자유방임을 원칙으로 하며, 산업에 대해 그다지 많은 규제를 하지 않는 나라임에도 불구하고 민간경비에 대해서는 그의 영업과 관련하여 인·허가 또는 신고를 요구하는 등 각종 제한을 두고 있다. 이러한 민간경비의 규제의 필요성과 관련하여 다음과 같이 설명할 수 있을 것이다.[21)]

첫째, 민간경비는 고객(개인 및 기관 등)의 생명·재산을 범죄 등으로부터 보호하기 위하여 존재하는 것이며, 그러한 중요한 직무를 수행하는 민간경비원은 이용자의 기대에 부응하여 적절한 임무를 수행할 수 있도록 정부가 공식적으로 보증하는 것이 필요하다. 아울러 민간경비를 이용하는 고객은 적지 않은 비용을 지불하기 때문에 이에 상응하는 양질의 보호서비스를 받을 수 있도록 해야 한다.

둘째, 민간경비의 목적이 범죄의 예방 등에 있는 한, 일반시민과의 빈번한 접촉은 불가피하다. 이 때문에 체포·구금·수색·압수·자백 그리고 증언 등을 요구할 수도 있고, 이러한 것들은 헌법상의 기본적 인권과 밀접한 관련을 맺고 있다. 경찰에 대해서도 '물리적 강제력 행사'에 대해서 엄격한 제한을 두고 있는 것과 마찬가지로 민간경비에

21) U.S. Advisory Commission on Intergovernmental Relations(1981), State and Local Relations in the Criminal Justice System, Washington, D.C.: U.S. Government Printing Office, p. 28.; 이윤근(1989), "한국 사경비 발전방안에 관한 조사연구," 동국대학교 박사학위논문, p. 155.; Hess, Kären M. and Wrobleski, Henry M.(1996), op. cit., p. 41.

대해서도 이와 유사 또는 동일한 제약이 필요하다.

셋째, 개인 및 기관 등이 위험한 범죄 등으로부터 신체 및 재산 등을 보호하기 위하여 민간경비원을 고용하는데, 이들은 경우에 따라서는 상대(위반자 · 침해자, 무고한 시민)에 대해서 치명적인 상해를 입힐 수 있는 장비 또는 무기를 사용할 수 있기 때문에 이러한 장비 또는 무기의 휴대 · 사용에 대한 엄격한 규제가 필요하다.

넷째, 민간경비 관련종사자들의 제복이나 각종 장비가 공경비인 경찰과 유사하여 일반시민이 오해할 소지가 있다. 따라서 이와 같은 오해에서 시민에게 피해가 발생하지 않도록 규제할 필요가 있다.

이상과 같은 민간경비에 대한 규제의 필요성은 정도의 차이는 있으나 우리나라 실정에 대부분 부합되는 것들이라 할 수 있다. 따라서 아래에서는 이상과 같은 규제의 필요성 인식하에 우리나라 및 다른 나라의 민간경비에 대한 규제가 어떻게 이루어지는지를 살펴보기로 한다. 민간경비에 대한 규제는 크게 ㉠ 민간경비업에 대한 규제와 ㉡ 민간경비원에 대한 규제로 나누어 살펴볼 수 있을 것이다.

2. 민간경비업의 허가

1) 각국의 입장

민간경비의 규제와 관련하여 가장 먼저 논의되는 것이 업체의 설립에 대한 허가(許可, Permission)를 들 수 있다. 이는 민간경비업체를 설립하여 계약에 의해 고객(개인, 기업, 중앙 및 지방정부)에게 관련 민간경비서비스를 제공하는 영업의 허가를 말한다.

일반적으로 민간경비업무의 특성과 관련하여 각국에서는 민간경비업의 허가주의(許可主義)를 채택하고 있다고 볼 수 있다. 허가라는 것은 법규상 예방적 통제 목적으로 규정된 잠정적 금지를 개별적인 경우에 해제하는 행정행위라 할 수 있다(허가라는 개념 이외에도 실정법상으로는 면허 · 인허 · 특허 · 승인 등 여러 가지 용어가 사용되고 있다).

미국에서도 민간경비와 관련된 법규정은 계속 증가되어 1990년에는 약 45개 주(州)에서 인력경비업, 기계경비업, 사설탐정업의 세 분야 가운데 적어도 한 분야에 대해서 민간경비업체와 민간경비원들에 대해 일정한 법적 규제를 하고 있는 것으로 나타났다.[22] 일본도 경비업법에서 경비업의 영업에 관한 규제를 하고 있다. 일정한 요건을 충족하고 있는지의 여부를 소재지를 관할하는 도도부현 공안위원회(都道府県 公安委員會)가 심사하여, 충족된 경우에 경비업을 인정(認定, 허가)하고 있다(제4조). 물론 경비업법

22) 이백철 · 주희종 · 박병식(1995), 앞의 논문, p. 243.

개정 전인 1982년 이전에는 허가제가 아닌 신고제를 취하고 있었다).[23] 우리나라의 경우에는 1976년 경비업법 제정 당시부터 현재까지 허가주의(許可主義)를 채택하고 있다.

민간경비 자체가 영리성을 가지면서 국민의 생명과 재산을 담보로 하는 업무의 특성상 공경비인 경찰의 역할과 유사하며, 따라서 이를 국가에서 관리하는 것이 바람직하다고 본다. 국가는 이를 통해 민간경비업을 하고자 하는 업체에 대한 적절한 기준을 제시하고 이를 통해서 민간경비업의 질적 향상을 유도하고 나아가 개인의 자유와 권리보호 및 공공의 안녕과 질서유지에 기여한다는 두 가지 목적을 달성하고자 하는 것이다.

2) 허가의 의미

허가는 특별히 권리를 설정해 주는 것이 아니라 공익목적을 위하여 제한된 기본권적 자유를 다시 회복시켜 주는 행정행위라 할 수 있다. 법규상의 허가가 기본권의 본질과 부합하려면, 그 허가절차는 기본권에 의하여 보장된 자유 즉, 행사할 권리 그 자체를 제거해서는 안 된다. 이는 허가절차에 규정된 법률요건을 충족하는 경우에는 그 기본권의 주체에게 기본권 행사의 형식적인 제한을 다시 해제할 것을 요구할 수 있는 법적 권리를 부여해야 한다는 것을 의미한다.

그런데 이 규정에서 '허가'(許可)로서 민간경비업의 영업을 할 수 있도록 규정하고 있지만, 엄격한 의미에서 볼 때 이는 '특허'(特許)의 개념으로 파악해야 할 필요가 있다고 본다. 허가와 특허의 구별이 모호하다는 견해도 있지만 이의 차이는 다음과 같은 점에서 지적할 수 있을 것이다.

허가와 특허의 본질적 차이는 개인의 활동이 공공서비스에 해당하는지의 여부와 관련된다는 것이다. 공공서비스를 사인(私人)에게 설정하여 줄 때는 특허가 된다. 반면, 예를 들어 공공서비스와 관계없는 음식점영업을 허용하는 것은 허가에 해당한다고 볼 수 있다.

민간경비업의 영업을 허가해주는 것은 사인으로 하여금 '보호 또는 안전'(Security or Safety)이라는 공공서비스를 제공하도록 특별히 허용한 것으로서 특허에 해당한다고 볼 수 있다. 특허의 대상이 되는 개인활동은 공공서비스에 해당하므로 특허의 요건심사 및 공익성 판단이 엄격히 이루어지게 된다. 따라서 허가를 받은 자에 대한 국가의 감독이 소극적인 것에 반하여 특허를 받은 자에 대한 감독은 적극적으로 이루어진다고 볼 수 있다. 다만, 이러한 구분은 상대적인 것으로 보아야 할 것이다.[24]

---

23) 위의 논문, p. 251.

24) 이광윤 · 김민호 · 강현호(2002), 행정작용법론, 서울: 법문사, p. 131.; 김철용(2002), 행정법 I, 서울: 박영사, pp. 167~168.; 석종현(2002), 일반행정법(상), 서울: 삼영사, p. 284.

특허는 사인에 의해 수행되는 사적인 사무와는 구별되는 특수한 공적 혹은 국가적 사무가 존재함을 전제로 하여 특허의 대상을 전적으로 이러한 국가사무에 대한 사인에의 '위탁'(委託)이라고 정의하기도 한다. 물론, 입법 · 사법 · 국방 · 외교 등 특정의 전형적이고 보편적인 국가사무가 존재하는 것은 분명하지만, 한편으로는 '어떠한 사무가 국가에 유보되어 있는가'하는 것은 그 사무의 성질, 본질 또는 국가적 필연에 의해서가 아니라 국가의 경제적 · 사회적 사정 등을 고려하여 구체적인 입법에 의해 결정되는 것이라 할 수 있다. 또한 사적 사무와 국가사무는 그의 구체적인 예에 있어서는 중첩되는 부분이 있어 그 어느 것에 속하는지 구별이 쉽지 않은 경우가 적지 않다. 따라서 국가사무가 선험적(先驗的)으로 존재하여 사적 사무와 엄격히 구분된다고 하는 실질적인 사무규정에는 문제점이 있다. 결국, 국가사무를 내용상 특정화하거나 그 한계를 설정하는 것은 불가능하다는 의미이다.

어쨌든, 특허(特許)에 의해 국가에 의한 일정한 행정적 특권이 인정되고, 그 대신 여러 가지 국가의 감독과 통제가 따른다는 점 등에서 순수한 사법(私法)적 활동과는 확연히 다른 특성을 가진다고 볼 수 있다.

따라서 특허에 의한 사인이 국가목적(國家目的)을 갖는 활동을 하는 경우, 비록 사인이 공무수탁사인으로서의 지위는 갖지 않는다 할지라도 이를 '사인에 의한 행정'에 포함시켜 논의하여도 무리가 없다고 생각한다. '사인에 의한 행정'의 개념을 넓게 정의하여 행정이란 '국가목적의 실현 또는 공익의 실현을 목적으로 하는 국가작용'이라는 점에서 보더라도 큰 무리가 따르는 것은 아니라고 생각한다.[25] 어떻게 보면, '사인에 의한 행정'은 통일적인 법 개념이 아니라 잡다한 행정현상의 총칭이기 때문에 이에 관한 다양한 논의가 전개될 수밖에 없다고 본다.

이상과 같은 논의를 바탕으로 정리해보면 현행 경비업법, 청원경찰법상의 경비업의 영위는 일종의 '특허'에 의한 것임을 알 수 있다. 그러나 이의 법적 지위가 모두 동일한 것은 아니기 때문에 경비업법상의 민간경비원과 특수경비원, 그리고 청원경찰법상의 청원경찰의 성격에 대해서 살펴볼 필요가 있다.

먼저, 경비업법상의 일반 민간경비원들은 특허를 부여받아 활동하지만 어떤 공법적 관계에 있는 것이 아니라 순수한 사인 혹은 사법인(私法人)으로서의 활동에 불과하다고 본다. 다음으로 경비업법상의 공항 등 국가중요시설에 근무하는 특수경비원은 특허를 받은 공무수탁사인으로서의 일정한 지위를 갖는다고 본다. 끝으로, 청원경찰법상의 청

25) Ott Mayer(1924. 4), Deutsches Verwaltungsrecht, Erster BAND, S. 13.; 홍성필(2002), 앞의 논문, p. 20.

원경찰 역시 특허를 받은 공무수탁사인으로서의 일정한 지위를 갖고 활동한다고 볼 수 있다.

공무수탁사인과 위탁한 행정기관과의 관계에 있어서 위탁자에게는 감독권한이 발생하고, 위탁과 동시에 공무수탁사인의 권한행사의무도 동시에 부과된다고 본다. 특허는 권한의 위임에 수반하여 일정한 의무(경영의무, 권한행사의 의무)도 포함되는 것으로 해석된다.

그런데, 청원경찰을 민간경비의 일종으로 볼 때에는 또 다른 관점에서 접근할 필요가 있다. 청원경찰의 경우에는 청원경찰법상의 특허 외에 위탁(委託)의 의미가 함께 내포되어 있기 때문이다. 특히, 청원경찰의 경우 근무지 내에서 경찰관직무집행법에 의한 경찰관의 직무를 행한다는 점에서 단순히 포괄적인 '사인에 의한 행정'으로 해석해서는 안 될 것이다. 물론, 경비업법상의 '특수경비원'의 직무 역시 포괄적인 '사인에 의한 행정'으로 해석하는 것은 한계가 있다. 특수경비원은 청원경찰과 마찬가지로 공무수탁사인으로서의 성격을 강하게 가지고 있기 때문이다.

3) 허가의 요건

현재 우리나라 민간경비업과 관련하여 경비업법 제3조(법인)에서는 '경비업은 법인(法人)이 아니면 이를 영위할 수 없다'라고 규정하고 있어 법인만이 경비업을 할 수 있게 되어 있다.[26]

민간경비업은 단순히 영리를 추구하는 다른 일반직업과는 달리 개인의 생명과 재산을 담보로 하는 '업무의 공공성'이라는 특성 때문에 허가기준 및 책임 등을 강화하는 방법의 하나로 개인이 아닌 법인만이 경비업을 영위할 수 있도록 규정한 것이라 할 수 있다.

(1) 경비업의 허가

이에 따라 현행 경비업법 제4조(경비업의 허가)에서 경비업을 영위하고자 하는 '법인'(法人)은 도급받아 행하고자 하는 경비업무를 '특정'(特定)하여 그 법인의 '주사무소(主事

26) 권리의 주체로서 자연인(自然人)과 법인(法人)이 있다. 사람은 자연인으로서 생존하는 동안 권리와 의무의 주체가 된다(민법 제3조). 그런데 사람 개인의 능력에는 한계가 있으므로 사람은 사회생활을 하면서 일정한 공동목적의 달성을 위한 단체를 결성할 수가 있다. 이 경우, 단체에서 권리와 의무의 주체는 누구인가 하는 문제가 발생할 수 있다. 단체의 구성원 모두를 그 주체로 삼을 수도 있지만, 이는 거래관계에서 매우 불편할 수 있다. 그래서 구성원과는 독립된 주체로서 단체 자체를 인정하고, 여기에 권리와 의무의 주체로서의 지위를 부여하자는 것이 법인제도이다. 이것은 법(法)에 의해 비로소 창출되었다는 점(또 의인화한 점)에서 자연인에 대하여 '법인'이라고 부른다. 법인은 사단법인(社團法人)과 재단법인(財團法人)으로 나뉜다. 전자는 "일정한 목적을 위해 결합한 '사람'을 구성요소로 하는 단체"로서 영리 형태와 비영리 형태가 가능하다. 후자는 "일정한 목적을 위해 '재산출연'을 구성요소로 하는 단체"로서 비영리 형태만 가능하다는 점에서 차이가 있다.

務所)의 소재지'를 관할하는 '시 · 도경찰청장'(地方警察廳長)의 '허가'(許可)를 받아야 한다고 규정하고 있다. 도급받아 행하고자 하는 경비업무를 변경하는 경우에도 또한 같다(제1항). '도급'(都給)이라는 것은 '당사자 가운데 한쪽이 어떤 일을 완성할 것을 약속하고, 상대편이 그 일의 결과에 대해서 일정한 보수를 지급하기로 하는 계약'을 말한다.

이처럼 경비업을 허가제로 한 것은 경비업의 내용이 기본권의 보장 및 제한과 관련되어 있다는 점에서 기인한다고 볼 수 있다.[27] 그리고 이와 같은 허가를 받고자 하는 법인은 일정한 요건(자본금 · 경비인력 · 시설과 장비 등)을 갖추고 있어야 하는데, 그 요건은 다음과 같다(제4조 제2항).

① 대통령령으로 정하는 1억원 이상의 자본금의 보유
② 다음의 경비인력 요건
  ㉠ 시설경비업무: 경비원 10명 이상 및 경비지도사 1명 이상
  ㉡ 시설경비업무 외의 경비업무: 대통령령으로 정하는 경비 인력
③ 위의 경비인력을 교육할 수 있는 교육장을 포함하여 대통령령으로 정하는 시설과 장비의 보유
④ 그 밖에 경비업무 수행을 위하여 대통령령으로 정하는 사항

(2) 경비업 허가의 제한

경비업법 개정에 따라 경비업의 허가의 제한규정이 신설되었다. 이 규정은 집단민원 현장에서의 민간경비의 불법적인 폭력행사 문제를 고려한 것이라고 볼 수 있다.

이에 따라 ㉠ 누구든지 경비업법에 따른 기존의 '허가를 받은 경비업체와 동일한 명칭'으로 경비업 허가를 받을 수 없도록 하였다(제4조의2 제1항). 그리고 ㉡ 경비업법 제19조 제1항 제2호 및 제7호의 사유로 경비업체의 허가가 취소된 경우,[28] 허가가 취소된 날부터 10년이 지나지 아니한 때에는 누구든지 허가가 취소된 경비업체와 동일한 명칭으로 따른 허가를 받을 수 없다(동조 제2항). 그리고 ㉢ 제19조 제1항 제2호 및 제7호의 사유로 허가가 취소된 법인은 법인명 또는 임원의 변경에도 불구하고 허가가 취

27) 홍정선(2007), 앞의 책, p. 147.; 한편 경비업의 허가를 받은 법인은 다음의 하나에 해당하는 때에는 시 · 도경찰청장에게 신고(申告)하도록 하고 있다. ① 영업을 폐업하거나 휴업한 때, ② 법인의 명칭이나 대표자 · 임원을 변경한 때, ③ 법인의 주사무소나 출장소를 신설 · 이전 또는 폐지한 때, ④ 기계경비업무의 수행을 위한 관제시설을 신설 · 이전 또는 폐지한 때, ⑤ 특수경비업무를 개시하거나 종료한 때, ⑥ 그 밖에 대통령령이 정하는 중요사항을 변경한 때(경비업법 제4조 제3항).
28) 경비업법 제19조 제1항 제2호: 허가받은 경비업무 외의 업무에 경비원을 종사하게 한 때, 제19조 제1항 제7호: 소속 경비원으로 하여금 경비업무의 범위를 벗어난 행위를 하게 한 때.

소된 날부터 5년이 지나지 아니한 때에는 제4조 제1항에 따른 허가를 받을 수 없도록 규정하였다(동조 제3항).

(3) 경비업 허가의 유효기간

경비업의 허가의 유효기간은 허가받은 날로부터 5년으로 하고 있다. 유효기간이 만료된 후 계속하여 경비업을 하고자 하는 법인은 행정안전부령이 정하는 바에 의하여 갱신허가를 받도록 하고 있다(경비업법 제6조).

경비업법상의 시·도경찰청장의 경비업의 허가가 기속행위(羈束行爲)인지 재량행위(裁量行爲)인지와 관련하여 볼 때, 이는 기속행위에 해당한다. 경비업을 영위하고자 하는 법인이 대통령령이 정하는 허가요건을 구비하여 신청한 경우에는 허가를 발급하여야 한다는 것을 의미한다.

인간이 본래 가지고 있는 자연적 자유의 회복을 내용으로 하는 허가는 일반적으로 기속행위에 해당한다. 왜냐하면, 허가의 요건이 충족된 경우에도 허가를 해주지 않는 것은 신청자의 자연적 자유를 제한하는 결과가 되기 때문이다. 따라서 예컨대, 유흥주점영업의 허가의 경우, 기본권(직업선택의 자유)이 중요하므로 요건이 구비된 허가신청에 대해 반드시 허가하는 것이 기본권의 보장에 부합하는 것이다.[29] 허가라는 행정행위는 국민이 법규에서 인정한 요건을 충족하는 경우에는 재산권, 직업선택의 자유 등 기본권을 실현하기 위해서 상대적 금지를 해제하는 것으로 일종의 기속행위로서의 성격을 갖는다. 그러나 허가관청의 판단의 여지에 따른 '재량에 의한 허가'가 있을 수 있음은 물론이다.[30]

---

29) 박균성(2004), 행정법론(상), 서울: 박영사, p. 229.

30) 예컨대, 사행행위 등 규제 및 처벌 특례법에서 경찰청장이나 시·도경찰청장은 이 법에 따른 사행행위의 영업의 허가신청을 받으면 일정한 조건에 해당하는 경우에만 그 영업을 허가할 수 있도록 하고 있다. 최선우(2017), 경찰학, 서울: 그린, p. 501.

청원경찰에 대한 허가

국가중요시설 및 사업장 등 일정한 시설의 경영자(청원주)가 시설 자체적인 경비목적을 달성하기 위하여 경찰에게 경비업무 담당자에 대한 배치를 신청할 수 있다. 청원경찰의 배치신청(配置申請)에 대한 경찰의 배치결정(配置決定) 역시 일종의 '허가'라고 볼 수 있다. 이와 관련하여 청원경찰법 제4조(청원경찰의 배치) 규정에 의해 "청원경찰의 배치를 받고자 하는 자는 대통령령이 정하는 바에 의하여 관할 시 · 도경찰청장에게 '신청'(申請)여야 한다. 시 · 도경찰청장은 청원경찰의 배치신청을 받은 때에는 지체 없이 그 배치여부를 '결정'(決定)하여 신청인에게 통지하여야 한다"고 규정하고 있다.
그리고 청원경찰법 제5조(청원경찰의 임용 등)의 규정에서는 "청원경찰의 배치결정을 받은 자가 임용하되, 그 임용에 있어서는 미리 시 · 도경찰청장의 '승인'(承認)을 얻어야 한다"고 규정하고 있다. 승인 역시 허가의 한 형태라고 볼 수 있다.
그리고 허가형식을 취하고 있다는 점에서 통상적인 기속행위로 볼 수 있지만, 시 · 도경찰청장의 재량권이 어느 정도 행사될 수 있다고 본다. 동법 제4조에서는 '시 · 도경찰청장은 청원경찰의 배치가 필요하다고 인정되는 기관의 장 또는 시설 · 사업장의 경영자에게 청원경찰을 배치할 것을 요청할 수 있다'고 규정하고 있기 때문이다(청원경찰법 제4조 제3항 단서).

4) 허가상의 문제점

그런데 민간경비업의 허가기준에서 법인의 임원의 결격사유 또는 자격요건에 있어서 여전히 문제점을 안고 있다.

현행 경비업법 제5조(임원의 결격사유)를 살펴보면, '㉠ 피성년후견인(舊 금치산자), ㉡ 파산선고를 받고 복권되지 아니한 자, ㉢ 금고 이상의 형의 선고를 받고 그 형이 실효되지 아니한 자, ㉣ 이 법 또는 「대통령 등의 경호에 관한 법률」에 위반하여 벌금형의 선고를 받고 3년이 지나지 아니한 자, ㉤ 이 법(제19조 제1항 제2호 및 제7호 제외) 또는 이 법에 의한 명령에 위반하여 허가가 취소된 법인의 허가취소 당시의 임원이었던 자로서 그 취소 후 3년이 지나지 아니한 자, 그리고 ㉥ 제19조 제1항 제2호 및 제7호의 사유로 허가가 취소된 법인의 허가취소 당시의 임원이었던 자로서 허가가 취소된 날부터 5년이 지나지 아니한 자'로 규정하고 있다.

바꿔 말하면, 이러한 결격사유에 해당하는 자가 아니면 누구나 민간경비업의 허가를 받을 수 있다는 것을 의미한다. 과거에 (당시의 결격사유에 해당하지 않은) 전과 9범이 민간경비업의 대표이사가 되어 사회적 물의를 일으킨 사건이 발생하기도 하였다. 또 경비업의 허가를 취득한 후, 경비업의 본래 목적과 다른 지역개발 예정지역의 무허가 건물 신축방지 및 철거 또는 재개발지역이나 포장마차 등의 강제철거에 폭력배들을 경비원으로 고용하여 폭력을 휘두르거나 무허가 건물을 돈을 받고서 묵인하여 주거나 심한 경우에는 자신들이 직접 무허가 건물을 지어 파는 수법을 자행한 5명이 구속되고 서초

구청 도시국장이 직위해제 된 사건 등을 들 수 있다.[31] 또한 경비업체가 경비원들을 동원하여 위법한 방법으로 노동자들의 쟁의행위를 진압한 경우도 적지 않았다.[32]

경비업법 개정에서 이러한 문제(허가받은 경비업무 외의 업무에 경비원을 종사하게 하거나, 경비원으로 하여금 경비업무의 범위를 벗어난 행위를 하게 한 때 등)를 개선하기 위해서 경비업법상의 규제 내용을 강화하였는데(제19조상의 허가취소 등), 이러한 법 개정으로 그 실효성을 어느 정도 담보할지 지켜봐야 할 것이다.

사실, 현행 경비업법상에서 경비업을 하고자 하는 자의 전문성, 도덕성 또는 관련 분야의 학력 등에는 특별한 제한을 두고 있지 않다. 민간경비라는 업무가 개인의 생명과 재산보호 및 각종 위험보호 등과 관련된 중요한 임무를 수행하고 있다는 점을 고려한다면, 현재의 허가요건은 좀 더 강화될 필요성이 있다고 본다.

또한 주무 관청인 경찰이 허가받은 경비업체를 직접 방문하여 지도 및 감독을 해야 하지만 경찰의 인력부족과 과다업무로 실제적으로 이루어지지 않는 경우도 적지 않은 것이 현실이다. 따라서 과거에는 임시적으로 경비인력을 고용한 뒤 허가만 받고 영업을 하는 경우도 적지 않고, 심지어 장비 및 복장(무전기 및 가스분사기, 경비복 등)을 경찰이 지도 및 점검차 방문하였을 때 임시로 다른 업체에서 대여받아 허가를 받는 경우도 있었다.[33]

한편, 경비업에 대한 허가를 통한 1차적 행정규제가 끝난 뒤에는 지속적인 행정지도와 감독이 이어져야 한다. 그러나 경찰의 행정력 부족으로 인해 제대로 실시되지 못하고 있는 것이 현실이다. 모든 경비업 분야의 업무가 규모를 갖추지 못한 소관 경찰부서(현 경찰청 범죄예방대응국 범죄예방정책과의 하위 업무의 하나로서 운영)에 집중되다 보니 업무의 과중으로 인해 이러한 지도 및 감독이 제대로 이루어지는 것을 기대하기가 어렵다. 따라서 사전예방적인 차원의 지도 및 감독이 아니고 문제발생 후 사후대처적인 행정처분이 보다 강화되어 있는 현상으로 나타나고 있다.

5) 허가의 딜레마

민간경비와 관련된 여러 연구에서 민간경비의 표준화와 그에 따른 허가기준의 강화, 그리고 법적인 규제를 통한 정부의 감독 및 지도의 강화가 오늘날 민간경비업이 안고 있는 문제들의 해결에 가장 효과적인 사전예방 방법이라는 주장이 제기되고 있다.[34]

---

31) 한국일보(1990. 7. 21).
32) 조선일보(2002. 8. 30).
33) 김평식(2005), "민간경호경비사업실태와 범죄예방 전략에 관한 연구," 광운대학교 석사학위논문, pp. 37~38.

한 예로 미국의 국가자문위원회에서 민간경비에 관해 실시한 연구결과(1972)에 의하면, 민간경비 업무 자체가 상당히 많은 부분에 있어서 공적인 성격이 있고, 따라서 주정부 차원에서 이에 대한 규제 입법을 마련하는 것이 가장 적절하고 효율적인 통제장치라고 제시한 바 있다. 이러한 주장은 당시 민간경비업계가 자율적으로 인허가 조건이나 규제를 효과적으로 제정 또는 준수하려는 노력을 거의 하지 않는 상황이었으며, 수많은 민간경비업체 간의 복잡한 이해관계가 상충되어 통일된 목소리를 낼 수 없었기 때문이었다.

대규모 민간경비업체에서는 나름대로 체계화하여 민간경비활동을 수행하고 있는데, 굳이 정부차원에서 규제를 강화하여 지나치게 간섭한다거나, 경비업체에 불필요한 경제적 부담을 줄 수 있는 규정이 포함될까 우려하여 상당히 방어적이었다.

반면에, 중소규모의 민간경비업체는 일반적으로 민간경비업의 표준화와 규제는 이러한 표준과 규제를 잘 수용할 수 있는 대규모 경비업체에 더 많은 시장을 점유하도록 작용하는 수단으로 악용될 것을 우려하였다. 따라서 이러한 규제가 단지 관련분야에 근무하는 자들의 이미지를 고양시켜 주는 것에 불과할 뿐, 이전에 비해 고객들에게 양질의 서비스를 제공해 주지도 못했으며, 오히려 경비업체간의 자유경쟁을 방해한다는 의견도 제기되고 있다.

이처럼 민간경비업체는 이해 당사자들로 구성되어 있고, 그들이 가지고 있는 기득권으로 인하여 객관적으로 접근하기가 매우 어렵기 때문에 허가와 같은 규제를 최소한으로 수준으로 보장하는 것이 유일한 방법이었다. 민간경비 관련 전문가들은 위와 같은 의견과 더불어 이의 적정한 '표준화'(標準化)를 확립하고, 그것을 준수하도록 하는 것이 민간경비서비스의 질을 향상하고, 경비원의 권한남용을 예방하고, 비윤리적인 사업행위를 감소시킴으로써, 결과적으로 범죄 및 손실예방에 기여하게 될 것이라고 보고 있다.[35]

34) 이백철 · 주희종 · 박병식(1995), 앞의 논문, p. 242.

35) 영국은 민간경비산업법(PSIA: Private Security Industry Act, 2001)을 제정하여, 이 법에 따라 2003년 '민간경비산업위원회'(SIA: Security Industry Authority)라는 새로운 규제기구를 설치하였다. 이 위원회는 일종의 '비정부공공기관'(NDPB: Non Departmental Public Body)으로서 독립된 관리감독기관으로서의 위상을 가지고 운영되며, 영국 내무부(Home Office)에 관련 업무를 보고하도록 하고 있다. 이 위원회는 두 가지 중요한 책무를 가지고 있다.
① 민간경비산업 관련분야에서 활동하는 종사자들에 대해 강제적 · 의무적 관련 자격증을 취득하도록 하는 것이며, ② 계약경비를 하는 경비업체에 대한 인증제도(ACS: Approved Contractor Scheme)를 위원회가 관리함으로써 종래 관련업체들이 독립적으로 평가기준을 설정하는 것을 조정 · 통제하는 것이다.
이 위원회에서 관리하는 인증제도에서는 민간경비 관련서비스를 제공하는 업자들에게 조직운영과 직무수행에 관한 '표준기준'(Operational and Performance Standards)을 제시해 주고 있다. 이는 민간경비 관련서비스를 제공하는 수많은 경비업체 가운데 일정한 자격과 조건을 갖춘

3. 민간경비업의 감독 및 행정처분, 벌칙 등

1) 감독 등

(1) 경찰청장 또는 시 · 도경찰청장의 지도 · 감독

경비업의 허가관청은 경비업자 및 경비지도사에 대한 감독권한을 갖는다. 이에 따라 경찰청장 또는 시 · 도경찰청장은 경비업무의 적정한 수행을 위하여 경비업자 및 경비지도사를 지도 · 감독하며 필요한 명령을 할 수 있다(경비업법 제24조 제1항).

(2) 경찰공무원의 출입 · 감독

그리고 경찰공무원은 경비업자 사무소 등을 출입하여 감독권을 행사할 수 있도록 하고 있다. 이에 따라 시 · 도경찰청장 또는 관할 경찰관서장은 소속 경찰공무원으로 하여금 관할구역 안에 있는 경비업자의 주사무소 및 출장소와 경비원배치장소에 출입하여 근무상황 및 교육훈련 상황을 감독하며 필요한 명령을 하게 할 수 있다. 이 경우 출입하는 경찰공무원은 그 권한을 표시하는 증표를 관계인에게 내보여야 한다(경비업법 제24조 제2항).

(3) 불법적인 폭력행위에 대한 중지 명령

경비업체가 특히, 집단민원현장에서 불법적인 폭력행사를 자행하는 문제에 대응하기 위하여 관련규정을 신설하였다. 이에 따라 시 · 도경찰청장 또는 관할 경찰관서장은 경비업자 또는 배치된 경비원이 이 법이나 이 법에 따른 명령,「폭력행위 등 처벌에 관한 법률」을 위반하는 행위를 하는 경우 그 위반행위의 중지를 명할 수 있도록 하였다(경비업법 제24조 제3항).

경비업체를 대상으로 위원회가 공식적으로 그 '서비스 품질'을 증명하는 것이라 할 수 있다. 바꿔 말하면, 경비업체에 대한 인증은 민간경비 관련 서비스를 이용하려는 고객들에서 공적으로 품질을 보증하는 것이라 할 수 있다. 이러한 인증을 획득한 회사는 실적증거로 인증마크를 사용할 수 있고, 이를 대외적으로 홍보할 수 있도록 하고 있다. 노호래. (2007), "민간경비규제 한 · 영 비교 연구," 한국공안행정학회보, 28, pp. 111~112.; 최선우(2013), 앞의 논문, pp. 245~260.

경비업자의 의무

① 경비업자는 경비대상시설의 소유자 또는 관리자(시설주)의 관리권(管理權)의 범위 안에서 경비업무를 수행하여야 하며, 다른 사람의 자유와 권리를 침해하거나 그의 정당한 활동에 간섭하여서는 아니된다.
② 경비업자는 경비업무를 성실하게 수행하여야 하고, 도급을 의뢰받은 경비업무가 위법 또는 부당한 것일 때에는 이를 거부하여야 한다.
③ 경비업자는 불공정한 계약으로 경비원의 권익을 침해하거나 경비업의 건전한 육성과 발전을 해치는 행위를 하여서는 아니된다.
④ 경비업자의 임 · 직원이거나 임 · 직원이었던 자는 다른 법률에 특별한 규정이 있는 경우를 제외하고는 그 직무상 알게 된 비밀을 누설하거나 다른 사람에게 제공하여 이용하도록 하는 등 부당한 목적을 위하여 사용하여서는 아니된다.
⑤ 경비업자는 허가받은 경비업무외의 업무에 경비원을 종사하게 하여서는 아니된다.[36)]
⑥ 경비업자는 '집단민원현장'에 경비원을 배치하는 때에는 경비지도사를 선임하고 그 장소에 배치하여 행정안전부령으로 정하는 바에 따라 경비원을 지도 · 감독하게 하여야 한다.
⑦ 특수경비업무를 수행하는 경비업자(특수경비업자)는 제4조 제3항 제5호의 규정에 의한 특수경비업무의 개시신고를 하는 때에는 국가중요시설에 대한 특수경비업무의 수행이 중단되는 경우 시설주의 동의를 얻어 다른 특수경비업자 중에서 경비업무를 대행할 자(경비대행업자)를 지정하여 허가관청에 신고하여야 한다. 경비대행업자의 지정을 변경하는 경우에도 또한 같다.
⑧ 특수경비업자는 국가중요시설에 대한 특수경비업무를 중단하게 되는 경우에는 미리 이를 제7항의 규정에 의한 경비대행업자에게 통보하여야 하며, 경비대행업자는 통보받은 즉시 그 경비업무를 인수하여야 한다. 이 경우 제7항의 규정은 경비대행업자에 대하여 이를 준용한다.
⑨ 특수경비업자는 이 법에 의한 경비업과 경비장비의 제조 · 설비 · 판매업, 네트워크를 활용한 정보산업, 시설물 유지관리업 및 경비원 교육업 등 대통령령이 정하는 경비관련업 외의 영업을 하여서는 아니된다(이상 경비업법 제7조 각항).

경비업무 도급인 등의 의무

① 누구든지 제4조 제1항에 따른 허가를 받지 아니한 자에게 경비업무를 도급하여서는 아니 된다.
② 누구든지 집단민원현장에 경비인력을 20명 이상 배치하려고 할 때에는 그 경비인력을 직접 고용하여서는 아니 되고, 경비업자에게 경비업무를 도급하여야 한다. 다만, 시설주 등이 집단민원현장 발생 3개월 전까지 직접 고용하여 경비업무를 수행하는 피고용인의 경우에는 그러하지 아니하다.
③ 제1항 및 제2항에 따라 경비업무를 도급하는 자는 그 경비업무를 수급한 경비업자의 경비원 채용 시 무자격자나 부적격자 등을 채용하도록 관여하거나 영향력을 행사해서는 아니 된다.
④ 제3항에 따른 무자격자 및 부적격자의 구체적인 범위 등은 대통령령으로 정한다(이상 경비업법 제7조의2 각항).

36) 헌법불합치판결: 1. 경비업법(2001. 4. 7. 법률 제6467호로 전부개정된 것) 제7조 제5항 중 '시설경비업무'에 관한 부분과 경비업법(2013. 6. 7. 법률 제11872호로 개정된 것) 제19조 제1항 제2호 중 '시설경비업무'에 관한 부분은 헌법에 합치되지 아니한다. 2. 법원 기타 국가기관 및 지방자치단체는 입법자가 개정할 때까지 위 법률조항의 적용을 중지하여야 한다. 3. 입법자는 2024. 12. 31.까지 위 법률조항들을 개정하여야 한다. 헌법재판소 2020헌가19, 2023. 3. 23.

(4) 배치허가의 고지

시 · 도경찰청장 또는 관할 경찰관서장은 경비업무 장소가 집단민원현장으로 판단되는 경우에는 그 때부터 '48시간 이내'에 경비업자에게 경비원 배치 허가를 받을 것을 고지(告知)하도록 하고 있다(경비업법 제24조 제4항).

(5) 보안지도 · 점검 등

그리고 특수경비업무의 중요성을 고려하여 이에 대한 보안지도 · 점검을 특별히 규정하고 있다. 이에 따라 허가관청인 시 · 도경찰청장은 대통령령이 정하는 바에 따라 특수경비업자에 대하여 '연 2회 이상' 보안지도 및 점검을 실시하도록 하고, 필요한 경우 관계기관(국가정보원원장)에 보안측정을 요청하여야 한다고 규정하고 있다(경비업법 제25조, 시행령 제29조).

2) 행정처분

경비업에 대한 관리 · 감독기관인 경찰에서 적정한 감독권을 행사하고 이의 실효성을 담보할 수 있는 수단으로서 행정처분(行政處分)을 할 수 있다. 민간경비가 제공하는 범죄예방 등의 활동은 공공서비스적 성격을 갖는 부분이 있다. 따라서 이들의 활동은 엄격한 요건심사와 더불어 제4장에서 설명한 공공서비스의 기본원칙(평등의 원칙, 계속성의 원칙, 적응의 원칙 등)에 의한 통제를 받을 필요가 있다.

이와 관련하여 경비업 허가관청인 시 · 도경찰청장은 경비업자의 일정한 위반사항에 대해 ㉠ 반드시 그 허가를 취소(取消)하여야 하는 경우(기속행위)와 ㉡ 허가취소 또는 6개월 이내의 기간을 정하여 영업의 전부 또는 일부에 대하여 영업정지(營業停止)를 명할 수 있도록(재량행위) 하고 있다(경비업법 제19조 제1항, 제2항).

이러한 허가취소 및 영업정지에 대한 규정은 법 개정(2013. 6. 7)으로 대폭 강화되었음은 물론이다. 허가취소 사유(기속행위)는 기존 6개에서 8개로 추가되었고, 허가취소 또는 영업정지(6개월 이내)를 할 수 있는 16개 사유(재량행위)가 새롭게 신설된 것이다.[37]

37) 허가관청인 시 · 도경찰청장이 제19조 제1항 및 제2항에 의하여 허가취소 또는 영업정지처분을 하는 때에는 경비업자가 허가받은 경비업무 중 '허가취소 또는 영업정지사유'에 '해당되는 경비업무에 한(限)'하여 처분을 하여야 한다. 다만, 제1항 제2호(허가받은 경비업무 외의 업무에 경비원을 종사하게 한 때)및 제7호(소속 경비원으로 하여금 경비업무의 범위를 벗어난 행위를 하게 한 때)에 해당하여 허가취소를 하는 때에는 그러하지 아니하다(제19조 제3항). 제2호와 제7호의 경우에는 일괄적 · 포괄적인 행정처분이 가능하다는 것을 의미한다.

경비업의 허가취소

허가관청은 경비업자가 다음의 어느 하나에 해당하는 때에는 그 허가를 취소하여야 한다.
① 허위 그 밖의 부정한 방법으로 허가를 받은 때
② 허가받은 경비업무외의 업무에 경비원을 종사하게 한 때[38)]
③ 경비업 및 경비관련업외의 영업을 한 때
④ 정당한 사유없이 허가를 받은 날부터 2년 이내에 경비 도급실적이 없거나 계속하여 1년 이상 휴업한 때(동호 개정, 시행 2018.4.25.)
⑤ 정당한 사유없이 최종 도급계약 종료일의 다음 날부터 2년 이내에 경비 도급실적이 없을 때(동호 개정, 시행 2018.4.25.)[39)]
⑥ 영업정지처분을 받고 계속하여 영업을 한 때
⑦ 소속 경비원으로 하여금 경비업무의 범위를 벗어난 행위를 하게 한 때
⑧ 관할 경찰관서장의 배치폐지 명령에 따르지 아니한 때(이상 경비업법 제19조 제1항 각호)

경비업의 허가취소 또는 영업정지

허가관청은 경비업자가 다음의 어느 하나에 해당하는 때에는 대통령령으로 정하는 행정처분의 기준에 따라 그 허가를 취소하거나 6개월 이내의 기간을 정하여 영업의 전부 또는 일부에 대하여 영업정지를 명(命)할 수 있다.
① 시·도경찰청장의 허가 없이 경비업무를 변경한 때
② 도급을 의뢰받은 경비업무가 위법한 것임에도 이를 거부하지 아니한 때
③ 경비지도사를 집단민원현장에 선임·배치하지 아니한 때
④ 경비대상 시설에 관한 경보 대응체제를 갖추지 아니한 때
⑤ 관련 서류를 작성·비치하지 아니한 때
⑥ 결격사유에 해당하는 경비원을 배치하거나 결격사유에 해당하는 경비지도사를 선임·배치한 때
⑦ 대통령령이 정하는 바에 따라 경비지도사를 선임해야 하는 규정을 위반하여 경비지도사를 선임한 때
⑧ 경비원으로 하여금 교육을 받게 하지 아니한 때
⑨ 경비원의 복장 등에 관한 규정을 위반한 때
⑩ 경비원의 장비 등에 관한 규정을 위반한 때
⑪ 경비원의 출동차량 등에 관한 규정을 위반한 때
⑫ 집단민원현장에 일반경비원 명부를 작성·비치하지 아니한 때
⑬ 배치허가를 받지 아니하고 경비원을 배치하거나 경비원 명단 및 배치일시·배치장소 등 배치허가 신청의 내용을 거짓으로 한 때
⑭ 결격사유에 해당하는 일반경비원을 집단민원현장에 배치한 때
⑮ 감독상 명령에 따르지 아니한 때
⑯ 손해를 배상하지 아니한 때(이상 경비업법 제19조 제2항 각호)

---

38) 헌법불합치판결: 헌법재판소, 2020헌가19, 2023. 3. 23.
39) 법개정(④, ⑤) 사유: 1년 이내에 경비 도급실적이 없는 경비업자의 경우 매년 폐업 후 다시 허가를 받아야 하는 불편을 해소하기 위하여 경비 도급실적의 산정기간을 1년에서 2년으로 연장함(법제처, http://www.moleg.go.kr/main.html).

3) 벌칙

경비업법에서는 벌칙규정(형사처벌과 과태료)을 두고 있다. 이에 대한 세부적인 내용은 '제7장 민간경비의 책임'에서 살펴보기로 하고, 아래에서는 개괄적으로 살펴보기로 한다.

(1) 형사처벌 등

① 형사처벌

형사처벌(刑事處罰)은 ㉠ 5년 이하의 징역 또는 5천만원 이하의 벌금, ㉡ 3년 이하의 징역 또는 3천만원 이하의 벌금, ㉢ 2년 이하의 징역 또는 2천만원 이하의 벌금, 그리고 ㉣ 1년 이하의 징역 또는 1천만원 이하의 벌금으로 구분하여 규정하고 있다(경비업법 제28조).

① 5년 이하의 징역 또는 5천만 원 이하의 벌금[40]
국가중요시설의 정상적인 운영을 해치는 장해를 일으킨 특수경비원

② 3년 이하의 징역 또는 3천만원 이하의 벌금
- ㉠ 허가를 받지 아니하고 경비업을 영위한 자
- ㉡ 직무상 알게 된 비밀을 누설하거나 부당한 목적을 위하여 사용한 자
- ㉢ 경비업무의 중단을 통보하지 아니하거나 경비업무를 즉시 인수하지 아니한 특수경비업자 또는 경비대행업자
- ㉣ 집단민원현장에 경비원을 배치하면서 허가를 받지 아니한 자에게 경비업무를 도급한 자
- ㉤ 집단민원현장에 20명 이상의 경비인력을 배치하면서 그 경비인력을 직접 고용한 자
- ㉥ 경비업자의 경비원 채용 시 무자격자나 부적격자 등을 채용하도록 관여하거나 영향력을 행사한 도급인
- ㉦ 과실로 인하여 국가중요시설의 정상적인 운영을 해치는 장해를 일으킨 특수경비원
- ㉧ 특수경비원으로서 경비구역 안에서 시설물의 절도, 손괴, 위험물의 폭발 등의 사유로 인한 위급사태가 발생한 때에 관련 규정에 위반한 자
- ㉨ 경비원에게 경비업무의 범위를 벗어난 행위를 하게 한 자

③ 2년 이하의 징역 또는 2천만원 이하의 벌금
정당한 사유 없이 무기를 소지하고 배치된 경비구역을 벗어난 특수경비원

④ 1년 이하의 징역 또는 1천만원 이하의 벌금
- ㉠ 시설주로부터 무기의 관리를 위하여 지정받은 책임자(관리책임자)의 무기출납부 및 무기장비운영카드의 비치·기록의무 위반, 무기의 직접 지급·회수의무 위반
- ㉡ 쟁의행위를 한 특수경비원
- ㉢ 경비업무의 범위를 벗어난 행위를 한 경비원
- ㉣ 법에서 정한 장비 외에 흉기 또는 그 밖의 위험한 물건을 휴대하고 경비업무를 수행한 경

비원 또는 경비원에게 이를 휴대하고 경비업무를 수행하게 한 자
ⓜ 경찰관서장의 배치폐지 명령을 따르지 아니한 자
ⓗ 시 · 도경찰청장 또는 관할 경찰관서장의 중지 명령에 따르지 아니한 자(이상 경비업법 제28조 각항 각호)

② 형의 가중처벌

그리고 ㉠ 특수경비원이 무기의 안전수칙을 위반하여 형법상의 일정한 죄(상해와 폭행의 죄 등)를 범한 때와 ㉡ 경비원이 장비 외에 흉기 또는 그 밖의 위험한 물건을 휴대하고 형법상의 일정한 죄(상해와 폭행의 죄 등)를 범한 때에는 그 죄에 정한 형의 2분의 1까지 가중처벌(加重處罰)하도록 하고 있다(경비업법 제29조 각항).

③ 양벌규정

그리고 법인의 대표자나 법인 또는 개인의 대리인, 사용인, 그 밖의 종업원이 그 법인 또는 개인의 업무에 관하여 제28조(벌칙)의 위반행위를 하면 그 행위자를 벌하는 외에 그 법인 또는 개인에게도 해당 조문의 벌금형을 과(科)하도록 규정하고 있다. 다만, 법인 또는 개인이 그 위반행위를 방지하기 위하여 해당 업무에 관하여 상당한 주의와 감독을 게을리하지 아니한 경우에는 제외된다(경비업법 제30조).

(2) 과태료

경비업자 등의 의무에 대한 적정한 이행을 확보하기 위하여 경비업법에서는 과태료(過怠料) 등의 행정적 책임을 부과하고 있다. 과태료는 행정상의 질서위반행위에 대한 제재로서 과하는 일종의 '금전상의 처벌'이라 할 수 있다. 이러한 과태료는 위반행위에 따라 ㉠ 3천만 원 이하의 과태료 부과, ㉡ 5백만 원 이하의 과태료 부과로 구분하고 있다(경비업법 제31조).

40) 법 개정사유: 불법행위에 대하여 법률마다 행정형벌의 편차가 큰 것을 개선하기 위하여 특수경비원이 국가중요시설의 정상적인 운영을 해치는 장해를 일으킨 경우, 7년 이하의 징역을 5년 이하의 징역으로 하향 조정하려는 것임(법제처. http://www.moleg.go.kr/main.html).

① 경비업자에 대한 3천만원 이하의 과태료
㉠ 경비원의 복장에 관한 신고를 하지 아니하고 집단민원현장에 경비원을 배치한 자
㉡ 이름표를 부착하게 하지 아니하거나, 신고된 동일 복장을 착용하게 하지 아니하고 집단민원현장에 경비원을 배치한 자
㉢ 집단민원현장에 일반경비원을 배치하면서 경비원의 명부를 배치장소에 작성 · 비치하지 아니한 자
㉣ 배치허가를 받지 아니하고 경비원을 배치하거나 경비원 명단 및 배치일시 · 배치장소 등 배치허가 신청의 내용을 거짓으로 한 자
㉤ 신임교육을 이수하지 아니한 자를 경비원으로 배치한 자
② 경비업자 또는 시설주에 대한 500만원 이하의 과태료
㉠ 법 제4조 제3항(영업 폐업 · 휴업 등) 또는 제18조 제2항(경비원 배치 및 배치폐지) 규정에 위반하여 신고를 하지 아니한 자
㉡ 경비대행업자 지정신고를 하지 아니한 자
㉢ 기계경비업자의 계약상대방에 대한 설명의무(오경보 방지 등)를 이행하지 아니한 자
㉣ 경비지도사를 선임하지 아니한 자
㉤ 관할 경찰관서장의 무기관리 등 시설주에 대한 감독상 필요한 명령을 정당한 이유없이 이행하지 아니한 자
㉥ 결격사유에 해당하는 경비원을 배치하거나 결격사유에 해당하는 경비지도사를 선임 · 배치한 자
㉦ 복장 등에 관한 신고규정을 위반하여 신고를 하지 아니한 자
㉧ 이름표를 부착하게 하지 아니하거나, 신고 된 동일 복장을 착용하게 하지 아니하고 경비원을 경비업무에 배치한 자
㉨ 경비원 명부를 작성 · 비치하지 아니한 자
㉩ 경비원의 근무상황을 기록하여 보관하지 아니한 자(이상 경비업법 제31조 각항 각호)

이상과 같은 과태료는 대통령령(경비업법 시행령)이 정하는 바에 의하여 시 · 도경찰청장 또는 경찰관서장이 부과 · 징수하도록 하고 있다(제31조 제3항).

경비업법 시행령에서는 과태료 부과기준 등을 정하고 있는데(제32조 제1항, 별표 6), 시 · 도경찰청장 또는 경찰관서장은 「질서위반행위규제법」의 사항을 고려하여 과태료부과 기준(별표 6)에 따른 금액의 100분의 50의 범위에서 경감하거나 가중할 수 있도록 하고 있다.[41] 다만, 가중하는 때에는 경비업법 제31조 제1항에 따른 과태료 금액의 상한(3천만 원)을 초과할 수 없도록 하고 있다(동조 제2항).[42]

---

41) 행정청 및 법원은 과태료를 정함에 있어서 다음 각 호의 사항을 고려하여야 한다. ① 질서위반행위의 동기 · 목적 · 방법 · 결과, ② 질서위반행위 이후의 당사자의 태도와 정황, ③ 질서위반행위자의 연령 · 재산상태 · 환경, ④ 그 밖에 과태료의 산정에 필요하다고 인정되는 사유(질서위반행위법 제14조 각호).

42) 과태료를 부과 받은 자는 과태료 부과 고지서를 받은 날부터 60일 이내에 납부하여야 한다. 다만, 천재지변이나 그 밖의 부득이한 사유로 과태료를 납부할 수 없는 때에는 그 사유가 없어진 날부터 5일 이내에 납부하여야 한다(경비업법 시행령 제32조 제3항).

4) 민간경비 담당 경찰기구의 개편과 협력관계 모색

(1) 경찰전담부서의 확대

이 상에서 민간경비 관련 감독 및 보안지도, 행정처분, 벌칙 등을 살펴보았는데, 그동안 사회적인 물의를 일으켰던 일부 민간경비업체의 위법 · 부당한 행태에 대해서 경찰 역시 적지 않은 책임을 져야 한다고 본다. 경찰은 민간경비에 대한 관리 · 감독관청으로서 제대로 역할을 하지 못했기 때문에 그러한 불상사가 지속적으로 발생한 점이 없지 않기 때문이다.[43]

그리고 경찰이 민간경비의 건전한 육성과 체계적인 관리를 위해서는 그러한 조직 내적 관리체제가 구축되어 있어야 함은 당연한 것이다. 이를 위해서는 경찰조직 내에 적어도 민간경비를 전담하는 '과'(課) 즉, 민간경비과(民間警備課)를 설치할 필요성이 있다고 본다. 사실, 민간경비를 전담하는 '과'의 설치 문제는 이미 오래전부터 제기되어 온 것이다.[44]

현재「경찰청과 그 소속기관 직제」및「경찰청과 그 소속기관 직제 시행규칙」을 보면, 범죄예방대응국에 크게 범죄예방정책과, 지역경찰운영과, 지역경찰역량강화과, 그리고 치안상황과를 두고 있다(제8조). 여기에서 경비업에 관한 연구 및 지도는 범죄예방정책과에서 담당하도록 하고 있다. 아래 그림은 현행 경찰청 생활안전국의 분장사무 구조를 보여주고 있다.

43) 이하 최선우(2013), 앞의 논문, pp. 192~193 재구성.

44) 1989년에 경비업체의 수가 183개, 민간경비원의 수가 23,000명에 이르는 수준이었는데, 이 당시에도 민간경비를 전담하는 '과'(課) 수준의 경찰부서가 조직되어야 한다는 주장이 의미 있게 제기되었다. 이윤근(1989), 앞의 논문, p. 197.

현행 경찰의 민간경비 담당 구조

경찰청

범죄예방대응국

범죄예방 정책과	지역경찰운영과 지역경찰역량강화과 치안상황과
1. 범죄예방에 관한 연구 및 계획의 수립 2. 범죄예방 관련 법령 · 제도의 연구 · 개선 및 지침 수립 3. 범죄예방진단 및 범죄예방순찰에 관한 기획 · 운영 4. 기동순찰대 운영에 관한 사항 5. 환경설계를 통한 범죄예방(CPTED) 기획 · 운영 6. 협력방범에 관한 기획 · 연구 및 협업 7. 경비업에 관한 연구 및 지도 8. 풍속 및 성매매(아동 · 청소년 대상 성매매는 제외한다) 사범에 관한 지도 · 단속 9. 총포 · 도검 · 화약류 등의 지도 · 단속 10. 즉결심판청구업무의 지도 11. 각종 안전사고의 예방에 관한 사항 12. 그 밖에 국 내 다른 과의 주관에 속하지 않는 사항	-이하 생략

그런데 2022년 현재 4,277개의 민간경비업체에 190,015명의 민간경비원이 활동하고 있는 현 상황에서 민간경비 전담하는 과(課)가 없다는 현실은 이해 차원을 넘어서 납득이 가질 않는다. 이러한 문제를 어느 정도 해결하기 위해서는 아래 그림과 같이 생활안전국에 민간경비과를 신설하는 방안을 검토할 필요가 있다고 본다.[45]

45) 최선우(2013), 앞의 논문, p. 193.

경찰의 민간경비 담당 구조 개선(안)

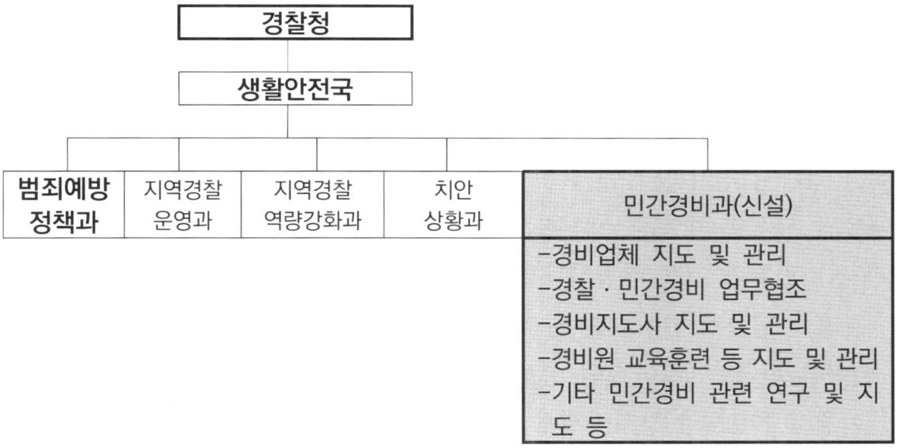

(2) 민간차원과 연계된 민간경비 관리방안 모색

경찰이 조직 내의 인적 · 물적 한계 등으로 인해 민간경비 전담부서의 확대 · 설치가 어려운 경우, 외부 민간부문과 연계하여 관리하는 방안을 모색할 수 있다. 예컨대, 영국과 같은 '비정부 공공기관'(NDPB: Non Department Public Body)인 민간경비산업위원회(SIA: Security Industry Authority) 설치하여 민간경비를 관리하는 방안을 검토할 수 있을 것이다.[46] 그러나 영국과 같이 수많은 위원회제도가 활성화되지 못한 우리의 현실에서는 이를 도입 · 적용하는 것은 한계가 있다고 본다.[47]

우리나라는 이러한 영국의 민간경비산업위원회와 같은 제도를 도입하지 않고 대신 경찰청과 같은 주무기관에서 민간경비를 관리감독하고 있는 형식을 취하고 있기 때문이다. 그러나 국가차원에서 관리감독을 하다 보니, 지나치게 형식적이고 규제 중심적인 면이 적지 않다. 또한 경찰과 민간경비 상호 간에 의사소통이 원활하게 이루어지지 못하고 있는 것도 사실이다.

따라서 이러한 가교 역할자로서 '경비협회'(警備協會)를 효율적으로 활용하는 것도 하

46) 비정부공공기관은 정부의 전체조직 가운데에 속한 하위부서는 아니지만 각부 장관의 '연장된 팔'로서 관련 업무를 수행하고 있다. 따라서 각부 장관들은 이들 비정부공공기관의 활동에 대해 지원을 해주고 이들의 활동과 관련하여 의회에 책임을 지고 있다. 이러한 비정부공공기관의 형태는 크게 집행형(Executive), 자문형(Advisory), 사법형(Tribunal), 그리고 독립적 감독위원회형(Independent Monitoring Boards)이 있다. Cabinet Office(2007), Public Bodies 2007, p. 6.; .Bradley, A. W., Ewing. K. D.(2003), Constitutional and Administrative Law. London: Longman, pp. 291~292.

47) 이하 최선우(2013), 앞의 논문, pp. 194~195.

나의 좋은 방법이라고 본다. 그러나 현행 경비협회의 위상으로는 이러한 역할을 수행하는 것은 문제가 있으며, 한계가 있다고 본다. 현행 경비업법을 살펴보면, '경비업자는 경비업무의 건전한 발전과 경비원의 자질향상 및 교육훈련 등을 위하여 대통령령이 정하는 바에 따라 경비협회를 설립할 수 있다'고 하고 있다(제22조 제1항). 이 규정에 따라 '경비업자는 경비업자 5인 이상이 발기인이 되어 경비협회를 설립할 수 있다' 그리고 '협회는 정관이 정하는 바에 의하여 회원으로부터 회비를 징수할 수 있다'고 규정하고 있다(동법 시행령 제26조 제1항 및 제2항).

이러한 경비협회가 그에 부합하는 적절한 역할(민간경비연구, 교육훈련, 후생복지, 경비진단, 그리고 민간경비에 대한 관리기능 등)을 수행하기 위해서는 '대표성'(代表性)을 가지고 있어야 한다. 그러나 5인 이상의 경비업자가 발기인이 되어 설립된 경비협회가 2022년 현재 4,277개의 경비업체에 배치된 190,015명의 민간경비원 이익을 대변하면서, 이들을 효율적으로 관리 및 지도 하는 역할을 제대로 할 수 있다고 보기는 어렵다고 본다.

이를 위해서는 법적으로 경비협회를 하나의 '위원회'(委員會) 형식으로 하여 인적구성(경찰, 경비업체, 학계 전문가, 법률전문가 등) 재정비할 필요가 있다고 본다. 그리고 모든 경비업체가 의무적으로 가입하도록 하여 일정 부분 재원을 마련하고, 그것을 통한 관련활동을 체계화시켜야 한다고 본다. 현재와 같이 경비협회가 특정 경비업 중심으로 운영되고, 단순한 이익집단(利益集團)으로 활동하는 것은 한계가 있다고 본다.

이러한 상황에서 경비협회에게 경비원 신임교육 기관(특히, 경비협회 지회에서 체계적인 교육인프라 없이 이루어지는 교육)으로서의 법적 지위를 인정하고(경비업법 제13조 제1항 및 시행령 제18조 제1항), 또 자격검정 기관(2013년부터 신변보호사시험 시행)으로서의 지위도 인정하는 것은 적지 않은 문제(전문성, 공정성, 타당성, 합법성 등)가 있다고 본다.

더욱이 과거에 (경비협회 내부적으로) 경찰의 행정지도 등의 업무를 대신하도록 하는 방안까지 검토하기도 하였는데, 이 역시도 한계가 있다고 본다. 경비협회는 관리감독관청으로서의 정당한 지위를 가지지 못하고 있는 까닭이다. 한국경비협회의 일대 개혁이 요구되는 시점이다.

(3) 민간경비 유형별 관리감독 기준 마련

민간경비는 업무 유형(시설경비, 호송경비, 신변보호, 기계경비, 특수경비, 혼잡·교통유도경비)에 따라 저마다 특징을 가지고 있기 때문에 획일적으로 이를 규제하는 것은 한계가 있다고 본다. 따라서 경비업법상에서 민간경비업 전체를 규제·관리할 수 있는 내용과 개별 사업별 규제·관리할 수 있는 방안을 마련하는 것은 중요한 일이다.

예컨대, 시설경비 또는 신변보호 가운데 노동쟁의 등 집단민원현장에 개입하는 업체에 대한 엄격한 관리감독은 중요하다고 본다. 과거에는 법적으로 인정된 경비원 외에도 자격 없는 자들까지 불법적으로 고용하여 집단민원현장에 투입된 바 있다. 심지어는 조직폭력배 및 노숙자들도 개입하기도 하였다.[48] 최근 들어 경찰의 관리감독이 엄격해져 경비업체에 소속되어 신임교육을 받아 합법적으로 배치되고 있지만, 여전히 편법적인 요소를 배제할 수 없다고 본다.

사실, 집단민원현장에서 사용자나 민간경비업체는 경비업법을 피하는 변칙적인 방법을 사용하고 있다. 임시직으로 이중고용을 하거나 프리팀(free team, 일용직 직원)을 구성하는 형식을 취하기도 한다. 이들 프리팀에 속한 이른바 '프리랜서'(free-lancer)들이 민간경호경비업체의 하청을 받아 집단민원현장 등에 투입되고 있다고 볼 수 있다. 따라서 이들에 대한 경찰의 적절한 판단과 엄격한 관리감독은 매우 중요한 일이라고 본다.

4. 민간경비원의 자격증제도

이상에서 살펴본 바와 같이, 그동안 민간경비에 대한 법적인 규제 및 전문화의 필요성이 강하게 대두되고 있음에도 불구하고 인허가를 강화하는 것이 쉽게 이루어지지 못하였다. 이러한 상황에서 지난 2013년 6월 7일 법 개정으로 민간경비에 대한 규제가 상당히 강화되었고, 이로 인해 경비시장의 현실을 도외시한 채, 규제만 강화되어 이에 대한 경비업계의 불만이 크게 표출된 것도 사실이다.[49]

이러한 현실 속에는 각각의 이해관계자(정치인, 경찰, 경비업자, 경비원, 경비지도사, 일반시민 등) 간의 이해가 상충하는 면이 없지 않다고 본다. 이러한 찬반양론 속에서 허가요건 및 벌칙 강화 등의 규제 이외에도 민간경비의 전문성을 확보할 수 있는 방법이 있다. 그 가운데 하나가 바로 민간경비의 업무 특성을 반영한 개별 자격증제도(資格證制度)의 도입이라고 할 수 있다.

---

48) 최선우·김양현(2007), "노동쟁의과정에서 민간경비의 폭력에 관한 사례연구," 한국공안행정학회보 제26호, p. 119.

49) 경비업계에서는 2013년 6월 7일 개정된 경비업법상의 문제점을 논의하기 위하여 지난 2013년 8월 30일 (사)한국경비협회가 주최하고, 한국공안행정학회 등 5개 학회(후원)가 참여하여 "개정 경비업법 문제점 및 대책: 개정 경비업법이 민간경비산업 경영에 미치는 영향"이라는 주제로 대토론회를 개최한 바 있다. 여기에서 학회 관계자 및 수많은 경비업체 경영자 등이 참여하여 법 개정의 비현실성과 문제점 등에 대하여 논의하였다. 그러나 한편으로는 법 개정을 통하여 그 동안 방만하게 운영관리 되었던 부분에 대한 통제 및 보완에 관한 자성의 목소리도 없지 않았다.

앞에서는 민간경비업 자체의 인허가, 관리감독, 그리고 벌칙 등을 통한 민간경비(특히, 경비업자)의 규제에 대해서 살펴보았다면, 아래에서는 자격증제도의 도입을 통한 민간경비원들에 대한 규제를 살펴보기로 한다.

1) 자격증제도의 의의와 실효성 조건

(1) 자격증제도의 의의

자격증(資格證, License)이라는 것은 특별한 활동을 수행할 수 있도록 해주는 일종의 허가된 권리 또는 권한이라고 할 수 있다. 이러한 자격증의 수여 주체는 공적 차원에서 이루어질 수도 있고, 민간 차원에서 이루어질 수도 있다. 그러나 일반적으로 중앙이나 지방자치단체와 같이 국가에서 이를 공적으로 인정할 때 자격증으로서 보다 가치를 갖게 될 것이다.

자격증제도의 존재 이유는 자격증소지가 자신을 위한 것일 뿐만 아니라 관련분야의 지식과 기술의 향상을 통하여 고객에게 최상의 관련서비스를 제공하기 위한 것이다. 마찬가지로 민간경비 관련자격증 역시 적절한 치안서비스를 제공하기 위한 것이라고 할 수 있다. 물론, 자격증제도만 가지고 민간경비원의 전문지식과 기술향상을 단기적으로 기대할 수 있는 것은 아니지만, 이러한 제도를 활용함으로써 사회적으로 관련자격증 소지자에 대한 인정 및 처우향상을 꾀할 수 있을 것이다. 그리고 장기적으로 민간경비 관련자격증 시험에 응시할 수 있도록 하는 분위기를 조성함으로써, 전반적으로 민간경비의 전문성을 향상할 수 있을 것이다.

민간경비원 관련 자격증제도는 경비원의 업무능력을 평가하고, 경비원으로서 일정한 지식 등 능력의 유무를 공식적으로 인정하는 것이다. 이는 결과적으로 경비원의 노력과 근무 의욕을 촉발하고, 경비업무를 적절히 수행할 수 있도록 할 것이다.[50]

자격증제도는 소극적으로 볼 때, '일정한 자격조건을 갖추지 못한 자는 관련 업무에 종사하지 못한다'라고 하는 점에서 규제적 의미를 갖는다. 그러나 이를 적극적으로 해석하여 '일정한 자격조건을 갖춘 자만이 관련 업무에 종사할 수 있다'라고 한다면, 이는 규제라기보다는 전문화와 관련된다고 본다. 물론, 이러한 논의는 동전의 양면과 같이 결과적으로 동일한 의미를 갖는다. 민간경비 관련자격을 갖추지 못한 자를 관련 업무에서 배제하고, 자격이 있는 유능한 자에 대해서는 관련 업무에 중요한 비중을 두고 배치한다는 차원에서, 결과적으로 민간경비서비스의 질은 향상되기 때문이다.

50) 이윤근 · 최선우 · 안창훈(1998), "국가중요시설경비의 효율화방안에 관한 연구," 치안연구소, p. 32.

(2) 자격증제도의 실효성 조건

일반적으로 자격증제도가 제대로 기능을 하기 위해서는 몇 가지 요건을 갖추어야 한다.[51] 이러한 실효성 요건은 민간경비 관련자격증에도 적용됨은 물론이다. 바꿔 말하면, 현재 민간경비 관련분야에서 시행·적용되고 있는 자격증제도(예: 국가에서 공인하고 있는 경비지도사, 신변보호사 자격증과 민간단체에서 실시하는 관련 자격증 등)가 이상과 같은 요건을 제대로 충족시키고 있지 못한다면 유용한 자격증으로서 가치가 없다는 것을 의미한다.

① 투명성

자격은 투명성(Transparence)을 가져야 한다. 이는 자격과 관련하여 이해관계를 갖는 사람들(개인, 고용주, 교육프로그램 운영자 등)에게 자격증이 부여하는 의미를 명확하게 전달해주어야 한다는 것을 의미한다. 실시되는 자격제도가 구체적으로 어떠한 기준에 의해서 어떠한 내용을 가지고, 또 그것이 취득되었을 때 어떻게 활용될 수 있는지가 명확하게 제시되어야 한다. 따라서 자격제도와 관련된 정보의 신뢰성이 높을 때 자격은 투명성을 갖게 된다고 볼 수 있다.

② 호환성

일정한 자격은 다른 자격과 호환성(Transferability)을 가지고 있어야 하는데, 이에 따라 부분적 혹은 전면적으로 대체될 수 있어야 한다. 예컨대, 유사한 형태의 자격검정시 관련된 과목시험을 면제해 주고, 일정한 경력을 가지고 있는 자에 대한 시험 일부를 면제해 주는 것 등을 들 수 있다.

③ 경제성

자격은 경제성(Economy)을 가지고 있어야 한다. 자격제도를 유지하는 비용이 지나치게 들어감으로써 자격제도가 주는 사회적 편익보다 비용이 더 들어가서는 안 된다.

④ 탄력성

자격은 탄력성(Flexibility)을 가지고 있어야 한다. 이는 사회환경 변화에 따라 자격 역시 신속하게 개정되어야 한다는 것을 의미한다. 사회환경의 변화속도가 빠른 오늘날 자격의 탄력성 문제는 무엇보다는 중요하다고 볼 수 있다. 예컨대, 민간경비와 관련하

---

51) 한국직업능력개발원(1998), 자격제도의 종합적 실태분석과 개선방안 연구.; 박대우(2003), "민간경호·경비관련 자격제도에 관한 연구," 용인대학교 석사학위 논문, pp. 16~18 재구성.

여 기계경비 및 정보보안(Information · Intelligence Security)의 비중이 매우 커지고 있는데, 관련 자격제도에서 이러한 점을 고려해야 할 것이다.

⑤ 공신력

자격은 공신력(Authenticity)을 가지고 있어야 한다. 공신력이 상실된 자격은 효용가치를 잃고 결국 소멸되고 만다. 시대가 변함에 따라 자격이 다종 · 다양해지는 것이 보편적 추세라 할 수 있다. 이러한 상황에서 이해관계자들 간의 역할관계 및 부당한 경쟁이 자격증 남발 등 부작용을 초래할 우려가 있으므로 자격의 공신력을 유지할 수 있는 제도적인 장치가 뒷받침 되어야 한다.

⑥ 경쟁력

자격은 경쟁력(Competitiveness)을 갖추어야 한다. 자격의 유효성은 법 · 제도를 통한 국가나 이익단체 등에 의한 인위적 보호에 의해서가 아니라, 소비자들의 평가에 의해서 확보되어야한다. 따라서 특정 자격소지자에 대한 법적 보호는 최대한 지양해야 한다. 이를 위해서는 다양한 자격제도를 운영하여 상호 경쟁하는 제도를 도입하고 그 결과를 국민(또는 고객)이 선택하도록 하여야 한다.

⑦ 통용성

자격은 통용성(Currency)을 갖추어야 한다. 자격은 국내뿐만 아니라 가능하다면 외국에서도 통용되고, 인접 직종에서도 통용되도록 하는 것이 바람직하다. 오늘날 국가간의 무한경쟁시대를 맞이하여 선진국은 자국 자격의 국제적 통용성을 확보하기 위하여 노력하고 있다.

⑧ 공평성

끝으로 자격은 공평성(Access and Equity)을 유지해야 한다. 자격취득의 기회나 접근 절차는 모든 국민에게 합리적으로 공평해야 한다. 이를 위해서는 자격제도 운영에 있어서 일정한 학력, 연령, 성별 등에 상관없이 취득 기회가 부여되어야 할 것이다.

민간경비분야에 있어서 자격증제도는 현재 미국, 영국, 일본, 호주 등 선진국에서 널리 활용되고 있으며, 그 가치를 높이 평가받고 있기 때문에 이 제도를 보다 체계적 · 과학적으로 도입한다면 민간경비의 전문성 확보에 기여할 것으로 기대된다.

민간경비분야와 관련하여 우리나라에서는 1995년에 경비지도사제도가 도입되었다.

그러나 경비지도사제도가 도입 · 시행된 지 상당한 기간이 지났으나 아직까지 운영상의 문제점을 가지고 있는 것이 사실이다. 또 지난 2013년에 국가공인으로 제1회 신변보호사제도가 시행되었으나 이 역시 해결해야 할 과제들을 많이 안고 있다.

한편, 자격증제도와 관련하여 문제점은 국가의 공인을 받지 않은 민간단체가 자격증을 나름대로 만들어 국가자격과 동등한 효력을 갖는 것처럼 선전하고, 이러한 자격의 취득 후 고소득 및 안정된 직업을 보장받을 수 있는 것처럼 일반인들을 현혹시키는 경우도 있다는 것이다. 어쨌든, 각국의 민간경비 관련 자격증제도를 살펴보면 크게 두 가지 차원에서 논의될 수 있다고 본다.

하나는 미국의 CPP(Certified Protection Professional)제도, 일본의 경비원지도교육책임자(警備員指導教育責任者)제도와 기계경비업무관리자(機械警備業務管理者)제도, 우리나라의 경비지도사(일반경비, 기계경비)제도 등과 같이 일선에서 활동하는 민간경비원들에 대한 지도, 감독, 교육 등과 관련된 자격증제도를 들 수 있다.

다른 하나는 일본의 공항보안, 교통유도, 귀중품운반, 핵연료물질 등 운반 자격증과 같이 민간경비 관련 업무에 따른 개별적 자격증제도를 들 수 있다. 우리나라는 이러한 국가공인 개별자격증이 없었는데, 앞서 언급한 바와 같이 지난 2013년에 제1회 신변보호사제도가 시행되었다. 따라서 아래에서는 이러한 두 가지 차원 즉, 민간경비원들에 대한 관리 및 감독과 관련된 자격증제도와 개별적 자격증제도로 구분하여 살펴보기로 한다.

2) 민간경비원 관리 · 감독관련 자격증제도

민간경비분야에서 민간경비원에 대한 관리, 감독, 교육 등 자격증제도와 관련하여 아래 표에서는 이러한 각국의 자격증에 대해서 개괄적으로 나타내주고 있다.[52] 우리나라의 경우, 지난 법 개정(2013. 6. 7)으로 경비지도사의 직무와 관련하여 '집단민원현장에 배치된 경비원에 대한 지도 · 감독' 내용이 새롭게 추가되었다(경비업법 제12조 제2항 제4호).

52) 임명순(2006), "민간경비 교육제도 변화에 따른 문제점과 개선방안," 한국민간경비학회보 제8호, p. 368 재구성.

미국 · 일본 · 한국 경비원 관리 · 감독 자격증제도의 비교

구 분	미 국	일 본	한 국
제 도	CPP	경비원지도교육책임자	경비지도사
도입기	1977년 시행	1982년(1983년 시행)	1995년(1997년 시행)
주관처	미국경비산업협회(ASIS)	국가공안위원회	경찰청
자격증 취득방법	시험합격	강습과정 이수 또는 경력인정	시험합격
직 무	• 시큐리티 관련 전문가 및 관리자로서의 역할 수행	• 경비원 지도계획 및 작성계획에 의한 근무실시 여부의 감독과 기록 작성 • 경비원 교육의 제반사항 기록 및 관리 • 경비원교육의 실시기록의 기재에 대한 방법 • 경비업자에 대한 필요한 조언 등의 의무	• 경비원의 지도, 감독, 교육에 관한 계획의 수립, 실시 및 그 기록의 유지 • 경비현장에 배치된 경비원에 대한 순회점검 및 감독 • 경찰기관 및 소방기관과의 연락방법에 대한 지도 • 집단민원현장에 배치된 경비원에 대한 지도 · 감독 • 그 밖에 대통령령이 정하는 직무
갱신제도	3년마다 갱신 요구	없음	없음

(1) 각국의 특징

① 미국

미국에서는 각 주정부의 관할하에 CPP 자격증제도를 시행하고 있다. 그런데 미국에서 시행하고 있는 CPP제도는 국가가 만든 제도가 아니라 민간경비업체가 자율적으로 민간경비의 질적 향상을 위해서 일정한 표준(Standards)을 정하고, 전국적인 수준에서 이를 발전시킨 것이다.

CPP는 미국산업안전협회(ASIS: American Society for Industrial Security)에서 시행하는 공인 자격증제도이다. 민간경비분야의 특정 임무를 수행하는 자들에게 이러한 자격증을 취득하게 하는 것은 이들에게 경비 관련업무를 수행하는데 필요한 기술적인 문제뿐만 아니라, 관련지식과 전문적인 책무에 대한 이해를 도모할 수 있다는 장점을 갖는다.[53] 그런데, 미국의 CPP는 국가가 주관하지 않고 사적인 차원에서 만들어진 자격증제도임에도 불구하고 우리나라처럼 국가가 주관하여 만든 경비지도사제도보다 오히려 실효성이 높다는 측면에서 긍정적으로 평가되고 있다.

53) Hess, Kären M. and Wrobleski, Henry M.(1996), op. cit., pp. 44~46.

② 일본

일본의 경우, 민간경비원의 교육과 필요한 지도감독의 책임은 기본적으로 경비업자에게 있다. 그러나 경비업자 자신이 구체적인 경비업무의 실시에 대해 충분한 지식 및 능력이 없거나, 지식과 능력을 갖추고 있다 할지라도 경비원에게 세심한 지도 및 교육을 하기 어려운 경우가 있다.

이러한 사정을 고려해서 관련 경비업무에 대해 일정한 능력이 있는 자를 지도교육 책임자로 지정해서 일상적으로 필요한 경비업무를 행하도록 하는 것이 효과적이라고 판단하게 된 것이다. 이처럼 국가의 조치는 경비업자에게 경비원지도교육책임자(警備員指導教育責任者)를 두도록 함으로써, 경비원에 대한 지도감독이 방치되거나 형식적으로 이루어지는 것을 막기 위한 것이다.[54)]

③ 한국

우리나라에서 1995년에 도입(시행, 1997)된 경비지도사제도(일반경비지도사, 기계경비지도사)는 관련분야의 경비원을 지도 · 감독 · 교육하는 이른바 '현장책임자'라 할 수 있다.[55)]

이 제도는 일본의 경비원지도책임자제도와 기계경비업무관리자제도를 토대로 만들어진 것이라고 할 수 있다. 실제로 이러한 경비지도사제도가 신설되고 시험과목이 결정되면서 민간경비분야에 적지 않은 변화가 나타났다. 이 제도로 인해 민간경비의 전문성과 이미지가 향상되었기 때문이다.

54) 박병식(1996), 민간경비론, 서울: 법률출판사, p. 99.

55) 경비업자는 대통령령이 정하는 바에 따라 경비지도사를 선임하여야 한다. 선임된 경비지도사의 직무는 다음과 같다. ① 경비원의 지도 · 감독 · 교육에 관한 계획의 수립 · 실시 및 그 기록의 유지, ② 경비현장에 배치된 경비원에 대한 순회점검 및 감독, ③ 경찰기관 및 소방기관과의 연락방법에 대한 지도, ④ 집단민원현장에 배치된 경비원에 대한 지도 · 감독, ⑤ 그 밖에 대통령령이 정하는 직무(경비업법 제12조 제2항 각호).

경비지도사의 구분

① 일반경비지도사 : 다음의 경비업무에 종사하는 경비원을 지도 · 감독 및 교육하는 경비지도사
㉠ 시설경비업무
㉡ 호송경비업무
㉢ 신변보호업무
㉣ 특수경비업무
② 기계경비지도사 : 기계경비업무에 종사하는 경비원을 지도 · 감독 및 교육하는 경비지도사(이상 경비업법 시행령 제10조 각호)

(2) 현행 경비지도사제도의 문제

1997년 경비지도사제도가 시행된 이래로 2022년 현재에 이르기까지 25,000명이 넘는 사람들이 경비지도사시험에 합격하였다.[56] 그런데, 이 자격증이 법규정에 맞게 전문성을 가지고 일선현장에서 충분히 활동되지 못하고, 단지 경비업체설립 및 운영을 위한 요건충족용 자격증으로 만족해야 하는 경우도 없지 않은 실정이다(그리고 초창기에 지나치게 많은 합격증을 남발한 것도 한 요인이 된다).

다만, 그동안의 민간경비의 전문성에 대한 국가적 · 사회적 관심의 증대로 경비업법상의 경비지도사 관련규정이 보완되어 왔고, 이에 따라 이의 실효성 · 유용성이 점차 높아져 가고 있다고 볼 수 있다.

과거에는 경비업체에 종사하지 않은 자들이 자격증을 취득해 불법적으로 자격증을 대여하는 경우도 있었다. 또 경찰관서(범죄예방정책과)에서 매년 2회 정기 지도점검시 경비지도사의 선임여부를 확인하기 위해 경비지도사의 배석 및 해당 업체의 보험가입을 확인하고 있으나, 이를 제대로 하지 않는 경우도 있었다.

사실, 경비지도사의 전문성 확보 및 역할정립 문제의 책임은 민간경비업체에도 있다. 민간경비업체는 경비지도사의 위상 및 역할을 정확히 인식하지 않고, 경비업체설립 및 운영을 위한 요건충족용으로 인식하는 경향이 적지 않기 때문이다. 또 경비지도사자격증 소지자를 경비원들과 함께 현장에 투입하고 추가적인 자격수당만 지급할 뿐 중간책임자로서 책임감과 자긍심을 갖게 하지 못하는 경우도 없지 않기 때문이다.

56) 경비지도사시험 합격자 수와 자격증 취득자 수는 다소 차이가 난다. 경비지도사 시험에는 합격하였으나, 대통령령으로 정하는 바에 따라 경찰청장이 실시하는 기본교육(40시간)을 이수하지 않아 자격증을 취득하지 못한 자들이 있기 때문이다(경비업법 제11조 제1항 단서).

3) 민간경비업무 관련 개별적 자격증제도

(1) 미국

민간경비업무와 관련하여 개별적인 자격증제도의 도입은 이의 규제 및 전문성 제고와 관련하여 중요한 의미를 갖는다.

미국에 있어서 자격증제도는 민간경비뿐만 아니라 사회 모든 분야에서 크게 발달하고 있다. 민간경비분야 자격증제도와 관련하여 미국의 각 주의 법규정을 조사하였는데, 많은 주에서 특정한 민간경비 관련서비스에 대해서 자격증제도를 두고 있는 것으로 나타났다. 여기에는 사설탐정, 무장호송차량, 경보대응서비스, 경비견, 정보안전관리 및 서비스제공 등에 해당되며 점차 증가추세에 있다.57)

이러한 자격증제도는 민간경비서비스를 받는 고객을 보호하기 위해서 확립된 것으로 어떠한 개인이나 합법적인 단체가 관련서비스를 제공하는 산업에 종사하기 위해서는 관련 자격증을 소지하고 있어야 한다는 것을 의미한다. 자격증과 관련된 규정사항에는 자격증 지원자, 유자격 회사, 자격증 소지에 있어서 변경의 고지, 자격증 갱신, 자격증 증명 등을 내용으로 하고 있다. 아울러 자격증 위조 및 변조 등과 같은 위반행위에 대한 벌칙에 관해서도 규정하고 있다.

(2) 일본

일본에서는 불특정 또는 다수인의 생명, 신체, 재산에 위험이 발생할 우려가 있는 경비업무를 수행할 때, 관련자격증을 가진 민간경비원이 이를 하도록 하고 있다.

이를 위해 공안위원회(公安委員會)는 민간경비업무의 적정한 실시를 도모하기 위해 그 업무 유형별 경비원 또는 경비원이 되려고 하는 자에 대하여 그 지식 및 능력에 관한 자격증제도를 규정하고 있다(일본경비업법 제23조 제1항). 이에 따라 일본에서는 6개 경비업무 영역에 걸쳐 자격증제도(수준에 따라 1 · 2급 구분)를 실시하고 있다.58)

57) 이윤근 · 최선우 · 안창훈(1998), 앞의 논문, pp. 130~132.
58) 안황권 외(2007), 비교시큐리티제도론, 서울: 진영사, pp. 152~154.

일본의 경비업무별 자격제도

자격제도의 유형	내 용
공항보안검사업무	공항 등 시설에서 항공기의 강탈 등의 사고발생을 경계하고 방지하는 업무(항공기에 각지고 들어가는 물건의 검사에 관계되는 것에 한함)
시설경비업무	시설경비업무(기계경비업무 및 공항보안경비업무는 제외)가운데 경비업무 대상 시설의 파괴 등의 사고발생을 경계하고 방지하는 업무
혼잡경비업무	사람이 혼잡한 장소에서 부상 등의 사고발생을 경계하고 방지하는 업무(혼잡정리에 관계되는 것에 한함)
교통유도경비	공사현장 기타사람 또는 차량의 통행에 위험이 있는 장소에서 부상 등의 사고발생을 경계하고 방지하는 업무(교통유도에 관계되는 것에 한함)
핵연료물질 등 위험물운반경비업무	운반중의 핵연료물질 등 위험물에 관계되는 도난 등의 사고발생을 경계하고 방지하는 업무
귀중품운반경비업무	운반중의 현금, 귀금속, 유가증권 등의 귀중품에 관계되는 도난 등의 사고발생을 경계하고 방지하는 업무

이처럼 일본은 자격증 별로 1급과 2급으로 구분되어 있고, 일정기간이 지난 후에야 1급 응시자격을 부여하도록 하고 있다. 그리고 자격시험에 합격한 자는 해당 경비업무에 종사하는 동안에 자격증 소지자임을 표시하는 표장을 사용할 수 있도록 하고 있다.[59)]

(3) 한국의 도입 현황과 발전 분야

민간경비산업에 있어서 관련 전문자격증은 현재 미국, 일본 등 선진국에서 널리 활용되고 있으며, 그 가치를 높이 평가받고 있기 때문에 이 제도를 우리나라에서 도입한다는 것은 큰 의미가 있다고 본다.

현행 국가중요시설의 경비와 관련하여 특수경비원제도가 도입되어 국가중요시설 내에서 총기사용이 허용되었지만, 이것으로 충분하지는 않다고 본다. 민간경비와 관련된 중요한 분야(아니면, 적어도 경비업법상에 규정된 분야)에 대해서는 미국과 일본의 자격증제도를 고려하여 향후 이의 도입을 적극적으로 검토해야 할 것이다.

한편, 우리나라는 그동안 국가에서 공인한 민간경비 관련 개별자격증이 존재하지 않았으나 2013년 현재 '신변보호사' 공인되었다는 것은 앞에서 설명한 바와 같다. 앞으로 도입 가능성이 있는(또는 도입 필요성이 있는) 민간경비 관련 자격증은 아래 표와 같은 것들을 들 수 있다.[60)]

이 가운데 민간조사제도(PI: Private Investigator)는 시급히 도입되어야 할 자격증 가운데 하나라고 본다(이는 그동안 정치권에서 그리고 경찰·검찰 및 관련 민간경비 종

59) 박병식(1996), 앞의 책, pp. 100~101.
60) 이윤근·최선우·안창훈(1998), 앞의 논문, p.130.

사자들 사이에서 가장 관심 있게 논의하고 있는 부분인데, 정치적 역학관계 및 당사자들간의 이해관계가 복잡하게 얽혀 있어 제도적 도입이 지연되고 있는 실정이다).

향후 도입할 수 있는 자격증제도의 유형

① 민간조사(PI, 공인탐정) 자격증
② 시설경비자격증
③ 호송경비자격증
④ 교통유도자격증
⑤ 검색관련자격증
⑥ 방범설비자격증
⑦ 정보/컴퓨터보안자격증 등

자격증을 인증하는 방법에는 국가가 인증하는 방법과 민간차원에서 인증하는 방법이 있다. 그러나 대륙법계 전통에 따라 국가의 규제 성격이 강한 우리나라의 실정을 고려할 때, 민간차원에서 자격증제도가 인증되기보다는 국가적 차원에서 이를 도입·인증하는 것이 바람직하다고 본다.

예컨대, 2013년 국가차원에서 신변보호사가 공인되기 전까지 민간차원에서 이와 관련된 자격증제도를 실시해 왔지만 이의 실효성은 거의 없었다고 볼 수 있다(물론, 국가에서 공인되어 실시되고 있는 현재의 상황에서도 실효성이 그다지 높지는 않다. 이는 신변보호 자격증 자체의 문제라기보다는 시장의 수요가 높지 않다는 점도 하나의 이유라고 본다).

따라서 이러한 개별자격증 역시 경비지도사제도와 마찬가지로 국가에서 도입·시행하는 것이 바람직하다고 본다. 그러나 무엇보다도 중요한 것은 앞에서 지적한 바와 같이 전문적인 자격증으로서 갖추어야 할 조건을 충족시키는 일이다. 이를 위해서는 관련 법규정의 마련하고, 이를 통한 객관적인 검증절차뿐만 아니라 민간경비업자 및 민간경비원 등 관련 종사자들의 합의와 인식 전환 그리고 실천이 함께 이루어져야 가능한 일이라고 본다.

따라서 자격증제도 도입과 관련하여 간과하지 말아야 할 것은 그와 관련된 충분한 사전검토와 검증절차의 합리성과 적정성이라고 볼 수 있다. 예컨대, 경비지도사제도의 시행 초기와 같이 자격증을 남발한다거나 아니면, 현행 신변보호사제도와 같이 경비협회에서 이를 주관하여 공신력(公信力)을 잃는 것도 문제 가운데 하나라고 본다.

4) 기타 민간경비원에 대한 규제

(1) 민간경비원의 행동 규제

이 밖에도 민간경비원에 대한 규제는 여러 가지 차원에서 논의될 수 있다. 경비원들의 일정한 권한행사와 관련하여 타인의 사생활 침해, 전자 도청, 업무방해 및 폭력행사 등을 하지 못하도록 입법적인 규제를 하는 것이 이에 해당한다.

미국의 경우, 민간경비원의 행위를 통제하는 법규정은 몇 가지 근거에서 찾을 수 있다. 불법행위법(Tort Law), 주법령(State Statutes), 형법, 헌법적 권리보장, 그리고 계약법 등을 들 수 있다. 특히, 민간경비원에 대한 많은 제한은 각 주의 불법행위법에서 나오고 있다. 불법행위법은 시민 상호간의 책임과 의무에 관해서 규정하고 있고, 이러한 의무를 수행하지 못함으로써 야기되는 손상에 대한 손실을 회복하기 위해 소송을 제기하는 것을 규정하고 있다. 민간경비원은 자신들에게 주어진 임무를 수행하기 위해 행사하는 활동 때문에 다른 시민들보다 더 많은 민사소송을 당하게 된다.[61)]

미국연방헌법은 민간경비원의 권한의 행사를 규제하는 중요한 근거 중의 하나이지만, 그러한 규제는 단지 주(州)의 일반적 활동에만 적용될 뿐이다. 따라서 주정부와 민간경비와의 관계는 항상 명확한 것은 아니다. 예컨대, 민간경비원이 공공기관에 근무하였을 때, 또는 민간경비원이 공무수탁에 의해 근무를 수행하였을 경우를 들 수 있다. 일반적으로 공공기관에 의해 공무수탁 또는 계약을 체결한 민간경비원은 공무원과 동일한 또는 유사한 규제를 받는다. 그리고 대부분의 민간경비원은 자신들을 고용한 기관 또는 고용주와의 계약조건에 의해 규제를 받게 된다.[62)]

이는 우리나라의 경우에도 마찬가지라고 볼 수 있다. 구체적으로는 현행 경비업법 제15조의2(경비원 등의 의무)와 제15조(특수경비원의 의무)에서 이를 규정하고 있다.

경비원의 의무

① 경비원은 직무를 수행함에 있어 타인에게 위력을 과시하거나 물리력을 행사하는 등 경비업무의 범위를 벗어난 행위를 하여서는 아니 된다. ② 누구든지 경비원으로 하여금 경비업무의 범위를 벗어난 행위를 하게 하여서는 아니된다(이상 경비업법 제15조의2 각항).

---

61) Hess, Kären M. and Wrobleski, Henry M.(1996), op. cit., pp. 55~56.
62) Ibid., p. 54.

특수경비원의 의무

① 특수경비원은 직무를 수행함에 있어 시설주 · 관할 경찰관서장 및 소속상사의 직무상 명령에 복종하여야 한다.
② 특수경비원은 소속상사의 허가 또는 정당한 사유없이 경비구역을 벗어나서는 아니 된다.
③ 특수경비원은 파업 · 태업 그 밖에 경비업무의 정상적인 운영을 저해하는 일체의 쟁의행위를 하여서는 아니 된다.
④ 특수경비원이 무기를 휴대하고 경비업무를 수행하는 때에는 다음의 어느 하나에 정하는 무기의 안전사용수칙을 지켜야 한다.
㉠ 특수경비원은 사람을 향하여 권총 또는 소총을 발사하고자 하는 때에는 미리 구두 또는 공포탄에 의한 사격으로 상대방에게 경고하여야 한다. 다만, 다음에 해당하는 경우로서 부득이한 때에는 경고하지 아니할 수 있다.
가. 특수경비원을 급습하거나 타인의 생명 · 신체에 대한 중대한 위험을 야기하는 범행이 목전에 실행되고 있는 등 상황이 급박하여 경고할 시간적 여유가 없는 경우
나. 인질 · 간첩 또는 테러사건에 있어서 은밀히 작전을 수행하는 경우
㉡ 특수경비원은 무기를 사용하는 경우에 있어서 범죄와 무관한 다중의 생명 · 신체에 위해를 가할 우려가 있는 때에는 이를 사용하여서는 아니 된다. 다만, 무기를 사용하지 아니하고는 타인 또는 특수경비원의 생명 · 신체에 대한 중대한 위협을 방지할 수 없다고 인정되는 때에는 필요한 최소한의 범위 안에서 이를 사용할 수 있다.
㉢ 특수경비원은 총기 또는 폭발물을 가지고 대항하는 경우를 제외하고는 14세 미만의 자 또는 임산부에 대하여는 권총 또는 소총을 발사하여서는 아니 된다(이상 경비업법 제15조 각항).

(2) 민간경비원의 복장 규제

또 하나 주목할 것은 민간경비원은 경찰과 비슷한 제복을 착용해서는 안 된다고 규제하고 있다는 것이다. 이는 일반시민이 민간경비원을 경찰로 오인하여 문제가 발생할 소지가 있기 때문이다. 이와 관련하여 미국의 일부 주에서는 이를 별도로 규정하고 있다.[63]

우리나라의 경우에도 이를 규정하고 있다. 이와 관련하여 종래에는 경비업법 시행규칙에 세부적인 내용을 두고 있었으나, 법 개정(2013.6.7)으로 경비업법에 직접 규정하고 있다(이 역시 집단민원현장에서의 민간경비의 불법적인 폭력행위가 계기가 되었음은 물론이다).

이에 따라 경비업자는 경찰공무원 또는 군인의 제복과 색상 및 디자인 등이 명확히 구별되는 소속 경비원의 복장을 정하고 이를 확인할 수 있는 사진을 첨부하여 주된 사무소를 관할하는 시 · 도경찰청장에게 행정안전부령으로 정하는 바에 따라 신고하도록 하고 있다(경비업법 제16조 제1항).[64]

---

63) Ibid., p. 55.
64) ① 과거 청원경찰 제복의 제식은 청원경찰법 시행규칙 제9조에 의해 경찰복제와 동일하게 하도록 규정하고 있었다(그 색상과 재질은 청원주가 결정). 아울러 장구의 제식 및 재질은 경찰장구와 같

그리고 경비업자는 경비업무 수행시 경비원에게 소속 경비업체를 표시한 이름표를 부착하도록 하고, 위의 내용에 따라 신고 된 동일한 복장을 착용하게 하여야 하며, 복장에 소속 회사를 오인할 수 있는 표시를 하거나 다른 회사의 복장을 착용하지 못하도록 하고 있다. 다만, 집단민원현장이 아닌 곳에서 신변보호업무를 수행하는 경우 또는 경비업무의 성격상 부득이한 사유가 있어 관할 경찰관서장이 허용하는 경우에는 예외로 하고 있다(제16조 제2항).

(3) 민간경비원의 장비 등의 규제

경비업법 개정으로 민간경비원의 장비 등에 관한 내용을 새롭게 규정하였다. 이에 따라 경비원이 휴대할 수 있는 장비의 종류는 경적 · 단봉 · 분사기 등 행정안전부령으로 정하되, 근무 중에만 이를 휴대할 수 있도록 하였다(경비업법 제16조의2 제1항).

그리고 경비업자가 경비원으로 하여금 분사기를 휴대하여 직무를 수행하게 하는 경우에는「총포 · 도검 · 화약류 등의 안관관리에 관한 법률」(약칭: 총포화약법)에 따라 미리 분사기의 소지허가(所持許可)를 받도록 하였다(제2항). 한편, 총포화약법상에서 도검 · 화약류 · 분사기 및 전자충격기 · 석궁은 '주소지를 관할하는 경찰서장'의 허가를 받도록 하고 있다(제12조 제1항 제3호).

민간경비원의 이와 같은 장비사용과 관련하여 일종의 '의무'와 관련하여 규정하고 있다. '누구든지 위의 장비를 임의로 개조하여 통상의 용법과 달리 사용함으로써 다른 사람의 생명 · 신체에 위해를 가하여서는 아니 된다'는 규정과 '경비원은 경비업무를 위하여 필요하다고 인정되는 상당한 이유가 있을 때에는 필요한 최소한도에서 위의 장비를 사용할 수 있다'고 한 것이다(경비업법 제16조의2 제3항, 제4항).

(4) 출동차량 등의 규제

경비업법의 개정으로 출동차량 등에 관한 내용도 새롭게 규정하였다. 이에 따라 경비원의 복장과 마찬가지로 경비업자는 출동차량 등의 도색 및 표지를 경찰차량 및 군차량과 명확히 구별될 수 있도록 하였다(경비업법 제16조의3 제1항).

도록 하였다. ② 그러나 2010년 7월 1일 청원경찰법 시행규칙이 개정되어 청원경찰 제복의 제식 역시 경찰공무원 또는 군인 제복의 색상과 명확하게 구별될 수 있도록 하였다(다만, 장구의 제식과 재질은 종전대로 경찰장구와 같도록 하였다)(시행규칙 제9조 2항 참조). 이는 종래 북한도발 등에 대응하는 '방호'(防護)기능은 청원경찰, 범죄 등에 대응하는 '방범'(防犯)기능은 민간경비라는 2분법적 구분이 희석되었다는 것을 의미한다고 본다. 다만, 경찰기능에서 청원경찰은 경비국(위기관리센터), 민간경비는 범죄예방대응국(범죄예방정책과)에서 담당하고 있다.

이에 따라 경비업자는 출동차량 등의 도색 및 표지를 정하고 이를 확인할 수 있는 사진을 첨부하여 주된 사무소를 관할하는 시·도경찰청장에게 행정안전부령으로 정하는 바에 따라 신고하도록 하였다(제16조의3 제2항). 시·도경찰청장은 제출받은 사진을 검토한 후 경비업자에게 도색 및 표지 변경 등에 대한 시정명령을 할 수 있도록 하였고, 시정명령을 받은 경비업자는 이를 이행하고, 그에 대한 이행보고를 하도록 하였다(제3항, 제4항).

제6장

민간경비의 권한

제1절 기본논의

민간경비원은 어떠한 역할을 하고 있으며, 그에 상응하는 어떠한 권한을 행사할 수 있는가? 일반적으로 민간경비원의 역할은 공경비인 경찰의 역할관계 속에서 논의 되어 왔다. 마찬가지로 민간경비원이 행사하는 권한 문제는 경찰과의 비교를 통해서 접근하게 된다. 공경비인 경찰을 기준으로 했을 때 그와 관련하여 민간경비가 어느 정도의 권한을 가지고 있는지가 주요 논의 대상이 된다.

현대 법치국가에서 일반적으로 '권한'(權限)이라는 것은 '타인에게 명령 또는 강제할 수 있는 합법적(合法的)인 힘'을 의미한다. 공경비인 '경찰권한의 행사'(또는 경찰권발동 또는 경찰작용)에 대한 논의는 주로 규제적 · 강제적인 점에 초점을 두고 있다. 이러한 경찰권한은 개인의 자유와 권리의 보호 및 공공의 안녕과 질서유지를 위해 범죄예방, 범죄자 체포 및 수사, 교통통제 등과 관련된 치안서비스를 제공하는 과정에서 행사된다. 민간경비는 그 역할 면에서 경찰과 상당히 유사하며(경우에 따라서는 경찰보다 포괄적이기도 함), 단지 일반시민이 아닌 특정한 의뢰자에게 관련 서비스를 제공한다는 점 등에서 차이가 있다.

그런데, 경찰에게는 타인에게 명령 · 강제할 수 있는 권한이 일정 부분 법적으로 주어져 있는 반면에 민간경비에게는 극히 한정되어 있거나 각종 제한을 받고 있는 실정이다. 따라서 타인에 대한 물리적 강제력을 행사할 수 있는 권한의 차이 또는 정도의 차원에서 볼 때, 공경비인 경찰은 민간경비에 비교하여 상대적인 또는 절대적인 비교우위의 권한을 행사한다고 볼 수 있다. 민간경비원의 권한행사 영역은 공경비인 경찰 등과 비교해 볼 때, 몇 가지 차원에서 접근할 수 있다.

먼저, 민간경비원은 말 그대로 '민간인'이기 때문에, 대부분의 민간경비원은 일반시민이 갖는 권한을 행사할 수 있을 뿐이다. 그러나 민간경비를 이용하는 사용주체의 일정한 점유권(占有權) 또는 관리권(管理權) 영역에서 접근한다면, 민간경비원의 권한은 다소 확대될 수 있다. 다음으로 특별법에 의해 전형적인 공무수탁사인(公務受託私人)의 형태로 권한을 위임하게 될 경우, 민간경비원의 권한은 보다 확대된다. 끝으로 민영화 등에 의한 공경비의 권한 일체를 위임했을 경우, 민간경비원의 권한은 공경비와 동일한 성격을 갖게 될 것이다.

그러나 주의할 것은 위임 또는 위탁된 권한의 정도는 상당히 유연하다는 점이다. 경찰권한의 일부를 위임한 것인지, 아니면 전체를 위임한 것인지의 경계가 명확하지 않기 때문이다. 더욱이 경찰과 이들 민간경비의 중간에 위치하는 이른바 '경계인'도 상당수 존재함으로써 양자 사이의 구분을 더욱 어렵게 하고 있다.

이상과 같은 토대로 한다면, 민간경비와 관련된 권한 영역을 다음과 같이 설정할 수 있을 것이다.[1)]

민간경비원의 권한 행사 영역

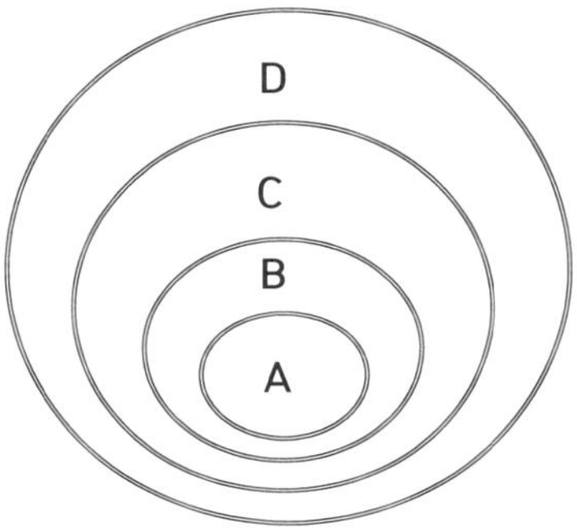

D: 공경비와 동일한 권한
C: 특별법의 규정에 의해 위임받은 권한
B: 사용주체(고용주)로부터 위임받은 권한
A: 일반시민으로서 갖는 권한

주의할 것은 여기에서 A와 B, 특히 B의 경우, 어떠한 특별한 권한을 가지고 있다기보다는 사인(私人)으로서 법이 허용하는 일정한 권한(정당방위, 긴급피난, 자구행위, 현행범 체포 등)에 더하여 특정 시설물 내에서 점유자 또는 소유자로부터 일정한 권한(사인의 신분을 벗어나지 않은 수준에서 행사할 수 있는 권한)을 위임받는 수준이다. 따라서 거시적으로 볼 때, B의 권한행사도 사인으로서 갖는 지위 이상, 이하도 아니라고 본다. 이렇게 본다면 민간경비원의 권한 영역은 크게 ㉠ A와 B, ㉡ C, 그리고 ㉢ D로 구분할 수 있을 것이다.

이러한 논의를 토대로 빌렉(A. J. Bilek)은 민간경비원의 권한을 ㉠ 일반시민과 동일한 권한을 가진 민간경비원, ㉡ 일반시민보다 특별한 권한을 가진 민간경비원, ㉢ 경찰관 신분을 가진 민간경비원과 같이 크게 3가지 유형으로 구분하였다.[2)]

---

1) 최선우(2009), "민간경비원의 권한에 대한 연구," 한국경호경비학회지 제21호, pp. 183~184.
2) Bilek, Arthur J.(1981), Legal Aspects of Private Security, Cincinnati: Anderson Publishing Co., p. 15.; 이윤근(1989), "한국 사경비 발전방안에 관한 조사연구," 동국대학교 박사학위논문, pp. 26~27.

제2절 일반시민과 동일한 권한을 가진 민간경비원

빌렉이 제시한 첫 번째 유형은 '일반시민과 동일한 권한을 가진 민간경비원'(Security officers with citizen powers)으로서, 이는 정규경찰(이른바 'Sworn Police')과 같이 정부기관으로부터 공식적으로 임명되지 못하였거나 경찰로부터 특별한 업무수행을 위한 위탁이나 위임 등을 받지 못한 상태에서 민간경비업무를 수행하는 민간경비원을 의미한다(바꿔 말하면, 경찰과 같은 정부기관으로부터 특정한 업무 위탁이나 위임을 받은 경우에는 일반시민과는 다른 특정한 권한을 행사할 수 있다는 의미이다).

우리나라의 경우 대부분의 민간경비원은 일반시민과 동일한 권한을 가지고 있다.[3] 일반시민으로서 갖는 권한이라는 것은 국가 이전의 자경주의(Vigilantism)적 차원에서 그리고 현행법의 테두리 안에서 자신의 신체·생명, 그리고 재산을 보호할 수 있는 본질적 행위(예: 정당방위, 긴급피난, 자구행위 등)를 말한다.

주지하는 바와 같이 치안관련 서비스를 제공하는 경찰 및 형사사법기관은 국가에 의해 제정된 다양한 법규정에 의해서 시민에게 명령·강제할 수 있는 일정한 권한을 가지고 업무를 수행하고 있다. 그러나 민간경비원은 말 그대로 '민간인'(民間人)으로서 경찰과 같이 특별한 권한을 가지지 않고 본질적으로 일반 시민이 행사할 수 있는 권한을 넘어서지도 않는다. 물론, 민간경비원은 제복을 입고, 분사기 등을 소지하고 있기 때문에 일반시민과 비교하여 볼 때, 많은 법적인 권한을 가지고 있는 것처럼 보이기도 한다.

그러나 일반적으로 민간경비원이 행사하는 권한은 시민이 자신의 신체와 재산의 보호를 위해 행사하는 권리 그 이상도 그 이하도 아니다.[4] 민간경비원 역시 일반시민과 동일한 권한을 가지고 있을 뿐이다. 또 최근에는 민간경비원에 의한 전화도청, 사생활의 침해, 물리적 강제력 행사 등과 관련하여 문제시되는 경우도 있는데, 이는 민간경비원이라고 해서 특별히 허용된 권한이 아니라는 것이다.

---

3) 광의의 관점에서 본다면 현행법상의 민간경비업은 경찰로부터 위임받은 이른바 '공무수탁사인'에 해당된다고 볼 수 있다. 다만 이러한 공무수탁은 상당히 일반론적이며, 그러한 위임자체에 의해서 일반시민보다 우위에 있는 특정 자격까지를 부여 받은 것은 아니라고 본다. 사실 주어진 임무 또는 역할과 관련하여 일정한 권한을 부여하는 것(민간경비원이 경찰과 유사한 치안활동을 수행한다면 그에 상응하는 권한을 부여하는 것)은 매우 중요한 일이다. 다만, 민간경비원의 신분 자체가 말 그대로 '민간인'이기 때문에 이들 모두에게 일정한 특별권한을 부여하는 것은 쉬운 일이 아니라고 본다.

4) Green, Gion(1981), Introduction to Private Security, Boston: Butterworth Publisher Inc. p. 67.; Hess, Kären M. and Wrobleski, Henry M.(1996), Introduction to Private Security, N.Y.: West Publishing Company, p. 54.

다만, 실제에 있어서 민간경비원은 일반시민으로서 자신이 행사할 수 있는 권한 및 권리에 대한 지식이 많고, 관련경험도 풍부하기 때문에 상당히 폭넓은 관점에서 접근할 수 있고, 또 분사기 등을 휴대하고 관련 업무를 직접적으로 수행하기 때문에 그 권한을 행사할 수 있는 기회가 많다고 본다.

한편, 민간경비원은 원칙적으로 일반시민으로서의 권한을 가지고 있지만, 그 이상의 권한을 행사하는 경우도 있다. 민간경비원은 일반시민으로서 갖는 권한 외에 자신을 고용한 사용자의 신체 및 재산을 보호하기 위한 종업원으로서의 일정한 권한을 추가적으로 가지고 있다. 예컨대, 회사 건물 내에서 근무하는 민간경비원은 근무지 내에서 회사에서 부여한 일정한 권한을 행사할 수 있도록 할 수 있을 것이다. 회사 내에서 관리자의 지시 또는 특별한 내규(內規)에 의해 서류가방, 지갑 그리고 점심도시락 등과 같은 개인 소지품에 대한 조사를 실시하는 경우를 들 수 있다. 이러한 점에서 민간경비원은 일반시민의 권한보다 약간 확대되었다고 볼 수도 있을 것이다. 그러나 민간경비원이 사용자의 권리를 보호하기 위해서 일반시민의 권리를 침해할 수 없음은 물론이다.

이와 관련하여 나라마다 상황은 다르겠지만 일반시민으로서 민간경비원은 일정한 조건하에서 체포, 조사, 장비사용, 그리고 자신의 신체 및 재산에 대한 보호를 위한 정당방위 등을 할 수 있는 권한을 가지고 있다고 본다. 이와 비슷한 관점에서 개인에게 자기방어와 재산보호의 권리를 인정하고 있는 것은 한편으로는 모든 시민들이 타인에 의한 신체 및 재산의 침해로부터 보호하기 위하여 민간경비를 이용할 수 있는 권리를 가지고 있다는 법적인 근거가 되기도 한다는 것을 의미한다.[5)]

그런데, 나라마다 일반시민으로서 갖는 권한이 차이가 있다는 것과 관련하여 사인자치주의(私人自治主義) 전통이 강한 영미법계 국가와 국가의 권력 독점 전통이 강한 대륙법계 국가의 일반시민이 갖는 권한은 상당한 차이가 있다고 본다.

1. 영미법계 민간경비원의 권한

1) 일반시민으로서의 폭넓은 권한

여기에서는 영미법계 국가로서 미국의 경우를 중심으로 살펴보기로 한다. 미국의 경우 모든 시민은 보통법(Common Law)과 성문법에 의해 체포(Arrest), 조사(Search) 또는 수사(Investigate), 무기의 사용, 압수(Seizure), 정당방위,[6)] 주거의 방위, 그리고

5) Green, Gion(1981), op. cit., p. 67.

6) 우리나라의 경우 재산에 대한 방어나 주거에 대한 방어도 정당방위로 인정하는데 반해, 미국법에서는 신체에 대한 방어만을 정당방위(Self Defense)라하고, 재산에 대한 방위(Defense of

재산의 방위 등의 권한 및 권리를 가지고 있다.[7)]

주지하는 바와 같이 미국의 일반시민이 가지는 경찰권한 또는 자경주의 권한은 광범위하다고 볼 수 있다. 미국의 경우 건국과정에서도 개인의 자유나 권한이 폭넓게 인정되어, 타인의 권리나 자유를 침범하지 않는 한, 어떠한 행위라도 할 수 있다는 전통을 가지고 있고, 또 자기의 권리나 자유를 방어할 수 있는 권리 및 권한이 폭넓게 인정되고 있다. 바꿔 말하면 자력구제, 정당방위, 긴급피난 등이 폭넓게 인정되고 있다는 것을 의미한다.

미국헌법에서는 '무기를 소지하는 권리를 침해하여서는 안 된다'고 규정(제2조)할 만큼 자경주의가 강한 나라이다. 예컨대, 도둑맞은 물건을 되찾기 위해서 사건 발생 직후로부터 3일 이내에 도둑의 집에 가서 실력을 행사하여 그 물건을 되찾아 와도 그 실력행사가 합리적인 범위이면 용납될 정도로 자력구제를 폭넓게 인정하고 있다. 오히려 어떻게 보면 자력구제가 원칙이며, 그 과잉 또는 폐해만을 방지하는 것이 법의 원칙이라 할 수 있을 정도이다. 또 자기의 주거를 중심으로 한 재산권 침해에 대한 방위권이 강하고, 항상 상대는 권총을 가지고 있다는 전제에서 대처하지 않으면 안 된다는 관념이 강하기 때문에 무기의 사용권한이 폭넓게 인정되고 있다.

일반적으로 미국 민간경비원이 폭넓은 권한을 가지고 있다는 것은 이와 같이 시민이 자경주의 전통과 수많은 관련규정에 따른 권한을 가지고 있기 때문이라고 볼 수 있다. 일반시민은 개인의 자경주의를 근거로 하여, 그 권리의 침해를 당했을 경우 이를 구제하는 것과 관련된 불법행위법(Tort Law)과 형법, 재산권에 근거한 자기방어의 권리를 행사하기 위해서 제3자의 계약·고용에 의해서 자신의 권한을 상대방에게 행사시키는 계약법, 그리고 주의 특별법 등에 의해 공공업무의 위탁 및 위임 등에 의해서 민간경비의 권한이 형성됨을 알 수 있다.[8)]

미국 보통법에 따르면, 개인이 타인 또는 사회에 대하여 부담하는 법률상의 의무에 위반하는 경우 불법행위(Tort)가 성립된다. 이 결과, 어떠한 손해를 상대에게 생기게 한 경우, 금전배상의 책임을 지고, 또한 자력제거 및 강제명령을 수인할 의무가 발생한다. 이처럼 타인의 토지 및 자산을 침범하는 행위는 불법행위가 된다.

Property), 주거에 대한 방위(Defense of Dwelling)는 별도로 취급하고 있다. 서철원(2005), 미국형법, 서울: 법원사, pp. 69~76.

7) Green, Gion(1981), op. cit., p. 67.; Hess, Kären M. and Wrobleski, Henry M.(1996), op. cit., p. 54.

8) 우에노 하루오(上野治男)/제일가제법령출판사편집부 역(1983), 미국의 경찰, 서울: 제일가제법령출판사, pp. 301~305.

마찬가지로 살인, 폭행, 명예훼손 등도 모두 불법행위이며, 이것에 대해서는 정당방위, 범죄방지, 범인의 체포, 그리고 구금 등이 자력구제조치로 허용된다. 또한 민간인에 의한 범인체포 권한은 폭넓게 인정되고 있다. 보통법에 의하면 중범죄(重犯罪)에 해당하는 범죄가 현재 범해지거나 또는 범했다고 의심하기에 상당한 이유가 있을 때에는 일반시민에게도 체포권한이 있다. 경범죄(輕犯罪)의 경우에도 치안과 관계되는 범죄가 현실적으로 행해진 경우에는 체포할 수 있는 것으로 되어 있다. 그러나 체포 후에는 신속히 경찰에 인도하지 않으면 안 된다. 체포 후의 부당한 구금에 대해서는 손해배상책임이 발생하기 때문이다.

한편, 토지 및 건물 등 부동산 소유자는 그 안에 있는 사람을 보호할 의무가 있고, 타인을 위험에 빠뜨리지 않도록 주의할 권리와 의무를 가지며, 위험한 사람이 침입할 경우에는 이를 저지할 수 있는 권한이 있다. 또 물리적인 위해를 가할 위험이 있다고 믿기에 상당한 이유가 있는 상대방에 대해서는 합리적인 범위 내에서 물리적인 힘을 행사하는 것도 정당방위권의 행사로써 허용된다.

그리고 체포 및 구금이 허용되는 것은 범인을 경찰에 인도할 목적이 있는 경우에 한한다. 정당한 구금하에 어느 정도의 조사는 허용되며, 다만 피의자 또는 범죄자가 이에 답변할 의무는 없으며, 대답하지 않을 경우 물리적 강제력을 행사하거나 위협하는 것은 위법행위가 됨은 물론이다. 그리고 대답하지 않으면 경찰에 인도하겠다고 말하는 것은 허용되며, 여러 사람 앞에서 질문한 것은 명예훼손이 성립되며, 아울러 범인이 이름을 밝히지 않아서 30분간 구금한 사례에 대해서는 이를 합법한 것으로 간주한 바 있다.[9)]

체포 후 범인이 무기를 감추어 가지고 있을 우려가 있는 경우에는 신체검사를 하는 것을 허용하고 있다. 미국 각 주에 따라서는 범죄의 증거확보나 피해를 회복할 목적으로 체포직후에 신체검색을 허용하는 주도 예외적이기는 하나 인정하기도 한다. 한편, 들치기범(shoplifter)과 관련하여 여러 사람이 목격하는 곳에서 지갑과 가방 속에 있는 것을 다 꺼내놓도록 한 것에 대해서는 구금목적을 벗어난 것이라고 한 판례도 있다.

9) 이와 관련하여 연방법원은 병원 직원의 안전관리자가 직원들에 대해 병원 내의 몇 가지 절도사건과 관련하여 신문을 한 것은 강제성의 형식을 갖춘 것은 아니라고 하였다. 그러나 이들 직원들이 노조활동을 하는 것에 대해 감시를 한 것은 노동관계법을 위반한 것이라고 하였다. National Labor Relation Board v. St. Vincent's Hospital(1977).

2) 민간경비원과 경찰의 권한 차이

민간경비원은 경찰보다 체포, 수색 및 조사 등과 관련된 권한행사의 범위가 적지만 경찰과 같이 헌법상의 제약은 없다.10) 불법행위에 대한 제약이 있는 것에 불과하며, 제약의 범위가 그다지 크지는 않다. 예컨대, 경찰의 경우 범죄를 범했다고 의심하기에 충분한 상당한 이유가 없는 한, 실제로 범죄를 범하고 있어도 수정헌법 제4조(수색 및 체포영장)의 근거에 의해서 체포는 할 수 없다.11)

이에 반해 민간경비원은 상당한 이유가 없어도 후에 범죄를 저지른 것이 명백해지면 체포는 합법화된다. 경찰의 경우 체포현장에서의 신체수색은 증거 수집을 위한 것이 아니라 흉기의 발견에 있다. 따라서 옷 위를 만져서 조사하는 것 이외에는 허용되지 않는다. 민간경비원에게는 이러한 헌법상의 제약은 없다고 볼 수 있다.

민간경비원의 미란다(Miranda)고지 여부와 관련판례

민간경비원들은 자신을 고용한 사용자가 정한 규정에 의해 사업장이나 회사에 외부인(권한 없는 개인)이 접근하는 것을 통제할 수 있으며, 관련규정에 따라 여러 통제업무를 수행할 수 있다. 민간경비원들은 또한 대부분의 주(州)에서 미란다고지 없이 회사 직원들에 대해 수색과 질문을 할 수 있다.

이와 관련하여 Bowman v. State(1983) 사건에서 인디아나(Indiana, 미국 중부의 주) 주법원은 민간경비원들은 경찰과는 달리 미란다고지를 할 필요가 없다는 판결을 내렸다. 주법원은 미란다고지를 하는 것은 오직 국가공권력이 개입된 사건에서 요구된다고 한 것이다.12)

한편, 총기의 사용과 관련하여 공적 영역과 사적 영역의 구별은 없다. 총기 소지 그 자체에 대하여 사인의 소지를 금지하고 있는 주가 있으나 일단 소지 및 휴대가 허가되면 그 사용기준에서는 큰 차이가 없다.13)

---

10) 우에노 하루오(上野治男)/제일가제법령출판사편집부 역(1983), 앞의 책, p. 305.

11) 부당한 수색, 체포, 압수로부터 신체, 가택, 서류 및 통신의 안전을 보장받는 인민의 권리는 이를 침해할 수 없다. 체포, 수색, 압수의 영장은 상당한 이유에 의하고, 선서 또는 확약에 의하여 뒷받침되고, 특히 수색될 장소, 체포될 사람 또는 압수될 물품을 기재하지 아니하고는 이를 발급할 수 없다(제4조). 미국 수정헌법 제4조는 사인에 의한 증거수집이나 수색 및 체포에는 적용되지 않는다. 이 조항은 정부의 행위로부터 개인의 인권을 보호하는 것을 그 목적으로 하기 때문이다. 여기서 정부의 행위라고 하기 위해서는 정부로부터 급료를 받는 경찰이나 경찰을 대신하여 경찰의 지시에 의해 행동하는 시민의 행위가 있어야 한다. 단순히 민간경비원이나 창고업자 등에 의한 물품검사는 정부의 행위에 해당되지 않는다. 서철원(2005), 미국 형사소송법, 서울: 법원사, p. 38.

12) Hess, Kären M. and Wrobleski, Henry M.(1996), op. cit., pp. 54~55.

13) 위스콘신(Wisconsin)주는 지난 2011년 11월 1일 미국 50개 주 가운데 49번째로 총기휴대를 허용하는 법을 발효하였다. 위스콘신주의회는 연방수정헌법 제2조에 근거하여 '개인의 생명과 재산보호를 목적으로 주민들이 자동차 안이나 코트, 지갑 속에 권총을 포함한 총기류를 넣어 다니는 것을 허용'하는 법안을 통과시킨 것이다. 이러한 법안 통과 이면에는 전미총기협회의 정치적 압력

2. 대륙법계 민간경비원의 권한

대륙법계 및 대륙법계의 영향을 많이 받은 국가의 경우, 영미법계와 비교할 때, 개인의 권리는 자기가 지킨다는 관념과 실질적으로 행사할 수 있는 법적 권한은 상대적으로 많지 않다고 본다. 따라서 침해당한 사적 권리의 구제는 경찰이나 법원을 통해서 이루어지는 것이지 스스로가 실력행사를 통해서 해야 한다는 관념은 쉽게 받아들여지지 않는 것처럼 보여진다. 이러한 이유로 대륙법계 국가의 경찰활동 내지 형사사법에 대한 국가독점(國家獨占) 현상은 상대적으로 뚜렷하게 나타난다.

따라서 일반시민이 행사할 수 있는 권한은 미국과 같은 영미법계 국가에 비하여 훨씬 제한적임을 알 수 있다. 이를 민간경비원에 적용한다면, 민간경비원 역시 일반시민의 자격으로서 권한을 행사하기 때문에 이들의 권한 역시 상당히 제한적일 수밖에 없다고 본다.

1) 일본 민간경비원의 권한

일본의 경우, 민간경비원의 법적 지위는 사인으로서의 지위 이상의 특권이나 권한을 부여받지 못하고 있다고 볼 수 있다. 형사소송법상 '현재 범행 중이거나 범행직후의 범인은 누구라도 체포할 수 있다'라는 규정에 의하여 민간경비원의 현행범 체포의 정당성이 인정되며, 형법상 긴급피난이나 정당방위도 사인과 같은 지위에서 보장된다. 따라서 민간경비원의 법집행 권한은 사인의 재산관리권 범위 내에서만 정당화될 수 있으며, 사인과 동일한 민·형사상의 책임을 진다고 할 수 있다.[14]

이처럼 일본은 경비업법 제정 당시(1972년 7월)부터 현재에 이르기까지 민간경비원에 대한 특별한 권한규정을 두고 있지 않다. 이와 관련하여 일본의 경비업법 제8조(경비업무실시의 기본원칙)에서 '경비업자 및 경비원은 경비업무를 행함에 있어서 이 법률에 의한 특별한 권한을 부여받고 있지 않음에 유의할 뿐만 아니라 타인의 권리 및 자유를 침해하거나 개인 또는 단체의 정당한 활동에 간섭하여서는 안 된다'고 규정하고 있다. 따라서 총기와 같은 무기휴대의 권한 규정을 두고 있지 않음은 물론이다.[15]

이 있었음은 물론이다. 이 법의 시행규칙에 따라 만 21세 이상으로 중범죄 유죄판결을 받은 일이 없는 경우, 4시간 이상의 총기 사용 실습 훈련을 마치면 주 법무부로부터 총기 휴대 허가를 받을 수 있게 된다. 다만 학교, 경찰서, 법원, 공항 보안검색대 안쪽 지역 등에서는 총기소지가 여전히 금지되며 사립시설 소유주는 자신의 영역 내에서 총기휴대를 금지할 수 있다. 이로써 미국에서 총기 휴대가 불법인 곳은 일리노이 주와 수도이자 특별행정구인 워싱턴 D.C. 뿐이다. 중앙일보(2011.11.2.).

14) 허경미(1998), "민간경비산업의 발전방안에 관한 연구," 치안연구소, p. 83.

15) 일본 경비업법에서는 무기(武器) 대신 호신용구(護身用具)라는 용어를 사용하고 있는데, 이는 차이

다만, 호신용으로 분사기의 사용 정도 등과 관련하여 규정하고 있다고 볼 수 있다. 이와 관련하여 일본 경비업법의 호신용구(護身用具) 관련규정에서는 '경비업자 및 경비원이 경비업무를 수행함에 있어서 휴대할 호신용구에 대해서는 공안위원회(公安委員會)가 공공의 안전을 유지하기 위해 필요가 있다고 인정한 때이며,「도도부현(道道府懸) 공안위원회규칙」을 정해서 경비업자 및 경비원에 대해서 그 휴대를 금지하고 또는 제한할 수 있다'고 규정하고 있다(제10조의 제1항).

따라서 고도의 안전성이 요구되는 현금이나 귀중품 수송에 있어서도 총기는 물론 가스총의 휴대까지도 제한하고 있다. 그 대신 잘 훈련된 경비원들의 조직적인 활동과 전국적인 대규모 통신위성망의 활용으로 범죄조직에 적절하게 대처하도록 하고 있다.[16)]

2) 한국 민간경비원의 권한

우리나라 역시 일본과 크게 다르지 않다고 본다. 민간경비원은 원칙적으로 일반시민의 신분으로서 행사할 수 있는 권한(경비사용주체로부터 위임받은 권한 포함)을 가지고 있다고 본다.[17)] 그리고 직무수행과 관련하여 경비원이 휴대할 수 있는 장비의 종류는 경적 · 단봉 · 분사기 등 행정안전부령으로 정하되, 근무 중에만 이를 휴대할 수 있다(경비업법 제16조의2 제1항).

(1) 일반시민으로서 갖는 권한

현대 자유민주국가에서는 원칙적으로 국민에게 그 의사에 기초한 자력구제를 금지하고, 긴급피난 등의 예외적인 경우를 제외한 실력의 발동을 금지하는 한편, 국회 및 사법조직, 그리고 행정조직이 공권력을 행사하는 통치구조로 되어 있다. 이러한 점에서 우리나라에서 공권력의 국가독점 원칙은 타당하다고 본다. 이와 같이 권력의 국가독점 원칙과의 관계에서 볼 때, 사인에 의한 권력적 활동은 원칙적으로 배제된다고 본다.

다만, 일정한 경우에 일반시민에게 정당방위, 긴급피난, 자구행위, 그리고 체포 등의 권한을 예외적으로 인정한다고 볼 수 있다.[18)] 이에 따라 민간경비원은 일반시민으로서

가 있다고 본다. 무기라는 용어와 관련하여 우리의 경찰관직무집행법과 마찬가지로 일본 경찰관직무집행법 제7조에서 규정하고 있는데, 여기에서 무기란 '권총 등의 소형총기, 도검 및 폭약'의 3종류를 말하고, 그것 이외의 새로운 특별한 무기 예를 들면 기관총, 수류탄 등의 도입은 특별한 법률의 근거를 필요로 한다. 경찰봉, 최루가스는 본래 무기에 해당하지 않지만 무기에 준한 취급을 요한다. 미야타 사부로우(宮田三郎)/한귀현 역(2003), 일본경찰법, 한국법제연구원, p. 73.

16) 박병식(1996), 민간경비론, 서울: 법률출판사, pp. 83~84.

17) 이하 최선우(2009), "민간경비원의 권한에 대한 연구," 한국경호경비학회지 제21호, pp. 184~196 재구성.

아래와 같은 권한을 행사할 수 있을 것이다. 이처럼 개인에게 신체 및 재산보호를 할 수 있는 일정한 권한을 인정하고 있다는 것은 한편으로는 모든 시민이 타인에 의한 신체 및 재산의 침해로부터 민간경비를 이용할 수 있는 권리를 가지고 있다는 법적 근거가 되기도 한다는 점을 의미한다.[19]

일반시민으로서 갖는 권한

내 용	근 거
정당방위 권한	형법 제21조
긴급피난 권한	형법 제22조
자구행위 권한	형법 제23조
현행범 체포 권한	형사소송법 제212조

그런데, 문제는 민간인으로서 행사할 수 있는 권한이 법에 근거를 두고 있음에도 불구하고 현실적으로 이를 인정받기가 매우 어려운 경우가 적지 않다는 것이다.

① 정당방위 권한

민간경비원의 권한과 관련하여 먼저, 정당방위(正當防衛)에 대해서 살펴보고자 한다.[20] 이를 통해서 만약 민간경비원이 직무수행과정에서 타인과 물리적 마찰을 빚게 되었을 때 이들이 행사한 정당방위 권한이 어느 정도 허용될 수 있는지를 가늠해 줄 수 있는 좋은 척도가 된다고 본다.

현행 형법 제21조에서는 '현재의 부당한 침해로부터 자기 또는 타인의 법익(法益)을 방위하기 위하여 한 행위는 상당한 이유가 있는 경우에는 벌하지 아니한다(제1항). 방위행위가 그 정도를 초과한 경우에는 정황(情況)에 따라 그 형을 감경하거나 면제할 수 있다(제2항). 제2항의 경우에 야간이나 그 밖의 불안한 상태에서 공포를 느끼거나 경악(驚愕)하거나 흥분하거나 당황하였기 때문에 그 행위를 하였을 때에는 벌하지 아니한다(제3항)'고 규정하고 있다.

18) 그런데 주의할 것은 정당방위, 긴급피난, 자구행위, 정당행위(체포 등) 등이 일반 시민에게 어떤 새로운 권리를 창설해주는 규정은 아니라는 점이다. 법조문은 이와 같이 일정한 요건을 구비한 행위에 대해서 '벌하지 않겠다'고 하였을 뿐이지, 그러한 행위를 '할 수 있다', 또는 '그러한 권리가 있다'고 규정하지는 않고 있다. 아무리 위급한 상황이더라도 자기의 권리보호를 위해 제3자의 이익을 희생시킬 수 있는 권리가 있는 것은 아니기 때문이다. 그러나 결과적으로 법적으로 강제력을 행사할 수 있다는 점에서는 차이가 없다고 본다.

19) Green, Gion(1981), op. cit., p. 67.

20) 황정익(2007), "범죄피해자 중시(보호)와 경찰활동 개선방안," 한국공안행정학회 제28회 학술세미나 자료집, pp. 18~19 재인용.

이처럼 형법상 정당방위가 성립하기 위한 요건은 '자기 또는 타인의 법익'에 대한 '현재의 부당한 침해를 방위하기 위한 행위'에 '상당한 이유'가 있어야 한다. '부당(不當)하다'의 의미는 단어 그대로 해석하여 불법이나 위법보다는 훨씬 넓은 개념이고, 객관적으로 보아 우리나라 전체 법질서에 반하거나 설사 고의나 과실이 없어도 결과적으로 불법이 발생하면 전부 다 부당하다고 보아야 할 것이다.[21]

그런데, 실무차원에서는 부당한 침해가 있더라도 이에 대항하는 정당방위자의 행위는 엄격한 제한을 가하고 있다. 특히, 정당방위를 제한하는 현상이 가장 왜곡되어 나타나는 영역이 부당한 침해로 야기된 민간인 간의 싸움의 경우라고 할 수 있다. 따라서 정당방위 형태의 싸움이나 어쩔 수 없는 방어행위라 할지라도 가급적 정당방위로 인정하지 않는 것이 판례의 태도이다. 판례는 대부분에서 당사자간의 폭력사건에서 일상적으로 사용하는 동일한 어귀는 '피고인의 행위는 피해자의 부당한 공격을 방위하기 위한 것이라기보다는 서로 공격할 의사로 싸우다가 먼저 공격을 받고 이에 대항하여 가해하게 된 것이라고 보는 것이 상당하고, 이와 같은 싸움의 경우 가해행위는 방어행위인 동시에 공격행위의 성격을 가지므로 정당방위 또는 과잉방위행위라고 볼 수 없다'고 한다.

요약건대, 당사자 간의 싸움사건에서 우리 판례가 피해자로 인정하는 경우라고는 거의 일방적으로 아무런 저항 없이 구타당해야 가능할 정도이다.

- **판례**: 20대의 청년이 주차문제로 여성과 시비하던 중에 먼저 여성의 뺨을 가격하는 등의 일방적인 구타를 하였고, 옆에 있던 여성의 부친인 60대 노인이 딸을 구하기 위하여 청년과 밀고 당기는 과정에서 노인은 단순히 청년의 멱살을 잡았으나 청년은 노인을 밀어 넘어뜨린 사건에서, 대법원은 노인이 멱살을 잡은 행위가 방어행위로서 상당성이 있다하여 정당방위를 인정하였다.[22]

이 사건에서 정방방위와 관련하여 너무나 당연한 사안인데 법원은 힘들게 그 사실을 인정하고 있다. 이와 같은 싸움 현장은 비록 직접 목격하지 않고 정당방위의 이론을 모

---

21) 일상적인 용어 사용에서 우리는 몰지각한 타인으로부터 터무니없는 모욕이나 시비, 구타를 당하면 부당한 침해가 있다고 말하지, 형법상에서 말하는 구성요건에 해당하는 위법한 행위라고 표현하지 않는다. 이렇게 입법자가 부당한 침해라고 표현한 이유는 정당방위는 굳이 위법한 범죄의 피해자만 할 수 있는 게 아니라는 취지일 것이다. 정당방위는 사회생활에서 시민들이 단어 그대로 부당한 침해를 당할 때 자신의 인격과 명예를 훼손하면서까지 침묵하거나 회피할 의무가 있는 것이 아니라 정당하게 대응할 수 있음을 나타낸 것으로 보아야 한다. 오영근(2006), 형법총론, 서울: 박영사, p. 321.

22) 대법원 1996.2.23, 95도1642.

른다 할지라도 충분히 노인이 처한 상황을 짐작할 수 있다. 그런데 일방적으로 폭행을 가한 청년이 자신도 그 과정에서 노인과 여성에게 멱살을 잡히는 등의 폭행을 당했다며 폭력행위등 처벌에 관한 법률의 위반으로 똑같이 고소하여 이 사건이 대법원까지 상소되었다는 것 자체가 우리의 불합리한 현실을 그대로 보여주고 있다.

- **판례**: 몸무게가 85㎏ 이상이나 되는 피해자가 62㎏의 피고인을 침대 위에 넘어뜨리고 피고인의 가슴 위에 올라타 목 부분을 누르자 호흡이 곤란하게 된 피고인이 안간힘을 쓰면서 허둥대다가 침대 위에 놓여있던 과도로 피해자에게 상해를 가한 사건에 대해서 이 경우도 정당방위 또는 과잉방위가 아니며 서로 싸운 것에 불과하다.[23)]

위의 판례는 또 다른 사례로서, 법이 이러한 상황에서 피고인에게 요구하는 적절한 행동이란 설사 목이 눌려 호흡이 곤란하더라도 그냥 숨을 꼭 참고 있어야 한다는 취지이다.

법원의 이와 같은 태도는 경찰의 직무수행에서도 직접적인 영향을 끼치는 것은 물론이다. 마찬가지로 민간경비원이 직무수행과정에서 타인의 부당한 시비나 싸움에 대하여 정당한 방법으로 일정한 실력을 행사하였을 경우, 그 정당방위성이 인정되기보다는 동일한 가해자로 인식된다고 보아야 할 것이다. 더욱이 민간경비원은 일정한 육체적 조건을 가지고, 가스총과 같은 장비를 휴대하였을 경우, 이들이 행사한 어떠한 실력행사가 정당방위로서 인정받기는 쉽지 않을 것이다.

② 긴급피난 권한

형법 제22조에서는 '자기 또는 타인의 법익에 대한 현재의 위난을 피하기 위한 행위는 상당한 이유가 있는 때에는 벌하지 아니 한다'고 규정하고 있다. 이처럼 긴급피난(緊急避難)은 국가권력(경찰)이 그의 법익 보호임무를 달성할 수 없는 상황에서 개인이 그의 법익이나 제3자의 법익을 보호하는 행위를 법적으로 인정해 주는 제도이다.

긴급피난제도는 경찰의 법익 보호의 사각지대에서, 그 기능을 시민에 의해 실현하는 제도이다. 시민이 '경찰의 늘어난 팔'의 역할을 하는 것이다. 그렇다고 해서 긴급피난이 어떤 새로운 권리를 창설해 주는 규범은 아니다.[24)]

긴급피난은 법익보호를 위한 긴급행위로 처벌되지 않는 점에서 정당방위와 유사한 성

---

23) 대법원 2000.3.28, 2000도228.
24) 배종대(1996), 형법총론, 서울: 홍문사, pp. 313~314.

격을 가지고 있다. 그러나 정당방위는 상대방의 위법 부당한 침해에 대한 반격이지만, 긴급피난은 충돌하는 양자 모두 정당한 이익이라는 점에 그 차이가 있다. 긴급피난행위의 피해자는 아무 까닭 없이 손해를 보는 사람이다. 그러므로 긴급피난행위가 정당성을 갖기 위해서는 원칙적으로 보호법익의 가치가 피해법익보다 높을 것을 요구한다.

바꿔 말하면, 긴급피난은 엄격한 비례성(比例性)의 검토가 요구된다. 이것은 긴급피난이 정당화될 수 있는 최소한의 요건에 해당한다. 자기나 타인의 법익 보호를 위해서 무고한 제3자의 법익은 얼마든지 희생되어도 괜찮다는 사상은 극단적인 이기주의의 표현으로서 용납될 수 없다. 그러므로 긴급피난제도는 우월이익원칙(優越利益原則)을 토대로 하고 있고, 그 개별적 정당화도 보호이익과 피해이익 사이의 이익교량이 중요한 역할을 한다. 그러나 현행 긴급피난 규정은 이러한 특징을 분명히 하고 있지 않다. 결국 '상당성'에 관한 해석으로 해결되어야 할 문제이다.

위법성을 조각하는 긴급피난은 달리 회피할 수 없는 현재의 위난 즉, 긴급피난 상황을 전제로 한다. 정당방위와는 달리 긴급피난은 침해자의 법익에 대한 방어적 행위일 필요는 없다. 그러나 이러한 행위는 위험을 제거하기에 적합한 행위이어야 하며, 이러한 긴급피난 행위를 제외하고는 달리 회피할 방법이 없어야 한다.

예컨대, 실무적으로 중요한 요인(VIP)의 신변보호를 맡은 민간경호원이 위해자로부터 요인을 보호하는 과정에서 급박한 경우, 관련 없는 제3자의 주거로 진입하거나, 타인의 승용차에 시동을 걸어 주행하는 행위 등이 상황에 따라 긴급피난 행위로서 정당화될 수 있을 것이다. 또한 사납게 달려드는 짐승을 죽이는 것과 같이 물건이나 자연력에 대한 방어행위도 긴급피난으로 위법성이 조각된다. 이러한 긴급상황은 보충성과 균형성의 요건을 충족하는 경우에만 가능할 것이며, 피해자에 대한 민사상의 손해배상책임은 별도로 검토되어야 할 것이다.[25)]

그런데 민간경비원의 긴급피난 행위는 정당방위와 마찬가지로 실제로는 제한적으로 사용될 수밖에 없는데, 그 이유는 경비업무의 본질이 타인의 생명이나 신체, 그리고 재산의 보호를 위해 직업적으로 하는 것으로서 위난방지를 위해 무관한 제3자의 법익을 침해하기에 앞서 평균인보다 더 높은 위험을 수인해야 하기 때문이다. 형법 제22조 제2항은 '위난을 피하지 못할 책임이 있는 자에 대하여는 전항의 규정을 적용하지 아니 한다'고 규정하고 있는 것과 같이 민간경비원은 일반인에 비해서 직업적으로 더 높은 위험을 감수해야 한다는 것을 의미한다.

25) 이성용(2007), "민간경비원 강제력 행사의 법적 근거: 한국과 독일의 비교를 중심으로," 한국경호경비학회지, 제13호, p. 341.

③ 자구행위 권한

자구행위(自救行爲)는 불법으로 권리를 침해당한 사람이 공권력의 힘을 빌리지 않고 자력으로 그 권리를 구제·회복하는 제도를 말한다. 자구행위는 위의 정당방위, 긴급피난과 함께 위법성조각 사유에 해당된다.

이와 관련하여 형법 제23조에서는 '법률에서 정한 절차에 따라서는 청구권을 보전(保全)할 수 없는 경우에 그 청구권의 실행이 불가능해지거나 현저히 곤란해지는 상황을 피하기 위하여 한 행위는 상당한 이유가 있는 때에는 벌하지 아니한다(제1항). 제1항의 행위가 그 정도를 초과한 경우에는 정황에 따라 그 형을 감경하거나 면제할 수 있다(제2항)'고 규정하고 있다. 이 법규정의 이론적 정당성은 위법성조각사유의 일반원리인 법질서수호원칙과 자기보호원칙에서 찾을 수 있다.

자구행위가 긴급한 상황(공권력에 의한 구제를 기다릴 수 없는 상황으로서 예컨대, 누군가가 자신의 가방을 눈앞에서 빼앗아 가는 행위 등)에서 발생하는 불가피한 조치라는 점에서 정당방위, 긴급피난과 마찬가지이다. 그리고 불법한 침해가 원인이 되는 것은 정당방위와 같다.

다만, 차이점은 정당방위와 긴급피난이 피해발생을 예방하기 위한 사전적 긴급행위임에 반하여 자구행위는 이미 침해된 청구권을 구제하기 위한 사후적 긴급행위라는 점이다. 따라서 자구행위의 정당성 근거도, 긴급상황의 불법한 침해에 대해 사인이 '국가권력(여기서는 민사사법)의 늘어난 팔'의 구실을 한다는 점에서 찾을 수 있을 것이다.

④ 현행범 체포 권한

형사소송법 제212에서는 '현행범인은 누구든지 체포할 수 있다'고 규정하고 있다. 따라서 민간경비원 역시 이에 의해 현행범(現行犯)에 대한 체포권한을 행사할 수 있음은 물론이다. 현행범의 개념에 대해서는 동법 제211조에서 규정하고 있는데, '범죄의 실행 중이거나 실행 직후인 자를 현행범이라 한다'고 하고 있다.

그리고 동법 동조에서 현행범은 아니지만, '범인으로 불리며 추적되고 있는 때, 장물이나 범죄에 사용되었다고 인정하기에 충분한 흉기나 그 밖의 물건을 소지하고 있는 때, 신체 또는 의복류에 증거가 될 만한 뚜렷한 흔적이 있을 때, 누구냐고 묻자 도망하려고 할 때'에는 현행범으로 간주하고 있다. 여기서 '누구냐고 묻는데 도망하려는 자'의 경우는 아직 범죄혐의가 객관적으로 인정되지 아니한 상태의 자이다. 원래 경찰관직무집행법상 불심검문(不審檢問)에 해당하는 것이지만 사인이 묻는 경우라도 상관없다고 본다.

을 묻는데 도망할 경우, 동조를 적용하여 현행범으로 체포가 가능하다. 그러나 이 요건은 범행에 대한 직접적인 관련성이 희박할 수 있으므로 다른 상황과 종합하여 충분히 죄를 범하였다고 인정되는 경우에 한하여 '준현행범'(準現行犯)으로 간주하여야 할 것이다.[26)]

따라서 체포에 수반되는 자유구속은 범죄가 되지 않는다. 그러나 현행범인의 체포로 위법성이 조각되는 것은 체포에 필요한 최소한의 수단에 국한된다. 체포를 위한 모든 수단이 정당화되는 것은 아니다. 따라서 현행범 체포를 위해서 타인의 주거에 침입하거나 무기의 사용 또는 상해를 입히는 것은 위법성이 조각되지 않는다.[27)]

(2) 경비사용주체로부터 위임받은 권한

개인 또는 기업은 자신의 신체와 재산을 보호하기 위하여 타인의 권리를 침해하지 않는 범위 내에서 일정한 민간경비원을 고용할 수 있음은 물론이다. 민간경비원은 이상과 같이 일반시민으로서 갖는 보편적인 권한을 행사할 수 있는데, 이처럼 경비사용주체가 자신의 사적 영역에서 부여한 일정한 권한에 기초하여 그 이상의 권한을 행사하는 경우도 있다.

따라서 민간경비원은 일반시민으로서 갖는 권한 외에 자신을 고용한 사용자의 신체 및 재산을 보호하기 위해 사용자의 점유보조자로서 그리고 관리권(管理權) 범위 내에서 일정한 권한을 추가적으로 가질 수 있다. 예컨대, 회사 건물 내에서 근무하는 민간경비원은 근무지 내에서 사용자가 부여한 일정한 권한을 행할 수 있을 것이다. 회사 내에서 사용자의 지시 또는 내부규정에 의해 출입자의 서류가방 또는 소지품 등에 대한 조사를 실시할 수 있을 것이다. 또 출입자의 행동에 대해서도 일정한 제한을 가할 수 있을 것이다. 이러한 점에서 민간경비원은 일반시민의 권한보다 약간 확대된 권한을 행사할 수도 있다고 볼 수 있다. 그러나 주의할 것은 민간경비원이 사용자의 권리를 보호하기 위해서 일반시민의 권리를 침해할 수 없음은 물론이다.

① 경비사용주체의 점유보조자로서 자구행위(자력구제) 권한

위에서 살펴본 바와 같이 형법 제23조에서 규정하고 있는 자구행위(自救行爲)에 대해 살펴보았는데, 이와 관련하여 민법 제209조에서는 '자력구제'(自力救濟)를 규정하고 있다. 여기에서 '점유자(占有者)는 그 점유를 부정히 침탈 또는 방해하는 행위에 대하여 자력으로써 이를 방위할 수 있다(제1항). 점유물이 침탈되었을 경우에 부동산일 때에는 점

26) 위의 논문, pp. 342~343.
27) 배종대, 앞의 책, p. 272.

유자는 침탈 후 즉시 가해자를 배제하여 이를 탈환할 수 있고 동산일 때에는 점유자는 현장에서 또는 추적하여 가해자로부터 이를 탈환할 수 있다(제2항)'고 규정하고 있다.

이는 점유침탈의 경우에 한하는 '점유자'의 자력구제만을 의미한다고 본다. 형법의 자구행위는 '벌하지 아니 한다'고 규정하고 있어 어떠한 권리를 부여한 것이 아니라면, 민법상의 자구행위는 '방위할 수 있다', '탈환할 수 있다'고 하여 법적으로 일정한 권리 또는 권한을 부여한 것이라 할 수 있다.

자구행위에서의 청구권은 반드시 자기의 청구권이어야 한다. 따라서 타인의 청구권을 위한 구제행위는 자구행위가 될 수 없다고 본다. 다만, 민법에서는 '점유보조자'(占有補助者)를 규정하고 있는데, 이 규정에 따르면, '가사상, 영업상 기타 유사한 관계에 의하여 타인의 지시를 받아 물건에 대한 사실상의 지배를 하는 때에는 그 타인만을 점유자로 한다'고 하고 있다(제195조). 따라서 점유보조자는 점유주뿐만 아니라 제3자에 대한 관계에서도 제3자에 대한 관계에서 점유자로 취급되지 않으며, 그 결과 점유보호청구권의 주체가 될 수 없을 뿐만 아니라 그 상대방도 되지 않는다.[28] 다만, 민법을 따를 경우에도 점유보조자에게 점유주를 위한 자력구제권은 인정된다고 보는 것이 통설이다.[29]

따라서 경비사용주체와 민간경비업체간 경비계약을 통해 경비업무를 수행하는 민간경비원의 경우는 점유보조자로서 점유주를 위해 자력구제권을 행사할 수 있다. 물론, 경비사용자의 명시적인 의사에 반하는 자력구제권은 인정될 수 없을 것이다.

② 경비사용주체의 관리권으로부터 위임받은 권한

구체적으로 관리권(管理權)이 무엇인지에 대한 개념정의는 여전히 명확하지가 않은 것 같다. 그리고 각 시설물의 특성에 따라 관리권의 범위가 차이가 있으며, 각 법에서도 이를 다른 용어로 표현하기도 한다.

노동법에서는 '관리권'이라는 개념을 사용하고 있으며, 형법에서는 '주거권'(住居權)으로 표현하고 있고, 공법에서는 '가택권'(家宅權)이라고 하고 있다. 형법에서는 제319조에서는 주거침입죄의 보호법익으로 주거권을 인정하고 있는데, 이는 주택과 그 밖의 사생활 또는 업무보호 영역에서 누가 들어오고 누가 머물러도 좋은지를 결정할 수 있는 자유라고 할 수 있다. 주거권은 헌법이 보장하고 있는 개인적 자유권의 일종이다.[30]

한편, 공법상의 가택관리권은 명문상의 규정이 있는 것은 아니지만, 학설을 통해서

28) 대법원 1960.3.10, 4292민상257.
29) 김준호(2005), 민법강의, 서울: 법문사, p. 511.; 이성용, 앞의 논문, pp. 343~344.
30) 김일수 · 서보학(2004), 형법총론, 서울: 박영사, p. 237.

공물의 관리주체에게 공물의 목적 실현을 위하여 공물에 가하여지는 배타적 권리로 널리 인정되고 있다.[31] 어쨌든, 이러한 경비사용주체의 위임에 의한 관리권은 사법(私法)상 관리권과 공법(公法)상의 관리권으로 구분할 수 있을 것이며, 그 적용되는 법적 관계에 따라 관리권의 범위나 형식이 결정될 것이다.

여기에서 사법상의 관리권은 점유권과 소유권으로부터 도출될 수 있을 것이다. 이러한 근거에 의해 '퇴거요구' 즉, 관리권의 범위 내에 위치하고 있는 제3자에 대해 즉시 떠날 것을 요구할 수 있는 권리와, 관리권 내로 출입하는 것을 금지하는 '출입금지조치' 등을 행사할 수 있다(물론, 이러한 관리권 자체로부터 제3자에 대한 어떠한 강제력 행사권한을 도출할 수 있는 것은 아니다). 그리고 이러한 관리권으로부터 위임된 권리를 민간경비원이 행사함에 있어서는 법적으로 아무런 문제점이 없다고 본다.

한편, 공법상의 관리권은 공무수탁의 법규정에 의해 사인에게 위임되지 않는 한 민간경비원이 행사할 수 없다고 본다. 이러한 점에서 공법상의 관리권은 민간경비원의 권한행사의 일반적인 법적 근거로 인정될 수 없으며, 공무수탁형식으로 사인에게 위탁하는 경우는 예외적으로 개별법에 의한 고권적 권한에 포함될 수 있을 것이다.

현행 경비업법은 '경비업자는 경비대상시설의 소유자 또는 관리자(시설주)의 관리권(管理權)의 범위 안에서 경비업무를 수행하여야 하며, 다른 사람의 자유와 권리를 침해하거나 그의 정당한 활동에 간섭하여서는 아니 된다'고 규정하고 있다(제7조 제1항). 예컨대, 학교를 설립·운영하는 법인과 그 교장은 학교에 대한 운영주체로서 그 시설관리권 등에 근거하여 면학분위기를 해치는 위법행위에 대한 예방 및 대응에 관한 일정한 조치를 취할 수 있는 것이다.[32] 그리고 이를 위해서 경비원을 배치하고, 그에게 관리권에 기초하여 일정한 대응을 하도록 할 수 있을 것이다.

따라서 '해고를 당한 후 해고처분 무효확인소송을 제기하여 그 효력을 다툼으로써 노동조합의 조합원인 근로자의 지위를 그대로 갖고 있다 하더라도 회사가 조합의 대의원이 아닌 피고인에게 회사 내의 조합대의원회의에 참석하는 것을 허락하지 아니하였는데도 그 의사에 반하여 함부로 거기에 들어가고 회사경비원들의 출입통제업무를 방해한 것은 건조물침입죄(형법 제319조 제1항)와 업무방해죄(형법 제314조)에 해당한다'고 본 것이다.[33]

---

31) 이성용, 앞의 논문, p. 344.
32) 대법원 2006.5.26, 2004다62597.
33) 대법원 1991.9.10, 91도1666.

제3절 일반시민보다 특별한 권한을 가진 민간경비원

1. 권한의 위임정도와 중간영역의 존재

위에서 살펴본 첫 번째 유형은 민간경비원이 일반시민으로서 갖는 권한(그리고 경비 사용주체의 관리권에서 위임받은 권한)은 자경주의 전통 등에서 비롯된 것으로 양자 간에는 어떠한 권한상의 큰 차이가 있다고 보지는 않는다. 그리고 이러한 민간경비원의 권한은 특별한 입법 없이 형법, 형사소송법, 민법 등에 산재해 있는 일반적인 강제권을 민간경비원에게 적용하고 있는 정도이다.

그러나 아래에서 살펴볼 특별법의 규정에 의한 민간경비원의 권한은 일정한 공무의 '수탁관계'(受託關係)에 의해 일반시민 또는 사용주체의 관리권에 기초한 권한보다 뚜렷이 확대된 권한을 행사할 수 있도록 하고 있다는 점에 주목할 필요가 있다.

따라서 여기에서 말하는 두 번째 유형은 '특별한 권한을 가지는 민간경비원'(Security officers with special powers)으로서, 법적으로 국가기관(경찰 등)에 의해 특별한 권한 위임을 받아 제한된 근무지역 내에서 경찰권한의 일부를 사용할 수 있는 민간경비원을 의미한다. 또 경우에 따라서는 민간경비원으로서 완전한 공공경찰의 권한을 행사하기도 한다. 따라서 위임 또는 위탁된 권한의 정도는 상당히 유연하다. 경찰권한의 일부를 위임한 것인지 아니면 전체를 위임한 것인지의 경계가 명확하지가 않는 경우도 있다.[34)]

이와 관련하여 미국의 경우 학교, 공원관리기관 및 지방정부, 경찰에서 일정지역의 치안활동 등과 관련하여 민간경비에 권한을 위임하는데, 그 정도는 보호대상에 따라 다르다고 본다. 다만, 여기에서 고려해야 할 것은 '권한의 정도' 뿐만 아니라 '관할구역의

---

34) 민간경비가 일찍이 발전한 미국에서는 민간경비의 공경비인 경찰의 영역 침투는 단순히 순찰이나 경비와 같은 범죄예방 분야에 그치지 않고, 수사와 같은 경찰의 핵심적 기능에까지 확대되고 있다. 따라서 현실적으로 민간경비가 담당하지 않는 경찰업무와 기능은 사실상 존재하지 않으며, 이로 인해 민간경비와 경찰의 기능과 영역이 매우 모호한 상태에 이르고 있다. 주지하는 바와 같이 미국의 경우, 자치경찰을 본질로 하기 때문에 지방의회가 경찰조직의 형태까지 결정할 수 있다. 따라서 몇 몇 지역은 예산절감 등의 이유로 인해 경찰이 아닌 민간경비업체에 아예 지역의 치안을 맡기는 경우도 있다. 예컨대, 애리조나주의 오로밸리(Oro Valley), 미시간주의 캘래머주(Kalamazoo), 플로리다주의 인디안 스프링(Indian Spring), 웨스트버지니아주의 버팔로크릭(Buffalo Creek) 등의 도시 및 자치단체들이 대표적이다. 또 플로리다주 등 일부 주에서는 경찰의 부정부패 등의 이유로 마약수사 및 조직폭력범죄의 수사 등 수사업무를 민간경비업체에 맡기는 경우도 있다. 이창무(2006), "민간경비 규제에 관한 연구: 미국 사례를 중심으로," 한국공안행정학회보, 제22호, p. 354.

특정' 역시 중요하다는 것이다.

그런데 미국의 경우에는 '공적'(Public)인 영역과 '사적'(Private)인 영역의 구분이 사실상 모호한 부분이 적지 않으며 상호 밀접한 관계를 맺으면서 양자가 역사적 발전을 해 왔다는 점이다. 따라서 치안활동에 있어서 공경찰(Public Police)과 더불어 민간경찰(Private Police) 또는 민간경비라는 용어를 널리 사용하고, 그 권한이나 실제 활동에 있어서도 유사성이 매우 높다.

더욱이 경찰과 이들 민간경비의 중간에 위치하는 이른바 '경계인'(境界人)도 상당수 존재함으로써 양자 사이의 구분을 더욱 어렵게 하고 있다. 예컨대, 미국의 수도 워싱턴(Washington D.C.)에 있는 연방법집행기관 가운데 하나인 비밀경호국(Secret Service) 소속의 제복경찰은 주로 백악관의 경비를 임무로 하고, 또 의사당경찰(Capitol Police)은 의회의 시설, 의원 및 방문자의 안전 확보와 질서유지 임무를 하고 있다. 그리고 각 행정청에는 그 청사와 내부 인사들의 안전을 위한 경비원들이 근무하고 있는데 이들 모두 '경찰'(Police)이라는 이름으로 불리고 있고, 또 그와 같은 훈련을 받고 있다. 이 가운데는 비교적 상당한 권한을 가지고 있는 경우도 있고, 일부는 일반민간인과 전혀 다를 것이 없는 권한밖에 가지지 못한 경우도 있다.[35)]

여기서 분명한 것은 미국의 경우, 공공경찰과 민간경찰(또는 민간경비)의 차이점을 명확히 구분하는 것은 어려우며, 따라서 일정한 '회색지대'가 존재한다는 점이다. 한편, 일부 주에서는 상업, 철도, 원자핵시설, 은행 등과 관련된 법규정에서는 관련시설에 근무하는 민간경비원에게 다른 일반시민들이 갖는 권한보다 훨씬 많은 권한을 부여하고 있다. 또 소수의 사법기관(법원 등)에서는 시설 내에서 민간경비원을 고용하고 있는데, 이들은 일정한 법적 자격과 교육훈련을 받도록 하고, 근무시에 공공경찰과 전적으로 동일한 권한을 부여하는 경우도 있다. 주법은 또한 민간경비원들의 체포권한을 규정하고 있다.

미국의 주요 31개 주를 대상으로 한 조사에 따르면, 민간경비원은 경범죄(Misdemeanor)를 저지르는 자에 대해서 체포권한을 행사할 수 있다고 하였다. 아울러 이들 31개 모든 주에서는 중범죄(Felony)자들에 대해서 체포권한을 행사할 수 있는 것으로 나타났다. 그러나 어떠한 주도 경찰과 동일한 체포권한을 부여한 것은 아니다.[36)]

마찬가지로 영국에서도 이러한 영역에 포함되는 제도들이 많이 발달하였다. 영국철도경찰(British Transport Police)과 특별경찰, 연금조사관(Benefits Agency

35) 정진환(1994), 미국경찰론, 서울: 양영각, pp. 251~252.
36) Hess, Kären M. and Wrobleski, Henry M.(1996), op. cit., p. 56.

Investigators)과 같이 중앙정부의 법집행과 규제를 담당하는 기구, 거래기준담당관(Trading Standards Officers)과 같이 지방정부의 법집행과 규제를 담당하는 기구, 그리고 동물학대 예방을 위한 왕립협회(RSPCA: Royal Society for the Prevention of Cruelty to Animals)와 같은 민간조사 및 집행기구 등이 이에 해당한다.[37)]

존스턴(Johnston)은 이를 두고 '혼성적'(Hybrid) 치안활동 기구라고 칭한 바 있다. 비슷한 맥락에서 존스와 뉴번(Jones and Newburn)은 이러한 기구들을 '기타 경찰기구' 또는 '기타 공적 치안활동 기구'라고 불렀다. 이러한 기구의 구성원들은 신분상으로는 민간인이지만 일정한 영역과 장소에서 경찰권한의 일부를 위임받아 법을 집행하고 행동을 규제하는 기능을 수행하고 있다.[38)]

이와 관련하여 우리나라의 경우 대표적으로 국가중요시설 등에서 근무하는 특수경비업무를 담당하는 민간경비원과 청원경찰을 들 수 있을 것이다. 이 가운데 특히, 청원경찰의 경우 원칙적으로는 민간인 신분이라고는 하나, 여러 여건에서 볼 때 위에서 언급한 중간영역에 해당하는 성격을 상당히 가지고 있다고 본다. 청원경찰의 신분에 관한 문제는 다음의 청원경찰의 책임 부분에서 연계시켜 살펴보기로 한다.

2. 특수경비업무 담당 민간경비원의 권한

우리나라의 경우 일반시민보다 특별한 권한을 가진 민간경비원으로서 공항(항공기 포함) 등 대통령령이 정하는 국가중요시설의 경비 및 도난 · 화재 그 밖의 위험발생을 방지하는 업무를 수행하는 특수경비원을 들 수 있다.

1) 특수경비원제도의 의의

특수경비원제도는 2001년 4월 7일 경비업법의 전문 개정을 통해서 마련된 것인데, 이 제도가 신설되기 전까지는 법적으로 일반시민보다 특별한 권한을 가진 민간경비원은 청원경찰을 제외하고는 사실상 없었다. 그러나 특수경비원제도를 계기로 법적으로 일반시민보다 특별한 권한을 가진 민간경비원이 등장하게 된 것이다. 청원경찰을 민간경비와 공경비의 중간영역으로 본다면, 특수경비원제도의 도입은 경비업법상의 민간경비로서 일반시민보다 비교우위적인 일정한 권한을 가진다는 점에서 매우 큰 의미를 갖는다고 본다.

---

37) George, Bruce and Button, Mark(2000), Private Security, Perpetuity Press, Leicester, p. 15.
38) 김성언(2004), "민간경비의 성장과 함의: 치안활동의 신자유주의적 재편과 계약적 통치의 등장," 서울대학교 박사학위논문, p. 111.

2) 특수경비원의 권한

일반시민 또는 일반경비원과 차별되는 특수경비원의 권한은 바로 '무기사용 권한'이라 할 수 있다. 여기에서 말하는 '무기'(武器)라는 것은 '권총과 소총'을 말한다(경비업법 시행령 제20조 제5항).[39]

특수경비원의 무기사용 권한과 사용절차

구분	내용
권한	특수경비원은 국가중요시설의 경비를 위하여 무기를 사용하지 아니하고는 다른 수단이 없다고 인정되는 때에는 필요한 한도 안에서 무기를 사용할 수 있다. 다만, 다음의 어느 하나에 해당하는 때를 제외하고는 사람에게 위해를 끼쳐서는 아니 된다. ① 무기 또는 폭발물을 소지하고 국가중요시설에 침입한 자가 특수경비원으로부터 3회 이상 투기(投棄) 또는 투항(投降)을 요구받고도 이에 불응하면서 계속 항거하는 경우 이를 억제하기 위하여 무기를 사용하지 아니하고는 다른 수단이 없다고 인정되는 때. ② 국가중요시설에 침입한 무장간첩이 특수경비원으로부터 투항(投降)을 요구받고도 이에 불응한 때(이상 경비업법 제14조 제8항).
절차	특수경비원이 무기를 휴대하고 경비업무를 수행하는 때에는 다음의 어느 하나에서 정하는 무기의 안전사용수칙을 지켜야 한다. ① 특수경비원은 사람을 향하여 권총 또는 소총을 발사하고자 하는 때에는 미리 구두 또는 공포탄에 의한 사격으로 상대방에게 경고하여야 한다. 다만, 다음의 1에 해당하는 경우로서 부득이한 때에는 경고하지 아니할 수 있다. ㉠ 특수경비원을 급습하거나 타인의 생명 · 신체에 대한 중대한 위험을 야기하는 범행이 목전에 실행되고 있는 등 상황이 급박하여 경고할 시간적 여유가 없는 경우 ㉡ 인질 · 간첩 또는 테러사건에 있어서 은밀히 작전을 수행하는 경우 ② 특수경비원은 무기를 사용하는 경우에 있어서 범죄와 무관한 다중의 생명 · 신체에 위해를 가할 우려가 있는 때에는 이를 사용하여서는 아니 된다. 다만, 무기를 사용하지 아니하고는 타인 또는 특수경비원의 생명 · 신체에 대한 중대한 위협을 방지할 수 없다고 인정되는 때에는 필요한 최소한의 범위 안에서 이를 사용할 수 있다.

39) ① 민간경비원으로서 특수경비원이 휴대 · 사용할 수 있는 무기의 종류는 경비업법 시행령에 권총과 소총으로 명시되어 있다(제20조). ② 청원경찰의 경우 무기의 종류가 다소 불명확하다. 경비구역 안에서 경찰관직무집행법에 따른 경찰관의 직무를 수행한다고 되어 있고(청원경찰법 제3조), 경찰관직무집행법상의 무기는 권총 · 소총 · 도검(및 공용화기) 등으로 규정되어 있다(제10조의4 제2항 · 제3항). 그러나 청원경찰법시행규칙 상의 무기관리수칙(제16조)을 보면, 무기에 관한 내용은 권총 · 소총으로 국한되고 있다. 따라서 청원경찰 역시 휴대 · 사용할 수 있는 무기는 권총 · 소총이라 할 수 있다. 한편, ③ 경찰공무원의 무기는 매우 포괄적이다. 위와 같이 경찰관직무집행법상의 무기는 권총 · 소총 · 도검 등으로 규정되어 있고, 대간첩 · 대테러작전 등 국가안전에 관한 작전을 수행할 때에는 개인화기 외에 공용화기를 사용할 수 있도록 하고 있다. 그리고「위해성 경찰장비의 사용기준 등에 관한 규정」(약칭: 위해성경찰장비규정, 대통령령)에는 보다 구체적으로 권총, 소총, 기관단총, 산탄총, 유탄발사기, 박격포...폭약류 및 도검으로 정의하고 있다(제2조 제2호).

③ 특수경비원은 총기 또는 폭발물을 가지고 대항하는 경우를 제외하고는 14세 미만의 자 또는 임산부에 대하여는 권총 또는 소총을 발사하여서는 아니 된다(이상 경비업법 제15조 제4항).

최근 경찰공무원이 총기를 사용하고도 제대로 대처하지 못한 사건 등이 발생하여 사회적 물의를 일으킨 것처럼, 특수경비원의 무기사용에 대한 규제 및 적절한 교육훈련 문제는 앞으로 개선해야 할 과제라고 본다.

그러나 중요한 것은 우리나라의 경우, 종래 일반시민 또는 민간경비원이 총기를 휴대하는 것은 사실상 불가능하며, 이는 전적으로 국가가 독점한 고유한 영역이었다는 점이다. 따라서 국가가 독점하고 있는 고유한 총기의 휴대 · 사용권한을 민간인(특수경비원)에게 위임했다는 것은 전통적 경찰 업무들이 서서히 민간으로 이양되고 있는 하나의 중요한 계기를 마련해주고 있다고 보아야 할 것이다.

3. 청원경찰의 권한

청원경찰은 제한된 경비구역 내에서 일정한 특별 권한을 행사한다고 볼 수 있다. 이에 대해 청원경찰법에서는 '청원경찰은 청원경찰의 배치결정을 받은 자(청원주)와 배치된 기관 · 시설 또는 사업장 등의 구역을 관할하는 경찰서장의 감독을 받아 그 경비구역만의 경비목적을 위하여 필요한 범위 안에서 경찰관직무집행법(警察官職務執行法)에 의한 경찰관의 직무를 수행하도록'하고 있다(청원경찰법 제3조).

물론, 그렇다고 해서 청원경찰의 권한이 일반경찰법상의 경찰과 동일한 것은 아니다. 청원경찰법상으로 볼 때, '관할 경찰서장의 감독을 받아', '경비목적을 위하여 필요한 범위 안에서' 행사할 수 있도록 하고 있기 때문에 청원경찰의 경찰관직무집행법상의 권한은 매우 제한적이다. 이와 관련하여 '청원경찰이 청원경찰법 제3조에 따른 직무를 수행할 때에는 경비 목적을 위하여 필요한 최소한의 범위에서 하여야 한다'고 규정하여 이를 다시 한번 확인하고 있다(청원경찰법 시행규칙 제21조 제1항).

그리고 본질적으로 경찰관직무집행법은 경찰직무수행과 관련된 기본적 · 표준적 직무조치에 해당하고, 제2조 직무의 범위에서 경찰의 직무수행관련 대부분의 내용을 포함하고 있을지라도 실질적으로 경찰은 동법 외에도 수많은 개별법(행정법 및 형사법) 영역에서 관련 행정경찰권한과 사법경찰권한 관련 규정에 근거를 두고 직무를 수행하고 있다는 점이다.

청원경찰의 사법경찰권한은 허용되지 않는다고 본다. 이와 관련하여 청원경찰법 시행규칙에서 '청원경찰은 경찰관직무집행법에 따른 직무 외의 수사활동 등 사법경찰관리

(司法警察官吏)의 직무를 수행해서는 아니 된다'는 점을 명확히 규정하고 있다(제21조 제2항 단서).[40]

경찰관직무집행법의 내용

일반적 직무의 범위	개별적 직무 · 권한의 범위
① 국민의 생명 · 신체 및 재산의 보호 ② 범죄의 예방 · 진압 및 수사 ②의2. 범죄피해자 보호 ③ 경비, 주요 인사(人士) 경호 및 대간첩 · 대테러 작전 수행 ④ 공공안녕에 대한 위험의 예방과 대응을 위한 정보의 수집 · 작성 및 배포 ⑤ 교통 단속과 교통 위해(危害)의 방지 ⑥ 외국 정부기관 및 국제기구와의 국제협력 ⑦ 그 밖에 공공의 안녕과 질서 유지	① 불심검문 ② 보호조치 등 ③ 위험발생의 방지 등 ④ 범죄의 예방과 제지 ⑤ 위험방지를 위한 출입 ⑥ 사실의 확인 등 ⑦ 국제협력 ⑧ 경찰장비의 사용 등 ㉠ 경찰장구의 사용 ㉡ 분사기 등의 사용 ㉢ 무기의 사용 등
관련근거: 경찰관직무집행법 제2조	경찰관직무집행법 제3조~제10조의4

요약건대, 청원경찰이 비록 '제한된 구역 내'에서 그리고 '청원주와 경찰서장의 감독을 받아', '경비목적을 위하여', '필요한 범위 안에서'라는 몇 가지 단서가 붙어 있지만 경찰관직무집행법상의 권한을 행한다는 것에는 이론의 여지가 없다고 본다.[41]

한편, 대법원이 청원경찰의 직무수행 관련 판례에서 경찰관직무집행법 제2조를 경찰권행사의 수권규정(授權規定)으로 보고 있으며, 이 조항 중에서 특히 '그 밖에 공공의 안녕과 질서의 유지'를 규정하고 있는 제6호를 우리나라의 실정법상 '개괄적 수권조항'(概括的 授權條項)으로 이해하였다는 점에 주목할 필요가 있다. 대법원은 경찰권한 행사와

40) 경찰관직무집행법이 행정경찰권한과 사법경찰권한을 모두 포괄하는 기본적 · 표준적 권한으로서의 의미를 가진다면, 경찰관직무집행법 자체에 일정한 사법경찰권한(예컨대, 불심검문 등은 행정경찰작용을 하면서도 동시에 사법경찰작용도 한다고 본다)이 내재되어 있다고 볼 수 있다. 본질적으로 경찰의 행정경찰작용과 사법경찰작용은 상당부분이 분리되기보다는 불가분리적인 관계 속에서 이루어진다는 점을 이해할 필요가 있다.

41) 경찰관직무집행법이라는 것은 경찰이 오랜 동안 경험적으로 주어진 업무를 수행하는 과정에서 형성된 필요한 가장 기본적인 권한을 명시한 규정이라고 할 수 있다. 그래서 이를 이른바 '경찰의 기본적 · 표준적 권한'이라고 하며, 상당부분이 '즉시강제'(即時强制)의 성격을 가지고 있다고 할 수 있다. 즉시강제의 성격을 가지고 있다는 것은 경찰관직무집행법상의 내용이 시간을 두고 일정한 절차에 따라 행사될 수 있는 성격이 아니라 현재의 긴박한 상황에서 직접적으로 행사될 수밖에 없는 권한규정들을 모아둔 것을 의미한다. 이러한 점에서 청원경찰이 근무지 내에서 발생하는 위험한 사태에 직면하여 시의 적절한 조치를 취하기 위해서는 경찰관직무집행법상의 일정한 권한 행사는 매우 중요한 의미를 갖는다고 본다. 이에 대한 세부적인 내용은 최선우(2013), 경찰학, 서울: 그린, pp. 442~477.

관련하여 사실상 일반법적 지위를 가지고 있는 경찰관직무집행법에서 경찰관(청원경찰관)이 '불법적인 건축행위를 단속할 수 있다'는 권한조항이 없음에도 불구하고 '불법적인 건축행위를 단속한 것은 정당하다'고 판결한 것은 동법 제2조(특히, 제6호)를 경찰권한 행사의 개괄적 수권조항으로 보았던 것이다.

- **판례**: 청원경찰법 제3조, 경찰관직무집행법 제2조의 규정에 비추어 보면, 군 도시과 단속계 요원으로 근무하고 있는 청원경찰관이 허가 없이 창고를 주택으로 개축하는 것을 단속하는 것은 그의 정당한 공무집행에 속한다고 할 것이므로 이를 폭력으로 방해하는 행위는 공무집행방해죄에 해당한다.[42]

제4절 경찰관 신분을 가진 민간경비원

세 번째 유형은 '경찰관 신분을 가진 민간경비원'(Security officers who are also police officers)으로서 1980년대 중반부터 미국사회에서 문제시되고 있는 현직 경찰관 신분을 가지고 있으면서 이른바 '부업'(Part Time Job or Moon Lighting)으로 경비업체에 속하여 민간경비원으로 근무하는 경우를 말한다. 경찰이 근무시간에는 공무원 신분으로서, 그리고 경찰 근무시간 외에는 부업으로 일반회사에서 민간경비원으로 근무하는 형태를 의미한다.

1. 한국의 적용 가능성

경찰이 근무시간 외에 민간경비 관련업무를 수행했을 때의 장단점은 별개로 하더라도 현재 우리나라에서는 경찰관의 영리행위(營利行爲)를 허용하고 있지 않기 때문에 현 단계에서는 논의의 여지가 전혀 없다고 본다.

국가공무원법 제64조에서 영리업무 및 겸직금지를 규정하고 있는데, 이에 따라 '공무원은 공무 이외에 영리(榮利)를 목적으로 하는 업무에 종사하지 못하며, 소속기관의 장의 허가 없이 다른 직무를 겸할 수 없다'고 규정하고 있으며, 이는 경찰도 마찬가지로 적용된다고 본다.[43] 이는 경찰관의 근무시간 이후의 상황에도 적용되며, 따라서 우리나

42) 대법원 1986.1.28, 85도2448.
43) 공무원복무규정 제25조에서는 구체적으로 영리업무를 다음과 같이 규정하고 있다 ① 공무원이

라 경찰은 일체(一切)의 영리행위를 하지 못하도록 하고 있다.

우리나라의 경우, 공공경찰의 영리행위를 위한 부업활동 금지는 이론의 여지가 없지만, 미국 등에서 그러한 부업활동을 일정 부분 허용하는 것은 어느 정도 의의가 있다고 본다. 거시적인 관점에서 볼 때, 경찰이 근무시간 이후에 치안활동 관련 업무를 민간차원에서도 수행함으로써 사회 안전의 효과를 확대하는 결과도 가져다줄 수도 있기 때문이다. 치안활동에 있어서 일정한 윤리성과 전문성을 가진 경찰이 비록 공공경찰로서의 역할수행은 아니지만, 그러한 활동은 결과적으로는 사회 안전에 기여하는 부분이 발생한다고 볼 수 있기 때문이다.

사실, 공무원이 아닌 일반인은 능력만 있다면 두 가지 이상의 직업에서 영리행위를 해도 아무런 문제가 없다고 본다. 그러나 대륙법계 전통이 강한 우리나라는 이른바 '특수신분관계'(特殊身分關係)에 의해 경찰에 대해 일정한 신분적 보장을 해주는 대신 그에 상응하는 한계(고도의 윤리성, 영리 행위금지, 노동 3권의 제한 등)를 요구하고 있다고 볼 수 있다.

그러나 미국의 관념에서 본다면, 우리나라와 달리 경찰이라는 직업이 다른 일반직업과는 구분되는 어떠한 특별한 권력관계 또는 특수한 신분관계가 있다고 보는 측면이 희박하다. 자본주의 사회에서 개인의 영리추구는 오히려 자연스러운 것으로 받아들여진다고 보는 것이다(사실, 후진국으로 갈수록 외적으로는 경찰과 같은 공무원에게 국가에 대한 높은 충성심과 윤리성을 강조하고 있지만 실질적은 근무조건은 열악하고, 따라서 내적으로는 공무원 부정부패가 극도로 팽배한 현상을 자주 목격하게 된다).

물론, 미국에서 모든 주에서 경찰의 부업을 허용하는 것은 아니지만, 이를 허용하지 않는 이유가 우리나라와 같은 특수신분관계 등에서 오는 제한 때문은 아니라고 본다. 오히려 보다 현실적인 문제로서 경찰이 부업으로 민간시설에서 근무하다가 부상을 당하게 될 경우, 그 책임소재가 불명확하여 복잡한 문제가 발생하기 때문에 이를 사전에 막기 위해서 취하는 조치라고도 볼 수 있다. 경찰관이 근무시간 이후 부업으로 민간시설에서 업무수행을 하는 과정에서 상해를 입었을 경우 그 책임소재가 문제가 되기 때문이다.

그렇다면, 과연 경찰이 부업으로 민간시설에서 근무수행 도중 범죄에 대응하는 과정 등에서 입은 부상 및 상해에 대해서는 민간고용주가 책임을 져야 할 것인가, 아니면 범죄예방과 대응은 결국 국가적 책임이기 때문에 그러한 경우에 발생한 부상에 대해서는

상업 · 공업 · 금융업 기타 영리적인 업무를 스스로 경영하여 영리를 추구함이 현저한 업무, ② 공무원이 상업 · 공업 · 금융업 기타 영리를 목적으로 하는 사기업체의 이사 · 감사업무를 집행하는 무한책임사원 · 지배인 · 발기인 기타의 임원이 되는 것, ③ 그의 직무와 관련이 있는 타인의 기업에 투자하는 행위, ④ 기타 계속적으로 재산상의 이득을 목적으로 하는 업무를 행하는 것 등.

비록 민간시설에서 근무 중일지라도 국가에서 책임을 져야 하는가 하는 문제가 제기될 수 있다.

이러한 문제는 현재 우리나라의 상황에서는 논의할 여지가 없지만, 미국의 경우를 중심으로 검토해보는 것은 나름대로 의미가 있다고 본다. 또 이러한 문제는 일반 민간경비원의 직무수행 관련 상황에도 원용하여 적용할 수 있을 것이다.

2. 경찰의 민간경비업무 수행관련 주요 쟁점

미국의 일부 주에서는 경찰이 근무시간 이후에 부업으로 민간경비업무를 수행하게 되면 반드시 문제가 생길 수밖에 없다고 보고 있다. 예컨대, 미국 플로리다주 마이애미카운티에 속해 있는 한 지역에서 경찰이 병원에서 부업으로 근무하는 도중에 부상을 입는 사고가 발생하였다.

이 사건에서 두 가지 쟁점이 제기되었다. 하나는 민간경비업무를 부업으로 수행하는 경찰의 경우, 경찰로서 가지고 있는 권한이 정지되는 조건은 무엇인가, 다른 하나는 그러한 경찰이 민간인으로 취급되어 일반시민으로서 손해배상청구를 행사할 수 있는 권한을 가지고 있는가 하는 것이다.[44]

이 사건의 주인공인 레만(G. Lehman)은 마이애미카운티의 한 지역에서 근무하는 경찰인데, 근무시간 이후에 해당지역의 한 병원에서 부업으로 민간경비업무를 수행하였다. 레만은 병원의 근무계약 가운데 하나가 외부출입차량을 통제하는 것이었는데 그가 이를 위해 응급실 출입문을 열고 나오는 과정에서 미끄러져 심각한 무릎 부상을 입게 되었다. 이에 대해 병원 측은 레만은 마이애미카운티(정확하게는 마이애미카운티 내에 있는 마이애미비치시) 소속 경찰이기 때문에 그가 입은 피해에 대해 전혀 책임이 없다고 주장하였다. 그러나 보상위원회에서는 병원 측에 책임이 있다고 하였고, 이에 대해 병원 측은 소송을 제기하였다.[45]

이 사건과 관련하여 플로리다 주법에서는 "경찰이 그의 '일차적 책무'(Primary Responsibility: 범죄예방과 범죄제지, 기타 관련법집행 활동 등)를 수행하는 과정에서 부상을 당하고, 그 경찰이 민간고용주의 고용조건에 의한 관련 업무를 수행한 것이 아니라면 경찰관은 공무원으로서 행위를 한 것으로 간주된다"고 규정하고 있다.

이에 대해 병원 측은 이 사건과 관련하여 마이애미카운티 내의 다른 지역에서 이전에 발생한 유사한 사건을 근거로 제시하였다.[46] 한 경찰이 부업으로 호텔로비에서 경비업무를 수행하는 도중에 길 건너 한 건물에 주차된 차량을 파손하고 있는 범인을 검거하

44) Hess, Kären M. and Wrobleski, Henry M.(1996), op. cit., pp. 62~63.
45) Mount Sinai Hospital v. City of Miami Beach(1988).
46) City of Hialeab v. Weber(1979).

려다가 부상을 입게 된 것이다. 이에 대해 법원은 부업으로 근무하는 경찰이 부상을 입은 상황은 공무원의 책무를 수행하는 과정에 해당하기 때문에 그의 부상에 대해서 지방정부가 보상해야 한다고 하였다.

어쨌든, 병원에서 근무 중 부상을 입은 경찰의 사건에서 법원은 이와 관련된 사건들이 어떻게 판결되는지에 대해 그 한계(Spectrum)를 제시해 주었다. 그 한계의 한 극단은 비록 경찰이 부업으로 민간시설에서 근무하고 있을지라도 '명백히' 경찰로서 수행해야할 직무를 수행하는 경우라 할 수 있다는 것이다. 위 사건에서 호텔로비에서 부업으로 민간경비업무를 수행하고 있던 경찰은 자신의 면전에서 행해지고 있는 범죄를 제지하려는 것이었으며, 이는 그러한 직무수행은 호텔 고용주와 근무계약에 의해 수행한 업무가 아니었다는 것이다. 따라서 지방정부에서 이에 대한 책임을 져야했던 것이다.

한편, 다른 한계의 극단은 병원에서 근무하다가 부상당한 레만경찰의 사건에 해당한다. 레만은 명백히 병원과의 고용계약에 의한 직무를 수행하는 과정에서 부상을 당한 것이지, 경찰관 직무를 수행하는 과정에서 부상당한 것은 아니라는 것이다. 따라서 법원은 보상위원회의 결정에서와 같이 병원에서 부상책임을 져야 한다는 판결한 것이다.

비록 이 두 사건에서 경찰관이 부업으로 민간시설에서 근무하는 경우일지라도 그 책임에 있어서 극단적 해석을 하고 있지만, 사실 대부분의 사건은 그 책임소재를 밝히기가 어렵다. 예컨대, 민간시설과의 고용계약 내용 가운데 하나가 근무지 내의 범죄예방 및 제지활동이 포함된다면, 그것을 수행하다가 부상 당한 경우에 대한 사후책임 문제는 규명하기가 매우 어렵게 된다. 이는 민간경비의 중요한 역할이 공경비인 경찰의 역할과 매우 유사하기 때문에 발생하는 문제인 것이다.

이와 같은 책임소재와 관련된 문제 등이 발생하지 않도록 하기 위해서는 경찰과 민간경비의 역할을 재정립해야 할 것이다. 그리고 민간경비의 역할을 보다 확대하거나 경찰이 더 이상 부업으로 민간시설에서 관련 업무를 수행하지 않아도 될 만큼 충분한 보수를 지급하도록 하는 방안을 고려할 수도 있을 것이다.[47)]

먼저, 민간경비의 역할을 보다 확대한 것은 치안활동의 민영화를 확대시켜 공경비인 경찰 대신 민간경비가 아예 일정지역의 범죄 및 손실예방과 관련한 모든 업무를 수행하도록 하는 것이다. 이렇게 되면, 책임소재가 어느 정도 분명해질 것이다. 다음으로 경찰에게 보다 현실적인 보수를 지급하여 경찰이 관여해야 할 유일한 직무는 자신들에게 세금을 납부하고 고용한 일반시민을 보호하고 봉사하는 일이라는 점을 명확히 한다면, 더 이상 경찰은 부업으로 민간시설에서 경비업무를 수행하지 않게 될 것이다.

---

47) Hamit, Francis(1994.10), "Cops for Hire: Where Is the Line Between Private Enterprise and Government?" Security Technology and Design, p. 79.

제1절 기본논의

이상과 같이 일정한 권한을 가지고 업무를 수행하는 민간경비원의 활동이 항상 적절하고 만족할만한 수준으로 이루어지는 것은 아니다. 민간경비원이 업무를 수행하는 과정에서 고의(故意) 또는 과실(過失) 등으로 고객 및 일반시민에게 적지 않은 피해를 끼치는 경우가 없지 않으며, 이로 인해 법적 소송이 제기되기도 한다. 민간경비원의 업무수행 관련 소송은 범죄와 각종 위험으로부터 피해를 입은 고객뿐만 아니라 시민과 같은 제3자에 의해서도 제기된다.

오늘날 민간경비의 행위에 대한 소송이 증가하고 있는데, 이는 민간경비원 등의 부적절하거나 위법한 대응도 문제가 되겠지만, 한편으로는 민간경비의 활동영역이 확대된 것에 상응하여 고객 등의 기대 또한 높아졌기 때문이라고도 할 수 있다. 오늘날 민간경비의 활동영역은 산업시설, 쇼핑센터, 편의시설, 숙박시설, 주거시설, 의료시설, 교육시설, 사무실, 빌딩, 그리고 공공시설 등 수많은 영역에서 포괄적으로 이루어지고 있으며, 따라서 각 영역에서 관련 법적인 문제가 발생할 여지가 적지 않게 내재해 있다고 볼 수 있다.

이러한 소송 및 사법적 제재의 증가요인과 관련하여 쉬나볼크(Schnabolk)는 ㉠ 민간경비산업의 급속한 성장, ㉡ 공중의 기대수준 증가, ㉢ 민간경비서비스의 질적 수준 문제, ㉣ 새로운 (규제)관련법 등의 증가, ㉤ 책임보험의 이용 가능성 증가, ㉥ 법률적 문제와 관련하여 자신의 권리를 주장하는 개인의 증가 등을 들고 있다.[1)]

이러한 맥락에서 타이츠(S. Taitz)는 ㉠ 민간경비분야에서 활동하는 민간경비원의 뚜렷한 증가와 이들에 의해서 수행되는 업무의 증가는 '민간경비원과 고객 및 시민의 접촉의 빈도'를 증가시켰고, 결과적으로 그러한 과정에서 '부정적 또는 부적절하게 상호작용하게 되는 빈도' 역시 증가시켰다고 하였다. 그리고 ㉡ 민간경비원은 자신들의 행동에 대해서 일반시민보다 책임을 더 져야 한다는 사회인식이 형성되었다는 점을 들었다. 따라서 일반시민과는 달리 민간경비원은 법규정을 잘 이해하고 있어야 하며, 그에 따라서

1) Schnabolk, Charles(1983), Physical Security and Technology, MA: Butterworth Publisher, Inc.; Hess, Kären M. and Wrobleski, Henry M.(1996), Introduction to Private Security, N.Y.: West Publishing Company, p. 73.

보다 좋은 의도를 가지고 직무를 수행해야 한다고 하였다.[2)]

이 장에서는 먼저 시민이 기본적으로 가지고 있는 권리를 전반적으로 소개하고, 이의 침해 및 구제방법에 대해서 살펴보기로 한다. 민간경비활동과 관련하여 민간경비를 이용한 특정 고객뿐만 아니라 불특정 다수의 일반시민도 경우에 따라서는 피해대상이 될 수도 있기 때문이다. 다음으로 시민의 기본적 권리와 관련하여 민간경비 관련자(민간경비원, 민간경비업자, 경비계약에 의해 민간경비원을 고용하거나 경비시스템을 설치한 고용주 등)들이 지는 민사책임과 형사책임에 대해서 살펴보기로 한다(민간경비업자의 행정적인 책임 문제는 제5장 참조).

제2절 시민의 기본권과 침해 및 구제 방법

1. 시민의 기본적 권리

인권(人權) 또는 인간의 권리란 인간이기 때문에 당연히 갖는 것으로 생각되는 생래적이며 기본적인 권리이다. 이러한 인권 또는 인간의 권리에 대한 개념은 계몽주의적 자연법론과 사회계약설과 같은 근대적 사상의 전개과정에서 나타난 천부인권론(天賦人權論)에 사상적 기초를 두고 있다. 로크(J. Locke)는 국가성립 이전의 자연상태에서 인간은 누구나 생명 · 자유 · 재산을 내용으로 하는 인간 상호간에 체결된 계약이 사회계약이라고 하였다.[3)]

한편, 기본권(基本權)과 인권(人權), 그리고 시민의 권리라는 용어상의 구분이 문제시된다. 프랑스 인권선언은 인간의 권리와 시민의 권리를 구분하여 규정하고 있는데 반하여, 독일에서는 인권 또는 인간의 권리를 기본권이라는 말로 표현하는 경향이 있고, 바이마르헌법과 독일기본법도 기본권이라는 말을 사용하고 있다. 이러한 독일의 영향을 받은 우리나라에서도 기본권이라는 용어를 사용하고 있다.

인권이 인간의 본성에서 나오는 생래적(生來的) 자연권을 의미하는 데 비하여, 기본권이란 헌법이 보장하는 국민의 기본적 권리를 말하는데, 이 중에는 생래적인 권리도 있지만 국가 내적인 생존권적 기본권, 청구권적 기본권, 참정권적 기본권 등이 있는 까닭

2) Taitz, Sharyn(ed.)(1990), Getting a Job, Getting Ahead, and Staying Ahead in Security Management, NY: Rusting Publications, p. 126.
3) 김철수(2006), 헌법학개론, 서울: 박영사, pp. 263~264.

에 인권과 기본권은 그 내용에 있어서 반드시 일치하는 것은 아니다. 그러나 각국 헌법에서 보장하고 있는 기본권은 인권사상에 바탕을 두고 인간의 권리를 실현하려고 하는 것이므로 일반적으로 말한다면 기본권은 인권을 의미한다고 볼 수 있다.

그동안 이러한 천부인권적 또는 국가 내적으로 존재하는 기본권에 대한 수많은 논의가 전개되어 왔다. 이와 관련하여 우리나라 헌법을 토대로 한다면 내용에 따라서 좁은 의미의 인간으로서의 존엄과 가치, 평등권, 자유권적 기본권, 생존권적 기본권, 청구권적 기본권, 참정권 등으로 분류하기도 한다.[4]

1) 협의의 인간 존엄과 가치 · 행복추구권

협의의 인간 존엄과 가치 · 행복추구권은 인간의 생명권, 인격권, 행복추구권, 알 권리, 들을 권리, 읽을 권리 등을 내포하고 있다.

2) 평등권

평등권은 모든 기본권에 공통으로 인정되는 것으로 정치적인 면에서는 참정권의 절대적인 평등을 보장받을 권리이며, 경제적인 면에서는 실질적인 평등을 보장받을 권리라는 점에서 적극적인 권리로서의 측면도 가지고 있다. 평등권은 남녀평등권 등 여러 가지 개별적 평등권으로 나눌 수 있다.

3) 자유권적 기본권

자유권적 기본권은 국가권력에서 자유로울 수 있는 국민의 권리이다. 자유권적 기본권은 일반적인 행동의 자유권과 그 파생적인 자유권으로 구성된다. 자유권적 기본권은 그 내용에서 볼 때, 신체의 자유(사법작용에 대한 자유), 사회적 · 경제적 자유, 정신적 자유, 정치적 자유로 나눌 수 있다.

4) 생존권적 기본권

생존권적 기본권은 경우에 따라서는 사회권적 기본권이라고도 불린다. 이는 국민의 생활을 위하여 필요한 조건이 국가권력의 적극적인 개입에 의하여 확보될 것을 요청할 수 있는 권리이다. 생존권적 기본권은 인간다운 생활을 할 권리와 그 파생적인 권리로서 구성되어 있다. 헌법상에 규정되어 있는 파생적 권리로는 교육의 권리, 노동의 권리, 근로자의 권리, 사회보장을 받을 권리, 가족제도 · 혼인제도 그리고 보건 등에 관한 권리, 깨끗한 환경에서 생활 할 권리 등이 있다.

---

4) 위의 책, pp. 282~283.

5) 청구권적 기본권

청구권적 기본권은 수익권(受益權)이라고도 일컬어지며, 권리보호 청구권, 구제적 기본권, 권리를 보장하기 위한 기본권, 권리를 확보하기 위한 기본권 등으로 불린다. 청구권적 기본권은 국가에 대하여 특정한 행위를 요구한다든가, 국가의 보호를 요청한다든가 하는 적극적으로 공권력에 의하여 기본권을 보장하기 위한 기본권의 성격을 가지며, 국가 내적인 권리라고 할 수 있다.

청구권적 기본권은 그 내용에 따라 청원권, 행정심판청구권, 행정재판청구권, 헌법재판청구권, 사법재판청구권, 구속적부심사청구권, 국가배상청구권, 범죄피해자구조청구권, 형사보상청구권, 재산적 손실보상청구권 등이 있다.

6) 참정권

참정권은 국민이 국정에 참여할 수 있는 민주적 · 정치적 권리이며, 국민의 모든 정치에 대한 개별적인 국민의 능동적인 정치적 기본권이다. 또한 이 기본권은 국민 개인의 불가양(不可讓) · 불가침(不可侵)의 권리로서의 성격을 갖는다. 이에는 공무원의 선임과 파면에 관한 권리, 선거권, 피선거권, 국민표결권 등으로 나누어진다.

2. 기본권의 침해와 구제 방법

1) 기본권의 침해

그런데, 이러한 기본권은 헌법 등에 선언된 것 자체로는 큰 의미가 없으며, 따라서 현실적으로 보장되지 않으면 안 된다. 따라서 기본권의 침해에 대한 사전적인 예방조치와 실제로 행해지는 침해의 배제 및 사후의 구제절차가 충분히 보장되어 있지 않으면 안 된다.

개인의 기본권 침해는 사회구조가 복잡할수록 양적 · 질적으로 심화될 가능성이 높다고 본다. 특히, 정보사회로의 발전과 이로 인한 개인의 사생활침해 등 기본권이 침해될 가능성이 높아지고 있다. 여기서 중요한 것은 정보의 양적 거대화, 정보의 독점화, 정보유통의 불균형, 그리고 정보유통에 수반되는 기본권 또는 인권침해 문제라 할 수 있다.

정보사회에서 가장 큰 문제가 되는 것은 정보에 대한 자기결정권, 인격권, 사생활의 비밀에 관한 권리, 통신의 비밀에 관한 권리, 유체(有體)재산권, 무체(無體)재산권 등과 관련된다. 이와 관련하여 민간경비 영역에서 첨단정보의 활용 및 이를 통한 개인의 사생활 침해 등의 문제는 언제든지 존재하고 있다.

기본권의 침해는 누가, 어떤 방법으로 침해하는가에 따라 여러 가지 유형으로 나눌 수 있으며, 그 구제 방법도 일률적인 것이 아니다. 또한 기본권은 원래 국민의 자유와 권리에 대한 국가권력으로부터의 침해를 배제하려는 것으로 국가로부터의 침해가 문제시 되었으나, 오늘날에는 사인(私人)에 의한 불법행위 문제가 크게 제기되고 있다.[5)]

2) 사인에 의한 기본권 침해의 구제

국가에 의해 기본권이 침해되었을 경우와 마찬가지로 사인에 의한 기본권 침해 역시 원칙적으로 법이 규정하고 있는 절차에 의해야 하며, 스스로 권리를 구제하는 자력구제(自力救濟)는 원칙적으로 인정되지 않는다. 다만, 예외적으로 정당방위나 긴급피난, 자구행위가 인정되는 경우가 있다.[6)] 사인 즉, 민간경비에 의해 기본권이 침해되었을 경우 다음과 같은 구제수단을 모색할 수 있을 것이다.

(1) 고소와 고발

사인이나 사적 단체가 범죄행위나 불법행위로 타인의 기본권을 침해하는 경우에는 고소(告訴) 또는 고발(告發)을 통하여 그 처벌을 주장할 수 있고, 또 범죄행위를 행한 사인은 형사처벌을 받게 된다. 예컨대, 민간경비원에 의한 인신에 대한 불법감금이나 재산권에 대한 불법침해는 고소나 고발을 통하여 구제받을 수 있고, 그러한 침해행위는 형사법상 처벌의 대상이 된다.

(2) 손해배상청구 등 권리보호청구

당사자는 민사상의 손해배상 등을 구하는 등의 권리보호청구를 할 수 있고, 법원은 공정한 재판을 통하여 원고와 피고 간의 권리구제를 해주어야 할 것이다. 또한 일정한 경우 국가는 기본권의 효력을 입법에 의하여 사인 간에도 확장하는 조치를 모색해야 할 것이다. 또 당사자 간이나 단체 내에 있어서도 불법행위에 의한 것 외에 합의나 협정, 자율규제의 이름 아래 당사자 또는 제3자의 기본권을 침해하는 일이 발생하기도 한다. 이것은 기본권의 제3자적 효력에 관한 문제이며, 사인이 다른 사람의 기본권을 침해하는 경우 기본권의 제3자적 효력을 인정하여 처벌하여야 하며, 불법행위를 구성한다고 볼 수 있다.

5) 위의 책, pp. 385~386.
6) 김문현 외 4인(1996), 법과 사회정의, 이화여자대학교 출판부, p. 84.

제3절 민간경비의 책임과 근거

1. 민간경비의 형사책임과 민사책임

1) 형사책임과 민사책임의 의의

민간경비원은 '민간인'의 신분으로서, 그리고 '전문적 직업인'으로서 자신의 행동에 대한 일정한 책임을 지게 되며, 이 책임 문제는 크게 형사책임(刑事責任)과 민사책임(民事責任)으로 구분된다(여기서는 민간경비원이 속한 조직 내에서의 징계책임 등은 제외하도록 한다). 형사책임과 관련하여, 형법 등에서는 관련규정을 위반한 자들에 대해 이른바 '범죄'(犯罪)로서 일정한 처벌을 가하게 된다. 반면, 민사책임과 관련하여, 민법 등 관련규정을 위반한 자들은 '계약불이행 및 불법행위'(Tort)에 대한 책임(손해배상 등)을 지게 된다.

민사책임과 관련하여 계약불이행(契約不履行) 및 불법행위(不法行爲)는 국가에 의한 형벌권과는 달라서 개인의 법익침해로 인한 '대(對)개인적 책임'을 묻는 것을 본래의 취지로 하기 때문에, 피해자의 이에 대한 손해배상청구권은 순전한 사법(私法)상의 권리이다.

한편 민사책임 가운데 불법행위는 형사책임을 동시에 지는 경우가 적지 않다. 이는 어떠한 불법한 행위의 경우, 그 행위자에 대한 법적인 책임으로서 형사상의 형벌과 민사상의 손해배상 두 가지가 발생하는 경우를 말한다. 예컨대, 민간경비원이 근무과정에서 타인을 폭행했을 경우, 그에 대한 형사책임(폭행죄)을 짐과 동시에 민사책임(손해배상)을 지게 되는 경우이다.[7)]

2) 형사책임과 민사책임의 관계

(1) 성질상의 차이

형사책임은 행위자에 대한 응보 및 장래에 있어서 그와 같은 범죄발생의 방지를 목적으로 하고, 행위자의 사회에 대한 책임을 묻는 이른바 '공법적 제도'이다. 이에 대해 민사책임은 피해자에게 생긴 손해의 전보를 목적으로 하고, 가해자에 대한 개인적 책임을 묻는 것이다. 이는 이미 생긴 과거의 손해를 회복시키는 것을 목적으로 한다.

형사책임은 행위자의 '악성'(惡性) 또는 사회적 위험성에 대한 그 '도의적 책임'을 묻는 것이므로 행위자의 주관적 사정을 중시한다. 따라서 '고의범'(故意犯)만을 처벌하는

7) 권용우(1998), 불법행위론, 서울: 신양사, pp. 10~11.

것이 원칙이며, 과실범에 대한 처벌은 예외에 속한다. 이에 대하여 민사책임은 피해자의 '손해의 전보'가 목적이므로 주관적 사정에 차이를 두지 않고, 가해자의 고의·과실은 구별하지 아니하고 그로 인하여 타인에게 끼친 손해를 배상하여야 하는 것으로 되어 있다.

형사책임에 있어서 행위자의 악성 또는 위험성이 문제시되기 때문에 미수범(未遂犯)도 처벌이 된다.[8] 이에 대하여 민사책임에서는 책임의 손해를 발생케 하지 않는 한 미수는 문제가 되지 않는다. 끝으로 형사책임에 있어서는 무과실책임(無過失責任)을 인정하지 않는 반면, 민사책임에서는 무과실책임을 인정할 수 있다.

이상과 같이 민사책임은 '손해가 없으면 배상도 없다'는 것이 원칙이므로, 손해배상은 어디까지나 손해의 전보에 주안점을 두는 것이고, 제재로서의 성질은 없다고 할 수 있다. 이와는 달리 형사책임에 있어서는 제재가 그 주요 목적으로 되어 있다. 다만 정신적 손해(精神的 損害)에 대한 배상(예: 위자료 등)은 복수의 잔재를 남긴 것으로 제재의 성질을 아울러 가지고 있다고 본다. 우리나라 민법에서도 이를 인정하고 있다.[9]

(2) 실제상의 차이

민사상의 불법행위가 되는 행위 가운데에는 동시에 형사책임도 발생하는 것이 적지 않으나, 양자는 서로 그 책임 요건을 달리하고 있다. 그 결과, 일반적으로 말해서 형사책임은 원칙적으로 고의(故意)만을 처벌하기 때문에 한정적이지만, 민사책임은 '피해자의 구제'를 목적으로 하는 것이므로 어느 정도 폭넓게 인정된다.

오늘날 민사·형사책임의 분화에 대응하여 민사재판과 형사재판으로 완전히 분리되어 있다. 그 결과, 동일한 사건에 관해서 양자의 재판에서 결과가 다르게 되는 경우가 있다. 이러한 경우에 두 책임 사이의 요건 차이에 기인되는 것이라면 문제가 없으나, 본래는 같은 결과가 되어야 할 것임에도 불구하고 법관의 서로 다른 판단에 따라 다른 결과가 나오게 되었다고 할 때에는 문제가 된다. 한쪽의 판단이 잘못(오판)이라고 할 때에는 상소로 다툴 수 있게 되나, 양자의 판단이 같지 않고 다르다는 사실만으로 곧 상소의 이유가 되는 것은 아니다. 다만, 한쪽의 판단이 잘못된 것임을 추측하게 하는 하나의 자료가 될 것임은 물론이다.

---

8) ① 범죄의 실행에 착수하여 행위를 종료하지 못하였거나 결과가 발생하지 아니한 때에는 미수범으로 처벌한다. ② 미수범의 형은 기수범(旣遂犯)보다 감경할 수 있다(형법 제25조).

9) 타인의 신체, 자유 또는 명예를 해하거나 기타 정신상의 고통을 가한 자는 재산 이외의 손해에 대하여도 배상할 책임이 있다(재산 이외의 손해배상, 민법 제751조 제1항). 타인의 생명을 해한 자는 피해자의 직계존속, 직계비속 및 배우자에 대하여는 재산상의 손해 없는 경우에도 손해배상의 책임이 있다(생명침해로 인한 위자료, 민법 제752조).

3) 민사책임 내의 계약책임과 불법행위책임의 관계

민간경비의 민사책임과 관련하여 계약책임(契約責任)과 불법행위책임(不法行爲責任) 양자로 구분하여 살펴볼 필요가 있다.[10] 이들 두 책임은 모두 위법행위로 인해서 발생한다는 점에서는 공통점을 갖는다. 그 위법행위의 내용은 각각 '계약불이행'과 '불법행위'를 말한다.

그런데, 원칙적으로 불법행위로 인한 책임과 계약의 불이행으로 인한 책임은 각각 개별적인 것으로 규정되어 왔는데, 경우에 따라서는 동일한 당사자 사이에서 하나의 사건에 의하여 이들 두 가지의 책임 요건이 동시에 모두 충족되는 경우가 있다. 이러한 경우는 특정한 계약관계에 있는 자들 사이에서 불법행위책임도 문제 될 수 있다. 불법행위의 당사자 사이에 어떤 계약관계가 있고 당사자 일방의 가해사실이 그 계약과 관련성을 갖는 경우에는 두 책임의 요건은 모두 충족되는 것이다.

원래 계약책임은 '계약'에 의하여 서로 채권·채무관계에 서는 자들 사이에서 특수하게 일어나는 문제이다. 반면, 불법행위책임은 이러한 특별한 관계의 유무와는 상관없이 사법(私法)적 관계에서 일반시민 누구와의 사이에서도 언제든지 일어날 수 있는 문제라는 점에서 차이가 있다.[11]

이러한 점에서 본다면 불법행위책임의 영역이 더 포괄적·일반적이며, 계약책임은 특정적이라고 볼 수 있으며, 따라서 계약책임이 생기는 부분에 있어서는 동시에 불법행위책임이 문제시될 수 있는 것이다. 그리고 계약불이행도 채무자에 의한 채권의 침해라는 점에서 불법행위와 다를 바 없다고 본다.

계약책임과 불법행위책임 관계

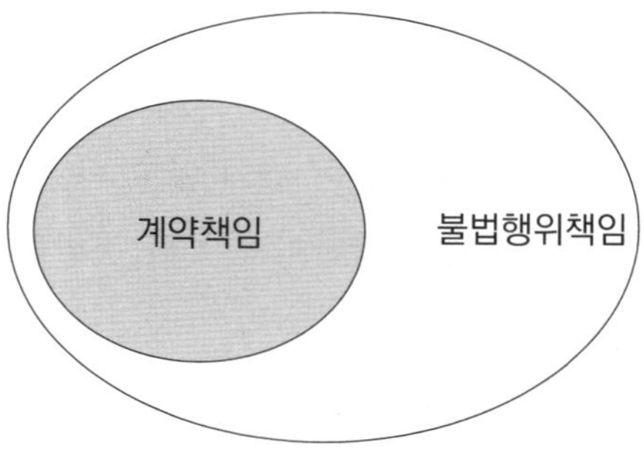

10) 권용우(1998), 앞의 책, pp. 29~40.
11) 김병태(1997), "계약책임과 불법행위책임의 관계," 광주대학교 사회과학연구 제7집, p. 137.

이러한 계약책임과 불법행위책임의 성립 요건과 관련하여 이들 모두 고의 · 과실 등의 일정한 귀책 사유가 존재하는데, 양자의 특성상 반드시 일치하지는 않는다. 아래에서는 이를 중심으로 살펴보기로 한다.[12)]

(1) 고의 · 과실의 정도

불법행위와 관련하여 고의 또는 과실로 인한 위법행위로 타인에게 손해를 가한 자는 그 손해를 배상할 책임이 있다(민법 제750조). 여기에서 고의는 일정한 결과가 발생할 것을 알면서 어떤 행위를 하는 심리상태이므로 문제가 되지 않으나, 과실에 관해서는 어느 정도의 것이 요구되느냐가 문제시된다. 계약책임이나 불법행위책임은 과실책임의 원칙(민법 제750조, 제390조)상 통상인(또는 평균인)으로서의 표준적인 주의를 하고 행동할 것이 기대되므로 추상적 과실 즉, 선량한 관리자의 주의를 결할 것이 기준으로 되는 것이 원칙이다. 그러므로 이 점에 있어서는 양자는 별로 다를 바가 없다.

그러나 계약불이행의 경우 계약에 따라 구체적 과실을 기준으로 하는 경우도 있고, 또는 전혀 과실을 요하지 않는 경우도 있다. 또 불법행위의 경우에도 특수한 경우에는 과실의 정도가 훨씬 경한 것으로서 충분한 경우도 있고, 또한 민법 제757조 단서나 실화(失火) 책임과 같이 '중과실'(重過失)을 요하는 경우도 있다.[13)] 또 무과실책임을 인정하는 경우도 있다.

(2) 고의 · 과실의 입증책임

계약책임이나 불법행위책임 모두 과실책임을 원칙으로 한다. 그러나 불법행위책임에 있어서는 피해자가 가해자에게 고의나 과실이 있었음을 입증해야 한다. 계약책임에 있어서는 입증책임에 관하여 규정하는 바가 없으나, 민법 제397조 제2항의 취지로부터 채무자가 불가항력을 항변할 수 있다는 것은 명백하다. 그러므로 채권자가 채무자의 책임을 추궁하려면 계약불이행의 사실을 입증함으로써 충분하고, 채무자가 책임을 면하려면 그에게 귀책 사유가 없음을 입증하여야 한다.[14)] 이것은 불법행위가 일반적 주의의무

12) 권용우(1998), 앞의 책, pp. 31~32.

13) 도급인(都給人: 도급계약에서 상대편이 어떤 일을 완성하면 그 일의 결과에 대하여 약정한 보수를 지급하기로 한 사람)은 수급인(受給人: 보수를 받고 어떤 일을 완성할 것을 약속함으로써 도급을 맡는 사람)이 그 일에 관하여 제삼자에게 가한 손해를 배상할 책임이 없다. 그러나 도급 또는 지시에 관하여 도급인에게 '중대한 과실'이 있는 때에는 그러하지 아니하다(도급인의 책임, 민법 제757조).

14) 채무자가 채무의 내용에 좇은 이행을 하지 아니한 때에는 채권자는 손해배상을 청구할 수 있다. 그러나 채무자의 고의나 과실 없이 이행할 수 없게 된 때에는 그러하지 아니하다(채무불이행과

의 위반임에 반하여, 계약불이행은 이행하여야 할 채무를 부담하는 자의 구체적 주의의무라는 것에 기인하는 차이에서 오는 것이다.[15]

2. 민간경비의 책임 근거 및 내용

현행 경비업법 및 청원경찰법상에서 규정되어 있는 민간경비와 청원경찰의 형사책임과 민사책임을 중심으로 살펴보고자 한다(민간경비의 형사책임은 제5장에서 설명하였는데, 여기에서 다시 한 번 살펴보고자 한다).

1) 민간경비의 형사책임과 민사책임

(1) 민간경비의 형사책임

① 5년 이하의 징역 또는 5천만 원 이하의 벌금

국가중요시설의 정상적인 운영을 해치는 장해를 일으킨 특수경비원은 5년 이하의 징역 또는 5천만 원 이하의 벌금에 처한다(경비업법 제28조 제1항).

② 3년 이하의 징역 또는 3천만 원 이하의 벌금

㉠ 허가를 받지 아니하고 경비업을 영위한 자(무허가 영업)

㉡ 직무상 알게 된 비밀을 누설하거나 부당한 목적을 위하여 사용한 자(비밀누설)

㉢ 경비업무의 중단을 통보하지 아니하거나 경비업무를 즉시 인수하지 아니한 특수경비업자 또는 경비대행업자

㉣ 집단민원현장에 경비원을 배치하면서 허가를 받지 아니한 자에게 경비업무를 도급한 자

㉤ 집단민원현장에 20명 이상의 경비인력을 배치하면서 그 경비인력을 직접(直接) 고용한 자[16]

㉥ 경비업자의 경비원 채용 시 무자격자나 부적격자 등을 채용하도록 관여하거나 영향력을 행사한 도급인

손해배상, 민법 제390조).

15) 물론, 사용자의 책임(민법 제756조), 공작물 등의 점유자 · 소유자의 책임(민법 제758조), 동물의 점유자의 책임(민법 제759조) 등과 같은 이른바 '특수불법행위'에 있어서는 고의 · 과실의 입증책임을 전환하였거나 무과실책임을 인정하고 있다는 점에 있어서는 계약책임의 경우와 같을 수 있다.

16) 누구든지 집단민원현장에 경비인력을 20명 이상 배치하려고 할 때에는 그 경비인력을 직접 고용하여서는 아니 되고, 경비업자에게 경비업무를 도급하여야 한다. 다만, 시설주 등이 집단민원현장 발생 3개월 전까지 직접 고용하여 경비업무를 수행하는 피고용인의 경우에는 그러하지 아니하다(경비업법 제7조의2 제2항).

㉦ 과실(過失)로 인하여 국가중요시설의 정상적인 운영을 해치는 장해를 일으킨 특수경비원

㉧ 특수경비원으로서 경비구역 안에서 시설물의 절도, 손괴, 위험물의 폭발 등의 사유로 인한 위급사태가 발생한 때에 시설주·관할 경찰관서장 및 소속상사의 직무상 명령에 복종하지 않거나, 소속상사의 허가 또는 정당한 사유없이 경비구역을 벗어난 경우

㉨ 경비원에게 경비업무의 범위를 벗어난 행위를 하게 한 자(이상 제28조 제2항).

③ 2년 이하의 징역 또는 2천만 원 이하의 벌금

정당한 사유 없이 무기를 소지하고 배치된 경비구역을 벗어난 특수경비원은 2년 이하의 징역 또는 2천만 원 이하의 벌금에 처한다(제28조 제3항).

④ 1년 이하의 징역 또는 1천만 원 이하의 벌금

㉠ 시설주로부터 무기의 관리를 위하여 지정받은 책임자(관리책임자)가 무기출납부 및 무기장비 운영카드를 비치·기록하지 않은 경우 또는 관리책임자가 무기를 직접 지급·회수하지 않은 경우

㉡ 쟁의행위(爭議行爲)를 한 특수경비원[17]

㉢ 경비업무의 범위를 벗어난 행위를 한 경비원

㉣ 경비업법에서 정한 장비(경적·단봉·분사기 등 행정안전부령으로 정한 것) 외에 흉기 또는 그 밖의 위험한 물건을 휴대하고 경비업무를 수행한 경비원 또는 경비원에게 이를 휴대하고 경비업무를 수행하게 한 자

㉤ 경찰관서장의 배치폐지 명령을 따르지 아니한 자

㉥ 시·도경찰청장 또는 관할 경찰관서장의 경비업자 및 경비원에 대한 위반행위의 중지명령에 따르지 아니한 자(이상 제28조 제4항).

⑤ 형의 가중처벌과 양벌규정

㉠ 형의 가중처벌

현행 경비업법에서는 형의 가중처벌(加重處罰)과 양벌규정(兩罰規定)을 두고 있다. 먼저, 형의 가중처벌과 관련하여 특수경비원이 무기를 휴대하고 경비업무

17) 특수경비원은 파업·태업 그 밖에 경비업무의 정상적인 운영을 저해하는 일체의 쟁의행위를 하여서는 아니 된다(경비업법 제15조 제3항).

를 수행 중에 무기의 안전수칙을 위반하여 형법상의 일정한 죄를 범한 때에는 그 죄에 정한 형의 2분의 1까지 가중처벌 하도록 하고 있다(제29조 제1항). 그리고 경비원이 경비업무 수행 중에 경비업법에서 장비 외에 흉기 또는 그 밖의 위험한 물건을 휴대하고 형법상의 일정한 죄를 범한 때에는 그 죄에 정한 형의 2분의 1까지 가중처벌 하도록 하고 있다(제2항). 여기에서 일반경비원의 가중처벌은 2013년 6월 법 개정에서 신설된 것이다.

㉡ 양벌규정

경비업법에서는 법인의 대표자나 법인 또는 개인의 대리인, 사용인, 그 밖의 종업원이 그 법인 또는 개인의 업무에 관하여 제28조(벌칙)의 위반행위를 하면 그 행위자를 벌하는 외에 그 법인 또는 개인에게도 해당 조문의 벌금형을 과(科)하도록 하고 있다. 다만, 법인 또는 개인이 그 위반행위를 방지하기 위하여 해당 업무에 관하여 상당한 주의와 감독을 게을리 하지 아니한 경우에는 처벌에서 제외된다고 하였다(제30조 단서).

이러한 규정을 통해 법규 위반행위가 법인 또는 자연인의 대리행위로 행하여진 경우에는 행위자 외에 법인 또는 개인(경비업자와 시설주)에 대해서도 형사처벌을 함으로써 법인과 같은 조직에 의한 탈법적인 위반행위를 하지 못하도록 하고 있다.

(2) 민간경비의 민사책임

경비업자가 계약상의 의무를 이행하지 않거나(계약불이행), 업무 수행과정에서 타인의 권리나 이익을 불법적으로 침해하여(불법행위) 손해를 끼친 경우에는 그 양태에 따라 직접 손해를 끼친 경비업자는 손해배상(損害賠償) 책임을 지게 된다.

먼저, 경비업자의 민사책임과 관련하여 경비업법에서는 손해배상 등을 규정하고 있는데, 이 규정에서 '㉠ 경비업자는 경비원이 업무수행 중, 고의 또는 과실로 경비대상에 손해가 발생하는 것을 방지하지 못한 때에는 그 손해를 배상하여야 한다'고 규정하고 있고, 아울러 '㉡ 경비업자는 경비원이 업무수행 중, 고의 또는 과실로 제3자에게 손해를 입힌 경우에는 이를 배상하여야 한다'고 규정하고 있다(제26조).[18]

---

18) ① 아파트 입주자가 해외여행을 떠난 사이에 절도범이 침입하여 귀금속류를 절취한 사안에서 경비용역회사의 입주자에 대한 손해배상책임을 부정하였다. ② 아파트 입주자대표회의와 경비용역회사 사이의 경비용역계약 중 아파트 입주자는 현금이나 귀금속 등 주요 물품을 세대 안에 보관할 때에는 보관사실을 경비원에게 고지하고 확인을 시켜야 하며, 아파트 입주자가 고지의무(告知義務)를 결한 경우 물품 도난사고로 인한 손해에 대하여 경비용역회사가 책임을 지지 않는다는

이와 같은 손해를 배상하지 않은 경우, 피해를 입은 사용자나 제3자는 경비업자를 대상으로 손해배상을 청구할 수 있고, 허가관청은 행정처분(허가취소 또는 6개월 이내의 기간을 정하여 영업의 전부 또는 일부에 대한 영업정지)을 함으로써 손해배상을 강제할 수도 있다(경비업법 제19조 제2항 제16호 단서). 특히, 불법행위가 성립하는 경우에는 형사책임 역시 발생하는 경우가 많아 이중책임을 지는 경우도 있다.

그리고 현행 경비업법에서는 경비원의 민사책임에 대해서 별도의 규정은 없고 경비업자로 하여금 책임을 지도록 하고 있다. 이러한 규정은 사용자(고객)나 제3자의 권리를 보호하기 위한 조치라고 볼 수 있다.[19]

2) 청원경찰의 형사책임과 민사책임

(1) 청원경찰의 신분에 따른 책임문제

청원경찰의 신분은 민간인이면서도 한편으로는 일정 부분 공무원의 성격도 가지고 있기 때문에 이중적이다. 따라서 청원경찰의 형사상 또는 민사상 책임은 각 사안에 따라 접근할 필요성이 있으며, 그에 앞서 청원경찰의 신분에 대해서 상세한 논의가 필요하다고 본다.

청원경찰의 책임이라는 것은 결국, 청원경찰이 민간인(民間人)신분인지 아니면 공무원(公務員) 신분인지에 따라 결정되기 때문이다. 그리고 만약 청원경찰이 공무원 신분을 갖는다면,[20] 그에 상응하는 일반시민과는 다른 여러 가지 권한 및 책임을 지게 된다(그러나 완전한 형태의 공무원 신분을 갖는다면, 이를 민간경비분야에서 다룰 필요는 없다고 본다).

그러나 청원경찰의 신분은 원칙적으로 민간인으로 보고 있으며,[21] 이는 현행법의 규

내용의 면책규정이 입주자에게 부당하게 불리하거나, 경비계약의 거래형태상 예상하기 어려운 조항이라고 단정하기 어렵다고 하였다. 서울고법 2006.3.10, 2005나60019.

19) 한편, 형사책임과 민사책임 외에 경비업자(또는 시설주)가 행정상의 일정한 위반행위에 대한 책임으로 과태료부과 규정을 두고 있다. 과태료는 행정상의 위반행위에 대한 제재로서 과하는 일종의 금전상의 처벌이라 할 수 있다. 종래에는 5백만원 이하의 과태료가 행정벌로서 규정되어 있었는데, 법 개정(2013.6.7)으로 일정한 위반행위를 한 경비업자에 대해서는 3천만원 이하의 과태료를 부과하도록 하는 규정을 신설하였다. 3천만원 이하의 과태료 규정은 특히 집단민원현장 등과 관련된다고 본다(세부 내용은 경비업법 제31조 각항 참조).

20) 청원경찰이 완전한 형태의 공무원이라면, 경찰과 마찬가지로 신분상의 의무와 복무상의 의무를 지게 되고, 그러한 의무를 위반하였을 때, 민사상의 책임과 형사상의 책임은 물론 공무원으로서 징계책임 등을 아울러 져야 할 것이다. 경찰공무원의 의무 및 책임에 대해서는 허경미(2003), 경찰행정법, 서울: 법문사, pp. 87~115 참조.

21) 서재근 · 이윤근(1995), "용역경비업법과 청원경찰법의 통합 및 단일화방안에 관한 연구," 공안행정학논총(서재근박사 정년기념), p. 387.; 박병식(1996), 민간경비론, 서울: 법률출판사, p. 81.;

정에 근거를 두고 있다. 그러면서도 한편으로는 공무원으로서의 성격도 가지고 있기 때문에 청원경찰은 전형적인 공경비와 민간경비의 중간적 위치에 존재하는 경계인이라고 할 수 있다. 이러한 점 때문에 청원경찰의 책임을 논의하는데 상당히 복잡하며, 또 경우에 따라서는 불합리한 점도 없지 않다.

이는 현행법에서 청원경찰의 신분을 원칙적으로 민간인으로 하면서도 곳곳에서 공무원으로 간주하는 규정이 있고, 이와 관련하여 판례에서도 일정 부분 인정하고 있기 때문이다. 특히, 국가기관 및 자치단체에 근무하는 청원경찰은 그 정체성이 더욱 모호하다. 위에서 언급한 바와 같이 청원경찰의 신분과 업무의 특성상 공적영역과 사적영역의 구분이 쉽지 않으며, 따라서 명확한 구분을 전제로 해서 접근하기보다는 주어진 상황에 따라서 접근하는 것이 바람직하다고 본다.

청원경찰의 정체성: 청원경찰의 임용 등 문제

① 헌법상 법치주의의 한 내용인 법률유보의 원칙은 국민의 기본권 실현에 관련된 영역에 있어서 국가 행정권의 행사에 관하여 적용되는 것이지, 기본권 규범과 관련 없는 경우에까지 준수되도록 요청되는 것은 아니다. 청원경찰은 근무의 공공성 때문에 일정한 경우에 공무원과 유사한 대우를 받고 있는 등으로 일반 근로자와 공무원의 복합적 성질을 가지고 있지만, 그 임용 주체는 국가 행정권이 아니라 청원경찰법상의 청원주로서 그 근로관계의 창설과 존속 등이 본질적으로 사법상 고용계약의 성질을 가지고 있다. 청원경찰의 징계로 인하여 사적 고용계약상의 문제인 근로관계의 존속에 영향을 받을 수 있다 하더라도 이는 국가 행정주체와 관련되고 기본권의 보호가 문제되는 것이 아니어서 여기에 법률유보의 원칙이 적용될 여지가 없으므로, 그 징계에 관한 사항을 법률에 정하지 않았다고 하여 법률유보의 원칙에 위반된다 할 수 없다.

② 청원경찰의 징계 사유나 종류, 효력, 절차 등은 청원경찰이 배치된 기관·시설 또는 사업장의 특성에 따라 달라질 수 있어 탄력적인 규율의 필요성이 인정되고, 청원경찰 복무의 복합적 성격을 감안하면 대통령령에 규정될 징계 사유, 종류, 효력 및 절차 등 내용의 대강이 일반 근로자를 기본으로 하되 국가공무원 또는 경찰공무원의 성질이 가미되는 복합적 내용이 될 것이라는 점을 충분히 예측할 수 있으므로, 이 사건 법률조항은 포괄위임입법 금지원칙에 위반되지 아니한다.

③ 청원경찰은 기본적으로 공무원이 아니고 청원주가 임명하는 일반 근로자이므로 공무원과 청원경찰을 동일한 비교집단이라고 보기 어려워 동일한 비교집단임을 전제로 공무원과 비교하여 합리적 이유 없는 차별이 있다고 볼 수 없다. 그리고 설령 청원경찰 복무의 공공성만을 취하여 일반공무원이나 경찰공무원과 비교하더라도 청원경찰의 징계사유나 종류, 효력, 절차 등이 사업장의 특성에 따라 다르고 경영자가 소요경비를 부담하고 임용 역시 청원주가 결정한다는 점을 고려하면 징계에 관한 규정형식이 일반공무원과 다르다고 하여 합리적인 이유 없는 차별에 해당한다고 보기 어렵다.[22)]

안황권·안성조(2006), 신경호경비법론, 서울: 백산출판사, p. 275.

22) 헌법재판소 2010.2.25, 2008헌바160.

① 민간인 신분과 공무원신분의 이중성

현행법에서 '청원경찰 업무에 대하여는 형법(刑法)이나 그 밖의 법령에 따른 벌칙(罰則)을 적용할 때에는 공무원으로 본다'고 규정하고 있다(제10조 제2항). 한편, '청원경찰(국가기관 또는 지방자치단체에 근무하는 청원경찰은 제외)의 직무상의 불법행위에 대한 배상책임에 관하여는 민법의 규정에 의한다'고 하고 있다(제10조의 2). 요약건대, 청원경찰은 형사책임에서는 공무원, 민사책임에서는 민간인으로 해석되고 있음을 알 수 있다.

아울러 청원경찰의 직무와 관련하여 '청원경찰은 청원경찰의 배치를 결정한 자(청원주)와 배치된 기관・시설 또는 사업장 등의 구역을 관할하는 경찰서장의 감독을 받아 그 경비구역 안에 한하여 경비목적을 위하여 필요한 범위 안에서 경찰관직무집행법에 의한 경찰관의 직무를 행한다'라고 규정하고 있다. 제한된 경비구역 내에서만 경찰관의 직무를 행할 뿐 경비구역을 벗어나면 이를 행할 수 없다는 점에서 청원경찰을 민간인 신분으로 보는 이유로 들고 있다.[23] 그런데, 이는 이른바 '관할'의 문제인데, 순수한 국가경찰체제에서는 어느 정도 타당할지는 모르지만 우리나라는 이미 2006년에 제주도에 자치경찰이 도입・시행되고 있고, 2021년에 본격적으로 자치경찰이 전국에 시행되기 때문에 이러한 논의는 크게 설득력이 없다고 본다. 사실, 관할의 문제는 청원경찰의 신분을 설명하는 근거가 될 수 없다고 본다.

② 국가기관이나 지방자치단체에 근무하는 청원경찰

그런데, 청원경찰이 공무원으로서의 성격도 아울러 가지고 있다는 근거도 곳곳에서 발견된다.[24] 먼저 임용주체와 관련된 것인데, 청원경찰의 경우 임용주체가 국가기관과 위탁기관, 국내 주재 외국기관 등으로 공적영역에서부터 사적영역에까지 걸쳐있다. 이 가운데 특히, 국가 및 지방행정기관의 장이 임용권자일 경우에 논의 대상이 된다. 판례는 국가나 지방자치단체에 근무하는 청원경찰의 근무관계는 사법상의 고용계약관계가 아니라 '공법상 근무관계'(公法上 勤務關係)로 보고 있다.

- **판례**: 국가나 지방자치단체에 근무하는 청원경찰은 국가공무원법이나 지방공무원법상의 공무원은 아니지만, 다른 청원경찰과는 달리 그 임용권자가 행정기관의 장이고, 국가나 지방자치단체로부터 보수를 받으며, 산업재해보상보험법이나 근로기준

23) 박병식(1996), 앞의 책, pp. 81~82.
24) 홍정선(2007), 경찰행정법, 서울: 박영사, pp. 142~146.

법이 아닌 공무원연금법에 따른 재해보상과 퇴직급여를 지급받는다. 그리고 직무상의 불법행위에 대하여도 민법이 아닌 국가배상법이 적용되는 등의 특징이 있다. 그 외 임용자격 · 직무 · 복무의무 내용 등을 종합하여 볼 때, 그 근무관계를 사법상의 고용계약관계로 보기는 어려우므로 그에 대한 징계처분의 시정을 구하는 소송은 행정소송(行政訴訟)의 대상이지 민사소송의 대상은 아니다.[25)]

다음으로 청원경찰이 되기 위한 자격에 대해 이와 관련하여 청원경찰은 '국가공무원법(國家公務員法) 제33조 각호의 1에 해당하는 자는 청원경찰로 임용될 수 없다'라고 규정하고 있다는 점이다(청원경찰법 제5조 제2항).

- **판례**: 청원경찰법 제5조 제2항에 의하면 국가공무원법 제33조 제1항 각 호의 1에 해당하는 자는 청원경찰로 임용될 수 없다고 규정하고 있고, 국가공무원법 제33조 제1항은 임용결격사유를 규정하면서 그 제5호에서 금고 이상의 형의 선고유예를 받은 경우에 그 선고유예기간 중에 있는 자를 들고 있다. 청원경찰법시행령 제15조에 의하면 청원경찰이 다음 각 호의 1에 해당할 때에는 당연퇴직 된다고 규정(현 청원경찰법 제10조의6)하면서 그 제1호에서 법 제5조 제2항에 의한 임용결격사유에 해당된 때를 들고 있다. 이들 각 규정은 임용결격사유에 해당하는 자를 청원경찰직무로부터 배제함으로써 그 직무수행에 대한 국민의 신뢰, 청원경찰직에 대한 신용 등을 유지하고 그 직무의 정상적인 운영을 확보하기 위한 것이므로, 이것을 청원경찰 임용 결격사유 및 당연퇴직사유로 한 입법자의 의사결정은 수긍이 간다.[26)]

또 '청원경찰의 복무에 관하여는 국가공무원법 제57조, 제58조 제1항, 제60조, 그리고 경찰공무원법 제24조의 규정을 준용한다'고 규정하고 있다(제5조 제4항).[27)]

---

25) 대법원 1996.6.28, 95다24074.

26) 대법원 1995.9.15, 95누6496.

27) 헌법불합치: ① 청원경찰법 제5조 제4항 본문 내용 가운데, '국가공무원법 제66조 제1항'의 내용 일부분은 헌법에 합치되지 않는다는 헌법재판소 판결이 나왔다. 한편, 국가공무원법 제66조 제1항은 '공무원은 노동운동이나 그 밖에 공무 외의 일을 위한 집단 행위를 하여서는 아니 된다. 다만, 사실상 노무에 종사하는 공무원은 예외로 한다'고 규정하고 있다. ② 이 국가공무원법 규정에 대해서 헌법재판소는 '청원경찰은 일반근로자일 뿐 공무원이 아니므로 원칙적으로 헌법 제33조 제1항에 따라 근로3권이 보장되어야 한다. 청원경찰은 제한된 구역의 경비를 목적으로 필요한 범위에서 경찰관의 직무를 수행할 뿐이며, 그 신분보장은 공무원에 비해 취약하다. 또한 국가기관이나 지방자치단체 이외의 곳에서 근무하는 청원경찰은 근로조건에 관하여 공무원뿐만 아니라 국가기관이나 지방자치단체에 근무하는 청원경찰에 비해서도 낮은 수준의 법적 보장을 받고 있으므로, 이들에 대해서는 근로3권이 허용되어야 할 필요성이 크다(중략). 심판대상조항의 위헌성은 모

■ **판례**: 청원경찰의 복무에 관하여 경찰공무원에 관한 규정을 준용하도록 규정하고 있는 청원경찰법 제5조 제4항에 따른 같은 법시행령 제10조에 의하면 청원경찰의 복무에 관하여 공무원복무규정 제14조 및 제19조를 준용하도록 되어 있다. 한편 경찰공무원복무규정 제20조는 경찰공무원의 복무에 관하여 그 영에서 규정한 사항 외에는 공무원복무규정을 적용한다고 되어 있으며, 공무원복무규정 제14조 및 제19조는 공무원의 휴가에 관하여 근로기준법과는 달리 연가 · 병가 · 공가로 세분하여 별도의 규정을 두고 있다. 결국 청원경찰의 경우 휴가에 관하여는 공무원복무규정 제14조 및 제19조가 우선적으로 적용되고 근로기준법 소정의 휴가에 관한 규정은 그 적용이 배제된다.[28]

이처럼 청원경찰의 임용기준 및 복무기준을 공무원(경찰공무원)에 맞추어 공무원으로서의 성격을 강하게 가지고 있음을 알 수 있다.

또 청원경찰의 직권남용과 관련하여 '청원경찰이 직무를 수행하는 과정에서 직권을 남용하여 국민에게 해를 끼친 경우에는 6월 이하의 징역이나 금고에 처한다'고 규정하고, '청원경찰업무에 종사하는 자는 형법 기타 법령의 벌칙의 적용에 있어서는 공무원으로 본다'고 규정하고 있다(제10조 단서). 벌칙규정에 있어서는 청원경찰을 공무원 신분으로 인정한 것이다.

요약건대, 일반적인 청원경찰은 원칙적으로 민간인 신분을 가지면서 동시에 공무원 신분도 일정부분 가지고 있다고 본다. 반면, 국가기관이나 지방자치단체에 근무하는 청원경찰은 민간인 신분이라기보다는 공무원 신분에 가깝다고 본다.

(2) 청원경찰의 형사책임과 민사책임

① 청원경찰의 형사책임

청원경찰의 형사책임은 공무원(公務員)으로서 진다. 청원경찰법에서는 직권남용의 금지 등과 관련하여 '청원경찰이 직무를 수행함에 있어서 직권을 남용하여 국민에게 해를 끼친 경우에는 6월 이하의 징역이나 금고에 처한다'고 규정하고 있다(청원경찰법 제10조 제1항). 그리고 '청원경찰의 업무에 종사하는 자는 형법 기타 법령에 의한 벌칙의 적

든 청원경찰에 대해 획일적으로 근로3권 전부를 제한하는 점에 있으며, 입법자는 청원경찰의 구체적 직무내용, 근무장소의 성격, 근로조건이나 신분보장 등을 고려하여 심판대상조항의 위헌성을 제거할 재량을 가진다(중략). 그러므로 심판대상조항에 대하여 잠정적용 헌법불합치결정을 선고하되, 입법자는 늦어도 2018. 12. 31.까지 개선입법을 하여야 한다. 헌법재판소 2017.9.28., 2015헌마 653.

28) 대법원 1996.6.28, 95다24074.

용에 있어서는 공무원으로 본다'고 규정하고 있다(제2항).

또, 청원경찰법 제9조의4에서 청원경찰의 쟁의행위를 일체(一切) 금지한 것도 이들이 수행하는 '직무의 특성'(국가중요시설의 경비)이 공적(公的)인 요소를 많이 가지고 있다는 것을 보여주는 것이다.[29] 이에 따라 '제9조의4(쟁의행위의 금지)를 위반하여 파업, 태업 또는 그 밖에 업무의 정상적인 운영을 방해하는 쟁의행위를 한 사람은 1년 이하의 징역 또는 1천만 원 이하의 벌금에 처한다'고 규정하고 있다(청원경찰법 제11조).

② 청원경찰의 민사책임

원칙적으로 청원경찰의 형사책임과 달리 청원경찰의 민사책임은 공무원이 아닌 민간인(民間人)으로서 진다. 먼저 현행법에서 형사책임에 대해서 공무원으로 본다고 한 규정(제10조 제2항 단서)것을 유권해석하면, 민사책임에 대해서는 민간인으로 본다고 볼 수 있다.

이러한 근거는 '청원경찰(국가기관 또는 지방자치단체에 근무하는 청원경찰은 제외)의 직무상의 불법행위에 대한 배상책임에 관하여는 민법(民法)의 규정에 의한다'(제10조의2)에서 보다 명확하게 나타나고 있다. 요약건대, 국가기관이나 지방자치단체에 근무하는 청원경찰을 제외하고는 민사책임에 대해서는 모두 민간인으로 진다고 볼 수 있다.

제4절 민간경비의 책임관련 사례 · 판례

이상에서의 논의를 바탕으로 아래에서는 경비업체와 경비원, 보험회사, 그리고 이를 이용하는 고객간의 민사책임(民事責任)을 중심으로 살펴보고자 한다.

1. 국내의 사례 · 판례

1) 부적절한 경비계획을 수립하여 발생한 절도사건

(1) 사건의 개요

A씨(64. 여)의 점포에 2003년 6월 초에 침입절도가 발생하였다. 당시 점포 내부에는 자석감지기 2대와 음향감지기 3대, 열선감지기 4대가 준비되어 있었고, 상품 진열장이

29) 청원경찰은 파업, 태업 또는 그 밖에 업무의 정상적인 운영을 방해하는 일체(一切)의 쟁의행위를 하여서는 아니 된다(청원경찰법 제9조의4).

있어 음향 감지가 어려운 강화유리벽에는 열선감지기가 추가로 설치되어 있었다. 탐지거리 8m의 음향감지기는 강화 유리벽에서 4m 떨어진 곳에 설치되어 고양이 크기 이상의 물체가 움직일 경우 이상신호를 계속 보내도록 설계되어 있었다.

한편, A씨는 사고발생시 최고 3억 2천만 원을 보상받을 수 있는 보험에도 가입하였다. 그러나 도둑은 강화유리를 깨뜨려 어른이 선 채 드나들 정도의 큰 구멍을 낸 뒤 1분 1초 만에 고급 골프채 35자루(구입가 3천 150만원)를 훔쳐 달아났다. 경찰은 열선감지기가 1차 이상신호를 낸 뒤 6분 내에, 경비업체 직원은 8분 내에 현장에 도착했지만 도둑은 이미 사라진 뒤였다.30)

(2) 원심 판결 내용

범죄피해를 당한 A씨는 경비업체와 보험회사를 상대로 5천 700만원의 손해배상을 청구하였다. 그러나 1심 재판부는 경비업체와 경찰의 신속한 대응은 모두 적절했고 이상 신호 감지 후 바로 경찰에 신고했더라도 1분 1초 만에 철수한 도둑에게는 어쩔 수 없었을 것이라며 청구를 기각했다.31)

(3) 서울고등법원 판결 내용

그러나 서울고법 민사7부는 27일 골프용품점을 운영하는 A씨가 경비업체 B사를 상대로 낸 5천 700만원의 손해배상 청구소송에서 '경비업체와 보험사는 2천 400만원을 배상하라'며 원고 패소한 원심을 깨고 원고 일부승소 판결했다.

이 사건에서 재판부는 '현장에 신속하게 도착한 조치는 적절하며 과실이 있다고 볼 수 없지만 점포 3면이 유리로 되어 있고, 목재 진열대로 가려 있어 유리 파손음을 감지하기 어려웠던 점을 감안하면 충격감지기가 더 효과적이었던 것으로 판단된다'고 판시했다. 강화유리벽을 깨고 커다란 구멍을 낸 뒤 목재 진열대를 뜯어내기까지는 어느 정도 시간이 걸렸을 것이기 때문에 유리 파손이나 진동을 감지할 수 있는 충격감지기가 설치됐다면 도난사고를 방지할 수 있었다는 것이다.

재판부는 '전문 경비업체로서는 적합한 경비시설을 설치할 의무가 있고, 가입자가 이를 받아들이지 않아 경비 목적을 달성하기 어려운 경우에는 경비계약 체결을 거절해야 할 것'이라고 덧붙였다. 그러나 재판부는 유리벽 외부에 셔터 등 보완시설을 설치하는

30) 기계경비업무를 수행하는 경비업자는 경비업법 제8조의 규정에 의하여 관제시설 등에서 경보를 수신한 때에는 경보를 수신한 때부터 늦어도 25분 이내에는 도착시킬 수 있는 대응체제를 갖추어야 한다(경비업법 시행령 제7조).

31) 연합뉴스(2003. 7. 9).

등 침입 방지 의무를 소홀히 한 원고의 책임도 인정, 손해액의 70%만 경비업체와 보험사에 배상하도록 하였다.[32]

2) 경비원의 부적절한 대응으로 의류매장에 화재피해가 발생한 사건

(1) 사건의 개요

경비회사 C는 의류상설할인매장 N(수원시 권선구 교동 소재)에 대한 방범업무 제공만을 목적으로 하는 경비계약을 1991년 3월 15일 N의 업주 K와 체결하고 경비업무를 실시하였다.

경비계약 체결 이후, 동년 6월 26일 신원미상의 절도범이 점포의 환풍기 창문을 부수고 점포 내에 침입하였다. 이 때 그 곳에 설치되어 있던 도난 방지장치가 작동하여 침입 사실이 경비회사 C의 관제본부에 전달되었고, 관제본부의 지령요원 S는 출동요원 A에게 출동을 지시하였다. 이에 출동요원 A는 혼자서 손전등을 휴대하고 비상대기차량을 이용하여 사고 점포에 도착하였다.

출동요원 A가 점포의 계산대 근처에서 라이터 불빛이 움직이는 것을 보고 유리창을 통하여 손전등을 비추자 침입절도범은 도주하면서 화재를 일으켰다. 이로 인한 화재의 불길이 솟으면서 점포 내의 의류 등이 불에 타기 시작하였다. 이에 출동요원 A는 차량으로 가서 관제본부에 화재보고를 하였으며, 보고 후 다시 점포로 돌아오는 도중 범인으로 추정되는 사람이 보여 약 100m 정도 추격하다가 돌아와서 화재를 진압하였으나 위 화재로 인하여 점포의 의류 등이 소훼되었다.

(2) 판결 내용

이 사건에 대한 판결내용을 보면, 경비회사 S가 의류상설할인매장 N에 대하여 제공하여야 할 업무의 내용이 되는 방범제공업무약관 제1조에서 규정하고 있는 '도난 기타 불법행위'에 화재일반이 포함되는 것으로 볼 것인가가 문제인데, 방범제공업무와 화재이상제공업무를 별개의 약관으로 정하고 있는 계약체제상 화재일반이 포함된다고 볼 수는 없다.

그러나 위 사고에서와 같이 방범활동에 쫓겨 달아나던 범죄자가 일으킨 화재는 경비회사인 S가 예방 또는 조기 발견하여 제거 또는 진압하여야 할 불법행위 중에 포함된다고 보는 것이 타당하다. 따라서 경비회사 S는 의류상설할인매장 N에 대하여 위 사고로 입은 손해를 배상할 책임이 있다고 판시하였다.[33]

---

32) 한겨레(2005. 1. 27).

3) 경비시설물 내에서 범죄 피해를 입은 사건

(1) 사건의 개요

경비회사 S는 K의 주택(창원시 사림동 소재)에 대한 방범업무의 제공과 그 주택 사용자의 인명·재산보호를 목적으로 하는 경비계약을 1988년 10월 1일 체결하고 경비업무를 실시하였다.

경비계약 체결 이후, 1989년 12월 29일 15:00경 K의 부인 G가 위 주택에서 계원 9명과 함께 계모임을 갖고 있던 중 복면을 한 강도가 침입하여 계원 등이 소지하고 있던 현금 및 통장 등을 강취하였다. 그런데 사고당시 G가 위 주택에 설치되어 있던 비상통보스위치를 눌렀으나 경비회사 S는 이상 정보를 수신하지 못하였고, 강도가 떠난 후 약 2시간 뒤인 17:04경 G가 경비회사 S의 관제본부에 전화로 신고를 하고 나서야 비로소 긴급대처요원을 위 주택에 출동시켰다. 이에 사고의 피해자인 G등 4명이 경비회사 S를 상대로 손해배상 청구소송을 제기하였다.

(2) 판결 내용

이에 대한 판결내용을 보면, 비록 경비약관 상 명시적으로 경비회사 S와 제3자에 대한 권리의무관계에 관한 규정을 두고 있지 아니하여도 이러한 약관을 해석함에 있어서 신의성실의 원칙에 따라 공정하게 해석해야 하고, 약관의 뜻이 명백하지 아니하는 경우에는 고객에게 유리하게 해석하여야 할 것이다.

위 사고의 경우 경비계약의 목적 및 경비대상물을 살펴보면, 계약당사자인 K의 주택은 경비의 직접적인 보호대상이 아님을 알 수 있으므로 최소한 경비회사 S의 경비의무불이행으로 인한 손해배상청구에 있어서 약관상 사용자는 K의 주택의 다른 제3자를 의미한다고 보는 것이 상당하다고 할 것이다.

따라서 위 사고의 경우 계약을 체결한 동기 또는 경위 등에 비추어 보면, 경비대상물인 K의 주택을 일상적으로 사용하는 K와 그의 처 G를 포함한 동거가족을 말한다고 봄이 상당하다고 할 것이다. 그러나 G를 제외한 나머지 피해자 3명은 위 주택에 일시 방문한 자들로서 위 제3자의 범위에 속하지 아니한다고 판시하였다.[34]

33) 서울고법 1993.3.5, 92나46143.
34) 대법원 1992.4.29, 91가단23799.

4) 보험회사의 경비업체에 대한 손해배상 청구 사건

(1) 사건의 개요

D화재보험사는 손해보험사업 등을 영위하는 회사로서 무스탕 · 모피완제품 등을 판매하는 의류판매점 K와 도난보험계약(계약기간 1997.8.17~1998.8.17)을 체결하였다. 마찬가지로, 경비업체 S는 의류판매점 K와 보호대상물에 대한 절취를 목적으로 한 불법행위의 예방 또는 조기발견과 사고의 확대방지를 위한 방범업무의 제공을 내용으로 하는 경비계약(계약기간 1997.12.17부터 3년 동안)을 체결하였다.

그런데, 1998년 7월 16일 01:12 경에 신원미상의 도둑이 의류판매점 K 매장에 감지기가 설치된 유리출입문을 깨고 침입하여 밍크코트 3벌 등 모피, 무스탕 의류 완제품 11점을 절취하여 달아난 도난사고가 발생하였다. 당시 경비업체 S에서는 위 유리출입문에 설치된 감지기를 통하여 이상침입 신호를 접수하고, 긴급대처요원 1명을 보냈으나, 현장에서 위 절도범을 체포하거나 절취품을 회수하지는 못하였다. 이 사건으로 인해 도난보험계약을 체결한 D화재보험사는 의류판매점 K에게 도난보험금 12,515,585원을 지급하고 손해사정비로 640,000원이 들었다.

(2) 보험회사의 경비업체에 대한 손해배상 청구

이 사건에서 도난보험금을 지급한 D화재보험사는 경비업체 S를 대상으로 다시 손해배상청구소송을 제기하였다. 경비업체의 부적절한 대응으로 도난사고가 발생한 것이기 때문에 경비업체 역시 이번 사고에 대한 일정 부분 책임을 져야 한다는 취지에서 비롯된 것이다.

위 도난사고가 발생한 당시(1998.7.16 1:12경), 경비업체 S의 긴급대처요원은 침입이상 신호를 접수한 때부터 37분이 경과한 1:49 경에야 현장에 도착함으로써 그 출동이 지체되었고, 출동인원도 1명에 불과하여 절도범의 체포나 절취품의 회수에 실패하였다는 것이다. 따라서 경비업체 S는 의류판매점 K와의 경비계약에 따른 의무를 제대로 이행하지 못하여 이로 인한 손해를 배상할 책임이 있다는 것이다. 이와 관련하여 D화재보험사는 도난보험금을 의류판매점 K에 지급한 보험자로서 위 손해배상청구권을 대위행사한다는 주장이다.

(3) 판결 내용

① 지연출동 여부

이 사건에서 먼저 경비업체 S의 지연출동과 관련하여 살펴볼 필요가 있다. 을제2호증의 기재와 증인 M의 증언에 의하면 당시 긴급대처요원으로 출동한 M이 순회카드로 의류판매점 K의 매장에 설치된 경비주장치를 조작한 시간은 1:49경인 사실이 인정된다.

그러나 을제1 · 3 · 7호증의 각 기재와 증인 M의 증언에 의하면, 당시 M은 인근지역을 순찰하던 중 1:13경 경비업체 S의 관제센터로부터 지시를 받고 출동하여 그로부터 5분 후인 1:18경 의류판매점 K 매장 건물에 도착한 사실과 관제센터에서 M에게 출동지시를 함과 동시에 경찰에 이를 신고한 사실이 인정된다. 긴급대처요원 M이 매장건물에 도착한 후 건물 내부로 들어가고자 하였으나 그 출입구가 잠겨 있어 긴급대처요령에 따라 외부점검을 실시한 후, 1:24경 현장에 도착한 경찰과 함께 2층 계단을 타고 매장에 들어가 내부점검을 실시하고, 최종적으로 1:49경 경비주장치를 조작한 사실이 인정된다.

따라서 긴급대처요원 M이 현장에 출동한 시각은 1:18경으로 보아야 하고, 이 시각은 관제센터에서 침입이상 신호를 접수한 때로부터 불과 6분이 경과하였을 뿐이므로 지연출동이라고 볼 수 없다.

② 출동인원의 적정성 여부

다음으로 출동인원의 적정여부와 관련하여 경비업체 S와 의류판매점 K 사이에 체결된 경비계약이 대상물에 대한 절취를 목적으로 한 불법행위의 예방 또는 조기발견과 사고의 확대방지를 위한 방법업무의 제공을 내용으로 한 사실은 위에서 본 바와 같다.

한편, 을제7호증의 기재에 의하면, 경비업체 S가 이러한 방범업무의 일환으로서 수행하는 긴급대처는 계약처에 이상이 발생되었을 경우 그 원인 및 상황을 확인하여 이를 정상화하는 것이며, 긴급대처의 최종목적은 범인의 체포나 도난품의 회수에 있지 않고 계약처의 감시체제를 복구하여 그 안전을 확보하는 데 있다. 이러한 긴급대처의 목적에 비추어 볼 때 긴급대처요원의 수가 절도범의 체포와 도난품의 회수가 가능하도록 최소한 2인 이상이어야 했다는 취지의 D화재보험사의 주장은 받아들일 수 없다.

③ 도난사고에 대한 경비업체 S의 책임여부

D화재보험사는 다시 용역경비업법 제6조 제2항(개정 경비업법 제7조 제2항)에 의하면 '용역경비업자 및 경비지도사, 경비원은 경비업무를 성실히 수행하여야 하며, 의뢰받은 경비업무가 위법, 부당한 때에는 이를 거부하여야 하고, 경비업무에 관하여 사고가 발생한 때에는 불가항력적인 경우를 제외하고는 그 책임을 면하지 못 한다'고 규정되어 있다. 따라서 경비업체 S는 불가항력에 의한 사고로 볼 수 없는 이 도난사고로 인한 손

해를 배상할 책임이 있다고 주장한다.

그러나 위 법 조항은 경비업자 등이 경비업무의 수행과 관련하여 부수적 사고를 야기한 경우 이로 인한 책임으로부터 면제되는 것을 제한하기 위한 규정으로 보아야 할 것이다. 그리고 이 사건 도난피해와 같이 경비대상물과 직접 관련하여 발생한 손해에 관하여는 같은 법 제14조 제1항(개정 경비업법 제26조 제1항)에 따라 '고의 또는 과실로 경비대상에 발생하는 손해를 방지하지 못한 때'에만 그 배상책임을 부담하는 것으로 해석함이 상당하다고 할 것이다. 따라서 위 법 제6조 제2항에 기하여 경비업체 S의 손해배상책임을 주장하는 D화재보험사의 이 부분에 대한 주장은 이유 없다.

④ 판결결과

그렇다면 D화재보험사의 이 사건 청구는 D화재보험사가 대위할 권리의 수액에 관하여 살펴볼 필요도 없이 이를 기각하여야 할 것이다. 원심판결은 이 법원과 결론을 같이 하여 정당하므로 D화재보험사의 항소는 이유 없어 이를 기각하고 항소비용은 패소자인 D화재보험사의 부담으로 하기로 하여 주문과 같이 판결한다.

5) 경비업체의 고의 · 중과실과 면책규정의 효력유무에 관한 사건(1)

(1) 사건의 개요

경비업체 A는 금은보석점 Y와 경비계약(1988.10.5)을 체결하였는데, 이후 1991년 7월 4일 22:40경부터 다음날 09:40경 사이에 신원미상의 자가 금은보석점 Y 좌측 창문을 막아 놓은 합판을 뚫고 침입하여 진열장에 진열되어 있던 시계, 귀금속 등을 절취한 도난사고가 발생하였다.

(2) 원심판결 내용

① 손해배상 책임의 인정

경비업체 A는 위 도난사고 당시 금은보석점 Y의 출입문 바로 위에 설치한 열선감지기로부터 아무런 이상 신호를 접수하지 못하여 위 도난사고에 대처하지 못한 사실이 인정된다. 따라서 경비업체 A는 특별한 사정이 없는 한 위 경비계약상의 배상약정에 따라 위 도난사고로 인한 금은보석점 Y의 손해를 배상할 책임이 있다고 할 것이다.

② 면책규정의 존재와 이의 적용

그런데, 경비업체 A와 금은보석점 Y 사이에 체결한 위 경비계약에 따른 협정사항 제

12항에서 '금은보석점 Y는 현금 및 귀중품을 되도록 금융기관에 예치하고 경비 대상물 내의 보관을 피하여야 하며, 부득이한 경우에는 고정금고 또는 옮기기 힘든 대형금고 속에 보관하고 시정하여야 한다. 따라서 경비업체 A는 금은보석점 Y가 위 사항을 준수하지 아니하여 발생한 사고에 대하여는 책임을 지지 아니한다'고 규정하고 있다.

그리고 위 경비약관과 일체로 되어 있는 특약사항에서는 '위 금고는 바닥에 고정된 금고이거나 중량 150㎏ 이상의 대형금고로서 피고 회사의 금고감지기가 부착된 금고에 한하다. 그리고 금반지를 포함한 각종 금제품 및 기타 보석류(모조품은 제외) 전량과 시계류 중 매입단가 기준 금 100,000원 이상의 모든 손목시계는 위 금고에 보관하여야 하며 원고가 이를 준수하지 아니하여 발생한 사고에 대하여는 피고가 책임을 지지 아니한다'고 규정하고 있다.

이러한 상황에서 위 도난품들은 모두 위 금은보석점 Y 내의 진열장에 전시된 상태로 보관되어 있던 중 도난당하였고, 도난품 중 모조품이나 매입단가가 금 100,000원 미만인 물품은 없는 사실이 인정되므로, 경비업체 A의 위 경비계약에 따른 손해배상책임은 위 면책조항에 해당하여 면책되었다고 판단된다.

그리고 위 도난물품들을 금고에 보관하려면 많은 시간이 소요되고 상품가치에 손상을 가져와 사실상 실현 불가능한 것이므로, 위 면책조항은 고객인 금은보석점 Y에게만 과중하고 과다한 책임과 비용을 부담하게 하는 등 심히 형평과 공정성이 결여되고 신의성실의 원칙에 반하는 약관조항으로서 약관의 규제에 관한 법률(이하 약관규제법이라 한다) 제6조, 제7조에 의하여 무효라는 금은보석점 Y의 주장에 대하여는 위와 같이 금고보관이 사실상 불가능하다는 사실을 인정할 수 없을 뿐만 아니라, 사회생활의 규범상으로도 자신의 재산에 대한 최소한의 보호책으로서도 퇴근시에는 귀금속들을 당연히 금고에 보관하여야 하고, 달리 위 특약사항을 무효로 볼 만한 사유도 없다고 하면서 금은보석점 Y의 위 주장을 배척하였다.[35]

(3) 대법원 판결 내용

그러나 위 협정사항 제12항 및 특약사항은 그 규정 형식 및 내용 등에 비추어 보아 면책약관의 성질을 가지는 것으로 봄이 상당하므로, 위 면책조항이 경비업체 A의 고의, 중과실로 인한 경우까지 적용된다고 본다면 약관규제법 제7조 제1호에 위반되어 무효라고 볼 수밖에 없다. 따라서 그 외의 경우에 한하여 경비업체의 면책을 정한 규정이라고 해석하는 한도 내에서만 유효하다고 수정 해석하여야 할 것이다.[36]

35) 서울고법 1993.11.23, 93나7893.

① 금은보석점 Y의 주장

원심기록에 의하면, 금은보석점 Y는 이 사건 면책약관은 '사업자의 이행보조자 또는 피용자의 고의 또는 중대한 과실로 인한 법률상 책임을 배제하는 면책조항은 무효이다'라고 규정하고 있는 약관규제법 제7조 제1호의 규정에 위배되어 무효라고 다투고 있다.

또 금은보석점 Y가 계약 당시부터 범인의 침입한 유리창문 쪽과 진열대 위에도 감지기를 설치해 줄 것을 요청한 바 있으나, 경비업체 A는 현 시설로도 충분하다고 했었다고 주장하면서 도난방지의 안전시설을 책임진 경비업체 A가 도난방지상 가장 취약한 부분에 대한 안전조치를 제대로 취하지 않은 것이라고 주장하고 있다. 나아가 경비업체 A의 직원이 열감지기에 스카치테이프를 붙여 감도를 떨어뜨린 점 또는 실내감지기가 비뚤어져 있어서 범인이 침입한 부분과는 사각지대가 생긴 점 등도 아울러 지적하고 있다. 위와 같은 주장들은 결국 위 면책약관이 경비업체 A의 고의, 중과실에 의한 경우까지는 적용될 수 없다는 취지의 주장이라고 보인다.

② 사건의 재해석

그런데 이 사건의 경우, 금은보석점 Y는 대로변에 위치하여 있기는 하나 그 왼쪽 벽면에 설치되어 있는 창문이 곧바로 외부로 연결되어 있고, 그 창문을 합판으로 막아놓았기 때문에 그곳을 통하여 위 시설 내부로 침입할 가능성이 높은 방범 상 가장 취약한 부위였다는 점이다.

그럼에도 경비업체 A가 금은보석점 Y 내에 감지기를 설치함에 있어서, 셔터에는 적외선을 이용하여 셔터의 개폐를 감지하는 셔터감지기를, 금고에는 진동에 의하여 이상을 감지하는 금고감지기를, 환풍기에는 자석의 원리를 이용하여 이상을 감지하는 자석식감지기를, 출입문 바로 위에는 매장공간에 침입하는 사람의 체온에 의하여 이상을 감지하는 열선감지기를 각각 설치하면서도 방범 상 가장 취약한 부위인 위 창문이나 이를 막아 놓은 합판에는 그 개폐나 충격을 감지할 수 있는 감지기를 설치하지 않았다는 점이다. 더욱이 위 열선감지기의 방향이 우측 벽 쪽으로 치우쳐 설치한 관계로 범인이 위 창문을 통하여 침입하는 것을 전혀 감지할 수 없었던 사실을 엿볼 수 있다.

③ 판결 내용

사정이 이와 같다면, 원심으로서는 먼저 이 사건 경비계약상의 손해배상책임이 경비업체 A의 고의, 중과실로 인한 것인지의 여부에 관하여 심리한 다음, 그 결과에 따라 A

36) 대법원 1995.12.12, 95다11344 참조.

의 고의, 중과실로 인한 것인 경우에는 위 면책조항을 무효로 보아 그 적용을 배제하고, 그 외의 경우에 한하여 비로소 위 면책조항을 유효로 보아 그 적용을 허용하여야 한다.

이러한 사정을 파악하지 않고, 막연히 위 면책조항을 무효로 볼 만한 사유가 없다고 하면서 금은보석점 Y의 위 주장을 배척한 조치는 면책약관에 관한 법리를 오해한 나머지 심리를 다하지 아니한 위법을 저지른 것이라 아니할 수 없으며, 이는 판결 결과에 영향을 미쳤음이 명백하므로 이 점을 지적하는 논지는 이유 있다.

그러므로 금은보석점 Y의 나머지 상고이유에 관하여 더 나아가 판단할 필요도 없이 원심판결을 파기하고, 사건을 다시 심리, 판단하게 하기 위하여 원심법원에 환송하기로 관여 법관의 의견이 일치되어 주문과 같이 판결한다.[37)]

6) 경비업체의 고의 · 중과실과 면책규정의 효력유무에 관한 사건(2)

(1) 사건의 개요

경비업체 K는 금은보석점 D와 경비계약을 체결하고, 시설 내에 창문과 출입문 등 5개 부분에 도난방지를 위한 경비기기인 감지기를 설치하여 위 점포에 대한 무인기계경비업무를 수행하여 왔다.

그런데 김모씨 등 3인이 1994년 4월 24일 04:00경부터 같은 날 05:00경까지 그 사이에 위 점포의 후문 열쇠를 뜯고 침입하여 진열대 안에 있는 귀금속 등을 절취하여 간 사건이 발생하였다. 당시 경비업체 K의 관제본부에서는 같은 날 04:10경 위 점포에 대한 이상경보가 작동되었고 이에 경비업체 피고의 긴급대처요원 2명이 점포로 출동하였으나 점포 안을 확인함이 없이 위 점포의 밖에서 출입문의 시정장치와 점포 내의 등화 상태만을 보고 아무런 이상이 없는 것으로 판단하여 그대로 철수하였다. 같은 날 05:00경 재차 피고의 관제본부에 이상경보가 작동되자 다시 위 긴급대처요원 2명이 같은 날 05:10경 위 점포로 출동하여 그때는 점포 안으로 들어가 확인하였으나 이미 진열대에 있던 귀금속 등이 절취당한 상황이었다.

(2) 원심판결 내용

도난방지 등의 임무를 맡은 경비업체 K의 직원들로서 관제본부에서 이상신호를 접수하고 현장에 긴급출동하게 된 위 2명의 긴급대처요원으로서는 경비약관이 정하는 업무수행방법에 따라 당연히 가지고 있던 예비열쇠로 위 점포 안으로 들어가 현장을 확인하는 등 필요한 조치를 해야 할 상황이었다.

37) 대법원 1996.5.14, 94다2169.

그러나 이러한 조치를 취함이 없이 막연히 밖에서 출입문의 잠금장치와 등화상태만을 확인한 채 이상이 없는 것으로 가볍게 판단하고 그대로 철수하여 버린 중대한 과실로 이 도난사고가 발생하였다고 할 것이다. 따라서 특별한 사정이 없는 한 경비업체 K는 금은보석점 D에게 위 경비계약에 따라 위 도난사고로 인하여 입은 손해를 배상할 책임이 있다고 판단하고 있다.

(3) 대법원 판결 내용

중과실(重過失)이라는 것은 행위자에게 통상 요구되는 정도의 상당한 주의를 하지 않더라도 약간의 주의를 한다면 손쉽게 위법 · 유해한 결과를 예견할 수 있는 경우임에도 만연히 이를 간과함과 같은 거의 고의에 가까운 현저히 주의를 결여한 상태를 의미하는 것이다.38)

① 중과실의 유무

원심이 마치 이상경보가 작동되어 현장에 출동한 경비요원은 언제나 점포 안으로 들어가 현장을 확인하여야 할 의무가 있고, 이를 게을리 하기만 하면 중과실에 해당되는 것처럼 판시한 것은 반드시 적절하다고 할 수 없다. 그러나 원심이 확정한 사실관계에 의하더라도 절도범들은 최초의 이상경보 작동시 이미 후문 열쇠를 뜯고 침입하여 금품을 절취한 다음, 재차 이상경보 작동시 현장을 이탈하였다고 보는 것이 경험법칙에 부합된다.

이렇게 본다면 경비업체 K의 긴급대처요원들이 최초로 출동하였을 당시 이미 후문의 잠금장치가 파손되어 있었음에도 그들이 이를 발견하지 못하고, 나아가 점포 내부를 확인하지 아니한 채 현장을 이탈한 것은 중과실에 해당한다고 할 것이다. 따라서 위 긴급대처요원들에게 중과실이 있다고 판단한 원심은 결론에 있어 정당하고, 이러한 위 긴급대처요원들의 중과실과 이 사건 사고발생 사이의 인과관계도 충분히 인정되므로 이 점을 다투는 논지는 결국 이유 없다.

② 면책규정의 인정 여부

이 사건과 같이 경비업체 K와 금은보석점 D 사이에 체결한 경비계약의 특약사항으로 '각종 금제품 및 기타 보석류 전량과 시계류 중 사용자 매입단가 기준 150,000원 이상의 모든 손목시계는 사용 중인 금고에 보관하여야 하며, 사용자가 위 사항을 준수하

---

38) 대법원 1995.10.13, 94다36506.; 대법원 1996.8.23, 96다19833 등 참조.

지 아니하여 발생한 사고에 대하여는 회사가 책임을 지지 아니한다'는 면책조항이 포함되어 있는 경우가 있다. 그러나 위 면책조항이 경비업체 K의 고의 · 중과실이 있는 경우에까지 적용되는 것은 아니다.[39]

원심이 경비업체 K의 피용자인 위 긴급대처요원들의 중과실을 인정하여 경비업체 K의 손해배상책임을 인정한 것은 정당하고, 거기에 위와 같은 면책조항의 해석에 관한 법리를 오해한 위법은 없다. 그리고 원심은 경비업체 K가 주장하는 면책조항의 의미를 한정하여 해석한 것에 불과하고 그 면책조항이 무효라는 금은보석점 D의 재항변을 의제하여 판단한 것이 아니므로, 원심판결이 변론주의에 위배한 위법이 있다는 위의 논지도 독자적인 견해에 불과한 것으로서 받아들일 수 없다.

③ 판결 내용

이 사건 사고의 발생경위에 관하여 원심이 인정한 사실관계와 기록에 비추어 보면 원심이 피해자인 금은보석점 D의 과실비율을 20%(경비업체 K의 과실비율 80%)로 평가한 것은 적절하고, 여기에는 과실상계에 관한 법리오해의 위법이 있다고 할 수 없다.[40]

2. 미국의 사례 · 판례

미국의 경우 민간경비에 대해 제기되는 민사소송의 대부분은 폭행, 폭행위협, 불법감금, 명예훼손, 고의적인 정신적 고통부과, 사생활 침해, 그리고 과실 등에 의해 발생하는 것으로 나타났다.[41]

아래에서는 민간경비원의 불법행위 및 민간경비원을 고용하거나 경비시스템을 구축해야할 의무가 있는 사용자의 책임 등과 관련된 사건 및 몇 가지 판결내용을 살펴보기로 한다.

1) 경비원이 시민을 도둑으로 오인하여 폭행한 사건

(1) 사건 개요

1979년 4월 7일 23:45경 경비회사 ISCV의 경비원 2명은 콜럼비아지역 소재의 고속버스터미널 경비업무를 담당하고 있었다. 당시 경비원들은 플로리다주의 템파행 버스를 타기 위해 여성휴게실에 대기하고 있던 맥퀸(McQueen, 68세)을 도둑으로 오인하고

39) 대법원 1996.5.14, 94다2169.; 1996.9.6, 96다17707 등 참조.
40) 대법원 1997.2.25, 96다37589.
41) Hess, Kären M. and Wrobleski, Henry M.(1996), op. cit., pp. 79~82.

그에게 버스표를 보여줄 것을 요구하였으나 거부하자 강제로 밀고 발로 찼는데, 그러한 과정에서 맥퀸이 넘어지면서 늑골을 의자에 부딪치고 왼쪽 다리를 접질려 왼쪽 무릎 부위가 부어오르는 등의 부상을 입었다. 이에 맥퀸은 폭행이 있은 지 4년 후에 손해배상 청구소송을 제기하였고, 배심법원은 경비회사 ISCV가 맥퀸에게 6만 달러를 배상하도록 판결하였다.

(2) 판결 내용

이 판결의 내용을 보면, 모든 상해사건에서 가해자의 불법행위가 피해자 상해의 원인이 되었다는 것을 입증할 책임은 피해자에게 있다. 그러나 상해의 원인에 대한 의학적 의문이 없는 경우에는 피해자의 증언만으로도 상해의 원인을 증명하기에 충분하다.

여기서 의학적 의문이 없는 경우란 첫째, 상해가 어떤 행위와 같은 시간 또는 그 행위 후 적당한 시간 내에 발생한 때, 둘째, 인과관계가 질병이나 상해 그 자체나 주변상황만 보더라도 명백한 때, 셋째, 상해의 원인이 일반적인 경험이나 상식에 비추어 보아도 수긍이 가거나 일반인의 견해로도 납득이 가능한 때를 말한다. 위 사건의 경우에는 두 번째 경우에 해당하며, 배심법원이 의학적 증언 없이 경비원의 폭행을 맥퀸의 상해원인으로 본 것은 합당하다고 판시하였다.[42]

2) 경비원의 근무상의 책임관련 사건과 주요 쟁점

(1) 사건의 배경

1996년 11월 마지막 일요일에 미드 애틀란틱(Mid-Atlantic) 민간경비회사에 소속된 경비책임자 스틸레스(J. Stiles)와 경비원 던컨(D. Duncan)은 경비계약체결에 의해 글래스(Glass)오피스텔에서 경비업무를 수행하고 있었다. 경비계약상의 이들의 일차적 근무 목적은 오피스텔에 거주하는 사람들의 출입을 통제하는 일 이었다. 참고적으로 이들 두 명의 경비원은 이 근무지에서 오랫동안 근무해 왔고, 관련 민간경비분야에서도 많은 경력을 가지고 있었다.

사건이 발생한 당일(일요일) 오후 약 5시경에 그램블링(E. Grambling)이라는 한 여성변호사가 오피스텔 내의 자신의 사무실에서 업무를 보기 위해 들어왔다. 그런데 그녀가 출입하는 시간에 출입을 기록하는 업무를 맡은 이들 2명의 경비원은 자리를 비우고 있는 상태였다. 따라서 그녀는 비록 출입을 체크하는 데스크 위에 출입기록부가 펼쳐져

42) McQueen v. International Security Co. of Virginia 496A.2d 1076(1985).; 김두현 · 김정현 (2002), 민간경비론, 서울: 백산출판사, p. 323.

있는 것을 보기는 하였지만 그 시간에는 근무를 서는 경비원이 없다고 생각하였다. 따라서 그녀는 아무런 출입기록을 하지 않고 엘리베이터를 이용해서 자신이 운영하는 변호사 사무실로 올라갔다.

그런데, 오후 약 7시경에 두 명의 경찰이 오피스텔에 찾아와서 경비업무를 수행하고 있는 이들 경비원들에게 신고가 접수되어 출동하게 되었다고 하였다. 이들 경비원이 근무하는 해당 오피스텔 내의 918호실에서 한 여성이 불법침입자에 의해 폭행을 당하고, 아울러 현금 및 신용카드 등이 들어 있는 지갑을 강탈당했다는 신고를 받고 출동한 것이라고 하였다. 출동한 2명의 경찰과 경비책임자인 스틸레스는 오피스텔 918호에 도착하여 극도로 불안과 공포감에 떨고 있는 그램블링을 발견하였다.

그녀는 자신의 컴퓨터로 작업을 하는 도중에 한 남성이 들어와 자신의 머리를 내려치고, 상당량의 현금과 신용카드가 들어 있는 지갑을 빼앗아 달아났다고 진술하였다. 그리고 그 범죄자가 떠나기 전에 주먹으로 다시 그녀의 얼굴을 가격하였다고 하였다. 그녀는 비록 폭행을 당해 정신이 혼미하였지만 가까스로 경찰에 신고를 할 수 있었다고 하였다. 그리고 그녀는 그 시간에 오피스텔 출입구에서 경비원이 근무를 하지 않는 것으로 인식하고 있었기 때문에 이들 경비원에게는 연락을 취하려고 하지 않았다고 하였다.

(2) 과실에 의한 불법행위 책임의 제기

이 사건에서 피해자 그램블링은 오피스텔의 관리 및 미드 애틀란틱 경비회사 소속의 경비원을 고용하여 경비관리를 책임지고 있는 프론토(Pronto)사와 동 경비회사를 상대로 과실(Negligent)에 의한 불법행위 책임문제를 제기하였다.

이 사건에서 그녀는 당시에 경비업무를 수행하는 경비원들은 자신들의 근무의무를 소홀히 하였고, 오피스텔 건물 내부에 대한 순찰활동을 하지 않았다고 주장하였다. 따라서 결과적으로 경비원들은 그녀가 그 건물 내에 있다는 사실을 전혀 인식하지 못하였다고 하였다. 이 사건에 대해 그녀는 과실에 대한 불법행위책임으로 10만 달러의 손해배상액을 청구하였고, 징벌적 손해배상금(Punitive Damages)으로 아울러 10만 달러를 청구하였다.

(3) 불법행위에 대한 판단 쟁점

먼저, 이 사건과 관련하여 관련업무를 수행하는 피고인 경비원들은 피해자인 원고가 사무실에서 근무할 때, 이를 보호해야 할 책임까지 지고 있는가가 문제시된다. 다음으로 원고인 그램블링은 비록 출입데스크에 경비원이 근무를 하지 않고 있다 할지라도(정확하게는 자리를 비우고 있었던 상황) 그녀가 건물에 출입할 때에 출입기록부에 기록을 하지 않은 것으로 인해 위험을 야기했다고 볼 수 있는가 하는 부분이다. 원고 역시 일정 부분 기여과실을 했는지를 판단할 필요가 있다. 끝으로 과실에 의해 불법행위 책임을 지는 오피스텔 측과 경비회사 측이 져야 할 책임이 각각 어느 정도인가를 파악해야 할 것이다.[43)]

3) 민간경비원 관련 사건과 책임

(1) 볼링장 주차장의 폭행 사건

테일러(Taylor)라는 여성이 볼링장 주차장에서 폭행당한 사건이 발생하였다. 사건이 발생한 날 초저녁에 그녀는 볼링장 내에 있는 칵테일 바에 있었는데, 한 남자가 접근해서 귀찮게 하였다. 이에 그녀는 볼링장 내에서 근무하는 경비원에게 도움을 요청하고, 자신을 괴롭힌 남자를 밖으로 쫓아내 줄 것을 요청하였다. 이후 그녀는 계속 볼링장 내에 있었는데, 문 닫을 시간이 될 때쯤 시설 내의 경비원은 몇 시간 전에 그녀를 귀찮게 했던 남자가 주차장에서 기다리고 있기 때문에 차에 가지 말라고 주의·경고를 해주었다. 이러한 주의에도 불구하고 그녀는 볼링장을 나와 주차장으로 갔는데, 주차장에서 기다리고 있던 그 남자에게 폭행당하였다.

이 사건에 대해 법원은 시설 내에 존재하는 어떠한 위협에 대해 고객이 이에 대한 예방조치를 취할 수 있도록 주의·경고를 해주는 것은 하나의 의무라고 하였다. 그러나 그러한 위험성을 알려주는 조치만으로는 충분하지 않다고 하였다.[44)]

(2) 아파트 현관의 폭행 및 강도 사건

클라인(Kline)은 자신이 거주하는 아파트 현관에서 폭행 및 강도를 당했다. 그녀가 거주하는 아파트 단지는 지난 수년 동안 수차례 범죄문제가 빈번하게 발생한 지역이었다. 그런데, 이처럼 범죄의 위험성이 명백함에도 불구하고 아파트를 임대한 건물소유자는 아파트에 세 들어 사는 사람들이 이용하는 장소에 경비시스템 설치 및 유지하기 위한 어떠한 노력도 하지 않았다.

이 사건에 대해 법원은 건물소유자는 범죄로 인해 피해를 당한 피해자들에 대해 책임져야 한다는 판결을 내렸다.[45)]

---

43) Hess, Kären M. and Wrobleski, Henry M.(1996), op. cit., p. 90.
44) Taylor v. Contennial Bowl, Inc.(1966).; 이하 Hess, Kären M. and Wrobleski, Henry M.(1996), op. cit., pp. 79~81 참조.
45) Kline v. 1500 Massachusetts Avenue Corp.(1970).

(3) 식당 주차장의 폭행 사건

피코(Picco)라는 사람이 식당 주차장에서 폭행당한 사건이 발생하였다. 피해자는 식당의 손님으로 식사하러 왔다가, 조명시설이 제대로 설치되지 않은 식당 뒤의 주차장에서 폭행당했다.

이 사건에 대해 법원은 야간에 일정한 지역에 대해 조명시설을 설치하는 것은 범죄발생을 억제하는데 있어서 효과가 있다는 것은 상식적인 사항이라고 하였다. 따라서 피해자는 이전에도 그 지역(식당 주차장)에서 범죄가 발생했다는 일체의 증거(위험성 입증)를 제출할 필요가 없으며, 이 사건에 대해 식당운영자는 그 장소에서 이전에 어떠한 범죄가 발생하지 않았을지라도 이번 사건에 대한 안전책임이 있다는 판결을 내렸다.[46]

(4) 식료품점 주차장의 여성강간 사건

식료품점 주차장에서 세 남자가 아타미안(Atamian)이라는 여성을 강간한 사건이 발생하였다. 이번 강간사건에 앞서 이전에도 다섯 차례의 폭행사건이 발생하였으며, 이에 따라 식료품점에서는 해당지역의 위험을 예방·통제하기 위해 경비원을 고용하고 있었다.

그러나 이 사건에 대해 법원은 시설소유자가 자신의 시설에서 이전에 범죄가 발생하였다는 사실을 알고 있는 경우에, 경비원을 배치한 것만으로는 충분하지 않다고 하였다. 시설소유자는 고객들을 범죄의 위험으로부터 보호하기 위해 적절한 경비조명의 설치 및 다른 예방적 조치를 해야 할 의무를 갖는다고 하였다.[47]

(5) 아파트 현관의 폭행 사건

건물에 세 들어 사는 한 여성이 잠금장치가 설치되지 않은 아파트 현관에서 폭행 및 강도를 당했다.

이 사건에 대해 법원은 건물소유자와 세입자의 관계는 그 지역이 안전할 것이라는 정당한 근거를 토대로 형성된 것(세입자는 해당 아파트가 안전할 것이라고 믿고 거주하게 되는 것)이라고 하였다.[48]

---

46) Picco v. Ford's Diner, Inc.(1971).
47) Atamian v. Supermarkets General Corp.(1976).
48) Trentacost, Florence v. Brussel, Dr. Nathan T.(1980).

(6) 호텔에서 발생한 범죄 사건

호텔에서 메이어(Mayers)라는 사람이 범죄피해를 당한 사건이 발생하였다. 이에 대해 오하이오 주법원은 호텔은 범죄피해를 당한 고객에 대해 책임질 수 있다고 하였다. 그러나 이 경우 피해를 당한 고객은 피고(호텔측)가 그 범죄에 대해 예측할 수 있었음에도 불구하고 적절한 조치를 취하지 않았다는 것을 입증해야만 한다고 하였다.[49]

49) Mayers v. Ramada Inn of Columbus(1984).

제8장 민간경비의 조직화

제1절 기본논의

우리사회 내에 있는 모든 지역(농촌에서 도시에 이르기까지)의 개인과 기업, 그리고 시설물들은 그 규모나 위치, 또는 고유한 특징과 관계없이 범죄와 재해 등 수많은 위험에 노출되어 있으며, 이에 따른 안전 문제는 모두에게 중요한 관심사항이 되고 있다. 이와 관련하여 각 지역에서는 일정한 규모의 공공경찰이 조직화되어 있으며, 경찰조직의 규모는 해당 지역사회(Community)의 규모에 비례한다고 볼 수 있다. 여기에서 말하는 경찰조직의 규모는 단순한 지리적 관할구역의 규모뿐만 아니라 정치 · 경제 · 사회문화적 특성을 모두 반영한 것이다. 이와 마찬가지로 기업이나 시설 심지어는 특정 개인의 경우에도 각자의 규모에 맞는 일정 수준의 민간경비를 조직화하고 있다.[1)]

한편, 어떤 보호대상의 규모 및 특성에 따라 경찰조직 또는 민간경비조직이 불필요하게 인식되기도 한다. 예컨대, 아주 시골지역인 경우에는 특별하게 경찰조직이 불필요할 수도 있으며, 작은 기업이나 상점가게 역시 민간경비의 필요성을 느끼지 못하는 경우도 있다. 그러나 '소 잃고 외양간 고친다'라는 옛말이 있듯이, 개인이건 조직이건, 시골이건, 도시이건 간에 일정한 안전의식을 함양하고, 그에 따른 적절한 안전조치를 모색할 필요성은 있다고 본다.

특정한 경비보호대상을 위해 조직화된 민간경비는 다른 조직과 마찬가지로 일정한 기본원리에 의해 운영된다. 따라서 이 장에서는 먼저 이러한 조직운영의 기본원리를 논의하고자 한다. 보호대상을 위해 적용되는 민간경비를 ㉠ '어떻게 조직화'(組織化)하고, 이렇게 조직화된 민간경비를 ㉡ '어떻게, 무엇을 가지고 운용하느냐'를 통해서 보다 구체적 · 직접적으로 적용하게 된다.

이러한 민간경비의 조직화 및 운용방식은 크게 두 가지 차원에서 접근할 수 있다. 먼저 민간경비의 조직화와 관련하여 개인 또는 기업이 자체적으로 경비업무 담당부서를 조직화 할 수도 있으며, 외부 민간경비 전문회사에 이를 의뢰하여 경비업무를 수행하게 할 수도 있다. 전자를 '자체경비'(自體警備, Proprietary Security) 또는 '내부경비'(In-house Security)라 하고 후자를 '계약경비'(契約警備, Contract Security)라 부르고 있다.

---

1) Burstein, Harvey(1994), Introduction to Security, New Jersey: Prentice Hall, p. 35.

다음으로 조직화된 민간경비의 운용수단과 관련하여 사람(민간경비원)을 이용할 수도 있고, 기계(경비장치)를 이용할 수도 있을 것이다. 경비대상의 특성에 따라서 사람(경비원, 경호원, 정보보안관리자 등)이 할 수도 있으며, 일정한 기계적 장치(CCTV, 경보센서, 잠금장치 등)를 가지고 할 수도 있을 것이다. 이는 경비활동을 사람이 하느냐 아니면 기계가 하느냐에 따른 것이며, 전자를 이른바 '인력경비'(人力警備)라 하고 후자를 '기계경비'(機械警備)라 부르고 있다.

민간경비의 조직화와 운용방식

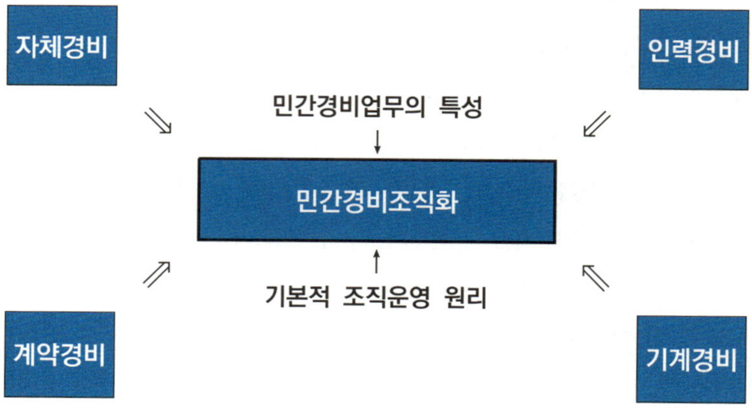

한편, 기계경비와 관련하여 아직까지는 순수한 형태의 기계경비는 존재하지 않는다고 본다. 기계장치 스스로가 경비업무를 처음부터 끝까지 완벽하게 처리하는 것은 오늘날 과학기술상으로 불가능하다고 본다. 따라서 경비대상에 대하여 기계경비가 중심일지라도 일정 부분은 인력경비의 활용(중앙통제센터의 경비원, 출동경비원 등)이 불가피하다고 본다.

제2절 민간경비의 조직구조와 기본원리

1. 민간경비업무의 특수성

민간경비의 주요활동은 상당 부분이 공경비인 경찰이 수행하는 영역과 공통되는 부분이 적지 않다는 것은 이미 앞에서 언급한 바와 같다. 또한 경찰의 업무특성에서 나타나는 바와 유사하게 민간경비의 활동 역시 특수한 성격을 가지고 있다고 본다.

민간경비의 적절한 대응이 이루어지지 못했을 경우, 고객은 막대한 인적·물적 손실을 입게 됨은 물론이며, 경우에 따라서는 원상회복이 불가능한 경우도 발생할 수 있다. 또 개인뿐만 아니라 불특정 다수가 피해를 겪는 경우도 발생하며, 국가전체에 심각한 위협을 가하기도 한다. 예컨대, 경호 중인 요인(VIP)에 대한 공격, 일반 시설 및 국가중요시설인 공항 및 발전소 등에 대한 공격은 심각한 비상사태를 초래할 가능성이 있는 것이다.

따라서 민간경비는 비록 영리를 추구하는 사적 기업의 형태를 취하고 있지만 업무상의 특성은 공경비인 경찰의 특수성과 상당히 밀접한 관련성을 갖는다고 볼 수 있다. 경찰의 특수성과 관련하여 이황우교수는 여러 학자의 견해를 종합하여 8가지(위험성, 돌발성, 기동성, 권력성, 조직성, 정치성, 고립성, 보수성)를 제시하고 있는데,[2] 민간경비는 사적 영리기업으로서 이 가운데 ㉠ 위험성, ㉡ 돌발성, ㉢ 기동성, ㉣ 조직성 등의 요소는 경찰과 마찬가지로 중요하게 고려된다고 볼 수 있다.

1) 위험성과 돌발성

위험성(危險性) 문제는 위에서 언급한 바와 같이 보호대상에 대한 인적·물적 공격 자체에 내포되어 있듯이 민간경비업무는 항상 이를 수반하고 있다.

돌발성(突發性)은 그러한 공격이 예측 가능한 형태로 표출되기보다는 대부분이 불시에 이루어진다는 것과 관련된다. 대부분의 공격은 사전에 철저한 준비를 통해서 방어자가 예측하지 못한 상황에서 돌발적으로 나타나게 된다. 공격자의 입장에서 본다면, 돌발성은 방어하는 자를 혼란에 빠뜨리고 소기의 성과를 거둘 수 있는 최고의 선택전략 가운데 하나라고 할 수 있다.

2) 이황우(2007), 경찰행정학, 서울: 법문사, pp. 18~23.

2) 기동성과 조직성

위험성과 돌발성 문제는 공격자가 취하는 행태상의 특성이며, 기동성(機動性)과 조직성(組織性)은 공격자 및 방어자 모두에게 요구되는 특성이라고 할 수 있다.

공격자의 경우, 위험상황을 돌발적으로 일으키면서 동시에 기동력을 가지고 신속하게 목표물에 대한 공격을 감행해야 하고, 공격이 완료된 후에는 마찬가지로 신속하게 현장을 벗어나고자 할 것이다. 공격자의 입장에서 조직성을 띤다는 것은 한 개인이 어떠한 위험상황을 일으키는 것을 제외하고, 2인 이상이 공모하여 사전에 치밀한 계획하에 공격을 감행하는 것을 의미한다. 오늘날 전세계 선진국가를 대상으로 자행되고 있는 테러리즘(Terrorism)의 주모자들은 기동성과 철저한 조직성을 갖추고 있음은 널리 알려진 사실이다.

공격자의 위험을 사전예방 및 사후대응하는 민간경비의 관점에서 기동성과 조직성을 본다면, 민간경비의 활동 역시 보호대상을 중심으로 급변하는 주변상황을 철저하고, 신속하게 파악하면서 사전 · 사후 대응을 할 수 있어야 한다. 그리고 그러한 신속한 대응은 보호활동을 수행하고 있는 민간경비원 전체가 유기적인 관계 속에서 조직적으로 이루어져야 한다.

여기에서 조직적이라는 것은 명확한 계층구조, 명령통일의 원리 등이 내재한 것이다. 그리고 민간경비의 관점에서 기동성과 조직성은 단순히 경호경비업무를 수행하는 경비원들에 국한된 것은 아니며, 비상시에만 요구되는 것 또한 아니다. 따라서 평상시에 다른 부서의 직원 및 보호대상(보호대상이 사람인 경우)과 유기적인 협력관계를 형성하여 사전에 이를 계획적으로 준비해야 할 것이다.

결국, 공격자가 위험성과 돌발성이라는 특성에 기동성과 조직성을 가미하여 공격을 감행하게 된다면 민간경비의 대응은 결코 쉬운 일이 아니라는 점을 알 수가 있다. 따라서 경비관리자 및 경비원들은 이러한 점을 인식하고 체계적인 조직관리 및 운영이 이루어질 수 있도록 해야 할 것이다. 그리고 중요한 것은 민간경비의 기동성과 조직성 문제는 경비원들의 전문성, 명령 · 지휘체계 · 의사소통능력 등 많은 요인과 복잡하게 얽혀있다는 점이다.

2. 민간경비의 조직구조

1) 독립적인 경비부서의 설치

어떤 기업 또는 시설 내에 독립적인 경비부서를 조직화한다는 것은 경비업무의 전문성 등을 고려하여 다른 부서에 속하지 않고 독립적으로 설치한 형태를 말한다. 이 경우 경비부서의 최종 책임자는 회사 책임자의 감독 및 지시에 따라 체계적으로 계층화되어 주어진 경비업무를 수행하게 된다.

독립적인 경비부서의 조직화의 예

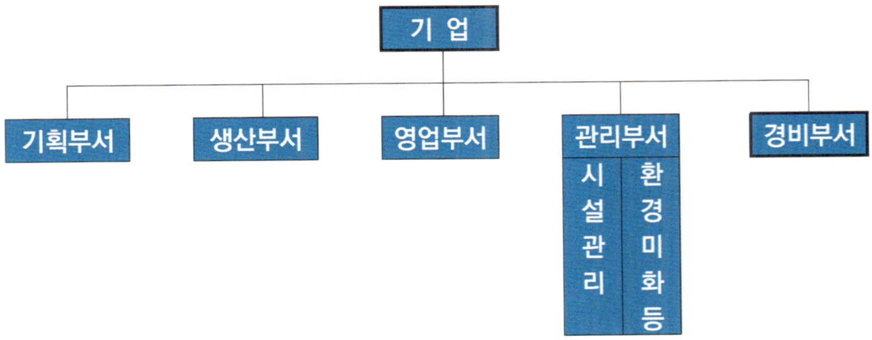

이 경우, 경비부서의 책임자는 전문적인 경비관련 지식과 경험을 가지고 있을 필요가 있으며, 이러한 조건이 충족된다면 경비원들은 회사 내에서 일정한 권한과 책임을 가지고 전문적으로 경비업무를 수행할 수 있을 것이다.

2) 독립적이지 못한 경비부서의 설치

회사의 규모 또는 경비업무의 전문성에 대한 인식부족 등으로 인해 경비부서를 독립적으로 설치하지 않고 회사의 일반관리부서 내에 경비부서를 설치하는 경우도 있다. 이 경우 관리부서의 최고책임자는 경비업무에 대한 전문성을 가지는 경우가 드물다. 아울러 경비부서의 경비원들이 일정한 책임과 권한을 가지고 전문적으로 경비업무를 수행하기도 힘들다.

독립적이지 못한 경비부서의 조직화의 예

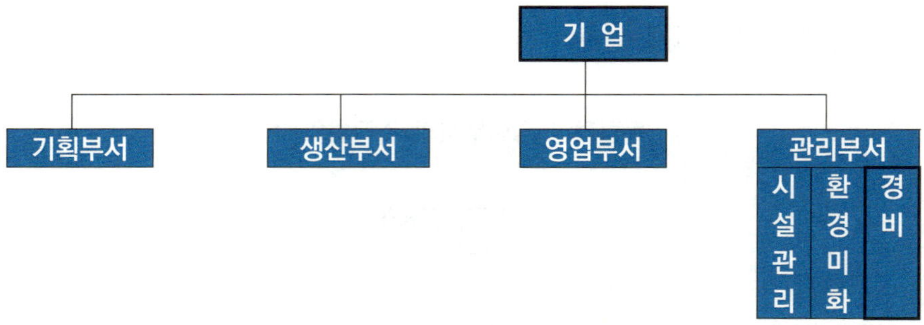

3. 민간경비의 조직운영 원리

민간경비는 계약경비 또는 자체경비 형태로 특정 보호대상에 대한 적절한 보호를 위해서는 적절한 조직운영이 요구된다. 그런데 최선의 민간경비조직(일반기업 내에 위치하는 민간경비부서)의 관리방식이 무엇인지에 대해서는 정답이 없다고 본다. 일반기업 및 공공조직의 관리와 관련하여 고전적인 조직관리방식에서 현대적인 조직관리방식에 이르기까지 수많은 논의가 전개되고 있다.3)

이러한 논의는 조직목표를 정점으로 해서 조직구조 및 과정, 조직행태, 조직환경 등 많은 요인과의 역학관계에서 접근한 것이다. 고전적 조직이론가로서 페욜(Fayol)은 1916년에 조직의 본질적 활동을 여섯 가지로 분류하였는데, 그의 연구는 오늘날까지도 경영과 행정조직에 적지 않은 영향을 미치고 있다.

페욜은 조직의 주요활동으로 ㉠ 기술적 활동(생산, 제조, 개조), ㉡ 상업적 활동(구매, 판매, 교환), ㉢ 재정적 활동(최적의 자금운용), ㉣ 경비활동(Security Activities: 사람과 재산의 보호), ㉤ 회계활동(재고조사, 대차대조, 비용, 통계), ㉥ 관리적 활동(기획, 조직화, 명령, 조정, 통제) 등을 제시하였다.4)

그런데, 민간경비가 하나의 사적 조직에 불과하지만 업무의 특성이 치안서비스로서 공적 요소를 적지 않게 가지고 있다는 점이 고려되어야 할 것이다. 그리고 조직 내에서 민간경비가 수행하는 업무의 성격을 고려한다면, 그것은 경찰 및 준군대식의 조직관리가 필요하다고 본다. 따라서 아래에서는 이러한 관점에 따라 민간경비조직에 적용될 수 있는 몇 가지 기본원리들을 제시해 보고자 한다.5)

3) Timm, Howard W. & Christian, Kenneth E.(1991), Introduction To Private Security, California: Cole Publishing Company, pp. 245~258.

4) Fayol, H.(1949), General and Industrial Management(Storrs, C., Trans.), London: Pitman and Son.(Original work published 1916), p. 3.

1) 계층제의 원리

계층제(階層制, Hierarchy)는 권한과 책임의 정도에 따라 직무를 등급화함으로써 상·하계층간에 직무상의 지휘·감독관계에 서게 하는 것을 말한다. 민간경비부서에서 상관은 부하에게 권한의 일부를 위임하게 되고, 그 부하는 자기의 권한보다 작은 권한을 바로 밑의 부하에게 위임하는 계층과정을 거치게 된다. 이를 통해 각 계층사이에 명령·복종관계를 명확히 하고 명령이 조직의 정점에서부터 최하위에까지 도달하도록 하는 체제를 말한다.

이와 같은 계층제는 지휘·명령과 의사전달의 통로, 권한과 책임한계의 수단, 내부통제의 수단, 조직 내의 분쟁조절의 수단, 승진의 유인책이 된다고 할 수 있다. 그러나 인간관계론, 행태론에서는 계층제가 관리자의 독단화, 역동적 인간관계 형성의 저해, 조직의 경직화, 의사소통의 왜곡, 새로운 지식·기술도입의 신속성 곤란 등의 역기능을 초래할 수 있다고 지적하고 있다.

2) 통솔범위의 원리

통솔범위(統率範圍, Span of Control)는 한 사람의 상관이 효과적으로 감독할 수 있는 최대한의 부하직원의 수를 말한다. 전통적 관점에서 본다면 작은 통솔범위를 강조하고 있는데, 이렇게 함으로써 한 감독관이 모든 부하직원과의 밀접한 상호관계를 유지할 수 있게 하면서, 이들 직원을 통제할 수 있기 때문이다.

물론, 한 사람의 감독자가 직접 감독할 수 있는 부하의 수는 몇 가지 변수에 따라 결정될 수 있다. 관련업무의 복잡성, 근무상황(평상시 및 위기상황 등), 부하직원의 교육과 기술수준, 감독자의 리더십, 구성원들 간의 의사전달 수준 등이 바로 그것이다. 이러한 기준에도 불구하고 어느 정도의 통솔범위가 가장 적당한지를 제시하는 것은 어렵지만, 우릭(Urwick)에 의하면,[6] '아무리 유능한 감독관이라도 관련업무에 5명 또는 최대 6명 이상은 동시에 직접적으로 관리할 수 없다'라고 하였다.

---

5) 이황우(2007), 앞의 책, pp. 109~116 재구성.

6) Urwick, L.(1943), The Elements of Administration, N.Y.: Harper & Row, pp. 52~53.

3) 명령통일의 원리

전통적 조직관리방식에 따르면, 각각의 구성원은 오직 한 사람의 관리자 또는 상관을 두고 있어야 하고, 따라서 어떤 조직이라 할지라도 이러한 명령통일(命令統一, Unity of Command)의 원리를 준수해야 한다고 하고 있다. 예컨대, 민간경비부서에서 근무하는 하위 경비원은 자신을 직접 관리하는 상관으로부터 명령을 받아야 하고, 항상 그 상관에게 보고해야 한다는 것이다.

만약 경비원이 계통이 다른 부서의 여러 관리자로부터 명령을 받게 된다면, 업무수행에 차질이 생기고 결과적으로 상황을 악화시킬 가능성이 높게 될 것이다. 또 명령계통이 다원화되어 있다면 결과에 대한 책임소재가 불분명하게 된다.7) 물론, 명령통일의 원리가 지나치게 강조되어도 문제가 발생하게 된다. 의사소통 통로가 획일화되면, 주변의 유익한 자문 또는 조언을 받아들일 수 없으며, 관리자가 독선적일 때에는 부하직원들의 사기를 떨어뜨릴 우려도 있다. 또 한 사람의 상관을 통한 의사전달을 고집한다면 오히려 업무의 효율성을 떨어뜨릴 우려가 있다.

4) 전문화의 원리

전문화(專門化, Professionalization)는 조직의 전체기능을 성질별로 나누어 업무를 분담시키는 것을 의미한다. 이러한 관점에서 본다면 전문화는 분업의 원리와 일맥상통한다고 볼 수 있다. 개인적 수준의 전문화는 어떤 직원이 다른 직원들보다 특정 업무에 대해서 지식과 경험을 많이 가지고 있고, 따라서 효율적인 업무를 수행할 수 있다고 기대할 수 있기 때문에 중요한 의미를 갖는다.

민간경비부서에 근무하는 직원들 사이의 업무능력의 차이는 신체적 · 정신적 특징, 가지고 있는 기술 및 자격, 적성, 교육훈련, 동기부여, 적응성 정도 등과 관련된다고 본다. 따라서 전문적인 민간경비원을 선발하여 적재적소에 배치하기 위해서는 이러한 요소들을 고려하여 인사관리시스템을 운영함으로써 가능하다고 본다.

그러나 지나치게 업무를 세분화시켜 전문화하는 것은 자칫 기대이상의 효과를 거두기

---

7) 제2장에서 언급한 바와 같이 국가중요시설에 청원경찰과 특수경비원이 동시에 근무할 때 명령통일(지휘체계)상의 문제가 발생할 수 있다. 경비업법에 따른 경비업자가 중요시설의 경비를 도급받았을 때에는 청원주는 그 사업장에 배치된 청원경찰의 근무 배치 및 감독에 관한 권한을 해당 경비업자에게 위임할 수 있도록 하고 있다(경비업법 시행령 제19조 제1항). 그런데, 청원주는 이에 따라 경비업자에게 청원경찰의 근무 배치 및 감독에 관한 권한을 위임한 경우에 이를 이유로 청원경찰의 보수나 신분상의 불이익을 주어서는 아니 된다고 하고 있다(제2항). 이러한 구조 하에서는 관리감독권한을 위임받은 경비업자는 청원경찰을 적절하게 지휘 · 통제하기는 어렵다고 본다(청원경찰은 경비업자보다는 청원주의 의사를 많이 반영할 수밖에 없다고 본다).

어렵고 오히려 구성원들 간의 통합을 저해할 우려가 있다. 구성원들 간의 과도한 경쟁이 초래될 수도 있고, 비밀조장 및 이로 인한 내부문제를 일으킬 가능성도 있다. 물론, 민간경비분야에서는 여전히 경비원들의 비전문성문제가 중요한 이슈이기 때문에 지나친 세분화로 인한 우려는 아직까지는 부차적인 문제라고 본다.

5) 조정 · 통합의 원리

조정(調整, Coordination) · 통합(統合)은 조직이 지향하는 공동의 목표를 달성하기 위하여 하위체제 간에 수행되고 있는 업무가 통일성 및 조화를 이루도록 하는 것을 의미한다. 모든 조직에 있어서 조정 · 통합의 원리는 매우 중요하다. 왜냐하면 오늘날 조직구조 및 관련업무가 내부적으로 복잡하게 분업화 · 전문화되어 이루어지고 있으며, 이러한 노력이 조직이 지향하는 목표를 달성하는 방향으로 표출될 수 있도록 교통정리하는 것은 어려우면서도 중요하기 때문이다.

이러한 조정 · 통합원리는 미시적으로는 민간경비부서 내의 관련업무수행에서 요구된다. 일정한 업무수행과 관련하여 민간경비 관리층과 일선경비원 간의 의사가 제대로 소통되지 않을 경우, 또는 경비원간의 갈등이 발생하는 경우, 사태를 보다 악화시킬 수 있다. 따라서 민간경비관리자의 입장에서 본다면, 이는 일종의 리더십(Leadership)과도 관련된다고 본다.

그리고 거시적으로는 민간경비부서와 다른 부서와의 관계 속에서 중요하게 고려된다. 민간경비부서 역시 거시적으로는 기업이라는 거대한 조직구조의 일부분이기 때문에 각 부서의 기능과 유기적인 상호작용을 할 수 있도록 해야 한다. 예컨대, 판매시설은 많은 고객이 출입할수록 유리하다. 그런데, 경비부서에서는 내부 상품보호 등을 이유로 지나치게 출입을 통제하거나, 제복을 입고 곳곳에서 감시함으로써 고객들에게 불쾌감을 주어서는 안 될 것이다. 그렇다고 해서 이러한 활동을 전혀 의미 없이 형식적으로 수행해서는 안 될 것이다. 후술하겠지만 판매시설의 손실 가운데 상당부분이 내부직원의 절도 및 고객의 들치기 등에 의해서 발생하기 때문이다.

제3절 자체경비와 계약경비

민간경비의 조직형태는 크게 두 가지 형태로 구분할 수 있다. 하나는 조직 내부적으로 경비조직을 직접 관리 · 운영하는 '자체경비'(Proprietary Security)가 있으며, 다른 하나는 민간경비 관련 전문서비스를 외부 경비업체와의 계약을 통해서 제공받는 형태가 있다. 후자를 이른바 '계약경비'(Contract Security)라고 한다.

그런데, 여기에서 초점을 두는 것은 공급자의 측면이 아니라 수요자의 측면이다. 수요자 즉, 고객의 입장에서 민간경비를 자체적으로 선발 · 조직화하여 운영하는 것이 효율적인지, 아니면 외부와의 계약을 통해서 공급받아 운영하는 것이 효율적인지에 따라 판단 · 결정된다고 본다.

아래에서는 이러한 자체경비와 계약경비의 의미와 이의 장단점에 대해서 살펴보기로 하는데,[8] 이러한 논의는 상대적 관점에서 접근한 것이라는 점을 이해할 필요가 있다.

1. 자체경비

1) 자체경비의 개념

자체경비(自體警備)는 개인 및 기관, 기업 등이 중요하다고 판단되는 자신들의 보호대상(시설, 사람, 물품, 정보 등)을 보호하기 위하여 자체적으로 관련 업무를 수행할 수 있는 경비부서를 조직화하는 것을 의미한다.

여기에서 자체적으로 경비부서를 조직화한다는 것은 경비업무를 담당하는 부서를 설치하는 것뿐만 아니라 특히 경비담당 직원을 '자체적으로 선발'하여 인사관리 한다는 것을 의미한다. 이러한 점에서 청원경찰(請願警察)은 특정시설의 소유주나 경영자(청원주)가 스스로의 비용으로 자신이 소유하거나 운영하는 시설, 장소 등의 경비업무를 수행하는 자체경비의 한 형태라고 볼 수 있다.[9]

따라서 (상대적이지만) 자체경비는 주로 개인보다는 상당한 규모의 집단 혹은 조직에

---

8) Timm, Howard W. & Christian, Kenneth E.(1991), op. cit, pp. 241~244.; Hess, Kären M. and Wrobleski, Henry M.(1996), Introduction To Private Security, N.Y.: West Publishing Company, pp. 37~41.; 이윤근 · 안창훈 · 최선우(1998), "국가중요시설경비의 효율화방안에 관한 연구: 경비전문화방안을 중심으로," 치안연구소.; 이윤근(2001), 민간경비원론, 서울: 엑스퍼트, pp. 70~72.

9) 김성언(2004), "민간경비의 성장과 함의: 치안활동의 신자유주의적 재편과 계약적 통치의 등장," 서울대학교 박사학위논문, p. 130.

서 조직화하고, 운용한다고 볼 수 있다. 예컨대, 어떤 개인이나 소규모 기업이 자신의 신체 및 재산보호를 위해 경비원을 고용하여 이를 조직적으로 운영하는 경우는 드물다(물론 인기 연예인 등, 특정인의 경우 직접적으로 개인 사택이나 경호를 위해 경비원을 고용하는 경우도 있다. 그러나 이 역시도 계약경비 형태를 취하는 것이 보통이다). 편의점, 상가 등과 같은 소규모의 기업이 자체적으로 경비시스템을 운용하는 것은 한계가 있다고 본다.

과거에는 대부분의 대규모 산업 및 상업시설(공장, 금융, 빌딩, 숙박 등)들은 자체적으로 경비업무를 전담하는 부서를 운용하고 있었다. 그런데, 최근 들어 이들 거대조직은 자체적으로 경비원을 선발 및 채용하기보다는 관련경비원을 보유하고 있는 민간경비 전문회사와 계약을 체결하여 민간경비원을 공급받고 있는 추세라 할 수 있다.

2) 자체경비의 장 · 단점

일반적으로 자체적으로 경비조직을 운영했을 경우, 다음과 같은 장점과 단점을 가지고 있다. 이는 계약경비와 비교했을 때이며, 경우에 따라서는 명확하게 구분하기보다는 상대적인 관점에서 접근할 필요성이 있다.

(1) 자체경비의 장점

① 사용자에 대한 충성심: 계약경비원들보다 충성심이 강하다.

② 높은 인센티브: 경비원들 역시 정규직원으로서 회사 내에서의 승진 및 진급의 가능성이 높다.

③ 회사에 대한 높은 관련지식: 경비부서에서 오래 근무함으로써 회사의 운영, 매출, 인사 등에 관한 지식이 높다.

④ 조직구성원에 대한 인식: 회사 내의 중역들을 보다 잘 인식하고 이들에 대한 공손한 태도를 취한다.

⑤ 사기와 낮은 이직률: 직업적 안정성, 인지도 등을 바탕으로 일정한 사기를 갖고 이직률이 낮다.

⑥ 감독과 통제의 용이: 회사 내에 소속된 직원으로서 이들에 대한 감독과 통제 등이 용이하다. 따라서 수행하는 직무와 관련하여 특별한 교육을 용이하게 실시할 수도 있다.

⑦ 긍정적인 회사이미지: 경비원들은 나름대로 자부심을 갖고 근무하며, 따라서 회사의 상징적 이미지가 될 수 있다.

⑧ 공정한 선발: 경비원의 선발 역시 회사의 공식적 선발절차가 적용 및 응용될 수 있다. 그러나 경우에 따라서는 조직내부의 인맥(人脈)에 의해 선발되는 경우도 없지 않다.

⑨ 의사전달의 용이: 경비원들에 대한 보다 직접적인 의사전달이 가능하다.

⑩ 경찰 등 법집행기관과의 우호적인 관계: 자체경비의 경우 경비원들은 이직률이 낮고 근무지 내에서 오랜 기간 근무하기 때문에 관할경찰과의 지속적인 연결이 가능하다고 본다. 또 회사 내의 경비관리자 역시 기업의 이미지를 가지고 경찰과 일정한 상호관계를 형성할 수 있다.

(2) 자체경비의 단점

① 비용 문제: 자체경비의 운용은 계약경비와 비교할 때, 여러 가지 부분(봉급, 연금, 직무보상, 사회보장, 보험, 장비, 교육훈련 등)에서 비용이 많이 든다.

② 노동조합결성 및 가입 문제: 정규직원으로서 회사 내의 노동조합과 함께 행동할 가능성이 있으며, 노동쟁의에 대응하는 것을 거부할 수 있다.

③ 직무수행 문제: 다른 부서의 직원들과 지나치게 친밀한 관계를 형성함으로써 효과적인 직무수행을 하지 못할 수 있다.

④ 행정적 · 관리적 부담: 이들 역시 정규직원으로서 회사 내의 또 다른 상위부서를 두고 이들을 관리해야 한다.

⑤ 경직성: 인사관리 차원에서 결원의 보충 및 추가인력의 배치가 어렵다.

2. 계약경비

1) 계약경비의 개념

계약경비(契約警備)는 자체경비와는 달리 개인 및 기관, 기업 등이 중요하다고 판단되는 자신들의 보호대상(시설, 사람, 물품, 정보 등)을 보호하기 위하여 외부(민간경비업체)와의 계약 즉, 외주(Outsourcing)을 통해서 경비인력 또는 경비시스템을 도입 · 운용하는 것을 의미한다.

민간경비업체와 계약을 통해서 제공하는 경비업무의 형태는 일시적이거나 장기적인 경호경비서비스, 특정 사건에 대한 단기적 조사서비스, 회사가 일정 기간 내외적으로 불안정한 경우(노동쟁의 등 집단민원현장) 회사의 경비인력을 증원하는 지원서비스, 다양한 형태의 경보서비스, 무장호송차량 서비스 등을 들 수 있다. 현행 경비업법(警備業法)은 이러한 계약경비를 전제로 한 것이다.[10)]

그리고 이상과 같은 현장서비스 외에도 민간경비업체의 활동에는 다음과 같은 것들이 포함된다. 기업 등이 잠재적으로 안고 있는 손실문제를 시큐리티와 관련하여 일정한 조언을 해주고, 위해요소를 조사하여 이를 분석 · 평가하는 등의 서비스를 제공하기도 한다.

2) 계약경비의 장 · 단점

위에서 살펴본 자체경비의 장점은 계약경비의 단점이 되고, 자체경비의 단점은 계약경비의 장점이 된다. 다만, 이들의 장단점을 다른 관점에서 접근해야 할 부분이 있고, 또 약간의 추가설명이 필요한 경우도 있다고 본다.

(1) 계약경비의 장점

① 비용절감: 오늘날 계약경비가 비약적으로 성장 · 발전하고 있는 배경에는 무엇보다도 자체경비에 비해 비용절감 효과가 뚜렷하다는 점이다. 이와 관련하여 민간경비에 관한 특별연구에 따르면,[11] 계약경비는 자체경비에 비해 비용 면에서 20% 절감 효과 있는 것으로 나타났다. 중요한 것은 여기에는 자체경비원의 보험부담금, 퇴직금, 사회보장, 의료비, 휴가 및 병가관련 비용 등이 제외된 결과라는 점이다. 반면, 계약경비는 감독, 교육훈련, 행정관리 등과 관련된 모든 비용이 포함되어 계산된 것이라는 점이다. 따라서 자체경비에 비해 계약경비에 드는 비용은 훨씬 낮다는 점을 인식할 필요가 있다.[12]

② 선발의 용이: 사용자(고객)는 특별한 선발절차 없이 외부 경비업체와의 계약을 통해서 필요로 하는 경비원들을 선발하여 보유할 수 있다.

---

10) 경비업이라 함은 경비업무(시설 · 호송 · 신변보호 · 기계 · 특수경비)의 전부 또는 일부를 도급(都給, 당사자 가운데 한쪽이 어떤 일을 완성할 것을 약속하고, 상대편이 그 일의 결과에 대해서 일정한 보수를 지급하기로 하는 계약)받아 행하는 영업을 말한다(경비업법 제2조). 경비업을 영위하고자 하는 법인은 도급받아 행하고자 하는 경비업무를 특정하여 그 법인의 주사무소의 소재지를 관할하는 시 · 도경찰청장의 허가를 받아야 한다(제4조 제1항).

11) National Advisory Commission on Criminal Justice Standards and Goals(1976), Private Security: Report of the Task Fore on Private Security, Washington, D.C.: US Governmental Printing Office, p. 245.

12) 그런데, 민간경비의 운용을 자체적으로 할 것인가, 외부와의 계약을 체결하여 운용할 것인가 하는 문제와 관련하여 일부 학자들은 '비용'(Cost)보다도 '경비업무' 또는 '보호대상의 특성'에 따라 결정된다고 주장하고 있다. 그러나 실제로 기업 등이 크게 고려하는 것은 역시 비용문제라고 보며, 기업관계자들과 면담해 본 결과에서도 역시 비용에 비중을 두고 있음을 알 수 있다. 물론, 보호대상 또는 경비업무의 특성에 따라 달라지기도 한다. 특히 공경비의 성격이 강한 국가중요시설의 경우에는 이러한 점이 고려될 수 있다고 본다. 그러나 일반 사적 영역(개인이나 기업 등)에서의 결정요소는 '비용'문제가 우선시된다고 본다. 이러한 문제는 아직까지 민간경비와 관련된 업무의 대부분이 그만큼 전문화 · 차별화 되어 있지 않기 때문일지도 모른다.

③ 융통성: 사용자는 필요에 따라 경비원의 수를 용이하게 증감할 수 있다. 또 간단한 통고절차 등을 통해 결근자 또는 근무지를 이탈한 자를 다른 경비원으로 대체할 수 있다.

④ 교육훈련의 전문성: 경비원들의 교육훈련에 있어서는 그 비용을 절감할 수 있을 뿐만 아니라, 경비원들에 대한 신임교육(현행법상 위탁교육 형식) 및 직무 중 정기 교육훈련은 민간경비원을 파견한 경비회사에서 담당하기 때문에 그 질적 측면에서 자체경비에 비해 전문성을 기할 수 있다.

⑤ 객관적 태도: 경비원은 사용자의 회사에 소속되어 있지 않기 때문에 특정한 주관적·자의적인 관점에서 경비업무를 수행하지 않고 정해진 절차에 따라 객관적으로 업무를 처리할 가능성이 높다.

⑥ 높은 질적 수준: 자체경비보다 높은 수준을 갖출 수 있다. 이 문제는 상대적이다. 자체경비원의 선발경우를 보면, 객관적인 자격에 의해 선발하기보다는 상당 부분 사용자 및 회사 내부의 개인적 친분 등에 의해 선발되는 경우가 없지 않았다. 반면, 민간경비업체에 소속된 경비원의 경우 일정한 관련자격증을 소지한 경비원들을 보유하고 있기 때문에 보다 전문성을 띠고 있다고 볼 수 있다.

⑦ 관리 및 예산: 경비원을 파견한 경비회사에 의해 일차적으로 이루어지기 때문에 용이하다.

⑧ 노동조합: 경비원들은 사용자가 아닌 경비회사에 소속되어 있고, 따라서 이들은 파견된 근무지 내에서 노조를 결성하지 않기 때문에 이 문제는 거의 발생하지 않는다.

⑨ 서비스와 장비의 다양성: 경비회사는 자체경비를 통해서는 이용할 수 없는 특화된 경비인력과 기술, 그리고 장비를 보유하고 있다.

⑩ 경찰 등 법집행기관과의 관계: 계약경비원들은 근무지에서 오랜 근무를 하지 않고, 또 근무지역이 수시로 바뀔 가능성이 있기 때문에 관할경찰과의 유기적인 관계를 형성하는 것은 쉽지 않다. 다만, 법적으로 경비업체의 허가 및 관리를 관할경찰에서 담당하고 있기 때문에 경비업체 차원에서 경찰과 일정한 관계를 형성하고 이를 통해서 파견된 경비원들과의 긴밀한 협조관계를 형성할 수 있다.

(2) 계약경비의 단점

① 이직률 문제: 계약경비의 가장 큰 문제점 가운데 하나가 경비원들의 이직률인데, 이는 그만큼 직업적 안전성이 약하다는 것을 의미하며, 이러한 문제는 오늘날에도 민간경비 모든 분야에 걸쳐 높게 나타나고 있다.

② 충성심과 사명감 문제: 경비원은 자신이 소속된 경비회사와 근무하고 있는 회사를 동시에 고려해야 하기 때문에 충성심과 사명감, 그리고 소속감이 분산될 가능성이 있다.

③ 겸업 문제: 경비원들은 낮은 보수를 받기 때문에 불가피하게 다른 직업을 동시에 갖는 경우가 있으며, 이는 결과적으로 경비원의 과로와 부적절한 근무행태를 보여 줄 수도 있다.

④ 부적절한 인사교체 문제: 일부 경비업체에서는 처음에는 가장 유능한 민간경비원을 파견해 주는데, 새로운 계약을 할 때에는 이들을 수준 낮은 경비원들로 교체해서 파견해 버리는 경우가 있다.

⑤ 선발기준 문제: 경비업체에서 경비원을 선발할 때 선발기준 자체가 근본적으로 부적절할 수 있다. 전문적 경비원을 선발채용하기 위해서는 추가적인 비용이 들기 때문에 관련경비업무의 전문성이 없는 경우에도 선발하여 이를 파견하는 문제가 발생하기도 한다.

⑥ 보증 및 책임성 문제: 계약을 통해 고용한 경비원들이 과연 어느 정도 책임성을 가지고 근무할 것인지를 파악하기가 어렵다.

3. 자체경비와 계약경비의 결합

자체경비와 계약경비가 결합된 조직형태는 어떤 기업 또는 시설의 경우에는 자체적으로도 민간경비 담당자를 두고, 아울러 외부 민간경비회사와 계약을 체결하여 민간경비원을 공급받는 형식을 말한다.13) 이와 같은 혼성적 경비(Hybrid Security) 형태도 상당 부분 존재하고 있다.

이와 관련하여 일반기업의 경우, 민간경비관리자 또는 책임자는 기업에서 자체적으로 임명하고, 일선에서 근무하는 경비원은 계약을 통해서 관리하는 방식을 취한다고 볼 수 있다. 한편, 혼성적 형태로서 지휘관계가 아니라 경비담당 영역 및 역할에 따라 구분되기도 한다. 예컨대, 우리나라 국가중요시설인 공항의 경우 시설주에 의해(시 · 도경찰청

13) Timm, Howard W. & Christian, Kenneth E.(1991), op. cit., pp. 241~242.

장의 허가를 통해) 자체적으로 임명·배치된 청원경찰과 외부계약에 의해 고용된 민간경비원이 함께 직무를 수행하고 있는 경우도 있다.

이러한 자체경비와 계약경비가 결합하였을 경우 두 가지 차원에서 설명할 수 있다. 첫째, 자체경비와 계약경비가 가지고 있는 장점을 활용함으로써 경비효과를 극대화시킬 수 있다는 점이다. 자체경비원이 가지고 있는 조직에 대한 충성심 등을 적극 활용하면서, 아울러 상대적으로 적은 비용으로 외부 민간경비원을 활용하는 방식이다. 이 경우 소수의 자체경비원책임자를 통해 다수의 계약경비원을 관리·감독하는 방법을 사용하기도 한다.

둘째, 이는 경비효과의 극대화라기보다는 비용 면에서 설명이 가능하다. 과거에는 자체경비를 운용하였는데 비용 등의 부담으로 인해 기존의 민간경비원을 자연감소(퇴직 등)시키고, 대신 보충 인원은 외부계약에 의해 고용하는 경우이다. 실질적으로 오늘날 많은 기업 및 시설에서 이러한 현상이 발견되고 있다.

그런데, 자체적으로 임명된 민간경비는 담당자가 관련 전문지식을 가지기보다는 다른 부서에서 근무하다가 경비관리자로 근무하게 되었을 때에는 전문성에서 한계가 있다고 본다. 또 자체경비와 계약경비가 공동으로 근무했을 경우 각자의 역할과 전문성이 구분된다면 괜찮겠지만, 동일한 또는 유사한 업무를 수행하는 데에 양자를 운용한다면 상호 간에 갈등이 빚어질 우려도 있다고 본다.

제4절 인력경비와 기계경비

1. 인력경비

1) 인력경비의 개념

민간경비는 기능상 인력경비와 기계경비로 분류할 수 있다. 인력경비(人力警備)는 말 그대로 사람에 의해 범죄 및 각종 위험요소를 예방하고 대응하는 제반활동을 말한다. 오늘날 인력경비는 단순한 경비원 차원에서 벗어나 전문성이 요구되고 있다.

그리고 후술하겠지만 기계경비가 상당히 성장·발전하고 있지만, 모든 경비시스템이 근본적으로 인력경비에 기초를 두고 있다고 할 수 있다. 비록 기계경비시스템일지라도 이의 적절한 작동·관리, 그리고 대응은 결국 인간에 의해 이루어지는 것이기 때문이다.

그리고 한편으로는 순수한 형태의 인력만으로 경비활동이 이루어지는 경우도 드물다. 아래에서는 먼저 인력경비에 의해 제공되는 경비서비스에 대해서 살펴보기로 한다.[14)]

2) 인력경비의 적용대상

(1) 상주경비

상주경비(常住警備)는 산업시설, 아파트, 빌딩, 캠퍼스, 상가 등의 시설 내에서 고정적으로 일정하게 상주하여 24시간 경비를 하는 활동을 의미한다. 어떻게 보면, 상주경비의 의미에는 특정시설 내에서 숙식을 해결하면서 근무하는 형태라 할 수 있다. 따라서 이들 특정시설 내에서 이루어지는 경비원들의 상주경비는 전형적인 인력경비의 한 형태라고 볼 수 있다. 상주경비는 근무시간의 정도에 따라서 일근, 2부제, 3부제 등의 형태로 나눌 수 있으며, 근무지역에 따라 내근과 외근으로 나눌 수 있다.

(2) 순찰경비

순찰경비(巡察警備)는 경비원이 일정구역을 정기적으로 순찰함으로써 범죄 및 위험으로부터 고객의 인적·물적 안전을 확보하는 활동을 말한다. 위에서 언급한 상주경비의 경우 경비원들은 근무지 내에서 일정한 순찰활동을 하는 것이 일반적이다. 그러나 그렇다고 해서 상주경비원의 주요업무가 순찰활동 자체를 의미하는 것은 아니다. 시설 내의 출입통제 및 감시를 기본목적으로 상주경비원을 배치하는 형태도 존재하기 때문이다. 한편, 상주경비는 아닐지라도 기계경비시스템 출동요원과 같이 일정한 근무지역에 대해서 순찰활동을 수행하는 경우도 있다.

(3) 요인경호

요인경호(要人警護)는 정치인, 기업인, 연예인 등 특정 유명인과 일반 개인의 신변보호와 권위유지, 그리고 질서유지 등을 목적으로 하는 경호활동으로서 일종의 '보디가드'(Body Guard)를 말한다. 이러한 경호활동은 그 특성상 기계경비에 의존하기보다는 인력경비에 의해 주로 이루어진다. 최근 사회의 다원화·복잡화에 따른 개인의 안전을 위협하는 위해요소가 증가하고 있어 고도의 기술과 전문성을 갖춘 경호원의 수요가 늘고 있다.

---

14) 이윤근(2001), 앞의 책, pp. 73~74.

(4) 혼잡경비

혼잡경비(混雜警備)는 각종 기념행사, 경기대회, 공연 등과 관련해서 모인 군중들에 의하여 발생하는 혼란상태를 사전에 예방하거나 경계하고 위험한 상황이 발생할 경우에는 신속히 대처하여 사태가 확대되는 것을 방지하는 경비활동을 말한다. 과거에 혼잡경비는 행사의 성격과 관계없이 경찰과 같은 공경비에서 관여하였으나, 이제는 수익자부담에 의해 행사를 주관하는 사람 또는 이익을 얻는 단체가 경비에 대한 비용 및 관련책임을 지고 주도하는 추세로 변화되고 있다.

3) 인력경비의 장 · 단점

인력경비의 장단점은 기계경비와 비교해서 파악한 것인데, 이러한 비교가 명확하게 구분되는 것이라기보다는 상대적인 관점에서 이해해야 할 것이다.[15]

(1) 인력경비의 장점

인력경비의 장점으로는 먼저 경비원이 특정 경비업무를 수행하는 과정에서 다른 업무를 일정 부분 수행할 수 있다는 점이다. 예컨대, 범죄예방활동을 하는 과정에서 질서유지, 안내 등의 업무를 수행할 수 있을 것이다.

그러나 경비원이 주어진 본연의 업무에 충실해야지 다른 부차적인 업무에 치중해서는 안 된다. 예컨대, 아파트에서 근무하는 경비업법상의 민간경비원은 시설경비와 관련된 본연의 업무를 수행해야지 쓰레기 분리수거 등의 업무를 하게 해서는 안 된다.[16] 마찬가지로 은행에 근무하는 경비원들의 경우, 일차적 업무는 은행 내의 안전을 확보하는 일인데, 경우에 따라서는 이들이 경비업무를 수행하지 않고 다른 일반직원과 마찬가지로 은행업무(통장정리, 현금입금 등)를 수행하는 경우를 종종 보게 된다. 특히 출장소 은행의 경우 이러한 일이 자주 발생한다.

다음으로 사건 발생시 현장에서 신속하게 상황대처가 가능하다는 점이다. 무인기계경비의 경우, 아무리 첨단기계장치를 설치했다 할지라도 현장에 대처요원이 도착하는 데에는 일정한 시간이 소요된다. 그러나 경비원이 상주하여 근무하였을 때에는 이러한 시간을 단축하여 신속하게 대응할 수 있다.

---

15) 위의 책, p. 76.

16) 법령해석(법제처 07-0041, 2007.3.23, 경찰청) 참조.; 이는 경비업법상 '경비업자는 허가 받은 경비업무 외의 업무에 경비원을 종사하게 해서는 아니된다'는 경비업자의 의무규정(제7조 제5항)을 위반한 것이다. 이에 해당되는 경우에는 그 허가가 취소된다(기속행위)(제19조 제1항 제2호 단서).

(2) 인력경비의 단점

인력경비의 단점으로는 무엇보다도 경비활동에 소요되는 인건비(人件費)가 많이 든다는 점이다. 그리고 사건이 발생했을 경우 인명피해가 우려된다. 또 인력경비에 의존하여 사건발생시 자동적으로 외부에 관련정보를 전달하는 기계경비시스템을 운용하지 않는 상항에서 경비담당 경비원이 불가피한 상황(부상이나 화재진압 등)에 직면하게 되었을 경우, 신속하게 경찰 등 외부에 상황연락이 이루어지지 않을 수 있다. 그리고 특히 야간(夜間) 시간대에 인간의 신체적·생물학적 특성상 경비활동의 효율성이 저하되는 것은 불가피하다고 본다.

2. 기계경비

1) 기계경비의 개념

기계경비(機械警備)는 인력경비에 대응되는 경비형태로서 기존의 인력에 의존하던 경비방식에서 벗어나 각종 기계적 장치(특히, 첨단장비와 컴퓨터시스템)에 의해 경비목적을 달성하는 것을 말한다. 기계경비는 인력경비와 기계경비가 혼합된 형태로 운용되는 혼합(混合)기계경비와 인력경비 없이 기계경비 자체만으로 운용되는 무인(無人)기계경비 두 종류로 나눌 수 있다.[17] 인력경비와 기계경비가 혼합된 기계경비를 '로컬(Local)기계경비'라고 표현하기도 한다.[18]

물론, 순수한 의미의 기계경비는 아직까지 존재하지 않는다고 본다. 어떠한 형태로든 경비활동 과정에서 사람의 개입은 불가피하기 때문이다. 특히, 사건발생시의 대응은 사람에 의존하게 된다. 따라서 여기에서 말하는 무인기계경비는 평상시의 경비대상 지역의 경비활동이 사람이 아닌 기계적 장치에 의해서 이루어진다는 것을 의미한다.

(1) 혼합기계경비

혼합기계경비는 경비지역에 인력경비와 기계경비가 동시에 존재하면서 경비활동이 이루어지는 경우이다. 경비대상 지역에 설치된 감지장치나 CCTV와 같은 감시장치를 경비원이 상주하면서 이상이 발견되거나 감지될 때 출동하여 대처하는 경비시스템을 말한다. 이 경우, 중앙통제센터에 근무하는 경비원과 각 경비지역에서 순찰활동을 수행하는 경비원이 존재할 것이다. 따라서 기계경비가 모든 경비대상지역을 담당하지 않고

17) 이윤근(2001), 앞의 책, pp. 74~75.
18) 안창훈·이강열·최주호(2005), 시큐리티 시스템 개론, 서울:(주)인포더, pp. 48~49.; 이상원(2005), 범죄예방론, 서울: 대명출판사, p. 544.

'일정한 지역'(Local)을 담당한다는 의미에서 '로컬기계경비'라고 부르기도 한다.

사실, 대단위 사업장이나 시설(대형마트, 빌딩, 중요시설, 공장 등)에 대해서 순수한 형태의 인력경비로는 많은 인원이 필요하며 또 사각지대(死角地帶)가 많기 때문에 완벽한 경비가 불가능하다. 마찬가지로 이처럼 넓은 공간의 경우 복잡하고 다양한 수많은 위해요소가 존재하고, 또 경우에 따라서는 긴급을 요하는 치명적인 인명피해가 우려될 수도 있기 때문에 순수한 형태의 기계경비에 의존하는 것(많은 감지장치와 감시장치를 설치하는 것)만으로는 충분하지 않다고 본다. 따라서 이러한 경우에는 인력경비와 기계경비를 적절하게 혼합하여 대응하는 것이 무엇보다도 중요하다.

(2) 무인기계경비

무인기계경비는 경비대상지역에 경비원을 배치함이 없이 순수하게 각종 감지장치와 같은 기계적 장치를 설치한 형태를 말한다. 무인기계경비는 소규모 상업시설(옷가게, 보석점, 문구점, 서점 등), 그리고 일반가정 등에서 이용하고 있다. 이들 소규모 상업시설 및 일반가정에서는 이 외에 자체적으로 상주하는 경비원을 고용·배치하는 경우는 드물다고 본다. 이러한 점에서 무인기계경비라고 하는 것이다.

무인기계경비는 경비회사와 고객의 계약에 의하여 위와 같은 경비대상 시설물에 각종 감지기와 송수신 장치, 전원장치, 출입관리기 등을 설치하고 외부에 위치한 경비회사의 상황본부(관제센터) 사이에 통신회선(공중회선, 무선, 전용회선)망이 구축됨으로써 만들어진다.

이때 시설에 설치된 경비기기가 외부의 불법침입 등에 의해 작동하게 되는데, 그러한 이상신호를 접수한 상황본부의 지령에 따라 배치되어 근무 중인 순찰경비원과 경찰이 합동으로 대응하게 된다.

2) 기계경비시스템의 구성과 관련 기능

(1) 기계경비시스템의 구성과 기본요소

기계경비는 울타리, 창문, 출입문, 금고 등 적용기준에 맞는 각종 감지장치를 설치하여 중앙통제센터에서 컴퓨터시스템을 이용하여 관리 운영된다.

다음의 그림에서 보는 바와 같이 보호시설 및 대상에 감지기 및 신호수신기를 설치하여 중앙통제센터와 온라인으로 시스템을 구축하고 통제센터에서 24시간 이상 정보를 탐지하여 이상정보가 발생했을 경우 출동경비원이 긴급출동하여 상황에 대응하게 된다. 그리고 기계경비시스템의 완전성을 도모하기 위하여 감지·통제시스템이 이중적으로 운영되기도 한다(예컨대, 에스원의 경우 시설물에서 발생하는 이상 신호 감지시, 현장 상황실과 수원에 있는 통합관제센터에 동시에 전송되어 대응하도록 하고 있다). 그리고 필요한 경우에는 공경비인 경찰(112), 소방 및 구급출동(119)에 통보하여 대상물의 사고 확대를 방지하도록 시스템을 구축하고 있다.

기계경비시스템의 구성

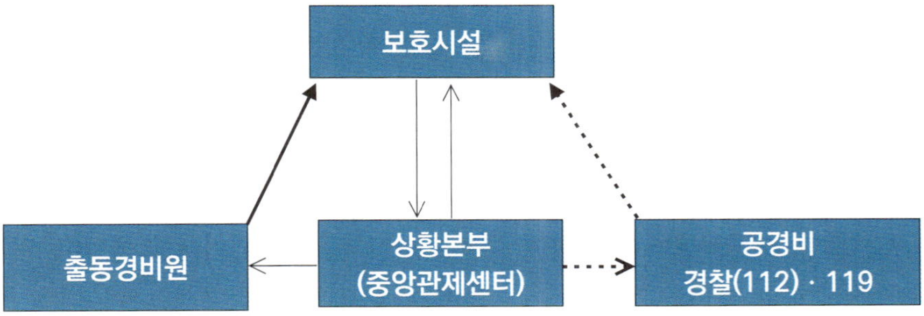

따라서 현행법상 기계경비업무를 수행하는 경비업자('기계경비업자')는 경비대상시설에 관한 이상 경보를 수신한 때에는 신속하게 그 사실을 확인하는 등 필요한 대응조치를 취하여야 하며, 이를 위한 대응체제를 갖추도록 하고 있다(경비업법 제8조). 이에 따라 기계경비업자로 하여금 관제시설 등에서 경보를 수신한 때에는 경보를 수신한 때부터 늦어도 '25분 이내'에는 사건 · 사고현장에 도착시킬 수 있는 대응체제를 갖추도록 하고 있다(경비업법 시행령 제7조). 이를 준수하지 못할 경우에는 손해배상(損害賠償) 책임 등의 문제가 발생할 수 있다.

여기에서 말하는 기계경비는 '경비대상시설에 설치한 기기에 의하여 감지 · 송신된 정보를 그 경비대상시설 외(外)의 장소에 설치한 관제시설의 기기로 수신하여 도난 · 화재 등 위험발생을 방지하는 업무'를 의미한다(경비업법 제2조 제1호 라목).

이러한 기계경비시스템의 기본적 운용목적은 범죄 및 각종위험과 관련된 문제에 대한 예방이지만, 경우에 따라서는 발생한 사건에 대해 적절히 대응할 수 있어야 한다. 모든 위험문제를 사전에 예방한다는 것은 불가능하며, 따라서 기계경비시스템 역시 이러한 점이 고려되어야 한다. 따라서 범죄를 중심으로 했을 때 기계경비시스템은 다음과 같은 과정을 거치게 된다.[19] 물론, 이러한 과정은 일련의 연속성 상에서 거의 동시에 이루어져야 한다.

19) 이윤근(2001), 앞의 책, p. 75.

① 불법침입에 대한 감지 및 경고

이는 기계경비시스템이 외부의 침입행위로 인한 상태변화를 감지하여 경비기기 운용자(중앙관제센터)와 침입자에게 경고하는 과정이라고 할 수 있다. 예컨대, 외부침입 시에 경보장치가 작동하도록 하는 것을 들 수 있다.

② 침입정보의 전달

그런데, 기계경비시스템이 효과적으로 작용하기 위해서는 단순히 경고의 메시지를 보내는 수준에 그쳐서는 안 되며, 이와 관련된 신호가 적절하게 전달되어야 한다. 이는 중앙관제센터에 침입을 알리는 정보가 적절하게 전달되어야 한다는 것을 의미한다.

③ 침입에 대한 대응

기계경비시스템이 관제센터를 통하여 대처요원에게 신속한 연락을 할 뿐만 아니라 침입자의 행동을 '지연'(遲延)시킬 수 있는 기능도 아울러 갖추고 있다면 더욱 효과적일 것이다. 침입감지 시에 각종 물리적 보호장치가 작동되도록 하는 것이다. 출입문에 외부 침입이 감지되었을 때, 또 다른 방호벽이 작동하여 침입을 지연시키는 것이 이에 해당한다.

예컨대, 무인현금코너에 침입절도가 들어와 강제적으로 현금을 인출하려 했을 때 침입자가 밖으로 쉽게 나가지 못하도록 자동적인 출입차단 장치가 작동하도록 하는 것 등을 들 수 있다. 이와 같이 침입자의 행동을 지연시키는 과정에서 대처경비원이 출동하여 사태를 통제해야 할 것이다.

(2) 기계경비의 기능

이상과 같은 시스템구성에 의하여 기계경비는 다음과 같은 기능을 수행할 수 있다. 그런데, 오늘날 기계경비는 단순히 범죄예방기능에 국한되지 않고, 다양한 서비스와 결합되어 더욱 활성화되고 있다. 이른바 '토탈시큐리티'(Total Security)가 이루어지고 있는 셈이다. 아래에서는 기계경비에 의해 제공되는 다양한 형태의 관련서비스를 살펴보기로 한다.[20]

① 범죄예방 및 대응서비스

기계경비의 기능 중 범죄예방(Crime Prevention)은 가장 기본적인 기능이라고 할

---

20) 이상원(2005), 앞의 책, pp. 546~548 재구성.

수 있다. 기계경비는 24시간 외부침입을 사전에 예방하고(기계경비장치가 설치됨으로써 얻는 일반예방의 효과), 침입이 시도되었을 때 이를 조기에 발견하여 조치토록 함으로써 피해를 최소화할 수 있다.

② 화재감지서비스

보호시설인 사업장이나 가정에 화재수신 기타 각종 화재감지기를 설치하여 화재발생 여부를 감지하고, 화재 이상을 수신했을 때 119에 통보와 긴급대처업무를 수행한다.

③ 가스누출통보서비스

사업장의 가스시설에 가스센서를 설치하여 각종 설비의 이상 유무를 감시하고, 고객에게 통보해 주고, 또 대처요원을 출동시켜 대응토록 해준다.

④ 구급통보서비스

노약자, 고혈압 환자, 심장마비의 위험성 등이 있는 사람들이 갑자기 건강에 이상이 생겨 무선 구급버튼을 누르면 통제센터에서 이를 감지하여 119에 신고, 구급차량을 보내게 된다. 또 혼자 사는 고객이 쓰러져 장시간 방치되는 것을 방지하기 위한 것으로서, 고객이 쓰러져 24시간 이상 정상적인 활동을 하지 않으면 관제센터로 자동 통보되며, 관제센터에서는 고객과 사전에 합의한 연락처로 통보하게 된다.

⑤ 홈시큐리티서비스

가정의 안전을 지키기 위해서 가스누출, 화재, 도난 및 각종 비상사태를 감지하는 첨단 감지기를 설치하여 24시간 출동체제를 통해 관련서비스를 제공해 준다.

⑥ 설비이상통보서비스

전기보일러, 물탱크, 저수조의 만수상태, 에어컨 등 각종 설비 이상 유무를 감지하여, 고객에게 통보해 주고, 경우에 따라서는 대처요원을 출동시켜 적절한 조치를 하도록 한다.

⑦ 설비제어서비스

기계경비를 통해 은행자동화코너의 자동운영과 같이, 셔터 · 출입문 · 전등 · 안내방송 · 현금자동지급기 전원 등의 설비를 365일 프로그램에 의하여 자동적으로 제어하는 업무를 수행한다.

3) 기계경비의 장 · 단점

인력경비와 마찬가지로 기계경비 역시 일정한 장단점을 갖는다. 이 역시 인력경비와 비교 차원에서 이루어진 것이며, 따라서 상대적이다.[21]

(1) 기계경비의 장점

기계경비를 운용했을 경우, 장기적으로 볼 때 경비 소요비용의 절감효과를 가져올 수 있다. 초기에는 기계장치를 설치하는데 많은 비용이 소요되지만, 장기적으로는 유지관리비만 들기 때문에 인력경비와 비교할 때 비용절감 효과를 가져다준다는 점이다. 또 CCTV와 같은 감시장치의 경우 일정한 장소를 효과적으로 감시하고, 그러한 감시기록을 유지할 수 있기 때문에 사후에 범죄수사의 단서 등으로 이를 활용하는데 유용하다. 그리고 상대적이지만 첨단 감지 및 감시장치의 운용으로 외부침입을 정확하게 탐지하고, 신속하게 대응할 수 있도록 해준다.

기계경비는 인력경비와는 달리 24시간 동일한 조건으로 계속 감시할 수 있으며, 강력범죄 등으로부터 인명피해를 예방할 수도 있다. 그리고 화재예방과 같은 다른 예방시스템과 통합적으로 운용이 가능하다는 장점이 있다. 끝으로 기계경비를 운용했을 경우 잠재적 범죄자 등에 대해 경고 효과가 크다. 인력경비를 통해 순찰활동을 수행할 경우 감시대상은 순찰동선에 따라 변하기 마련이고, 따라서 특정지역을 계속 감시하는 것은 불가능하다. 그러나 특정지역에 CCTV를 설치했을 경우, 또는 그러한 감시 및 감지장치를 설치했다는 경고 표시할 경우, 일정한 '가시성'(可視性)을 게 되며, 따라서 잠재적 범죄자의 범행 욕구를 차단하는 효과를 가지고 있다고 볼 수 있다.

(2) 기계경비의 단점

장기적으로 기계경비를 운용했을 경우에는 비용에서 절감효과를 가져다주지만, 단기적으로는 비용 면에서 적지 않은 부담요인이 된다. 실제로, 아파트 단지에서 범죄예방 효과를 향상시키기 위해서 CCTV 등 감시장치를 설치해야 한다는 논의가 전개되지만, 초기에 비용부담 문제로 인해 보류되는 경우가 있다.

그리고 기계경비를 너무 맹신했을 경우 오히려 범죄자들에게 역이용될 가능성이 있다. 감시 및 감지장치를 설치했음에도 불구하고 이를 적절하게 차단하거나, 아예 단순한 물리적 방법으로 침입하여 범죄를 저지르는 경우가 적지 않다. 또 가정집의 경우 가족들의 출입이 빈번한 주간에는 출입문에 설치된 경보시스템 등이 작동하면 오히려 불

21) 이윤근(2001), 앞의 책, pp. 76~77.

편함을 초래하기 때문에 주간에는 전원을 켜지 않고, 야간에만 작동시키는 경우도 있다. 그런데, 범죄자들은 이러한 점을 역이용하여 주간에 침입하여 가족들이 방심하고 있는 사이에 범죄를 저지르기도 한다는 점이다. 따라서 기계경비에 대한 신뢰는 갖되, 맹신은 위험하다고 본다.

오늘날 기계경비가 안고 있는 가장 큰 문제 가운데 하나가 바로 오경보(False Alarm) 문제라고 할 수 있다. 실제로 범죄 및 위험사태가 발생하지 않았음에도 불구하고 기계장치의 자체적인 결함 또는 이용자의 부적절한 작동, 그리고 미세한 환경변화에 민감하게 작동하는 경우 등 여러 가지 요인으로 인해 오경보 문제는 많은 비능률성의 원인이 되고 있다.

그리고 기계경비의 유지보수에 있어서도 의외로 적지 않은 비용이 들며, 또 이를 위해서는 전문인력이 투입되어야 한다는 점이다. 실제로 기계경비는 사용자가 작동방법을 잘 알지 못하여 고장이 생기는 경우도 발생하게 되며, 고장이 발생했을 경우 수리가 완료되기까지는 일정한 시간이 요구된다. 그리고 인력경비와 비교했을 때, 인력경비는 본연의 업무 외에도 다른 업무를 추가적으로 수행할 수 있지만 기계경비는 입력된 업무 자체만 수행할 수 있다.

기계경비가 안고 있는 또 다른 문제점으로서 공경비인 경찰과의 관계 등에서 나타나는 문제인데, 경찰은 경찰관서에 직접 연결하는 기계경비시스템의 사용에 대해 거부감을 가질 수 있다는 점이다. 경찰의 입장에서는 관할구역 내의 일반시민을 상대로 하는 범죄대응활동에도 업무 부담을 느끼고 있는데, 특정시설과 연결된 기계경비시스템에 대한 대응까지 해야 한다는 점에서 어려움을 갖고 있는 것이 사실이다. 그리고 특히, 오경보로 인해 경찰이 헛되이 출동하는 문제가 적지 않게 발생하고 있다는 점이다. 따라서 민간경비업체는 경찰과 유기적인 협력관계를 구축하고, 아울러 중앙통제센터 담당자는 경보장치에서 발생한 정보를 경찰에 통보하기 전에, 경보의 확실성을 검토하는 등 다소의 융통성을 가지고 적절하게 대처해야 할 것이다.

4) 기계경비의 표준화를 위한 노력

기계경비의 경우 이의 '표준화'를 보다 체계적으로 운영하는 것도 의미 있는 일이라고 본다. 사실, 방범기기 형식승인제 도입에 대한 논의는 이미 오래전부터 논의 되어 왔다.[22)]

22) 이윤근(1989), "한국 사경비 발전방안에 관한 조사연구," 동국대학교 박사학위논문, pp. 195-196.; 치안연구소(1998), 방범기기 형식승인제 도입 및 기계경비업의 효율적 관리방안에 관한 연구.; 최선우(2013), "민간경비의 자율적 운영에 관한 연구," 한국치안행정논집 제10권 제3호, p. 197.

그리고 이에 대한 구체적인 움직임도 가시적으로 있었다. 한국경비협회, 에스원, 캡스, KT 등이 참여해 '표준화운영위원회'를 구성했고, 이 위원회에서는 2003년 11월부터 기계경비분야의 표준화에 따른 경비업종의 신뢰성을 확보하고, 오동작의 방지 및 무감지 사고의 최소화를 위해 기계경비 시스템의 표준화를 사업목표로 설정한 것이다.

그러나 국내 기계경비분야는 현재까지 KS C 6113(경보시스템 일반 요구사항/환경), KS C 6571-1-1997(경보 시스템 일반 요구사항/일반사항) 등으로 일부 제정돼 있으나, 기계경비분야의 전체 표준화로는 단편적이고 미흡한 실정이다.[23)]

앞으로 민간경비의 활동영역 가운데 기계경비가 차지하는 비중이 점차 확대되고 있음은 분명한 사실이며, 따라서 이에 대한 경비협회 및 기계경비 관련 대표업체들은 이에 대한 현실적 · 구체적인 기준을 마련하고, 이에 대한 국가차원의 지원이 모색되어야 할 것이다.

23) 국내에 기계경비를 처음 소개한 일본은 SESE(일본방범설비협회 표준)가 있고, 미국은 UL-365, UL-1023, UL-1037외 다수의 표준을 만들어 시행하고 있다. 영국, 프랑스, 독일 등 유럽 선진국들도 각종 기계경비의 심벌과 용어를 오래전부터 제정해 일반화되어 있다. 국내 기계경비 산업은 이제 국가 주요시설뿐만 아니라 일반가정에까지 대중화돼 있어 다양한 응용기술과 첨단화된 관련 산업과의 접목을 통해 무한한 부가가치를 창출하고 있으며, 안전산업의 총아로 성장하고 있다. 따라서 관련 산업과의 원활한 커뮤니케이션을 위해 기계경비의 용어 및 심벌의 표준화는 시급한 실정이다. 더구나 기계경비 설치구역은 다양한 내 · 외부구조로 구성돼 있어 경비구역의 구조물과 기계경비 시스템의 정확한 표현을 나타내는 심벌의 제작과 용어 통일이 필요하다(서진석 교수의 시큐리티월드 게재 글 중에서); http://cafe.daum.net/1209study 재인용.

제9장

민간경비의 채용과 교육훈련, 윤리

제1절 기본논의

'인사(人事)가 만사(萬事)'라는 말이 있다. 이것은 조직의 성장과 발전, 그리고 주어진 목표의 달성을 위해서는 유능한 인적자원을 확보하여 이들을 적재적소에 배치하고, 이들이 주어진 업무를 효율적으로 수행하도록 하는 것이 무엇보다도 중요하다는 것을 의미한다.

따라서 적절한 인사관리(人事管理, Personnel Management)가 이루어지기 위해서는 전문적으로 조직된 그리고 과학적 절차와 기술의 복잡한 지식체계를 동원하여 적극적으로 인적자원의 관리가 요구된다. 과거 부적격자를 배제하는 식의 소극적 인사관리와는 달리 오늘날에는 적격자 가운데 유능한 인재를 발굴하여 채용하는 것이 무엇보다도 중요한 일이 되고 있다. 민간경비원은 특히 개인의 자유와 권리 그리고 공공의 안전과 질서유지에 밀접한 관련을 맺고 있기 때문에 이들의 부적절한 행태는 경우에 따라서는 심각한 위험을 일으킬 수도 있고, 이는 결국 민간경비기업의 이미지에 악영향을 미치게 될 것이다.

일반적으로 조직 내에서 인사관리체계는 여러 가지 하위체계로 구성되어 있다. 인력수급계획, 신규채용관리, 대내적 인력유동관리, 교육훈련, 근무성적평정, 보수와 편익의 관리, 사기의 관리, 직원윤리의 관리, 퇴직의 관리 등을 들 수 있다. 인사관리에 있어서 이러한 각각의 요소들은 상호적 · 순환적으로 연관되어 있다.[1]

우리나라 민간경비산업의 규모와 관련하여, 1978년에 10여개의 경비업체에 불과하였는데, 2022년 현재 4,277개의 경비업체에 190,015명의 경비원에 이를 정도로 양적인 성장을 하였다. 그러나 이 같은 민간경비산업의 성장에도 불구하고 위와 같은 인사관리체계에서 해결되어야 할 문제가 적지 않다. 이 장에서는 이 가운데 민간경비의 채용, 교육훈련, 그리고 윤리문제 등을 중심으로 살펴보기로 한다.

---

1) 오석홍(1996), 인사행정론, 서울: 박영사, p. 12.

제2절 민간경비원의 채용

1. 신규채용의 의의

1) 신규채용의 의미

민간경비가 제공하는 각종 서비스의 질을 결정하는 가장 중요한 요인 가운데 하나가 민간경비원의 자질이라고 볼 수 있다. 실제로 경비현장에 투입되는 민간경비원의 인사관리는 민간경비서비스의 성공여부를 가늠하는 기준으로 제시되고 있다. 민간경비 관련분야의 전문성을 확보하기 위해서는 무엇보다도 우수한 인력을 신규채용 해야 한다.

신규채용(新規採用)은 어떠한 관련분야에 종사할 사람을 새롭게 뽑는 과정으로, 이는 모집과정과 선발과정으로 구성된다. 그리고 이러한 신규채용 대상자들은 모든 사람을 대상으로 하기보다는 일정한 자격과 조건을 가진 사람을 대상으로 이루어진다.

그런데, 신규채용을 할 때 어떤 분야에서는 자격이 있는 사람들 가운데 유능한 사람을 적극적으로 모집하고 있는데, 반대로 어떤 분야에서는 단지 자격이 없는 사람을 배제하는 식의 소극적인 모집을 하는 경우도 있다. 이는 해당 직업의 사회적 인지도 및 평가, 그리고 근무조건 등에 따라 달라진다고 본다. 바꿔 말하면, 인기 있는 직종은 높은 지원경쟁률 속에서 우수한 인재들이 지원할 것이며, 인기 없는 직종은 낮은 지원경쟁률 속에서 보통 수준 또는 보통이하의 지원자들이 지원하게 될 것이다.

2) 신규채용의 중요성

민간경비가 제대로 된 양질의 치안서비스를 고객들에게 제공하지 못하는 근본적인 이유는 무엇인가? 이러한 문제는 바로 신규채용이 제대로 이루어지지 못한 데서 비롯된다. 비유컨대, 신규채용은 민간경비활동의 '첫 단추'라고 할 수 있다. 첫 단추를 잘못 끼우게 되면, 나머지도 제대로 될 수 없음은 자명한 일이다.

이와 관련하여 이른바 '민간경비의 악순환'(Private Security Vicious Circle) 문제가 널리 인식되고 있다.[2)] 모든 조직은 일정한 목적을 가지고 있는데, 민간경비는 영리를 추구하면서도 한편으로는 공공성이 강한 치안활동을 주요 서비스로 제공하고 있다. 민간경비가 보다 경쟁력을 갖기 위해서는 전문적인 직무수행을 통해서 고객들에게 만족

2) Hess, Kären M. and Wrobleski, Henry M.(1996), Introduction to Private Security, N.Y.: West Publishing Company, p. 683.

할 만한 관련서비스를 제공해야 함은 당연한 일이다. 그러나 현실적으로는 부적절한 직무수행을 하는 경우가 적지 않게 나타나고 있다.

이러한 문제의 근원이 신규채용에서 비롯된다는 것이다. 사회에서 더 이상 다른 직종을 찾을 수 없는 '수준 낮은 인적자원'(Marginal Personal)이 경비 직종에 고용되는 경우가 없지 않으며, 이들에 대한 어떠한 체계적이고 적절한 교육훈련을 제공하고 이를 통해 이들의 전문성을 확보하는 것은 쉬운 일이 아니다. 아울러 이들에 대한 보수체계 역시 열악한 것이 사실이다. 상황이 이렇다 보니, 자신이 근무하는 조직 내에서 진급이나 경력개발의 기회가 거의 없고, 이직하는 비율이 높게 나타나게 된다. 결과적으로 이는 민간경비의 비효과적인 직무수행을 낳게 되는 것이다. 따라서 이러한 문제에 대해서 민간경비 관리자뿐만 아니라 정치적 · 경제적 · 사회적 이해관계자들은 많은 관심을 가질 필요가 있다.

민간경비의 악순환

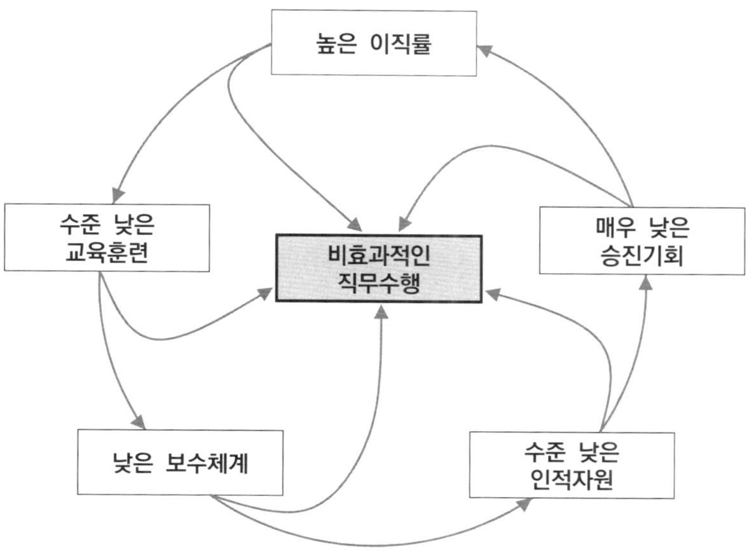

따라서 이러한 민간경비의 악순환 문제를 끊을 수 있는 첫 단계는 무엇보다도 민간경비 관련분야의 전문적 지식과 자격을 갖춘 우수인적자원을 채용하는 것에서부터 시작된다. 이들 우수한 인적자원으로 주어진 직무를 효과적으로 수행하고, 더 나아가 자신들의 경력개발(Career Development)을 할 수 있는 기회를 제공하도록 하는 것이다. 그런데, 아직까지는 우수한 인적자원이 민간경비분야에 지원하지 않고 있는 것이 사실이다.

특히, 계약경비에 의해 근무하는 경비원들의 높은 이직률은 임금, 연금, 그리고 근무 여건 등의 문제와 직접적으로 관련된다. 따라서 만약 이들 경비원이 전문인으로서 정당한 대우(인지도 및 임금 등)를 받고, 명확한 직무규정에 따라 직무를 수행할 수 있도록 한다면, 자신들의 근무지 내에서 자신의 정체성(正體性) 및 자아효능감을 을 발견하게 될 것이다.3)

그런데, 현실적으로 우리나라와 일본은 민간경비산업이 시작된 지 반세기가 지났으나 수준 면에서는 많은 차이를 보여주고 있다. 사실, 우리나라의 민간경비원에 대한 사회적 인식은 여전히 낮다(단순 경비업무만을 놓고 보았을 때). 한국 산업분류를 살펴보면, 경비업이 서비스업으로 명시되어 있으나 한국 표준직업분류를 보면 경비원은 이른바 '수위'(守衛)와 동급으로 명시되어 있다. 분류표에 의하면 경비원이 단순노무종사자 즉, 9등급으로 되어 있으며, 초등학교만 졸업하면 아무나 할 수 있는 그러한 직업으로 분류되어 있는 것이 현실이다. 이러한 낮은 등급으로 인해 국가에서 예산을 책정할 때 매우 낮게 책정하게 되고 그에 비례하여 민간경비업에 대한 정책적 지원이 약해지게 되는 요인이 된다. 이는 매우 심각한 문제라 할 수 있다.4)

2. 민간경비원의 지원자격

1) 민간경비원의 결격사유

민간경비분야에서도 신규채용과 관련하여 일정한 기준을 가지고 있다. 이러한 자격조건으로는 연령, 학력, 신체적 조건(시력, 청력, 장애 여부 등), 체력적 조건, 정신적 능력, 재산관계 등 다양한 요인들과 관련되어 있다. 법률에 따라서는 결격사유, 임용자격, 신체적 조건이라는 형태로 규정되어 있다.

이러한 자격기준은 각 나라가 처한 상황에 따라 다소간의 차이가 있다고 본다. 미국의 경우, 민간경비원이 되기 위한 최소한도의 기본적 자격(Minimum Preemployment Standards)과 관련하여 ㉠ 18세 이상의 연령, ㉡ 고등학교 및 이와 동등한 수준의 학력, ㉢ 일정한 지적 능력과 직무수행과 관련된 이해력 측정을 위한 필기시험의 통과, ㉣ 경미한 범죄가 아닌 중대한 범죄전과가 없을 것, ㉤ 최소한도의 신체적 조건(무장경호경비원의 경우 일정한 시력과 청력의 요구, 이외의 다른 분야의 경우 직무수행에 장애를 가져다줄 정도의 신체적 결함이 없을 것) 등이다.5)

---

3) LeDoux, Darryl T.(1995. 1), "Exploding the Myths of Contract Security," Security Management, p. 38.

4) 박대우(2003), "민간경호 · 경비관련 자격제도에 관한 연구," 용인대학교 석사학위논문, p. 66.

우리나라 민간경비원의 경우 경비업법상에서 일정한 자격조건을 요구하고 있는데, 지난 2013년 6월 및 2014년 12월의 법 개정 이후, 이의 자격요건이 대폭 강화되었다.[6]

경비원, 경비지도사, 특수경비원의 결격사유

경비원, 경비지도사의 결격사유(경비업법 제10조 제1항)

① 18세 미만인 사람 또는 피성년후견인(舊 금치산자)(법개정, 2021.01)

② 파산선고를 받고 복권되지 아니한 자

③ 금고 이상의 실형의 선고를 받고 그 집행이 종료(집행이 종료된 것으로 보는 경우 포함)되거나 집행이 면제된 날부터 5년이 지나지 아니한 자

④ 금고 이상의 형의 집행유예선고를 받고 그 유예기간 중에 있는 자

⑤ 다음의 어느 하나에 해당하는 죄를 범하여 벌금형을 선고받은 날부터 10년이 지나지 아니하거나 금고 이상의 형을 선고받고 그 집행이 종료된(종료된 것으로 보는 경우 포함) 날 또는 집행이 유예·면제된 날부터 10년이 지나지 아니한 자

㉠ 형법 제114조의 죄(범죄단체 등의 조직)[7]

㉡ 폭력행위 등 처벌에 관한 법률 제4조의 죄(단체 등의 구성·활동)[8]

㉢ 형법 제297조, 제297조의2, 제298조부터 제301조까지, 제301조의2, 제302조, 제303조, 제305조, 제305조의2의 죄(이상 강간, 강제추행, 강간 등 상해·치상, 살인·치사, 간음 등)

㉣ 성폭력범죄의 처벌 등에 관한 특례법 제3조(특수강도강간 등)부터 제11조(공중밀집장소에서의 추행)까지 및 제15조(제3조부터 제9조까지의 미수범)의 죄

㉤ 아동·청소년의 성보호에 관한 법률 제7조(아동청소년에 대한 강간·강제추행 등) 및 제8조의 죄(장애인 아동·청소년에 대한 간음 등)

㉥ ㉢부터 ㉤까지의 죄로서 다른 법률에 따라 가중처벌되는 죄

⑥ 다음의 어느 하나에 해당하는 죄를 범하여 벌금형을 선고받은 날부터 5년이 지나지 아니하거나 금고 이상의 형을 선고받고 그 집행이 유예된 날부터 5년이 지나지 아니한 자

㉠ 형법 제329조부터 제331조까지, 제331조의2 및 제332조부터 제343조까지의 죄(이상 절도, 야간주거침입절도, 특수절도, 자동차등 불법사용, 강도, 특수강도 등)

㉡ ㉠의 죄로서 다른 법률에 따라 가중처벌되는 죄

⑦ ⑤의 ㉢부터 ㉥까지의 어느 하나에 해당하는 죄를 범하여 치료감호를 선고받고 그 집행이 종료된 날 또는 집행이 면제된 날부터 10년이 지나지 아니한 자 또는 ⑥의 어느 하나에 해당하는 죄를 범하여 치료감호를 선고받고 그 집행이 면제된 날부터 5년이 지나지 아니한 자

⑧ 이 법이나 이 법에 따른 명령을 위반하여 벌금형을 선고받은 날부터 5년이 지나지 아니하거나 금고 이상의 형을 선고받고 그 집행이 유예된 날부터 5년이 지나지 아니한 자

---

5) Hess, Kären M. and Wrobleski, Henry M.(1996), op. cit., p. 684.

6) 경비업자는 이러한 결격사유에 해당하는 자를 경비지도사 또는 경비원으로 채용 또는 근무하게 하여서는 아니된다(제10조 제3항). 이를 위반하였을 경우에는 대통령령으로 정하는 행정처분(行政處分)의 기준에 따라 그 허가를 취소하거나 6개월 이내의 기간을 정하여 영업의 전부 또는 일부에 대하여 영업정지를 명할 수 있도록 하고 있다(제19조 제2항 제6호).

특수경비원 결격사유(경비업법 제10조 제2항)
① 만 18세 미만 또는 만 60세 이상인 사람 또는 피성년후견인(법개정, 2021.01)
② 심신상실자, 알코올 중독자 등 대통령령으로 정하는 정신적 제약이 있는 자(법개정 2021.01)
③ 위 경비원 및 경비지도사 결격사유 ②부터 ⑧까지의 어느 하나에 해당하는 자
④ 금고 이상의 형의 선고유예를 받고 그 유예기간 중에 있는 자
⑤ 행정안전부령이 정하는 신체조건에 미달되는 자[9)]

한편, 청원경찰의 경우 국가공무원법(國家公務員法) 제33조의 어느 하나의 결격사유에 해당하는 사람은 청원경찰로 임용될 수 없도록 하고 있다(청원경찰법 제5조 제2항). 그리고 청원경찰의 임용자격 · 임용방법 · 교육 및 보수에 관하여는 대통령령으로 정하도록 하고 있다.

청원경찰의 결격사유

청원경찰의 결격사유(청원경찰법 제5조 제2항, 국가공무원법 제33조)[10)]
① 피성년후견인(법개정, 2021.01)
② 파산선고를 받고 복권되지 아니한 자
③ 금고 이상의 실형을 선고받고 그 집행이 종료되거나 집행을 받지 아니하기로 확정된 후 5년이 지나지 아니한 자
④ 금고 이상의 형을 선고받고 그 집행유예 기간이 끝난 날부터 2년이 지나지 아니한 자
⑤ 금고 이상의 형의 선고유예를 받은 경우에 그 선고유예 기간 중에 있는 자
⑥ 법원의 판결 또는 다른 법률에 따라 자격이 상실되거나 정지된 자
⑥의2 공무원으로 재직기간 중 직무와 관련하여 형법 제355조(횡령, 배임) 및 제356조(업무상의 횡령과 배임)에 규정된 죄를 범한 자로서 300만원 이상의 벌금형을 선고받고 그 형이 확정된 후 2년이 지나지 아니한 자
⑥의3「성폭력범죄의 처벌 등에 관한 특례법」 제2조에 규정된 죄를 범한 사람으로서 100만원 이상의 벌금형을 선고받고 그 형이 확정된 후 3년이 지나지 아니한 사람
⑥의4 미성년자에 대한 다음 각 목의 어느 하나에 해당하는 죄를 저질러 파면 · 해임되거나 형 또는 치료감호를 선고받아 그 형 또는 치료감호가 확정된 사람(집행유예를 선고받은 후 그 집행유예기간이 경과한 사람을 포함)
가.「성폭력범죄의 처벌 등에 관한 특례법」 제2조에 따른 성폭력범죄
나.「아동 · 청소년의 성보호에 관한 법률」 제2조제2호에 따른 아동 · 청소년대상 성범죄

---

7) 범죄단체 등의 조직: 사형, 무기 또는 장기 4년 이상의 징역에 해당하는 범죄를 목적으로 하는 단체 또는 집단을 조직하거나 이에 가입 또는 그 구성원으로 활동한 사람은 그 목적한 죄에 정한 형으로 처벌한다. 다만, 형을 감경할 수 있다.
8) 단체등의 구성 · 활동: 이 법에 규정된 범죄를 목적으로 한 단체 또는 집단을 구성하거나 그러한 단체 또는 집단에 가입하거나 그 구성원으로 활동한 자는 다음의 구별에 의하여 처벌한다(이하생략).
9) 행정안전부령이 정하는 신체조건이라 함은 팔과 다리가 완전하고 두 눈의 맨눈시력 각각 0.2 이상 또는 교정시력 각각 0.8 이상을 말한다(경비업법 시행규칙 제7조).

⑦ 징계로 파면처분을 받은 때부터 5년이 지나지 아니한 자
⑧ 징계로 해임처분을 받은 때부터 3년이 지나지 아니한 자

2) 민간경비원의 결격사유 확인을 위한 범죄경력 조회 등

(1) 경찰관서장의 범죄경력조회 등

경찰청장, 시·도경찰청장 또는 관할 경찰관서장은 직권으로 경비업자의 임원, 경비지도사 또는 경비원이 경비업법상에서 규정하고 있는 결격사유(제5조 및 제10조)에 해당하는지를 확인하기 위하여「형의 실효 등에 관한 법률」에 따른 범죄경력조회를 할 수 있다(경비업법 제17조 제1항).[11]

그리고 시·도경찰청장 또는 관할 경찰관서장은 경비업자의 임원, 경비지도사 또는 경비원의 관련 결격사유에 해당하는 사실을 알게 되거나 이 법 또는 이 법에 따른 명령을 위반한 때에는 경비업자에게 그 사실을 통보하도록 하고 있다(제17조 제4항).

(2) 경비업자의 범죄경력조회 요청

경비업자는 선출·선임·채용 또는 배치하려는 임원, 경비지도사 또는 경비원이 경비업법상의 결격사유에 해당하는지를 확인하기 위하여 주된 사무소, 출장소 또는 배치장소를 관할하는 시·도경찰청장 또는 경찰관서장에게 형의 실효 등에 관한 법률 제6조에 따른 범죄경력조회를 요청할 수 있다(경비업법 제17조 제2항).

여기에서 주의할 것은 범죄경력조회 요청을 받은 시·도경찰청장 또는 관할 경찰관서장은 경비업자에게 그 결과를 통보할 때에는 경비업자의 임원, 경비지도사 또는 경비원이 경비업법상의 규정에 따른 '결격사유에 해당하는지 여부만'을 통보하여야 한다(제3항).[12] 그리고 이에 따라 경비업자의 임원, 경비지도사 또는 경비원의 결격사유에 해당

---

10) 청원경찰의 임용자격은 다음과 같다(청원경찰법시행령 제3조). ① 18세 이상인 사람. 다만, 남자의 경우에는 군복무를 마쳤거나 군복무가 면제된 사람으로 한정. ② 행정안전부령으로 정하는 신체조건에 해당하는 사람(㉠ 신체가 건강하고 팔다리가 완전할 것, ㉡ 시력(교정시력 포함)은 양쪽 눈이 각각 0.8 이상일 것(청원경찰법 시행규칙 제4조).

11) 범죄경력조회·수사경력조회 및 회보의 제한 등: 수사자료표에 의한 범죄경력조회 및 수사경력조회와 그에 대한 회보는 다음의 어느 하나에 해당하는 경우에 그 전부 또는 일부에 대하여 조회 목적에 필요한 최소한의 범위에서 할 수 있다. ① 범죄수사 또는 재판을 위하여 필요한 경우, ②~⑨ 생략, ⑩ 그 밖에 다른 법률에서 범죄경력조회 및 수사경력조회와 그에 대한 회보를 하도록 규정되어 있는 경우(형의 실효 등에 관한 법률 제6조 제1항 제10호).

12)「형의 실효 등에 관한 법률」상의 범죄경력조회 등은 범죄경력자로부터 사회를 보호하려는 취지와 함께 형의 실효(失效)에 관한 기준을 정함으로써 전과자의 정상적인 사회복귀를 보장함을 목적으로 한다고 볼 수 있다. 따라서 ① 수사자료표에 의한 범죄경력조회 및 수사경력조회와 그에 대한 회보는 이 법에서 정하고 있는 어느 하나에 해당하는 경우에 그 전부 또는 일부에 대하여 조회 목

하게 된 사실 등을 알게 된 때에는 경비업자에게 그 사실을 '서면'(書面) 등으로 통보하도록 하고 있다(경비업법 제4항 및 동 시행령 제23조).

3. 민간경비원 채용상의 문제

이상과 같이 현행 민간경비 관련법에 의해 경비원을 채용하기 위해서는 1차적으로 위와 같은 결격사유에 해당하지 않아야 한다. 다음으로 면접, 경력 등의 조사과정을 거쳐 채용되고, 신임교육 등을 받은 후 일선현장에 배치되게 된다.

1) 형식적인 채용절차 문제

모든 경비업체는 전문성을 갖춘 우수 경비인력을 채용하고자 할 것이다. 그것은 조직의 생존, 그리고 발전과 직결되기 때문이다. 그런데, 일부의 경우에는 '단지 인원 충원만 하면 된다'라는 식의 안일한 생각에서 선발과정이 형식적이거나 절차가 생략되는 경우가 적지 않다는 것이다.

이와 관련하여 각종 행사, 축제 등 대규모 인원 투입시 관련 경비·보안요원 모집광고를 내게 되는데, 인원채용의 공정성과 객관성을 그다지 고려하지 않고, 외형적 조건만 중요시하는 경향이 있다. 아울러 지원자들의 직업관, 인성검사 등 기본적인 절차단계를 무시한 채 현장투입을 하는 경우도 없지 않다. 이렇게 선발된 경비·보안요원들의 근무여건이 양호할리는 만무하며, 따라서 일정한 업무가 종료되면 다시 다른 업체나 타 업종으로 이직을 고려하게 된다는 점이다.

한편, 민간경비관련 분야에 지원하는 일부는 군입대 전후, 대학 여름방학 기간 및 복학하기 전에 잠시 아르바이트 직종으로 인식하고 있다는 것이 문제점으로 제기된다. 경비업체에서는 정식 직원에게 지급하는 금액보다 수시로 신규채용하여 현장이 투입하는 것이 회사운영에는 오히려 더 많은 이익창출을 할 수 있기 때문에 이를 외면할 이유가 없는 것이다. 우리나라 대부분의 민간경비업체에서는 타 업종에 비해 열악한 근무조건, 경비업체의 영세성 등으로 인해 고급인력들을 수용할 수 있는 여건이 제대로 갖추어져 있지 않은 것도 사실이다. 상황이 이렇다 보니 채용과정에서 여러 가지 절차들이 형식적으로 이루어지거나 생략되는 경우가 없지 않은 것이다.

적에 필요한 '최소한의 범위'에서 할 수 있도록 하고 있다(제6조 제1항). 따라서 ② 수사자료표를 관리하는 사람이나 직무상 수사자료표에 의한 범죄경력조회 또는 수사경력조회를 하는 사람은 그 수사자료표의 내용을 누설하여서는 아니 된다(제2항). 그리고 ③ 누구든지 제1항에서 정하는 경우 외의 용도에 사용할 목적으로 범죄경력자료 또는 수사경력자료를 취득하여서는 아니 되며, ④ 제1항에 따라 범죄경력자료 또는 수사경력자료를 회보받거나 취득한 자는 법령에 규정된 용도 외에는 이를 사용하여서는 아니 된다고 규정하고 있다(제4항).

2) 무자격자 및 비전문가에 의한 경비관련 업무의 수행 문제

경비관련 업무에 대해서 경비업법 등에서는 경비원들에 대한 일정한 자격요건을 갖추도록 요구하고 있으나, 그동안 현실적으로 적절한 자격을 갖추지 못한 자들이 그 업무를 수행하는 경우도 없지 않았다.[13)]

과거에는 민간경비분야에는 정식 경비원으로 등록되지 않은 즉, 신임교육이수증도 없고, 기본적인 경비관련 교육훈련도 받지 않은 무허가 인력, 경호경비시장에서 말하는 이른바 '프리랜서'(Freelancer, 전속되지 않은 자유계약 근로자)들이 상당수 존재하고 있다.

이러한 무자격자가 경비현장에 배치되는 것을 예방하기 위하여 법 개정으로 모든 경비원을 배치하는 경우에는 '신임교육을 이수한 자'를 배치하도록 하고 있다(경비업법 제13조 제1항 및 제2항, 제18조 제7항 단서). 이러한 '선교육 후배치'(先教育 後配置)는 민간경비의 전문성 확보를 위해서 중요한 의미를 갖는다(그러나 경비업무 현실적인 문제로 선교육 후배치가 정확히 지켜지지 못하고 있으며, 이에 대한 경찰의 관리 · 감독 역시 적절하게 이루어지지 못하고 있는 실정이다).

1. 경비원의 배치전 선(先)교육 의무화
경비원을 배치하는 경우에는 제13조에 따른 신임교육을 이수한 자를 배치하여야 한다(경비업법 제18조 제7항 하단).

2. 경비원의 교육 등
① 경비업자는 경비업무를 적정하게 실시하기 위하여 경비원으로 하여금 대통령령으로 정하는 바에 따라 경비원 신임교육 및 직무교육을 받게 하여야 한다. 다만, 경비업자는 대통령령으로 정하는 경력 또는 자격을 갖춘 일반경비원을 신임교육 대상에서 제외할 수 있다.
② 경비원이 되려는 사람은 대통령령으로 정하는 교육기관에서 미리 일반경비원 신임교육을 받을 수 있다.
③ 특수경비업자는 대통령령으로 정하는 바에 따라 특수경비원으로 하여금 특수경비원 신임교육과 정기적인 직무교육을 받게 하여야 하고, 특수경비원 신임교육을 받지 아니한 자를 특수경비업무에 종사하게 하여서는 아니 된다.
④ 특수경비원의 교육시 관할경찰서 소속 경찰공무원이 교육기관에 입회하여 대통령령이 정하는 바에 따라 지도 · 감독하여야 한다(이상 경비업법 제13조 각항).

경비업무를 수행하고자 하는 자들이 일선현장에 배치되기 전에 신임교육을 받아 합법적으로 운용되고 있다 할지라도 문제는 여전히 남아있다. 일부의 경비업체는은 여전히 비전문적인 프리랜서들을 열악한 근무환경에서 편법적인 방법으로 운용하는 경우가 적

13) 김평식(2005), "민간경호경비사업실태와 범죄예방전략에 관한 연구," 광운대학교 석사학위논문, pp. 42~56.

지 않기 때문이다. 이 프리랜서들은 민간경비업체에 정식직원으로 포함되지 않아 정확한 수치를 파악하는 것도 쉽지 않다.

다만, 분명한 것은 이 프리랜서들이 국내의 많은 공연 및 행사, 집단민원현장 등 대규모 인원이 투입되는 현장에서 적지 않은 문제를 일으키고 있는 실정이다. 예컨대, 2018년 2월 평창 동계올림픽 당시에도 현장에 투입된 민간 안전요원들의 전문성 문제 및 이들의 열악한 근무환경 문제가 크게 제기되기도 하였다.

한편, 2013년 6월 경비업법 개정으로 경비업자는 그동안 문제가 되어 왔던 집단민원현장에 일반경비원(시설경비 또는 신변보호) 등을 배치하기 48시간 전까지 행정안전부령으로 정하는 바에 따라 관할 경찰관서장에게 '㉠ 배치허가를 신청'하고, 이의 '㉡ 배치허가를 받은 후'에 경비원을 배치하도록 하고 있다. 이 경우 관할 경찰관서장은 배치허가를 함에 있어 필요한 조건을 붙일 수 있도록 하고 있다. 또한 일정한 경우에는 배치허가를 하지 못하도록 하고 있고, 아울러 일정한 경우에는 배치폐지를 명(命)할 수 있도록 하고 있다(경비업법 제18조 제2항 단서).

경비원 명부의 작성 · 비치 의무화

경비업자는 행정안전부령이 정하는 바에 따라 경비원의 명부를 작성 · 비치하여야 한다. 다만, 집단민원현장에 배치되는 일반경비원의 명부는 그 경비원이 배치되는 장소에도 작성 · 비치하여야 한다(경비업법 제18조 제1항).

경비원 배치허가의 강화

① 경비업자가 경비원을 배치하거나 배치를 폐지한 경우에는 행정안전부령이 정하는 바에 따라 관할 경찰관서장에게 신고하여야 한다. 다만, 아래의 경우에는 경비원을 배치하기 '48시간 전'까지 행정안전부령으로 정하는 바에 따라 배치허가를 신청하고, 관할 경찰관서장의 배치허가를 받은 후에 경비원을 배치하여야 하며(㉡ 및 ㉢의 경우에는 경비원을 배치하기 전까지 신고하여야 함), 이 경우 관할 경찰관서장은 배치허가를 함에 있어 필요한 조건을 붙일 수 있다.
㉠ 시설경비업무 또는 신변보호업무 중 집단민원현장에 배치된 일반경비원
㉡ 집단민원현장이 아닌 곳에서 신변보호업무를 수행하는 일반경비원
㉢ 특수경비원
② 관할 경찰관서장은 위 ①의 ㉠㉡㉢ 외의 부분 단서에 따른 배치허가 신청을 받은 경우 아래의 사유에 해당하는 때에는 배치허가를 하여서는 아니 된다. 이 경우 관할 경찰관서장은 아래의 사유를 확인하기 위하여 소속 경찰관으로 하여금 그 배치장소를 방문하여 조사하게 할 수 있다.
㉠ 경비업무의 범위를 벗어난 행위를 할 우려가 있는 경우
㉡ 경비원 중 결격자(제10조, 결격사유)나 신임교육을 받지 아니한 사람이 대통령령으로 정하

는 기준 이상으로 포함되어 있는 경우
ⓒ 경비원의 복장 · 장비 등에 대하여 내려진 필요한 명령을 이행하지 아니하는 경우
③ 위 ①의 ㉠㉡㉢ 외의 부분 단서에 따른 배치허가 신청을 받은 관할 경찰관서장은 배치되는 경비원 중 결격자가 있는 경우에는 그 사람을 제외하고 배치허가를 하여야 한다.
④ 경비업자는 경비원을 배치하여 경비업무를 수행하게 하는 때에는 행정안전부령으로 정하는 바에 따라 배치된 경비원의 인적사항과 배치일시 · 배치장소 등 근무상황을 기록하여 보관하여야 한다.
⑤ 경비업자는 아래의 어느 하나에 해당하는 죄를 범하여 벌금형을 선고받고 5년이 지나지 아니하거나 금고 이상의 형을 선고받고 그 집행이 유예된 날부터 5년이 지나지 아니한 자를 집단민원현장에 일반경비원으로 배치하여서는 아니 된다.
㉠ 형법상의 일정한 죄(상해와 폭행, 체포와 감금, 특수협박, 특수주거침입, 강요, 공갈, 특수손괴 등, 이상 조문생략)
㉡ 폭력행위 등 처벌에 관한 법률 제2조 또는 제3조의 죄
⑥ 경비업자는 경비원 명부에 없는 자를 경비업무에 종사하게 하여서는 아니되고, 경비원을 배치하는 경우에는 신임교육을 이수한 자를 배치하여야 한다.
⑦ 관할 경찰관서장은 경비업자가 다음의 어느 하나에 해당하는 때에는 배치폐지를 명할 수 있다.
㉠ ①의 ㉠㉡㉢ 외의 부분 단서를 위반하여 배치허가를 받지 아니하고 경비원을 배치하거나 경비원 명단 및 배치일시 · 배치장소 등 배치허가 신청의 내용을 거짓으로 한 때
㉡ ⑤의 결격사유에 해당하는 자를 집단민원현장에 일반경비원으로 배치한 때
㉢ ⑥을 위반하여 신임교육을 이수하지 아니한 자를 ①의 ㉠㉡㉢의 경비원으로 배치한 때
㉣ 경비업자 또는 경비원이 위력이나 흉기 또는 그 밖의 위험한 물건을 사용하여 집단적 폭력사태를 일으킨 때
㉤ 경비업자가 ①의 ㉠㉡㉢ 외의 부분 본문을 위반하여 신고하지 아니하고 일반경비원을 배치한 때(이상 경비업법 제18조 제2항~제8항)

과거에는 행정안전부령이 정하는 바에 따라 집단민원현장 등에 경비원을 배치하기 24시간 전에 신고만 하도록 하고 있었다. 그러나 법 개정으로 이러한 부분이 강화되어 48시간 전까지 신고하고, 아울러 일정한 규제사항을 두게 된 것이다. 사실, 종래에는 배치신고서를 받은 경찰은 실제로 투입한 인원들의 본인 여부의 확인과 불법무기류 소지 등 안전조사에 대한 관리감독을 해야 함은 물론이고, 노조 측과 경비원들 사이에 충돌이 발생하지 않도록 책임을 져야 함에도 불구하고, 이상과 같은 상황에 상당히 소극적인 자세를 취한 부분이 없지 않았다.

3) 민간경비 보조원제도의 도입 검토

일본의 경우, 정규 민간경비원의 보조자라 할 수 있는 '임시경비원제도'(臨時警備員制度)가 존재하고 있다. 임시경비원제도와 관련하여 1982년 경비업법 개정 당시, 일본의 전국경비업협회(全國警備業協會)는 임시경비원을 제도화시키는 정책을 요구하였다.

경비원을 정경비원(正警備員, 가칭)과 준경비원(準警備員)으로 구분하여 준경비원은 임시사원으로서 정경비원의 보조자로 근무시키도록 하고자 한 것이다. 그리고 이들 준경비원을 임시, 부정기, 비계속 등 특정한 경비에 종사시키되, 이들에 대한 교육과 감독지도 및 복무규정을 정하자는 것이었다. 그러나 이러한 내용들이 경비업법에 규정되지는 않았지만, 현재 정규경비원 이외에 학생, 주부 등이 파트타임(Part Time) 형식으로 근무하는 '임시경비원'은 상당수에 이르고 있으며, 이들을 모집하는 광고를 흔히 볼 수 있다.14)

일본은 2022년 12월 말 현재, 10,524개 경비업체에 전체 민간경비원은 582,114명에 이르고 있다. 이 가운데 상용경비원(常用警備員) 즉, 정규경비원은 532,322명이고, 임시경비원은 49,792명에 이르고 있다. 임시경비원의 규모는 약 8.6% 수준이다. 한편, 남자경비원은 542,743명이고, 여자경비원은 39,371명에 이르고 있다. 여자경비원의 규모는 약 6.8% 수준이다.15)

생각건대, 우리나라 민간경비원의 전문성 수준이 그다지 높지 않음을 고려할 때, 일본과 같이 임시경비원 내지 경비보조원을 두는 것은 문제의 소지가 있다고 본다. 그러나 한편으로는 정규경비원으로서 직무를 수행하기에는 자격이 다소 부족한 사람들이 파트타임 형식으로 (그러면서도 형식적으로는 신임교육을 이수 받아 정규경비원의 자격을 가지고), 특정 행사기간 동안에 근무하는 경우가 적지 않은 것이 현실이다. 그리고 이들에 의해 경비 및 보안 관련업무가 수행되는 과정에서 인적 · 물적 피해 등이 발생할 가능성이 항상 존재하는 것도 사실이다.

따라서 장기적으로 볼 때, 민간경비원의 자격조건 및 근무조건을 고려하여 경비원을 제도적으로 구분하고, 경비업무의 특성에 맞게 경비현장에 투입하는 것도 검토할 필요성이 있다고 본다.

---

14) 이백철 · 주희종 · 박병식(1995), "민간방범역량강화를 위한 사경비제도 발전방안," 치안논총 제11집, p. 154.

15) 일본경찰청(https://www.npa.go.jp/)

제3절 민간경비의 교육훈련

1. 교육훈련의 의의

1) 교육훈련의 개념

교육훈련(教育訓練, Education and Training)은 어떠한 분야의 관련종사자들의 직무수행에 필요한 지식과 기술을 습득하고, 일반능력을 개발하고, 아울러 가치관의 발전적 변화를 촉진하는 계획적 활동이라고 할 수 있다.[16)]

이러한 점에서 볼 때, 민간경비의 교육훈련은 근본적으로 조직목표의 달성에 기여할 수 있는 민간경비원의 능력·지식·기술 등을 향상하려는 것이다. 그러나 교육훈련은 민간경비원의 즉각적인 효용성 증대와 업무능률의 단기적인 향상만을 노리는 것은 아니다. 전체적인 교육훈련이 추구하는 것은 상당히 포괄적이며, 장기적이다. 이러한 점에서 단기간에 어떠한 교육훈련을 실시하여 소기의 성과를 기대하는 것은 어려운 일이라고 본다(물론, 교육훈련을 통해서 모든 개개인의 본질적 특성이 근본적으로 변화·개선되는지에 대해서는 이론의 여지가 없지 않다).

한편, 교육훈련은 민간경비조직을 통합하는 기능 가운데 하나에 해당한다. 통합기능(統合機能)은 조직의 분화된 활동 또는 구성요소가 뿔뿔이 흩어져 조직이 무너지지는 일이 없도록 조직의 공동목표에 합치하는 기능을 말한다. 바꿔 말하면, 교육훈련은 역시 조직의 요구에 맞게 행동하도록 가르치는 기능이므로 조직의 통합기능에 포함되는 것이라 할 수 있다.

그런데, 과거에는 교육훈련이라고 하면 단지 민간경비원이 담당하고 있는 특정직무의 수행에 직접 필요한 지식과 기술의 향상을 위한 활동만을 뜻하는 것으로 이해되었다. 그러나 오늘날에는 포괄적인 의미로 받아들여지고 있다. 민간경비원의 일반적인 소양과 능력의 개발, 직무수행에 필요한 지식과 기술의 향상, 그리고 민간경비원의 태도 및 가치관의 변화를 위한 활동 모두를 포괄하는 광범위한 활동으로 인식되고 있다.

2) 교육훈련의 필요성

민간경비원의 전문화를 위해서는 무엇보다도 경비원들에 대한 적절하고 체계적인 교육훈련이 이루어져야 한다. 경비원들에 대한 교육훈련은 민간경비서비스의 양과 질에

16) 오석홍(1996), 앞의 책, p. 299.

직결되기 때문에 민간경비산업 전반에 미치는 파급효과는 매우 크다고 할 수 있다.

앞에서 논의한 바와 같이 우수한 인적자원을 먼저 조직으로 유입시키는 방안이 선행되어야 효율적인 교육훈련이 이루어지는 것은 사실이다. 그러나 우수한 인적자원을 민간경비분야에 유입하는 것은 단기적으로 이루어질 수 있는 것이 아니라 장기적인 차원에서 민간경비의 여건(특히, 정치 · 경제 · 사회적 인식변화 등)이 개선되는 과정에서 이루어질 수 있다고 본다. 또 비록 우수한 인적자원을 민간경비분야에 유인했다 할지라도 급격한 사회변동, 과학기술의 발전, 경비상황 및 제반 법령의 변동 속에서 경비업무를 효율적으로 수행하기 위해서는 새로운 교육훈련을 정기적으로 실시해야 한다.

교육훈련의 문제와 관련하여 잦은 이직률에서 그 연관성을 찾기도 한다. 민간경비에 대한 사회적 인지도가 낮아 우수한 인적자원이 유입되지 못하고, 따라서 이들이 조직에 오래 근무하기보다는 단기간 내에 그만두는 경우가 많이 발생한다는 점이다. 이 때문에 민간경비업체에서는 굳이 많은 비용을 들여 경비원들에 대한 교육훈련을 시켜야 한다는 점에 회의적인 생각을 하게 된다. 물론, 경비업체에서 선발한 경비원들에 대한 지속적인 교육훈련을 시키지 않는다면, 피상적인 비용절감의 효과는 가져올 수 있을 것이다. 그러나 그로 인해 경비원의 전문성 저하 및 사회적 인지도 저하, 그리고 경비업체에 악영향을 미치는 것 역시 자명한 일일 수밖에 없다.[17] 이렇게 되면, 앞에서 언급한 민간경비의 악순환은 되풀이할 수밖에 없는 것이다. 따라서 현재 경비업무에 종사하고 있는 전문성이 부족한 경비원들에 대한 교육훈련을 소홀히 해서는 안 된다고 본다.

2. 교육훈련의 목적

이상에서 논의한 교육훈련의 개념과 필요성 속에서 민간경비원에 대한 교육훈련은 다음과 같은 세부적인 목적달성에 기여할 것이다.[18] 물론, 이러한 목적은 각각 별개의 것이 아니라 상호 일정한 연관성을 갖는다고 본다.

1) 조직의 목표 달성에 기여

무엇보다도 교육훈련의 목적은 민간경비조직의 목표(또는 생산성) 달성에 기여한다는 점일 것이다. 교육훈련을 통해 민간경비원의 지식과 기술이 향상되고, 생산적인 가치관이 확립되면 직무수행의 생산성은 높아지기 마련이다. 민간경비원이 수행하는 직무의 양과 질이 향상되고, 이는 결과적으로 조직의 이익을 가져다 올 것이다.

---

17) Hess, Kären M. and Wrobleski, Henry M.(1996), op. cit., p. 687.
18) 오석홍(1996), 앞의 책, p. 299.; 임명순(2006), "민간경비 교육제도변화에 따른 문제점과 개선방안," 한국민간경비학회보 제8호, p. 366.

2) 사기의 제고와 경력발전

교육훈련을 통해 직무수행에 필요한 지식과 기술을 습득하여 일에 자신감을 얻게 되면, 민간경비원의 근무의욕은 향상된다. 또 이러한 교육훈련이 경력개발(Career Development)의 기회와 연결될 때 사기는 더욱 진작될 것이다. 전통적 교육훈련에서는 현재의 직무에 관한 능력향상만이 강조되어 왔으나, 보다 바람직한 것은 장래를 향한 유용한 자기개발의 기회가 되어야 한다는 점이다.[19]

(1) 민간경비원의 태도와 가치관 변화

교육훈련은 민간경비원의 태도와 가치관을 변화시킨다고 할 수 있다. 이는 '자기 직책에 대한 자각'을 의미한다. 민간경비원은 발생할 수 있는 수많은 잠재적 위험을 감수하고 경우에 따라서는 자신을 희생하여서라도 업무를 수행하겠다는 굳은 신념과 책임감에 대한 자각이 있어야 한다. 이는 단순히 민간경비원이 뛰어난 육체적 능력을 가지고 있다고 해서 가능한 것이 아니라 내면에 존재하는 정신적 능력의 개발과 관련된 것이다. 이러한 자각 속에서 냉철하고 공명정대한 행동으로 주어진 업무를 수행하게 되면 고객과 일반시민들로부터 두터운 신뢰를 얻을 수 있을 것이다.

(2) 민간경비원의 직업적 전문성 함양

교육훈련은 민간경비원의 '직업적 전문성'을 향상할 것이다. 경비업무에 있어서 능력이란 업무수행에 필요한 지식과 기술 그리고, 정신적 · 육체적 힘과 장비에 대한 숙달된 지식 등을 의미한다. 이러한 전문적 능력배양을 통하여 경비원은 직무수행과정에서 커다란 자신감을 갖게 되고 아울러 고객과 일반시민에 대한 신뢰를 얻는데 중요한 원동력이 된다.

(3) 민간경비원의 전인적 인격체 완성

결과적으로 민간경비원에 대한 교육훈련은 자기 가치관과 태도의 변화, 직업적 전문성뿐만 아니라 궁극적으로 '전인교육'(全人教育)을 지향해야 한다. 이는 완성된 인간으로서 자아실현을 극대화할 수 있는 상태를 의미한다. 사실, 민간경비업무는 평온한 상태에서 예측할 수 있는 형태로 이루어지는 것은 아니다. 범죄와 손실의 발생은 돌발적이고, 매우 위험한 상황에서 발생하는 것이 일반적이다.

이러한 경우에 민간경비원은 냉정하고 침착한 태도, 공정하고 명확한 판단력, 그리고

---

19) 이윤근(2001), 민간경비론, 서울: 엑스퍼트, p. 224.

민첩하고 적극적인 실행력을 필요로 한다. 이는 단순히 업무에 대한 굳은 신념만 가지고 될 수 있는 것이 아니며, 마찬가지로 직업적 전문성만 가지고 있다고 될 수 있는 성질도 아니다. 이 모든 것을 포함하여 총체적으로 직시할 수 있는 능력이 요구되는 것이다. 비유컨대, '나무를 보는 것이 아니라 숲을 보는 능력'이라고 할 수 있으며, 이는 '지덕체'(智德體)를 종합한 전인교육을 의미한다.

3) 조직통제와 조정문제의 감소

체계적인 교육훈련을 잘 받은 민간경비원은 조직규범을 잘 숙지하고, 스스로 업무를 잘 수행할 수 있기 때문에 이들에 대한 조직적 통제와 조정의 필요성은 줄어들 것이다. 또 교육훈련의 내용 가운데는 협동과 조정의 능력 그 자체를 함양시키는 것도 있다. 조직 내에서 통제와 조정의 필요성이 감소한다는 것은 조직이나 민간경비원 자신을 위해서도 여러 가지 좋은 결과를 가져다준다. 우선, 통제와 조정에 드는 비용을 감소시키고, 업무를 수행하는 민간경비원의 자율성을 인정해 줄 것이다.

4) 민간경비원의 업무상의 실수와 낭비의 감소

일부에서는 교육훈련은 필요하지만 한편으로는 이를 '쓸데없이 지출되는 비용'이라고 인식하는 경우가 있다. 경비업법과 같은 어떠한 제도적 규제로 인해 이를 수용할 뿐이지 실제로 직무수행에서는 그다지 필요하지 않은 귀찮은 것으로 인식하는 경우이다. 그러나 교육훈련은 '배우는 시간'(Learning Time)을 단축한다. 교육훈련을 받지 않고 무의식적으로 업무를 수행하게 되면, 주어진 업무에 숙달되는데 오랜기간이 요구되는, 반면 의식적인 교육훈련을 받게 되면 업무에 빨리 숙달된다.

그리고 교육훈련을 통해 업무가 숙달되면 직무수행상 능력부족으로 저지르게 되는 사고나 실수를 방지할 수 있고, 따라서 그로 인한 낭비를 줄일 수 있다. 이는 단순히 운영상의 낭비에 그치는 문제가 아니다. 예컨대, 민간경비원의 부적절한 직무수행으로 일반시민 또는 고객이 다칠 경우, 또는 보호시설물에 치명적인 손상을 입혔을 경우, 그로 인한 손해배상액은 엄청난 것이며, 또 이로 인한 조직의 대외적 신용도 저하 등의 문제도 야기될 것이다.

5) 조직의 안정성과 융통성 확보

교육훈련을 통해 조직의 안정성과 융통성을 가져다준다는 것 역시 의미 있는 일이다. 조직의 안정성이란 직원의 상실(퇴직, 휴가 등)에도 불구하고 조직의 효율성을 지속시킬 수 있는 능력을 말한다. 따라서 민간경비조직의 안정성은 이처럼 결원이 생긴 경비인력을 보충할 수 있도록 적절하게 교육훈련을 받은 민간경비원이 조직 내에 얼마나 비축되어 있느냐에 의존하는 바가 크다고 할 수 있다. 한편, 융통성이라는 것은 단기적인 업무 변동에 적응할 수 있는 조직의 능력을 말한다. 이러한 융통성은 필요에 따라 담당분야를 옮겨 쓸 수 있도록 훈련받은 인력이 얼마나 있느냐에 달려 있다.

이러한 안정성과 융통성의 문제는 예컨대, 축구경기에서 한 명의 선수가 퇴장당한 후에 나머지 10명의 선수가 얼마만큼 현상을 유지하면서 경기력을 펼치느냐, 아니면 한 명의 주전선수가 부상으로 경기를 뛰지 못했을 경우 후보 선수가 얼마만큼 이를 보충할 수 있느냐 하는 것과 관련된다고 본다. 또는 그러한 공백 상황에서 선수들이 포지션을 변경하게 되었을 경우, 얼마만큼 능숙하게 경기력을 발휘하느냐 하는 것과 비슷한 맥락에서 해석할 수 있을 것이다.

6) 민간경비산업의 발전

민간경비원에 대한 교육훈련의 가장 포괄적이고 장기적인 목적은 민간경비산업의 발전에 있다. 교육훈련은 민간경비산업의 침체를 막고 개혁을 가져다주는 수단이 되기 때문이다. 물론, 교육훈련은 민간경비산업의 발전과 관련된 여러 가지 전략 가운데 하나이며, 유일한 방법은 아니다. 그러나 매우 중요한 조건임에는 틀림없다.

3. 교육훈련의 실질적 개선

이상과 같은 교육훈련이 지향하는 목표를 달성하기 위한 가장 본질적인 전제조건은 교육훈련이 실질적으로 이루어져야 한다는 점이다. 제대로 되지 못한 교육훈련시스템을 가지고 이상과 같은 목표와 기대를 하는 것은 무의미한 일이다. 그런데, 우리나라에서 민간경비원의 자질문제와 교육훈련이 제대로 이루어지고 있지 못하다는 지적은 어제오늘의 문제가 아니다. 이는 우리나라에 민간경비제도가 도입된 이래로 지속적으로 제기되어 온 문제 가운데 하나라고 할 수 있다.

현행 경비업법상의 경비원 교육훈련은 크게 ㉠ 일반경비원 교육과 ㉡ 특수경비원의 교육으로 구분된다.

먼저, (일반)경비원의 교육과 관련하여 경비업자는 경비업무를 적정하게 실시하기 위하여 경비원으로 하여금 대통령령으로 정하는 바에 따라 경비원 신임교육(新任教育) 및 직무교육(職務教育)을 받도록 하고 있다(기속행위). 다만, 경비업자는 대통령령으로 정하는 경력 또는 자격을 갖춘 일반경비원을 신임교육 대상에서 제외할 수 있다(경비업법 제13조 제1항).

한편, 경비업체의 채용절차를 거치지 않은 일반인들도 신임교육을 받을 수 있게 되었다. '경비원이 되려는 사람은 대통령령으로 정하는 교육기관에서 미리 일반경비원 신임교육을 받을 수 있게' 된 것이다(제13조 제2항).[20)]

다음으로 특수경비원 교육과 관련하여 특수경비업자는 대통령령으로 정하는 바에 따라 특수경비원으로 하여금 특수경비원 신임교육과 정기적인 직무교육을 받게 하여야 하고, 특수경비원 신임교육을 받지 아니한 자를 특수경비업무에 종사하지 못하도록 하고 있다(제13조 제3항). 그리고 특수경비원의 교육시 관할경찰서 소속 경찰공무원이 교육기관에 입회하여 대통령령이 정하는 바에 따라 지도·감독하도록 하고 있다(제4항).

현행 경비업법상의 교육훈련 내용

- **일반경비원에 대한 신임교육과 직무교육(경비업법 시행령 제18조, 시행규칙 제12조)**

① 경비업자는 일반경비원을 채용한 경우, 법 제13조 제1항에 따라 해당 일반경비원에게 경비업자의 부담으로 다음의 기관 또는 단체에서 실시하는 일반경비원 신임교육(新任教育, 24시간)을 받도록 하여야 한다.
  ㉠ 법 제22조 제1항에 따른 경비협회
  ㉡ 경찰공무원 교육훈련규정 제2조 제3호에 따른 경찰교육기관
  ㉢ 경비업무 관련 학과가 개설된 대학 등 경비원에 대한 교육을 전문적으로 수행할 수 있는 인력과 시설을 갖춘 기관 또는 단체 중 경찰청장이 지정하여 고시하는 기관 또는 단체(위탁교육기관)

② 경비업자는 다음의 어느 하나에 해당하는 사람을 일반경비원으로 채용한 경우에는 해당 일반경비원을 일반경비원 신임교육 대상에서 제외할 수 있다.
  ㉠ 일반경비원원 또는 특수경비원 신임교육을 받은 사람으로서 채용 전 3년 이내에 경비업무에 종사한 경력이 있는 사람
  ㉡ 경찰공무원법에 따른 경찰공무원으로 근무한 경력이 있는 사람
  ㉢ 대통령 등의 경호에 관한 법률에 따른 경호공무원 또는 별정직공무원으로 근무한 경력이

20) ① 종래에는 위 경비업법 제13조 제1항에 근거해서 경비업체에 채용된 경비원을 대상으로 해당 경비업자가 신임교육을 실시할 수 있도록 하였으나, 이로 인해 이 법에서 규정한 경비원의 '선(先)교육 후(後)배치' 의무사항(제18조 제7항 단서)은 경비업체의 업무현실상 쉬운 일이 아니었다. ② 그러나 2016년 1월 16일에 '경비원이 되려는 사람은 대통령령으로 정하는 교육기관에서 미리 일반경비원 신임교육을 받을 수 있다'라는 규정이 신설됨으로써, 일반인들도 사전에 개인부담 등으로 신임교육을 받을 수 있게 되었고, 이로 인해, '선교육 후배치'는 어느 정도 가능하게 되었다고 볼 수 있다(그러나 여전히 일부 경비업체에서는 이러한 의무사항을 준수하지 않는 경우가 있다. 이는 현재의 과도기적 상황이 안고 있는 문제라고 보며, 향후 개선될 것으로 기대한다).

있는 사람
㉣ 군인사법에 따른 부사관 이상으로 근무한 경력이 있는 사람
㉤ 경비지도사 자격이 있는 사람
㉥ 채용 당시 일반경비원 신임교육을 받은 지 3년이 지나지 아니한 사람
③ 경비업자는 법 제13조 제1항에 따라 소속 일반경비원에게 법 제12조에 따라 선임한 경비지도사가 수립한 교육계획에 따라 매월 행정안전부령으로 정하는 시간 이상 직무교육(職務敎育, 2시간)을 받도록 하여야 한다.
④ 법 제13조 제2항에서 '대통령령으로 정하는 교육기관'이란 제1항의 기관 또는 단체를 말한다.
⑤ 제1항에 따른 신임교육의 과목 및 시간, 제3항에 따른 직무교육의 과목 등 일반경비원의 교육 실시에 필요한 사항은 행정안전부령으로 정한다.

• 특수경비원에 대한 신임교육과 직무교육(경비업법 시행령 제19조, 시행규칙 제16조)
① 특수경비업자는 특수경비원을 채용한 경우 법 제13조 제2항에 따라 해당 특수경비원에게 특수경비업자의 부담으로 다음의 기관 또는 단체에서 실시하는 특수경비원 신임교육(新任敎育, 80시간)을 받도록 하여야 한다.
㉠ 경찰공무원 교육훈련규정 제2조 제3호에 따른 경찰교육기관
㉡ 행정안전부령으로 정하는 기준에 적합한 기관 또는 단체 중 경찰청장이 지정하여 고시하는 기관 또는 단체(위탁교육기관)
② 제1항에도 불구하고 특수경비업자는 채용 전 3년 이내에 특수경비업무에 종사하였던 경력이 있는 사람을 특수경비원으로 채용한 경우에는 해당 특수경비원을 특수경비원 신임교육 대상에서 제외할 수 있다.
③ 특수경비업자는 법 제13조 제2항에 따라 소속 특수경비원에게 법 제12조에 따라 선임한 경비지도사가 수립한 교육계획에 따라 매월 행정안전부령으로 정하는 시간 이상 직무교육(職務敎育, 3시간)을 받도록 하여야 한다.
④ 제1항에 따른 신임교육의 과목 및 시간, 제3항에 따른 직무교육의 과목 등 특수경비원의 교육 실시에 필요한 사항은 행정안전부령으로 정한다.

생각건대, 민간경비 교육훈련의 내실화는 교육훈련 현실을 정확히 직시하는데서 출발한다고 본다. 이를 위해서는 먼저, 현행 민간경비원의 교육훈련과 관련하여 법적·제도적 장치가 어느 정도 마련되어 있는지를 살펴볼 필요가 있다. 다음으로 그러한 법적·제도적 범위 내에서 실제로 민간경비업체 및 관련 종사자들이 그에 맞춰 그러한 교육훈련을 제대로 실시하고 있는지의 유무와 민간경비의 현실에 부합되고 있는지도 살펴보아야 할 것이다. 법적·제도적 장치가 아무리 좋아도 이를 제대로 준수하지 않는 경우가 비일비재하기 때문이다.

이상과 같은 조건이 갖추어져 있다면, 모든 교육훈련과 마찬가지로 현재 민간경비에 내재하고 있는 교육개선의 방향은 기본적으로 우수교원의 확보, 교과과정의 적정화, 전문교육시설의 확보, 대학교 단위의 민간경비관련 학과의 개설 등으로 요약할 수 있을 것이다.[21]

1) 우수교수의 확보

먼저, 민간경비원에 대한 교육훈련이 실효성을 거두기 위해서는 경비원의 자질 못지 않게 우수한 교원을 확보하는 것이 중요하다. 경비원 교육훈련에 있어서 교원은 지식의 전달자로서 경비원의 지식과 능력을 증진하고, 나아가 학습자의 행동과 인성까지도 변화시킬 수 있는 매개자 역할을 한다. 따라서 교육을 담당하는 교원의 자질문제는 교육훈련의 질을 결정하는 가장 핵심적인 문제라고 해도 과언이 아니다. 경비원의 자질 및 의욕이 아무리 우수하다 할지라도 교육과정을 담당하는 교원의 능력이 뒷받침되지 않는 한 극대화된 교육훈련을 기대할 수 없다고 본다.

민간경비원들에 대한 교육을 효과적으로 운용하기 위해서는 이들 외에도 민간경비분야와 관련된 대학교수, 외부 경비전문가 중에서 일정한 요건을 갖춘 자를 초빙하여 새롭고 창의적인 교육을 받게 할 필요가 있다. 그리고 현행 경비지도사제도의 미비점을 보완하여 이를 통한 경비원들에 대한 교육훈련이 개선되도록 하는 방안도 고려될 수 있을 것이다.

2) 교과과정의 적정화

교육훈련에서 중요한 것은 얼마나 내실 있는 교육훈련이 이루어지느냐 하는 것이다. 이는 일반적 소양을 쌓을 수 있는 교육, 경비업무와 관련된 이론교육, 그리고 실무교육 등에 관한 것이다. 여기서 이들 교과과정 상호 간의 비율, 교육시간 등이 적절하게 고려되어야 한다.

한편, 교육훈련에서 항상 문제시되는 것의 하나로 민간경비원이 업무수행과 관련된 실무교육이 이루어지고 있음에도 불구하고 실제 상황에 적절하게 대응할 수 있는 교육훈련이 제대로 이루어지지 못하고 있다는 지적이 제기된다. 예컨대, 경비원의 긴급사태 대응능력 및 최신 경비기술에 대한 접근의 기회부족 등의 문제를 들 수 있다.

이는 현행 민간경비원에 대한 교육훈련 내용이 새롭고, 창의적이라기보다는 기존의 경비관행 및 기존의 교과과정을 반복학습하는 수준에 그치고 있음을 말해준다. 그러나 주지하는 바와 같이 현대사회의 불확실성은 보다 커지고 있으며, 세계화·지방화의 논리 속에서 범죄 및 손실문제는 생존과 관련하여 매우 심각한 위협요인이 되고 있다. 더욱이 21세기 산업 가운데 가장 성장 및 변화속도가 빠른 분야가 바로 민간경비분야라고 할 수 있다. 따라서 이러한 양 측면 즉, 범죄 및 손실문제의 심화와 민간경비의 역동

---

21) 위의 책, pp. 225~226.; 이상원(2005), 범죄예방론, 서울: 대명출판사, pp. 476~479.

적 변화라는 두 마리 토기를 잡기 위해서는 이에 대한 보다 적극적이고 미래지향적인 교육훈련이 이루어져야 할 것이다. 따라서 예컨대 기존의 교육훈련프로그램 이외에 보다 전문화되고 선진화된 자기개발 능력, 대테러기법, 과학장비의 운용, 정보교육, 공공관계 개선전략 등에 대한 교육훈련이 체계적으로 이루어져야 할 것이다.

3) 전문교육시설의 확보

민간경비에 대한 교육훈련이 성과를 이루기 위해서는 전문교육시설이 갖추어져야 한다. 오늘날 다양하게 전문화되어 가는 민간경비산업의 수용에 부응하기 위해서는 이들을 양성하는 기관으로서 전문교육시설을 확보하는 것은 시대적 요청이라고 할 수 있다. 전문교육시설은 일반적인 경호경비원, 경비지도사, 특수경비원 등 다양한 형태의 종사자들을 이론과 실습 등을 병행하여 정기적으로 교육할 수 있는 교육기관을 의미한다.

이러한 민간경비원 전문교육시설에는 경비업무의 특성에 맞는 시설과 설비가 갖추어져 있어야 한다. 기계경비와 관련된 교육훈련이라면 그에 상응하는 시설모형과 함께 일정한 관련설비(출입통제장치, 경보장치, 감시장치 등)를 갖추고 있어야 할 것이다. 또 생활실, 도서실, 체육실, 식당, 휴게실 등 복지시설 역시 적절하게 확보되어 있어야 할 것이다.

4) 대학교 단위의 민간경비관련 학과의 개설

끝으로 민간경비산업에 있어서 우수한 인력의 배출, 관련기술의 개발, 그리고 민간경비 관련시장의 수요창출을 위해서는 무엇보다도 대학의 역할과 기능이 활성화되어야 할 것이다. 현실적으로 일반시민들에게 민간경비라는 용어 자체가 아직까지 크게 인지도를 얻고 있지 못하고 있기 때문에, 이러한 이미지 개선을 위한 일환으로서도 대학에서의 관련학과를 개설하는 것은 의미가 있다고 본다. 더욱이 중요한 것은 민간경비분야에 지원하는 지원자들이 일정기간 대학에서 관련 교육을 이수하였을 경우, 민간경비원의 전체적인 질적 수준의 향상을 가져다줄 수 있을 것이다.

제4절 민간경비의 윤리

1. 민간경비의 윤리문제

민간경비업자 및 민간경비원의 윤리가 확립되어 있지 않으면, 고객과 고용주, 국민으로부터 신뢰와 존경, 그리고 협력을 얻지 못하게 됨은 자명한 일이다. 민간경비산업을 포함하여 일반기업 그리고 공공기관의 윤리문제는 과거부터 오늘에 이르기까지 항상 제기되어 왔다. 미국에서도 특히, 1990년대에 들어 첨예한 사회적 논쟁의 대상으로 인식된 바 있다.[22] 이와 같이 우리 사회에서 윤리문제가 크게 부각되는 것은 최근 들어 시민의 공공기관 및 민간기업에 대한 냉소주의(冷笑主義)의 증대, 시민의 요구 및 기대사항의 증대, 정보통신매체의 발달에 따른 비리사건 등을 접할 기회의 증대, 사회변화의 가속도와 다양성의 증대, 과거보다 고도의 윤리성을 수반한 의사결정 관련문제의 증대 등에서 그 원인을 찾기도 한다.[23]

사실, 일본에서 1972년 경비업법(警備業法)은 당시에 민간경비가 건전한 발전방향을 확립하지 못하고, 이에 따라 경비업 종사자들에 의한 각종 위법·부당한 사건들이 발생하였고, 결과적으로 여론의 비판이 고조됨으로써 이에 대한 법적규제의 요청에 따라 제정된 것이라 할 수 있다. 그러나 경비업법의 제정에도 불구하고 이의 제도적 미비점 등으로 인해 범죄전과를 가진 자와 조직폭력단 관계자가 경비업의 영위 및 경비업무를 수행하는 경우가 적지 않았다. 1982년에 경비업법을 일부 개정하여 부적격자를 배제하기 위하여 경비업을 영위하는 자의 요건을 신청제(申請制, 신고제)에서 인정제(認定制, 허가제)로 강화시키게 된 것도 바로 이 때문이다.[24]

그러나 일본 민간경비원의 자질문제가 여전히 사라진 것은 아니다. 이와 관련하여 경비원들이 범죄에 가담하는 사례가 빈번하게 발생하였기 때문이다. 예컨대, 1996년에 현금호송 경비원이 근무시간 중에 구실을 찾아 외출하여 열쇠를 복사한 뒤, 심야에 2명의 대원이 현금회수에 나가고 없는 때, 복사한 열쇠를 이용하여 1,633만엔(한화 약 1억 6,000만원)을 절도한 사건이 발생하였다. 그리고 1997년에 발생한 2억 2천만엔(한화 약 22억) 강도사건은 그 해 여러 번 발생한 현금호송차량습격사건의 발단이 되었는데, 이 사건의 경우 용의자 5명 중 2명이 관련 경비회사의 경비원으로 근무하고 있는 것으

22) Hess, Kären M. and Wrobleski, Henry M.(1996), op. cit., p. 649.
23) Himelfarb, Frum(1995. 2), "Recovering Ethics," The Police Chief, pp. 24~25.
24) 이백철·주희종·박병식(1995), 앞의 논문, pp. 158~159.

로 밝혀졌다. 이 사건의 주범은 조직범죄의 두목으로서 범행을 목적으로 자신의 부하를 경비회사에 지원 · 근무하도록 한 것으로 밝혀졌다.[25]

이러한 일부 부정직한 경비원이 일으킨 불상사는 민간경비업체 전체에 악영향을 미쳐 사회적 이미지를 크게 손상하는 결과를 가져다준 것이다. 따라서 민간경비업체 경영진은 고용된 소수 경비원의 비행이 경비업체 전체의 발전을 저해한다는 사실을 명심하고, 이를 감독 · 통제 · 협력할 수 있는 방안마련에 고심하고 있다.

이러한 민간경비업자 및 민간경비원의 윤리문제는 우리나라에서도 예외는 아니라고 본다. 앞에서 살펴본 바와 같이, 민간경비원이 집단민원현장에서 불법적인 폭력을 행사하면서 수익을 창출하는 것은 가장 대표적이고, 근본적으로 해결되어야 할 문제라고 할 수 있다. 아래에서는 개별적인 몇 가지 사례를 보여주고 있다.

- **사례**: 서울 서대문경찰서는 2003년 11월 14일 서울 은평구의회 전 의장 박모(61, C건설 사장)씨를 흉기로 찔러 살해하고 야산에 암매장한 혐의(강도살인 및 시체 유기)로 최모(37, 경비업)씨와 또 다른 최모(42, 택시기사)씨에 대해 구속영장을 신청했다. 경찰은 달아난 최씨의 동생(28, 경비업)을 같은 혐의로 지명수배하였다. 경찰조사 결과 이들은 사업 실패와 도박으로 진 거액의 빚을 갚기 위해 범행을 저지른 것으로 나타났다. 경비업자 최씨 형제는 무인기계경비업을 운영하다 지난 8월 부도로 5천만 원의 빚을 졌고, 택시기사 최씨는 노름빚이 늘어나자, 이와 같은 범행을 모의한 것으로 밝혀졌다.[26]
- **사례**: 2005년 6월, 키187cm, 몸무게 115㎏ 거구의 사설 경호업체 직원 전모(23)씨가 여고생 김모(17)양을 집요하게 협박해 그 동안 무려 50여 차례 강간을 하다가 경찰에 체포되었다. 전모씨는 지난 2004년 1월 다른 사람의 카드를 훔쳐 윤락업소에서 사용하다 붙잡혀 윤락행위방지법 등으로 집행유예를 선고 받고 사회봉사명령(80시간)에 따라 경기도 김포의 한 장애인센터에서 사회봉사 중이었다.[27]
- **사례**: 사설경호업체가 수천억대에 이르는 아버지의 재산처분을 둘러싸고 분쟁이 있는 자식들로부터 의뢰를 받아 아버지를 납치하려 한 사건이 발생하였다. 강원도 횡성경찰서는 2005년 1월 26일 거액의 사례금을 받기로 하고 모 종교단체 종무원장 경모(83)씨를 납치하려는 혐의로 박모(27)씨 등 사설경호업체 직원 4명을 긴급 체

25) 日本全國警備業協會(1998), Security Time, vol. 214, p. 24.
26) 중앙일보(2003. 11. 14).
27) 문화일보(2005. 6. 30).

포하고, 구속영장을 신청하였으며, 달아난 정모(40, 경호업체 대표)씨 등 3명을 긴급수배하였다.[28]

- **사례**: 은행에 근무하는 경비원이 입금을 도와주는 척하면서 비밀번호를 알아내어 고객의 계좌에서 현금을 인출하는 과정에서 발각되었다. 지난 2004년 4월 1일 오후 13시 서울 00은행 종로지점에서 식당 주인인 박모(59)씨가 입금을 하기 위해 통장을 꺼내다 직불카드를 떨어뜨렸다. 지켜보던 이 은행 경비원 이모(28)씨는 박씨가 흘린 카드를 몰래 챙긴 후 박씨에게 다가가 현금 입출금기 이용을 도와준다고 속이고 비밀번호를 알아냈다. 직불카드에 비밀번호까지 확보한 이모씨는 곧바로 옷을 갈아입고 마스크를 착용한 뒤 근처 무인점포로 갔다. 이모씨는 박모씨의 계좌에서 현금으로 420만원을 빼내는 장면이 담긴 CCTV 화면을 은행직원들이 확인하면서 검거되었다.[29]
- **사례**: 광주북부경찰서는 2007년 5월 6일 자신이 근무하는 미술관 내 기념품 판매점에서 물건을 훔친 혐의(특정범죄 가중처벌법상 절도)로 경비원 A(44)씨를 붙잡아 조사 중이다. 경찰에 따르면 A씨는 지난달 13일 오후 9시13분께 광주 모 미술관 내 기념품 가게에서 도서와 붓 등을 훔치는 등 2004년부터 최근까지 3000만원어치의 기념품 등을 훔친 혐의를 받고 있다. 경찰 조사결과 이 미술관의 경비원으로 근무해 온 A씨는 기념품가게 주인이 퇴근하면서 일정 장소에 보관하는 열쇠를 이용해 범행을 한 것으로 드러났다. 기념품가게 주인은 매장의 물건이 자주 없어지는 것을 수상히 여기고 CCTV를 설치, A씨가 물건을 훔치는 장면을 확인한 뒤 이를 경찰에 신고했다. 경찰은 A씨를 상대로 피해품의 위치를 확인하는 한편 A씨가 미술관의 예술품을 훔쳤는지의 여부에 대해서도 추가 조사할 예정이다.[30]
- **사례**: 서울지방경찰청은 2015년 1월 9일 오전 10시부터 한국마사회 경기도 과천 본사와 서울 용산 지사에 수사관들을 보내 내부자료와 컴퓨터 하드디스크 등을 확보하였다. 경찰은 용산 마권장외발매소(화상경마장) 개장을 둘러싸고 찬성 측과 반대 측 간의 다툼이 있었을 때, 마사회가 용역경비 직원을 동원해 본래 업무 이외의 일을 시킨 것이 경비업법 위반 혐의에 해당한다고 보고 수사 중인 것으로 알려졌다. 이에 앞서 '용산 화상경마도박장 추방대책위'와 '참여연대'는 마사회가 화상경마장을 시범운영하면서 경비원을 불법 고용하고, 경비업법상 금지된 업무에 경비원

---

28) 조선일보(2005. 1. 26).
29) 노컷뉴스(2004. 10. 4).
30) 연합뉴스(2007. 5. 6).

을 동원했다며 경비업법 위반과 증거인멸 교사 등의 혐의로 2014년 10월 경찰에 고발하였다.

국회 안전행정위원회 소속 새정치민주연합 진선미 의원도 마사회가 화상경마장에 성범죄 및 폭력 전과자 등 무자격자를 경비원으로 배치하고 일부 경비원들을 '경마장 입점 찬성' 집회 등에 참석하도록 했다며 경찰에 수사를 요청한 바 있다. 진 의원은 지난해 서울지방경찰청 국정감사에서 용산 화상경마장에 배치됐던 경비원들이 경찰 수사를 받기 전 마사회의 지시로 입을 맞춘 정황이 담긴 경비원들의 녹취록을 공개하기도 하였다.[31]

한편, 한 경찰서 상황실과 생활안전과 등에 따르면, 최근 민간경비업체 가입자가 비상벨을 누를 경우 경비업체 직원들이 즉각 출동하지 않고 오히려 경찰에 신고하는 사례가 늘고 있다고 한다. 각종 범죄문제 등의 증가로 인해 경비업체들이 급증하고 있지만 일부 경비업체의 얌체 행각으로 경찰의 치안수요가 오히려 가중되고 있다는 것이다.[32]

사실, 대도시의 경우 범죄신고를 받은 경찰이 통상 5분 이내에 현장에 도착하지만, 경비업체 경비원은 상황이 종료된 뒤에야 현장에 나타나는 경우가 적지 않다. 서울 강남지역 한 지구대의 경찰은 '일주일에 4~5번은 경비업체 직원들로부터 범죄신고가 접수된다'며 '현장에 출동해 보면 경비업체 직원이 나와 있는 경우는 거의 없다'고 말했다.

경기도 성남 지역의 한 경비과장 역시 '현금인출기 등의 무인경비시스템은 경찰과 연계되어 있어 함께 출동하게 되지만 가정집이나 상가의 경비시스템은 경비업체들이 돈을 받고 서비스를 하는 만큼 신속하게 책임을 다하는 것이 원칙'이라며 '가정집에 도둑이 들었다는 경비업체들의 신고를 받고 현장에 출동하면 경비업체들은 마치 기다렸다는 듯이 20분쯤 지나서야 현장에 나타나는 일이 많다'고 하였다. 이처럼 경비업체들이 즉각 출동하지 않는 이유는 현행 경비업법 시행령 7조에 '경비업체는 관제시설 등에서 경보를 수신한 때로부터 늦어도 25분 이내에 도착할 수 있는 대응체계를 갖춰야 한다'고 규정한 것을 악용하기 때문이다. 25분 이내에만 현장에 도착하면 책임을 지지 않아도 되기 때문에 늑장출동이 빈번한 것이다. 이 같은 부작용은 소도시나 시골에서는 더욱 심

31) 용산구 주민들은 주거환경 훼손과 주변 학교 학습권 침해 등을 이유로 2015년 1월부터 화상경마장 앞에서 개장에 반대하는 농성을 벌여왔다. 그러나 마사회가 이러한 주민들과 시민사회의 반발에도 2015년 6월 화상경마장을 기습 개장, 그해 9월까지 시범 운영한 뒤 정식 개장을 강행하겠다는 입장을 밝히면서 갈등은 더욱 깊어졌다. 결국, 용산 화상경마장은 2018년 1월 4일 폐쇄되었다. 연합뉴스(2015. 01. 09).

32) 이하 세계일보(2004. 10. 15).

각하다. 경비업체 가입자는 매년 30~40%씩 급증하고 있지만 경비업체의 인력이나 시설 증강은 이에 못 미치다 보니 아예 출동망도 갖추지 않은 채 가입자만 받아두는 지역이 많기 때문이다.

충북지방경찰청의 한 생활안전 경찰은 '상대적으로 현금피해가 별로 없는 체육관이나 도서관 등에 비상벨이 울리면 아예 경찰에만 신고하고 출동하지 않는 경비업체들도 있다'며 "배상액 등 손익관계를 따져 현장에 출동한다면 경비업체라 할 수 있겠느냐"고 지적했다. 전남경찰청의 생활안전 관계자 역시 '섬이나 외진 곳에서 비상벨이 울리면 교통편이 끊어져 책임을 면할 수 있다는 이유만으로 수수방관하는 경비업체들이 많다'며 '경비업체들이 책임을 다하도록 기준을 강화하고 직원들에 대한 소양교육을 철저히 해야 한다'고 하였다.

2. 민간경비의 윤리문제에 대한 기본적 접근

1) 윤리의 보편성과 특수성

윤리(倫理, Ethics)는 '사람들이 마땅히 지켜야할 당위의 규범'이라 할 수 있다. 따라서 민간경비의 윤리라는 것은 민간경비업자로서 또는 민간경비원으로서 지켜야할 당위 규범인 것이다. 물론 여기에서 윤리의 보편성(普遍性)과 특수성(特殊性)이 제기된다. 윤리의 보편적인 면은 '인간으로서 지켜야 할 도리'를 말하는 것이고, 특수적인 면은 '민간경비관련 종사자로서 지켜야 할 도리'와 관련된다고 본다.

그러나 윤리의 보편적인 면과 특수적인 면이 명확히 구분되는 것이 아니라 보편적인 것이 동시에 특수적임을 인식할 필요가 있다. 이에 관하여 헤겔(Hegel)이 "이성적인 것은 현실적이요, 현실적인 것은 이성적이다"라고 한 말은 너무나 유명하다. 따라서 특수성을 떠난 보편적인 윤리란 하나의 추상에 불과하다, 윤리의 보편성을 말할 때, 그것은 추상적 보편이 아니라 구체적 보편을 말하는 것이다.[33]

사실, 현실적인 당면문제(민간경비의 영세성, 낮은 사회적 인지도와 낮은 급여수준 등)를 무시하고 수준 높은 민간경비의 윤리성을 요구하는 것은 한계가 있을 것이다. 특히, 민간경비 자체의 원인에서 비롯된 문제가 아니라 사회구조적 · 제도적인 문제(민간경비에 대한 정책적 지원 부족, 관련법규정의 미비, 민간경비를 악용하는 사용주의 행태 등)에서 비롯된 것이라면 더욱 그렇다. 또 거시적으로는 사회의 윤리수준과 민간경비의 윤리수준은 비례한다고도 볼 수 있다. 따라서 민간경비의 윤리문제를 특정 개인에

33) 임덕수(1996), 국민윤리, 서울: 교문사, p. 30.

게 초점을 두는 것 자체는 본질적으로 한계를 안고 있다.

그러나 인간으로서의 윤리(또는 국민으로서의 윤리)와 민간경비 관련종사자로서의 윤리문제 및 기준은 비록 민간경비 관련종사자 역시 인간으로서의 윤리를 바탕으로 하지만 동일하지는 않는다고 본다. 적어도 민간경비 관련종사자에게는 이들이 수행하고 있는 업무의 특성과 관련하여 요구되는 윤리수준은 어느 정도 존재한다고 본다. 또 민간경비의 업무 특성상 개인의 자유와 권리의 보호, 그리고 공공의 안녕과 질서유지에 밀접한 영향을 미칠 수 있다면, 민간경비의 윤리문제는 민간경비 관련종사자 개인의 문제가 아니라 사회전체적인 문제로 인식해서 접근해야 할 것이다.

2) 거시적 접근과 미시적 접근

이상과 같은 논의를 바탕으로 한다면, 민간경비의 윤리와 관련된 문제는 크게 두 가지 관점에서 접근할 수 있음을 알 수 있다. 먼저, 거시적인 접근방법으로서 사회환경 및 제도적 · 구조적 관점에서 처방과 평가를 내리는 것이고, 다른 하나는 미시적 접근방법으로서 개인에 초점을 두어 이들의 행태에 대한 도덕적 평가와 지도를 하는 것이다.[34]

따라서 예를 들면, 민간경비에 대한 사회적 인식변화, 제도적 보완, 정책적 지원, 사법(司法)적 태도 등은 거시적인 처방이라고 할 수 있다. 반면, 민간경비에 대한 교육훈련 개선, 근무여건 및 복지수준의 향상 등은 미시적인 처방이라고 할 수 있다. 그러나 이러한 접근은 상호 인과적이며, 따라서 명확히 구분하는 것 자체가 불가능하다고 본다. 예컨대, 민간경비원의 근무여건이 좋아지면 사회적 인식이 높아져 유능하고 전문적인 사람들이 민간경비분야에 지원할 것이고, 그렇게 되면 전반적으로 민간경비의 윤리수준도 향상될 것이다.

마찬가지로 현재 일부 민간경비업체의 주요 수입원이 노동쟁의와 같은 집단민원현장 등에서 활동하는 것인데, 이러한 과정에서 민간경비 관련종사자는 편법 및 불법적인 방법을 동원하여 심지어는 폭력을 행사하면서 개입하기도 하여 사회적으로 비난을 받고 있다. 이러한 문제에 대해 엄격한 국가적 통제를 가하면 어느 정도 문제가 해소될 수 있을 것이다. 그러나 거시적 처방과 미시적 처방이 상호 복잡한 역학관계에서 얽혀있다는 것은 한편으로는 그러한 본질적인 문제를 해결하기가 쉽지 않다는 것을 역설하는 것이기도 하다. 정치 · 경제 · 사회구조적인 접근과 개별적 · 미시적 접근의 선후(先後)를 떠나서 어떠한 윤리적 병폐가 내재해 있다면 이를 해결하는 것은 매우 어렵기 때문이다.

그리고 현실적으로 민간경비 관련 윤리문제는 주로 미시적인 관점에 초점을 두는 경

34) 최원석(1998), 경찰윤리론, 경찰대학, pp. 2~3.

향이 있음을 부인하기 어렵다. 민간경비 관련 윤리문제가 발생하게 되면 그 개인 자체에 주로 초점을 두고 있다는 점이다. 이 문제는 비단 민간경비에 국한된 것이 아니라 다른 대상에 대해서도 통상적으로 사용하는 방법이다. 거시적으로 국가 및 사회개혁과 변화를 통해서, 그리고 사회구성원들의 통합을 통해서 윤리문제를 본질적으로 단시일 내에 해결하는 것은 쉽지가 않고, 또 그 성과도 당장에는 뚜렷하게 나타나지 않기 때문에 단기적인 처방으로 특정인에게 초점을 두고 접근하는 것이 일반적이었다.

그러나 민간경비의 윤리문제에 대해 미시적인 접근을 강조할 경우, 교육훈련 등을 통해서 개인의 인식전환을 도모한다고는 하지만, 민간경비 현실에서 부딪히는 각종 윤리적 한계상황에서는 별다른 도움이 되지 못한다. 민간경비에서 수행하는 업무와 업무환경에 대한 윤리적 평가가 수반되지 않은 채, '민간경비원은 정직하고 청렴해야 한다'라는 윤리적 요구는 설령 채용초기 및 교육훈련기간 동안에는 수용될지라도 현실의 벽에 부딪히는 순간 무력해질 가능성이 높다. 따라서 가장 바람직한 것은 거시적인 접근과 미시적인 접근을 동시에 채택하여 상호 조화를 모색하는 것이라 할 수 있다.

3. 민간경비의 윤리성 확립방안

이처럼 민간경비의 윤리문제는 비단 민간경비 자체에 국한되지 않고, 제도적인 문제와 사회의 전반적인 여건과 밀접한 관련이 있다고 본다. 따라서 아래에서는 민간경비 자체의 노력과 민간경비 관리감독기관인 경찰의 노력, 그리고 민간경비 이용자인 특정 고객 및 일반시민의 관점에서 살펴보고자 한다.

1) 민간경비의 인식전환과 전문화

민간경비는 본질적으로 영리추구를 목적으로 하는 기업이기 때문에 '치안서비스'라는 것도 하나의 상품으로서 민간경비의 목적(영리추구)을 달성하기 위한 수단에 불과한 것이다. 따라서 영리목적이 지나치게 강조되었을 경우 치안서비스의 본질이 희석되고 민간경비 상호간의 협력은 기대할 수 없으며, 따라서 치안서비스는 왜곡·편중되어 나타날 우려가 있다. 예컨대, 일본 민간경비산업에서 크게 나타나는 문제는 민간경비회사들간의 과다경쟁에 따른 경비서비스의 질적 저하문제이다. 이로 인해 민간경비회사 간에 파행적 회사운영이 자행되고, 경우에 따라서는 경찰과의 관계도 진전되지 못하는 요인으로 작용하였다.[35]

---

35) 日本全國警備業協會(1998), Security Time, vol. 214, p. 24.

민간경비서비스의 질적 서비스가 저하되면, 결과적으로 일반시민 및 고객은 민간경비에 대해 등을 돌릴 수밖에 없을 것이다. 따라서 또한 민간경비업자 및 민간경비원들 스스로가 영리성을 떠나서 진정으로 역할 인식을 해야 할 것이다. 아래에서는 이와 관련하여 미국 민간경비업자 및 민간경비원들의 직업인적 윤리강령을 제시하고 있다.36)

미국 민간경비업자의 직업윤리강령

민간경비원에 대한 경영인으로서 우리는 다음과 같이 선서한다.

① 조직과 고객에 대한 서비스에서 우리의 기본적 책임은 우리의 기업과 산업 또는 이외의 조직 및 기관에 대한 범죄의 예방과 감소는 물론 생명과 재산을 보호하는 것이며, 공공의 이익을 위해서 법률을 고양하고 모든 사람의 헌법적 권리를 존중하는 것임을 인식한다.

② 기업활동, 모든 개인의 업무, 정부조직 고객, 그리고 고용주와의 관계 및 공공에 대한 책임성에 있어 협동정신, 존경심, 정의감 및 도덕성을 정신적 지주로 삼는다.

③ 양질의 민간경비서비스를 제공하기 위하여 최선의 노력을 다하며, 우리의 지식과 능력을 개선하고 나아가서 전반적인 민간경비의 효율성을 제고하기 위하여 지속적으로 노력한다.

④ 업무수행과 관련하여 법률을 위반하지 않고 법의 테두리 내에서 수행하며, 경비원이 그들의 임무를 합법적으로 그리고 타인의 권리에 대한 적절한 고려를 함으로써 고용주, 고객, 그리고 시민의 신뢰를 증진한다.

⑤ 민간경비에 있어 타인의 평가와 실무를 존중하나 비윤리적이고 비합법적인 활동에 대해서는 해당기관에 통보한다.

⑥ 민간경비원의 충원 및 선발에 있어 인종, 종교, 피부색, 성별, 그리고 나이 등을 불문하고 일률적이고 적절한 고용기준을 채택하며, 업무의 책임성, 훈련, 학력, 그리고 경력에 합당한 보수를 지급한다.

⑦ 민간경비에 대해 일정한 권한과 책임을 갖고 있는 경찰 및 다른 형사사법기관과 협력한다. 따라서 우리의 기업운영과 관련한 면허 및 등록 그리고 다른 법적 요건들을 준수한다.

⑧ 고용주와 고객의 이익이 법률이나 혹은 이 윤리강령에 배치되는 경우를 제외하고는 우리는 고용기간 이후라도 그들의 비밀에 대한 정보를 존중하며 보호한다.

⑨ 고용주나 기업, 민간경비분야에서의 다른 사람 그리고 다른 분야의 종사자들과의 모든 업무관계에 있어 전문가적인 위치를 갖도록 한다. 우리의 민간경비원이 관련분야에서 최고의 수준임을 과시한다.

⑩ 우리의 민간경비원이 적절한 경비지식과 교육 및 훈련을 받을 수 있도록 지원함으로써 자질개선을 장려한다.

---

36) Risks, A. Truett and Tillett, B. G.(1981), Principles of Security, Cincinnati: Anderson Publishing Co., pp. 239~241.; 이윤근(1989), "한국 사경비 발전방안에 관한 조사연구," 동국대학교 박사학위논문, pp. 264~265.

미국 민간경비원의 직업윤리강령

범죄의 예방과 감소에 있어 민간경비가 수행하는 중요한 공헌을 인식하면서, 민간경비원으로서 나는 다음과 같이 서약한다.

① 내가 수행하는 역할의 책임을 인식하고 의무를 다한다. 생명과 재산의 보호, 고용주의 기업 또는 나에게 할당된 다른 조직이나 기관에 대한 범죄의 예방 및 감소 그리고 모든 사람의 헌법적 권리를 존중한다.
② 정직과 성실로 일하며 나의 경비임무를 수행함에 있어 최선의 도덕적 원칙을 준수한다.
③ 나의 의무를 수행함에 있어 신의와 근면, 그리고 신뢰성을 견지할 것이며 항상 타인의 권리를 보호하는 법, 정책 그리고 집행과정을 준수할 것이다.
④ 나의 판단에 영향을 미칠 수 있는 개인적 감정, 편견, 적대감, 그리고 우정 등에 치우치지 않고 진실, 정확, 그리고 인내심을 지켜 나갈 것이다.
⑤ 법 또는 고용주나 고객의 규칙에 대한 어떠한 위반사항에 대해서도 지체 없이 나의 감독자에게 보고할 것이다.
⑥ 나의 고용주나 고객의 이익의 법률이나 혹은 이 윤리강령에 배치되는 경우를 제외하고 그들의 비밀에 대한 정보는 나의 고용기간 이후라도 존중하고 보호할 것이다.
⑦ 민간경비에 대해 권한과 책임 있는 경찰 및 정부조직의 관할 내에 있는 일에 관해서는 그들과 협동할 것이다.
⑧ 고용주의 동의나 허가 없이는 어떠한 보상, 임무, 선물 또는 다른 혜택도 받지 않겠다.
⑨ 항상 전문가답게 활동하며 나의 의무를 나 자신, 고용주, 그리고 민간경비의 신뢰성을 침해하지 않는 형태로 수행할 것이다.
⑩ 훈련과 교육의 기회를 추구함으로써 나의 업무수행능력을 개선하기 위하여 지속적으로 노력하며, 나의 경비의무에 대한 준비를 게을리하지 않을 것이다.

한국 민간경비원 직업윤리강령(한국경비협회, 2009. 6)

법과 윤리에 따라 범죄로부터 고객의 생명과 재산을 보호하고 각종 규정을 준수하고 투철한 직업의식으로 경비원으로써의 직업능력을 함양하며 신의 · 성실과 책임을 신념으로 직업윤리를 이행할 것을 다음과 같이 다짐한다.

① 법과 원칙을 준수하고 범죄와 사고로부터 고객을 보호하는데 최선을 다한다.
② 직무를 수행함에 있어 고객의 보호와 편의에 대해 확실하게 인식하고 그 책임을 다한다.
③ 민간경비의 발전과 효율성 제고를 위하여 교육과 훈련을 통해 직무능력을 함양 하는데 부단한 노력을 경주한다.
④ 어떠한 경우에도 전문인으로서 긍지와 책임감을 잊지 않고 주어진 업무이외의 행위를 하지 않는다.
⑤ 언제나 회사를 대표한다는 신념으로 고객으로부터 신뢰감을 얻고, 범죄 및 사고예방에 최선을 다한다.
⑥ 예방수칙을 숙지하고 고객의 위험상황 및 재산상 손해가 예상되는 순간에 투철한 사명감으로 피해를 최소화한다.
⑦ 복장과 장비는 규정에 따라 단정하게 착용하고 근무지를 이탈하지 않으며 근무지 청결을 유지한다.
⑧ 근무수칙을 준수하고 소속 상사의 명령에 복종하며, 동료와 친화관계를 유지한다.

⑨ 업무상 지득한 고객의 정보를 소중하게 여기고 철저하게 보호한다.
⑩ 민간경비의 최일선을 담당한다는 자부심으로 공경비와 협조하며 고객안전과 나아가 지역사회 안정을 도모한다.

한편, 민간경비원들의 윤리성이 확립하기 위해서는 이들의 직업적 전문화가 무엇보다도 중요하다고 본다. 경비원의 자질에 대한 문제는 바로 윤리문제와 직결되기 때문이다. 따라서 민간경비가 일정한 수준에 오른 일본에서조차 경비원의 자질문제는 항상 중요한 이슈로 제기되고 있다.

이러한 경비원의 자질문제는 우리나라 민간경비산업이 안고 있는 가장 큰 문제점 중의 하나로서, 앞으로 국가적 차원에서 젊고 유능한 지원자들을 민간경비에 유입시키는 방안을 강구해야 할 것이다. 민간경비의 전문성 제고를 위한 방안 중에서 중요하게 논의되고 있는 것이 민간경비관련 개별 자격증(License)제도의 도입을 들 수 있다. 제대로 된 민간경비관련 자격증제도가 도입·현실화되면, 아무나 경비관련 업무를 수행할 수 없게 될 것이다.

2) 경찰의 민간경비에 대한 인식전환 노력

그렇다면 과연 민간경비의 건전한 육성을 위해서 경찰은 이에 대한 어떠한 윤리적·이념적 접근이 요구되는가? 이와 관련하여 세 가지 관점에서 접근할 수 있다.[37)]

첫째, 민간경비업의 공공서비스적 성격을 인식시키는 일이다. 민간경비업이란 단순히 영리산업이 아니라 특별한 사회적 역할을 가진 공공성이 강한 안전보장산업이다. 시민의 일상생활 상의 안전과 평온에 직접 기여하고 있는 점에서 공공성을 띠고 있으며, 그런 의미에서 중요한 역할을 담당하고 있는 것이다.

따라서 민간경비업이 가진 공공성을 경비업자에게 자각시킴으로써 상업주의로 빠지기 쉬운 체질에 대해 스스로 경계함과 동시에, 지도·감독하는 경찰로서도 민간경비업의 공공성을 잘 이해하고, 어떤 역할을 해야 하는가에 대해 설명하고, 경비협회를 통해 각종 시책을 적극적으로 추진해 나갈 필요가 있다.

둘째로, 범죄예방 및 손실예방의 실효성을 담보할 수 있도록 해야 할 것이다. 양질의 민간경비업무를 시민에게 제공하기 위하여 기업으로서 어떠한 노력을 할 것인가, 어떻게 하면 민간경비의 사회적 유용성, 유익성이 확보될 수 있는지를 고민해야 할 것이다. 이를 위해 경찰은 실제로 민간경비업무를 제대로 수행하지 못하는 경비업체에 대해서 적절한 행정단속을 할 필요가 있다. 동시에 경비업자의 지식과 능력을 향상하기 위한

37) 黑津康司(1988), "警備業とは何か 警備業運用の基本方針と外勤警察官の役割," 保安と外勤, 警備業關係論文集 14卷 10號, p. 381.; 이백철·주희종·박병식(1995), 앞의 논문, pp. 257~258.

각종 연수활동, 기능경기대회 등을 경비협회 등을 통해 적극적으로 실시케 하고, 아울러 오경보율을 감소시키기 위한 기업노력의 방법 등에 대해 구체적 · 적극적인 지도가 필요하다고 본다.

셋째, 민간경비업에 대한 사회적 신뢰성을 향상하는 방안이다. 민간경비가 공공성을 가지고 있고 사회적으로 유용한 산업이지만, 역사가 짧기 때문에 아직까지 사회적 신뢰를 충분히 확보하지 못한 산업이라고 할 수 있다. 따라서 민간경비업의 건전한 육성이라는 사명을 가진 경찰로서는 민간경비업의 사회적 신뢰성을 향상하기 위해 건전육성을 저해하는 각종 저해 요인을 과감히 제거하는 대응이 필요하다.

예컨대, 경비원교육을 적절히 하지 않고 수준 낮은 경비서비스를 제공하여 경비업 전체에 대한 신뢰를 떨어뜨리는 경비업체에 대해서는 엄격한 단속을 하여 배제하는 한편, 우수 경비업체와 건전하게 성장할 가능성이 있는 경비업체에 대해서는 많은 지원을 해주고 범인 검거에 공로가 있는 경비원에 대해서는 표창하거나 보도 발표하는 방법 등을 통해 건전육성을 유도하는 것이다. 또한 경비원의 전과조회를 제도화시킴으로써 부적격자를 채용단계에서부터 차단하는 등의 대응도 필요할 것이다.

행정지도 또는 단속 일변도가 아니라 행정작용과 사법작용을 복합시킨 유연한 대응이 시민의 수요에 부응한 민간경비업의 건전한 육성과 직결되고, 결국 방범능력 등의 제고라는 효과를 낳게 될 것이다.

3) 시민의 민간경비에 대한 인식전환 노력

끝으로 민간경비의 윤리성 확립은 시민의 입장에서도 접근할 수 있을 것이다. 민간경비라는 사회적 위치도 결국은 시민이 만들어주는 것이다. 따라서 시민들 스스로가 민간경비 관련 종사자들을 평가절하하기보다는 이들의 사회적 역할의 중요성 인정해 주는 것이 바람직하다.

예컨대, 민간경비를 이용하는 기업이 단지 경비운용비용만을 절감하기 위해서 지나치게 낮은 임금으로 경비원들을 계약고용 하는 것은 바람직하지 않다고 본다. 심지어 거대하고 화려한 건물 내의 출입구 부근에 초라한 경비사무실(수위실)을 만들어 놓은 경우도 없지 않다.

이와 같이 민간경비에 대한 낮은 인식과 지원은 결국, 민간경비원의 질적 저하 및 사기 저하를 가져올 것이고, 한편으로는 생계유지 수단으로 범죄와 같은 극단적인 행동을 자행할 수도 있을 것이다. 따라서 민간경비원에 대한 사회적 존중과 이들에 대한 현실적 지원은 유능한 인적자원을 유입하게 될 것이고, 자격증제도의 도입 등을 통해 이들의 전문화를 담보하게 되면, 결과적으로 이들의 윤리성 문제는 감소할 것이다.

제3편

민간경비의 기본전략

제3편에서는 민간경비의 기본전략에 관한 것을 다루고자 한다. 기본전략은 민간경비를 실제 운용하는데 있어서 가장 기초적으로 요구되는 핵심요소와 관련된 것이다. 이와 관련하여 먼저, 민간경비의 1차 목표라 할 수 있는 범죄예방과 손실예방을 논의하고 이를 위한 기본전략으로서 '환경설계를 통한 범죄예방'(CPTED)을 제시하였다. 다음으로 이러한 예방적 목표를 달성하기 위해 보다 구체적으로 물리적 통제전략과 절차적 통제전략을 살펴보고자 하였다. 물리적 통제전략은 물리력 행사에 의한 외부침입을 예방하는 전통적인 방법이며, 절차적 통제전략은 주로 내부직원에 의해 이루어지는 범죄(외부에 의한 침입 역시 포함됨) 등의 문제를 예방하기 위한 것이다. 한편, 현대 정보산업화시대에 정보는 매우 중요한 의미를 갖는다. 따라서 이를 물리적 통제 및 절차적 통제와 구분하여 별도로 살펴보았다. 정보의 관리 및 위험은 컴퓨터 및 사이버공간을 통해서 이루어지기 때문에 컴퓨터보안 역시 이에 포함하였다.

그런데, 민간경비의 제1차 목표가 사전예방에 있지만, 항상 사전예방을 할 수 있는 것은 아니다. 예방이 실패하여 범죄가 발생할 수도 있고, 화재가 발생하는 경우도 얼마든지 있기 때문이다. 따라서 화재 및 비상사태의 대응에 대해서 살펴보고자 하였다(범죄 대응은 생략하였다). 끝으로 이상과 같은 민간경비의 사전 예방적 · 사후 대응적 과정에서 적절한 공공관계(Public Relations)를 유지 · 발전시켜야 할 것이다. 민간경비의 공공관계는 민간경비의 역할, 이미지 및 신뢰도, 사회적 기대 등과 관련된 것이다. 민간경비가 운용되는 과정에서 시민, 경찰, 언론과의 긍정적인 관계형성은 중요한 의미를 갖는다. 이상과 같은 점들을 정리하면 제3편은 다음과 같은 기본전략 모형을 설정할 수 있을 것이다.

〈민간경비의 기본전략 모형〉

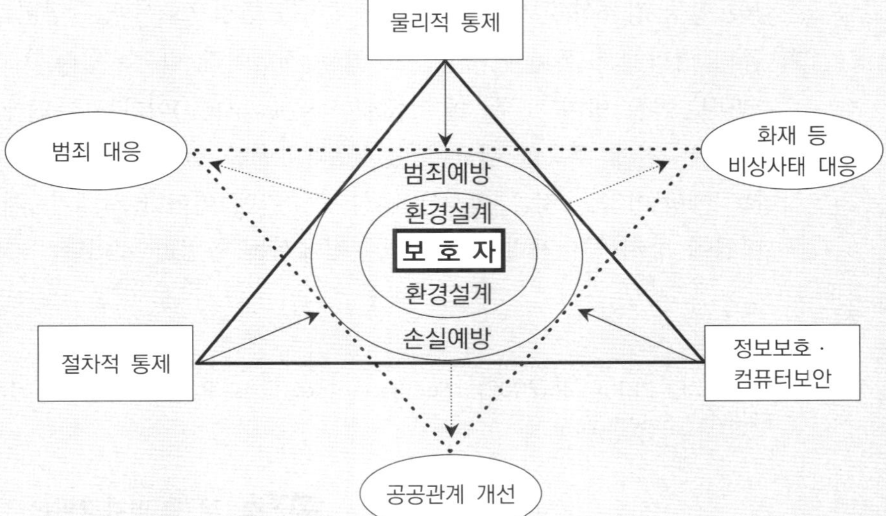

제10장

범죄 · 손실예방과 CPTED전략

제1절 기본논의

우리사회에서 치안활동은 경찰 및 소방과 같은 공공부문과 민간경비와 같은 민간부문에서 담당하고 있다. 최근 민간경비의 활동영역을 보면 보다 전문화되고, 아울러 다원화되고 있음을 알 수 있다. 그런데, 민간경비의 활동은 비단 범죄에만 국한되는 것은 아니다. 화재, 질병, 그리고 각종 재해로부터의 보호 등 수많은 영역이 포함되고, 그 범위는 더욱 확대되고 있는 추세이다. 이러한 점에서 민간경비의 목표 또는 활동영역을 단지 범죄문제와 관련하여 논의하는 것은 한계가 있다고 본다(물론, 범죄예방 및 대응과 관련된 부분은 매우 중요하게 다루어지고 있다). 따라서 현대 민간경비 현상을 적절하게 설명하기 위해서는 범죄문제에 국한시키기 보다는 손실문제를 아울러 고려하는 것이 바람직하다고 본다.

여기서 '범죄'(犯罪, Crime)라는 것은 현행법에 규정된 형벌법규의 위반행위에 의해 야기된 인적 · 물적 위해사태라고 볼 수 있다. 반면, '손실'(損失, Loss)이라는 것은 범죄행위에 의한 어떠한 재산적 피해뿐만 아니라 재산적 가치가 있는 관리대상(예: 주택, 상가, 공장 등)이 화재와 지진, 태풍 등 인위적 · 자연적 재해, 그리고 사고 등에 의해 야기된 위험사태도 포함된다고 볼 수 있다. 일반적으로 범죄예방(Crime Prevention)은 범죄를 방지하기 위한 모든 사전활동이라 할 수 있다. 그리고 손실예방(Loss Prevention)은 개인 또는 조직이 저지르는 범죄뿐만 아니라 화재, 사고, 실수, 부적절한 감독 및 관리, 잘못된 투자 등에 의해 발생하는 사람, 금전, 생산품, 재료 등과 같은 손실의 발생 가능성을 사전에 예방 통제하는 방법으로서 민간경비뿐만 아니라 회계, 보험 등의 영역에서 폭넓게 사용되고 있는 개념이라 할 수 있다.[1)]

그런데, 이들 양자 모두 '예방'(豫防, Prevention)이라는 측면에서는 그 접근방식이 동일하다는 점에 주목할 필요가 있다(물론, 이들 범죄와 손실의 발생원인은 각각 상이하다). '예방'이라는 것은 범죄든 손실이든 간에 이러한 사태가 '사전에 발생하지 않도록 미연에 방지하는 제반활동'이라는 점에서는 동일한 것이다.

---

1) Purpura, Philip P.(2002), Security and Loss Prevention: An Introduction, Boston: Elsevier Science, p. 7.

제2절 범죄예방 구조모델론

모든 사회현상 속에서 발생하는 문제점에 대한 대응방식은 각각의 현상에 따라 상이하다. 따라서 범죄, 질병, 재해, 무질서 등에 대한 사전 예방적, 그리고 사후 대응적 조치는 주어진 문제의 특성에 따라 각기 다른 처방이 이루어져야 한다는 것은 분명한 사실이다. 그런데 이들 문제에 대해서 '사전 예방'이나 '사후 대응'과 관련하여 자체에 내재한 본질적 문제인식 및 접근방식은 동일하다고 본다. 따라서 '예방'이라는 본질적 개념은 동일하다는 전제하에 범죄예방을 하나의 구조모델(Structure Model)을 통해서 단계적으로 살펴보기로 한다.

이러한 단계적 접근방법은 질병에 대한 의학적 치료를 위한 의료모델에 기원을 두고 있는데, 이는 3단계 차원에서 논의된다. 따라서 각각의 단계별 질병예방을 응용하여 범죄예방의 구조모델을 ㉠ 1차 범죄예방, ㉡ 2차 범죄예방, ㉢ 3차 범죄예방으로 나누어 접근할 수 있을 것이다. 범죄예방의 구조모델에 관한 체계적인 분류는 1976년 브란팅햄(Brantingham)과 파우스트(Faust)에 의해서 소개되었다.[2] 그리고 1986년 독일의 쿠베(Kube)는 이 구조모델을 '주사위모델'로 응용하여 이해하기 쉽도록 소개하고 있다. 1992년 랩(Lab) 등에 의해 이 구조모델론은 다시 범죄예방에 관한 유용한 접근방법으로 논의되고 있다.

이상과 같은 논의는 아래의 표와 같이 개괄적으로 정리 할 수 있을 것이며, 각 단계의 영역은 경우에 따라서는 상호 중복되는 부분이 존재한다는 점을 인식할 필요가 있다.

범죄예방의 접근방법 및 과정

구분	1차 범죄예방	2차 범죄예방	3차 범죄예방
대상	일반시민	우범자 및 우범집단	범죄자
	일반적 사회환경 중에서 범죄 원인이 되는 조건들을 발견·개선하는 예방활동	잠재적 범죄자를 초기에 발견하고 이들의 범죄행위를 저지하기 위한 예방활동	실제 범죄자(전과자)를 대상으로 더 이상 범죄가 발생하지 않도록 하는 예방활동

사실, 발생가능한 어떠한 문제에 대한 예방적 조치는 다양한 관점에서 주어진 상황에

2)Brantingham, P. J., Faust, F. L.(1976), "A Conceptual Model of Crime Prevention," Crime & Delinquence, p. 22.

맞도록 이루어져야 하고, 또 일정한 우선순위를 두고 이루어져야 한다고 본다. 이러한 점에서 상황에 따른 일정한 단계를 설정하는 것은 의미가 있다. 아래에서는 질병예방과 범죄예방을 비교하면서 각각 단계별로 살펴보고자 한다.[3)]

1. 1차 범죄예방

1차 범죄예방을 설명하기에 앞서 1차 질병예방에 대해서 살펴보자. 1차적 질병예방은 가장 일반적인 접근방법으로서 모든 사람(불특정 다수)을 대상으로 이루어질 수 있다. 모든 사람은 질병에 걸릴 수 있는 잠재적 환자들이며, 따라서 이들은 평상시에 일정한 예방적 조치가 필요하게 된다. 예컨대, 거시적으로는 환경보존 및 오염감소 등이 필요하며, 개인적으로는 손발 씻기, 적절한 식습관·운동·수면 등의 조치가 이루어진다면 어느 정도 질병을 예방할 수 있다고 본다(그러나 이러한 1차 조치를 통해서 모든 사람이 질병을 예방할 수 있는 것은 아니다).

1차 질병예방과 마찬가지로 1차 범죄예방(Primary Crime Prevention)에서는 거시적으로 사회적 결함 또는 결핍구조의 개선과 심지어는 범죄를 저지르기 전 단계의 실업문제, 교육문제, 사회화, 주거환경 또는 노동조건, 여가활동 및 휴양활동 등이 거론된다. 그리고 미시적으로는 범죄를 저지를 수 있는 환경을 개선함으로써 범죄기회를 제거하는데 초점을 두고 있다. 범죄의 기회 또는 범죄를 일으킬 수 있는 사회적 또는 물리적 환경 조건을 파악하고 이를 사전에 적절하게 관리·통제함으로써 범죄예방효과를 기대하는 것이다.

그리고 1차 범죄예방의 핵심은 '잠재적 범죄자'가 쉽게 범죄를 저지르지 못하도록 하는 것이며, 아울러 그러한 잠재적 범죄자가 범죄를 저질렀을 경우 인지 및 체포가 쉽게 이루어질 수 있는 환경을 조성하는데 있다.

주의할 것은 1차 범죄예방에서 의미하는 '잠재적 범죄자'는 기본적으로 성악설(性惡說)의 관점에서 바라보는 일반인 모두를 지칭한다고 볼 수 있다. '견물생심'(見物生心)이라는 옛말이 있듯이 모든 사람은 어떠한 조건 또는 기회(예컨대, 차량 문에 열려 있는 채로 현금이 차 안에 놓여 있을 때)가 주어지면 범죄를 저지를 가능성이 높다는 것이다. 바꿔 말하면 이들은 차량 문이 잠겨 있는 것만으로도 범죄를 저지르지 않을 가능성이 높다는 것을 의미한다.

이러한 1차 범죄예방 전략으로서 적용되는 환경설계 프로그램은 범죄의 대상이 된 목

3) Gaines, Larry K., Kappeler, Victor E., Vaughn, Joseph B.(1994), Policing in America, Cincinnati: Anderson Publishing Co., pp. 353~355.

표물(사람·물건·시설·정도 등)에 대한 접근을 강화함으로써 범죄의 실행을 어렵게 하도록 하는 것이다. 민간경비의 활동 역시 기본적으로 환경설계에 기초를 두고 있다는 점에서 1차 범죄예방과 밀접한 관련성을 맺고 있다(물론 2차, 3차 범죄예방과도 관련된다).

이와 관련하여 이웃감시프로그램 및 경찰의 순찰활동 강화프로그램은 범죄행위에 대한 감시 및 관찰에 의한 가시성(可視性)을 증대시키거나 체포의 가능성을 증대시킴으로써 범죄의 실행을 억제하는 결과를 가져다준다. 어쨌든, 1차 범죄예방은 범죄에 대한 '첫 번째 단계의 방어선'(The first line of defense)을 구축한다고 볼 수 있다.

2. 2차 범죄예방

2차 질병예방은 질병에 걸릴 가능성이 높은 사람들에 관한 것이다. 유전적 요인 등에 의해 선천적으로 질병에 감염되기 쉬운 사람들이 있는데, 이들에 대해서는 1차 질병예방조치 외에 특별한 개별적 조치가 필요하다고 본다. 신체의 특정부분(예: 간이나 심장, 폐 등)이 정상인보다 허약한 사람의 경우에는 그에 대한 추가적인 조치(정기검사, 약물투여, 식이요법 등)가 이루어져야 할 것이다.

마찬가지로 2차 범죄예방(Secondary Crime Prevention)은 대부분이 '범죄를 저지를 가능성이 높은 잠재적 범죄자'(우범자) 및 '범죄 발생율이 높은 지역'(우범지역)을 파악하는 것과 같이 특정 개인이나 특정 지역에 초점을 두고 있다. 여기에서의 '잠재적 범죄자'는 일반적인 사람(1차 범죄예방에서 말하는 잠재적 범죄자)이 갖는 견물생심 수준을 넘어선 즉, 기회만 있으면 어떠한 범죄적 행동을 할 가능성이 높은 사람을 의미한다고 볼 수 있다.

따라서 2차 범죄예방은 잠재적 위험성이 높은 특정개인과 특정지역에서 범죄를 일으키는 문제점이 무엇인가를 파악하는데 있다. 이러한 확인과정을 통해서 2차 범죄예방은 잠재적 범죄자들이 범죄를 저지르고자 하는 의지 또는 욕망을 제거 또는 감소시키는데 초점을 둔다.

여기에서 중요한 것은 범행의욕이 높은 잠재적 범죄자들에 대해서 1차 범죄예방에서와 같이 단순히 차량 문에 잠금장치를 설치하는 것만으로는 예방이 어렵다고 본다. 잠금장치 외에 '경보장치'를 설치하는 것 등이 추가되어야 어느 정도 예방효과가 있을 것이다. 1차 범죄예방은 범죄자들이 범죄를 저지르고자 하는 기회자체를 제거하는데 중점을 두고 있는 것에 비해 2차 범죄예방에서는 잠재적 범죄자의 범행의지 또는 욕망 제거에 초점을 두고 있다는 점에서 차이가 있다(물론, 이러한 양자 간의 개념구분이 명확하게 이루어지지는 않는다고 본다).

한편 2차 범죄예방으로서 경찰이 주최하는 스포츠행사(축구, 야구 등)를 통해 청소년들에게 여가활동의 기회를 제공함으로써 비행에 빠지기 쉬운 청소년들을 건전한 방향으로 유도하는 효과도 얻을 수 있을 것이다. 또 교정기관 체험학습 프로그램을 통해 청소년들이 범죄자가 되는 것을 예방하는 효과도 기대할 수 있을 것이다. 따라서 2차 범죄예방은 주로 지역사회 내의 다양한 구성원(경찰, 교육자, 부모, 사회복지사 등)들과 연계되어 이루어진다.

3. 3차 범죄예방

3차 질병예방은 이미 한번 이상 관련 질병에 걸린 사람들을 대상으로 하는 것으로서 이들의 상태를 보다 호전시키고, 또 치료가 완료되었다면 이후 다시 재발하지 않도록 조치를 하는 것이다. 치료가 완료되지 않았다면 주기적으로 통원치료를 해야 하고 경우에 따라서는 입원 치료를 계속해야 할 것이다. 물론, 한번 질병에 걸린 사람(예: 암수술 환자 등)이 정상인으로 생활하는 것은 쉬운 일이 아니라고 본다.

마찬가지로 3차 범죄예방(Tertiary Crime Prevention)은 '과거에 범죄경력이 있는 사람'(전과자) 등을 대상으로 한다. 이미 범죄를 저지른 경력이 있는 자들에 대한 범죄예방활동은 또 다른 접근방법이 모색될 필요성이 있다. 전과자 등의 범죄 의욕을 차단·좌절시키기 위해서는 1차, 2차 범죄예방에서 이루어진 대응 이상의 어떠한 조치가 필요하다는 것을 의미한다.

따라서 어떤 귀중품이 있다면 이를 보호하기 위해서는 차량 문을 잠그고(1차 예방), 경보장치를 설치하고(2차 예방), 거기에 경비원을 배치하는 추가조치(3차 예방)가 필요할 수도 있을 것이다. 그리고 형사사법시스템에 의한다면, 이러한 목적 달성을 위해 경우에 따라서는 특정 범죄자들에 대해 무기형(無期刑) 등을 선고 하여 오랫동안 사회로부터 격리하기도 한다. 그리고 교정시설에서 구금과 처우 및 교화개선이 병행되기도 하는데 이 역시 범죄의 재발 가능성을 제거하기 위한 것이다. 3차 범죄예방은 주로 교정, 보호관찰 등에 의해서 이루어지게 된다.

그런데, 각각의 예방단계의 경계가 확연히 구분되는 경우도 있지만, 상호 중첩되는 부분도 있다. 그리고 비용 면에서 각 단계적으로 살펴봤을 때, 1차 예방이 가장 적은 비용이 소요될 것이며, 3차 예방은 가장 많은 비용이 든다고 볼 수 있다.

제3절 환경설계를 통한 범죄예방전략

1. 환경이 인간심리 및 행동에 미치는 영향

수천 년 동안 통치권자, 군사전략가, 형사사법 종사자, 건축설계사, 도시계획자, 그리고 주거자 등은 관련환경이 인간행동(人間行動)에 일정한 영향을 미친다는 인식을 해 왔으며, 따라서 환경을 적절하게 설계함으로써 인간행동을 바람직한 방향으로 이끌고자 하였다.

이와 관련하여 고대 그리스 신전들은 빛을 차단함으로써 인간의 두려움을 자아내도록 설계되었다. 플로렌스(Florence, 이탈리아 중부 도시)와 같은 초기 도시들은 입법과정을 속행하기 위하여 말 그대로 지붕을 급경사 하게 하여 심리적 감동을 자아내도록 하는 집회장소를 설계하였다. 오늘날의 상업시설들은 신속한 서비스를 제공한다는 환상을 불러일으키기 위해 음향, 색상, 그리고 내부 장식설계를 하고 있다. 맥도널드 음식점과 심지어 안경점은 자신들의 판매량을 극대화하기 위해 인간의 감각과 행동을 교묘하게 조종하는 자신들만의 물리적 환경을 활용하고 있다.

따라서 주어진 환경이 인간심리 및 행동에 일정한 영향을 미치고 있다는 것을 인식하는 것은 중요한 일이다. 이것은 단순히 건물의 구조와 같은 환경뿐만 아니라 빛, 색, 소리, 열 등과도 밀접한 관련성을 갖는다. 예컨대, 아파트 단지 내에 설치된 조명이 지나치게 높이 설치되어 있으면, 저층 주민들에게는 빛이 들어오기 때문에 불편함을 미칠 수 있다. 또 단지 내의 조명이 밝지 않고 어둡게 느껴질 때에는 아파트 분위기가 초라해지고, 범죄예방 차원에서는 특히 불안한 분위기가 형성된다. 물론, 조명이 지나치게 밝은 경우에도 불편한 점이 발생할 것이며, 따라서 적재적소에 적절한 조명을 설치하는 것은 중요한 일이다.

또 우리가 잘 아는 사찰(寺刹)의 처마 밑에 달린 풍경 또는 가정집 현관의 종 역시 적절하게 사용한다면 상당히 긍정적인 분위기를 조성한다는 사실을 알 수 있다. 그런데, 이는 단순히 좋은 소리를 듣기 위한 것만은 아니다. 종종 식당이나 은행 출입문에 종을 설치하는 경우가 있는데, 이는 좋은 소리를 내어 고객들의 마음을 편안하게 해주는 목적도 가지고 있지만 이 외에도 두 가지 목적을 더 갖는다. 하나는 종이 출입문에 매달려 있어서 사람이 출입하는 상황을 쉽게 파악할 수 있다는 점이다. 다른 하나는 범죄예방 차원에서 종소리는 잠재적 범죄자들에 대해서 일종의 보이지 않는 '장벽'(障壁, Fence)

의 역할을 한다는 점이다.

여기에서 내부인은 외부의 출입을 감지할 수 있고 반대로 좋지 못한 의도하에 내적으로 불안감을 가지고 출입한 사람은 출입문을 여는 순간 울리는 종소리에 긴장하게 된다는 것이다. 실제로, 1970년대 중반 강도사건이 빈번하게 발생했던 미국 캘리포니아의 어느 은행은 관련전문가의 조언에 따라 은행 출입문에 작은 종을 설치하였는데, 이후 강도사건이 재발하지 않게 되었다고 한다. 이는 일견 단순해 보이기도 하지만, 문이 열릴 때마다 종이 울리게 되어 범죄자의 심리를 위축시키는 효과를 가져다준 것이다.[4]

요약건대, 빼앗으려는 자와 지키려는 자의 상호작용에서 누가 승리하느냐 하는 것은, 누가 환경적 특성을 보다 잘 파악하여 자신에게 유리하게 활용하느냐 하는 것이라고 할 수 있다.

2. CPTED의 의의

환경설계를 통한 범죄예방(CPTED: Crime Prevention Through Environmental Design)은 환경적인 요소가 인간의 행동과 심리적인 성향을 자극하여 범죄를 저지르지 못하게 하는 환경행태학(環境行態學)적 이론을 기초로 하고 있다. 행태학적 관점에서 본다면, 인간의 행동은 불규칙하거나 규칙적이며, 이것은 본인의 주관적 의사(意思)뿐만 아니라 외부환경적 요인에 영향을 받게 된다는 것이다. 여기에서 환경이란 인간이 주변에서 접하는 모든 것을 의미한다.

일반적으로 환경은 자연적 환경과 인공적 환경으로 나뉜다. 여기서 자연적 환경은 범죄여건과 큰 관련성이 있지 않은 편이며, 인공적인 환경이 개별적인 범죄에 큰 영향을 미치고 있다는 견해가 있다.[5]

한편 설계(設計, Design)라는 것은 어떤 일을 하는데 있어서 미리 이와 관련된 계획과 도면, 세부 내역을 마련하는 일이다. 따라서 CPTED는 환경을 적극적으로 활용하여 범죄를 예방하고자 하는 목적을 가지며, 이에 따르는 세부적인 계획을 마련하여 적용하는 과정을 말한다. 그러나 앞의 범죄예방 단계에서 살펴보았듯이, 모든 범죄에 대해서

4) Rossbach, Sarah/황봉득 역(1995), 풍수로 보는 인테리어, 서울: 동도원, p. 38.

5) Verbrugge, L. B. & Taylor, R .B.(1976), Consequences of Population Density: Testing New Hypotheses, Maryland: John Hopkins University, p. 31.; 그러나 동양적 '풍수'(風水)의 관점에서 본다면, 인공적 환경보다는 근본적으로 자연적 환경이 개인 및 집단의 삶에 많은 영향을 미친다고 보는 것이 일반적이다. 이러한 관점에서 본다면, 범죄예방을 위해서는 도시의 입지조건과 건축물의 배치는 기본적으로 자연적 환경을 고려해야 하고, 그러한 것을 바탕으로 하여 인공적인 요소(장벽, CCTV, 센서, 잠금장치 등)가 적절하게 가미되었을 때, 그 효과가 극대화된다고 볼 수 있다.

CPTED가 효율성을 갖는다고 단정 짓는 것은 한계가 있다.

1) 전통적 CPTED

그리고 환경설계를 통한 범죄예방 전략은 오늘날 새로운 접근방식이라기보다는 인류의 역사와 더불어 시작된 것은 분명한 사실이다. 예컨대, 동굴, 주거지역(집과 울타리), 성곽(우리나라의 천리장성, 중국의 만리장성). 나무 위의 집과 같은 것은 외부의 적(인간, 동물), 자연재해 등으로부터 환경설계를 통해 개인 및 집단방어를 위해 만들어진 것이라 할 수 있다.

따라서 CPTED가 지향하는 환경설계를 통한 범죄예방은 현대사회의 독특한 현상은 결코 아니라는 점이다. 인류역사의 시작과 함께 동서고금을 막론하고 개인 또는 집단은 자신의 가족, 재산, 더 나아가 국가를 지키기 위하여 외부의 침입을 가장 효율적으로 막기 위하여 물리적 환경을 개선하여 왔음은 분명한 사실이다.

다만, 전통적·고전적 CPTED 접근방식은 단순히 외부 공격으로부터 보호대상을 강화하는 방법(THA: Target Hardening Approach)을 강조하여, 가급적 공격자가 보호하는 대상에 원천적으로 접근하지 못하도록 하는 방법을 주로 활용하였다고 볼 수 있다. 예컨대, 공격자로부터 보호대상물을 보호하기 위하여 자연적인 장벽(산, 강, 절벽 등)의 활용하고, 성벽을 높이 쌓거나 깊은 함정을 파고, 문을 견고하게 하는 것 등을 들 수 있다. 이러한 물리적 접근통제 방법은 소극적인 성격을 가진 CPTED전략이며, 오늘날의 관점과는 차이가 있다.

사실, 전통적 CPTED접근은 경우에 따라서는 지나치게 외부와의 연결을 차단시킴으로써 보호대상자의 일상생활까지 구속하는 경향이 있다. 또한 전통적 접근방법은 자연적 접근통제나 자연적 감시를 간과하는 경향이 있다는 점이 지적된다.

2) 현대적 의미의 CPTED

현대적 CPTED는 전통적 방식과는 상당히 차별화되는 점이 있다. 단순히 공격에 대한 방어능력을 강화하는 것 이상의 의미를 갖기 때문이다. 범죄에 대한 두려움을 감소시키면서 한편으로는 어떻게 하면 '삶의 질'을 향상할 수 있는 것까지 고려하기 때문이다. 이는 범죄자에게는 공격은 더 어렵게 하고, 거주자에게는 자신들의 환경 속에서 더욱 안전을 느끼고, 아울러 자신들이 추구하는 본래의 활동 역시 원활하게 이루어지는 것까지 고려하는 것을 의미한다.

이러한 현대적 의미의 CPTED는 전통적·소극적인 THA 방식을 지양하고, 적극적으로 범죄문제에 대응하는 방향으로 나아가고 있다.[6] 보다 구체적으로 살펴보면, 보호대상물에 접근하더라도 이를 쉽게 공격하지 못하도록 할 수 있는 기술을 고안하는 것을 말한다. 이와 관련하여 예컨대, 과거 로마교황에 대한 암살위협이 수차례 이루어지면서 교황의 대중행사 참석은 위험하기 때문에 이를 제한하자는 주장이 제기되어 왔다. 이러한 주장은 전통적 THA 방식에 의한 것이다. 그러나 카톨릭계 인사들은 교황의 공식행사 참석은 그대로 하되, 투명한 방탄유리차량을 이용하여 교황을 보호해야 한다고 주장하였다. 결과적으로 후자의 의견이 받아들여졌으며, 교황은 방탄유리차량을 타고 대중행사에 참석하였다.

사실, 전통적인 THA 방식은 고전적인 경호경비업무에서 자주 활용되어 왔다. 그러나 오늘날 대통령이나 경제인, 그리고 연예인과 같은 정치적 · 경제적 · 사회문화적 중요인물의 대중성(大衆性)이 강조되기 시작하면서 종래의 단순 차단방식은 배척당하는 상황에 이르렀다. 전통적인 THA 방식의 범죄예방법은 보다 철저한 안전을 추구한다는 장점이 있는 대신에 원래 이루고자 하는 목적을 달성하는데 큰 지장을 준다는 단점이 있기 때문이다.[7]

물론, 이와 같은 CPTED 접근방법의 변화는 범죄 및 테러의 공격수단의 변화와도 밀접한 관계가 있다. 과거에는 기껏 해봐야 화살이나 도 · 검류가 주요한 위협요인 이었지만, 오늘날에는 총기를 비롯하여 각종 대량살상무기가 개발되고 있고, 그 성능 또한 고도화되고 있다. 이러한 상황에서 단지 접근을 허용하지 않는 방식만으로는 보호대상의 안전성을 확보하기에는 많은 한계가 따른다. 그리고 단순한 접근통제는 오히려 정상적인 일상생활을 비롯한 사회생활에 불편함을 초래하게 되는데, 이 같은 문제점을 보완하고자 보다 적극적인 CPTED개념이 도입되게 된 것이다.

현대사회에 있어서 이러한 접근이 재조명되고, 이론적으로 체계화되기 시작한 것은 1970년대 초 미국에서 비롯된 것이라 할 수 있다. 1971년 미국의 국립법집행 · 형사사법연구소(NILECJ: National Institute of Law Enforcement and Criminal Justice)가 전기회사인 웨스팅하우스(Westinghouse)회사에 주거용 · 교육용 · 상업용 · 운영용 시설에 대한 'CPTED'(Crime Prevention Through Environmental Design)라는 프로젝트를 위탁한 것에서 시작되었다.[8]

---

6) Crowe, Timothy(2000), Crime Prevention Through Environmental Design: Application of Architectural Design and Space Management Concepts, Boston: Butterworth- Heinemann, p. 35.
7) 염건령(1998), "환경설계를 통한 범죄예방시스템에 관한 연구," 공안사법연구소, pp. 100~101.
8) Jeffery, C. Ray(1977), Crime Prevention Through Environmental Design, California: Saga Publication, Inc., pp. 224~227.

이러한 범죄예방과 안전에 대한 환경적 접근은 뉴만(O. Newman)의 저서인 『방어공간(防禦空間, Defensible Space)』(1972)에서 보다 체계적으로 설명되고 있다.[9] 이러한 방어공간 개념은 학교, 상업지역, 주거지역, 그리고 운송지역 등에서 성공적으로 입증되었다. 또한 오늘날에는 이러한 개념이 기업의 생산성에도 많은 영향을 미치고 있기 때문에 산업부문에도 폭넓게 적용되고 있다. 더 나아가 정부의 관계자들은 각 환경에 적절한 범죄예방을 설계·적용하는 것이 안전한 요새처럼 만들기 위하여 추가적으로 경찰관을 고용하거나, 방어시스템을 설치하는 비용보다 훨씬 적게 든다는 사실을 깨닫고 있다.

3) CPTED 개념의 확대

(1) 개인과 소프트웨어에 대한 적용

그런데 CPTED라는 것이 단순히 은행이나 공장 등 어떠한 시설물이나 집단의 환경에만 적용되는 것은 아니라고 본다. 개인적 환경에 대한 보호를 극대화하는데 있어서도 CPTED전략은 적절하게 적용될 수 있을 것이다. 개인 역시 일정한 환경 속에서 행동하기 때문이다. 또한 CPTED는 물리적 시설과 같은 하드웨어뿐만 아니라 컴퓨터시스템 및 각종 프로그램과 같은 소프트웨어 환경에도 적용될 수 있을 것이다. 다만, 이러한 적용 가능성은 기본원리를 전제로 한 것이다. 각각의 보호대상에 맞는 적절한 수단은 동일하지 않다는 것을 의미한다.

(2) 내면적 CPTED

마찬가지로 CPTED는 주로 외부의 물리적 환경을 의미하는 것이었는데, 더 나아가 인간 내면의 환경설계 역시 중요하다고 본다. 예컨대, 범죄에 대한 두려움 문제는 외부환경적인 요인에 의한 것일 뿐만 아니라 내면적인 요인 역시 중요하게 작용한다고 보는 것이다.

따라서 개인이 일정한 환경에 처하게 되면 내적으로 안전의식을 갖고 환경변화에 대해 경계하고 적절한 대응을 하는 것이 필요하다. 비록 외적으로 보안상태가 갖추어져 있다 할지라도 심적으로 아무런 준비상태 없이 위험상황에 직면하게 되면 대단히 치명적인 결과를 초래할 수 있다. 옛말에 '기우'(杞憂)라는 말이 있다. 하늘이 무너질까 쓸데없이 걱정하는 것을 나타낸 말인데, 범죄에 대한 두려움은 한편으로는 이에 대한 지나친 집착에서 비롯될 수도 있다. 따라서 지나치게 두려워하거나 반대로 지나치게 안심해

---

9) Newman, Oscar(1972), Defensible Space: Crime Prevention Through Urban Design, NY: Macmillan Publishing Company.

서도 안 될 것이다. 이는 자신의 일상생활에 충실하고 항상 적절한 긴장상태를 유지하면서 내면적 CPTED를 구축하고 있어야 한다는 것을 의미한다.

(3) 손실예방의 적용

민간경비의 중요한 기능은 비단 범죄예방에 국한되는 것이 아니라 손실예방도 그에 못지않게 중요한 것이 사실이다. 따라서 손실예방적 측면에서 이른바 '환경설계를 통한 손실예방'(LPTED: Loss Prevention Through Environmental Design)도 논의될 수 있으며, 이를 통합하여 '환경설계를 통한 범죄·손실예방'(CLPTED: Crime & Loss Prevention Through Environmental Design)으로도 논의 될 수 있을 것이다.

범죄문제는 주로 인간의 고의 또는 과실에 의한 위법행위에 의해 발생하는 반면, 손실문제는 인간의 고의 또는 과실뿐만 아니라 자연적인 문제(예컨대, 지진이나 해일 등)에 의해서 발생하기도 한다. 또 인간의 행위문제와 자연적인 문제가 동시에 원인이 되기도 한다. 어쨌든 범죄 또는 손실문제에 있어서 무엇보다도 중요한 것이 '예방'이라는 점은 분명한 사실이다.

민간경비의 제1차 목표는 '예방'에 있으며, 따라서 민간경비가 지향하는 범죄예방과 손실예방은 기본적으로 '예방'이라는 본질적 의미와 절차 그리고 '환경설계'를 기초로 해서 기본전략을 세운다는 점에서는 이의 접근방식이 거의 동일하다고 본다.

4) 범죄원인에 대한 CPTED의 접근방식

오늘날 범죄원인에 대한 접근은 매우 다양한 관점에서 이루어지고 있다. 일차적으로 범죄에 대한 적절한 대응을 위해서는 범죄원인에 대한 심도 있는 접근이 선행되어야 한다. 이와 관련하여 범죄원인을 이른바 생물학적·심리학적·사회학적 관점에서 다양하게 규명하고자 하는 노력이 전개되어 왔다. 여기에서 범죄자의 개인적인 특성 또는 사회환경적인 특성에서 범죄원인을 접근하고 있다. 이러한 범죄원인론은 전반적으로 범죄자와 일반인(엄밀하게는 준법시민)의 일정한 차이를 인정한 데서 출발하고 있다.

그러나 여기에서 논의하고자 하는 CPTED 관점에서는 기본적으로 일반인과 범죄자에 대한 어떠한 차별성을 고려하지 않는다는 점이다. 누구나 일정한 상황에 놓이게 되면 범죄를 저지르고자 하는 본능을 표출시킨다는 논리이다. 이와 같은 관점에서 본다면, CPTED는 '인간은 본질적으로 선하다'라고 하는 맹자의 성선설(性善說)보다는 '인간은 본질적으로 악하다'라고 하는 순자의 성악설(性惡說) 쪽에 보다 가까운 접근방식으로 볼 수 있다. CPTED는 이러한 인간의 본성에 대한 2분법적 논리에 근거를 두고 접근한다기보다는 인간의 양면적인 특성(상황에 따라서 행동하는), 또는 의식구조의 복합적인 면을 인정한 전제에서 출발한다고 보아야 할 것이다.

인간이 모두 선하고, 도덕적이고, 법을 준수한다면 굳이 대문을 잠그는 등의 행위를 할 필요는 없을 것이다. 그러나 인간사회는 저마다 개개인의 의식구조가 복잡하게 얽혀 있기 때문에 일괄적으로 이렇다 저렇다 평하기가 어렵다.

일부의 인간들은 이른바 법 없이도 살 사람들도 있으며, 일부의 인간은 아무리 좋은 상황이 주어지더라도 범법행위를 할 것이며, 일부의 사람들은 주어진 상황에 따라 이러한 양자의 행동을 선택적으로 취한다고 보아야 할 것이다. CPTED는 첫 번째의 경우보다는 후자 즉, 본질적으로 범죄행위를 하고자 하는 사람들과 주어진 상황에 따라 범죄행위를 하고자 하는 사람들에 대한 대응적 차원에서 접근되는 것이라 할 수 있다.

그런데 CPTED가 '환경설계를 통한 범죄예방'이기 때문에 범죄원인론적 관점에서 본다면, 범죄원인을 범죄자 개인의 특성에서 규명하기보다는 일차적으로 주어진 환경적 요인에서 접근하고 있다. 인간의 본성은 '선'(善) 또는 '악'(惡)의 개념에 비추어 볼 때, 극단적인 위치에 있는 것이 아니라 이들 사이에 존재하며, 따라서 어떠한 환경에 놓이게 되느냐가 범죄성을 결정짓는 것이라고 해야 할 것이다. 따라서 환경이 개선되어 있으면 범죄를 저지를 가능성이 적다는 것이며, 아니면 적어도 환경개선을 통해 범죄를 저지를 의욕 또는 기회를 감소시킬 수 있다는 것이다. 환경이 개선되어 있지 않으면 범죄를 저지를 가능성이 그만큼 높다는 것이다.

CPTED는 환경의 적절한 설계와 이의 효율적인 활용은 사고와 범죄의 두려움을 감소시킬 수 있고, 아울러 삶의 질까지도 향상할 수 있다는 이론적 근거에 기초를 두고 있다. 우리가 인적 · 물적 자원을 보다 효율적으로 활용할수록, 이익은 보다 증대되고 손실은 감소할 것이다.

따라서 최근 연구에서는 범죄원인을 개인의 결정론(決定論, Determinism)적인 관점에서 파악하기보다는 오히려 외부의 환경적 · 상황적 기회(Situational Opportunity)에서 파악하는 경향이 크게 나타나고 있음은 주지의 사실이다. 미국 국가범죄예방연구소(NCPI: National Crime Prevention Institute)는 범죄예방을 '범죄기회를 감소시키는 사전활동이며, 범죄와 관련된 환경적 기회를 제거하는 직접적 통제활동'이라고 정의하고 있다.[10] 이러한 접근은 실제로 범죄의 발생원인을 주로 외부환경적 요인으로 파악하고 있음을 알 수 있다.

10) National Crime Prevention Institute(1986), Understanding Crime Prevention, Boston: Butterworths Publishers, pp. 2~8.

그러나 그동안 수많은 범죄학자 및 전문가는 우리사회에서 발생하는 범죄에 대한 원인을 밝혀왔지만, 사실상 명쾌한 원인을 밝히는데 실패하였다. 인간의 사회적 상호작용 가운데 나타나는 수많은 요인들을 하나의 변수로서 파악하여 범죄원인을 밝히고자 하였으나, 그러한 요인들이 많은 범죄원인 가운데 단지 일부에 해당한다는 것이다. 어떤 면에서 완벽한 범죄예방이라는 것은 본질적으로 완벽한 범죄원인의 진단을 전제로 하는 것인데, 이는 또한 본질적인 한계인 것이다.[11)]

3. CPTED의 기본전략

CPTED의 기본전략은 ㉠ 자연적인 접근통제(Natural Access Control), ㉡ 자연적인 감시(Natural Surveillance), ㉢ 영역성의 강화(Territorial Reinforcement)라는 세 가지 차원에서 출발한다. 그리고 여기에 '유지 및 보수관리'라는 요소가 포함되기도 한다. 어떠한 보호대상(예: 아파트와 같은 시설물 등)에 대한 자연적 접근통제와 감시, 그리고 이를 통한 영역성의 강화가 이루어졌다 할지라도 이러한 수준을 지속적으로 유지하고 관리하지 못한다면 큰 의미가 없기 때문이다.

여기에서 접근통제(接近統制)와 감시(監視)는 물리적 설계프로그램의 핵심요소로 인식되고 있다. 따라서 CPTED 프로그램 초기에는 이에 대한 많은 관심을 두고 접근하였던 것이다. 그러나 접근통제와 감시는 상호 배타적인 것이 아니라 상호 지원하는 관계라고 할 수 있다. 물론, 각각의 운용방법은 명백히 차이가 난다고 볼 수 있다.[12)]

한편 여기에서 말하는 '자연적'(自然的, Natural)이라는 말은 정상적으로 주어진 환경을 이용하는 과정에서 '자연스럽게' 접근통제와 감시를 하는 것을 의미한다는 점에 주의할 필요가 있다. 바꿔 말하면, 어떤 대상을 보호하기 위하여 인위적 · 외관상으로 뚜렷하게 접근통제를 하고 감시활동을 하기보다는 드러나지 않으면서, 주변 일상적인 생활에 거부감을 일으키지 않는 차원에서 이루어지는 것을 말한다. 이러한 논의가 필요한 이유는 '자연적 통제'라는 말이 한편으로는 '자연적인 장벽'(절벽, 호수, 숲 등)을 이용하는 통제에 대해서도 사용될 수 있으며, 고전적 접근통제는 바로 이러한 자연물을 이용한 통제가 주요 방법이었기 때문이다.

---

11) 최선우(2002), 치안서비스 공동생산론, 서울: 대왕사, p. 101.
12) Crowe, Timothy(2000), op. cit., pp. 36~38.

1) 접근통제와 감시

접근통제는 범죄의 기회를 줄일 목적을 갖고 만들어진 설계개념이다. 이러한 접근통제 전략은 전형적으로 ㉠ 조직적인 통제(경비원 운용 등), ㉡ 기계적인 통제(장벽, 차단장치, 잠금장치 등), 그리고 ㉢ 자연적인 통제(공간 구획 등)로 구분된다. 접근통제전략의 핵심은 범죄자가 목표물에 접근하는 것을 차단하는 것이고, 범죄자에게 체포의 위험을 인식시키는 것이다.

감시는 침입자의 행동을 효과적으로 관찰하는데 목적을 두고 만들어진 설계개념이다. 감시전략 역시 접근통제와 마찬가지로 ㉠ 조직적인 감시(경비원 배치 및 순찰활동 등), ㉡ 기계적인 감시(경비조명, 감시카메라 등), 그리고 ㉢ 자연적인 감시(창문 등)로 분류된다.

여기서 자연적 접근통제는 인위적으로 경비원을 운용한다거나, 장벽을 설치하는 등의 조치를 통해서 외부의 접근을 통제하는 방식이 아니라 공간구획을 통해서 실행하는 방법이다. 공간구획(空間區劃)은 건물의 위치, 정원의 위치, 도로의 진입로, 출입문의 위치 등과 같은 요소들을 일정지역에 적절하게 배치함으로써 외부의 침입을 자연스럽게 통제하도록 하는 것을 말한다.

그리고 자연적 감시는 거주자가 일상적인 생활을 하면서 자신들의 영역 내에 침입하는 것을 시각적·청각적인 방법에 의해 자연스럽게 감시하는 것으로서 이는 경비원 등 그 자체를 직무로 하는 사람들의 감시와는 구별된다. 이는 일종의 '거리의 눈'(Eye of Street) 개념에 해당하는 것으로 특정 공간이 거주자와 통행인들에 의해 자연적인 감시를 받게 되는 것을 말한다. 한편, 자연적 감시활동은 창문으로 대표되기도 한다. 인간이 창문을 통해서 다른 사물을 보는 것이 가장 자연스러운 감시활동이라는 것을 의미한다고 볼 수 있다.

전통적인 접근통제와 감시방법

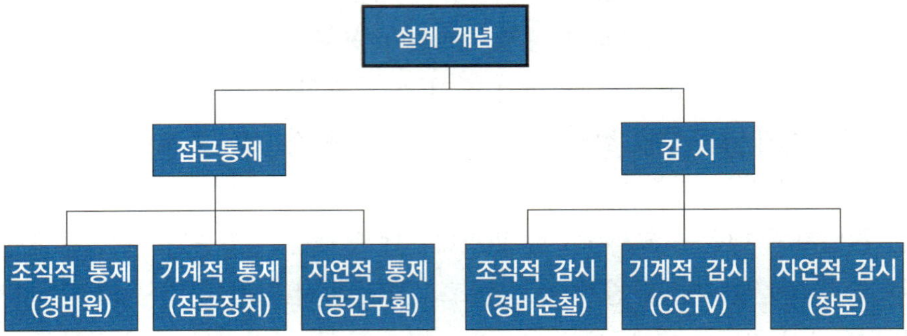

그런데 설계개념에서 볼 때, 전통적인 접근통제와 감시는 환경의 이용을 최소화하거나 무시하면서 단지 조직적 · 기계적 예방방법만을 강조하는 경향이 있었다. 주어진 환경을 최대한으로 활용하지 못하고 인위적인 방법에 치중하였다고 볼 수 있다.

그러나 최근에는 조직적 · 기계적 전략보다는 자연적인 기회를 활용함으로써 자연스럽게 범죄를 예방하는 방법을 강조하고 있다. 1차적으로 자연적 접근통제와 감시방법을 고려하고 2차적으로 조직적 · 기계적 접근통제와 감시방법을 적용하는 것이다.[13)]

접근통제와 감시방법의 변화

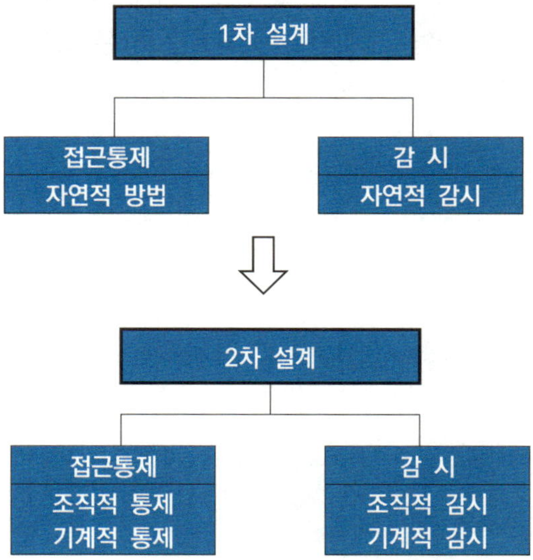

13) Ibid., p. 38.

2) 영역성

이와 같은 접근통제 및 감시방법의 변화는 결과적으로 '영역성'(領域性, Territoriality)의 개념을 강조하는 것으로 요약된다.

영역(領域)은 사람이 평상시 익숙하고 친숙하여 자신의 것으로 느끼는 장소라고 할 수 있다. 따라서 영역성이란 어느 지역에 대한 합법적인 이용을 의미하며, 영역적 통제는 경계의 설정에 기반을 두고 있다. 이러한 영역성은 특정 공간에 대한 소유의식 또는 지배의식을 의미하는 것이다.[14] 사람을 포함해서 모든 생명체는 일정한 영역성을 가지고 있다고 볼 수 있다. 이는 바로 방어공간과 밀접한 관련을 갖는 것이다. 따라서 예컨대, 사람은 자신이 생활하는 공간(예: 집과 사무실 등)에 대해서 배타적 권리를 행사하고, 또 거리를 이동하는 경우에도 자신을 둘러싼 일정한 공간에 대해서 영역성을 확보하고자 한다. 마찬가지로 개나 사자, 고양이와 같은 동물들 그리고 각종 나무도 그러한 영역성을 갖고 있다.

따라서 접근통제와 감시와 같은 물리적 설계가 영역성에 기여할 수 있도록 하는 것이다. 물리적 설계를 통해서 소유의식 및 소속의식을 강화하고, 잠재적인 범죄자에 대해서는 그와 같은 배타적 영역성의 존재를 인식할 수 있도록 하는 것이다. 이렇게 되면 환경을 이용하는 이용자들은 자신들의 영역보호에 더욱 관심을 가지게 될 것이고, 범죄자에게는 더 많은 감시 및 체포위협을 느끼게 할 것이다.

따라서 CPTED는 환경의 효율적인 이용을 통해 범죄예방의 목적을 달성하기 위하여 '조직적 · 기계적 전략'(組織的 · 機械的 戰略)에서 '자연적 전략'(自然的 戰略)으로 그 중심을 바꾸는데 기여하였음을 알 수 있다. 이는 있는 그대로의 환경을 자연적 · 일상적으로 이용하면서 구성원들의 적극적인 행동을 유도하여 접근통제와 감시효과를 거두려는 것이다. 물론 이러한 개념들이 구분되더라도 실제로 이들 전략을 실행하는 데는 중첩되어 나타난다. 따라서 자연적 접근통제와 감시, 그리고 영역성의 강화를 독립적인 것으로 생각하기보다는 이들을 통합적으로 고려하는 것이 중요하다.

3) CPTED전략모형의 개발

그런데 모든 보호대상에 기본적으로 적용할 수 있는 CPTED모델을 개발하는 것은 어려운 일이다. 이는 범죄 및 손실의 발생 가능성이 때와 장소에 따라 다르게 나타나기 때문이다. 또한 과학기술의 발달은 단순히 CPTED의 전략적 발전을 가능하게 할 뿐만 아

14) 최응렬(1994), "환경설계를 통한 범죄예방에 관한 연구: 주거침입절도를 중심으로," 동국대학교 박사학위논문, p. 24.

니라 범죄에 그것이 악용될 경우, CPTED의 기존 접근방법을 보다 무력화시키는 방향으로 적용되기도 한다는 점이다.

따라서 CPTED의 전략은 끊임없이 보완되고 개발되어야 한다. 이를 위해서는 형사사법 및 범죄학, 경찰학, 안전관리학 등에 대한 지식뿐만 아니라 교통공학, 건축공학, 인테리어디자인, 전자공학, 소방학 등과 같은 다양한 학문적 지식을 전제로 한다. 한편, CPTED의 접근방법은 모든 보호대상에 기본적으로 적용할 수 있는 보편성을 가지고 있어야 한다. 단순히 특정 보호시설에만 국한되어 적용할 수 있는 CPTED는 자체적으로 한계가 있기 때문에 활용되기가 어렵다.

4. CPTED와 3D전략

1) CPTED의 역할과 한계

그런데, 모든 보호대상(사람 또는 시설 등)이 그 활동에 있어서 범죄예방 및 손실예방이 궁극적 목표인 것은 아니다. 이는 범죄 및 손실예방을 극대화할 수 있는 CPTED전략이 궁극적인 목표가 아니라는 것을 의미한다. 모든 보호대상은 본연의 목표를 가지고 있다. 예컨대, 가수라는 존재는 무대 위에서 노래를 잘하는 것이 궁극적 목표이고, 공장은 관련제품을 최적의 상태로 생산하는 것이 목표이다. 또 백화점과 쇼핑센터 등은 상품을 최대한 많이 판매하는 것이 목표이다.

따라서 CPTED 적용과정에서 가장 문제가 되는 것은 CPTED가 제대로 적용되지 못했을 경우, 무엇보다도 그 보호대상이 가지고 있는 본래의 기능과 목적에 제약을 가한다는 점이다. 예컨대, 백화점은 물건을 팔기 위한 장소이다. 그런데 백화점에서 발생하는 좀도둑을 막기 위해서 지나친 방범설계를 하여 매장에 적용할 경우, 고객의 구매심리를 위축시킬 우려가 크다. 백화점 곳곳에 감시카메라를 수없이 설치하고, 매장 곳곳에 제복을 입은 민간경비원을 다수 배치하여 감시하게 하는 활동을 전개하게 되면 결과적으로 매출 감소라는 부작용이 나타나게 되며, 이는 결과적으로 범죄피해액보다도 매출액감소로 인한 손실이 더욱 클 수 있다는 것이다. 보호대상의 특성을 고려하지 않고 무조건 완벽한 범죄예방시스템을 구축하는 것이 항상 현명한 것은 아닐 수도 있다.

2) 3D 전략

따라서 CPTED의 적용은 그 보호대상이 본래의 목적을 달성하기 위해 가지고 있는 '공간'(空間, Space) 또는 '장소'(場所, Place)가 가지고 있는 특성을 극대화하면서 적용되어야 한다.

일반적으로 인간이 활용하고 있는 '공간'은 세 가지의 기능을 가지고 있다. 첫째, 인간이 활용하는 공간은 일정한 목적을 가지고 있다는 점이다. 둘째, 그러한 공간은 지역적·문화적·자연적·과학적 기타 여러 가지 환경적 요인에 의해 영향을 받는다는 것이다. 셋째, 그러한 공간은 인간의 행동을 극대화하면서 한편으로는 인간의 행동을 통제하는 역할도 한다는 점이다.

여기에서 언급하고자 하는 '3D전략'은 이상과 같이 어떠한 '공간'이 가지고 있는 본연의 기능을 명확하게 확인하는 과정이라고 할 수 있다. 3D는 ㉠ 지정(Designation), ㉡ 정의(Definition), ㉢ 설계(Design)의 영문 머릿 글자 'D'를 따온 것이다. 따라서 범죄예방 및 손실예방을 위해 CPTED의 설계를 담당하는 사람은 3D와 관련된 다음의 질문을 스스로 제기해야 하며, 그에 따라서 나타나는 문제점을 해결하기 위한 노력을 해야 할 것이다.

결론적으로 CPTED의 세 가지 기본전략 즉, 접근통제, 감시활동, 영역성은 모두 3D 개념에서 출발한 것이다. 한편으로는 3D는 CPTED의 근원적인 문제점과 시행상의 문제점을 발견하는데 가장 유용하게 사용되는 방법이라고 할 수 있다.

3D관련 검토사항

① 지정(Designation)
- ㉠ 이 공간이 무엇을 위해 필요한 것인가?
- ㉡ 이 공간은 어떤 목적을 가지고 있는가?
- ㉢ 현재 이 공간은 효율적으로 사용되고 있는가?
- ㉣ 다른 요소와의 충돌은 없는가?

② 정의(Definition)
- ㉠ 공간의 범위가 명확하게 한정되어 있는가?
- ㉡ 공간의 소유자가 분명한가?
- ㉢ 주어진 공간을 사용하는데 외부의 제약은 없는가?
- ㉣ 공간의 사용목적과 실제 사용용도가 충돌하지는 않는가?

③ 설계(Design)
- ㉠ 본래의 기능을 충분히 발휘할 수 있도록 설계되어 있는가?
- ㉡ 설계가 본래 의도된 행동을 이끌어 내는가?
- ㉢ 설계내용이 인간의 활동에 큰 제약을 가하지는 않는가?
- ㉣ 설계내용과 실제 적용상의 갈등이나 부작용은 없는가?

5. 2세대 CPTED의 모색

CPTED는 물리적 설계뿐만 아니라 사회단체와의 연계, 경찰 등 공공기관과의 연계를 포함하는 것이며, 여기에 주민들의 적극적인 협조가 더해져야 효과를 거둘 수 있다고 본다. 이러한 시각에서 본다면, CPTED는 민간경비와 공경비, 그리고 지역사회(community) 전체를 포괄하는 개념으로 확대된다.

이와 관련하여 최근 2세대(Second Generation) CPTED가 논의되고 있음에 주목할 필요가 있다. 이는 종래의 CPTED를 1세대로 지칭하고, 그에 대한 보완적·발전적 관점에서 접근한 것이다. 범죄로부터 안전하며, 건강하고 지속가능한 공동체를 형성·유지하기 위해서는 종래의 접근방법에 따른 도시와 건축물의 설계변화는 첫 단계에 불과하기 때문에 한계가 있으며, 따라서 더 나아가 사회적·경제적·문화적 측면과 물리적 측면을 통합한 총체적 발전을 도모할 필요가 있다는 것이다. 이와 관련하여 사빌과 클리블랜드(Saville and Cleveland, 2008)는 이러한 2세대 CPTED 전략으로서 ㉠ 사회적 응집, ㉡ 연계성, ㉢ 지역사회문화, ㉣ 한계 역량이라는 네 가지 차원으로 논의하고 있다.[15)]

생각건대, 안전하고 건강한 사회는 지역사회 내의 각각의 기능이 적절하게 이루어지고, 활기차고, 범죄율이 낮은 공동체를 의미한다고 본다. 안전한 지역사회에서는 주민들의 참여가 광범위하게 이루어지고, 사회응집력을 고양할 수 있는 다양한 프로그램이 실시되고, 공동체 내의 의사소통과 파트너쉽이 활발하게 진행된다. 결국, 이러한 지역공동체가 형성되기 위해서는 지역적 이기주의 또는 집단적 이기주의가 더 큰 사회적 가치(공동체의식) 속에서 통합될 때 가능하다고 본다.

15) 이에 대한 내용은 강은영 외(2010), 범죄예방을 위한 환경설계의 제도화방안(Ⅲ): 학교 및 학교주변 범죄예방을 중심으로, 한국형사정책연구원, pp. 44~53 참조.

제11장 물리적 통제전략

제1절 기본논의

사람들이 물리적 통제(物理的 統制, Physical Controls) 또는 물리적 경비(Physical Security)를 통해 자산을 보호하고자 한 것은 비단 최근의 일이 아니다. 이는 오랜 세월에 걸쳐 꾸준히 향상·발전되어 왔음을 알 수 있다. 물리적 통제라는 것은 앞에서 살펴본 환경을 이용한 범죄예방활동의 전형이라고 할 수 있다. 예컨대, 높은 나무나 동굴에 집을 짓거나, 높은 담장의 설치, 귀중품의 땅속 매장, 집 앞에 개 또는 거위를 매어 두는 것, 야간에 야생동물의 공격을 막기 위한 모닥불 등 수많은 물리적 통제방법을 개발하여 온 것이다.

따라서 비록 현대 물리적 통제의 접근방법이 기술적·과학적으로 보다 복잡해지고 정교해졌다 할지라도 그 근본원리(어떠한 공격 및 위험요인에 대한 신체 및 재산의 보호 등)는 동일한 것이다. 따라서 물리적 통제는 권한 없는 접근의 제지 및 억제, 지연, 그리고 범죄(비범죄행위 포함) 등에 의한 위험 및 위협의 감지 등과 관련된다고 볼 수 있다.

이와 관련하여 커닝햄과 테일러(Cunningham & Taylor)는 물리적 통제는 "개인과 차량의 접근에 대한 통제와 감시, 불법적인 침입의 예방과 탐지 및 감시, 기업의 중요문서, 고유의 정보, 상품, 건물 등의 보호 등과 관련된 물리적 수단을 의미한다"고 하였다.[1] 따라서 국가중요시설, 금융시설, 공공시설 등에는 최소한의 표준보호기준(Minimum Standards of Protection)을 가지고 있으며, 이러한 기준은 직원들의 안전 역시 증대시켜 줌은 물론이다. 따라서 이 장에서는 이러한 논의를 중심으로 물리적 통제시스템에 어떻게 적용되는지를 살펴보기로 한다.

---

1) Cunningham, William C. & Taylor(1985), Todd H., Private Security and Police In America, The Hallcrest Report, Portland: Chancellor Press, p. 41.

제2절 물리적 통제의 기본전략

1. 물리적 통제의 고려사항

미국 국가범죄연구소(NCPI: National Crime Prevention Institute)는 물리적 통제시스템을 구성하는 다양한 자연적 · 인위적인 방법에 따른 물리적 · 지각적 방어장벽에 대해서 다음과 같이 설명하고 있다.[2)]

물리적 통제시스템을 구축하는데 다른 기능과 비용 문제 등이 고려되어 다루어져야만 한다. 예컨대, 장벽(울타리)을 설계하는데 보안성, 편리성, 실용성, 외관성 및 환경성, 접근성, 그리고 비용 등이 균형 있게 고려되어야 한다는 것을 의미한다. 따라서 장벽을 설계하는 목적은 시큐리티의 특성들이 다른 요소들과 조화되고, 비용효과적이고, 필요한 수준의 보호기능을 제공하기 위한 것이라 할 수 있다.

그런데, 장벽의 주요기능은 무엇보다도 침입자의 침입을 '가능한 한 지연'시키는 것이며, 장벽을 넘어올 때의 취약점(노출 및 소음)을 이용하여 침입자에 대해 적절한 물리력을 행사하여 통제할 수 있는 조건을 확보하는데 있다고 볼 수 있다. 따라서 보호대상물의 가치가 높다면, 그에 상응하여 방어벽 역시 강화되어야만 할 것이다.

한편, 외부의 불법침입에 대응하여 장벽을 설계하는데 가장 중요한 것으로서 '침입을 얼마 동안 지연시킬 것인가(지연시간)' 그리고 '침입에 대한 감지를 얼마만큼 빨리할 수 있을 것인가(감지시간)'라는 두 가지 사항이 고려되어야 할 것이다.

아울러 미국 국가범죄연구소는 '방어공간'(防禦空間, Defensible Space)을 구축하는 것과 관련하여 다음과 같은 점을 강조하였다.[3)]

물리적 통제시스템을 구축하는데 어떤 보호대상에 대하여 동심원으로 방어 장벽을 구축하는 방법은 가능한 한 확대하여 논의되어야 한다. 그리고 1차적으로 소유재산의 최외곽에 대한 방어벽(울타리 등)과 2차적으로 건물외부의 방어벽을 설치하는 것뿐만 아니라 건물 내에서도 특정 보호대상물에 대한 추가적인 물리적 방어벽을 설치해야 한다는 것을 의미한다.

따라서 단일 방어벽(특히 상업시설이나 산업시설의 경우)을 설치하는 것은 비효과적이면서도 위험할 수도 있다. 왜냐하면 불법침입자가 이를 무사히 통과하기만 하면 그

2) National Crime Prevention Institute(1986), Understanding Crime Prevention, Stoneham, MA: Butterworth Publishers, p. 57.

3) Ibid., pp. 59~60.

이후에는 자신이 원하는 대로 행동할 수 있기 때문이다. 비유컨대, 방어공간은 자동차에 설치된 범퍼, ABS 브레이크, 에어백과 같은 것이다. 따라서 다양한 방어공간 요소가 구성되어 있으면, 그만큼 안전도는 높아지게 된다.

2. 물리적 통제의 구성요소

이러한 물리적 통제는 기본적으로 3가지 '방어선'(Lines of Defense) 즉, ㉠ 경계지역, ㉡ 건물외부지역, ㉢ 건물내부지역으로 구분된다. 그런데 주의할 것은 이들 각 통제지역이 항상 동일한 비중을 가지고 적용되지는 않는다는 점이다. 경우에 따라서는 이들 3가지 방어선 가운데 어떤 물리적 통제는 전혀 이루어지지 않는 경우도 있고, 이루어지고 있다고 해도 상당히 기초적인 수준에서 이루어지기도 한다는 것이다. 또한 특정 통제지역에 대해서 이루어지는 경비수준도 서로 다르며, 건물내부지역이라 할지라도 각 구역의 중요도는 차이가 있다.

물리적 통제의 3가지 방어선

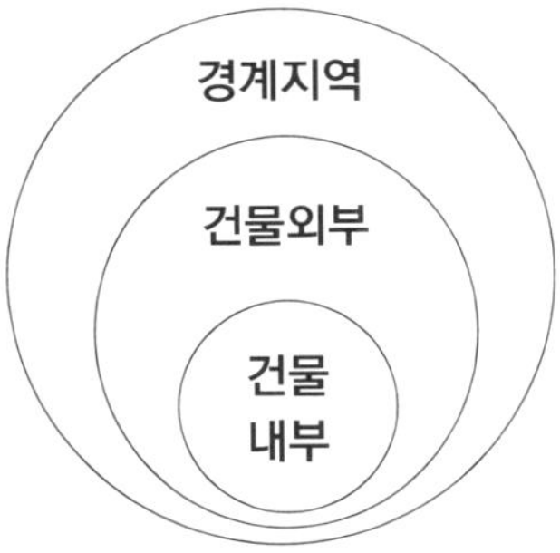

물리적 통제와 관련하여 넓은 부지를 가지고 있는 공장시설의 경우에는 이들 세 가지 요소 모두가 활용되는 경우라고 할 수 있다. 그러나 도심 내에 있는 대부분의 사무실 또는 회사가 모여 있는 거대한 오피스텔 내에 있는 작은 규모의 사업체 경우에는 자체적으로는 건물내부의 경비만이 활용된다고 볼 수 있다. 물론, 이 경우에는 오피스텔 전체의 차원에서 관련 경비활동이 이루어지며, 따라서 개별적인 사업체의 민간경비활동은 상당히 제한적으로 이루어진다고 볼 수 있다. 한편, 도심 내에 소재한 기업의 경우에는 부지가 없이 건물자체만 있는 경우도 있으며, 따라서 이 경우에는 건물외부의 경비 및 건물내부의 경비만 활용될 수도 있을 것이다.

그렇다면 물리적 통제와 관련된 3가지 방어선은 아무런 의미가 없는 것인가? 주의할 것은 여기에서 명시된 3가지 방어선은 상당히 '관념적'(觀念的)이라는 것이다. 경계지역이라는 개념, 건물외부라는 개념, 건물내부라는 개념 자체에 집착할 필요가 전혀 없다는 것이다. 중요한 것은 어떠한 보호대상에 대한 최적의 경비시스템을 구축하기 위해서는 단일 또는 두 가지 방어선을 구축하기보다는 3가지 이상의 방어선을 구축하는 것이 바람직하다는 것을 의미한다.

예컨대, 위의 3가지 방어선 가운데 경계지역에 대한 방어활동이 없다고 해서 단지 2가지 방어활동(건물외부와 건물내부)만으로 접근해서는 안 된다. 비록 건물외부와 건물내부에 대해서만 경비시스템이 운용된다고 해도 그 안에는 다시 세분화된 몇 단계의 방어활동을 전개할 필요성이 있는 것이다.

- **사례**: 경기도 성남시 분당에 소재한 18층 규모의 초현대식 오피스텔의 경비시스템을 시찰하였다. 이 거대 빌딩은 건물외부에 일정한 공간(정원)을 가지고 있다. 따라서 경계지역과, 건물외부, 그리고 건물내부지역을 모두 가지고 있는 셈이다. 그런데, 건물외부지역은 분명히 건물소유의 부지였는데, 전혀 울타리를 설치하지 않고 공원식으로 조성해서 불특정 다수인이 자유로이 24시간 이용할 수 있도록 허용하고 있었다. 물론, 일부장소에 감시카메라(CCTV) 몇 대가 설치되어 출입문 등 중요한 지점을 감시하고 있었다. 사적 소유의 공간이면서도 공적인 공간으로 사용되고 있는 것이다.

  그리고 건물 내부지역인 1층 로비에 대해서도 주간에는 특별한 출입통제는 이루어지지 않고 있다(야간에는 출입이 통제될 것이다). 다만, 1층 로비에 경비원들이 상주하여 시설을 보호하고 주변을 경계하고 있었다. 1층은 어떠한 사무실이 있는 것이 아니라 전체가 로비형태로 되어 있고, 2층 이상의 사무실에 들어가기 위한 다수의 엘리베이터가 설치되어 있었다.

  따라서 오피스텔 건물 출입문을 통해 들어왔을 때, 건물 내의 각 사무실로 들어가기 위해서는 엘리베이터를 이용하게 되어 있는데, 출입통제는 바로 이 승강기 진입부분에서 본격적으로 시작된다고 볼 수 있다. 승강기 진입로에는 경비원의 상주배치와 출입증 확인을 통해서만 작동되는 전자출입 통제장치가 동시에 운영되고 있었다. 그리고 각각의 층마다 엘리베이터에서 나오게 되면, 엘리베이터 로비에 다시 전자출입 통제장치가 설치되어 있었다. 따라서 엘리베이터에서 내린 사람은 아무런 통제 없이 해당 층의 사무실이 있는 복도로 들어갈 수가 없도록 한 것이다.

  끝으로 각 사무실은 자체적으로 출입통제장치를 하고 있어서 권한 없는 사람의 사무실 출입을 통제하고 있다는 점이다. 이러한 통제시스템은 매우 체계적인 것이어서 비록 외부경계지역 및 건물외부에 대한 어떠한 출입통제가 이루어지지 않고 있더라도 건물내부의 특정시설에 진입하는 것은 철저하게 통제가 되어 있음을 알 수 있다.

이상과 같은 물리적 통제시스템과 관련하여 딘글(Dingle)은 보다 가치가 있는 자산일수록 보다 많은 보호층을 형성하여야 한다는 전제에 기초를 두고 이른바 '동심원영역론'(同心圓領域論, Concentric Zone Theory)을 제시하였다. 이 역시 환경설계를 통한 접근방법 가운데 하나라고 볼 수 있을 것이다.

예컨대, 기업이 가지고 있는 매우 귀중한 가치가 있는 보호대상은 먼저 금고에 보관되고(Safe: 1단계), 이는 잠금장치가 설치된 사무실에 놓아두고(Locked Office: 2단계), 경보장치를 설치하고(Alarm: 3단계), 건물자체의 안전을 확보하고(Eecured Building: 4단계), 경비원의 순찰이 이루어지고(Security Patrols: 5단계), 건물외부의 경계선에 장벽(울타리)을 설치하고(Security Fence: 6단계), 그 장벽에 경보시스템을 설치하도록 하는 것(Perimeter Alarm: 7단계)이다. 이는 아래의 그림과 같이 나타낼 수 있을 것이다.[4]

4) Dingle, Jeff(1991), "Back to the Basics," Security Technology and Design, November/December, p. 75.; Hess, Kären M. and Wrobleski, Henry M.(1996), Introduction to Private Security, N.Y.: West Publishing Company, pp. 97~98.

물리적 통제의 동심원 층

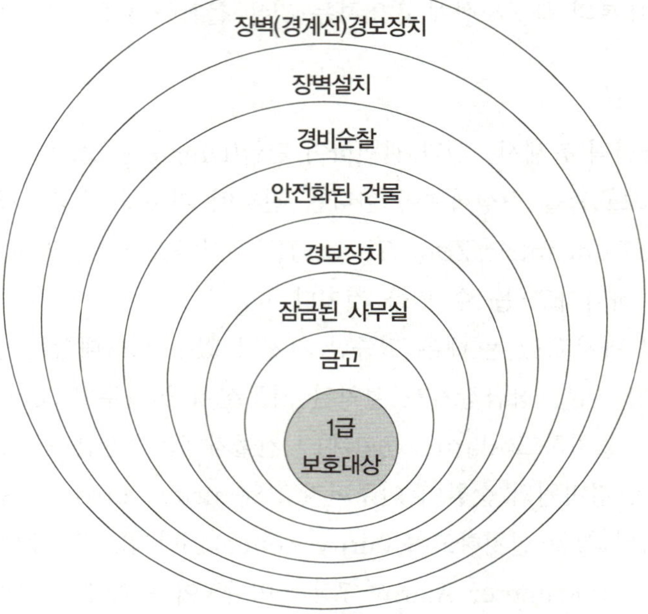

제3절 경계지역의 통제

물리적 통제시스템의 정도 및 접근방법은 보호대상이 어떠한 곳에 위치해 있고, 또는 어떠한 상황에 놓여 있는지에 따라 매우 밀접한 관련성을 가지고 있다. 따라서 민간경비관리자은 기업이 어떤 새로운 시설을 선정하고자 할 때, 이의 특성을 충분히 검토해야 한다. 그 지역의 범죄발생률 정도, 공공 조명시설의 정도, 관할경찰의 순찰활동 여부 등이 고려될 필요가 있다.

그리고 만약 새로운 시설로 선정된 곳이 건물 외에도 대지를 가지고 있다면, 그 경계지역에 대한 물리적 통제를 어떻게 할 것인지를 고려할 필요가 있다. 예컨대, 담장의 설치 및 이에 대한 경비를 어떻게 할 것인가 하는 문제이다. 따라서 경계지역(警戒地域)은 담장, 출입문, 열쇠, 조명, 경보장치, 감시시스템, 신호, 경비견, 그리고 경비원 등에 의해 통제될 수 있다. 아울러 물리적 설계방법과 외관 역시 중요한 고려사항이 될 수 있을 것이다.

미국 국가범죄연구소에 따르면 경계지역의 물리적 장벽에 대해 "보호 또는 통제대상이 되는 지역의 끝부분으로서 외부의 출입이 통제 또는 제한된다. 외부의 침입이 1차적으로 지연·제지되는 곳이다. 따라서 경계지역에서 물리적 장벽은 최소한의 효과로서 예컨대, 충동적으로 시설에 위해를 가하고자 하는 자들의 공격을 차단할 수 있다. 그리고 최대한의 효과로서, 물리적 장벽이 다른 경비 수단과 결합하여 활용될 때에는 대부분의 고의적인 공격에 대해서도 어느 정도 지연·차단할 수도 있다"고 하였다.[5)]

1. 담장

어떤 시설은 자연적인 장벽(하천, 암벽 등)에 의해 보호되기도 한다. 그러나 오늘날 이러한 자연적 장벽은 크게 활용되지 않고 있다. 따라서 장벽은 시설의 보호수준에 맞게 설치되어 외부침입자들의 물리적 또는 정신적 침입의도를 억제할 수 있어야 한다.

이와 관련하여 비치(Vitch)는 담장이 단지 최소한의 방어효과를 가져다주지만 ㉠ 외부와의 경계 확인, ㉡ 간단한 방법으로 침입의 차단 및 지연, ㉢ 허용된 출입문으로 방문객과 직원의 통행유도 등의 중요한 기능을 수행한다는 점을 지적하였다.[6)]

이와 같이 경계를 구분 짓는 담장에는 일반적으로 단단한 나무재료로 만든 방책, 가시가 달린 철조망(Barbed Wire) 이른바 '유자철선'(有刺鐵線), 철사를 다이아몬드형(또는 사각형 등)으로 엮은 이른바 '체인링크'(Chain Link) 등을 이용한 것 등 여러 형태가 있다. 이러한 형태의 담장들은 콘크리트나 석재를 사용한 담장과 동일한 보호기능을 하면서도 비용 면에서는 저렴하다는 장점이 있다. 이 가운데에서도 철사를 다이아몬드 형태로 엮은 '체인링크'는 상대적으로 외관이 깔끔하며, 유지비용 면에서 저렴하고, 설치하기가 쉽고, 또 유자철선에 비해 안전사고의 위험이 적기 때문에 가장 일반적으로 이용하는 경향이 있다.

5) National Crime Prevention Institute(1986), op. cit., p. 62.
6) Vitch, Martin L.(1992.7), "Sensing Your Way to Security," Security Management, p. 50.

체인링크의 예(左)와 체인링크와 유자철선의 결합(右)

출처: http://www.swfence.co.kr

그런데, 한편으로는 경계지역의 담장설치는 단지 지각적인 장벽(외부의 사람들이 단지 '울타리가 쳐져있구나' '관계자 외에는 들어오지 말라는 의미구나'하는 정도로 인식하게 하는 수준)에 불과하다는 주장 역시 설득력 있게 제기되고 있다. 왜냐하면 상대적으로 능숙한 침입자가 아니라 할지라도 도구를 이용해서 침입자들은 담장 밑으로나, 아니면 위를 통해서도 비교적 쉽게 들어올 수 있기 때문이다. 따라서 특별한 경비시스템을 구축한 장벽시스템이 아니라면, 이는 어떠한 외부의 불법적 침입을 차단해주는 목적을 갖기보다는 오히려 경계를 표시 또는 확인해주는 것이 주요기능이라고 할 수 있다.[7]

이와 관련하여 최근 첨단과학기술을 이용하여 담장 등에 설치하는 외곽감지시스템이 개발되어 적용되고 있다. 외곽감지시스템은 주요 시설물의 외곽부터 침입을 인지하기 위해 설치하는 장비로서, 외부 침입자에 의한 충격절단 또는 월담시 발생되는 신호를 신호분석기에서 분석 · 처리하여 경보신호를 중앙경보장치를 통하여 감시 · 탐지하는 것이다.[8]

---

7) National Crime Prevention Institute(1986), op. cit., p. 60.

8) 안창훈 · 이강열 · 최주호(2005), 시큐리티 시스템 개론, 서울: (주)인포더, pp. 192~202.

외곽감지시스템의 특성 비교

적외선변화 감지시스템	동작원리	• 투광기에서 수광기로 투광한 근적외선이 차단되면 감지함
	외부환경 영향가능성	• 안개, 눈, 소낙비, 또는 빛 투광을 방해하는 부유물에 의한 오작동 • 지형 침하나 설치 Pole의 흔들림에 의한 오작동 • 투광기와 수광기 사이의 수목이나 잡초에 의한 오작동
펜스충격 감지시스템	동작원리	• 울타리를 침입할 때 발생하는 진동, 충격 감지
	외부환경 영향가능성	• 바람에 의한 충격으로 오작동 • 지형변화로 펜스 밑으로 침입시 무감지 • 통행차량에 의한 오작동
전자계 감지시스템	동작원리	• 일정하게 형성된 전기장이나 자기장에 침입이 감지되면 변화되는 전자계 감지
	외부환경 영향가능성	• 안개, 눈, 비, 낙뢰, 정전기 등에 의한 오작동 • 굴곡지에서의 기능저하와 울타리 자재에 의한 오작동 • 주변의 수목, 동물, 통행차량, 통행인 등에 의한 오작동
장력변화 감지시스템	동작원리	• 일정하게 형성된 철선이나 광케이블의 장력의 변화(절단포함) 감지
	외부환경 영향가능성	• 기온변화, 눈, 비에 의한 오작동 • 골곡이 심한 지역의 기반공사가 과다하고 연약한 지반에 취약
광케이블 감지시스템	동작원리	• 펜스에 설치된 광케이블의 충격과 절단 감지
	외부환경 영향가능성	• 낙뢰에 의한 오작동 • 펜스 밑이나 위로 침입하는 경우에 대한 대책 필요

이러한 외곽감지시스템은 과거에는 적외선, 펜스감지기 등의 제품이 주로 이용되었으나, 최근에는 케이블형 감지기를 활용하여 첨단의 전자적 원리를 기초로 한 제품들이 주로 사용되고 있다. 이 시스템은 옥외의 환경적인 영향에 덜 민감하여 오경보의 발생이 적고, 옥외 외곽지역에 설치 시, 침입지점을 쉽게 확인할 수 있다. 또한 전파나 외부소음에 영향을 받지 않아 외곽의 다양한 지형구조에 적합하게 설치할 수 있는 특징이 있으며, 이는 감지 방식에 따라 크게 다섯 가지로 나뉜다(감지기에 대해서는 뒤에서 상술하기로 한다).

2. 경계지역의 조명

경계지역에 대한 적절한 조명(Lighting)을 유지하는 것 역시 중요한 고려사항 가운데 하나라고 할 수 있다. 경계지역의 조명과 관련하여 다음과 같이 4가지 유형이 이용될 수 있다.9)

1) 투광등

투광등(投光燈, Floodlights)은 경계지역, 담장, 그리고 건물 주변지역 등에 대해 여러 각도에 일정한 방향으로 강한 빛을 비추어 대상을 뚜렷이 드러나게 하는 조명등을 말한다. 투광등은 빛을 비추는 폭에 따라 구분할 수 있으며, 일반적으로 넓거나 중간 또는 좁은 폭에 따라 나누어진다. 그리고 투광등은 휴대가 가능한 것도 있다.10)

투광등은 내부에서 외부를 관찰할 수 있게 하고, 반면 외부에서는 내부를 관찰할 수 없도록 하기 때문에 빛에 의한 일종의 장벽을 형성해 주어 자주 사용된다. 그러나 투광등의 강력한 빛이 침입자의 침입을 억제하지만, 한편으로는 교통위험이나 이웃 주민들에게 불편을 줄 우려가 있기 때문에 항상 사용가능한 것은 아니다.11)

2) 가로등

가로등(街路燈, Streetlights)은 어떤 특정지역에 조명을 집중시키기보다는 경비지역 전체를 골고루 비춰주는데 사용된다. 이는 주로 주차장이나 저장소 및 창고 지역 등을 비출 때 이용된다. 가로등은 대칭적인 방법으로 설치하는 것과 비대칭적으로 설치하는 방법이 있는데, 대칭적인 가로등은 빛을 골고루 발산하며 특별히 높은 수준의 조명을 필요로 하지 않는 넓은 지역에 사용된다. 그리고 일반적으로 빛이 비추어지는 지역의 중앙에 위치한다. 한편, 비대칭적 가로등은 대칭적 가로등과 같은 밝은 조명이 요구되지 않는 경비구역에서 다소 떨어진 장소에 사용된다.

그런데, 향후 가로등을 포함하여 경비조명은 단순히 조명기능에 국한되지는 않을 것 같다. 예컨대, 서울 마포구 상암동 택지개발지구내에 위치해 있는 디지털미디어시티(DMC: Digital Media City)에 설치된 가로등은 첨단기능을 가지고 있는데, 범죄예방

9) 이윤근(2001), 민간경비론, 서울: 엑스퍼트월드, pp. 103~104.
10) http://www.justoffbase.co.uk/Tungsten-Halogen-Floodlight.
11) Hess, Kären M. and Wrobleski, Henry M.(1996), op. cit., p. 104.

및 감시활동과 관련하여 가로등에 방범용 CCTV까지 내장되어 있어 주목된다. 이 가로등은 도로용과 보행자용으로 구분되고 모두 첨단 지능형 LED 제품으로 색상과 조도 변환이 자유로워 각종 이벤트 연출이 가능하다.[12] 특히 가로등마다 무선 랜 엑세스포인트(AP)가 내장돼 있어 디지털미디어시티 단지 어디서나 인터넷에 접속할 수 있으며, 아울러 가로등에는 방범용 CCTV와 행사용 스피커 · 전자배너까지 내장되어 있다.[13]

3) 프레넬등

프레넬등(Fresnel Units)은 원거리에 넓은 폭의 빛을 수평적으로 비추는데, 특히 눈부심이 없기 때문에 이를 필요로 하는 경계지역의 조명으로는 이상적이라 할 수 있다. 프레넬등은 수평으로 약 180도, 수직으로 약 15~30도 정도 폭의 광선을 투사한다. 이 조명은 비교적 어두운 시설물에 침입하는 경우에 유용하게 사용된다. 이 같은 투광등이나 프레넬등은 일정 수준의 빛이 요구되는 외딴곳이나 조금 떨어진 경계지역을 비추는데 유용하게 사용된다. 한편, 프레넬등은 눈부심이 없기 때문에 무대조명으로도 많이 사용된다.

4) 탐조등

탐조등(探照燈. Searchlights)은 휴대 및 고정이 가능한데, 어떠한 특정 지점에 대해 강력한 빛을 발산해 주며, 비상사태 발생시 특정지역에 대해 추가적인 조명을 필요로 할 때 유용하게 사용된다.

3. 물리적 설계 및 외관

담장 등을 이용하여 경계지역을 설계하고자 할 때, 경계지역 주변의 가시성(可視性)이 확보되어야 한다. 따라서 경계지역을 기준으로 적어도 3m 정도의 내부와 외부는 명확하게 관찰이 가능하도록 설계되어야 한다. 이것은 경계지역 주변의 시야를 방해하는 장애물을 제거해야 한다는 것을 의미하는데, 외관상의 문제뿐만 아니라 경비차원에서도 매우 중요한 일이다.

---

12) LED(Light-Emitting Diode)는 전기 신호를 빛으로 변환하는 것으로 발광다이오드라고도 부른다. 이를 통해 여러 이미지를 만드는 것을 LED 영상 시스템이라고 한다. 초록 · 파랑 · 빨강 등 빛의 3원색을 발광하는 개별 LED와 이를 제어하는 컨트롤 패널로 구성된 LED 모듈을 이용해 동영상 구현도 가능하다.

13) 중앙일보(2007. 11. 19).

예컨대, 어떤 한적한 외곽지역에 공장시설을 설치하고, 이의 경계지역에 철조망으로 담장을 설치했을 경우, 철조망 내부와 외부의 일정 범위 내의 잡목들은 모두 제거해야 한다. 주의할 것은 외부의 잡목에 대해서는 소홀히 하는 경향이 있는데, 외부 역시 중요하게 고려되어야 한다는 점이다. 불법침입자들이 잡목 속에 은신하여 철조망을 뚫고 몰래 침입할 수 있기 때문이다(이는 앞의 그림 체인링크에서 보여주고 있는 경계주변의 장애물 제거 예 참조).

제4절 건물외부의 통제

이상과 같이 1차적인 물리적 통제시스템으로 경계지역과 같은 시설물의 외부와 그 주변이 보호되게 되면, 2차적인 경비계획으로서 출입하는 건물외부 자체에 대한 접근을 통제하는 방법이 마련되어야 한다. 그 통제범위는 시설물의 성격과 기능, 그리고 중요도에 따라 각각 다르게 정해지기 마련이다. 그리고 중요한 것은 시설에 대한 통제자체가 시설물의 적절한 운용목적을 방해해서는 안 된다는 점이다.[14]

그런데, 위에서 설명한 바와 같이 일부 시설(일정한 부지를 가지고 있지 않은 시설 등)에 있어서 첫 번째 방어선은 일정한 건축구조물에 의해 만들어진 건물외부 자체가 된다. 사실, 도심 내에 위치한 건물의 경우 이러한 형태를 띠는 경우가 많다. 이러한 건물외부의 물리적 통제는 강화설계 된 출입문과 창문, 경보장치, 감시카메라, 그리고 경비원에 의한 출입통제 및 감시, 그리고 조명장치 등에 의해 이루어질 수 있다.

미국의 경우, 외부에서 시설 내의 불법침입과 관련하여서는 상당 부분이 창문을 통해 이루어지며, 그다음으로 출입문, 루프, 지상, 배관 및 환기구 등을 통해 이루어지고 있는 것으로 나타났다. 또 매우 드문 경우지만 벽이나 바닥, 천정 등에 구멍을 뚫고 침입하는 경우도 있는 것으로 나타났다.[15] 아래에서는 건물외부(정확하게는 건물외부와 내부의 경계)의 경비요소와 관련하여 출입문, 창문 등을 중심으로 살펴보기로 한다.

1. 출입문

건물외부에서 내부로 들어오는데 설치된 출입문의 구조, 강도, 그리고 잠금장치 등은

14) 이상원(2005), 범죄예방론, 서울: 대명출판사, pp. 513~514.
15) Hess, Kären M. and Wrobleski, Henry M.(1996), op. cit., p. 104.

필요한 경비수준에 따라 정해지게 된다. 사실, 건물시설 가운데 가장 공격받기 쉬운 곳 중의 하나가 출입문이라 할 수 있다. 일반적으로 출입문은 그것이 설치된 벽면보다는 약할 수밖에 없다. 따라서 외부침입자가 물리적 힘을 사용하여 내부로 침입하고자 한다면 벽을 뚫고 들어오기보다는 출입문을 파괴하고 들어오는 경우가 일반적이라 할 수 있다.

1) 출입문의 물리적 취약 부분

일반적으로 출입문은 나무나 철제, 또는 강화유리 등을 소재로 하여 만들어진다. 출입문의 물리적 취약 부분은 잠금장치 부분, 경첩(Hinges, 일명 돌쩌귀) 부분, 프레임(Frame) 부분, 그리고 패널(Panels) 부분 등을 들 수 있다(잠금장치에 대한 설명은 뒤에서 다루기로 한다).

경첩은 두 물체를 가운데에서 유동적으로 연결해 주는 장치를 말한다. 출입문과 벽을 연결해 주고 회전할 수 있도록(문이 열리고 닫히고 할 수 있도록) 하는 연결 장치를 말한다. 경첩은 오랜 옛날부터 출입문에 사용되었는데, 당시에는 기술적으로 이 부분이 강화되지 못하고, 또 외부로 노출되어 있었기 때문에 쉽게 파손될 가능성이 높았다. 예컨대, 전통가옥의 창호지 문에 설치된 경첩 부분은 외부에서 약간의 물리적 힘을 가하면 얼마든지 손상할 수 있었다. 따라서 경첩 부분은 가능한 한 외부로 노출되지 않도록 내부에 설치해야 하고, 연결 핀(Pins)은 유동적이면서도 쉽게 빠지지 않도록 해야 한다.

또한 출입문의 용도에 맞게 도어프레임을 제조·설치하는 것 역시 중요하다. 도어프레임은 일종의 문짝 테두리에 보강물(철재)을 부착하거나 문틀 자체를 의미하는데, 외부 침입 시에 공구를 사용하여 이 부분에 압력을 가하여 파손시키는 경우가 있기 때문에 적절한 설계·설치를 할 필요가 있다.

여러 형태의 경첩

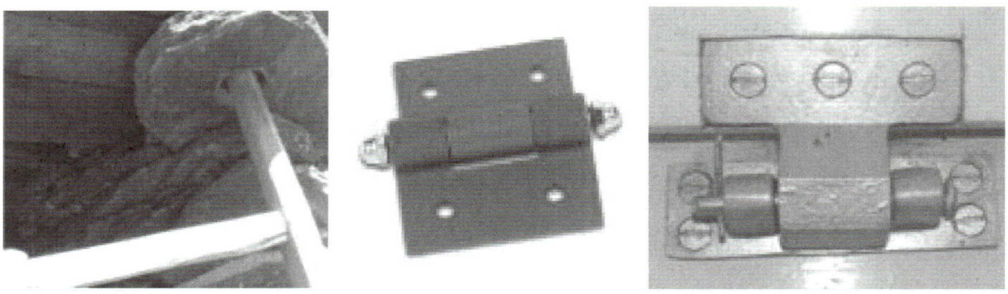

도어 프레임의 구조

한편, 패널(Panels, 일명 판넬)은 문 자체를 말하는데, 이 부분은 견고한 소재(철재, 목재, 유리 등)를 사용하여야 한다. 만약 유리를 사용하였을 경우에는 출입문 밖에 철재 스크린(일명, 셔터)을 설치하여 보완할 수도 있을 것이다.

2) 출입문에 대한 공격 수단

출입문에 대한 일반적인 공격수단은 쇠지레를 이용한 방법, 잭(Jack) 등을 이용하여 문의 측면 벌리기, 틈새 열기, 판넬 뜯기, 자물쇠 제거, 그 외에 강한 힘을 이용한 공격 등이 있다.[16]

쇠지레를 사용한 침입으로는 문틈을 프레임으로 뜯어내는 것이다. 자동차의 잭 등을 사용하여 프레임을 넓히고 자물쇠는 떼어내고 침입하는 방법도 있다. 간단한 도구의 삽입으로 자물쇠 근처의 틈새를 열거나 볼트를 떼어 내고 침입할 수 있다. 목재 문의 경우, 드릴로 구멍을 뚫고 자물쇠를 제거하고 침입할 수 있다. 강한 힘을 이용한 충격(발이나 몸, 쇠막대, 해머 등)으로 문을 파괴할 수도 있으며, 그 밖에 만능키로 열고 침입할 수도 있다.

3) 출입문의 통제와 관리

외부에서 시설물 내부로 침입하는데 공격받기 쉬운 가장 취약한 부분 중의 하나가 출입문이기 때문에 이에 대한 적절한 대응이 이루어져야 한다. 이를 위해서는 1차적으로 출입문은 그 용도에 맞게 적절한 소재를 사용하여 설계·설치되어야 하고, 2차적으로 적절한 통제 및 관리절차가 이루어져야 할 것이다.

따라서 출입문의 설계 및 설치와 관련하여 반드시 그 문의 용도에 맞게 제대로 기능이 발휘되고 있는지를 파악할 수 있는 실험을 할 필요가 있다. 여기에는 방화실험이나 외부의 침입에 대한 제지 및 저항실험 등을 들 수 있다.

16) 이상원(2005), 앞의 책, p. 516.

그리고 적절한 통제 및 관리절차가 이루어져야 하는데, 일반적으로 건물에는 여러 개의 출입문이 설치되어 있는데, 모든 출입문을 사용하기보다는 시설내의 직원 및 관계자들이 일정한 허용된 문을 통해서만 출입을 할 수 있도록 해야 한다. 일정한 출입문을 사용함으로써 시설내의 직원 및 관계자들의 동선(動線)을 파악할 수 있으며, 따라서 평상시에 이들에 대한 적절한 관찰 및 관리가 가능하다고 본다.

한편, 비상사태 발생시에는 모든 출입문이 비상구로 활용될 수 있도록 해야 한다. 비상출입문으로 설치된 곳에는 비상등과 비상벨이 설치되어야 하고, 평상시에 이 비상구를 통해서 외부인이 들어오는 것을 제지할 수 있는 침입경보장치가 설치될 필요가 있다. 또 비상구로 사용되는 문은 화재 시에도 육안으로 잘 식별할 수 있도록 해야 한다. 한편, 창고의 문과 같이 자주 사용하지 않는 출입문 역시 외부침입이 가능하기 때문에 항상 이에 대한 대비와 관리가 이루어져야 한다.[17)]

2. 창문

1) 창문의 물리적 취약 부분

건물에 개폐할 수 있는 창문이 설치되어 있다면, 이의 안전을 위해 내부에 잠금장치가 설치되어야 한다. 또한 창문은 외부침입자에 의해 파손 및 절단될 수 있기 때문에 이의 예방을 위해서 경우에 따라서는 쇠창살 같은 안전장치가 설치되기도 한다. 예컨대, 대부분의 아파트 저층(1, 2층)의 경우에는 앞뒤에 베란다 창문에 쇠창살 등을 설치하는 것을 발견할 수 있다. 그런데 쇠창살 등을 설치할 경우, 화재와 같은 비상사태가 발생하게 되면, 오히려 내부에 있는 사람들을 감금시키는 역효과가 발생할 우려도 있기 때문에 항상 주의해야 한다.

미국의 경우, 모든 불법침입의 약 50% 정도가 창문을 통해서 이루어지는 것으로 나타났다. 따라서 설치된 창문 폭이 약 9.8인치(약 25cm) 이상이고, 지면으로부터 설치된 높이가 18피트(약 5.4m) 미만인 경우에는 이에 대한 어떠한 보호조치가 이루어져야 한다고 보고 있다.[18)] 이는 설치된 창문(기타 환기구 등 포함)의 크기가 위와 같이 25cm를 넘는 경우, 그 사이를 통과할 수 있으며,[19)] 또 5.4m 미만의 높이는 밑에서 어떠한 수단을 사용하여 올라갈 수 있다는 것을 의미한다(물론, 이러한 기준은 일반적인

17) 이윤근(2001), 앞의 책, p. 109.
18) Hess, Kären M. and Wrobleski, Henry M.(1996), op. cit., p. 104.
19) 실제로 2023년 ○○광역시 소재 ○지구대 사무실에 검거한 20여명의 외국인 마약사범을 임시 보호조치하였는데, 경찰의 관리가 소홀한 틈을 이용해 10명이 이와 같이 좁은 창문을 통해 도주한 사건이 발생한 바 있다.

경우이며, 사람에 따라 다르다고 본다). 따라서 그러한 위치에 설치된 창문이 특별한 환풍 목적을 가지고 있지 않다면, 개폐장치가 없는 일종의 '유리벽' 형태로 설치하는 것이 바람직하다.

2) 안전유리

시설물에 설치된 유리창 또는 유리벽이 외부 침입 등에 의해 파손될 가능성이 높다면, 안전유리(Security Glass, '강화유리' 또는 '방호창문'이라고도 함)를 설치하는 것도 고려해 볼 필요가 있다.

최근의 건축물들을 보면, 로비가 있는 쪽의 1층은 기둥을 제외하고는 모두 유리벽으로 설치한 경우를 볼 수 있다. 이 경우 설치된 유리벽은 건물 내외부의 충격에 견딜 수 있도록 두꺼운 안전유리를 설치하는 것이 일반적이다. 안전유리의 설치는 일반유리에 비해 상당히 많은 비용이 들지만, 건물의 견고성 및 외부 침입자들의 침입시도를 효과적으로 차단할 수 있다는 장점이 있다.

안전유리는 일정 조건의 열, 추위, 충격(뾰족한 송곳 및 둔탁한 해머 등에 의한) 등 외부환경에 대해 견뎌낼 수 있어야 한다. 안전유리는 일반 판유리보다 200에서 300배 이상 강하고, 깨졌을 경우 파편이 날카롭게 남아 있지 않게 된다. 또 열강화성 안전유리는 통상 판유리보다 열에 대한 내구성이 상당히 높다(약 4~5배). 보통의 판유리는 온도의 차가 60℃이면 파손 가능성이 있는데, 강화유리는 200℃의 온도 변화에도 견디는 강한 내열성을 가지고 있다. 이 때문에 건축물의 창, 건물의 출입구, 자동차 · 기차 · 선박용 창, 수족관, 진열장 · 전시관과 같은 도난방지가 요구되는 곳 등에 널리 사용된다.[20] 예전에는 다섯 장 혹은 그 이상의 유리판을 합쳐서 약 0.8cm 정도의 두꺼운 안전유리가 만들어졌다. 그러나 최근의 합성물질의 첨가되어 개발된 안전유리는 기존의 값 비싸고, 무거운 안전유리를 대체하고 있는 추세이다.[21]

창문설계는 시큐리티에 있어서 중요한 고려사항 가운데 하나라고 할 수 있다. 이와 관련하여 하폴(T. Harpole)은 안전유리는 가장 단단한 건물설계 소재 가운데 하나라고 하였다. 실제로, 양손으로 사용하는 커다란 해머(Sledge Hammer)를 가지고 약 20cm 두께의 콘크리트 벽에 10회 미만의 충격을 가하면 파손이 된다. 반면 약 1.3cm 정도의 두께를 가진 안전유리는 동일한 해머를 사용하였을 경우 12회까지 견딜 수 있는 것으로 나타났다.[22]

---

20) http://www.beebong.net/pi/product.
21) Hess, Kären M. and Wrobleski, Henry M.(1996), op. cit., p. 104.

한편, 안전유리 외에도 안전필름(Security Films)이 개발되어 활용되고 있다. 경찰의 경우에도 최근 들어 순찰지구대 창문에도 안전필름을 부착하여 외부의 물리적 침입을 차단하고자 하고 있다.

제5절 건물내부의 통제

1. 내부자산의 보호

경계지역 및 건물외부의 통제전략만으로 100% 완벽한 경비목적을 달성하는 것은 불가능하다. 따라서 세 번째 단계로서, 건물내부의 물리적 통제(Internal Physical Controls)전략이 이루어지게 된다. 건물내부의 물리적 통제는 잠금장치가 설치된 출입문, 책상과 파일함, 금고 및 보관실, 내부경보 및 탐지장치, 경비조명, 경비거울, 경비원, 감시시스템 등에 의해 이루어진다.

그런데, 이상과 같은 여러 가지 인적·물적 경비요소가 모두 고려되었다고 해서 완벽한 내부경비가 이루어지는 것은 아니다. 건물내부의 물리적 설계를 어떻게 하느냐 하는 문제는 경비결과에 직접적인 영향을 미치기 때문에 중요하게 고려되어야 한다. 따라서 건물내부라 할지라도 중요한 구역과 중요하지 않은 구역이 있으며, 그러한 기본구상에 의해 경비설계가 이루어져야 한다. 이러한 물리적 통제설계에 의해 건물내부에서 중요한 구역은 창문, 외부출입문 등이 없는 건물내부에서도 안쪽에 위치해야 한다. 이 가운데 특히 현금보관소, 실험연구실, 중요한 문서 및 물품을 보관하고 있는 보관소 등은 추가적인 보호가 필요하다.

한편, 건물내부의 경비와 관련하여 내부시공 및 건축과정 역시 중요하게 고려된다. 건물내부의 천장 및 배관시설 등에 사람이 접근 및 이동할 수 있는 공간이 있다면 이 역시 고려되어야 할 것이다.

내부적으로 보호가 필요한 자산에는 현금, 증권, 발명품 및 중요문서 등을 들 수 있다. 이와 관련하여 미국 국가소방협회(NFPA: National Fire Protection Association)는 그 중요성에 따라 ㉠ 매우 중요한(Vital) 자산, ㉡ 중요한(Important) 자산, ㉢ 쓸모 있는(Useful) 자산, ㉣ 중요하지 않은(Nonessential) 자산과 같이 크게

22) Tom, Harpole(1991.9), "Panes that Pay," Security Management, pp. 121~125.

4단계로 구분하였다.[23] 이 가운데 일반적으로 1~2% 정도의 자산만이 '매우 중요한 자산'에 해당한다고 하였는데 이러한 특별 자산에 대해서는 보다 철저한 안전방법에 의해 보호되어야 할 것을 제안하고 있다.

2. 건물내부의 출입문 통제 및 관리

시설 내에 있는 모든 출입문에 대한 일정한 개폐관리가 철저하게 이루어져야 한다. 출입자의 편리성 측면은 보안적인 측면과 상충되는 면이 크기 때문에 양자간에 적절한 조화를 이루면서 통제관리가 이루어져야 한다. 출입문에 대한 개폐관리는 각 출입문을 통해 들어갈 수 있는 지역의 중요성과 그 지역 내에 있는 물품의 중요성을 고려하여 철저하게 통제관리가 이루어져야 한다. 시설 내의 출입문의 잠금장치에 대한 정기적인 상태점검 및 유지 · 보수가 중요함은 물론이다.[24]

건물 내의 사무실이나 기타 일반적으로 업무를 수행하는 시설의 출입문은 출입이 잦기 때문에 관계자들의 편리성과 내구성을 고려하면서 통제관리가 이루어져야 한다. 물론 사무실 내에 있는 각종 사무기기와 각종 중요문서를 보호하기 위한 별도의 보안장치가 강구되어야 한다.

한편, 시설물 내의 통신장비실이나 컴퓨터전산실, 연구개발실, VIP실에 대한 출입은 보다 철저한 통제 및 관리가 이루어져야 한다. 이러한 내부 중요지역의 경우에는 예측가능한 위험요인을 파악하여, 그에 맞는 보안체계를 갖춘 출입문을 설계 · 설치하고, 적절한 통제 및 관리가 이루어질 수 있도록 해야 한다. 일정한 자격을 갖춘 사람만이 출입할 수 있도록 출입문을 카드인식 등을 통해 자동적으로 통제하는 안전장치를 설치했을 경우에는 오작동문제가 발생하지 않도록 하고, 아울러 출입대상자의 접촉이 편리하도록 고안되어야 한다. 한편, 시설물 내의 중요한 물품을 저장 · 보관하는 창고도 중요한 보호대상이 되기도 한다. 창고의 경우 재고품 가운데서 도난당하는 경우가 많이 발생하고 있기 때문에 재고가 많은 물품을 저장하는 장소에 대한 철저한 재고관리가 이루어져야 할 것이다.

---

23) Hess, Kären M. and Wrobleski, Henry M.(1996), op. cit., pp. 109~110.; 미국 국가소방협회 홈페이지(http://www.nfpa.org/index.asp).

24) Hess, Kären M. and Wrobleski, Henry M.(1996), op. cit., p. 110.

제6절 기본적 통제장치 및 시스템

이상에서 살펴본 바와 같이 물리적 통제는 ㉠ 경계지역, ㉡ 건물외부, ㉢ 건물내부라는 기본적인 3단계 방어선(Lines of Defense)을 중심으로 이루어짐을 알 수 있다. 아래 그림은 이들 각 경비구역에 적용되는 기본적인 경비장치를 나타내고 있는데, 여기에는 기본적으로 잠금장치(Locks), 경보장치(Alarms), 경비조명(Light), 그리고 감시장치(Surveillance System)가 적용되고 있음을 알 수 있다.25) 아래에서는 잠금장치, 경보장치(감지기), 감시장치를 중심으로 살펴보기로 한다.

각 경계구역에 대한 기본적 경비장치

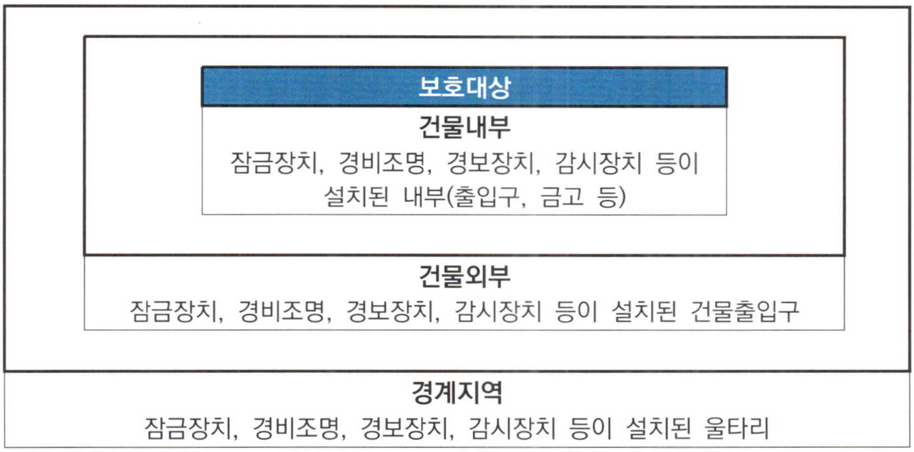

1. 잠금장치

외부의 침입을 막기 위하여 사용된 잠금장치(Locks)의 사용은 아주 오래전부터 시작되었다. 전통가옥의 대문이 열리지 않도록 중간에 들보를 가로질러 놓는 것도 하나의 잠금장치라 할 수 있다. 또 창호지 문에 문고리를 설치하고, 그 사이에 쇠막대기를 끼워 넣어 잠그는 것 역시 하나의 잠금장치라 할 수 있다. 따라서 어떻게 보면 출입문을 설치하고 거기에 잠금장치를 설치하는 것은 인간의 가장 오래된 경비장치 가운데 하나라고 볼 수 있다.

따라서 서구의 경우 이미 4000년 이전인 고대 이집트에 이미 이러한 잠금장치가 사

25) Ibid., p. 117.

용되었다고 한다. 그리고 최초의 금속열쇠는 AD 800~900년경에 개발되었다고 한다(또는 고대그리스나 로마시대에 이미 만들어졌다고 보기도 한다).[26]

사실, 잠금장치는 어떤 특정 구역, 건물, 방 등에 대한 물리적 통제수단으로서 오랜 역사를 가지고 있고, 가장 일반적으로 사용되어 왔으며, 또 가장 비용/효과적인 수단 가운데 하나라고 할 수 있다.

잠금장치의 일차적 기능은 보호대상이 되는 구역에 접근하는 것을 저지 또는 억제하는데 있다. 비록 설치된 잠금장치는 전문적인 침입자에 의해서 해체되기도 하지만, 침입자들이 그러한 잠금장치를 해체하기 위해서는 일정한 시간이 필요하고, 따라서 이들의 침입을 일정시간 지연할 수 있고, 그러한 과정에서 내부감시시스템에 의해 탐지될 수 있는 가능성을 높여준다는 점에서 의미가 있다. 더욱이, 잠금장치는 불법적·강제적 침입을 규명해 줄 수 있는 증거(범죄보험 관련증거 등)를 제공해 주기도 한다.[27]

1) 열쇠를 사용한 잠금장치

열쇠를 사용한 잠금장치는 가장 일반적으로 사용되고 있으며, 작동방법도 가장 단순하다. 금속으로 만들어진 열쇠를 열쇠 구멍에 꽂아 넣고 회전시키면 작동하게 된다. 열쇠를 사용한 잠금장치는 열쇠의 형태에 따라 돌기형(Warded), 판날름쇠(Disk Tumbler), 핀날름쇠(Pin Tumbler) 등이 있다.

(1) 돌기형 자물쇠

사실, 모든 열쇠의 형태는 돌기형에서 비롯되었다고 볼 수 있다. 열쇠에 튀어나온 돌기 부분과 그 부분에 맞게 열쇠 구멍을 제작하여 작동하도록 하는 방식에서는 모두 동일하기 때문이다. 오늘날에는 평면으로 이루어진 돌기 형태뿐만 아니라 원통형(Cylindrical)의 돌기 형태를 이룬 열쇠도 널리 보급되고 있다.

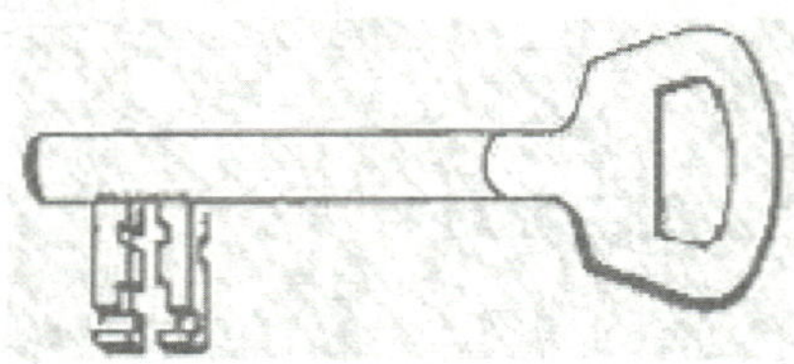

(2) 판날름쇠 자물쇠

판날름쇠 자물쇠는 돌기형 자물쇠보다 한 단계 발전된 것으로서 열쇠의 홈이 한쪽 면

---

26) http://www.charleslocksmith.com/warded_locks.htm.

27) Hess, Kären M. and Wrobleski, Henry M.(1996), op. cit., p. 111.; 이윤근(2001), 앞의 책, pp. 204~206.

에만 있는데, 홈과 맞지 않는 열쇠를 꽂으면 열리지 않도록 설계되어 있다. 이러한 열쇠는 가장 일반적으로 많이 사용되는 자물쇠로서 책상, 서류함, 그리고 패드록 등에 널리 사용되고 있다. 그러나 비록 돌기형 자물쇠보다 효과적이지만 높은 안전성을 갖고 있다고 보기는 어렵다.

(3) 핀날름쇠 자물쇠

핀날름쇠 자물쇠는 판날름쇠 자물쇠와는 달리 열쇠의 양쪽에 홈이 불규칙적으로 파여 있는 형태이며, 따라서 판날름쇠 자물쇠보다 한 단계 높은 안전성을 제공한다고 볼 수 있다. 이는 산업분야뿐만 아니라 일반주택에서도 널리 사용된다.

(4) 패드록

한편, 패드록(Padlock)이라는 것이 있는데, 이것은 일명 '맹꽁이 자물쇠'라 불리는 것인데, 이는 시설물 자체에 부착된 잠금장치라기보다는 시설물과 탈부착이 가능한 형태로 작동한다. 과거에 창고와 같은 시설물 등에서 주로 사용된 것인데, 강한 충격에도 견딜 수 있도록 고안되었다. 그런데 위에서 살펴본 바와 같이 패드록이라는 것이 다른 형태의 잠금장치와 특별히 구별되는 것은 아니다. 출입문에 자체적으로 부착되어 있지 않고 분리되어 휴대 및 이동이 가능하다면, 열쇠를 사용하든 또는 비밀번호 버튼을 누르든 간에 패드록이라고 부를 수 있을 것이다.

일반적인 패드록 형태

2) 숫자 맞춤식 자물쇠

숫자맞춤식 자물쇠(Combination Locks)는 자물쇠에 달린 숫자조합을 맞춤으로써 작동하는 자물쇠를 말한다. 이러한 잠금장치를 열기 위해서는 상당한 기술이 요구되기 때문에 외부의 침입이나 절도의 위협에 대한 효과적인 보호수단이 된다. 일반적으로 3개의 숫자판 또는 4개의 숫자판(또는 그 이상)을 사용하여 비밀번호 판독을 어렵게 하고 있다. 그러나 자주 사용하는 숫자판의 경우 표면이 마모되어 확인될 수도 있고, 최근 지문감식 등을 통해 비밀번호 판독을 가능하게 하고 있다.

숫자맞춤식 자물쇠

위 그림에서 보는 바와 같이 금고에 사용되는 잠금장치 역시 숫자 맞춤식을 응용할 수 있다. 또한 숫자맞춤식 잠금장치가 기계적인 방법으로 작동하기도 하고 전자적인 방법으로 작동하기도 한다. 전자적 방법으로 개발된 것은 암호를 일정 횟수 잘못 누르는 경우에는 경보가 작동하도록 고안된 것도 있다. 이러한 잠금장치도 우리 일상생활에 널리 활용되고 있음은 물론이다.

3) 카드작동식 자물쇠

카드작동식 자물쇠(Card-Operated Locks)는 열쇠 대용으로 카드를 꽂음으로써 열리는 자물쇠 장치로 일반적으로 전기나 전자기 방식을 사용하고 있다. 출입권한이 허가된 직원이 사용하는 카드에는 일정한 암호가 들어 있어서 카드를 꽂게 되면 곧바로 이 카드 내의 암호를 인식하여 자물쇠가 열리게 된다. 카드열쇠는 일반적으로 신분증의 기능을 갖는 경우가 많아 자신에게 허용된 구역을 마음대로 출입할 수 있다. 카드작동식 자물쇠는 강한 외부압력에도 견딜 수 있으며, 구성원들의 출입이 빈번하지 않은 제한구역에서 주로 사용된다.

4) 생체인식 잠금장치

출입을 통제하는 잠금장치로서 이상과 같은 것 외에도 특별한 개인의 지문(指紋)이나 정맥, 그리고 음성, 얼굴, 홍채인식 등을 통하여 작동하는 것이 개발되고 있다. 아래에서는 지문과 정맥인식을 중심으로 살펴보기로 한다.[28)]

---

28) 안창훈 · 이강열 · 최주호(2005), 앞의 책, pp. 181~190.

(1) 지문인식시스템

이러한 잠금장치는 현대 과학기술의 발전에 따라 최근에 등장한 것이다. 생체인식 잠금장치 가운데 가장 오랜 역사를 갖는 것 가운데 하나가 지문인식을 통한 잠금시스템(Fingerprint & Keypad Door Lock)이라 할 수 있다.

세부적으로는 이미 등록된 지문과 입력지문이 일치하는지를 비교하여 본인임을 확인하는 과정을 거치며, 다시 등록된 다수의 지문 중에서 입력된 지문을 구별하는 1 : 다수의 인식시스템과 1:1의 대조·판별하는 인증시스템으로 구별할 수 있다. 전 세계적으로 쌍둥이를 포함하여 같은 지문을 가질 확률은 1/10억이며, 현재 출시되고 있는 대부분의 제품은 융선의 끝점, 분기점의 위치좌표와 그 점에서의 융선 방향을 기본 정보로 사용한다.

(2) 정맥인식시스템

정맥인식시스템은 손바닥이나 손목의 혈관을 대상으로 그 형태를 인식하는 기법으로 사용자의 거부감을 줄일 수 있고, 지문 또는 손가락이 없는 사람도 이용이 가능하다. 정맥패턴은 눈에 보이지는 않지만, 다른 생체인식 기술처럼 자신만의 고유한 패턴을 가지고 있다. 사람의 혈관의 고유성과 손등 정맥패턴의 고유성을 활용한 이 기술은 안정적이고 눈에 보이지 않는 특징을 사용한다는 점과 저해상도의 적외선 조명을 사용하고 습도, 온도 등에 강하다는 특징을 가지고 있다. 이러한 정맥인식시스템은 출입통제 응용제품에 많이 활용되고 있다.

2. 경보장치

경보장치(또는 감지기)는 크게 두 가지로 구분할 수 있는데 하나는 외부침입 시에 발생되는 빛, 온도, 진동, 자력, 압력 등의 변화량을 검출하여 확인이 가능하도록 전자신호로 출력하는 방범용 장치를 말한다. 다른 하나는 방재용 감지기로서 대표적으로 화재 발생시 열과 연기를 감지하는 화재감지기와 가스 누설을 감지하는 가스누설감지기 그리고 기타 누수·누전 등에 대한 감지기가 있다. 이 가운데서 아래에서는 방범용 감지기를 중심으로 살펴보기로 한다(화재감지기는 제14장 화재 및 비상사태 대응전략 부분에서 다루기로 한다).[29)]

1) 자석감지기

자석감지기는 영구자석과 리드(Reed) 스위치로 구성된다. 자석감지기는 동작 전원이 필요 없고, 구조가 간단하여 쉽게 설치할 수 있어, 1차 감지기로 많이 사용되고 있다. 이는 외부에서 가장 침입하기 쉬운 출입문이나 창문에 주로 설치하며, 리드 스위치는 문틀에, 영구자석은 문짝에 설치하여 자력의 변화를 이용하여 감지한다. 문이 열리면, 자력의 변화가 생기게 되고, 따라서 이를 감지하는 형식이다. 자석감지기는 가격이 저렴하고 전원이 필요 없어 설치가 간단하다. 리드 스위치의 접점은 내식성, 내구성이 뛰어나 기계적 수명은 거의 영구적이며 외부 환경에 의한 영향을 덜 받는 특징이 있어 오경보의 발생이 낮다.

2) 적외선감지기

적외선감지기는 투광기와 수광기로 구성되는데, 투광기에서는 일정한 수준의 적외선을 쏘아내고, 수광기에서는 그 적외선을 받는 역할을 한다. 그러한 과정에서 어떠한 외부침입에 의해 적외선이 차단되면 이를 감지하는 방식이라고 할 수 있다. 이러한 적외선은 파장의 크기에 따라 근적외선, 중간적외선, 원적외선으로 구성되는데, 이 가운데 '근적외선'은 광전효과를 일으키는 작용이 우수하고 가시광선보다 파장이 길어 대기 중의 안개나 먼지 등에 의한 감쇠가 상대적으로 적고, 가시광선 영역에서도 벗어나 있기 때문에 어두운 밤에도 사람의 눈에 보이지 않는 특징을 가지고 있어서 적외선감지기에 아주 적합한 빛이라고 할 수 있다. 따라서 이러한 특성 때문에 적외선감지기는 근적외선을 이용한다.

그런데, 이러한 근적외선은 햇빛, 달빛, 번개 등 자연적 빛과 자동차의 헤드라이트, 수은등 등에 포함되어 있기 때문에 오작동의 우려가 있어 이러한 외부교란이 발생하지 않도록 설치하는 것이 중요하다. 한편, 적외선 차단이 침입자에 의한 차단인지 아니면 다른 요인(침입자가 아닌 고양이나 새 등)에 의해 차단된 것인지를 판단하기가 어렵다. 다만 이러한 문제는 차단하는 물체의 크기와 감지하는 응답속도로 판단할 수 있다. 그리고 눈, 비, 안개, 서리, 등과 같은 기상조건에 의해서도 장애가 발생한다.

3) 열감지기

열감지기는 수동적인 적외선감지기로서· 침입자의 체온에서 방사하는 '원적외선'의 변

29) Hess, Kären M. and Wrobleski, Henry M.(1996), op. cit., pp. 119~128.; 안창훈 · 이강열 · 최주호(2005), 앞의 책, pp. 55~89.

화량을 감지하는 방식이며, 실내의 공간감지에 사용된다. 인체에서는 일정한 열이 발생하는데, 이 발생하는 열 가운데 원적외선을 감지기가 포착·감지하여 신호를 내보내는 형태라 할 수 있다. 그런데, 열감지기는 온도의 변화에 민감하기 때문에 여러 가지 오작동 문제가 발생할 수 있다. 따라서 자연발생적인 온도의 변화나 여름철의 주변 온도 상승에 따른 문제, 그리고 동물 등에 의해 발생하는 문제에 대한 대책이 필요하다.

4) 초음파감지기

원적외선을 이용한 열감지기 외에 실내에서 입체적으로 경계할 수 있는 감지기를 초음파감지기라고 한다. 이는 인간이 들을 수 없는 음파(불가청주파수)의 특성을 이용한 것이다. 초음파감지기는 외부의 잡음이나 냉난방 설비에 의한 바람소리 등이 음파의 전파경로에 영향을 미치기 때문에 이를 보완하기 위한 것이다. 그러나 초음파감지기는 능동형 감지기로서 서로 간에 상호 간섭에 의해 오작동될 수 있기 때문에 실내에 1개만을 설치하는 것을 원칙으로 한다(수정발진방식을 이용한 제품은 간섭 없이 사용가능하다).

5) 마이크로웨이브감지기

마이크로웨이브(Microwave)감지기는 마이크로파(일반적으로 10GHz 대역과 24GHz)를 발신해 침입자의 움직임과 물체의 이동을 감지하는 방식이다. 마이크로웨이브감지기는 초음파감지기와 같이 건물 내에 복수의 감지기를 사용하면 상호 간섭에 의해 오작동될 수가 있다. 또한 초음파감지기에 비해 주위의 환경변화(바람이나 빛의 변화)를 받지 않는 장점은 있으나 진동에 약하고 기타 여러 문제로 인해 일반적으로 내부공간의 감지는 열감지기를 많이 사용한다.

6) 진동감지기

진동감지기는 설정된 일정한 수준 이상의 진동이 발생하면 감지하는 방식이다. 진동감지기는 자석감지기와 같이 동작 전원이 필요 없고, 가격이 저렴하며, 설치가 용이하다. 그리고 칸막이의 벽면이나 목재 문에도 설치가 가능하다는 장점이 있다. 그러나 주변에 진동이 자주 발생하는 곳과 외부의 통행인에 의해 진동이 발생하는 곳은 설치하지 않는다. 진동감지기는 경비시설의 실내에 설치하는 것이 일반적이다.

7) 감지기의 응용

(1) 셔터감지기

셔터감지기는 시설물의 출입문 등에 설치된 셔터를 올리고 침입하는 침입자를 감지하기 위한 감지기로서, 셔터나 대형 문, 창문 등의 개폐를 감지하는데 사용한다. 이러한 장치는 셔터 면에 자석판이나 반사판을 부착하고, 셔터틀에 감지기를 설치해서, 셔터를 들어 올릴 경우, 반사판도 올라가 감지하는 원리로서 자석식과 적외선식이 있다.

(2) 유리감지기

유리창은 외부에서 쉽게 깨고 침입할 수 있는데, 이때 발생하는 파열음을 감지하는 것이 유리파손 감지기이다. 유리감지기는 유리창에 직접 부착하여 유리가 깨질 때 발생하는 탄성파나 진동을 감지하는 부착형 유리감지기와 유리창 정면의 천정이나 벽면에 설치하여 유리가 깨질 때 나오는 주파수를 감지하는 음향감지기가 있다.

이 가운데 음향감지기는 유리면에 감지기를 직접 부착하지 않고서도 유리창의 파손을 감지하는 형태의 감지기로서 건물의 미관을 해치지 않고 유리면을 경계할 수 있고, 외부에서 감지기의 설치유무를 쉽게 파악할 수 없는 보안성이 있다. 그러나 유리 파손음을 직접 마이크로폰으로 청취해야 하므로 밀폐된 장소에 설치하여야 하며, 유리면과 감지기 사이에 장애물이 없어야 감지가 가능하다는 단점이 있다.

3. 감시시스템

1) CCTV의 의미

옛말에 '백문이불여일견'(百聞而不如一見)이라는 말이 있다. 백번 들어도 한번 보는 것만 같지 못하다는 의미이다. 마찬가지로 어떠한 위험상황이 발생하였을 경우, 그 소리를 아무리 자세하게 들어도, 그 상황을 눈으로 직접 목격하는 것보다 못할 경우가 많다. 따라서 비록 현장에서 바로 목격하지는 못하지만, 사람의 눈을 대신해서 원격지의 상황을 영상으로 보고 확인하는 방법은 단순히 감지기에 의한 경보신호보다는 어떤 상황판단을 하기 위해서는 훨씬 쉽고 정확하다고 본다.[30]

이렇게 영상으로 보고 확인하는 장치가 CCTV(Closed Circuit Television)이다. 일반적으로 TV시스템은 두 가지로 분류된다. 하나는 영상정보를 불특정 다수에게 전달하는 개회로(開回路, Open Circuit) 타입으로 흔히 우리가 일반 가정에서 보는 TV방송이

30) Hess, Kären M. and Wrobleski, Henry M.(1996), op. cit., p. 128.

여기에 해당한다. 다른 하나는 영상정보를 특정 대상에게 특정 목적으로 전달하는 폐회로(閉回路, Closed Circuit) TV가 있는데, 이는 위에서 말한 바와 같다.

물론, 이처럼 특정 대상에 대하여 특정 목적을 가지는 영상정보를 전달하는 시스템의 이용분야는 매우 다양하다. 대형빌딩 내부를 중앙통제실에서 감시하는 경우, 대규모 공장 외곽을 경비실에서 감시하는 경우, 은행의 객장 감시, 그리고 이러한 범죄감시뿐만 아니라 교통상황을 교통상황실에서 확인하는 경우, 산업현장의 공정과정 감시 등 수많은 영역에서 활용되고 있다. 한편, 사람의 접근이 불가능한 환경의 장소와 같이 인간의 눈으로 감시하기에는 한계가 있는 장소 등에서도 사용된다. 따라서 CCTV는 다음과 같은 기능을 가지고 수많은 영역에서 이용된다고 볼 수 있다.31)

CCTV의 기능과 이용분야

CCTV의 기능	CCTV의 이용분야
• 원거리 관찰 • 보이지 않는 영역 관찰 • 다수인에 의한 동시 관찰 • 다수의 장소를 동시 관찰 • 지속적이고 집중적인 관찰 • 열악한 환경 또는 근접 불가능한 장소의 관찰	• 방범용, 공업용, 교육용, 의료용, 화상용 등 수많은 영역에서 이용 가능

2) 디지털 CCTV의 특성

지난 20여년 동안 모니터링 및 감시장치산업은 주로 아날로그 CCTV기술이 담당해왔다. 아날로그 CCTV의 화상은 전통적으로 VCR에 녹화되어 테이프에 저장되었는데, 사용이 편리하다는 점 등으로 많이 이용하였다.32) 한편, 아날로그 CCTV는 테이프의 유지 및 보수의 비용이 많이 드는 부담도 있었다. 또한 아날로그는 통합의 가능성이 낮으며, 원격지 접속 기능이 없다는 단점도 있다.

따라서 최근 디지털기술이 개발됨에 따라 아날로그의 많은 결점은 그대로 노출되었

31) 이상원(2005), 앞의 책, p. 591.

32) 무인으로 감시하면서 영상을 녹화하거나 또는 사고시 영상확인을 위한 장치로서 아날로그 방식인 VCR(Video Cassette Recorder)과 디지털 방식인 DVR(Digital Video Recorder)이 있다. VCR은 자성체를 도포한 자기테이프에 영상신호를 자기 테이프에 녹화, 재생하는 방식을 말한다. DVR은 아날로그의 영상신호를 디지털 방식으로 압축, 저장하는 녹화장치로서 녹화된 영상을 디지털신호로 처리함으로써 고화질로 저장되며, 날짜별, 시간별, 카메라별 검색이 용이하고 여러 번의 녹화 재생에도 화질이 변하지 않는 특징이 있다. 또한 디지털신호이므로 원격지로의 전송을 관련 전용회선 등의 통신회선을 이용하여 할 수 있고, 원격지에서도 감시 및 제어가 가능하다는 장점을 갖는다. 따라서 DVR은 최신의 보안 시스템으로 효과적인 범죄예방 및 관리기능을 제공할 수 있을 것으로 기대된다. http://www.dvrinfo.co.kr.; 중앙일보(2002. 4. 15).

고, 그 결과 디지털 CCTV로 빠르게 전환되고 있다. 이러한 디지털 CCTV는 다음과 같은 특성을 갖는다.[33]

(1) 디지털화의 다양한 이점

먼저, 디지털 녹화기술의 급속한 발달로 사용의 용이화, 탐색기능의 고속화, 기록과 재생의 동시가능, 이미지의 열화 방지, 향상된 압축과 저장, 통합의 가능성 등을 들 수 있다.

(2) 원격지 접속

디지털 CCTV 방식이 네트워크로 접속함으로써 얻는 이점은 사용자가 하드웨어나 소프트웨어에 대한 별도의 투자 없이도 어떤 컴퓨터에서든지 감시하고자 하는 화상을 볼 수 있다는 점이다. 만약 사용자가 인터넷 연결포트만 확보하고 있으면, 지구상의 어디에서든지 카메라 1대만으로도 감시하고자 하는 설비를 감시할 수가 있고, 또 VPN(가상사설망)이나 컴퓨터 인트라넷을 활용함으로써 감시시스템으로부터 화상에 접근하는 패스워드를 관리할 수 있다. 인터넷을 통한 안전한 지불시스템과 마찬가지로 사용자의 화상이나 정보는 사용이 승인된 사용자에 한해서만 볼 수 있고 안전하게 관리된다.

(3) 무제한적 안전한 화상저장

디지털 CCTV 방식은 하드디스크만 확보되어 있다면 사용자가 원하는 시간만큼 사용할 수 있다. 또한 화상의 감시와 저장이 중요한 지역이나 백업을 필요로 하는 특정 지역에 대해서도 화상을 원격지에서 저장하고 볼 수 있다.

(4) 유연하고 다각적인 화상전송

디지털 CCTV는 침입자의 시도나 사건이 발생할 경우, 그에 따라 단편적으로 화상을 경찰서나 책임기관에 이메일로 보낼 수 있고, 또 경찰서나 다른 패스워드 승인기관에서는 카메라에 로그온이 가능하다.

(5) 자동경보기능

디지털 CCTV의 비디오 서버는 경보가 발생한 화상을 선택된 이메일 주소를 통해 자동으로 전송할 수 있다. 이로 인해 담당자들이 적절하게 대응할 수 있도록 필요한 정보를 제공해 준다.

---

33) 안창훈 · 이강열 · 최주호(2005), 앞의 책, pp. 128~129.

(6) 성능대비 비용절감

디지털 CCTV는 VCR 장비의 추가 없이도, 그리고 더 많은 테이프나 테이프의 교체 없이도 반복 가능하고, 또 카테고리의 분류가 필요하지 않다. 이는 전체적으로 유지비용을 절감할 수 있다는 것을 의미한다. 따라서 시스템 성능과 결과가 눈으로 보기에도 현저하게 증가하는 한편 시간이 지날수록 전반적인 경비는 감소하게 된다.

3) CCTV시스템의 설계

CCTV와 같은 영상정보처리기기는 기계경비 중 사건이나 사고가 발생하였을 경우, 이를 녹화하여 사고원인을 규명하는 것과 확실한 감시를 할 수 있는 방법 등으로 범죄 예방효과와 업무의 효율성을 높이는 시스템이라 할 수 있다. 이러한 시스템이 목적에 적합하고 효율적으로 활용하기 위해서는 정확한 설계가 필요하다고 본다.[34]

CCTV 설계의 주안점

1. 무엇을 어떻게 감시할 것인가?	• 감시목적, 감시대상, 감시범위
2. 어떤 장소에 설치할 것인가?	• 옥내 또는 옥외, 특수환경의 장소
3. 설치장소의 조도는 어느 정도인가?	• 보조조명의 필요성 유무
4. 카메라 하우징의 부착방법은?	• 천정, 벽면, 옥외 벽면, 기둥 등
5. 설치장소의 거리는 어느 정도인가?	• 카메라와 모니터 사이의 거리, 전송매체
6. 운영 및 관리방법은? ㉠ 누가 운영하는가? ㉡ 언제 · 어떻게 관리하는가?	• 상시 또는 이상 발생시 감시 • 로컬감시 또는 원격감시 • 1:1 집중감시 또는 분산감시 • 감시와 동시에 녹화 여부 • 모니터 감시방법: 시퀀설 스위처방식, 4분할 등과 같은 다화면 분할방식, 프레임 스위처방식 등
7. 법적인 문제는 없는가?	• 사생활 침해문제 • 사주조 침해문제

그런데 이러한 CCTV 설치 기준이 강화되었다는 점에 주의할 필요가 있다. 공공장소 및 사적공간에 무분별한 CCTV를 설치하여 개인의 인권침해 가능성이 높기 때문에 이에 대한 법적인 규제가 보다 강화되었다. 이에 따라 인권보호 관련, 이전에 시행된 「공공기관의 개인정보 보호에 관한 법률」이 폐지되고, 2011년 「개인정보보호법」의 적용을 받게 되었다.[35] 따라서 이 개인정보보호법에 따라 고정형 영상정보처리기기를 설치 · 운영할 수 있도록 하고 있다.

34) 위의 책, pp. 130~131.

35) http://www.kjmoa.com.

고정형 영상정보처리기기의 설치 · 운영 제한

① 누구든지 다음 각호의 경우를 제외하고는 공개된 장소에 고정형 영상정보처리기기를 설치 · 운영하여서는 아니 된다.
  ㉠ 법령에서 구체적으로 허용하고 있는 경우
  ㉡ 범죄의 예방 및 수사를 위하여 필요한 경우
  ㉢ 시설의 안전 및 관리, 화재 예방을 위하여 정당한 권한을 가진 자가 설치 · 운영하는 경우
  ㉣ 교통단속을 위하여 정당한 권한을 가진 자가 설치 · 운영하는 경우
  ㉤ 교통정보의 수집 · 분석 및 제공을 위하여 정당한 권한을 가진 자가 설치 · 운영하는 경우
  ㉥ 촬영된 영상정보를 저장하지 아니하는 경우로서 대통령령으로 정하는 경우
② 누구든지 불특정 다수가 이용하는 목욕실, 화장실, 발한실(發汗室), 탈의실 등 개인의 사생활을 현저히 침해할 우려가 있는 장소의 내부를 볼 수 있도록 고정형 영상정보처리기기를 설치 · 운영하여서는 아니 된다. 다만, 교도소, 정신보건 시설 등 법령에 근거하여 사람을 구금하거나 보호하는 시설로서 대통령령으로 정하는 시설에 대하여는 그러하지 아니하다.
③ '①항' 각호에 따라 고정형 영상정보처리기기를 설치 · 운영하려는 공공기관의 장과 '②항'의 단서에 따라 고정형 영상정보처리기기를 설치 · 운영하려는 자는 공청회 · 설명회의 개최 등 대통령령으로 정하는 절차를 거쳐 관계 전문가 및 이해관계인의 의견을 수렴하여야 한다.
④ '①항' 각호에 따라 고정형 영상정보처리기기를 설치 · 운영하는 자(이하 "고정형 영상정보처리기기 운영자"라 함)는 정보주체가 쉽게 인식할 수 있도록 다음 각 호의 사항이 포함된 안내판을 설치하는 등 필요한 조치를 하여야 한다. 다만, 「군사기지 및 군사시설 보호법」 제2조 제2호에 따른 군사시설, 「통합방위법」 제2조 제13호에 따른 국가중요시설, 그 밖에 대통령령으로 정하는 시설의 경우에는 그러하지 아니하다.
  ㉠ 설치 목적 및 장소
  ㉡ 촬영 범위 및 시간
  ㉢ 관리책임자의 연락처
  ㉣ 그 밖에 대통령령으로 정하는 사항
⑤ 고정형 영상정보처리기기 운영자는 고정형 영상정보처리기기의 설치 목적과 다른 목적으로 고정형 영상정보처리기기를 임의로 조작하거나 다른 곳을 비춰서는 아니 되며, 녹음기능은 사용할 수 없다.
⑥ 고정형 영상정보처리기기 운영자는 개인정보가 분실 · 도난 · 유출 · 위조 · 변조 또는 훼손되지 아니하도록 제29조에 따라 안전성 확보에 필요한 조치를 하여야 한다.
⑦ 고정형 영상정보처리기기 운영자는 대통령령으로 정하는 바에 따라 고정형 영상정보처리기기 운영 · 관리 방침을 마련하여야 한다. 다만, 제30조에 따른 개인정보 처리방침을 정할 때 고정형 영상정보처리기기 운영 · 관리에 관한 사항을 포함시킨 경우에는 고정형 영상정보처리기기 운영 · 관리 방침을 마련하지 아니할 수 있다.
⑧ 고정형 영상정보처리기기 운영자는 고정형 영상정보처리기기의 설치 · 운영에 관한 사무를 위탁할 수 있다. 다만, 공공기관이 고정형 영상정보처리기기 설치 · 운영에 관한 사무를 위탁하는 경우에는 대통령령으로 정하는 절차 및 요건에 따라야 한다(이상 개인정보보호법 제25조 각항 각호, 개정 2023. 3. 14.).

한편, 고정형 영상정보처리기기를 설치 · 운영하는 경우, 이에 대한 적절한 '안내판'을 설치하도록 하고 있다.[36] 그리고 이상과 같은 규정 등을 위반하였을 경우, 예전보다 강

36) 안내판의 설치 등: 개인정보보호법 제25조 제1항 각 호에 따라 고정형 영상정보처리기기를 설치 · 운영하는 자(고정형 영상정보처리기기 운영자)는 고정형 영상정보처리기기가 설치 · 운영되고 있음을 정보주체가 쉽게 알아볼 수 있도록 같은 조 제4항 각 호의 사항이 포함된 안내판을 설치

화된 처벌규정을 두어 보다 실효성을 확보하고자 하였다.

아파트단지에 방범용 '네트워크 카메라' 방식 전면 허용[37)]

아파트단지에도 인터넷망을 통해 어디서나 영상정보를 저장하고 확인 · 처리 가능한 보안 · 방범용 '네트워크 카메라'(Network Camera)를 설치할 수 있게 된다.[38)] **정부(국무조정실)에서는 아파트의 보안 · 방범용 카메라로 네트워크 카메라(일명 '클라우드 캠')를 2018년 10월부터 전면 허용하기로 했다. 아울러 네트워크 카메라가 이미 설치된 아파트에 대해서도 경과규정을 마련, 기준에 부합하는 시설은 적법한 것으로 하였다. 그동안 보안 · 방범용 카메라 설비로 CCTV 방식만 허용해 왔으나, 앞으로는 'CCTV' 방식 이외에 유 · 무선 인터넷 기반의 '네트워크 카메라' 방식도 설치할 수 있게 된 것이다.**

CCTV는 현재 300가구, 승강기가 설치된 150가구 이상 아파트에 의무적으로 설치해야 하며, 의무관리 대상 아파트는 2018년 5월 현재 전국적으로 1만 5787단지에 약 932만 가구에 달한다. 또한 앞으로 신축되는 모든 아파트, 다세대 등 공동주택에도 동일하게 적용될 예정이다. 네트워크 카메라 등의 확대 · 보급으로, 침입탐지 자동알람, 정전시 자동녹화, 카메라 훼손 즉시 탐지 등 다양한 서비스의 개발과 확산이 이루어져 보다 안전한 거주환경 조성이 가능할 것으로 기대된다.

〈CCTV와 네트워크 카메라 비교〉

구 분	CCTV	네트워크 카메라
정 의	• 폐쇄망을 통해 특정 장소에서만 영상정보 저장 · 확인	• 인터넷망을 통해 어느 곳에서나 영상정보 저장 · 확인
저장장치	• 개별 저장장치 필요	• 개별 저장장치 불필요
저장장소	• 아파트내의 특정장소(관리사무소 등)	• 아파트내부(관리사무소 등) 및 외부(스마트폰, PC 등)
영상확인	• 특정장소에서만 확인	• 특정장소뿐만 아니라 스마트폰, 인터넷을 통한 PC 등 확인
운영방식	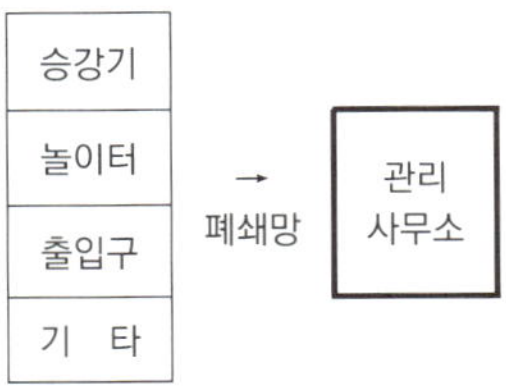	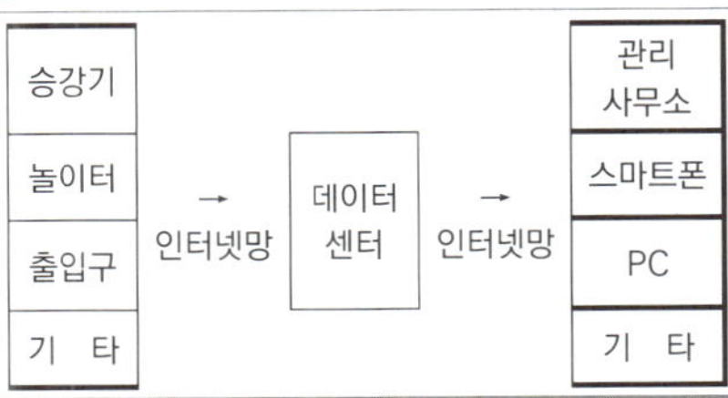

하여야 한다. 다만, 건물 안에 여러 개의 고정형 영상정보처리기기를 설치하는 경우에는 출입구 등 잘 보이는 곳에 해당 시설 또는 장소 전체가 고정형 영상정보처리기기 설치지역임을 표시하는 안내판을 설치할 수 있다(개인정보보호법 시행령 제24조 제1항).

37) 국무조정실 · 국무총리비서실, 보도자료(2018. 6. 19).; 이데일리(2018. 6. 19).

38) 네트워크 카메라(Network Camera)는 인터넷에 연결돼 PC나 스마트폰에 화상을 실시간 송출할 수 있는 감시카메라를 말한다. 별도의 녹화장치가 없어도 손쉽게 지정 장소를 감시할 수 있어 가정이나 소규모 사업장에서 사용하기 적합하다. 온라인 네트워크를 이용하기 때문에 IP(인터넷 프로토콜)카메라라고도 불린다. 다음백과(http://100.daum.net/encyclopedia).

제12장 절차적 통제전략

제1절 기본논의

절차적 통제전략(節次的 統制戰略)을 설명하기 위하여 다음과 같은 사례를 제시하고자 한다.[1]

빌드모어(BuildMore) 건설회사는 회사 내에 최첨단 경보시스템과, 경비조명, 그리고 잠금장치 등을 설치하여 물리적 외부침입에 의한 자산손실에 대해서는 최상의 방어시스템을 구축하였다. 그러나 정작 문제는 내부에서 발생하였다.

직원 A는 매일 같이 자신이 가져온 도시락을 이용하여 회사의 부품을 외부로 빼돌렸으며, 직원 B는 회사 전화를 이용하여 사적으로 수차례 장거리 통화를 하였다. 직원 C는 남은 건축자재를 자신의 트럭으로 운반하여 자기 집 차고를 짓는데 사용하였고, 직원 D는 자신의 근무시간 기록카드를 지속적으로 조작하였다. 그리고 직원 E는 사적으로 사용한 비용에 대해 허위 청구서를 작성하여 회사에 제출하였다. 더욱이 에러가 발생한 컴퓨터시스템을 복구하기 위해 고용된 직원은 시스템 전문가가 아니라 회사의 기밀을 외부로 빼돌리는 산업스파이였던 것으로 밝혀졌다.

그런데 이러한 문제는 빌드모어 회사에 설치된 최신식 잠금장치, 경비조명 그리고 경보시스템은 이상과 같은 자산손실에 대해 아무런 방어를 하지 못한다는 점이다. 이러한 물리적 통제장치는 주로 외부침입에 대응하기 위하여 설치된 것이기 때문에 내부에서 발생하는 범죄행위에 대해서는 속수무책이었다.

따라서 보다 완벽한 경비시스템이 이루어지기 위해서는 외부침입에 대응하는 물리적 통제(Physical Controls)뿐만 아니라 내부에서 발생하는 범죄에 대응하는 절차적 통제(Procedural Controls)가 확립되어야 한다. 물론, 경비대상이 되는 시설에 요구되는 경비수준(Security Level)에 따라서 물리적 통제와 절차적 통제의 수준이 결정될 것이다. 여기에서는 대부분의 시설에 적용될 수 있는 가장 일반적인 절차적 통제에 대해서 다루기로 한다. 따라서 시설(산업, 상업, 소매, 교육시설 등)의 특성에 따라서 추가적인 절차적 통제가 필요하다고 본다. 이러한 관점에서 이 장에서는 먼저 자산손실의 문제점과 이와 관련된 절차적 통제단계를 중심으로 살펴보기로 한다.

---

1) Hess, Kären M. and Wrobleski, Henry M.(1996), Introduction to Private Security, N.Y.: West Publishing Company, pp. 144~145.

제2절 자산의 손실문제

1. 내부범죄의 위험성

민간경비는 강도 및 침입절도와 같은 외부침입에 의한 범죄와 교묘하게 기업의 자산에 손해를 끼치는 비도덕적인 내부직원에 의한 범죄를 구분하고 있다. 사실, 직원에 의한 자산의 손실은 직원이 실질적으로 절도와 같은 범죄를 저지름으로써 발생할 수도 있고, 또는 범죄를 저지르지는 않았지만, 업무수행을 제대로 하지 못해 발생하기도 한다.

그런데, 기업자산의 손실 가운데 70% 정도가 직원의 절도와 같은 범죄행위에 의해 이루어지는 것으로 나타났다.[2] 그러한 절도대상으로는 현금, 제품, 산업 기자재 및 부품, 사무용품, 핵심정보 등을 들 수 있다. 이와 관련하여 드라티(Draty)는 "비도덕적인 직원에 의한 손실액은 국민총생산(GNP), 시장경쟁력, 그리고 회사생존에 중대한 영향을 끼칠 정도로 막대하다"고 보았다.[3] 맥클래인(McClain)은 "미국기업에 있어서 1년에 평균적으로 모든 기업의 3분의 1정도가 망하고 있는데, 이는 횡령 등을 포함한 내부범죄에 의해서 비롯된 것이라는 것은 이미 널리 알려진 사실이다"라고 하였다. 이러한 문제들은 무엇보다도 적절한 신규채용을 통해서 상당히 감소시킬 수 있는 것들이다.

맥클래인은 고용주는 내부직원에 의한 절도 및 손실과 관련된 위험성은 다음과 같은 세 가지 요인들을 통제함으로써 감소시킬 수 있다고 지적하였다. ㉠ 기업에서 고용하는 직원들의 자질, ㉡ 직원들이 근무하는 근무환경의 조건, 그리고 ㉢ 적절한 감독의 실시 및 내부직원에 대한 적절한 통제 등이 바로 그것이다.[4]

---

2) Ibid., p. 145.

3) Draty, David(1995. 1), "Curbing the High Cost of Employee Theft," Security Concept, p. 11.

4) McClain, Eddy L.(1995. 2), "Defeating Employee Theft and Drug Abuse," Security Concepts, p. 9.

2. 내부인에 의한 첨단기술정보의 유출사례와 그 피해

1) 현대 · 기아 자동차 기술유출 사건

첨단기술이 외부로 유출되었을 경우, 그 피해는 기업의 생존과 직결된다고 볼 수 있다. 그런데, 이러한 문제는 비단 어제오늘의 일이 아니라는 점이다. 반도체 · 휴대전화에 이어 조선, 자동차까지 산업계에서 기술정보의 유출 사건이 끊이지 않고 있다.[5)]

현대자동차의 대표 차종인 NF쏘나타와 싼타페의 핵심 제조기술을 빼돌려 10억여원을 받고 중국에 팔아넘긴 현대차 직원 2명이 검찰에 붙잡혔다. 국내 자동차 기술의 해외유출은 2007년 들어 적발된 것만 두 번이다. 다행히 해당 기술이 현지에서 실용화되기 전에 유출 사실을 적발했지만, 중국 업체들이 각종 '짝퉁' 자동차로 한국시장을 위협하고 있는 가운데 이번 사건으로 한국과 중국 간의 자동차 기술 격차가 급속히 줄어들 것으로 우려되고 있다. 비단 자동차 업계만이 아니다. 첨단 IT 기술에 집중되어 있던 기술 유출이 최근 조선, 철강 등 주력 제조업 분야에 이르기까지 산업계 전반으로 번지면서 중국 등 후발 개도국으로의 기술유출 보안에 비상등이 켜졌다.

의정부지검 고양지청 형사2부는 NF쏘나타의 주요 부품과 싼타페 자동변속기 등의 설계도면을 중국 장화이기차 공사에 빼돌린 혐의(부정경쟁행위 방지 및 영업비밀 보호에 관한 법률)로 현대차 윤모 과장과 중국사업본부 김모 과장을 2007년 12월 5일 구속했다. 검찰과 현대차에 따르면 윤씨는 작년 초 싼타페에 장착되는 '파워 4단 자동변속기' 설계도면 270여장을 CD에 담아 김씨를 통해 장화이기차에 넘겼다는 것이다. 이들이 넘긴 제작기술은 현대차가 3천억원의 개발비를 투입해 2년 만에 개발에 성공했던 것으로, 특히 탑재된 자동변속기 기술은 현대가 10년 만에 어렵게 국산화에 성공한 핵심 중의 핵심기술로 알려졌다. 윤 과장과 김 과장 등 두 명은 2005년 말에도 구형 싼타페, 투싼, 기아차 스포티지 등 SUV 차량에 장착되는 4단 자동변속기 관련 기술을 장화이기차에 넘긴 것으로 밝혀졌다.

현대차는 이 같은 기술 유출 사실을 2년이 지난 후에서야, 그것도 스위스에 있는 현대차 협력업체의 제보를 통해 발견하고 3개월 전 검찰에 수사 의뢰를 하였다. 물론 기술 유출 사건의 대부분이 내부직원을 통해 새어나가기 때문에 파악하기가 쉽지 않다고 하지만 중국 측에 잇따른 기술 유출 의도를 알고서도 번번이 이를 막지 못하고 있는 기업의 허술한 보안관리 역시 문제로 지적되고 있다. 실제로, 2007년 5월 기아차에서 4조 7천억원 규모의 신차 개발정보 유출 사건이 발생했을 때에도 현대 · 기아차의 보안의

5) 시사서울(2007. 12. 14).

식과 시스템에 대한 허점이 도마 위에 오른 바 있다. 당시 기아차 전· 현직원 9명은 쏘렌토의 차체조립 및 용접기술 등을 중국 자동차 회사에 넘겼다가 구속되기도 하였다.

검찰에 따르면, 이들은 25년 동안의 노하우가 축적된 기술 57건을 9차례에 걸쳐 이메일(Email)을 통해 유출했는데, 핵심 정보에 접근하기까지 별다른 어려움이 없었다는 사실이 밝혀져 큰 파장을 불러일으켰다. 생산현장에 설치된 컴퓨터에 외장형하드디스크드라이브(HDD), USB메모리, CD-R/RW 등과 같은 이동식 저장장치를 이용하여 퇴직 동료에게 부탁받은 정보를 고스란히 내려받은 것이다. 더욱이, 현직 직원이 중국 측에 이메일로 정보를 넘겨주면서 해당 파일에 '다 빼먹어라'라는 식의 제목을 달았다는 사실까지 알려져 충격을 더했다. 기아차는 앞서 지난해 11월에도 직원이 현대·기아차의 차체 조립기술을 중국에 넘기려다 적발되기도 했다. 현대·기아차는 기술 유출 사건이 잇따르자 막대한 비용을 들여 보안시스템을 강화하고 있다. 유선전화, 휴대전화, 개인 컴퓨터 등에 대한 보안수준을 강화하고 보안시스템의 상시 가동을 통해 만일의 사태에 대비하고자 한 것이다.

2) 대우조선해양·포스코 기술유출 사건

2007년 7월 대우조선해양에 근무했던 한 간부가 선박 설계도가 들어있는 컴퓨터를 가지고 중국 업체로 자리를 옮기면서 조선업계를 발칵 뒤집을만한 기술유출사건이 발생했다. 선박 69척 설계도 관련 파일이 중국으로 넘어가기 직전 검찰에 적발됐지만, 만약 이 기술이 중국 조선업체로 유출됐을 경우 피해액은 수조원대에 달할 것으로 전망됐다. 5월에는 국내 기술로 국제적 표준을 획득한 '와이브로' 기술이 미국으로 유출되기 직전 검찰과 국가정보원의 공조로 적발됐다.

또 2007년 8월 포스코 기술개발실에서 일했던 연구원들이 중국 철강업체로부터 13억여원을 받고 포스코가 심혈을 기울여 개발한 철강재 제조 핵심기술을 빼돌린 바 있다. 5년간의 피해액만 2조 8천억 원을 넘을 것으로 추산될 만큼 엄청난 손실이었다.

최근의 핵심기술유출 사건과 처벌내용 사례[6)]

1. OLED 잉크젯 프린팅 기술유출 사건(2020년)
OO디스플레이회사의 현직 연구원 2명이 국내 장비업체 C회사 등과 공모, 세계 최초로 개발한 대형 OLED 양산용 잉크젯 프린팅 기술을 중국으로 유출 기도한 정황을 포착, 수사기관에 지원하였으며, 법원은 21년 2월에 주범 2명에게 징역 2년 실형 선고하는 등 총 5명에 대해 유죄 판결을 하였다.

2. 2차전지 소재분야 기술유출 사건(2021년)
OO회사 퇴직 연구원 2명이 해외 경쟁사로 이직하면서 상용 이메일 · 클라우드 서비스를 통해 국가핵심기술을 유출한 정황을 포착, 수사기관에 지원하여 법원은 2022년 8월에 주범 2명에 징역 2년을 선고하였다.

3. 첨단 자율주행 기술유출 사건(2022)
OO회사 현직 연구원이 협력업체 직원과 공모, 앞차와의 거리를 조절하는 '자율주행 기술' 관련 자료를 휴대폰으로 찍어 해외반출 시도중인 정황 포착하여, 수사기관에 지원하였으며, 법원은 2022년 7월 주범에게 징역 1년 6개월(집유) 등 총 3명에 대해 유죄 판결을 하였다.

4. 반도체 세정장비 기술유출 사건(2023년)
○○회사 전직 연구원 7명이 반도체 세정장비 국가핵심기술을 불법 유출하고 동종업체 ○○회사를 설립하여 중국에 동일한 장비를 수출 중인 사실 적발 및 수사기관에 지원하였으며, 법원은 1심(2023년 2월)에서 주범에게 징역 4년 등 전원에 유죄 판결했으나, 항소심(2024년 1월)에서 징역 5년으로 상향 선고하였다.

국가정보원 산업기밀보호센터에 따르면 지난 2003년 10월 센터 설립 이후부터 2010년까지 적발된 기술 유출 시도는 244건에 달했다. 이에 따른 추정 피해액도 2003년에 13조 9천억 원 수준에서 2010년에는 200조원에 이르는 것으로 나타났다. 기술유출 범죄로 입건된 사람 또한 크게 증가하여 지난 1999년 39명에 불과하던 것이 2010년에는 395명으로 크게 증가한 것으로 나타났다. 실형 및 집행유예를 받은 사람 가운데는 전기전자 분야가 가장 많았고 해외 기술 유출 대상국은 주로 중국이었다.[7)]

---

6) 국가정보원(https://www.nis.go.kr/AF/1_5_1_2.do)

7) ① 국가정보원의 산업기밀보호센터가 지난 5년간(2007~2012) 적발한 국내 기술 불법 해외 유출은 모두 202건에 달한다. 2008년부터 2011년까지는 해마다 평균 40여 건씩 적발되다 지난해엔 30건으로 줄었다. 이에 대해 수사당국은 "산업스파이 사건 발생 자체가 줄었다기보다 기술유출범죄가 점점 더 지능화 · 첨단화되고 있기 때문"이라고 설명했다. 지난 5년간 적발한 202건 중엔 전기전자 기술이 68건(34%)으로 가장 많았다.
② 산업기술을 빼돌린 이는 전직 직원이 122건(60%)으로 최다였고, 현직 직원이 40건(20%), 협력업체 직원이 24건(12%) 등의 순으로 나타났다. 전 · 현 직원이 80%로 대부분의 산업스파이가 회사 내부 사람이었음을 알 수 있다. 대기업은 2008년 이후 해마다 기술 유출 건수가 줄고 있지만 중소기업은 반대로 늘어나는 추세다. 대기업들은 꾸준히 보안투자를 해 온 반면, 중소기업은 기술

전문가들은 국내 기업들이 내부적으로 더욱 강력한 보안체제를 구축하는 한편, 직원들에 대한 보안, 윤리교육을 강화해야 한다고 지적했다. 한편으론 기술 유출 문제가 산업계 전반으로 번지면서 '국가안보'(國家安保) 문제로 간주해 보다 적극적으로 국가 차원에서 대응책을 마련해야 한다는 목소리가 나오고 있다. 특히 기술정보를 유출한 자에 대해서는 더욱 강력한 처벌이 이뤄져야 한다는 지적도 제기되었다.[8]

제3절 절차적 통제단계

따라서 내부직원 등에 대한 절차적 통제가 무엇보다도 중요하다는 것을 알 수 있다. 이러한 절차적 통제단계는 3단계로 구분되는데, 1차 통제는 신규채용에서 자격을 갖춘 직원을 선발하는 것이며, 2차 통제는 이들에 대한 적절한 교육훈련 및 관리감독과 관련된다. 3차 통제에서는 시설 내에서의 일정한 지역(범죄피해에 노출되기 쉬운 취약지역 및 제한구역 등)에 대한 접근통제와 관련된 것이다. 사실, 민간경비의 실질적 부분은 3차 통제와 관련된다고 본다. 그러나 1차 · 2차 통제 역시 중요한 요소로 고려되고 있음은 물론이다.[9]

1. 1차 통제: 신규채용

기업의 손실과 직원들의 근무태만을 감소할 수 있는 방법 가운데 하나가 적절한 자격을 갖춘 사람들을 채용하는 것이다. 따라서 채용과정에서 지원자들에 대한 지원서, 이력서, 지능검사, 성격테스트, 신원조회를 포함한 배경조사, 면접 등 다양한 조사가 이루어져야 한다. 아울러 음주나 약물테스트도 병행할 필요가 있다. 실제로 직장 내에서 근무시간 중의 알코올남용 문제는 상당한 수준이라고 할 수 있다.

이러한 부적절한 신규채용이 이루어졌을 경우 높은 이직률, 내부절도, 보험요구, 기업

보호 투자 여력이 없기 때문이라는 것이 국가정보원의 분석이다.

③ 최근에는 유출 수법과 수단도 매우 다양해졌다. 과거엔 USB나 하드디스크 등 저장 매체 또는 e메일과 웹하드 등의 네트워크가 주로 활용됐다. 그러나 요즘 들어선 카드형 USB를 신용카드로 위장하거나 초소형 USB를 벨트의 버클이나 구두 깔창 밑에 숨기는 등 신종 수법이 등장하고 있다. 중앙일보(2013. 04. 24).

8) 시사서울(2007. 12. 14).

9) Hess, Kären M. and Wrobleski, Henry M.(1996), op. cit., pp. 147~173.

비밀의 유출, 그리고 직원에 의한 소송 등의 문제는 항상 존재하게 된다고 볼 수 있다.[10] 그러나 한편으로는 고용기회의 균등을 제도적으로 보장하고 있기 때문에 지원자들에 대한 엄격한 자격요건을 검증하는 것을 어렵게 하고 있다.

1) 지원서와 이력서

직원들의 신규채용에 있어서 지원자들이 작성하여 제출한 지원서와 이력서에 대한 조사는 최초의 검증단계라 할 수 있다. 정확하고 적절하게 작성된 지원서와 이력서는 지원자에 대한 많은 양의 유용한 정보를 확인할 수 있게 해준다. 그러나 지원서와 이력서에 기재한 내용들은 경우에 따라서는 지원자들이 거짓사항을 기재하거나 자신들을 과대포장하여 작성하는 경우가 있기 때문에 주의할 필요가 있다. 기록에 의하면 지원서와 이력서에 거짓사항이나 과장된 부분이 발견되는 것은 지원서 가운데 30~80%에 이르는 것으로 나타났다.[11] 물론 지원서나 이력서가 부적절하게 기재되었다고 해서 전혀 쓸모가 없는 것은 아니다. 그것 역시 지원자를 평가할 수 있는 유용한 자료로 활용될 수 있기 때문이다.

따라서 고용주들은 모든 지원서와 이력서에 기재한 내용(이력, 경력, 학력 등)이 맞는지를 파악하기 위해서 검증절차를 확립하여야 한다. 실제로 직무면접과정에서 가장 깊은 인상을 남긴 지원자가 알고 봤더니 가장 능수능란하게 거짓말을 잘하는 사람으로 밝혀지는 경우도 있다.

2) 필기시험

필기시험은 지원자들이 경비관련 업무를 적절하게 수행할 수 있는지의 여부와 관련하여 필요한 기술 또는 관련법에 대한 전문적 지식 등을 갖추고 있는지를 확인하는 데에 사용될 수 있다. 따라서 시설경비, 경호, 호송경비, 컴퓨터보안 등 관련분야의 종사자를 채용하고자 한다면, 그에 상응하는 적절한 필기시험이 요구된다.

한편, 필기시험에서는 단지 위와 같은 전문적 기술과 지식만을 평가하는 것은 아니다. 정상적인 일반인으로서 갖추어야 할 기본적 소양 역시 중요한 평가기준이 된다. 따라서 경우에 따라서는 시험과목에 수학계산 능력, 작문 능력, 기억력, 공간 능력, 추리력, 철자법, 외국어 능력 등을 포함시킬 수 있다. 아울러 현재의 시사적인 사건, 지리, 역사, 문학과 같은 분야에 대한 일반적인 지식 등을 평가 항목에 포함시킬 수 있다.[12]

---

10) Beaudette, John P.(1992. 11), "The Perils of Preemployment Screening," Security Management, p. 39.

11) Ibid., p. 63.

3) 정직성 검사

그동안 지원자들의 정직성 검사(Integrity Test)를 하기 위하여 필기시험 방식의 많은 형태의 정직성 측정도구들이 개발되어 왔다. 이와 같이 다양한 형태의 정직성 검사 기법의 개발된 이유 가운데 하나는 채용과정에서 거짓말탐지기의 사용을 제한하는 규정이 강화되었기 때문이라는 점을 들 수 있다. 해리스(Harris)는 정직성 검사는 매우 유용한 방법이지만 신중하게 이루어져야 한다는 점을 지적하고 있다. 이러한 검사는 지원자 개개인이 업무수행과정에서 잠재적으로 절도와 같은 범죄를 저지를 가능성이 있는지를 예측하기 위한 것이기 때문이다.[13)]

정직성 검사와 관련하여 일반적으로 지원자를 대상으로 과거의 어떤 범죄행위 등에 대한 직접적이고 특수한 질문을 제시하게 된다. 예를 들어, 지원자들은 그들이 과거에 절도(사내 절도), 약물 및 알코올 중독, 폭력 경력, 기타 바람직하지 않는 근무행태(장기 결석, 상관 · 동료 · 부하직원 및 고객 등과의 좋지 못한 관계 등)를 한 적이 있는지에 대한 질문을 받게 된다. 이러한 사항에 대해 지원자들이 직접적인 질문을 받을 때에는 이를 부인하는 답변(실제로는 그러한 경험이 있음에도 불구하고)을 할 수도 있다. 그러나 이러한 사항과 관련된 간접적인 질문항목과 평가의 유효성 조사(응답자들이 질문에 솔직하고 일관되게 대답하는지 여부를 평가하기 위한 기법) 등을 통해서 질문에 대한 답변의 진위여부를 확인할 수 있게 된다.

그러나 한편으로는 이러한 정직성 검사가 과연 지원자들의 미래행동을 예측할 수 있는지의 여부에 대해서는 아직까지 확실한 답이 나오지 않고 있다. 그리고 필기시험 방식에 의한 정직성 검사는 그 유용성에 있어 한계가 있다고 보고 있다. 실제로 이 시험지를 작성할 때, 많은 지원자는 어떤 문제들에 대해 거짓으로 답변하는 경우가 종종 발견되었다.

예를 들어, 유죄 판결을 받은 아동 성학대자는 그들의 지난 행동에 대해 정직하게 기술할지라도 이들을 어린이 보호 관련 업무에 종사하게 해서는 안 된다고 본다. 이처럼 정직성 검사 결과에 대한 적용여부는 쉬운 일이 아니다. 따라서 필기시험에 의한 정직성 검사방법이 배경조사, 거짓말 탐지기검사, 기타 면접을 통한 정직성 관련 심사절차를 대신할 수 있다고 보기는 어렵다. 오히려, 필기시험에 의한 정직성 검사방법은 다른 검사과정들을 보완해주는 용도로 사용되어야 한다고 볼 것이다.[14)]

---

12) Timm, Howard W. and Christian, Kenneth E.(1991), Introduction to Private security, California: Brooks/Cole Publishing Company, pp. 72~73.

13) Harris, William G.(1990), "The Integrity Test," Security Management: Special Supplement-The Ways and Means of Screening, p. 21.

14) Timm, Howard W. and Christian, Kenneth E.(1991), op. cit., pp. 74~76.

4) 심리검사

심리검사는 개인의 각기 다른 다양한 특성을 측정하는 데에 사용할 수 있다. 민간경비 관련분야의 지원자들에 대상으로 가장 일반적으로 실시되는 심리검사의 유형은 인성검사라 할 수 있다.

사람의 마음이라는 것은 인성(人性, Personality), 곧 '성격'(性格)과 관련된다. 그것은 개인이 세계, 특히 다른 사람들과 상호작용하는 일반적인 양상 즉, 어떤 개인이 내향적인지 외향적인지, 흥분을 잘하는지 차분한지, 말쑥한지 지저분한지, 관대한지 엄격한지 등을 말한다. 인성이란 개인이 환경에 따라 반응하는 특징적인 양식으로서, 타인과 구별되게 하는 독특하고 일관성 있는 사고, 감정 및 행동방식의 총체라고 할 수 있다. 아울러 인성은 관찰되어지는 것이 아니라, 관찰되어진 행동이나 사고들을 토대로 하여 추리된 경향성을 뜻한다고 볼 수도 있다. 그리고 여기에서 중요한 것은 인성은 수많은 개인적 특징들의 단순한 조합이 아니라, 그 개인이 그 특징들을 조작하여 총체적으로 나타나는 양상이라고 할 수 있다.[15]

따라서 민간경비분야에서 필기시험 방식으로 이러한 인성검사가 이루어져 왔는데, 미국의 경우, 가장 오래되고 널리 사용되는 것 중 하나가 미네소타 다면성 인성검사(MMPI: Minnesota Multiphasic Personality Inventory)를 들 수 있다. 이러한 검사를 통해서 지원자들의 정신적 상태, 직무수행성, 사회성 등을 측정하고자 한 것이다. 그러나 이러한 검사역시 단지 개인이 가지고 있는 잠재적 지표일 뿐이지 그것이 결정적인 변수라고 보는 데는 한계가 있다는 점이다.[16]

5) 거짓말탐지기 조사

지원자의 정직성 및 성격 등을 파악하기 위하여 거짓말탐지기(Polygraph)를 사용하는 방법도 있다. 우리나라에서는 거짓말탐지기가 특별하게 사용되지 않기 때문에 논의의 여지가 없지만, 미국에서는 이를 통한 검사가 어느 정도 현실화되어 있다. 그러나 거짓말탐지기 검사는 일정부분 개인의 사생활 침해의 여지가 있기 때문에 일정한 규제조치가 마련되어 있다.[17]

---

15) 김현택 외 8인(2000), 심리학, 서울: 학지사, p.217.

16) Timm, Howard W. and Christian, Kenneth E.(1991), op. cit., pp. 73~74.

17) 미국 텍사스 주정부에서는 주정부직원의 선발절차에서 거짓말탐지기조사를 하도록 하는 규정을 두고 있었는데, 이 문제에 대해 1987년 텍사스대법원은 헌법에 위배되는 규정이라는 판결을 내렸다. 텍사스대법원은 지원자들에 대한 거짓말탐지기 조사에 관한 규정은 개인의 사생활을 침해하는 부당한 조치라는 것이다. Texas State Employment Union v. Texas Department of

따라서 1988년 미국 연방의회에서 통과시킨 '피고용자 거짓말탐지기 사용 금지법안'(EPPA: Employee Polygraph Protection Act)은 특정 직업을 제외하고, 사적(私的)인 고용주가 채용 전 조사과정에서 거짓말탐지기 검사를 하는 것에 대해 불법이라는 결론을 내렸다. 다만, 예외적인 직업으로서 ㉠ 각 주의 중요시설(핵시설 및 전력시설, 상수도시설, 대중교통 분야 등)의 종사자, ㉡ 의약품들에 대한 접근을 직접적으로 통제하는 의약품산업의 종사자, ㉢ 지적 재산, 첩보활동, 원자력 에너지 및 암호 해독 분야와 관련해서 연방 정부와 계약해서 일하는 컨설턴트 및 계약자 등에 대해서는 거짓말탐지기 검사를 할 수 있도록 하고 있다.

물론, 이러한 연방규정은 사적 차원의 거짓말탐지기 검사를 전적으로 제한하고 있는 것은 아니다. 예컨대, 직원이 회사에 특별한 위해를 끼치고 있다는 합리적이고 타당한 의심이 가는 경우에는 이를 허용하고 있다. 그러나 이러한 검사가 직원의 부정행위 조사를 목적으로 이루어지고 있다는 것을 밝혀야 하고, 다른 용도(개인의 사생활침해 등)로 사용되어서는 안 된다.[18]

6) 배경조사

개인의 장래 행동을 예측할 수 있는 가장 유용한 방법 가운데 하나는 그의 과거 행동을 살펴보는 배경조사(背景調査, Background Check)라 할 수 있다.[19] 개인에 대한 배경조사를 통해 그의 범죄기록, 신용기록, 운전기록, 군대기록, 소송기록, 파산기록 등을 파악할 수 있게 된다. 배경조사는 지원자가 거주하는 지역의 이웃들을 통해 이루어질 수도 있다. 지원자가 제출한 지원서에 기재된 참고인들은 지원자에게 불리한 말을 하지 않을 것이며, 따라서 지원자의 이웃들에게 지원자의 성향을 묻는 것도 유용한 방법이 될 수 있다고 본다.

7) 면접

끝으로 면접 역시 지원자의 성격 및 능력을 파악하는데 유용한 방법이 된다. 면접은 직접적으로 지원자와 대면하여 이루어지는 것이기 때문에 면접을 통한 지원자의 능력검증뿐만 아니라 면접 시의 지원자의 태도 등을 통해서 그의 품성(品性)을 아울러 살펴볼 수 있는 기회가 된다.

Mental Health(1987).

18) Hess, Kären M. and Wrobleski, Henry M.(1996), op. cit., pp. 150~151.

19) Beaudette, John P.(1992. 11), op. cit., p. 64.

어떻게 본다면, 면접이라는 평가자의 것은 지극히 주관적이고, 추상적인 가치판단이 개입되는 면이 없지 않지만, 한편으로는 지원자의 본모습과 발전가능성을 관찰할 수 있는 좋은 방법 가운데 하나라고 볼 수 있다. 그리고 주의할 것은 평가자들은 면접과정에서 지원자의 외모, 성, 출신 지역, 출신 학교, 종교 등을 가지고 차별적으로 평가해서는 안 된다. 이러한 태도는 결과적으로 조직발전을 저해하는 가장 큰 요인이 될 것이다.

2. 2차 통제: 교육훈련과 감독

1) 적절한 교육훈련과 관리 및 감독의 실시

유능한 사람들을 채용하고 이들이 정직한 태도로 직장 내에서 근무를 할 수 있도록 환경을 조성하는 것은 중요하다.

예컨대, 한 패스트푸드점에서 적절한 고용주와 직원관계를 유지하고 있는 것은 주목할 만하다. 이 패스트푸드점에서는 직원들을 합리성에 반하는 차별 없이 동등하게 관리하고, 이들의 성실성과 능력을 최대한 발휘할 수 있는 환경을 만들어주고자 노력하였다. 이와 동시에 직원들에게는 호주머니가 없는 유니폼을 착용하도록 하였다. 직원들에 대한 이러한 조치는 사전에 직원들 가운에 일부가 음식값 등의 돈을 몰래 호주머니에 넣는 것을 예방하기 위한 것이며, 한편으로는 직원들이 부정직한 마음을 갖는 경우에도 이를 실행하지 못하도록 하는 기능도 한다고 볼 수 있다.

기업의 운영자와 관리자들은 기업에서 발생하는 손실(범죄 등으로 인한)을 제거할 수 있는 방법에 대해서 꾸준히 관련프로그램을 개발하고, 이를 직원들에게 교육훈련 시켜야 한다. 아울러 적절한 감독이 이루어져야 함은 물론이다. 따라서 예컨대, 한 소규모판매점의 사장은 보유하고 있던 바닥청소용 밀걸레를 판매목적이 아닌 시설 내의 청소를 목적으로 사용할 때에도 담당직원으로 하여금 해당 품목에 대한 정확한 장부기록을 하도록 하는 것도 고려할 필요가 있다. 장부에 기록이 되어 있지 않다면, 이는 비록 정당하게 사용된 것일지라도 재고 손실이 되는 것이다.

따라서 모든 직원에 대해서 자신들의 업무와 관련된 책임과 한계를 명확히 하는 교육훈련이 필요하다. 책임과 한계와 관련된 합리적인 내부규정을 두고 이를 적절하게 집행할 수 있도록 해야 할 것이다. 그리고 이러한 정책들은 단지 제안 또는 권고적 의미가 아닌 강제력을 갖는 규정으로 확립되어야 한다.

한편, 내부직원의 통제와 관련하여 공고문을 부착하여 회사에서 우려하고 있는 부분에 대해 전략적으로 강조하는 것도 고려할 수 있다. 절도의 빈도가 높은 품목에 대해서 공고문을 부착하여 직원들에게 주의를 환기하는 것도 의미가 있다. 물론 이러한 방법에 대해 부정적인 반응 또는 감정도 불러일으킬 수 있기 때문에 문장구성에 있어서 불쾌감을 일으키지 않도록 배려를 하는 것이 필요하다고 본다.20)

2) 직원의 주의인식 프로그램

헤이즈(Hayes)는 기업 내에서 발생하는 손실을 감소하기 위한 방법 가운데 '종업원 주의인식 프로그램'(Employee Awareness Programs)을 운용하는 것은 매우 효과가 있다고 하였다.21)

이것은 직원들에게 조직에서 발생하는 손실문제를 인식시킴으로써 스스로 자각·경계하도록 하는 것이다. 그러나 이러한 프로그램이 실효성을 갖기 위해서는 기업 내의 자질구레한 모든 손실항목을 대상으로 하기보다는 중대한 손실을 가져다주고 있는 특정 대상에 초점을 두는 것이 무엇보다도 중요하다. 그리고 기업이 실행하고자 하는 관련프로그램의 내용을 명확히 해야 하고, 성과가 있을 경우에는 그에 상응하는 보상을 해주는 것이 바람직하다. 아울러 상급관리자에게 적극적이고 가시적인 지원을 해주어야 할 것이다. 상급관리자에게 이러한 프로그램을 운용하고 철저하게 관리·감독할 수 있는 여건을 조성해주어야 한다는 것이다.

3) 적절한 근무환경의 조성

그리고 내부직원들의 부적절한 행태에 대해 직원들로 하여금 스스로 보고할 수 있는 분위기를 조성해주는 것도 중요한 예방정책 가운데 하나가 될 수 있다. 내부직원들의 부조리에 대해 주변 눈치 때문에 쉬쉬하는 경우도 적지 않으며, 또 상관 또는 관리자에게 보고했을 경우 자칫 자신이 불이익을 당할 수 있는 분위기가 조성되어서는 안 될 것이다. 미국 소매안전협회(National Retail Security Federation)의 1992년 조사에 따르면 내부직원들의 내부고발에 의해 43% 이상의 직원 절도행위가 적발되는 것으로 나타났다.22)

따라서 무엇보다도 중요한 것은 기업 내의 적절한 내부환경을 조성하는 일이라고 할 수 있다. 기업 내의 절도 및 물품 부정사용, 그리고 횡령 등에 의한 취약성을 가져다주는 환경요인들을 파악하여 이를 감소·억제하는 공동체적 기업문화를 모색해야 한다. 공동체적 기업문화는 적절한 관리절차를 통해서 형성·발전되며, 기업 내의 도덕, 이념,

---

20) Hess, Kären M. and Wrobleski, Henry M.(1996), op. cit., pp. 152~153.
21) Hayes, Read(1992. 9), "Battling Workplace Theft," Security Management, p. 153.
22) Maturi, Richard J.(1993), "To Catch a Thief: Protect Yourself Against Dishonest Employees," Your Company, p. 12.

그리고 행동표준 규범 등에 의해 확립된다고 본다. 이는 어떻게 보면 기업의 공동체적 양심이라고 할 수 있다.

끝으로 기업 내의 손실예방을 담당하는 부서에 그와 관련된 적절한 그리고 결정적인 권한을 위임하는 것 역시 중요하다. 결과적으로 이들 손실예방 프로그램을 총체적으로 운용하는 담당부서의 능력은 기업환경에 중대한 영향을 미친다고 본다. 따라서 기업 내의 범죄문제를 담당하는 관련부서의 종사자들에게 일정한 권한을 부여하는 것은 기업 내의 구성원들의 손실예방 의식과 책임감을 증대시켜 줄 것이다.[23)]

3. 3차 통제: 접근통제

많은 시설과 기업은 엄격한 접근통제(接近統制, Access Control)절차를 운용하고 있다. 접근통제는 외부차량과 내부직원 · 계약자 · 잡상인 · 방문객 등의 출입에 대해 이들의 신원을 확인하고, 지시하고, 제한하는 것이라 할 수 있다. 모든 직원(경비원 포함), 계약자와 방문객에 대한 출입 기록을 요구하는 경우도 있으며, 거기에다가 신원을 확인할 수 있는 증명(신분증 등)을 요구하는 경우도 있다. 다만 예외적으로 비상시에 출동하는 소방관, 경찰, 그리고 응급의료진 등은 그러한 절차 없이 출입을 하는 경우도 있을 것이다.

접근통제의 목적은 권한이 있는 출입자의 출입을 쉽게 허용하면서, 동시에 시설 내의 물품 또는 정보를 몰래 빼내 가거나, 위험물질 등을 가지고 들어오는 권한 없는 출입자의 출입을 억제하는데 있다. 따라서 대부분의 접근통제는 일차적으로 권한 없는 출입자들의 특정지역에 대한 출입을 억제 · 제한함으로써 손실을 예방하는데 있음을 알 수 있다.[24)]

대부분의 절차적 통제는 특히 시설물 내의 정상적인 업무활동이 이루어지지 않는 시간(퇴근 후 등)에 출입이 통제된 구역에 출입하는 것을 제한하는데 목적을 두고 있다. 사실 시설물 내의 정상적인 업무활동이 이루어지는 시간 동안에는 외부의 접근을 완벽하게 차단하는 것은 불가능하다. 그렇게 되면 기업이 운영되지 못하기 때문이다. 때때로 내부직원이 아닌 외부인의 접근을 통제하는 것이 필요한 때도 있다. 그리고 비록 내부직원임에도 불구하고 특정지역에 대한 통제가 제한되기도 한다. 민간경비의 관점에서 본다면, 시설 내에 현금, 중요문서, 귀중품 등이 보관된 장소에 출입하는 사람의 자격 및 인원을 제한하는 것이 최선책이라고 할 수 있다.

23) Adler, Steven K.(1991.12), "Selling Employees on Loss Prevention," Security Management, p. 33.

24) Hess, Kären M. and Wrobleski, Henry M.(1996), op. cit., pp. 153~154.

이러한 절차적 통제는 비록 소비자의 편리성 · 교통성 · 유동성을 최우선으로 고려하는 쇼핑센터 또는 소매점일지라도 적절하게 이루어져야 한다. 따라서 이들 시설에 있어서도 일정지역은 직원 외의 출입이 금지되고, 심지어 일정지역은 직원일지라도 출입이 통제되기도 한다. 그리고 가스총과 같은 무기를 휴대하고 제복을 입은 민간경비원들이 시설물 내부와 외부에서 순찰활동을 실시하게 되면 잠재적 범죄자들은 심리적으로 위축되기 마련이다. 한편, 출입이 금지 및 제한된 구역은 분명하게 구분 · 명시되어야 하며, 그에 대한 보호활동 및 법집행은 분명하게 이루어져야 한다.

1) 차량통제와 물품 반출입통제

대부분의 많은 시설에서는 범죄 및 손실을 예방하기 위해서 외부차량의 출입통제를 강화하고 있다. 따라서 경비대상시설에 출입하는 차량에 대해서는 차량번호, 차종, 행선지, 용무, 시간 등을 파악해야 한다. 그리고 차량 출입시 화물이 있다면 화물의 종류와 수량을 파악하고, 그 차량이 주차하는 장소에 대해서도 확인을 해야 한다.

그리고 시설 밖으로 반출되어서는 안 되는 물품이 반출되어서도 안 되고, 시설 안으로 반입되어서는 안 되는 물품이 반입되어서도 안 된다. 이와 관련하여 경비시설에서 보통 사용하는 통제방법은 반출증이나 반입증을 사용하는 것이다. 이때 반출 · 입증과 물품내용이 일치하는가, 반출 · 입증 발생인은 정당한가, 포장을 푼 흔적은 없는가 등의 여부를 확인하고 반 · 출입증에 확인 후 표시해야 한다. 그리고 이를 두 번 이상 사용하지 못하도록 철저하게 관리해야 한다.[25]

2) 내부보안절차

앞에서 지적한 바와 같이 내부직원에 의한 기업의 핵심기술유출은 매우 심각한 결과를 초래하고 있음을 알 수 있다. 따라서 비록 기업에서 적절한 채용절차를 거쳐 선발한 직원일지라도 이들에 대해 적절한 보안절차를 적용해서 기업의 중요한 정보가 외부로 유출되는 것을 막는 것은 매우 중요한 일이다. 아래 표에서는 국내의 한 전자기업의 내부 보안지침을 일부 제시한 것이다.

25) 이상원(2005), 범죄예방론, 서울: 대명출판사, p. 530.

전자기업의 보완관련지침의 예

- 출입시 저장매체, 영상매체는 봉인을 해야 한다.
- 메일이나 메신져 같은 경우에는 사내에서 관리하는 시스템을 통해서만 사용이 가능하다.
- 메일은 결제를 통해서만 보내야 한다.
- 출장 업무시 회사 소유의 노트북을 가지고 가야한다.
- 모든 문서는 대외비이기 때문에 밖으로 유출할 수가 없다.
- 물품 반입은 되지만 반출은 결재를 통해서만 가능하다.
- 출입시 각종 문서를 검사한다(가방 안 포함).
- 퇴근시 금속탐지기와 엑스레이를 거친 후 퇴근해야 한다.
- 정기적으로 보안검사(개인서랍 잠금장치 검사, 대외비 문건 보관상태, 잠금장치 및 암호 등에 대한 PC검사)를 실시한다.
- 퇴근시 책상위에 있는 문건 및 장치들은 모두 서랍에 넣고 잠금장치를 해야 한다(간단한 책 외에는 책상에 놓여 있으면 안 된다).
- 회사 내에서도 개인마다 출입할 수 있는 장소가 제한될 수 있다.
- 일부 홈페이지 사이트는 차단되어 있다.
- 공적인 업무에 있어서는 항상 회사메일을 사용해야 한다(메일은 감시가 된다).
- 일반메일의 경우, 항상 감시받는 것은 아니지만 문제가 발생할 경우, 메일을 추적할 수 있다.

제13장

정보보호와 컴퓨터 보안전략

제1절 기본논의

현대사회를 정보화시대(Information Age)라 하고 있는데, 이는 개인 및 조직의 자산에 있어서 정보가 차지하는 비중이 다른 어떤 것보다 중요하다는 것을 의미한다. 정보사회로 전환됨에 따라 정보시스템에 대한 의존도가 높아지고 있으며, 특히 인터넷에 의해 정치 · 경제 · 사회 · 문화 모든 영역에서 삶의 환경이 크게 변화되고 있다. 이에 따라 정보보호 및 보안에 대한 인식도 증가하고 있다.

과거의 정보보호는 국가의 기밀이나 특수한 분야에 속하는 정보만이 보안의 대상이 되었다. 그러나 정보시스템에 의한 정보관리와 운영의 범위가 확대되면서 국가나 기업의 경영정보는 물론 개인정보까지도 보안을 요구하기에 이르렀고, 정보와 정보를 관리하는 정보시스템에 대한 보안이 필요하게 되었다.

일반적으로 정보자원(情報資源)이라고 하면 정보, 정보시스템, 정보통신망, 정보시스템과 정보통신망을 구성하는 각종 소프트웨어와 하드웨어, 이를 개발 운영 관리하는 사람을 포함한다. 따라서 정보보호대상이 단순히 주요 정보에서 정보자원 전체로 확대되었다고 할 것이다. 전자정부, 전자상거래, 사이버교육 등 인터넷상에서 우리 생활의 많은 부분이 이루어짐으로 인해서 정보보호는 기본적이고 필수적인 것으로 여겨지고 있다. 따라서 향후의 정보보호는 모든 사람에게, 모든 분야에서 필수적인 요소로 더욱 인식될 것이다.

정보가 경제적인 가치로서 그 의미가 크다는 것은 한편으로는 이에 대한 위협요소가 훨씬 증대했다는 것을 의미한다. 최근 들어서 해킹이나 바이러스 유포 등의 행위가 전년도 대비 매년 2배 이상 증가하고 있는 것으로 나타났다. 수법이나 동기도 단순히 호기심이나 자기과시를 위한 동기에서 벗어나 기존 범죄와 같은 동기와 수법 등 지능적인 범죄의 양상으로 발전하고 있고, 집단화된 테러의 양상을 띠는 경우도 있다. 나아가서는 국가간의 전쟁 수단으로 이용하여 사이버전쟁(Cyber War)으로 발전할 가능성도 갖고 있다.

따라서 이 장에서는 물리적 통제와 절차적 통제와는 별도로 정보보호 및 통제전략에 대해서 논의하고자 한다. 그런데, 이처럼 중요한 가치를 가지고 있는 정보가 대부분 컴퓨터라는 기계적 매체를 통해서 관리 · 운용되고 있다. 따라서 정보보호가 제대로 이루어지기 위해서는 무엇보다도 컴퓨터보안이 적절하게 이루어져야 한다고 본다. 이러한 점에서 이 장에서는 정보보호와 컴퓨터보안을 함께 다루고자 하였다.

제2절 정보보호의 중요성과 컴퓨터시스템의 발전

1. 정보보호의 중요성

우리사회에서 정보가 차지하는 비중 또는 그 가치가 증대됨에 따라 이의 보안기술이 빠르게 발전하고 있다. 그러나 이러한 사정에도 불구하고 불법적으로 다른 사람 또는 다른 기업의 정보를 절취하는 범죄가 빠르게 급증하고 있다는 사실이다. 따라서 해마다 기업들의 정보절도로 인한 손실은 천문학적인 수준에 이르는 것으로 나타났다(산업스파이의 정보절도에 의한 기업의 손실문제는 제12장에서 살펴본 바 있다).

이와 관련하여 미국산업안전협회(ASIS: American Society of Industrial Security)의 상임위원회는 기업이 가지고 있는 정보와 관련하여 조사했는데, 조사된 기업 가운데 37%가 정보절도 및 미수를 경험한 것으로 나타났다.[1] 사실, 기업의 '경쟁력과 관련된 정보'(Competitive Intelligence)는 기업의 생존과 직결된다. 따라서 이러한 위해요인을 감소시키는 것은 무엇보다도 중요한 일이다. 정부나 기업이 보유하고 있는 정보의 유출이나 정보시스템의 파괴나 침해로 인한 가동중지 상태가 발생하면, 국가안보나 기업 경영에 치명적인 피해를 끼칠 수 있고, 내부 업무처리의 장애로 인한 손해는 물론이고 고객에 대한 서비스가 중단되어 직접적인 경제적 손실을 가져다주기 때문이다.

---

1) Heffernan, Richard J.(1991. 10), "And the SPI Survey Says...." Security Management, p. 39.

정보화시대의 개인정보의 보안문제

지난 2014년 1월 8일 창원지검 특수부 발표에 따르면, 카드사의 고객관리시스템을 개발하는 용역회사 코리아크레딧뷰로(KCB)의 직원인 박모씨가 KB국민카드(약 5,300만 명), NH농협카드(2,500만 명), 롯데카드(약 2,600만 명) 3개사에서 1억 400만건 가량의 고객정보를 불법으로 빼내어 판매한 사건이 발생하였다. 우리나라 국민이 약 5,000만 명인데, 이와 관련 정보 1억 400만개가 유출된 사상 초유의 사태가 발생한 것이다.[2)]
코리아크레딧뷰로(KCB)는 19개 금융사가 공동출자해 설립한 회사이다. 박모씨는 국민은행과 농협, 그리고 롯데카드의 보안시스템(개인정보 암호화 프로그램)을 구축하는 담당자였는데, 자신의 보안권한을 악용하여 고객의 개인정보를 USB에 담아 빼낸 것이다. 내부전산망에서는 USB를 사용하지 못하도록 규정되어 있는데, 이것이 제대로 관리 · 통제되지 못한 것이다. 정보보안은 기술적인 요소도 중요하지만 관계자들의 보안의식의 결여가 문제라 할 수 있다(박모씨는 이렇게 빼낸 개인정보 일부를 광고대행업체 조모씨에게 1,650만원을 받고 제공하였고, 조모씨는 이 가운데 100만 건을 대출모집인인 이모씨에게 2,300만원을 받고 제공하였다).
이번 개인정보유출 사항을 보면 개인의 이름, 이메일, 휴대전화, 직장전화, 자택전화, 주민등록번호, 직장주소, 자택주소, 직장정보, 주거상황, 결제계좌, 결제일, 신용등급, 대출한도 등 무려 15개 항목에 달하고 있어 추가적인 금융 피해가 우려된다. 이처럼 고객정보 유출이나 국가 기반시설에 대한 사이버공격 등이 늘어나면서 정보보안 산업의 중요성이 커지고 있다. 인터넷 사용량이 꾸준히 늘어나고 최근에는 스마트폰 이용이 폭증하면서 네트워크 보안의 중요성은 더욱 커지고 있다.[3)]

뿐만 아니라 기업의 이미지 실추나 손상으로 인한 간접적 피해도 대단히 크다. 이러한 문제 때문에 간혹 보안사고가 발생해도 이를 은폐하거나 축소하려는 경향이 많다.

---

2) 우리나라가 신용카드 정보유출로 혼란스러웠던 지난 1월, 미국의 대형 유통업체 '타겟'(TARGET)에서도 고객정보 1억 1000만 건이 유출되는 초유의 사태가 발생했다. 비슷한 시기, 미국 백화점계의 '롤스로이스'로 꼽히는 명품백화점 니먼마커스(Neiman Marcus)에서도 VIP고객 110만 명의 카드정보가 유출됐다. 그리고 우리나라의 코리아크레딧뷰로와 같은 미국 신용정보회사 크레딧뷰로도 5000만 건의 고객정보가 유출되는 사고를 겪었다. 디지털타임스(2014. 2. 5).

3) ① 정보보안산업은 컴퓨터 또는 네트워크상 정보 유출 · 훼손 등을 방지하기 위한 정보보안, 재난 · 재해, 범죄 등을 방지하기 위한 물리보안 등으로 구분된다. 한국인터넷진흥원에 따르면 전세계 정보보안시장 규모는 2012년 기준으로 3천 301억 달러로 반도체(3천 80억 달러), 조선(2천 500억 달러)보다 큰 것으로 나타났다. 정보보안시장과 관련하여 미국(41.9%), 유럽(33.5%), 일본(11.3%) 등 주요 선진국이 정보보안시장의 90% 가까이를 차지하고 있다. 그리고 한국의 정보보안산업 규모는 2013년 기준으로 6조 6천 870억원으로, 연평균 15.5% 성장해 2015년에는 10조 3천 94억원 수준에 이를 것으로 전망된다. ② 한국IBM의 보고서에 따르면, 2012년 전 세계적으로 사이버 보안 공격은 연간 1억 3천 700만건으로 하루 평균 35만건이 발생한 것으로 나타났다. 분야별로는 의료 · 사회보장 서비스, 운송 서비스, 금융 · 보험 산업 순이었다. 이와 관련하여 한국인터넷진흥원에 접수된 개인정보 침해사고 건수는 2006년 23,333건, 2007년 25,965건, 2008년 39,811건, 2009년 35,167건, 2010년 54,832건으로 증가추세를 보이다가 2011년에는 122,215건으로 급증했다. ③ 전문가들의 견해에 의하면, 국내 정보보안업체들은 미국, 일본 등 선진국 기업들보다 기초 · 응용 기술력이 부족해 경쟁에서 떨어지기 때문에, 부족한 기술력을 단기간에 확보하기 위해서는 해외기업 또는 사업부를 인수하거나 특허권 등 주요 기술을 매입하는 방안 등을 검토해야 한다고 보고 있다. 이상 연합뉴스(2014. 1. 14) 등 관련보도자료 재구성.

그러나 이러한 경우, 향후 유사한 사고를 사전에 방지하고 예방하기 위한 조치를 하는 데 지장을 가져오기도 한다.

한편, 미국의 경우 조직범죄집단에 의한 사이버범죄는 인프라의 공격보다는 거래나 매매에 관련된 경우가 많다. 범죄의 대상이 되는 것은 지적재산권에 관한 것이나 설계도, 가격, 시장, 입찰(비딩, bidding)전략 등과 관련된 정보에 관한 것이다. 이러한 사고가 발생하게 되면, 기업체는 국가경제에 치명적인 피해를 주고 있기 때문에 관련 위험에 대응하기 위한 물리적 · 절차적 통제와 함께 정보보안이 요구된다. 따라서 정보보호는 단순히 국내의 문제가 아니라 전 세계가 공동으로 대처하지 않으면 안 되는 상황에 이르고 있다.

2. 컴퓨터시스템의 발전

1945년 최초의 디지털 컴퓨터가 제작된 이후 디지털 기술은 급격히 발전하였다. 디지털 컴퓨터의 발전은 물론이고 통신기술에 디지털 기술이 접목되면서 기존의 아날로그 통신환경은 급속도로 디지털 통신환경으로 전환 · 발전하였다. 또한 통신과 컴퓨터의 결합은 오늘날 인터넷(Internet)으로 대변되는 거대한 사이버공간(Cyber Space)을 창조하게 되었다.

따라서 사이버 공간에서의 활동은 정부서비스, 산업, 국민 개개인의 생활에 이르기까지 영향을 미치지 않는 분야가 없게 되었다. 이러한 사이버 공간의 발전추세를 정보화와 네트워크의 형성에 중점을 두어 살펴보면 다음과 같다.[4)]

1) 배아단계(1960년대 후반~1970년대 중반): 독립형

컴퓨터가 처음 만들어진 이후 1968년에 미국 국방부가 중심이 되어 만든 'ARPAnet'을 시초로 네트워크가 형성되기 이전의 단계까지를 초기 사이버 공간의 배아단계(胚芽段階)라고 할 수 있을 것이다.[5)]

이 당시는 컴퓨터와 통신의 결합이 이루어지지 않고 컴퓨터만을 이용하여 전산실이라는 독립된 공간에서 특정한 사람들만이 사용하던 시기라 할 수 있다. 따라서 각각의 전산실이 하나의 점으로 독립되어 있었고, 정보의 교환이 사람에 의하여 전달되던 시기라

4) 한명묵 · 이철수(2006), 정보보호개론, 서울: 정익사, pp. 14~19.

5) ARPAnet(Advanced Research Projects Agency NETwork): 연구자를 위해서 1969년에 구축한 초기 네트워크로서 1972년도에 37대의 컴퓨터를 연결하는 것으로 성장하였고 TCP/IP 프로토콜을 개발하여 오늘날 인터넷의 근간이 되었다.

고 할 수 있다. 이때의 컴퓨터는 주로 단일 조직의 관리분야 업무에 이용되었다. 회계·급여·인사·재고관리 등의 분야에 이용되었다. 또 금융기관과 같이 고객 서비스를 제공하는 기관에서도 컴퓨터를 이용하여 고객서비스를 하기보다는 사무자동화의 일환으로 관리업무를 처리하였던 시기이다.

2) 태동단계(1970년대 중반~1985년): 내부 네트워크 구축

1971년 'ARPAnet'을 사용하기 시작하면서 일반인에게도 네트워크 개념에 대한 이해가 넓어졌다. 기업 내부에서의 주전산기와 서버간의 네트워크를 형성하여 지금까지 전산실에서 전산요원에 의한 컴퓨터 운영에 의존하였던 체제를 벗어나기 시작한 것이다.

이에 따라 컴퓨터를 경영의 도구로 이용하기 위하여 경영정보시스템(MIS)을 구축하고 사무자동화, 공장자동화를 함께 추진하여 경영합리화와 관리의 생산성 향상을 함께 달성하려는 노력이 이루어졌다. 이로 인하여 기업 내부에서의 주전산기와 단말기 간의 네트워크를 구축하여 사용자가 직접 자료를 입력하는 등의 업무분담이 이루어졌다. 금융기관 등 서비스 분야에서는 고객서비스를 향상하기 위하여 영업점간 온라인 네트워크를 구축하여 계정 과목별 업무관리와 고객서비스를 하였다.

특히, 1983년 미국 국방부는 TCP/IP를 국방분야의 표준 통신프로토콜로 선택하여 통신망 확대의 중요한 계기를 마련하였다. 국내에서도 1983년 한국과학기술원이 서울대, 전자기술연구소를 TCP/IP로 연결하여 국내최초의 인터넷을 구성하였으며, 이어서 미국의 USNET(1984), CSNET(1985), 유럽의 EUNET(1984)과 연결 확장하였다.

이 시기의 특징은 정보의 전달이 조직 내에서는 통신망에 의하여 이루어졌으나, 조직 간의 전달은 사람에 의하여 이루어졌다는 것이다. 조직은 하나의 '정보의 섬'과 같았으며, 조직 내에서는 통신망이 구축되어 하나의 선(lines)을 이룬 형태였지만, 조직 간은 아직도 독립된 점들의 모임으로 남아있던 시기로 선과 점이 공존하던 시기라 할 수 있다.

3) 성장단계(1985년~1995년): 외부 네트워크 구축

이 시기에 이르러 본격적으로 통신망이 구축되었다. 기업은 LAN을 도입하여 사내정보통신망을 구축하여 업무의 정보화를 추진하였고, 정부부문에서도 종합적인 정부 정보화계획을 수립하여 정부의 정보화를 추진하기 시작한 시기였다.

특히 미국은 기존의 ARPAnet 서비스가 중단되고, NSFnet이 서비스되기 시작하여 본격적으로 과학기술 분야와 민간분야에 인터넷 서비스가 시작된 시기였다. 우리나라는 1986년 천리안 서비스가 시작되어 본격적인 PC 통신시대를 맞이하게 되었다. 또한 한국통신은 1994년 KORnet을 구축하여 인터넷 상용서비스를 시작하였다.

컴퓨터의 활동도 사내에서의 업무전산화 수준을 넘어서 EDI/CALS 등의 사업이 시작되어 기업간의 네트워크를 형성하게 되었으며, 금융기관들과 같은 서비스업종에서도 종합 온라인망을 구축하여 은행간 공동 이용시스템을 구축 서비스하고, 타행환, ARS, CD/ATM 등 통신망을 기반으로 하는 서비스가 확충되었다. 미국의 경우 통신망에 대한 침해사고를 방지하고 대응하기 위한 활동으로 CERT(CERT: Computer Emergency Response Team)가 설립되어 활동을 시작한 시기이기도 하다.

이 시기의 특징은 조직의 내외부가 모두 정보통신망에 의해 연결됨으로써 정보의 전달과 일부 자본의 유통이 통신망에 의하여 이루어지기 시작한 시기라고 할 수 있다. 따라서 사회전체가 통신망의 평면으로 연결된 시기라고 할 수 있다.

4) 성숙단계(1995년~현재): 초고속 인터넷망 구축

우리나라는 1995년도가 정보화에 있어서 중요한 도약을 맞이한 해이다. 1995년 「정보화촉진기본법」(현 지능정보화기본법, 2020)이 제정되었고, 초고속 정보통신망 구축사업이 시작된 해이기 때문이다.

1995년을 기점으로 오늘날과 같은 초고속 인터넷서비스를 위한 기반이 형성된 것이다. 또한 공공정부기관이 인터넷을 접속하여 서비스를 개시하였으며, 한국전산원에 국내 인터넷 간의 상호 접속을 위한 교환노드를 구성하여 사용자의 편의성을 향상시켰다. 또한 정보통신부가 정부기관으로는 최초로 'www'의 구축서비스를 개시하였다.

1996년은 전 세계적으로 인터넷에 커다란 전기를 마련한 해이다. 인터넷에 접속된 호스트의 수가 9백 5십만에 이르게 되었고, 'www'를 이용한 사이트(Site) 수가 십만을 넘었으며, 상용 도메인수의 비율이 50%를 넘어서 본격적으로 인터넷이 산업의 도구로 활용된 해이기도 하다. 뿐만 아니라 인터넷상으로 세계 최초로 가상 세계박람회를 개최하였고, 우리나라도 정보엑스포 사무국을 설치하고 여기에 참여하여 우리의 기술력을 알리는 기회로 삼기도 하였다. 또한 1999년에는 우리나라의 인터넷 이용자 수가 천만명을 돌파하였고, 2001년에는 위성을 이용한 방송서비스를 개시하였다.[6)]

6) 미국 기업인이 2005년에 창업한 유튜브(YouTube, https://www.youtube.com)는 세계최대 인터넷 동영상 사이트 가운데 하나로서 전세계인들이 이를 이용하고 있다. 한 조사에 따르면, 2020년 12월 현재 국내 유튜브 이용자가 3천3백만명에 이르는 것으로 나타났다. 이 밖에도 중국에서 운영하는 틱톡(www.tiktok.com)은 340만명, 미국에서 운영하는 넷플릭스(www.netflix.com)는 320만명이 이용하는 등 우리나라는 유튜브를 중심으로 한 인터넷 영상서비스에 푹 빠져 있다고 해도 과언이 아니다. 이는 남녀노소 연령불문이다. 스포츠조선(2021. 01. 26.)

제3절 정보보호 및 컴퓨터보안의 위해요소

1. 전통적 위험

통신망이 보편화되기 전인 성장단계 이전에는 통신망을 통한 외부의 침입이나 바이러스의 외부유입과 같은 위협보다는 정보와 컴퓨터에 대한 직접적인 접근에 의한 범죄발생 위험과 홍수, 화재, 지진 등의 재해에 의한 위험, 전력 장애, 통신장애 등 기반시설에서 오는 위험, 운영자나 개발자들의 실수에 의한 오작동의 위험이 주된 요인이었다. 따라서 어떤 면에서는 인위적 · 고의적인 위험요소보다는 그 외의 자연적인 위험이 더 많았던 시기라고 볼 수 있다.

그리고 고의적인 위험을 대표하는 것이 바로 컴퓨터 관련 범죄라고 할 수 있다. 당시의 컴퓨터범죄(Computer Crime)의 유형은 컴퓨터를 이용한 경제적 범죄로서 컴퓨터 조작에 의한 사기, 컴퓨터를 이용한 산업스파이 행위, 컴퓨터 사보타주, 컴퓨터의 무단 사용, 컴퓨터를 이용한 전통적 직업범죄 등을 들 수 있다. 이러한 범죄는 주로 조직의 내부직원 또는 내부직원과 공모한 외부인에 의해서 행하여지는 특징을 가지고 있다. 기술적으로는 자료변조 등 자료의 불법조작, 프로그램의 조작, 자료를 불법적으로 복사하여 유출하는 행위로 전자우편과 같은 방법보다는 디스켓이나 테이프 등을 통한 유출 행위가 많았다.

또 논리폭탄(Logic Bomb)을 이용하여 서비스를 거부하는 방법을 범죄에 이용하거나 자료의 변조를 위한 수단으로 이용하기도 하였다. 프로그램을 파괴하거나 물리적으로 폭탄을 사용하여 컴퓨터시스템을 파괴하여 서비스를 중단하는 등의 사보타주(Sabotage)와 기업의 결산이나 납세 등과 관련하여 대차대조표 작성, 세금계산서 등과 같은 기존의 경제활동이 컴퓨터를 이용하여 행하여짐으로써 교묘하게 자료를 조작하여 범죄를 행하는 경우가 많았다.[7)]

컴퓨터범죄의 개념은 일반적으로 '컴퓨터와 관련된 반사회적 행위(反社會的 行爲)' 또는 '컴퓨터가 행위의 수단 또는 목적인 모든 범죄현상'이라고 정의하고 있다. 오늘날 기업 및 개인의 중요 정보의 대부분이 컴퓨터에 보관되어 있는 것이 현실이고, 따라서 이러한 점에서 본다면 컴퓨터범죄의 영역은 상당히 광범위하다는 것을 알 수 있다. 컴퓨터시스템은 짧은 시간 내에 엄청난 양의 데이터처리가 가능하다는 장점을 갖는다. 바꿔

---

7) 한명묵 · 이철수(2006), 앞의 책, p. 19.

말하면, 컴퓨터범죄를 저지르는 경우, 범죄행위가 실시간에 이루어지고 또 많은 정보를 순식간에 절취할 수 있다는 의미이다. 그리고 컴퓨터범죄의 경우 기존범죄와는 달리 증거가 남지 않아 범죄발견이 어려우며, 국경 등 장소와는 관계없이 침입이 가능하다는 점이다.[8)]

이러한 컴퓨터범죄를 저지르는 '범죄자'(犯罪者)는 몇 가지 특징을 갖는다. 먼저, 컴퓨터 전문가에 의해서 저질러지는 경우가 있는데, 이들은 컴퓨터시스템이나 내부 조직운영에 대해서 전문적인 지식을 갖춘 자들이라 할 수 있다. 그런데, 컴퓨터범죄의 경우 타인을 살해하거나 상해를 입히는 것과 같은 전통적인 범죄보다는 죄의식이 희박하다는 점이다. 또 컴퓨터시스템에 대한 외부침입자의 경우, 컴퓨터에 대한 전문지식을 가진 젊은 층에서 주로 공격하는 경향이 있다.

한편, 발생하는 '컴퓨터범죄의 특징'을 살펴보면, ㉠ 먼저 컴퓨터범죄자가 불법적인 침투 방법을 한번 터득하게 되면, 새로운 보안시스템이 개발되기 전까지는 임의로 쉽게 접근이 가능하기 때문에 범죄행위가 빈번하게 발생할 가능성이 높다(범행 연속성). ㉡ 그리고 컴퓨터범죄자는 단시간 내에 대량의 데이터를 처리함으로써 기업에 막대한 손실을 입히며, 또 바이러스를 침투시키거나 프로그램을 부정조작해 놓으면, 자동적으로 컴퓨터시스템에 문제를 일으키거나 잘못된 자료를 출력하게 만든다(광범위성과 자동성). ㉢ 그런데 이러한 컴퓨터범죄에 의해 처리되는 자료의 양이 단시간 내에 대단히 많기 때문에 사후에 이를 자세히 검토하여 잘못을 밝혀낸다는 것은 쉬운 일이 아니며, 또 이를 검증한다고 해도 적지 않은 시간적 · 경제적 손실을 입게 된다(발견 · 증명의 곤란성). ㉣ 끝으로 컴퓨터범죄자의 행위가 단순한 데이터의 변경, 멸실 등의 형태에 불과하고, 이를 실수라고 변명한다면 이에 대한 고의의 입증과 증거수집이 곤란하여 형사처벌을 하기가 쉽지 않다는 점이다(고의입증의 곤란성).

2. 사이버 위험의 증가

1995년 이후 인터넷의 사용이 보편화되고, 사이버공간의 개념이 확립되면서, 이에 대한 잠재적 위험이 더 커졌고, 이와 관련한 주된 요인들은 개인과 집단, 기술과 환경의 변화 등을 들 수 있다.

개인에 의한 위험은 운영이나 조작의 실수에 의한 것에서부터, 불만이 있는 내부직원에 의한 고의적인 손상, 해커에 의한 악성 침해, 범죄자에 의한 사기나 교묘한 절도 등

8) 이윤근(2001), 민간경비론, 서울: 엑스퍼트, pp. 180~182.

많은 경우가 있다. 사이버 위험 중에 물리적인 위험과 개인에 의한 위험보다 더욱 심각한 위험은 집단 또는 조직으로부터 오는 것이다. 사이버 공격을 하는 사람들이 누구인지에 대해 살펴보면 다음과 같다.[9)]

1) 해커와 크래커

초기에는 호기심이나 자신의 능력을 과시하기 위하여 기업이나 연구소의 사이트를 공격하여 자신이 침입한 흔적을 남기는 것으로 만족하였다. 침입을 통해 경제적인 이익을 얻으려는 범죄의도가 없는 사람들이나 상황에 따라서는 범죄를 저지를 수 있는 가능성이 있는 자들이 이 범주에 속한다.

'해커'(Hacker)란 말은 1950년대 말에 미국 메사추세츠 공과대학(MIT)의 한 동아리 모임의 학생들이 프로젝트 수행을 위해 대학 내 건물에 밤마다 몰래 들어가서 IBM컴퓨터시스템을 사용한데서 유래한다고 한다. 해커는 '한 군데 집중해서 파고드는 행위'를 뜻하는 '해크'(Hack)란 말에 사람을 나타내는 '-er'이 붙어 만들어졌다. 원래 해커는 작업과정 자체에서 느껴지는 순수한 즐거움을 탐닉하는 것 외에는 그 어떤 목적에도 관심을 갖지 않는 컴퓨터 전문가를 지칭한다. 또한 해커들은 해킹 후 반드시 증거를 소멸하고 자신의 신상에 대해서 공개하는 것을 무척 꺼려하며 각각의 사람마다 독특한 지문처럼 자신만의 독창적인 해킹기술을 가지고 있으며 그러한 기술을 타인에게 함부로 알려주지 않는다고 한다.[10)]

해커들 사이에는 '해커강령'이라는 나름대로의 논리가 정립되어 있다. 이 강령에는 '모든 정보는 개방되고 나눠 가져야 한다', '컴퓨터에 접속하는 데에 방해받아서는 안 된다' 등의 내용이 들어 있다. 이런 측면에서 해커들을 정보의 빈부차를 없애는 정보사회주의자라고 보는 견해도 있다. 하지만 엄연히 보호되어야 할 정보는 분명 존재한다. 특히 개인의 신상이나 금융정보는 더욱 그렇다.

한편, 순수한 동기를 가진 해커와 구별하여 고의나 악의적인 일을 저지르는 사람을

---

9) 한명묵 · 이철수(2006), 앞의 책, p. 20.

10) 전설적인 해킹 사건으로는 1987년 초~1988년 8월에 독일 하노버의 마르쿠스, 헤스 등 5명의 해커가 대학 인터넷망을 통해 미국의 군사기밀을 소련에 빼돌린 사건이 있다. 이들은 컴퓨터 1대로 대서양에 떠 있는 인공위성을 경유해 미국 버지니아주에 있는 방위업체에 무단으로 침입했다. 이 외에도 1993년 16세의 영국인 소년이 미국 국방부 전산망에 들어가 탄도 미사일과 전투기 설계 파일을 인터넷 공개포럼에 올려놓았던 사건이나, 1995년 국내 컴퓨터 통신 '나우누리'가 해킹을 당해 19시간이나 서비스가 중지 되었던 것도 비슷한 사례다. 우리나라에서 해커라는 용어가 일반인에게 알려지게 된 것은 KAIST와 Postech간의 해킹 전쟁으로 인해 KAIST 학생들이 불구속 기소되면서 언론에 알려졌다. http://enc.daum.net.

'크래커'(Cracker)라고 부르기도 한다. 이러한 점에서 크래커는 본래 해커의 의미와는 정반대의 의미를 내포하고 있다. 크래커의 공격은 전문적이고 때로는 가능한 한 많은 피해를 발생시키고, 무차별적이라는 특징을 갖는다. 이들은 잘 알려진 정부나 기업의 유명한 사이트에 집중하여 공격하는 경향이 있으며, 경제적인 이익을 추구하는 경향이 높고, 범죄의도가 높은 사람들이라 볼 수 있다. 이들은 자신들의 침입을 숨기기 위해 추적이 불가능한 계정을 사용하기도 하며, 침입흔적을 삭제하기도 한다.

그러나 오늘날 대부분의 해커는 본래의 의미가 퇴색되어 어떤 기관이나 전산망에 침입한 후 중요한 자료를 훼손하고 훔쳐가는 행위자를 말하는 단어로 바뀌었다. 따라서 해커와 크래커는 이제 거의 같은 의미이고 이들의 행위는 분명한 범법행위로 인식되고 있다.

2) 극단주의적 공격자

극단주의자는 도덕적 · 종교적 성전(聖戰)이라고 주장하는 개인, 다양한 형태의 반정부주의자, 대기업이나 특정 사업에 반대하는 행동주의자, 정치적인 극단주의로 테러를 행하는 자, 각종 원리주의자 등이 여기에 해당한다. 이들은 자신들의 행동이나 이념과 다르다고 판단되는 국가의 정부기관 및 산업체 등을 무차별적으로 공격하는 특성을 가지고 있다.

3) 경쟁적 공격자

경쟁자(Competitor)는 경쟁기업이나 국가의 관련 사이트를 공격하여 기술, 정책, 경영정보 등을 획득하려는 자들을 말한다. 그 외에도 고객의 정보 및 직원들의 정보를 빼내려고 공격하기도 한다.

4) 내부의 공격자

내부자(insider)는 자신이 몸담고 있는 조직에 불만을 가지고 있는 내부직원들과 불만을 품고 전직한 과거의 직원들을 말한다. 이들은 조직에 경제적 피해를 주거나 조직의 이미지를 실추시켜 신뢰도를 낮추는 등의 행위를 하고자 한다. 따라서 기업시스템의 장애유발이나 주요 정보의 유출 · 변조 등의 공격을 감행한다. 특히, 이들은 조직의 내부사정을 잘 알고 있기 때문에 오프라인 접근을 통한 불법행위를 저지를 가능성이 크다고 볼 수 있다.

3. 사이버공격의 유형

오늘날 인터넷 사용이 급증하면서 일반 기업과 공공기관에서도 인터넷을 이용한 각종 서비스를 제공하기 시작했다. 그런데 서비스 제공기관에서는 좀 더 빠르고 안정적인 서비스를 제공하는데 중점을 두고 투자하였고, 시스템의 보안성을 강화하기 위한 투자는 상대적으로 적었다.

따라서 인터넷서버에 많은 취약점이 존재하게 되었으며, 이러한 점을 이용한 공격이 하나둘씩 생겨나기 시작하였다. 최근에는 정보시스템 보안의 중요성이 강조되면서 여러 서비스 제공업체가 많은 비용을 투자하여 취약점을 보완하고 있지만 이에 맞서 해커 등의 공격자들도 좀 더 복잡하고 고도화된 방법의 해킹기법을 개발하고 있어 보안이 쉽지 않은 상황이다.[11] 아래에서는 이와 관련된 위험요소 또는 공격 유형을 살펴보기로 한다.[12]

형법상의 컴퓨터범죄의 유형과 수법

- 자료의 부정조작(Computer Manipulation): 컴퓨터의 자료처리 과정에 간섭하여 컴퓨터에 의해 처리, 전달, 보존되는 자료를 부정하게 조작하는 모든 행위

① 자료의 부정변개(Date Diddling) : 컴퓨터에 입력된 자료를 변개하거나 허위의 자료를 입력하는 방법
② 트로이 목마(Trojan Horse) : 프로그램 본래의 목적을 실행하면서도 일부에서는 프로그램을 조작해두는 방법
③ 부분잠식수법(Salami Techniques) : 은행시스템에서 이자를 계산할 때 떼어버리는 단수를 1개의 계좌에 자동적으로 입금되도록 프로그램을 조작하는 방법(살라미기법이라고도 함)
④ 논리폭탄(Logic Bombs) : 컴퓨터의 일정한 사항은 작동시마다 부정행위가 이루어질 수 있도록 프로그램을 조작하는 방법[13]

* 형법상 관련규정: 전자기록위작 · 변작죄(제227조의2, 제232조의2), 위조등 공문서 · 사문서행사죄(제229조, 제234조), 공정증서원본 등의 부실기재죄(제228조), 컴퓨터등 사용사기죄(제347조의2), 업무방해죄(제314조)

---

11) 지난 2018년 6월 20일 국내 가상화폐 최대거래소인 빗썸이 350억 규모의 가상화폐를 해킹 당하는 사건이 발생하였다. 빗썸은 20일 긴급공지를 통해 "어제 늦은 밤부터 오늘 새벽 사이 약 350억원 규모 일부 암호화폐가 탈취당한 사실이 확인되었으며, 유실된 암호화폐는 전부 회사 소유 분으로 충당할 예정"이라고 하였다. 시사포커스(http://www.sisafocus.co.kr).

12) 이하 Chuck Easttom/조한모 역(2006), 컴퓨터 보안개론, 서울: 아이시티, pp. 95~146 재구성.

13) 논리폭탄은 해커나 크래커가 프로그램 코드의 일부를 조작해 이것이 소프트웨어의 어떤 부위에 숨어 있다가 특정 조건에 달했을 경우 실행되도록 하는 것이다. 논리폭탄이라는 용어 그대로 프로그램에 어떤 주어진 조건이 숨어 있던 논리에 부합되는 순간 폭탄처럼 자료나 소프트웨어를 파괴하여, 자동으로 잘못된 결과가 나타나게 한다. 최근에는 컴퓨터 바이러스와 관련하여 자주 거론되고 있는데, 이는 트로이목마와 유사한 면을 가지고 있다.

■ 컴퓨터 파괴(Computer Sabotage): 프로그램이 저장된 매체(자기테이프, 자기디스크 등)를 없애버리거나 교란하는 행위

① 전자기폭탄 : 강한 전자기를 내뿜는 이 폭탄은 국가통신시스템, 전력, 물류, 에너지 등의 사회 인프라를 일순간에 무력화할 수 있는 엄청난 파괴력을 갖고 있음

② 온라인폭탄: 데이터양이 큰 메일 수백만 통을 동시에 보내 대형 컴퓨터 시스템을 다운시키는 수법

③ 서비스 거부공격(DoS, Denial of Service Attack)·분산서비스 거부공격(DDoS) : 관리자 권한 없이도 한꺼번에 여러 곳에서 많은 양의 정보를 반복적으로 요구해 컴퓨터가 이를 처리하느라 다른 일을 못하게 함

* 형법상 관련규정: 업무방해죄(제314조), 재물파괴죄(제366조), 공용물파괴죄(제141조), 기타 정보통신기반보호법(제12조)상의 죄

■ 컴퓨터스파이(Computer Espionage): 컴퓨터에 의한 처리, 보관, 전송되는 자료나 처리결과 또는 프로그램을 경제적 이익을 목적으로 권한 없이 취득, 이용하는 것

① 쓰레기줍기수법(Scavenging) : 컴퓨터의 메모리에 그전에 사용자가 사용한 자료가 쓰레기통에 남아있을 때 그 내용을 읽거나, 일정시간마다 그 메모리의 내용을 읽게 하는 프로그램조작방법

② 자료누출수법(Data Leakage) : 컴퓨터시스템으로부터 자료를 이전하거나 자료의 사본을 얻는 방법

③ 선로도청방법(Wire Tapping) : 통신 중의 정보를 도청하는 방법

④ 비동기성 또는 비동시성공격(Asynchronous Attacks) : 컴퓨터 중앙처리장치 속도와 입/출력장치 속도가 다른 점을 이용해 Multi-Programming을 할 때 Check-Point를 써서 자료를 입수하는 방법

⑤ 슈퍼재핑(Super Zapping): 컴퓨터가 고장으로 가동이 불가능할 때, 비상용으로 쓰이는 것이 슈퍼잽이다. 슈퍼잽 수행시 호텔의 만능키처럼 패스워드나 각종 보안장치 기능을 상실시켜 컴퓨터의 기억장치에 수록된 모든 자료를 복사해 가는 행위

⑥ 트랩도어(Trap Door): 컴퓨터 운영시스템(OS: Operation System)나 대형 응용프로그램을 개발하면서 전체 시험실행을 할 때 발견되는 오류를 쉽게 하거나 처음부터 중간에 내용을 볼 수 있는 부정루틴을 삽입해 컴퓨터의 정비나 유지보수를 핑계 삼아 컴퓨터 내부의 자료를 뽑아가는 행위[14]

* 형법상의 관련규정: 비밀침해죄(제316조), 외교상기밀의 누설죄(제113조), 기타 정보통신망 이용촉진 및 정보보호 등에 관한 법률(제48조)상의 죄

---

14) 이는 프로그래머가 프로그램 내부에 일종의 비밀통로를 만들어 두어 자신만이 드나들 수 있게 하여 자료를 빼내는 방법이라고 할 수 있다.

1) 서비스거부 공격

컴퓨터시스템에 위해를 가하는데 사용할 수 있는 공격 가운데 하나로서 서비스거부(DoS: Denial of Service) 공격을 들 수 있다. 보안이나 해킹에 관심이 있는 사람이나, IT관련 뉴스를 자주 보는 사람이라면 서비스거부 공격이라는 단어가 그리 낯설게 느껴지지는 않을 것이다. 과거에 야후사이트가 이러한 서비스거부 공격에 의하여 마비된 이후 일반인들에게도 알려지기 시작하였으며 CNN, NBC, 아마존 등의 대규모의 사이트들도 서비스거부 공격에 피해를 당했다는 뉴스가 연일 보도되곤 했다.

서비스거부 공격은 가장 흔하고 단순한 공격행태로서 최근 많이 시도되는 해킹의 한 종류라고 할 수 있다. 물론, 이는 시스템에 침입하거나 중요한 정보를 빼내는 것이 아니라 단순히 정상적인 사용자가 시스템에 접근하지 못하도록 막는 것이다. 예컨대, 트럭이 적재할 수 있는 양과 운행할 수 있는 거리가 제한되어 있는 것처럼, 어떤 컴퓨터, 웹서버, 네트워크도 제한된 처리 능력을 갖는다. 컴퓨터시스템의 처리 능력은 동시 사용자 수, 파일의 크기, 데이터 전송 속도, 데이터 저장량으로 결정되는데 만약 그 한계를 넘어 버리면 시스템은 응답하지 못하게 된다. 웹 서버가 처리할 수 있는 것보다 훨씬 더 많은 요구 사항을 쏟아 부으면, 웹 서버는 과부하로 인해 더 이상의 요구에 응답할 수 없게 된다.

서비스거부 공격은 공격대상이 되는 서버에 과도한 트래픽이나 정상적이지 못한 접속 등을 시도하여 해당 서버의 네트워크를 독점하거나 시스템 리소스의 낭비를 유발하도록 한다. 그리하여 공격을 받은 서버는 '서비스거부'(Denial Of Service)라는 경고 메시지와 함께 정상적인 서비스를 제공하지 못하게 되는 상황이 벌어지게 되는 것이다. 이것이 바로 서비스거부 공격의 형태라고 할 수 있다.

서비스거부 공격은 최소한의 기술적인 숙련도만 갖추고 있으면 아주 쉽게 행할 수 있다. 이러한 유형의 공격은 일반적인 해킹과 달리 공격 목표가 되는 시스템의 관리자 권한을 획득하는 등의 고도의 기술이나 전문적인 지식을 필요로 하지 않고, 단순히 해당 시스템에 무수히 많은 접속을 시도하는 등의 비교적 간단한 방법으로 시스템을 마비시킬 수 있는 방법이기 때문에 그만큼 널리 사용되는 해킹기법이다. 더구나 이 때 서비스거부 공격을 위해 서버에 접속하는 방법이 일반적인 서비스를 위해 접속하는 방법과 차이가 있는 것이 아니기 때문에 서버 관리자들은 서비스거부 공격을 확인하고 차단하는데 큰 어려움을 겪게 된다(물론 보안을 위한 기술도 많이 발전되어 예전처럼 서비스거부 공격이 쉽게 성공하는 것은 아니다).

한편, 서비스거부 공격은 바이러스를 이용해 시도되기도 한다. 예컨대, 해커는 결정된 공격대상의 시스템에 Ping Flood(Ping은 네트워크 유틸리티의 하나)를 보내는 것이 유일한 목적인 바이러스를 개발할 수 있다. 바이러스가 퍼지면 바이러스에 감염된 모든 컴퓨터가 공격대상 시스템에 Ping Flood를 보낸다. 요즘에는 바이러스가 이러한 서비스거부 공격 코드를 포함하고 있는 경우가 많다. 이러한 종류의 서비스거부 공격은 실행하기는 쉬운 반면 멈추기가 어렵다.

그리고 서비스거부 공격의 발전된 형태인 분산서비스거부(DDoS: Distributed Denial of Service) 공격이 있다. 이러한 공격은 해킹 등에 의하여 불특정 다수의 PC가 동시에 서비스거부 공격을 받는 기법이라 할 수 있다.

그런데 서비스거부 공격은 일정한 약점을 가지고 있다. 공격자의 관점에서 볼 때 서비스거부 공격의 약점은 패킷의 범람이 지속되어야 한다는 것이다. 패킷의 전송을 멈추면 공격 목표시스템은 곧 정상으로 돌아온다. 따라서 서비스거부 공격은 별도로 사용되기보다 TCP 하이재킹에서 서로 연결된 시스템 중 하나를 동작하지 못하게 하거나 서버들 간에 인증과 로깅을 막는데 사용되는 경우가 많다.

해커가 분산공격을 하는 경우, 시스템 관리자나 소유자가 시스템의 감염 사실을 알게 되면, 바이러스를 제거하고 해커의 공격을 중단시키기 위한 작업을 시작할 것이다. 만약 해커가 자신의 시스템에서 공격을 시도하면, 각 패킷은 출처를 추적당할 수 있다. 결과적으로 해커가 서비스거부 공격을 하는 경우에는 대개 담당기관에 의해 추적되어 검거된다. 이러한 이유로 분산서비스거부 공격이 서비스거부 공격의 가장 흔한 형태가 되고 있다.

2) 멀 웨어 공격

멀 웨어(Malware: Malicious Software)는 정보, 정보시스템에 해악을 끼칠 목적으로 개발된 프로그램이나 파일을 총칭한다. 따라서 컴퓨터 바이러스, 트로이 목마 등이 이에 포함된다.[15)]

15) Chuck Easttom/조한모 역(2006), 앞의 책, pp. 120~140.

(1) 바이러스

컴퓨터 바이러스(Virus)라는 것은 자체 복제(複製)하는 프로그램을 말한다. 1980년대 초반까지만 해도 다른 프로그램을 감염시켜 자가 복제하는 프로그램인 컴퓨터 바이러스는 대부분 실험실 내부에서만 존재했었다. 그런데 1986년 초에 브레인(Brain) 바이러스가 등장하였다. 이 바이러스는 자가 복제를 하는 소프트웨어로 최초의 컴퓨터 바이러스로 기록되고 있다. 5.25인치 플로피 디스켓을 통해 전파되던 브레인 바이러스는 현재의 바이러스 전파 속도에 비하면 매우 느렸지만, 당시에는 매우 대응하기 어려운 선구자적 바이러스였다고 할 수 있다.

일반적으로 바이러스는 여러 가지 좋지 않은 기능을 갖는데, 그 중에서도 자체복제와 빠른 확산이 바이러스의 공통적인 특징이다. 보통 바이러스의 이러한 성장 능력은 감염된 네트워크에 문제를 일으킬 수 있다. 빠르게 확산되는 바이러스는 네트워크 기능과 응답 능력을 저하시킨다. 네트워크 설계시 처리하도록 한 트래픽 부하를 초과해 버리면, 네트워크는 일시적으로 중단될 위험성이 있다.

이러한 컴퓨터 바이러스는 보통 두 가지 방법으로 확산된다. 첫째, 네트워크 연결을 위해 목표 컴퓨터를 단순히 스캔한 다음 목표 컴퓨터가 접근할 수 있는 네트워크상의 모든 시스템에 자신을 복제하는 것이다. 이것은 실제로 바이러스가 확산되는 가장 효율적인 방식이지만 고도의 프로그래밍 능력이 요구된다. 이보다 흔한 두 번째 방법은 이메일 주소록을 읽어서 주소록에 있는 모든 사람에게 이메일을 보내는 것이다. 이것은 프로그램하기가 쉬우므로 첫 번째 방법보다 더 흔히 사용된다.

대부분의 바이러스 공격은 바이러스 자신을 피해자의 기존 이메일 소프트웨어에 첨부하여 확산되는 반면, 최근의 일부 바이러스는 자신의 내부 이메일 엔진을 사용하는 등 또 다른 전파방식을 사용하고 있다. 또 하나의 바이러스 전파 방식은 네트워크상에 자신을 단순히 복제하는 것이다. 이들을 묶어 여러 경로를 통해 확산하는 바이러스 출현도 점점 빈번해지고 있다.

바이러스를 가지고 있는 파일을 배포하는 방식은 단순해서 바이러스를 만든 사람의 숙련된 능력보다는 일반 시스템 사용자의 무지에 더 많이 의존한다. 사용자들이 웹 사이트를 방문하거나 파일을 열어보도록 유도하는 것은 바이러스를 배포하는 흔한 방법으로, 프로그래밍 능력이 전혀 필요치 않다. 어떻게 들어오든지 간에 바이러스가 시스템에 일단 들어오면 확산되기 시작할 것이고, 대부분의 경우 시스템에 해를 끼치려고 할 것이다. 시스템에 침투한 바이러스는 시스템의 정상적인 프로그램이 할 수 있는 것은 무엇이든 할 수 있다. 이것은 바이러스가 파일을 삭제하거나 시스템 설정을 변경하여 해를 끼칠 수 있음을 의미한다.[16)]

변종 바이러스

컴퓨터 바이러스의 경우 악의를 가진 어떤 프로그래머가 바이러스의 복제판을 구해(자신의 시스템을 일부러 감염시켜) 이것을 리버스 엔지니어링(Reverse Engineering)한다. 현재의 많은 바이러스 소스는 컴파일된 전통적인 프로그램과는 달리 이메일에 첨부된 스크립트 형태이기 때문에 이러한 공격 소스코드를 쉽게 해독할 수 있고 또 변경할 수 있다. 문제의 프로그래머는 원래의 바이러스 코드에 약간의 변화를 주어 변종을 만들어 다시 배포한다. 일반적으로 바이러스를 만든 죄로 체포된 사람들은 원래의 바이러스 저작자의 숙련도를 갖지 못한 변종 바이러스 개발자들이다.

바이러스가 아닌 바이러스

바이러스의 또 한 가지 유형은 지난 몇 년간 인기를 끌어 온 '바이러스가 아닌(Non-Virus) 바이러스' 또는 간단히 '혹스'(Hoax)라고 하는 것이 있다. 해커는 바이러스를 만들기보다 가지고 있는 모든 주소로 위장된 이메일을 보낸다. 이메일은 잘 알려진 안티바이러스 센터로부터 온 것이고, 새로운 바이러스가 유행하고 있음을 경고하기 위한 것임을 가장한다. 사람들에게 바이러스를 제거하기 위해 컴퓨터에서 어떤 파일을 지우라고 한다. 그러나 실제로 이 파일은 바이러스가 아니고 컴퓨터시스템의 일부이다. 놀랍게도 이메일을 받은 많은 사람들은 이러한 권고를 따라서 파일을 지울 뿐만 아니라 자신들의 친구나 동료에게 이메일을 보내 시스템에서 파일을 지우도록 경고하였다. 이로 인해 컴퓨터의 중요 시스템 파일을 삭제하게 된 사람들은 큰 손실을 입게 된다.

(2) 트로이 목마

트로이 목마(Trojan Horse)란 실제로는 악의적인 목적을 갖지만, 좋은 것처럼 가장하는 프로그램을 가리키는 용어라고 할 수 있다. 겉으로 볼 때 해롭지 않아 보이고 다운로드 할 수 있는 업무용 유틸리티나 게임 프로그램, 유용해 보이는 이메일에 첨부된 스크립트 같은 것들이 트로이 목마인 경우가 많다. 트로이 목마에 탑재된 첨부파일을 열어 보거나 프로그램을 수행하면 다음과 같은 일들이 일어날 수 있다. ㉠ 웹 사이트로부터 해로운 소프트웨어의 다운로드, ㉡ 키 로거(Key Logger)나 다른 스파이웨어를 시스템에 설치, ㉢ 파일의 삭제, ㉣ 해커가 사용할 백도어를 열어두는 등의 일들이 이루어질 수 있다.

한편, 바이러스와 트로이 목마가 같이 들어 있는 공격을 흔히 발견할 수 있다. 이러한 시나리오에서 트로이 목마는 바이러스처럼 확산된다. 악명 높은 마이둠(MyDoom) 바이러스는 바이러스와 트로이 목마가 조합된 것이라 할 수 있다.

그리고 트로이 목마는 개개인을 위해 특별히 고안될 수 있다. 만약 해커가 회사의 경리사원과 같은 특정 개인을 염탐하고자 한다면 특별히 그 사람의 관심을 끌 수 있도록

16) 안철수연구소(2006. 09), "역대 최악의 10대 바이러스," 컴퓨터월드.

프로그램을 만들 수 있다. 예컨대, 경리사원이 골프광이라면 핸디캡을 계산하고 가장 좋은 골프코스를 나열하는 프로그램을 작성하여 이 프로그램을 무료로 웹 사이트에 게시한다. 그리고 경리사원을 포함해 많은 사람에게 무료 소프트웨어를 소개하는 이메일을 보낸다. 소프트웨어는 한번 설치되면 현재 로그인한 사람의 이름을 확인할 수 있다. 만약 로그인한 이름에 경리사원의 이름과 일치하면 소프트웨어는 사용자에게 알리지 않고 키 로거(Key Logger)나 다른 모니터링 소프트웨어를 다운로드할 수 있다. 만약 소프트웨어가 파일을 파괴하거나 자신을 복제하지 않는다면, 아마 아주 오랜 시간 동안 발견되지 않을 것이다.

이와 같은 프로그램은 어느 정도의 실력을 갖춘 프로그래머라면 누구든지 만들 수 있다. 많은 조직이 컴퓨터시스템에 ANY소프트웨어를 다운로드하는 것을 금지하는 것은 바로 이러한 이유 때문이다. 아직까지 개인을 공격목표로 삼는 트로이목마의 구체적인 사례를 본 적이 없지만, 바이러스로 공격하는 사람들은 창조력이 풍부한 사람들일 가능성이 높기 때문에 이의 여지도 배제할 수 없을 것이다.

(3) 버퍼 오버플로 공격

이상에서 살펴본 서비스거부 공격, 바이러스, 트로이 목마와 같이 표적 시스템을 공격하는 여러 방법을 살펴보았다. 이러한 공격방법이 일반적으로 행해지는 것이 사실이지만, 그렇다고 해서 이러한 것들이 전부는 아니다. 컴퓨터시스템을 공격하는 또 다른 것으로 버퍼 오버플로(Buffer Overflow 또는 Buffer Overrun) 공격이 있다. 버퍼 오버플로 공격은 설계에 의해 버퍼가 가질 수 있는 양보다 더 많은 데이터를 버퍼에 집어넣고자 하는 경우에 발생한다.

인터넷이나 사설통신망을 이용해 통신하는 프로그램은 입력 데이터를 받아야 한다. 이 데이터는 일시적으로 버퍼라 불리는 메모리의 공간에 저장된다. 전문적인 프로그래머라면 지나치게 많은 정보가 버퍼에 들어오는 경우, 그 정보를 단순히 잘라 버리거나 거부하도록 애플리케이션을 작성할 것이다. 공격 목표시스템에서 동작하는 많은 애플리케이션은 각각 충분한 버퍼를 가지고 있지만, 어느 하나가 버퍼를 제대로 관리하지 못하도록 작성되어 있을 경우, 집요한 공격자는 이를 충분히 찾아낼 것이다.

허점이 발견되면, 프로그래밍 훈련을 받은 사람이라면 의도적으로 버퍼가 가질 수 있는 양보다 더 많은 양의 데이터를 집어넣는 프로그램을 작성할 수 있다. 예컨대, 버퍼가 1024바이트의 데이터를 가질 수 있는데, 2048바이트를 가지고 이것을 채우고자 한다면 나머지 1024바이트는 넘쳐서 관련 없는 메모리에 침범하게 된다. 만약 여분의 데이터가 악성 프로그램이라면 메모리에 적재된 상태로 목표시스템에서 동작하게 된다. 또 공격자는 공격하고자 하는 목표시스템의 메모리를 넘치게 하여 현재 메모리에 있는 리턴 주소와 같은 다른 항목을 덧씌워서 깨지게 할 수도 있다. 모든 경우 버퍼 오버플로는 매우 심각한 공격 수단이 된다.

그러나 다행스러운 것은, 버퍼 오버플로 공격은 서비스거부 공격이나 간단한 MS 아웃룩 스크립트 바이러스보다 실행하기가 어렵다는 점이다. 버퍼 오버플로 공격을 하기 위해서는 프로그래밍 언어(보통 C나 C++)에 대한 충분한 실전 지식을 갖추고 있어야 한다. 그리고 공격 목표가 되는 운영체제와 애플리케이션이 버퍼 오버플로 공격에 대한 취약점을 갖는지, 그 취약점을 어떻게 공격할 수 있는지를 충분히 이해하고 있어야 한다.

최근까지 많은 신종 바이러스들이 출현하고 있는데, 그 중에서도 사세르(Sasser) 바이러스는 주목할 만하다. 사세르 바이러스는 버퍼 오버런(Buffer Overrun)을 공격하여 확산되는 바이러스라 할 수 있다. 사세르는 2004년 4월 30일에 퍼지기 시작했으며, 일부 프랑스의 뉴스 방송국의 위성 통신을 중단시킬 만큼 파괴력이 컸다. 또한 델타 항공의 일부 운항을 취소시켰으며, 전세계 수많은 기업의 시스템을 중단시키는 결과를 초래했다. 그리고 이로 인해 수천만 달러의 피해가 발생하였다.

버퍼 오버플로와 같은 공격을 막기 위해서는 먼저, 시스템을 규칙적으로 업데이트하면 이러한 결함에 취약하지 않게 된다. 둘째, 만약 네트워크 라우터나 방화벽이 포트의 트래픽을 차단한다면 사세르의 피해는 대부분 막을 수 있다. 방화벽은 특정 포트의 트래픽만을 허용해야 하고 그 외의 포트는 모두 종료되어 있어야 한다. 따라서 네트워크 관리자가 보안에 좀 더 철저히 대비한다면 네트워크는 안전할 것이다.

(4) 스파이웨어

스파이웨어(Spyware)는 최근 컴퓨터보안을 위협하는 존재 가운데 하나이다. 스파이웨어를 사용하는 것은 공격자의 관점에서 볼 때 다른 형태의 멀웨어보다 굉장히 많은 기술적인 지식을 요구한다. 공격자는 특정 상황에 맞게 스파이웨어를 개발하거나 기존의 스파이웨어를 자신의 요구에 맞게 커스터마이즈(Customize)할 수 있어야 하고,[17]또 목표시스템에 스파이웨어를 올려 둘 수 있어야 한다.

---

17) 커스터마이즈(Customize)라는 것은 컴퓨터 이용자가 사용 방법과 기호에 맞추어서 하드웨어나 소프트웨어를 설정하거나 기능을 변경하는 것을 의미한다. 예를 들면, 자주 사용하는 기능을 특정의 키, 메뉴 툴 바에 할당하여 이용자가 스스로 사용하기 쉬운 환경을 만드는 것 등을 가리킨다. 또한 애플리케이션, 패키지 등 표준적인 사양으로 작성된 업무 시스템을 실제 업무 처리에 맞추어서 수정하는 일도 커스터마이즈라고 한다.

스파이웨어는 웹 사이트 방문정보를 기록하기 위해 사용하는 쿠키만큼 단순할 수도 있고, 키 로거와 같이 매우 복잡한 기능을 가질 수도 있다(키 로거는 키보드로 치는 모든 입력을 기록하는 프로그램을 말한다). 스파이웨어도 스파이의 파일에 키 입력을 기록한다. 키 로거의 가장 일반적인 용도는 사용자의 이름과 암호를 수집하는 것이다. 그러나 사용자 이름과 암호뿐만 아니라 입력하는 모든 문서 내용 등을 수집할 수 있다. 이러한 데이터는 나중에 빼내기 위해 시스템에 숨겨진 작은 파일에 저장될 수도 있고, TCP패킷에 실려 이미 정해진 주소로 전송될 수도 있다. 어떤 경우에는 키 로거가 수집된 데이터를 서버로 업로드하기 위해 일정 시간을 기다리도록 설정할 수도 있고, 익명의 이메일 주소로 데이터를 보내기 위해 피해자의 이메일 소프트웨어를 사용할 수도 있다. 또 주기적으로 컴퓨터에 열려 있는 화면을 잡아 주는 키 로거도 있다. 동작 모드가 무엇이건 간에 스파이웨어는 특정 컴퓨터상의 모든 행위를 탐지한 소프트웨어이다.

스파이웨어의 합법적인 사용

스파이웨어를 합법적으로 사용하는 경우가 있다. 어떤 고용주들은 직원들이 회사기술을 사용하는 것을 모니터링하기 위한 방법으로 스파이웨어를 선택하기도 한다. 많은 회사가 조직 내에서 전화, 이메일, 웹 트래픽을 모니터링하고 있다. 컴퓨터, 네트워크 그리고 전화시스템은 직원 개인의 것이 아니라 회사의 재산이라 할 수 있다. 따라서 이러한 재산은 단지 회사의 일을 위해 사용되어야 하므로 회사 모니터링은 프라이버시 침해가 되지 않는다.

법적으로 이러한 모니터링을 회사의 권한으로 허용하고 있지만, 일정 수준의 직원 모니터링을 하기 위해서는 사전에 직원의 도덕성에 대해 부정적인 영향을 고려해야 함은 물론 변호사의 자문을 얻는 것이 좋다. 한편, 부모 역시 자녀들의 행동을 모니터하기 위해 가정의 컴퓨터에서 이러한 유형의 소프트웨어를 사용할 수 있다. 온라인 위해사이트로부터 자녀들을 보호한다는 취지에서 바람직한 일이지만, 직원의 경우처럼, 실제 상황은 탐지되는 쪽 즉, 자녀들로부터 강력한 부정적인 반응이 나올 수도 있다는 점을 고려해야 할 것이다.

스파이웨어 프로그램은 컴퓨터의 모든 작업을 확인할 수 있고, 이러한 정보는 여러 가지 방법을 통해 제3자에게 유출될 수 있다. 그렇다면 스파이웨어가 가장 처음 어떻게 컴퓨터시스템에 들어오는가? 가장 흔한 방법은 트로이 목마라고 할 수 있다. 어떤 웹 사이트를 방문할 때, 이 사이트 내용을 보는 동안 스파이웨어가 다운로드 될 수 있다. 물론 고용주(또는 부모)가 스파이웨어를 설치한다면, 다른 애플리케이션을 설치하는 것과 마찬가지로 은밀하게 설치하지는 않을 것이다. 많은 유틸리티나 툴처럼 여러 가지 스파이웨어 제품도 인터넷상으로 무료로 또는 매우 저렴한 가격으로 구할 수 있다.

애드웨어

인터넷 창에서 원하지 않는 광고가 뜨는 것을 종종 확인할 수 있다. 이런 스파이웨어를 애드웨어(Adware)라고 하는데, 특정 웹 사이트를 방문할 때 개인용 컴퓨터에 다운로드 되어 시스템이나 파일에 직접적인 해를 끼치거나, 중요한 정보도 수집하지 않는다. 그러나 원치 않는 광고를 시스템에 넘쳐나게 하는 등 몹시 성가시게 만든다.
이러한 광고는 보통 방문한 웹 사이트에 의해 생성된 것이 아니라 시스템에서 나쁜 소프트웨어가 만들기 때문에 정상적인 팝업(Pop-Up) 차단기로는 멈춰지지 않는다. 팝업 차단기는 단지 방문하는 사이트가 새로운 창을 열지 못하도록 하는 것이다. 브라우저가 웹 사이트를 방문할 때 별도의 창을 열도록 하는 스크립팅 기술을 사용하는 경우, 팝업 차단기는 이 기술을 인식하고 광고 창이 열리는 것을 막는다. 그러나 애드웨어는 팝업 차단기를 피해간다.

(5) 악성 웹 기반 코드

이밖에도 악성 웹 기반 코드가 있다. 이는 모든 운영체계를 비롯해 HTTP, 자바 등과 같이 플랫폼에 이식이 가능하다. '악성'(Malicious)이라는 말은 이것이 바이러스, 웜, 트로이 목마 또는 다른 형태의 멀웨어임을 말해준다. 악성 코드는 운영체계나 브라우저에 상관없이 모든 것을 맹목적으로 감염시킨다.

이러한 코드는 어떻게 만들어져 어떻게 확산되는가? 인터넷의 초기 세대는 대개 인덱스를 갖는 텍스트 파일이었다. 그래픽, 멀티미디어 사용자 환경으로 들어오면서, 프로그래머는 대화 형태의 동작을 가능하게 해주는 스크립팅 언어기술을 사용하여 새로운 애플리케이션을 만들었다. 다른 새로운 기술들처럼 스크립팅 언어로 작성된 프로그램은 유용하기도 하지만 때로는 심각한 위험을 초래하기도 한다.

자바나 Active X와 같은 기술은 오류가 많고, 신뢰할 수 없는 프로그램을 사용자 워크스테이션에서 실행시킨다(악성 코드를 실행시키는 또 다른 기술로는 실행파일, Java Script, Visual Basic Script, 플러그인 등이 있다). 웹은 프로그램의 품질, 무결성, 신뢰성을 고려하지 않고, 코드의 이동성을 높일 수 있도록 동작한다. 툴을 사용하여 코드를 드래그 앤드 드롭(Drag and Drop)한 문서를 웹 서버에 올려놓고 직원이나 개인이 사용할 수 있도록 만드는 일은 아주 간단하다. 만약 이러한 코드가 악의적으로 프로그램 되었거나 잘못 테스트되었다면 시스템에 심각한 타격을 입힐 수 있다. 해커는 이와 같은 유용한 툴을 이용하여 어렵지 않게 기업 네트워크에 접근을 할 수 있을 뿐만 아니라 데이터 파일을 훔치고 변경하고, 지울 수 있다. 악성 코드는 웹 사이트, 이메일 메시지에 있는 HIML 내용 또는 기업 인트라넷을 포함한 다양한 연결점을 통해 기업 네트워크와 시스템을 뚫고 들어갈 수 있다.

최근 악성코드가 바이러스에 비해 대단히 빠르게 증가하고 있음에 주목할 필요가 있다. 오늘날 악성코드는 기업을 통해 2억 명의 인터넷 사용자들에게 순식간에 확산될 수 있다. 악성 코드로 야기되는 대부분의 피해는 첫 공격이 일어난 후, 대응책을 마련하기 수 시간 이내에 일어난다. 네트워크 다운타임(Downtime, 사고 · 수리 따위로 인한 비가동 시간) 또는 IP도용으로 발생하는 비용은 악성 코드를 최고의 문젯거리로 만들었다.

악성코드 등을 이용한 신종금융범죄

① 메모리해킹
메모리해킹은 악성프로그램을 유포시켜, 피해자가 금융사이트에 접속해서 입력한 금융정보를 빼내 피해자의 돈을 부당하게 탈취하는 수법을 의미
㉠ 범죄 수법(1) : ㉠ 피해자 PC 악성코드 감염 → ㉡ 정상적인 인터넷 뱅킹 절차(보안카드 앞 · 뒤 2자리) 이행 후 이체 클릭 → ㉢ 오류 발생 반복(이체정보 미전송) → ㉣ 일정시간 경과 후 범죄자가 동일한 보안카드 번호 입력, 범행계좌로 이체
㉡ 범죄 수법(2) : ㉠ 피해자 PC 악성코드 감염 → ㉡ 정상적인 계좌이체 종료 후, 보안강화 팝업창이 뜨면서 보안카드번호 앞 · 뒤 2자리 입력 요구 → ㉢ 일정시간 경과 후 범행계좌로 이체

② 스미싱
스미싱은 문자메시지(SMS: Short Message Service)와 피싱(Phishing)의 합성어로, 인터넷 주소가 포함된 문자를 피해자에게 보내 악성코드 설치 후 개인정보를 탈취하는 수법을 의미함
㉠ '무료쿠폰 제공', '돌잔치 초대장', '모바일 청첩장' 등을 내용으로 하는 문자메시지 내 인터넷주소 클릭 → ㉡ 스마트폰에 악성코드 설치 → ㉢ 피해자가 모르는 사이에 범죄자에게 소액결제 인증번호 전송 → ㉣ 범죄자가 게임아이템이나 사이버머니 구입 → ㉤ 소액결제 대금청구 등의 과정을 통해 피해를 줌
스미싱에 이용된 변종 악성코드는 소액결제 인증번호를 가로채는 것에 그치지 않고, 최근에는 피해자 스마트폰에 저장된 주소록 연락처, 사진(주민등록증 · 보안카드 사본), 공인인증서, 개인정보 등까지 탈취하므로 더 큰 금융범죄로 이어질 수 있음

③ 파밍
파밍(Pharming)은 악성프로그램을 통해 피해자가 가짜 금융사이트에 접속하도록 하여 금융정보를 조작, 피해자의 돈을 부당하게 탈취하는 수법을 의미
㉠ 사용자PC가 악성코드에 감염 → ㉡ 정상 홈페이지에 접속하여도 피싱(가짜)사이트로 유도 → ㉢ 금융정보 탈취 → ㉣ 범행계좌로 이체[18)]

④ 피싱
피싱(Phishing)은 개인정보(Private data)와 낚시(Fishing)의 합성어로, 피해자를 기망 또는 협박하여 개인정보 및 금융거래 정보를 요구하거나 피해자의 금전을 이체하도록 하는 수법을 의미
㉠ 금융기관을 가장한 이메일 발송 → ㉡ 이메일에서 안내하는 인터넷주소 클릭 → ㉢ 가짜 은행사이트로 접속 유도 → ㉣ 보안카드번호 전부 입력 요구 → ㉤ 금융정보 탈취 → ㉥ 범행계좌로 이체되어 피해를 줌[19)]

제4절 정보보호의 목표와 기본전략

정보보호는 국가만의 문제가 아니라 기업, 개인 등 정보시스템을 소유하고 운영하는 기관과 기업, 개인은 물론 정보시스템을 이용하는 모든 사람이 함께 노력해야 할 문제이다. 미국을 비롯한 선진국은 자국의 중요 국가기간시설에 대한 정보보호를 위해 노력을 많이 하고 있다.

우리나라도 2001년에「정보통신기반 보호법」을 제정하여 정보보호에 대한 범정부적인 노력을 기울이고 있지만, 아직도 정보보호를 보험적인 성격으로만 생각하는 경향이 커서 정보보호에 대한 적극적인 투자나 대책을 마련하고 있지 않다. 피상적인 걱정만 할 뿐 자신에게는 그러한 일이 일어나지 않을 것이라는 요행심을 기대하고 있는 실정이다. 이러한 안일한 생각은 초기에 사고를 예방하거나 방지할 수 있는 기회를 상실하게 되어 피해를 크게 만들 우려가 있다.

정보통신기반 보호법

목적(제1조)

이 법은 전자적 침해행위에 대비하여 주요정보통신기반시설의 보호에 관한 대책을 수립 · 시행함으로써 동 시설을 안정적으로 운용하도록 하여 국가의 안전과 국민생활의 안정을 보장하는 것을 목적으로 한다.

정의(제2조)

① 정보통신기반시설이라 함은 국가안전보장 · 행정 · 국방 · 치안 · 금융 · 통신 · 운송 · 에너지 등의 업무와 관련된 전자적 제어 · 관리시스템 및「정보통신망 이용촉진 및 정보보호 등에 관한 법률」제2조 제1항 제1호의 규정에 의한 정보통신망을 말한다.

② '전자적 침해행위'란 다음 각 목의 방법으로 정보통신기반시설을 공격하는 행위를 말한다.
가. 해킹, 컴퓨터바이러스, 논리 · 메일폭탄, 서비스거부 또는 고출력 전자기파 등의 방법
나. 정상적인 보호 · 인증 절차를 우회하여 정보통신기반시설에 접근할 수 있도록 하는 프로그램이나 기술적 장치 등을 정보통신기반시설에 설치하는 방법

③ 침해사고란 전자적 침해행위로 인하여 발생한 사태를 말한다.

---

18) 최근 피싱사이트 'http://*Kb*bank.com' 등 정상 홈페이지로 가장하여 금융정보(보안카드번호 전부) 입력을 요구, 신종금융사기의 주요 범행수단으로 사용됨. 최근에 피해자 184명이 동일한 파밍 수법으로 금융정보가 탈취되고 공인인증서가 재발급되어 불시에 13억원이 무단 이체된 사건이 발생하였다.

19) 최근 '9월 카드 거래내역'이라는 제목의 이메일에서 안내하는 인터넷주소를 클릭하자 가짜 은행 사이트로 접속되면서 보안카드번호 전부를 입력한 결과, 범행계좌로 무단 이체되는 사건이 발생하였다.

그리고 성공적인 정보보호는 보안에 대한 기술적 · 관리적 대책을 마련하는 것과 동시에 법제도적인 장치가 뒷받침되어야 한다. 사실, 법이나 제도의 제정은 정보위협 또는 정보범죄의 발전 속도를 따라 갈 수 없는 것이 현실이다. 특히, 컴퓨터범죄의 경우 범죄현장의 통제와 증거수집 및 보존방법 등의 어려움으로 법정소송시 증거의 확보가 불충분한 경우가 적지 않다. 이를 해결하기 위하여 법집행의 증거가 되는 자료로서 제시할 수 있는 과학적 수사기법이 개발 · 동원되고 있다.

그러나 성공적인 정보보호를 위해서는 예방적 조치가 무엇보다도 중요하며 범죄자들의 동기유발의 근원을 없애는 것이 가장 효과적인 방법이다. 정보 관련범죄는 대부분이 비윤리적인 동기에서 이루어지므로 사회적 윤리도덕관을 확립하는 것이 무엇보다도 중요한 일이다.

이와 관련하여 국제표준화기구(ISO: International Organization for Standardization)와 국제전기표준회의(IEC: International Electro technical Commission)에서는 인터넷상의 정보윤리까지도 국제적인 표준화작업을 하여 국제적으로 비윤리적인 컴퓨터범죄의 근절을 위한 노력을 하고 있다.

한편, 정보보호는 기술적인 대책만으로는 성공적인 수행이 어렵다. 쉬나이어(Schneier)가 지적한 바와 같이 "정보보호를 기술적인 대책에만 의존하는 사람은 보안을 모르는 사람이거나 정보보호 기술을 모르는 사람"이라는 것이다. 성공적인 정보보호는 기술적인 대책과 관리적인 대책 등 다원적인 협동과 노력에 따라 달성 가능한 것이며, 그것도 일회성이 아닌 지속적이고 전문적인 노력에 의해서만 가능하다.

그런데 정보보호가 어려운 것은 정보기술의 특성에 의해서 더욱 어려워진다. 정보기술의 급속한 발전으로 인해 다양한 기기, 다양한 통신망과 대용량의 정보처리와 고속의 정보처리 및 전송, 정보의 공개와 개방의 원칙 등으로 인해서 정보보안 자체가 어려울 뿐만 아니라 첨단기술을 이용한 신종범죄의 등장 등으로 인해 범죄행위에 대한 추적이나 방지도 어려워지고 있다.

결과적으로 정보보호를 위한 절대적이고 영속적인 대책은 없다고 본다. 어떤 특정한 기술이나 관리적인 대책, 또는 전문적인 능력을 가지고도 완벽한 보안을 이루었다고 할 수 없다. 보안대책에 대응하는 침입기술이나 방법이 새로 만들어지기 때문이다. 따라서 보안은 지속적인 대책의 수립과 시행이 필요하며 투자의 규모에 따라서 보안의 성공적인 달성도가 결정된다.[20]

20) 한명묵 · 이철수(2006), 앞의 책, pp. 29~30.

1. 정보보호의 목표

일반적으로 정보보호를 통해서 달성하고자 하는 목표는 정보의 ㉠ 비밀성(祕密性, Confidentiality), ㉡ 무결성(無缺性, Integrity), ㉢ 가용성(可用性, Availability)을 확보하기 위한 것이다. 이 세 가지 특성은 조직의 목표나 정보 혹은 정보시스템의 특성에 따라서 그 중요도가 달라지고 상호간에 특성을 더 강화하기도 하고 때로는 하나의 특성을 너무 강조하면 다른 특성이 약화되기도 한다.[21)]

정보보호의 목표

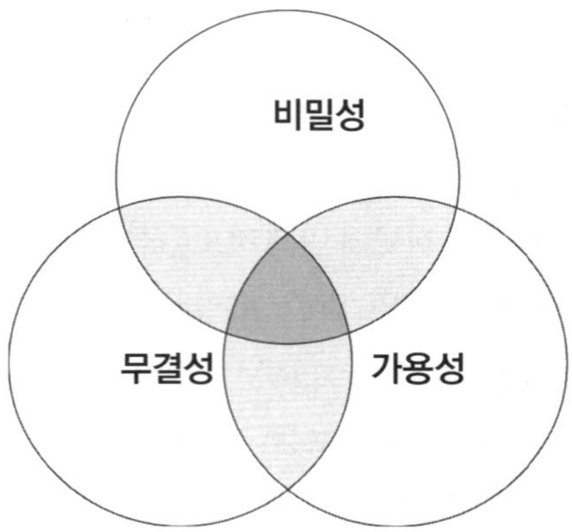

1) 비밀성

비밀성 또는 기밀성이라는 것은 비인가 된 접근이나 지능적 차단으로부터 중요정보를 보호하는 것을 말한다.

여기에서 비인가 된 접근이란 허가받지 않은 사람이 컴퓨터시스템을 사용하거나 해당 정보를 읽거나 정보내용을 수정하지 못하도록 하는 것이다. 또 지능적 차단이란 해당 시스템이나 정보를 사용할 수 있는 권한을 부여받은 사람에 대하여 해당 시스템이나 정보의 사용을 방해하는 행위를 말한다. 바꿔 말하면, 정보의 사용을 허가받은 사람만이 해당 시스템과 정보를 사용하고자 할 때는 언제든지 사용할 수 있도록 해야 한다는 의미를 갖는다.

2) 무결성

무결성은 정보와 정보처리 방법의 완전성과 정확성을 유지하도록 하는 것이다. 여기

21) 위의 책, pp. 32~33.

에서 정보처리 방법이라는 것은 주로 소프트웨어에 의존하는 정보처리가 되겠지만 그 외에도 시스템관리, 모니터링 등의 도구를 이용한 직접처리를 포함한 개념이다.

무결성의 의미는 정보에 대한 정밀성과 정확성을 내포하고 있으며, 한번 생성된 정보에 원칙적으로 수정을 허락하지 않음으로써 최초의 내용을 원상태 그대로 유지하게 한다는 뜻을 내포하고 있다. 만약 수정을 필요로 할 경우 허가받은 사람에 의해서, 허가받은 절차에 따라, 허용된 방법만을 사용하여 수정하여야 한다. 또 무결성을 유지하기 위해서는 정보나 정보처리 방법에 모순이 없어야 한다.

3) 가용성

그런데 정보와 정보시스템의 사용을 허가 받은 사람이 이를 사용하려고 할 때에는 언제든지 이를 사용할 수 있도록 보장해야 한다. 예컨대, 정보시스템에 장애가 발생하거나 과부하가 걸려서 사용하고자 할 때 사용할 수 없게 되거나, 장시간 기다리게 해서는 안 된다는 것이다. 사용자는 자신이 원하는 정보의 형태, 서비스의 질과 양을 요구하게 될 것이고, 요구하는 서비스나 정보의 제공이 즉각적으로 이루어지기를 기대할 것이다.

그러나 현실적으로는 정보의 관리, 정보에의 접근방법 등에 의해서 기대시간에 즉시 응답하지 못할 수도 있고, 요구하는 형태의 질적 · 양적 만족도에 못 미치는 경우가 있다. 따라서 가용성에 대한 사용자의 기대치를 만족시키기 위해서는 장애발생 빈도, 장애복구 최대 소요시간, 즉각 응답시간 등의 설정과 이를 지키기 위한 노력이 필요하다.

이상과 같은 비밀성과 무결성, 그리고 가용성 등이 적절하게 고려되지 못하면 기업의 의사결정에 장애를 초래하고 사업상의 중요한 일들을 처리하지 못하여 중대한 재정상의 손실을 야기할 수 있을 것이다. 또한 기업의 이미지 손상, 공공신뢰의 추락 등 사회적인 신뢰를 상실하게 되고 이를 회복하는데 있어서도 적지 않은 시간과 비용이 요구될 것이다.

2. 정보보호의 기본원칙

정보보호에 대한 표준활동은 1970년도에 이르러 본격적으로 시작되었다. 초기에는 주로 미국에서 국방관련 정보시스템에 대한 보안을 목적으로 규정을 제정하였다. 처음에는 소프트웨어의 안전성 및 보안 등에 초점을 두었으나 1980년대에 와서 소프트웨어의 신뢰성에 대한 표준이 제정되었다.

컴퓨터와 네트워크의 결합이 이루어지면서 컴퓨터보안(Computer Security)에서 통신보안(Communication Security), 정보보호(Information Security) 등으로 그 범위가 확대되었다.

지금까지의 정보보호 규정이나 표준원칙은 국방 분야에서 재무 · 회계 등으로 적용 분야가 확대되다가 최근에 와서는 전자상거래 등 일반적인 분야까지 확대 적용되고 있다. 또한 초기의 표준은 정보시스템의 사고와 의도적인 위법행위를 방지하기 위한 보안과 정보의 처리에 대한 기록을 유지하기 위한 사항에 초점을 맞추었다. 그러나 정보기술의 발전과 더불어서 일반적인 보안규정이나 표준으로 전 분야를 망라하기가 어려워지면서 네트워크, 데이터베이스 등 분야별 전문보안 규정이 제정되고 있다. 뿐만 아니라 정보보안 제품의 생산에서 평가에 이르는 전 과정에 적용하기 위한 지침이나 표준 등이 제정되어 적용되고 있다. 표준의 적용에 있어서도 단순히 정보시스템이나 정보제품의 보안에만 적용하는 것이 아니라 정보시스템이 조직의 운영을 위한 중요한 기반시설이 되고 자산으로 인식하게 되면서 조직의 보안과 정보시스템의 보안을 동일시하는 방향으로 발전되어 가고 있다.

정보보호 표준의 일반적 발전 방향

① 기술의 급속한 발전에 따라 컴퓨터보안과 통신보안이 정보보안으로 일원화되고 있다.
② 정보보호는 국방, 국가안보 이외의 모든 분야로 확대되어 필수적인 요소로 인식되고 있다.
③ 정보침해에 대한 예방 차원에서 탐지와 대응, 그리고 복구로 확대되어 정보보증을 중시하고 있다.
④ 다른 산업 분야와 마찬가지로 정보보호에도 비용/효과를 고려하는 추세이다.
⑤ 정보보호 제품의 인증제도가 국제 공통인증제도로 자리잡아가고 있다.

국제 경제협력개발기구(OECD: Organization for Economic Co-operation and Development)에서 제시한 2002년 정보시스템 및 네트워크 보호와 관련된 기본원칙 다음과 같다.[22)]

22) OECD Guidelines for the Security of Information System and Networks(2002).

정보보호의 기본원칙

① 책임성(Accountability)의 원칙: 정보시스템의 소유자, 공급자, 사용자 및 기타 관련자들의 책임과 책임추적성이 명확해야 한다.
② 인식성(Awareness)의 원칙: 정보시스템 소유자, 공급자, 사용자 및 기타 관련자들은 시스템에 일관된 보안을 유지할 수 있도록 시스템에 대한 관련지식을 쌓고 위험요소의 존재를 인식하고 이에 대한 대책을 파악할 수 있어야 한다.
③ 윤리성(Ethics)의 원칙: 정보시스템과 정보시스템의 보안은 타인의 권리와 합법적 이익이 존중·보호될 수 있도록 제공·사용되어야 한다.
④ 다중협력성(Multidisciplinary)의 원칙: 정보시스템의 보안을 위한 방법, 실행, 절차는 기술적·행정적·운영적·상업적·교육적 그리고 법제도적인 관점 등을 포함한 가능한 모든 사항을 고려하여야 한다.
⑤ 균형성·비례성(Proportionality)의 원칙: 정보시스템의 보안수준, 비용, 방법, 실행, 그리고 절차 등은 시스템에 의해 보호받는 대상의 가치와 잠재적인 손실의 심각성 및 발생가능성 등을 고려하여 적합하고 균형 있게 이루어져야 한다.
⑥ 통합성(Integration)의 원칙: 최적의 정보시스템 보안을 이루기 위해서는 보안시스템의 방법, 실행, 절차 등이 상호 동등한 입장에서 조정·통합되고, 아울러 조직의 다른 부서의 업무관련 방법, 실행, 절차와도 상호 조정·통합될 수 있도록 해야 한다.
⑦ 적시성(Timeliness)의 원칙: 국제적·국가적 수준에서 공공분야와 민간분야는 시의적절하게 상호 동등한 입장에서 조정되어 정보시스템의 보안에 대한 예방활동과 사후대응활동이 이루어지도록 해야 한다.
⑧ 재평가(Reassessment)의 원칙: 정보시스템 자체 및 이에 대한 보안체계가 시간이 지남에 따라 변화하기 때문에 정보시스템의 보안은 주기적으로 재평가되어야 한다.
⑨ 민주주의(Democracy)의 원칙: 민주사회에서 정보시스템의 보안은 정보(데이터)의 합법적 사용 및 전달과 상호 조화를 이루도록 해야 한다.

제5절 컴퓨터시스템의 보안단계

위에서 정보보호의 기본원칙을 살펴보았는데, 여기에서는 이 가운데 실질적으로 컴퓨터시스템의 취약성을 주기적으로 진단하여 재평가하는 절차에 대해서 살펴보고자 한다. 이는 크게 6가지 단계(Patch, Ports, Protector, Policies, Probe, Physical)의 확인 절차로 구분된다.[23] 그리고 여기에 사람(Personnel, 내부직원)의 확인을 포함할 수 있을 것이다.[24] 각 단계가 알파벳 'P'로 시작된다는 점에서 '7P' 단계라고 부를 수 있을 것이다.

23) 이하 Chuck Easttom/조한모 역(2006), 앞의 책, pp. 148~161 재인용.
24) 한명묵·이철수(2006), 앞의 책, pp. 106~109.

1. 패치의 확인

컴퓨터시스템 보안의 첫 번째 규칙은 패치(Patch)를 확인하는 것이다.[25] 이는 네트워크, 일반 가정의 컴퓨터, 랩톱 등 어떤 컴퓨터에서도 요구된다. 윈도우패치(Window Patch)라는 것은 윈도우에서 보안상으로 문제가 되는 취약점을 해결해 주는 프로그램을 말한다. 윈도우 패치를 설치하지 않으면 취약점을 이용한 바이러스나 악성코드에 감염될 가능성이 매우 높다.

일반적으로 백신 프로그램만 설치하면 바이러스는 모두 막아낼 수 있다고 맹신하는 경우가 많다. 값비싼 돈을 주고 산 백신이면 그 정도는 해야 하지 않는가? 라고도 생각하는 경우가 많은데 이것은 큰 오해이다. 백신프로그램은 들어오는 바이러스를 치료해줄 뿐 원천적으로 차단시키지는 못한다는 단점이 있다.

컴퓨터에 존재하는 여러 보안 취약점은 방치한 채 백신 프로그램만 여러 종류를 설치하는 것은 도둑이 들어오라고 문은 활짝 열어 놓으면서 집안에 경비원만 많이 고용하는 것과 마찬가지다. 들어오는 도둑은 잡아내겠지만, 그것보다는 문단속을 잘하는 것이 더 현명한 방법일 것이다.

사실, 우리가 사용하는 소프트웨어에는 우리가 잘 모르는 수많은 허점이 있다. 물론 허점이 제작 당시에 발견만 된다면 보완이 되어 세상에 나오겠지만, 그렇지 못한 경우가 많다. 제작사에서 테스트하는 환경에는 한계가 있고, 제품이 세상에 나오면 수많은 사용자가 각기 다른 환경에서 사용하기 때문에 미처 발견하지 못한 허점들이 밝혀지는 경우가 많기 때문이다. 자동차에 문제가 있다면, 당연히 리콜을 하겠지만, 소프트웨어는 그럴 필요가 없다. 소프트웨어에서 허점이 발견된 경우, 제작사에서는 허점을 보완해주는 프로그램 및 관련패치를 만들어서 배포한다.

윈도우 또한 예외는 아니라서 허점을 안고 세상에 나온다. 허점 중에는 그리 심각하지 않은 것도 있으나, 바이러스나 해킹과 관련된 보안상 심각한 문제가 있는 허점들도 다수 포함되어 있다. 이러한 보안상에서 문제가 되는 허점들을 보안 취약점이라고 한다. 윈도우에 문제가 있을 때 사용하는 패치 중에서 보안 취약점을 메우기 위한 패치를 보안패치라고 한다(마이크로소프트사에서는 핫픽스(Hot Fix)라고 부르기도 한다).

이러한 보안패치를 설치하는 방법에는 크게 2가지가 있다. 첫 번째는 원하는 보안패

25) 컴퓨터 프로그램의 일부를 빠르게 고치기 위해 개발사가 추가로 내놓은 수정용 소프트웨어, 픽스(Fix)라고 부르기도 한다. 소프트웨어 베타판이나 시험기간 중 또는 제품이 정식으로 발매된 이후에도 버그(오류)는 반드시 있게 마련이다. 패치는 사용자에게 제공되는 즉각적인 해결책으로 소프트웨어 개발사의 웹사이트 등에서 내려 받을 수 있다. 이러한 메우기 전문 프로그램을 패치(Patch)라고 한다.

치를 자료실 등에서 받아서 설치하는 방법이다. 이것은 보안패치를 찾기도 어려울 뿐만 아니라 어떤 것을 설치해야 하는지 애매하므로, 보안패치가 낯선 사용자들에게는 쉬운 일이 아니다. 두 번째 방법은 마이크로 소프트(MS) 홈페이지에서 윈도우 업데이트를 받는 방법이다. 윈도우 업데이트 중에는 보안 업데이트가 포함되어 있기 때문에 윈도우 업데이트를 이용하면 편하게 보안 업데이트를 할 수 있다. 윈도우 업데이트는 자신의 컴퓨터에 설치되어 있지 않은 보안패치를 자동으로 검색해주고 쉽게 설치를 도와주며, 최신 보안패치를 바로 얻을 수 있기 때문에 대부분의 사용자들은 MS사에서 제공하는 윈도우 업데이트를 일반적으로 사용한다. 이렇게 패치를 한 운영체제는 문단속을 철저하게 해둔 집에 도둑이 침입하기 힘든 것처럼 바이러스의 감염을 원천적으로 차단해주는 기능을 한다.

상식적으로 바이러스가 나온 이후에 패치가 만들어질 것이라고 생각하겠지만, 대부분의 경우에는 패치가 만들어진 다음에 바이러스가 나온다. MS사에서 소프트웨어의 허점을 발견하고 패치를 제작하여 발표하고 나면 바이러스 제작자들은 이 패치가 왜 나왔는지 궁금해하기 시작한다. 패치를 분석하다 보면 문제점을 발견해 내기는 어려운 일이 아니다. 예컨대, 친구가 팔에 깁스를 하고 있다면 팔이 부러진 것을 대번에 알 수 있는 것과 마찬가지이다. 바이러스 제작자들은 이미 패치를 설치한 PC는 염두에 두고 있지 않다. 대부분의 사용자들이 꼬박꼬박 윈도우 패치를 하기 귀찮아 한다는 것은 그들도 이미 잘 알고 있기 때문이다. 따라서 패치가 나왔다는 것은 그들에게 큰 문제가 아니다. 아직 패치를 하지 않은 대부분의 사용자들을 노리면 되기 때문이다. 바꾸어 말한다면, 꼬박꼬박 패치를 설치하고 항상 패치정보를 확인 하는 사용자들은 보안 취약점을 이용한 대부분의 웜 피해를 입지 않는다. 따라서 예컨대, 블래스터(Blaster) 바이러스와 같이 큰 피해를 입힌 바이러스도 성실히 패치를 수행한 사용자에게는 아무런 피해를 입히지 못한 것이다.[26)]

따라서 운영체계, 데이터베이스 관련시스템, 개발툴, 인터넷 브라우저 등의 모든 패치를 확인해야 한다. MS시스템 환경에서는 MS 웹 사이트가 패치를 요구하는 브라우저, 운영체계 또는 오피스제품에 대해 시스템을 스캔하는 유틸리티를 갖고 있기 때문에 패치작업이 어렵지 않다. 어쨌든 모든 패치가 최신상태로 유지되어 있음을 확인하는 것은 보안의 매우 기본적인 규칙이다. 시스템을 진단할 때 첫 번째 확인할 일 중의 하나인 것이다.

26) 안철수연구소(http://home.ahnlab.com/).

2. 포트의 확인

모든 통신은 포트(Ports)를 통해 이루어진다. 네트워킹 용어로서 포트는 논리적인 접점을 말한다. 네트워크상에서 특정 통신경로에 할당된 번호라고 할 수 있다. 따라서 실제로 필요하지 않은 포트는 닫을 필요가 있는데, 이것은 서버나 개인 시스템에서 사용되지 않는 서비스는 차단되어야 되어야 한다는 것을 의미한다. 윈도우 XP와 리눅스는 내장된 포트 필터링 기능을 갖고 있고, 윈도우 2000프로페셔널도 포트 필터링 기능을 가지고 있다.

네트워크에 있는 라우터(Router)의 사용되지 않는 포트도 닫아야 해야 한다.[27] 만약 네트워크가 광역 네트워크(WAN)의 일부라면 WAN에 접속하는 라우터가 있을 것이다. 열려 있는 모든 포트는 바이러스 또는 침입자를 위한 진입로가 될 가능성이 있으므로 닫을 수 있는 모든 포트는 닫는 것이 좋다. 예컨대, 현재의 시스템상에서 불필요한 팩스 서비스가 실행되고 있다면 이를 중지시킬 필요가 있다. 주의할 것은 관련서비스를 종료시키기 전에 다른 서비스가 그 서비스에 의존하고 있는지를 확인할 필요가 있다. 무작정 중지시켰다가는 필요한 서비스에 문제가 생길수도 있기 때문이다. 따라서 서비스를 중지시킬 때 간혹 필요한 서비스를 의도하지 않은 상태에서 중단하지 않도록 주의해야 한다. 따라서 항상 운영체계의 문서를 확인하는 것이 바람직하다. 경험상 확실히 알지 못하는 것은 손대지 않는 것이 좋다.

이와 관련하여 NetCop은 작동 중인 포트를 찾는 역할을 하는 사용하기 쉽고 효과적인 툴이다. 또한 인터넷을 검색해보면 무료로 사용할 수 있는 포트 스캐너를 쉽게 찾을 수 있다. 한편 작동 중인 모든 소프트웨어관련 리스트를 만드는 것도 유용한 방법이다. 그런 다음 그 해당 소프트웨어에 필요한 포트와 프로토콜을 찾아서 그것들만 허용한다. 이것은 내부로 들어오는 트래픽을 위한 포트라는 것을 인식할 필요가 있다. 만약 시스템이 데이터베이스 서버, 웹 서버 또는 다른 유형의 서버로 사용되지 않고 독립된 서버라면 모든 포트를 닫을 수 있다. 네트워크상에 있는 워크스테이션은 네트워크 유틸리티를 위해 특정 포트를 열어 놓아야 할 수도 있다.

---

27) 라우터(router)는 랜(LAN)을 연결하여 정보를 주고받을 때 송신정보(패킷:packet)에 담긴 수신처의 주소를 읽고 가장 적절한 통신통로를 이용하여 다른 통신망으로 전송하는 장치이다. 인터넷을 접속할 때는 반드시 필요한 장비로서, 서로 다른 프로토콜로 운영하는 통신망에서 정보를 전송하기 위해 경로를 설정하는 역할을 제공하는 핵심적인 통신장비이다.

3. 방화벽의 확인

시스템보안을 진단하는 다음 단계는 합리적인 방어 소프트웨어와 장비가 사용되고 있는지를 확인하는 것이다. 이것은 내부 네트워크와 외부세계 사이에 적어도 방화벽(Protector or Firewall)이 있어야 한다는 것을 의미한다. 초고속 통신망의 구축을 통한 인터넷의 발전으로 미디어, 전자상거래, 커뮤니케이션이 발전되고, 인터넷 발전의 역기능인 해킹과 바이러스의 출현으로 인해 정보자산을 보호하기 위한 침입차단시스템인 방화벽의 구축은 필수사항으로 대두되고 있다.

방화벽이라는 것은 네트워크를 신뢰하는 비공개 내부망과 인터넷에 공개되는 외부망으로 분리하고, 그 사이에 방화벽을 배치하여, 정보의 악의적인 흐름, 침투 등을 방지하는 소프트웨어와 하드웨어를 총체적으로 구현한 것이다. 이는 비인가자, 불법침입자, 해커의 침입으로 인한 정보의 손실, 변조, 파괴 등으로부터 피해를 최소화 시킬 수 있다. 네트워크를 통해 흐르는 패킷들에 대해 미리 정해 놓은 보안정책에 따라 차단하거나 허용함으로써 신뢰할 수 있는 정보를 구별하거나, 내부정보가 외부로 빠져나가는 것을 막는 역할을 한다. 우리가 일반적으로 사용하는 윈도우XP 등에는 간단한 방화벽을 자체적으로 포함하고 있다. 그리고 노턴과 맥아피 등은 개인용 컴퓨터에서 사용할 수 있는 개인 방화벽 솔루션을 제공하고 있다.

따라서 방화벽은 개인 및 기업이 보유하는 개개의 시스템에 대해서 외부로부터의 침입 등의 위협을 포괄적으로 감소시키면서, 기업내부에서의 부정직한 정보의 유출과 유입을 방지하기 위한 것이라 할 수 있다.

이것은 기업외부(기업내부)에서 기업내부(기업외부)의 네트워크 자원에의 접근 통제 및 제어 기능을 갖는다. 접근제어를 위한 방화벽으로서는 그 설치장소에 의해 다음과 같은 2종류로 분류할 수 있다.[28]

먼저, 외부방화벽인데, 이는 기업외부에서의 고의적인 파괴와 침입의 저지, 기업내부에서의 부정직한 정보의 유출과 유입의 방지를 목적으로 외부(인터넷)와 기업네트워크(인트라넷)와의 접속점에 설치한다. 다음으로 내부방화벽은 기업내부에서 부서 및 그룹 간의 부정직한 정보의 유출과 유입을 방지하기 위한 것과 기업내부에서 접근제어에 관한 방침이 다른 네트워크 간에 서로의 방침을 유지하는 것을 목적으로 기업 내 서브네트워크를 상호 접속하는 접속점에 설치한다.

28) 한명묵 · 이철수(2006), 앞의 책, p. 343.

4. 내부지침의 확립

어떤 조직이든 컴퓨터시스템의 보안과 관련하여 명확하게 문서화된 내부지침 또는 정책(政策)이 확립되어야 하고, 구성원들이 이 지침을 준수하도록 관리해야 한다. 내부지침의 규모는 몇 장의 간략한 내용 정도로 충분한지 아니면 긴 매뉴얼을 만들어야 하는가? 이와 관련하여 여러 컴퓨터보안 전문가들은 서로 다른 의견을 갖는다. 대다수는 내부지침은 조직적인 요구를 감당할 수 있을 정도, 그러면서도 다루기 힘들지 않을 정도로 길어야 한다고 보고 있다. 너무 긴 내부지침 매뉴얼은 직원들이 읽지 않게 되고, 결국 따르지 않을 가능성이 높게 된다. 만약 긴 내부지침 매뉴얼을 꼭 가져야 한다면, 몇몇 특정그룹을 위해 몇 개의 간략한 서브매뉴얼을 만들어서 이를 읽고 따를 수 있도록 할 필요가 있다. IT보안부서의 누군가가 새로 들어온 직원들에게 보안정책을 간략하게 설명해 주는 것도 좋은 방법이다.

내부지침에는 조직의 컴퓨터, 인터넷, 이메일 그리고 시스템의 다른 여러 가지 구성요소들의 사용을 어느 정도까지 허용할 것인지를 규정한다. 이때 꼭 필요한 내부준수사항은 시스템에 관한 허가받지 않은 어떠한 소프트웨어의 설치도 금지하는 것이다. 단지 IT 담당자가 직접 소프트웨어를 설치해야만 한다면 사전에 안전성을 검증해야 할 것이다.

또 사용자들이 모르는 첨부파일을 열어 보지 않도록 하는 것도 지침에 포함되어야 한다. 모든 바이러스(혹스를 제외한)의 공통적인 특성은 어떤 방식으로든 첨부파일을 이용한 다는 점이다. 바이러스 확산에 사용되는 가장 흔한 방법은 '이메일 첨부'이다. 따라서 이때 권장하는 것은 암호명을 사용하는 것이다. 이메일의 내용(또는 제목 줄) 중 그러한 암호명이 보이지 않는다면 첨부파일을 열어보지 않도록 하는 것이다. 만약 모든 정상적인 첨부파일에 암호명을 갖는다면, 이 메일이 바이러스일 가능성은 희박하다. 이것만으로도 사용자들의 무의식중에 바이러스 메일을 열어보는 것을 막을 수 있다. 아래에서는 바이러스 감염을 줄일 수 있는 몇 가지 간단한 규칙을 생각해 볼 수 있다. 물론, 이러한 규칙들이 시스템을 바이러스로부터 100% 안전하게 지켜주지는 못하겠지만 어느 정도까지는 보호해 줄 것이다.29)

29) 위의 책, p. 125.

바이러스를 피하기 위한 규칙

① 바이러스 스캐너를 사용한다. 일정비용을 지불하고 Norton 등과 같은 스캐너를 업데이트 하면서 활용하도록 한다.
② 첨부파일의 내용이 확실하지 않으면 그것을 절대 열지 말아야 한다.
③ 친구나 동료와 암호명을 교환할 수도 있다. 만약 그들이 첨부파일을 당신에게 보내고자 한다면 메시지의 제목에 암호명을 넣어 두도록 미리 얘기하라. 암호명을 보기 전에는 어떠한 첨부파일도 열지 말아야 한다.
④ 당신에게 배달된 '보안 경고'를 믿지 마라. MS 등 컴퓨터시스템 관련회사에서는 이러한 방법으로 메일을 보내지 않는다. 따라서 MS사의 웹사이트를 포함한 안티바이러스 웹 사이트 중 한곳을 규칙적으로 방문하도록 한다.

또한 내부지침에는 누가 어떤 데이터에 접근할 수 있는지, 백업이 얼마나 수행될지, 재난의 경우에 데이터를 어떻게 복구할지(보통 재난복구계획이라고 함)를 기술하는 내용이 포함되어야 한다. 예를 들어, 만약 화재가 발생하여 모든 데이터가 들어 있는 서버가 파괴된다면 조직은 어떻게 해야 할 것인가, 새로운 시스템은 어디에서 구해야 하는가, 누가 구할 것인가, 데이터 백업의 복사본이 다른 지역에 있는가 등의 모든 문제는 재난복구계획에서 다루어져야 한다.

의심이 가는 메일

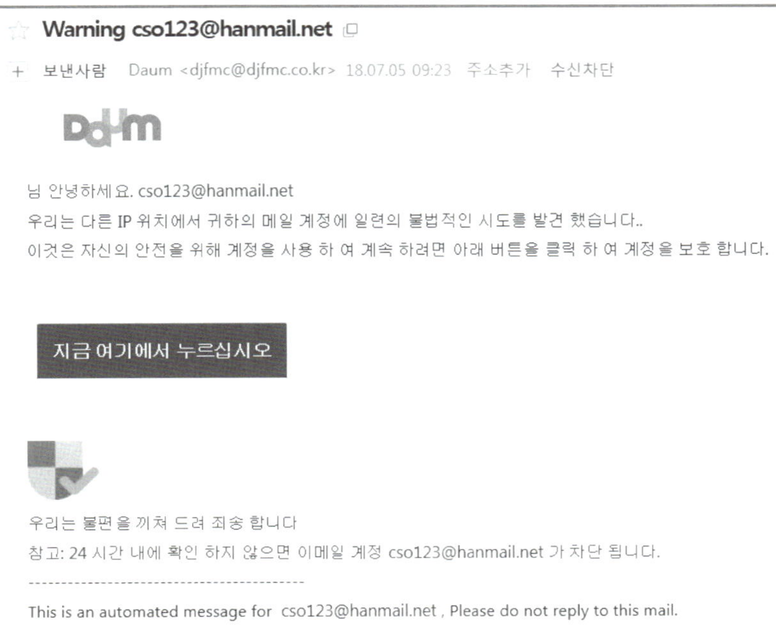
Warning cso123@hanmail.net

보낸사람 Daum <djfmc@djfmc.co.kr> 18.07.05 09:23 주소추가 수신차단

님 안녕하세요. cso123@hanmail.net
우리는 다른 IP 위치에서 귀하의 메일 계정에 일련의 불법적인 시도를 발견 했습니다..
이것은 자신의 안전을 위해 계정을 사용 하 여 계속 하려면 아래 버튼을 클릭 하 여 계정을 보호 합니다.

지금 여기에서 누르십시오

우리는 불편을 끼쳐 드려 죄송 합니다
참고: 24 시간 내에 확인 하지 않으면 이메일 계정 cso123@hanmail.net 가 차단 됩니다.

This is an automated message for cso123@hanmail.net , Please do not reply to this mail.

그리고 허용 가능한 최소길이, 암호의 생존기간, 암호의 이력, 사용자와 직접 연관되는 단어와 같이 피해야 할 암호 등 암호에 관한 지침이 있어야 한다. 예컨대, 기업의 상호명과 관련된 암호를 사용해서는 안 된다. 또 배우자의 생일이나 아이들 이름, 애완동물의 이름과 같이 개인 데이터와 관련 있는 암호도 좋지 않다.

한편, 암호는 오래 동안 유지되어서는 안 된다. 3개월(90일) 또는 6개월(180일) 주기로 암호의 변경일정을 갖는 것이 좋다. 이것을 '암호수명'(暗號壽命, Password Age)이라고 한다. 물론, 암호의 수명은 정보의 중요성 또는 데이터에 대한 사용자의 접근 내용을 보고 판단해야 한다.

윈도우즈를 포함한 대부분의 시스템은 특정한 사용 기간이 지난 후에 강제로 사용자가 새로운 암호를 만들도록 설정할 수 있다. 또한 암호이력(Password History) 또는 시스템에 따라 암호의 유일성 관리를 적용하는 경우, 개개인이 과거에 사용했던 암호를 그대로 다시 사용하지 않도록 해야 한다. 대략 다섯 개의 이력 수준(History Depth)을 갖는 것이 좋다. 바로 이전에 사용한 다섯 개의 암호를 다시 사용할 수 없다는 규칙 정도면 충분하다. 한편, 현재의 암호에 대해 그 자리에서 다섯 번 변경하여 원래의 암호를 다시 쓰지 못하도록 최소암호수명(Minimum Password Age)을 설정할 필요가 있다. 일반적으로 암호수명의 최소값은 하루로 잡는 것이 권장된다.

좋은 암호

좋은 암호는 적어도 8문자(15문자가 더 좋음) 길이로 문자, 숫자 그리고 특수문자, 소문자, 대문자를 포함한다. 일반적으로 암호의 좋은 형태는 자기 자신과 어떤 개인적인 연관성이 없는 단어, 난수, 그리고 암호를 위장하기 위한 다양한 대소문자와 특수문자를 선택하는 것이다. 예컨대, $TrEe785와 같은 것을 사용할 수 있다. 이 암호는 누구나 추측하기가 힘들고 암호 크래킹 소프트웨어로 깨기 어렵다. 그러나 이런 암호를 기억하는 것도 쉽지 않을 것이다.

따라서 정보보안 분야에 종사하는 사람들은 이른바 '암호구문'(pass phrase)을 사용한다. 암호구문은 훨씬 깨기 어려운 긴 암호이다. 예컨대, My telephone # is 555-555-1234와 같은 것이다. 이것은 대문자, 소문, 숫자, 특수문자를 포함하는 30자 길이의 암호이다. 그러면서도 $TrEe785보다 암기하기가 쉽다.

끝으로 내부지침과 관련하여 중요한 것은 직원이 퇴사했을 경우 어떠한 절차를 밟아야 할 것인지를 명확히 규정하고 있어야 한다. 이 경우, 퇴사자의 로그인 계정은 즉시 사용금지 되어야 하고, 시스템의 특정부분에 대한 물리적인 접근이 즉시 금지되어야 한다. 그러나 불행하게도 많은 조직은 이러한 상황을 적절하게 처리하지 못하여 불만을 품은 누군가가 이전 고용주에게 보복할 기회를 준다(제12장에서 언급했듯이 퇴사한 직원에 의한 산업기밀 유출이 전체사건의 60%에 이르고 있다는 점을 상기할 필요가 있다).

5. 조사 및 검사

컴퓨터시스템을 진단하는 데 가장 중요한 단계 가운데 하나가 바로 네트워크를 면밀히 검사(Probe)하는 것이다. 이와 관련하여 예컨대, MS는 하나의 IP주소나 일정범위의 IP주소를 스캔할 수 있는 보안분석의 툴을 제공하고 있다.

일반적으로 시스템검사는 적어도 세 가지의 독립된 분석 툴을 사용하는 것이 권장된다. 예컨대, MS 네트워크상에서 Cerberus Internet Scanner, MS Security Advisor, 그리고 NetCop 또는 SATAN과 같은 툴을 사용하는 것을 들 수 있다.

이 단계에서 핵심은 자신의 네트워크를 주기적으로 보안 결함이 있는지를 검사해야 한다는 것이다. 이는 4분기에 한 번 정도 규칙적으로 이루어지는 작업이 되어야 한다. 그리고 최소한 일 년에 한 번은 완벽한 보안점검을 해야 한다. 포트의 검사는 가장 기본적으로 해야 할 일이다. 이와는 또 다르게 정식으로 이루어지는 실제 보안검사의 경우는 보안정책, 패치시스템, 유지하고 있는 모든 보안로그, 보안담당 위치에 있는 사람들의 개인파일 등을 모두 포함해야 할 것이다.

6. 물리적 통제

그리고 물리적(Physical)인 통제를 경시해서는 안 된다. 개인 및 기업의 관련정보에 대한 허가받지 않은 침해로 인한 손해를 막고 업무의 방해를 제거하기 위해서는 이에 대한 적절한 물리적·환경적 보안대책이 필요하다. 따라서 중요한 업무처리 시설들은 건물 내의 안전한 지역에 위치시키며, 이 지역에 대한 접근경계 구역을 명확히 하고, 적절한 물리적 장벽, 잠금장치 및 출입통제 시설을 갖추고 있어야 한다.

따라서 보안구역 내의 출입은 허가된 사람에 의해서만 가능하도록 통제되어야 한다. 방문자에 대해서는 특별히 허가된 목적에 대해서만 출입을 허가하여야 하며, 출입증을 착용하게 하고, 보안구역 내에서의 보안규칙을 준수하게 하고, 허가받은 공간에 한정하여 출입할 수 있도록 해야 한다. 또 입장시간, 퇴장시간 등 관련기록을 남겨야 한다. 아울러 보안구역에 대한 접근권한은 정기적으로 검토·갱신하여야 한다.

잠겨 있지 않은 방에 컴퓨터가 그냥 놓여 있다면, 아무리 튼튼하게 시스템보안을 유지하고 있다 할지라도 무용지물이 될 것이다. 랩톱, PDA, 그리고 다른 모바일 컴퓨터장비를 관리하는 것과 함께 컴퓨터가 있는 방의 출입을 통제하는 정책과 절차가 필요하다. 서버는 접근 가능한 사람을 최소화한 상태에서 출입이 통제되고 보안이 유지되는 방에 있어야 한다. 그리고 백업자료들은 화재방비가 되어 있는 장소에 보관되어야 한다. 문서와 오래된 백업자료들은 버리기 전에 파기해야 한다.

그리고 라우터와 허브에 대한 물리적인 접근 또한 확실히 통제되어야 한다. 지구상에서 가장 고수준의 기술적이고 전문적인 정보보호를 하면서, 모든 사람이 접근할 수 있는, 출입통제가 되지 않는 방에 서버를 두는 것은 재난을 불러들이는 지름길이다. 물리적 보안에서 가장 흔한 실수 중의 하나는 문간에 라우터나 스위치를 두는 것이다. 이것은 자체 보안담당자나 네트워크 관리자는 물론이고, 건물 청소부까지도 라우터나 스위치에 접근할 수 있다는 것을 의미한다.

컴퓨터실의 화재위험성과 대책

컴퓨터실은 화재와 관련하여 특별한 위험성이 있으며, 따라서 특별한 대응책을 요구하는 장소라고 할 수 있다. 일반적으로 컴퓨터실에는 육안으로 어떠한 연소상태(연기, 불꽃 열 등)가 이루어지고 있다는 것을 파악하기가 어려운 미세한 것을 파악할 수 있는 이온(Ionization)감지기가 사용된다. 또 한편으로는 열(Thermal)의 상승을 감지할 수 있는 감지기도 사용되기도 한다.

그런데, 컴퓨터실의 화재대응장치와 관련하여 스프링클러(Sprinkler) 등은 절대로 사용되어서는 안 된다는 점이다. 물은 컴퓨터시스템 및 주변장치에 치명적인 손상을 가하며, 또 전기로 인한 화재(C 유형)는 물로 대응해서는 안 되기 때문이다.

따라서 이 경우 컴퓨터시스템에 어떠한 손상을 가하지 않는 이산화탄소(Carbon Dioxide) 소화기가 사용될 수 있다. 그러나 밀폐된 공간에서 이산화탄소 소화기의 사용 시에 발생하는 유독성 연기/가스는 인체에 해로울 수 있다. 따라서 할론(Halon)소화기가 유용하게 사용된다. 그러나 이산화탄소 소화기와 할론 소화기가 동시에 사용되어는 절대로 안 된다. 양자를 사용할 경우 화학적 반응을 하여 치명적인 결과를 가져다주기 때문이다. 할론은 대기 중의 오존층을 파괴하는 것으로 인식되고 있기 때문에 1989년에 체결된 몬트리올 협약에서는 미국을 포함하여 52개 국가가 이의 생산제한 및 단계적 제거에 동의하였다. 그러나 일부 국가에서는 이의 사용에 대해 여전히 어떠한 특별한 조치를 하지 않고 있는 실정이다.[30)]

한편, 정보보호 구역 내부로 필요한 물건을 들여오거나 내보내기 위하여 정보처리 시설로부터 분리된 물건 집하장소를 만들어 통제할 필요가 있다. 이는 지역에 대한 보안 필요성 및 수준 위험평가에 의해 결정되어야 한다. 정보보호 구역의 통제와 관련하여 다음과 같은 사항들을 고려할 수 있을 것이다.[31)]

30) Hess, Kären M., Wrobleski(1996), Introduction To Private Security, N.Y.: West Publishing Company, p. 220.

31) 한명묵 · 이철수(2006), 앞의 책, p. 111.

정보보호 구역의 통제지침

① 유입된 물품들은 적재 및 하역 구역에서 통제한다.
② 적재 및 하역구역은 통제되고, 무단접근을 방지하기 위하여 가능하면 정보시스템과 분리하도록 한다.
③ 정보시스템(하드웨어, 소프트웨어, 장비 등)을 외부로 유출해야 할 경우에는 그 사실을 기록하고, 다시 유입되는 경우에도 기록한다.
④ 정보시스템의 이동에 대해서는 책임자의 승인과 이동에 따른 보안상의 문제점이 발생하지 않도록 관리한다.

7. 직원의 관리 및 감독

끝으로 정보보호 및 컴퓨터 보안과 관련된 적절한 내부직원의 고용 및 관리는 중요하다. 정보보호에 있어서 사람에 대한 보안문제는 앞에서 논의한 내부직원에 대한 절차적 통제와 관련된다. 정보보호 사고에서 내부자에 의한 사고가 통계적으로 가장 많이 발생한 것으로 나타나고 있다.[32]

조직의 정보통신 망과 관련된 모든 작업 즉, 컴퓨터의 설치, 운용, 관리 및 백업 등의 정기적인 업무와 비상계획, 정책 수립 및 컴퓨터시스템의 안전대책 등을 포함한 컴퓨터시스템에 관한 모든 일이 '사람'에 의해서 이루어지고 있다는 점이다(마찬가지로 컴퓨터시스템에 위협이 되고 있는 해킹, 바이러스 등을 포함한 컴퓨터범죄 또한 사람에 의해서 이루어지고 있다).

내부직원에 의하여 저질러지는 각종 위협은 직원의 경험부족, 비적격자의 임명, 적절한 지식의 결여, 사기나 횡령 등과 같은 고의적 범죄행위, 시스템 설치의 실수나 부주의에 의한 행위 등으로 인해 정보시스템에 피해를 줄 수 있다. 따라서 적절한 신규채용과 함께 선발된 대상자들에 대한 정보보호 교육과 훈련이 체계적으로 이루어져야 한다. 직원이 수행하는 업무의 중요도에 따라서 필요한 보안훈련 및 교육을 주기적으로 시킬 수 있도록 계획하여야 한다.

한편, 정보보호에 영향을 주는 사고와 정보시스템의 고장 등은 신속하게 보고해야 한다. 모든 고용인, 임시직, 계약직 직원들은 사고 유형별 사고처리절차를 숙지하고 사고가 발생한 것을 인지하는 즉시 해당 보안 담당자에게 보고하여야 할 것이다. 마찬가지로 정보서비스를 사용하는 사용자들은 보안 취약점이나 위협을 발견하였을 때, 신속히 관리자나 정보서비스 담당자에게 알려야 할 것이다.

---

32) 위의 책, pp. 106~109.; 프로그램 개발자와 프로그램 운영자의 분리, 현재 근무하는 직원과 퇴직한 직원에 대한 체계적인 통제 및 관리, 그리고 프로그램개발 등에 참여하는 외주(outsourcing)업체 직원에 대한 철저한 통제 및 관리 등은 매우 중요하다.

제14장 화재 및 비상사태 대응전략

제1절 기본논의

오늘날 경제의 발전과 더불어 난방 및 취사연료의 형태가 전기, 가스, 유류(油類) 등으로 변화되었고, 에너지의 다양화와 각종 위험물질의 증가에 따른 화재발생의 위험은 날로 증가하고 있다. 최근 발생한 화재를 보면, 전기, 담배, 방화, 불장난, 불티, 가스, 유류 등이 주요원인으로 되어 있다. 또한 이러한 화재발생의 주된 원인은 사람들의 부주의와 방심에 의한 실화(失火)의 경우가 많으며, 계절별로는 겨울철과 비슷하게 봄에도 화재가 발생하는데, 이것은 사람들이 마치 겨울철만이 불조심의 전부인 것처럼 방심하여 불조심에 대한 경각심이 많이 해이해졌기 때문으로 추측된다.[1)]

따라서 민간경비 관련자들은 범죄문제뿐만 아니라 잠재적인 화재문제에 대해서 항상 주의 깊은 관심을 가질 필요가 있다. 그리고 화재대응 역시 범죄예방과 마찬가지로 화재가 발생하기 전에 철저히 예방하는 것이 무엇보다도 중요하다. 따라서 모든 시설에 근무하는 민간경비원들의 일차적 책임 가운데 하나가 바로 화재발생의 위험을 제거하는 일이라고 할 수 있다. 그리고 민간경비 관리자들은 화재가 어떻게 발생하고, 무엇이 화재발생의 주요 원인이며, 화재가 발생했을 경우 어떠한 장비와 절차를 사용하는 것이 손실을 최소화 할 수 있는지를 알고 있어야 할 것이다. 이를 통해서 민간경비 관리자들은 화재에 대한 사전 예방과 화재발생 시 사람 및 보호대상에 대한 안전조치를 보다 잘 해야 할 것이다.

따라서 이 장에서는 먼저 화재 및 기타 여러 가지 인위적 · 자연적 비상사태와 관련하여 살펴보기로 한다. 다만, 우리가 일상적으로 많이 접하는 화재와 관련하여 집중적으로 다루고 나머지 부분은 간략히 소개하는 수준으로 접근하고자 한다.

1) 한국소방안전원(https://www.kfsi.or.kr).

제2절 화재의 의의와 위험성, 대응장비

1. 화재의 의의

1) 화재 및 소화의 개념

일반적으로 불이라는 것은 '가연성 물질이 산소와 화학 반응하여 열과 빛을 동반한 급격한 연소현상'을 말하며, 화재(火災)란 '자연 또는 사람의 고의나 과실로 인하여 발생한 연소현상으로 소화설비 또는 동등 이상의 소방력을 동원하여 소화할 필요가 있는 재해'를 말한다. 화재가 발생하게 되면 모든 것을 앗아가기 때문에 무엇보다도 이에 대한 사전예방활동이 중요하며, 초동진압 할 수 있는 기본적 여건이 구축되어 있어야 한다. 아래에서는 불의 3요소와 불의 성질과 확산, 그리고 소화의 원리 등에 대해서 살펴보기로 한다.[2)]

(1) 불의 3요소

불은 ㉠ 연료(Fuel), ㉡ 열(Heat), ㉢ 산소(Oxygen) 등 3가지 조건이 갖추어져야만 불의 발생이 가능하며, 따라서 이 3가지를 '불의 3요소'라고 부른다.

① 연료

연료(또는 가연성 물질)는 불에 탈 수 있는 물건을 말하며, 이는 고체, 액체, 기체의 3가지로 구분된다. 고체연료에는 연탄, 나무, 종이, 옷, 고무, 플라스틱 등이 있다. 액체연료에는 석유, 휘발유, 알코올, 벙커C유 등이 있으며, 기체연료에는 LPG, LNG 등이 있다.

② 열

물질이 연소하기 위해서는 반드시 열(발화온도)이 있어야 하는데, 이 열은 높은 열이어야 하고 그 양도 적당히 있어야 한다. 예컨대, 성냥불의 불꽃은 보통 가연성 물질에 불을 붙이기에는 충분한 온도를 가졌으나 그 양이 적은 까닭에 통나무와 같은 큰 부피의 물체를 태울 수는 없다.

---

2) Whitman, Lawrence E.(1979), Fire Prevention, Chicago: Nelson-Hall Inc., pp. 9~11.; 이윤근(2001), 민간경비론, 서울: 엑스퍼트, pp. 124~126.; 한국소방안전원(https://www.kfsi.or.kr).

③ 산소

한편, 불과 산소(공기)는 밀접한 관계가 있다. 우리가 호흡할 때, 들이마시는 공기 중의 약 21%는 산소이며, 가연성 물질의 종류에 따라 다르지만, 공기 중 산소 함량이 15% 이하로 줄어들면 불붙기가 어려우며, 고체의 경우에는 6% 이하로 감소하지 않는 한 불은 계속 붙거나 불꽃은 내지 않고 붙거나 불꽃은 내지 않고 그을리면서 탄다.[3)]

(2) 불의 성질과 확산

일단 화재가 발생하면, 불은 외부 공기로부터 산소를 공급받아 불꽃으로부터 되돌아온 열에 의해 연속적으로 재점화, 확산하여 다른 가연성 물질을 태우면서 확대해 나가는데, 이러한 확산현상은 직접 물질이 화염에 접촉하면서 진행하는 것이 대부분이나 열의 이동이나 불꽃(불티)이 날아가서 진행하는 경우도 있다. 이 두 가지의 물리적인 상태가 단독 또는 중복해서 불이 진행하게 되는데 이 중에서 특히 열의 이동에 의해서 확대하는 경우에 전도, 대류, 복사의 3가지가 동시에 작용한다.

① 전도

전도(傳導)라는 것은 열이 물질 속으로 전해져 가는 현상으로 온도가 높은 쪽에서 낮은 쪽으로 이동하는 성질을 말하며 일반적으로 고체는 기체보다 열이 잘 전달된다. 예컨대, 철사 끝을 불로 가열하면 얼마 후 다른 한쪽까지 뜨거워짐을 알 수 있다.

② 대류

대류(對流)는 가열된 공기의 움직임에 의해 열이 이동하는 현상을 말한다. 방안에 난로를 피웠을 때 따뜻한 공기는 가벼워져서 위로 올라가고 찬 공기는 아래로 내려오는 현상이 반복되어 실내가 따뜻하게 되는 현상이 그 예라고 할 수 있다.

③ 복사

복사(輻射)는 고열체로부터 저열체로 열의 이동이 전도나 대류와는 달리 중간의 매개물 없이도 직접 열이 이동하는 현상으로 태양열이 지상의 물체를 따뜻하게 해주는 것이 대표적인 예이다.

---

3) 한국소방안전원(https://www.kfsi.or.kr).

(3) 소화의 기본원리

위에서 논의한 불의 3요소 가운데 어느 하나만이라도 제거하면 화재는 진압될 수 있다.

① 연료의 제거

연료(또는 가연물)의 제거는 불이 다른 곳에 옮겨 붙거나, 번지는 것을 차단하는 것을 말한다. 화재현장 주위의 물체를 치우거나 다른 곳으로 옮겨야 하며, 산불이 났을 때 주위의 나무나 풀을 잘라내는 것이나, 석유난로에 연결된 호스의 안전장치를 잠그는 것은 연료 즉, 가연물을 제거하여 불을 끄는 방법이다.

한편, 내화성(耐火性)이라는 의미는 불이 다른 물질에 비해서 덜 붙는다는 것을 의미하는 것으로 비록 내화성을 강화하여 건물을 지었을지라도 내부에 들어 있는 집기나 물건들의 재질에 따라서 화재가 발생할 가능성이 항상 내재하고 있다는 점을 인식할 필요가 있다.

② 냉각소화

불은 일정한 온도를 필요로 하기 때문에 불에 타고 있는 물체의 온도를 떨어뜨리기 위해서 물을 끼얹어 열을 제거해 버리는 방법을 들 수 있다. 물은 다른 물질에 비해서 많은 열을 흡수하는 성질이 있으며, 물이 수증기로 변하면서 흡수하는 열량은 다른 소화약제보다 10배에 가까운 효과를 지니고 있다. 그러나 유류화재, 전기화재, 화공약품과 같은 화재는 물을 사용해서는 안 된다.

③ 산소의 차단

화재발생시에 산소의 공급을 차단하여 불이 꺼지게 하는 방법으로 질식에 의한 소화라고도 하는데, 부대에 담긴 모래나 담요, 그리고 소화기를 사용하여 산소의 공급을 막으면 불은 꺼지게 된다. 유류나 전기화재 등의 경우에는 이러한 방법으로 불을 꺼야 한다.

2) 화재유형별 소화 방법

일반적으로 화재유형과 관련하여 미국소방협회에서는 크게 4가지 즉, 일반화재, 유류화재, 전기화재, 금속화재로 구분하고 있는데,[4] 여기에 가스화재를 추가하여 크게 5가지로 분류할 수 있다.[5] 바꿔 말하면 이러한 것들이 바로 화재의 발생원인이 되는 것이

4) Hess, Kären M., Wrobleski(1996), Introduction To Private Security, N.Y.: West Publishing Company, p. 213.

5) Berger, David L.(1979), Industrial Security, Boston: Butterworth Publisher Inc., pp.

다. 따라서 민간경비 관리자 및 방화관리자는 이러한 화재원인을 사전에 인식하고 이에 맞는 적절한 예방대책을 수립해야 한다.

화재의 종류와 특징

구분	특징
일반화재 (Class A)	종이, 상자, 나무 및 의류와 같이 일반적으로 타기 쉬운 물질에 의해 발생하는 화재
유류화재 (Class B)	휘발유 및 기름과 같이 타기 쉬운 액체에 의해 발생하는 화재
전기화재 (Class C)	전기장치, 전기제품 및 전선 등 전기와 관련해서 발생하는 화재
금속화재 (Class D)	마그네슘, 나트륨, 칼륨 등 타기 쉬운 금속에 의해서 발생하는 화재
가스화재 (Class E)	LPG, LNG 등과 같이 타기 쉽고, 폭발성 있는 가스에 의해서 발생하는 화재

발화열원별 화재발생건수 현황(2023, 단위 : 건)[6]

계	실 화							자연적 요인	방 화		미상
	전기적	기계적	화학적	가스 누출	교통 사고	부주의	기타		방화	방화 의심	
38,857	10,358	3,925	732	128	427	18,199	715	283	315	342	3,433

(1) 일반화재

일반화재(Class A)는 백색연기를 내는 화재로서 목재, 종이, 특수가연물(면화류, 대패밥, 넝마, 종이조각, 볏짚, 고무, 석탄 등)과 페놀, 멜라민, 규소, 폴리에틸렌, 폴리우레탄 등 일반 가연물에 의해서 발생하는 화재로서 타고나서 재가 남는다. 이러한 일반화재는 물을 사용하여 진압하는 것이 가장 효과적이며, 물을 분사하여 발화점 밑으로 온도를 떨어뜨리는 것이 가장 중요한 화재진압 방법이다.

(2) 유류화재

유류화재(Class B)는 휘발성 액체, 알코올, 기름, 휘발유, 기타 잘 타는 유연성 액체에 의한 화재를 말한다. 유류화재는 화재 발생 후 검은색 연기를 내며 연소 후 재를 남기지 않는 특성이 있고, 화재의 진행속도가 일반화재에 비하여 빠르다. 유류화재는 액

137~139.; 이윤근(2001), 앞의 책, pp. 124~126.; 한국소방안전원(https://www.kfsi.or.kr).

6) 소방청(2024), 소방청 통계연보, p. 92.

체 자체가 연소하는 것이 아니고 액체 표면에서 발생한 증기가 연소하는 증발연소를 한다. 따라서 이 유형의 화재에 물을 뿌리게 되면 더욱 화재가 확산되기 때문에 이를 진압하기 위해서는 이산화탄소 같은 불연성의 무해한 기체를 살포하는 것이 효과적이다.

(3) 전기화재

전기화재(Class C)는 전압기, 변압기, 기타 전기설비에 의하여 발생하는 화재를 말한다. 전기화재는 그 양상이 매우 다양하며, 원인규명이 곤란한 경우가 많다. 일상생활에서 없어서는 안 될 전기는 우리나라 화재발생 원인 중 높은 비율을 차지하고 있다.

전기에 의한 화재는 낡은 전기기구나 부실공사로 인해 발생하기도 하지만 대부분은 전기용품에 대한 지식이나 상식부족 또는 사용하는 사람의 부주의나 방심으로 인하여 전기기구의 과열 및 탄화상태를 가져와 발생하고 있다.

① 전선의 합선에 의한 발화

전선이나 전기기구의 절연체가 파괴되거나 두 가닥의 전선이 어떤 원인에 의해 서로 접촉하면서 순간적으로 큰 전류와 높은 열을 발생시키게 된다.

② 누전에 의한 발화

전선이나 전기기구 등이 낡아 절연불량 등의 원인으로 전류가 건물 내의 금속체를 통하여 흐르게 되어 이로 인한 저항열에 의해서 발열을 일으키게 된다.

③ 과전류에 의한 발화

전선의 허용 전류를 초과한 전류를 과전류라 하며, 동력기, 에어컨, 그리고 각종 전열기 및 전기용품 등을 동시에 사용할 때 적정용량을 초과하여 불이 붙게 된다. 이 밖에도 규격미달의 전선 또는 전기기계 기구 등의 과열, 배선 및 전기기계기구 등의 절연불량 상태, 또는 정전기로부터의 불꽃 등에 의해 화재가 발생하게 된다. 전기화재의 진압은 일반 방식의 소화법을 사용하는 것이 중요하지만 무엇보다도 소방관의 안전을 위하여 절연성의 방전복을 착용하는 것이 중요하다. 물을 사용하는 과정에서 감전사고 발생의 우려가 있기 때문이다.

(4) 금속화재

금속화재(Class D)는 마그네슘, 나트륨, 수소화물, 탄화알루미늄, 황린 · 금속분류와 알칼리 금속의 과산화물 등이 포함된 물질에 화재가 발생한 경우를 말한다. 금속화재의 진압은 건성분말의 화학식 화재진압이 효과적이며, 경우에 따라서는 이 방법이 유일한 경우도 있다.

(5) 가스화재

산업사회가 발달함에 따라 유류화재 뿐만 아니라 우리의 일상생활에서 많이 취급하고 있는 가스에 의한 화재가 많이 발생하고 있다. 가스화재(Class E)는 일반적으로 취급자의 부주의와 시설불량에서 일어나는데, 순식간에 대형화재로 발생하며, 가스중독 및 연쇄폭발을 일으키는 등 대단히 큰 위험성을 안고 있다.

① 액화석유가스

액화석유가스(LPG: Liquefied Petroleum Gas)는 프로판과 부탄이 주요 성분으로 공기보다 약 1.5~2배 정도 무거워 누설되면 낮은 곳에 체류하게 된다. 주로 용기에 충전하여 사용하며 수도권 이외 지역의 도시가스로도 공급되고 있으며, 화학공업 원료로도 사용된다. 순수한 LPG는 아무런 냄새나 색깔이 없으나 가정이나 영업소에서 사용하는 LPG는 누설을 쉽게 감지하게 하기 위하여 마늘 썩는 냄새가 나는 부취제가 섞여 있다.

② 액화천연가스

액화천연가스(LNG: Liquefied Natural Gas)는 메탄이 주요성분으로 공기보다 0.65배 가벼워 누설되면 높은 곳에서부터 체류하게 된다. 액체온도가 -162℃ 이하로 냉열산업에 이용하고, 기화시켜 전국적으로 청정연료인 도시가스로 공급되며 주로 화학발전 연료로 사용된다.

③ 도시가스

한편 도시가스라는 것은 LPG, LNG, 납사 등을 주원료로 혼합가스를 만들어 파이프라인을 통해 계획도시의 수요자에게 공급되는 가스연료로 현재 도시지역에서는 천연가스, 기타 지역에서는 LPG에 공기를 혼합한 가스를 사용하고 있다.

가스화재는 가스누설이 주요한 원인인데, 이의 조치사항으로는 ㉠ 가스기기의 코크, 중간밸브, 용기밸브를 잠글 것, ㉡ LPG의 경우 창문을 열고 바닥에 깔려 있는 가스를 환기시킬 것, ⓒ 주위에 점화원을 없앨 것, ⓔ 전기기구는 절대 사용하지 말아야 할 것 등이 요구된다. 따라서 가스배관과 연소기 등에 대한 정기점검을 철저히 하고 가스사용 안전수칙을 준수하여야 한다.

2. 화재의 위험성

민간경비 업무에 있어서 범죄뿐만 아니라 화재는 단일요인으로서는 높은 위협이 되는 것 가운데 하나라고 할 수 있다. 연구결과에 의하면, 심각한 화재가 발생한 5개 사업장 가운데 3개 사업장(60%)은 회생이 불가능한 것으로 나타났다.[7] 우리나라의 최근 화재 발생으로 인한 인명 및 재산피해 현황을 보면 매년 일정수준에 이르고 있으며, 여러 가지 국가적·사회적 노력에도 불구하고 오히려 증가 추세에 있음을 알 수 있다.[8]

이는 화재에 대한 조기감지 및 대응방법이 어느 정도 체계화되었지만 한편으로는 경제성장에 따른 에너지 소비량의 증가와 각종 건축물의 대형화·고층화 및 복잡 다양한 각종 내부인테리어 등으로 인해 화재발생 요인이 앞으로도 계속 증가할 것으로 보이기 때문이다.

화재발생으로 인한 인명 및 재산피해 현황(건, 명, 억원)

구 분	화재발생	인명피해			재산피해
		계	사망	부상	
2010	41,863	1,892	304	1,588	2,665
2011	43,875	1,862	263	1,599	2,565
2012	43,247	2,221	257	1,964	2,895
2013	40,932	2,184	307	1,877	4,345
2014	42,135	2,181	325	1,856	4,054
2015	44,435	2,090	253	1,837	4,331
2016	43,413	2,024	305	1,718	4,206
2017	44,178	2,197	345	1,852	5,069
2018	42,338	2,594	369	2,225	5,597
2019	40,103	2,515	285	2,230	8,584
2020	38,659	2,823	365	1,918	6,005
2021	36,267	2,130	276	1,854	10,991
2022	40,113	2,668	341	2,327	12,104
2023	38,857	2,477	283	2,194	9,529

7) Hess, Kären M., Wrobleski(1996), op. cit., p. 212.
8) 소방청(2024), 앞의 책, p. 92.

그런데 화재가 발생하게 되면, 열과 화염뿐만 아니라 그 부산물로 연기 및 유독가스 등을 발생시킨다. 따라서 화재발생시 불에 의해 사망하는 것뿐만 아니라 연기와 유독가스에 의해 사망하는 경우도 적지 않다. 한편, 화재가 발생했을 경우, 긴급상황에 직면한 사람들이 심리적으로 공포와 불안감으로 인해 적절한 대응(소화 및 피난 등)을 하지 못하고 건물 내에 갇혀 사망하는 경우도 있다.[9]

화재가 발생한 후에 약 2분 정도가 지나면 연기로 복도가 가득 차게 되어 거의 앞을 볼 수 없는 단계가 되며, 화재에 의한 사망자의 대다수가 연기와 유독가스에 질식되거나 중독되어 사망한다. 연기가 이동하는 속도는 수평방향으로 1초에 약 1~2m 정도로 보통 사람이 걷는 속도와 같고, 수직방향으로 상승하는 속도는 1초에 약 3~5m 정도이다. 따라서 화재발생 시 막혀있는 장소의 높은 곳은 매우 위험하다는 점을 인식할 필요가 있다.[10]

최근 화학제품의 보급이 확산됨에 따라 화재발생 시에 연기 속에는 엄청난 유독가스가 발생하고 있다. 화학제품이 탈 때는 보통 목재류가 탈 때보다 10~25배 이상의 연기가 발생하는 것으로 나타났다. 화재발생 시 인체에 해로운 연소가스로는 일산화탄소, 포스겐, 염화수소, 황화수소, 시안화수소 등이 발생하게 된다. 이러한 가스는 극히 미량으로도 호흡장애나 마비를 일으켜 중독으로 몰고 간다. 그리고 이 가운데 가장 많이 발생되는 것이 일산화탄소이다. 일산화탄소는 혈액 속의 헤모글로빈과 결합하여 산소결핍 현상을 일으킴으로써 생명에 위협을 주게 된다. 보통 사람은 일산화탄소 1%가 포함된 공기를 약 2분 정도 호흡하게 되면 질식으로 생명을 잃게 된다.[11]

한편, 열에 의해 팽창된 공기는 이동할 장소를 찾게 되는데, 그곳이 바로 창문과 문이다. 따라서 공기가 엄청난 힘으로 문과 창문을 부수고 외부로 빠져나가게 된다. 화재발생시 불의 이러한 위력 때문에 좀처럼 진압이 어렵고 현장에 접근하기조차도 어려운 것이다.

3. 화재대응 장비

1) 화재감지 · 경보시스템

화재감지 · 경보센서를 사용하는 목적은 화재발생을 경보하여 신속하게 대응하기 위한 것으로 경비원 등 필요한 사람에게 그 정보를 전달하기 위한 것이다.[12]

---

9) Hess, Kären M., Wrobleski(1996), op. cit., p. 213.
10) 한국소방안전원(https://www.kfsi.or.kr).
11) 이윤근(2001), 앞의 책, p. 126.

화재경보시스템은 화재발생감지기와 화재발생표시기 두 가지로 구성되어 있다. 화재발생감지기는 직접적으로 화재의 발생을 알아내는 역할을 하며, 화재발생표시기는 화재발생 장소와 시간, 화재의 규모 등을 표시해주는 역할을 한다. 감지기에 포착된 내용은 그대로 표시기에 표시되며, 중앙통제센터에서 이를 확인하여 후속조치를 한다. 화재발생 경보음은 어떤 지역에서 화재가 발생하였는지를 알려주기 때문에 대피에 도움이 된다.

한편, 화재경보시스템은 크게 자동과 수동으로 나뉜다. 자동화재경보시스템은 화재감지장치 및 스프링클러 등의 장치에 부착되어 연기, 불꽃, 열 등이 감지되었을 때 경보음(사이렌, 벨소리 등)을 발하여 주변에 있는 사람들에게 화재정보를 준다. 수동화재경보시스템은 벽에 부착되어 사람이 수동으로 잡아당기거나 누르게 되면 경보음이 발생하여 주변사람에게 화재정보를 준다.

최근 들어서는 화재경보시스템이 발전하여 화재경보와 접근통제가 통합·개발되어 단일 시스템에 의해 적용되고 있다.[13] 화재는 다음과 같은 4가지 단계를 거치게 되는데, 각 단계에 따라 감지하는 경보장치가 있다. 아래에서는 각각의 단계별 특징과 이에 적용되는 감지장치의 장·단점에 대해 살펴보기로 한다.[14]

(1) 초기단계와 감지시스템

초기 단계(Incipient Stage)는 연기와 불꽃이 보이지 않고 감지할 수 있는 열도 나타나지 않는 상태이다. 육안으로 어떠한 연소상태가 이루어지고 있다는 것을 파악하기가 어려운 단계라고 할 수 있다.

이 단계에서는 이온(Ionization)감지기가 적용되는데 즉, 초기단계에서 나오는 미세한 연소물질이 노출되었을 때 작동한다. 화재발생시 초기단계에서 이미 화재를 감지해준다는 점에서 가장 효과적인 감지장치라고 할 수 있다. 그러나 모든 장소에서 지나치게 민감하기 때문에 오경보의 여지가 없지 않다. 따라서 화재에 대해서 가장 민감한 컴퓨터실 등에서 주로 활용한다.

(2) 그을린 단계와 감지시스템

그을린 단계(Smoldering Stage)에서는 연소의 부산물로서 연기가 보이기는 하지만

12) 정태황(2001), 기계경비개론, 서울: 백산출판사, p. 186.

13) Hopkins, Tricia(1993. 6/8), "Access Control and Fire Alarms: A Winning Combination" Security Technology and Design, p. 40.

14) 이윤근(2001), 앞의 책, pp. 127~128.; Hess, Kären M., Wrobleski (1996), op. cit., pp. 215~217.

아직 불꽃과 감지할만한 열이 감지되지 않은 단계이다.

그을린 단계에서 발생하는 연기를 감지하기 위해 광전자(Photoelectric)감지기가 사용된다. 광전자감지기는 연기감지기 또는 조기경보감지기라고 불리기도 하는데, 대부분의 가정이나 많은 사무실에 이 감지기가 설치된다.

(3) 불꽃 단계와 감지시스템

불꽃 단계(Flame Stage)는 실제로 화재가 발생한 상태이다. 따라서 이 단계에서 불꽃과 연기가 육안으로 감지된다. 그러나 아직 감지할만한 열이 발생하지 않는 상태이다. 그러나 열 역시 거의 동시에 발생하게 되어 다음 단계인 열 단계로 넘어가게 된다.

불꽃 단계에서 발생하는 불꽃을 감지하기 위하여 적외선(Infrared)감지기가 사용된다. 다만, 적외선감지기는 유리나 거울에 반사되는 태양 빛에도 반응한다는 단점이 있다.

(4) 열 단계와 감지시스템

열 단계(Heat Stage)에서는 강렬하고 고온의 열이 감지되며 계속적으로 불이 외부로 확산된다. 공기는 가열되어 위험할 정도로 팽창된다. 이 단계에서는 열을 감지하기 위해 열(Thermal)감지기가 사용되는데, 일반적으로 화씨(℉) 135도(섭씨 57도)가 초과되었을 경우 작동한다. 다른 감지기에 비해 화재가 발생한 후 뒤늦게 작동한다는 점에서 단점이 있다. 그러나 열감지기는 보일러실, 차고, 공장시설과 같이 연기와 불꽃이 일상적으로 발생하는 곳에서는 가장 유용하게 사용된다.

2) 소화설비

화재발생시 사용되는 소화설비는 물, 그 외 소화약제 등을 사용하여 소화하는 기계 및 기구, 설비를 말한다. 여기에는 각종 소화기, 시설 내외의 소화전, 스프링클러(Sprinkler) 등이 있다. 아래에서는 이 가운데 소화기 및 스프링클러, 포소화설비 등을 중심으로 살펴보기로 한다.[15)]

15) 김두현 · 김정현(2002), 민간경비론, 서울: 백산출판사, pp. 335~341.

(1) 소화기

화재는 무엇보다 그 발생초기에 진압하는 것이 가장 중요하며, 화재를 초기에 진압할 수 있는 기구가 바로 소화기이다. 또한 소화기는 화재발생시 민간경비원을 포함하여 건물 내에 있는 모든 사람이 가장 손쉽게 사용할 수 있는 소방기구 중의 하나로서 화재를 초기에 진압하는 데 매우 중요한 역할을 한다. 그런데, 소화기는 화재가 발생할 경우, 단한번 사용하게 되는 것이므로, 그 중요성을 잊어버리고 방치하는 일이 많으나, 만약의 경우를 대비하여 항상 소화기를 양호하게 관리하여 사용에 지장이 없도록 해야 한다. 소화기는 크게 분말 소화기와 이산화탄소 소화기로 나눌 수 있다.

분말 소화기는 현재 우리나라에서 가장 많이 보급되어 있는 소화기로서 인산암모늄이 주요 성분이다. 분말 소화기에서 방사된 약제(인산안모늄 등)는 연소면의 표면을 질식·억제하는 작용을 하여 소화한다. 분말 소화기는 일반화재, 전기화재 등 모든 화재에 효과적이다.

이산화탄소 소화기에는 이산화탄소가 고압으로 압축되어 액상으로 용기에 충전되어 있으며, 고압가스 용기를 사용하기 때문에 중량이 무겁고, 고압가스의 취급이 용이하지 못하다는 단점이 있으나 소화약제에 의한 오손이 적고 전기절연성도 크기 때문에 전기화재에 많이 사용된다.

(2) 스프링클러

소화설비 가운데 자동소화장치란 일정한 온도 이상으로 온도가 올라가면 물이 자동으로 분사되도록 한 것인데, 대표적인 것이 스프링클러(Sprinkler)를 들 수 있다. 스프링클러는 계속 물을 공급할 수 있는 일정한 압력을 가진 물을 포함하고 있는 파이프가 건물 내의 천장, 벽 등을 따라 설치되며, 화재가 발생하면 스프링클러의 헤드에 있는 봉연이 사전에 조절된 온도에서 터트려져서 물이 뿜어지게 된다.

스프링클러는 영국의 화학자 가프레이(A. Godfrey)에 의하여 1723년에 만들어졌으며, 미국에서 1874년 자동스프링클러가 개발되면서 실용화되었다고 한다. 스프링클러의 효과성과 관련하여 이것이 설치된 건물의 경우, 화재발생시 95%가 작동되어 화재를 효과적으로 초기에 진압한 것으로 보고되고 있다.

스프링클러의 특징으로는 초기화재의 진압에 적합하며, 조작이 쉽고 안전하고, 오보 및 오작동이 적으며, 소화약제를 물로 사용함으로써 경제적이고, 자동으로 화재를 감지하고 소화함으로써 사람이 없더라도 자동적으로 작동되어 효과적이며, 화재진화 후에 복구가 용이하다는 장점 등이 있다. 그러나 초기에 설치비용이 크고, 다른 설비보다 시공이 복잡하며, 경우에 따라서는 물로 인한 피해가 크게 발생할 수도 있다는 단점이 있다.

(3) 포소화설비

포소화설비는 물에 의한 소화방법으로는 효과가 적거나 화재가 확대될 위험성이 있는 가연성 액체 등의 화재에 사용되는 설비이다. 이는 물과 포소화약제를 일정한 비율로 혼합한 수용액을 공기로 발포시 형성된 미세한 기포의 집합체가 연소물 표면을 차단하는 질식소화효과와 포에 함유된 수분에 의한 냉각소화효과가 있으며, 대규모 화재에도 적합하고 옥외 화재에도 효과가 있다.

제3절 화재예방 및 대응전략

1. 민간경비 관리자 등의 의무

민간경비 관리자(또는 방화관리 책임자) 및 민간경비원들은 자신이 근무하는 시설의 방화관리에 대하여 중요한 역할을 해야 한다. 따라서 기본적으로 시설 내의 소화기, 화재경보장치, 스프링클러의 밸브 통제장치, 에스컬레이터 및 엘리베이터 통제장치, 조명통제장치, 비상등, 휠체어 및 들것(장애인 및 환자 지원용), 그리고 비상구급장비 등의 배치 및 위치 등에 대해서 명확하게 알고 있어야 한다. 그리고 화재발생 시 민간경비원은 화재대응절차에 따라 이에 대해 일정한 책임을 지고 침착하게 대응해야 하며, 긴급대응을 하는데 있어서 1차적으로 생명보호에 중점을 두고, 2차적으로 재산보호에 노력해야 한다. 생명보다 귀중한 것은 없기 때문이다.[16]

민간경비 관리자는 화재대응절차와 관련하여 ㉠ 근무시설에 대한 소방계획서의 작성, ㉡ 자체소방대의 조직, ㉢ 화재, 소화, 대피 관련교육 및 훈련, ㉣ 소방관련 시설 및 장치의 유지관리 및 감독, ㉤ 소방홍보 및 기타 방화관리상 필요한 업무 등을 수행해야 한다.[17] 아래에서는 자체소방대의 조직 및 교육훈련, 그리고 소방홍보 등을 중심으로 살펴보기로 한다.

---

16) Hess, Kären M., Wrobleski(1996), op. cit., p. 222.
17) 한국소방안전협회(http://www.kfsa.or.kr).

1) 자체소방대의 조직

일정한 규모를 가지고 있는 조직 및 기업, 특히 시설 내에서 유류나 폭발성 물질을 취급하는 경우에는 자체소방대의 조직화가 무엇보다도 요구된다. 이들은 화재가 발생하였을 경우, 화재에 대한 초기진압과 소방관들이 출동하였을 때, 이들에 대한 지원업무를 담당하게 된다.

자체소방대는 경비원 및 내부직원 등으로 구성될 수 있으며, 평소에 자신들이 관리하던 시설이기 때문에 화재진압에 있어서 보조적인 조치나 기계장치의 조작 등을 보다 쉽게 할 수 있다. 자체소방대에는 소방책임자와 부책임자를 두고 평상시에 화재예방에 대한 철저한 관리를 해야 함은 물론이고, 유사시에 일사분란하게 대피 및 화재진압을 할 수 있는 지휘체계를 갖추고 있어야 한다.

2) 화재예방 안전교육 및 대피훈련

일반적으로 화재문제를 경감 또는 최소화시키기 위한 전략으로서 '3E'전략이 있는데, 여기서 3E란 ㉠ 시행(Enforcement), ㉡ 기술(Engineering), ㉢ 교육(Education)을 말한다. 시행이라는 것은 건축 등 안전관계법이 우선적으로 철저히 적용·시행되어야 한다는 것을 의미하고, 기술이라는 것은 소방에 관계된 제반 기술의 진보와 점검 등이 이루어져야 한다는 의미이다.[18]

화재는 사람의 실수나 고의에 의해 발생하는 경우가 대부분이기 때문에 소속 직원들에 대한 명확한 교육훈련이 요구되는데, 여기에는 화재발생 시뮬레이션(모의훈련), 이론교육, 화재장비의 사용 등이 포함된다. 그리고 무엇보다도 개인 스스로가 항상 화재에 대한 주의와 관심을 가지고 불조심하는 습관을 생활화하는 교육 및 이의 대응훈련이 가장 중요한 일이라고 할 수 있다.[19]

(1) 직원의 화재예방 안전교육

민간경비 관리자는 민간경비원 및 내부직원들을 대상으로 다음과 같은 내용을 충분히 숙지시킬 필요가 있다.

---

18) 한국소방안전원(https://www.kfsi.or.kr).
19) 이윤근(2001), 앞의 책, pp. 128~129.

직원의 화재예방 안전교육

① 화재발생시 비상문의 위치확인 및 비상문의 작동요령 등의 교육
② 화재발생시 화재신고와 경보체제의 중요성에 대한 교육
③ 화재발생시 본인의 역할에 대한 사전분담 교육
④ 화재경보시스템에 대한 교육
⑤ 화재발생시 정서적 안정성(침착성, 냉정성 등) 유지에 관한 교육
⑥ 화재발생시 엘리베이터 작동에 관한 교육
⑦ 화재진압장비의 사용법에 대한 교육
⑧ 연기나 불로 통로가 막힌 경우, 대피방안에 대한 교육 등
　㉠ 가능한 한 화재가 발생한 곳으로부터 멀리 대피한다.
　㉡ 견고한 문이 있는 지역으로 대피한다.
　㉢ 가능한 한 주변의 가연성 물질을 제거한다.
　㉣ 창문을 모두 연다.
　㉤ 계단 옆으로 피신한다.
　㉥ 소방관에게 자신의 위치를 알리기 위해 창문 밖으로 어떠한 표시를 한다.

(2) 직원의 화재대피 훈련

시설물에 근무하는 내부직원은 화재예방의 중요성을 모두 인식하고 있으나, 화재발생 시 이를 정확하게 파악하고 실행에 옮기는 일은 쉬운 일이 아니다. 따라서 직원들에게 화재교육을 하는 경우, 화재에 대한 진압기술보다는 화재 대피훈련과 신고에 대한 교육을 보다 중점적으로 실시하는 것이 바람직하다.

화재발생 시 비상문 등을 통하지 않고 무작정 대피하는 행동은 매우 위험하며, 이로 인해 경미한 화재임에도 불구하고 많은 사람이 목숨을 잃는 경우가 있다. 따라서 대피훈련은 평소에 철저히 준비된 상태에서 주기적으로 이루어져야 한다. 화재대피 시 무엇보다도 직원들이 침착성을 잃지 않도록 하는 것이 중요하다. 대피순서로는 아동, 노약자와 여성, 성인 남성 등의 순서로 천천히 질서를 지키면서 대피가 이루어져야 한다.

일반적으로 화재와 같은 비상사태 시의 군중심리는 다음과 같은 특징을 나타낸다. 위험을 감지하면 언제나 일상습관을 따라간다. 즉, 엘리베이터를 이용했던 사람은 엘리베이터로 피난하려 하고, 자주적 · 객관적인 판단이 희박해져, 선행자의 행동을 모방한다. 어두운 곳에서는 밝은 곳으로 가려고 한다.

위와 같이 화재와 같은 비상사태 시의 군중심리는 매우 불안정하기 때문에 누군가 냉철한 판단으로 적절한 피난 및 유도를 지시하거나 가능한 한 빨리 정확한 정보를 전달하여 혼란을 피해야 한다. 따라서 평소의 확인사항으로서는 반드시 다음과 같은 사항들이 점검되어야 한다.

평상시의 안전점검사항

① 비상문이 잘 보이고 통로가 제대로 되어 있는지의 여부 확인
② 화재발생시 엘리베이터가 자동으로 작동정지 되는지의 여부 확인
③ 환자, 장애인 등 신체 부자유자에 대한 대피시설의 확인
④ 화재발생시 정전에 대비한 비상등의 작동 확인
⑤ 대피책임자와 인솔자의 확인
⑥ 화재발생시 안내 및 통신전달방법의 확인 등

(3) 소방홍보

사람들은 화재의 무서움은 인식하면서도 그것을 예방하고 경계하는 면에서는 적극적이지 못하며, 소방업무를 자신들의 일상생활과는 무관한 기술적인 전문업무로 생각하는 경향이 많다. 그러나 현대생활에 있어서 불의 사용량 증가와 유류, 전기, 가스 등 각종 화재발생요인이 항상 존재하고 있기 때문에 화재발생 가능성은 높다. 또한 화재란 일단 발생하면 생명과 평생 동안 모은 귀중한 재산을 순식간에 앗아가기 때문에 가장 무서운 재난 중의 하나이다.

따라서 시설내의 화재에 대한 안전을 책임지는 민간경비 관리자 및 민간경비원 등은 내부직원 및 이용객을 대상으로 기존의 잘못된 인식을 바꾸어 스스로 화재예방의 중요성을 자각하고 화재예방을 위한 노력을 기울이는 분위기를 만들어 줄 필요성이 있다. 이를 위해서는 단순히 피상적인 홍보물을 제작 · 배포하기보다는 화재문제를 보다 현실적으로 실감할 수 있도록 다양한 관점에서 노력해야 할 것이다.

2. 장소별 화재 예방전략

화재가 발생하는 장소에 따라 그 예방대책은 차이가 있다. 화재발생 장소와 관련하여 소방방재청(현 소방청)에서는 2006년 12월부터 화재분류체계를 개선하여 공연장, 음식점 등 26곳으로 분류되었던 화재장소를 복합상영관, 소극장, 비디오방, 다가구주택, 기숙사 등 588곳으로 구체화하였다.

화재분류체계에 따른 장소별 구분

<table>
<tr><th colspan="3">구 분</th><th>상 세 분 류</th></tr>
<tr><td rowspan="11">건축·구조물</td><td colspan="2">주거</td><td>단독주택, 공동주택, 기타주택</td></tr>
<tr><td rowspan="10">비주거</td><td>교육시설</td><td>학교, 연구/학원</td></tr>
<tr><td>판매/업무시설</td><td>판매시설, 공공기관, 일반업무, 숙박시설, 청소년시설, 군사시설, 교정시설</td></tr>
<tr><td>집합시설</td><td>관람장, 공연장, 종교시설, 전시장, 운동시설</td></tr>
<tr><td>의료/복지시설</td><td>건강시설, 의료시설, 노유자시설</td></tr>
<tr><td>산업시설</td><td>공장시설, 창고시설, 작업장, 발전시설, 지중시설, 동식물시설, 위생시설</td></tr>
<tr><td>운수자동차시설</td><td>자동차시설, 항공시설, 항만시설, 역사/터미널</td></tr>
<tr><td>문화재시설</td><td>문화재</td></tr>
<tr><td>생활서비스</td><td>위락시설, 오락시설, 음식점, 일상서비스</td></tr>
<tr><td>기타 건축물</td><td>기타 건축물</td></tr>
<tr><td colspan="3">자동차·철도차량</td><td>자동차, 농업기계, 건설기계, 군용차량, 철도차량</td></tr>
<tr><td colspan="3">위험물·가스제조소등</td><td>위험물제조소 등, 가스제조소 등</td></tr>
<tr><td colspan="3">선박·항공기</td><td>선박, 항공기</td></tr>
<tr><td colspan="3">임야</td><td>산불, 들불</td></tr>
<tr><td colspan="3">기타</td><td>야외, 도로</td></tr>
</table>

장소별 화재발생 건수를 보면 여러 비주거시설에서 높게 나타나고 있지만 비주거시설은 그 유형이 매우 다양하기 때문에, 실질적으로는 주거시설에서 발생하는 화재발생비율이 매우 높다는 것을 알 수 있다. 그리고 산업시설, 자동차·철도차량 등에서 발생하는 화재발생건수도 적지 않은 수치임을 알 수 있다.[20]

장소별 화재발생건수 현황(2023년, 단위 : 건)

계	주 거	비주거	자동차 철도차량	위험물 가스 제조소 등	선박 항공기 등	임 야	기 타
38,857	10,577	14,487	4,725	37	97	1,519	7,415

생각건대, 사람들의 주요 생활공간인 주택·아파트는 소방행정력이 미치지 못하는 관계 등으로 화재발생 위험요소가 가장 많이 존재하고 있다. 또 생활경제가 윤택해짐에 따라 차량의 보유가 급속하게 증가하고 있으며, 차량으로 인한 화재 역시 증가하고 있는 실정이다. 그런데, 주택이나 차량에서 발생하는 화재는 주로 개인적인 차원에서 다

20) 소방청(2024), 앞의 책, p. 93.

루어지기 때문에 아래에서는 민간경비와 관련하여 공장 및 작업장, 점포, 고층건물 등의 화재예방 전략과 관련하여 살펴보기로 한다.[21)]

1) 공장 · 작업장 화재

산업사회의 발달에 따른 대단위 공장의 증가는 잠재적으로 화재발생의 우려를 크게 안고 있다. 특히, 공장에서 발생한 화재는 대형화재로 번질 가능성이 높고, 실제로 대형화재가 많이 발생하여 재산피해가 다른 장소에서의 피해보다 훨씬 높다. 공장화재는 화재로 인한 직접적인 손실은 물론 생산중단으로 인한 간접적인 손실은 실로 측정하기가 어렵다. 지금까지 발생한 공장화재의 원인을 분석해보면 전기로 인한 화재가 가장 많고, 유류, 가스, 담배 등이 주요 원인으로 지적되고 있다. 따라서 공장 · 작업장의 화재에 대해서는 민간경비 관련자들은 기본적으로 다음과 같은 점검 및 예방조치를 취해야 할 것이다.

공장 · 작업장의 화재점검 및 예방조치

① 자체소방활동을 원활히 수행할 수 있도록 자체소방조직을 편성하고, 유사시 각자 맡은 바 임무를 철저히 수행할 수 있도록 정기적인 교육과 훈련을 실시하도록 한다.
② 공장이나 창고 등에 제품을 적재할 때에는 정리정돈을 철저히 하고, 화학 위험물질은 따로 분리하여 정리하도록 한다.
③ 공장이나 작업장에서 화재위험지역으로 판단되는 곳은 '화기금지'구역으로 설정하고 방화에 대한 철저한 확인감독을 실시한다.
④ 공장규모에 맞는 소방시설을 갖추고, 그 사용에 관한 교육과 훈련을 실시하도록 한다.
⑤ 화재발생시 화재확대의 최소화를 위하여 내부시설의 단열 내장재 처리와 방화구획의 설정 및 방화문을 설치한다.
⑥ 담뱃불 등으로 인한 화재의 예방을 위해서 내부직원들의 흡연장소를 안전한 곳에 설치한다.

2) 시장 · 점포 화재

시장 및 점포는 불특정 다수인이 출입하고 대량의 상품들이 진열 · 전시되기 때문에 화재의 위험성이 높아 소방관서에서도 화재취약대상으로 특별관리하고 있다. 시장 및 점포에서 발생하는 화재의 특징은 일단 발화하게 되면 밀집된 점포와 대량으로 적재된 상품 등으로 인하여 급격하게 연소가 확대될 뿐만 아니라 석유화학제품은 짙은 연기와 유독가스를 발생시켜 진압이 어려워 대형화재로 확대된다. 시장 및 점포화재의 주요 발생원인은 무질서하게 연결해서 사용하는 전기배선 즉, 전기로 인한 화재가 가장 많고,

---

21) 한국소방안전원(https://www.kfsi.or.kr).

수없이 드나드는 상인이나 손님들이 버린 담뱃불, 겨울철 난방을 위하여 사용하는 난로 등이 주요 원인이 된다. 따라서 시장 및 점포 내의 화재예방 및 대응을 담당하는 민간경비 관련자들은 다음과 같은 예방대책을 수립하고 있어야 한다.

시장 · 점포의 화재점검 및 예방조치

① 각각의 점포마다 소방시설을 완비하고 자체점검을 철저히 하며, 소방시설 사용요령 등에 관한 교육과 훈련을 정기적으로 실시하도록 한다.
② 전기시설을 함부로 설치하거나 무질서한 전기배선을 하지 않는다.
③ 중앙공급식 난방을 설치하여 겨울철에 이동식 석유난로를 사용하지 않는다.
④ 화재시 연소확대를 방지하기 위하여 내장재는 단열재를 사용하고 방화구획, 자동방화셔터 등을 설치한다.
⑤ 상품은 정리정돈을 철저히 하고 손님들의 담뱃불에 주의를 기울인다.
⑥ 화재시 소방차의 진입을 원활히 하기 위해 소방차의 진입로에 상품을 진열하거나 좌판을 설치하지 않도록 한다.
⑦ 대규모 시장건물에는 스프링클러 등 적합한 자동소화설비를 충분히 설치해야 한다.

3) 고층건물 화재

현대사회의 특징은 건축물의 고층화, 주거지역의 밀집화, 인구의 과밀화 등으로 나타나고 있다. 최근의 고층건물은 사무실 용도뿐만 아니라 식당을 비롯하여 각종 점포, 쇼핑센터 등으로 구성되어 있고, 내부의 유동인구가 수천 명이 넘어 하나의 도시를 형성하고 있다. 따라서 그만큼 화재의 위험에 노출되어 있는 상태이며 일단 화재가 발생하면 막대한 재산과 인명피해가 뒤따르는 것이 보통이다. 또한 이러한 화재는 사무실용 건물보다도 호텔이나 복합건물 등에서 많이 발생하고 있으며, 고층건물 화재발생시 소방차의 고가사다리가 미치지 못하는 고층건물이 많고 건물이 밀집되어 있어 헬기조차도 접근하기 어려워 화재발생시 구조작업의 문제점으로 지적되고 있다.

고층빌딩의 화재위험성

고층빌딩의 경우 화재가 발생했을 경우 심각한 위험에 노출될 수 있다. 일반적으로 고가 사다리 소방차는 52~53m(아파트 15층~17층)까지 작동이 가능하기 때문에 그 이상의 건물에서 화재가 발생했을 경우 외부에서 직접 구출한다는 것은 쉬운 일이 아니다(또 도심지의 도로여건상 사다리차를 설치할 수 있는 공간확보가 쉽지 않다). 한편, 지난 2018년 2월 세계 최장 '68m 고가사다리 소방차'가 서울 송파소방서에 배치되었다.
우리나라의 경우, 15층 이상 고층 아파트의 주민은 450만여 명(2006년 통계청 자료 추산)에 이르는 것으로 조사되었다. 2002년 서울 강남구 도곡동에 66층의 타워팰리스가 세워진 후 대도시에서는 초고층 아파트가 우후죽순처럼 생겨나 21층 이상 초고층 아파트가 이미 1만여 동을 넘어선 것이다. 소방방재청이 만든 '고층 건물 화재대응 매뉴얼'에는 '고층 건물에서는 외부로부터의 고가 사다리차에 의한 화재진압이 거의 불가능하기 때문에 소방대가 고층의 소방활동에 필요한 호스나 노즐을 반입하여 소화작업을 실시하려면 상당한 시간과 노력을 필요로 하기 때문에 건물 내의 연결송수관 설비를 적극 활용해야 한다'고 적혀 있다.

실제로 외국의 화재 사례 역시 대형 사고에서 방재 시스템에 많은 문제점을 드러냈다. 1980년 미국 라스베거스 MGM 그랜드 호텔에서는 화재경보기와 스프링클러가 작동하지 않아 85명이 사망하고 679명이 부상당하는 대형화재가 발생했다. 1988년 로스엔젤레스의 62층 퍼스트 인터스테이트 뱅크 빌딩 화재에서는 화재 경보기가 작동했으나 이를 무시했으며, 스프링클러가 작동하지 않아 1명이 사망하고 40명이 부상당했다. 2004년 베네주엘라의 56층 카라카스 빌딩은 스프링클러의 유지관리가 불량해 누설됐다. 그리고 옥내 소화전도 사용할 수 없어 34층에서 발생한 화재가 50층까지 타올라 24시간 동안 지속됐다.

따라서 초고층 건물의 경우 고가 사다리차를 이용해 외부에서 화재를 진압하기가 어려운 만큼 화재경보기와 스프링클러 같은 자체 방재 시설이 철저하게 구비하여, 화재발생 시 초기에 신속하게 이를 감지하고 대응하는 것이 무엇보다도 중요하다(한편, 고층빌딩의 화재발생 시 건물붕괴의 위험성에 대한 논란은 여전히 그치지 않고 있다).[22)]

울산 주상복합아파트 화재

지난 2020년 10월 8일 울산의 한 주상복합아파트(33층)에서 화재가 발생하였다. 이번 화재는 이날 밤 11시에 발생하였는데, 출동한 소방대가 진화작업 실시한 끝에 15시간 40여분 만인 다음날 낮에 진화되었다. 당시 1,300여명의 소방인력과 헬기, 소방차 등 148대의 장비가 동원되었다.

다행히 화재발생시 입주민들이 적절하게 대피하여 사망자가 1명도 없는 등 큰 인명피해(약 93명 경상)는 없었지만, 건물외벽을 타고 전체에 화재가 확산되어 금전적인 피해는 적지 않을 것으로 보인다.

화재 당일 강풍주의보가 발효되어 진화가 어려웠고, 특히 초고층 건물에 대한 사다리 소방차를 운영할 수 없었다는 현실적 한계는 또 다른 과제로 남아있다.[23)]

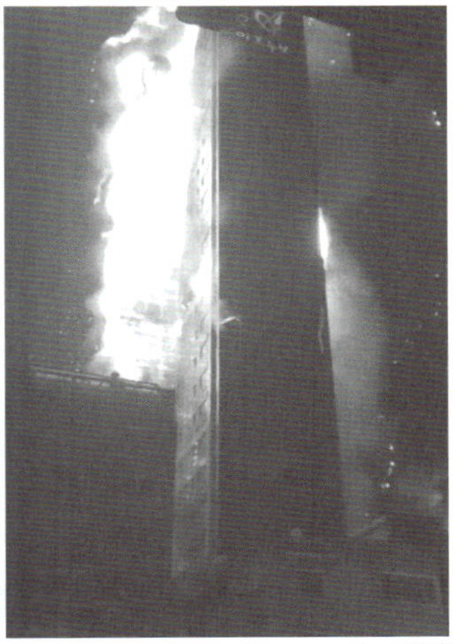

따라서 고층건물 내의 화재예방 및 대응을 담당하는 민간경비 관련자들은 다음과 같은 예방대책을 수립하고 있어야 한다.

22) 뉴스메이커(2007. 11. 01).
23) 조선일보(2020. 10. 09).

고층건물의 화재검검 및 예방조치

① 고층건물에는 화재에 대한 신속한 감지를 위하여 건물전체에 자동화재 탐지설비를 설치하여 집중적인 감시를 해야 한다.
② 화재발생 가능성이나 발화시 유독가스로 인한 인명피해를 최소화하기 위하여 건물내장재를 불연화하고 연소가 용이한 수납물을 적재하지 않도록 한다.
③ 화재발생시 계단 및 기타 수직개구부는 연소 확대의 통로가 될 뿐만 아니라 연소를 돕는 작용을 하기 때문에 모든 계단은 층별 발화구획이 되도록 피난계단 또는 특별피난계단 구조로 하고 냉·난방 덕트(Duct: 공기 또는 가스의 이송 및 환기용 관로) 등에는 방화댐퍼와 같은 유효한 방화설비를 설치한다.[24)]
④ 화재의 성장을 한정된 범위로 억제하기 위하여 층별, 면적별 방화구획을 설정하고 또는 방연구획도 병행하도록 한다.
⑤ 고층건물이나 백화점 등의 대규모 건축물을 계획할 경우에는 반드시 구조계획서 및 방재계획서를 작성 비치하도록 한다.
⑥ 화기를 사용하는 기구나 시설에 대해서는 사용상의 안전수칙을 철저하게 주지시키도록 한다.

3. 화재발생시 대응전략

1) 발화초기의 안전조치

화재가 발생하게 되면 민간경비원을 포함한 최초의 발견자는 큰 소리로 "불이야!"를 외치거나 비상벨을 눌러 다른 사람에게 화재가 발생했다는 사실을 알려야 하고, 즉시 소화기와 모래, 옥내 소화전 등을 이용하여 소화작업에 임해야 한다. 이 때 주의해야 할 점은 불 끄는 일에만 정신이 팔려 연기에 질식하거나 불길에 갇히는 일이 없도록 하고, 소화약제는 화염이나 연기에 방사하는 것이 아니라 화원에 방사해야 한다.

2) 화재신고

그러나 무엇보다도 중요한 것은 소방서에 신고하는 것으로, 소화기나 물 등을 이용하여 초기소화가 불가능하다고 판단되면 지체 없이 소방관서에 신고를 하고 대피해야 한다. 주의할 것은 이때는 연소속도를 늦추기 위하여 반드시 출입문을 닫고 대피하여야 한다. 과거의 예를 볼 때 화재를 당하게 되면 당황한 나머지 우왕좌왕 하게 되어 신고가 지연됨에 따라 피해가 확산되는 사례가 많았는데, 따라서 화재를 당했을 경우에는 침착함을 잃지 말아야 한다.

그런데, 화재발생시에 민간경비원 등 신고를 하는 신고책임자를 평상시에 반드시 지

24) 방화댐퍼(Fire Volume Damper)는 방화 구역을 통과하는 덕트의 내부에 화재가 일어났을 때 불꽃이나 연기를 봉쇄하는 장치를 말한다. 열에 의하여 온도 퓨즈가 녹으면 댐퍼가 내려와서 덕트 내부가 저절로 폐쇄된다.

정해 두어야 한다. 소방관서에 화재신고를 할 때에는 침착하게 화재발생 장소, 주소, 주요건축물 또는 목표물, 화재의 종류 등을 상세하게 설명하여야 하며, 침착한 신고를 위해서 평소에 유사시를 예상한 마음자세와 훈련이 필요하다.[25]

화재신고 방법

① 침착하게 전화 119번을 누른다. 공중전화는 빨간색 긴급통화 버튼을 누르면 돈을 넣지 않아도 긴급신고(119, 112) 통화를 할 수 있다. 휴대전화의 경우, 사용이 제한된 전화나 개통이 안 된 전화도 긴급신고가 가능하다.
② 자신의 신분 또는 이름을 밝히고, 화재가 발생한 것을 간단 · 명료하게 말한다(예: ○○빌딩 2층에 불이 났습니다).
③ 주소를 알려준다(○○구 ○○동 ○○번지, 주소를 모르거나 갑자기 생각이 나지 않을 경우 눈에 보이는 주변의 큰 건물을 말한다).
④ 가능하다면 화재의 원인을 말해준다(전기, 기름, 가스, 나무 등).
⑤ 신고자의 전화번호(받을 수 있는 번호)를 알려준다.
⑥ 소방관서에서 알았다고 할 때까지 전화를 끊지 않는다.

또 만일의 경우를 대비하여 민간경비원은 평상시에 전화기 가까운 곳에 건물주소나 주요건축물 또는 목표물 등을 적어서 부착시켜 놓고 유사시에 이것을 보고 신고하면 효과적이다.

3) 피난유도 및 대피요령

(1) 피난유도

화재가 발생하였을 경우 건물구조를 상세하게 알고 있는 민간경비원은 건물 내의 직원이나 고객들이 적절히 피난할 수 있도록 유도해 주어야 한다. 특히, 불특정 다수인이 출입하는 백화점이나 고층복합건물 등에 화재가 발생하였을 경우, 건물구조를 상세하게 알지 못하는 사람들은 당황하거나 겁을 먹게 되어 이성을 잃고 무분별한 행위를 할 가능성이 높기 때문에 주의해야 한다.

따라서 민간경비관리자는 피난유도와 관련하여 평상시에 만약의 사태를 대비하여 피난계획을 수립해 둘 필요가 있다. 과거에 수많은 인명피해를 일으킨 대형참사는 사람들에 대한 적절한 피난유도가 이루어지지 않아 발생한 경우가 적지 않기 때문에, 평소에 피난통로를 확보하고 피난과 관련한 모의훈련을 정기적으로 철저히 실시할 필요가 있다고 본다. 그리고 건물 내부에는 단일 피난통로보다는 두 개 이상의 피난통로를 설치하

25) 한국소방안전원(https://www.kfsi.or.kr).; 소방방재청(2005), 안전을 위한 길잡이: 재난대비 국민행동 매뉴얼, p. 52.

여 유사시에 충분히 활용할 수 있도록 한다. 피난통로가 하나밖에 없어 그 곳을 불가피하게 이용하지 못하게 될 경우, 매우 위험한 사태가 야기할 수 있다. 한편, 민간경비원에 의한 피난 유도가 이루어질 경우에 큰 소리로 외치는 것보다 가급적 불안감을 느끼지 않도록 차분하고 침착하게 행동하는 것이 중요하다.

(2) 대피요령

화재발생시 가장 주의해야 할 것은 유독가스와 연기로 인한 질식이다. 통계에 의하면 화재로 인한 사망 중 60% 이상이 화염이 사람의 몸에 채 닿기도 전에 가스와 연기로 인한 질식사망이고, 약 20% 정도만이 소사(燒死)하는 것으로 나타났다. 이 밖에 피난할 방법이 있음에도 불구하고 당황하거나 공포에 질려 창문으로 뛰어내리거나 다른 건물로 건너뛰다가 사망하는 경우가 상당히 많은 것으로 나타났다. 따라서 민간경비원은 화재가 발생하면 당황하거나 무서워하지 말고 빠르고, 침착하게 행동하면서 사람들이 대피하도록 유도해 주어야 한다.[26]

화재발생시 대피요령

① 문을 열기 전에 문의 손잡이를 만져본다. 손잡이를 만져보았을 때, 뜨겁지 않으면 문을 조심스럽게 열고 밖으로 나간다. 만약 손잡이가 뜨거우면 문을 열지 말고 다른 길을 찾아야 한다.
② 문에 손을 대어본 후 만약 문밖에 연기와 화기가 없다는 생각이 드는 때에는 어깨로 문을 떠받친 다음 문 쪽의 반대방향으로 고개를 돌리고 숨을 멈춘 후 조심해서 비상구나 출입문을 열고 대피한다.
③ 연기 층 아래에는 맑은 공기층이 있다. 따라서 연기 속을 통과하여 대피할 때에는 수건 등을 물에 적셔서 입과 코를 막고 숨을 짧게 쉬어 연기가 폐에 들어가지 않도록 하고, 낮은 자세로 엎드려 신속하게 대피하여야 한다.
④ 고층건물이나 복합지하상가의 화재시에는 민간경비원의 지시에 따르거나 통로의 유도등을 따라 낮은 자세로 침착하고 질서 있게 대피하여야 한다.
⑤ 피난시설 및 피난기구 없이 아래층으로 대피할 때에는 커튼 등으로 줄을 만들어 타고 내려간다.
⑥ 일반 외부로 대피한 사람은 귀중품을 꺼내기 위해 절대 건물 안으로 진입해서는 안 된다.
⑦ 아래층으로 대피가 불가능할 때에는 옥상으로 대피하여 구조를 기다려야 하며 반드시 바람을 등지고 구조를 기다려야 한다.
⑧ 화염을 통과하여 대피할 때에는 물에 적신 담요 등을 뒤집어쓰고 신속히 안전한 곳으로 대피한다.
⑨ 고층건물 화재발생시 엘리베이터는 화재발생 층에서 열리거나 정전으로 멈추어 안에 갇힐 우려가 있으며, 엘리베이터 통로 자체가 굴뚝 역할을 하여 질식할 우려가 있기 때문에 엘리베이터는 절대로 이용해서는 안 된다.

26) 한국소방안전원(https://www.kfsi.or.kr).; 소방방재청(2005), 앞의 책, pp. 49~51.

제4절 기타 비상사태 대응전략

1. 비상사태의 유형 및 특징

화재 외에도 수많은 재해 또는 비상사태가 주변에서 발생하고 있으며, 이로 인해 수많은 인적 · 물적 피해가 뒤따르고 있다. 이와 관련하여 자연적 재해(지진, 홍수 등), 인위적 재해(폭파 및 독가스위협, 건물붕괴, 항공기 추락 및 선박침몰 등) 등 수많은 긴급사건들이 발생할 수 있다.

이러한 비상사태는 화재와 마찬가지로 근본적으로 안고 있는 성격의 특성상 전혀 예측하지 못한 상황에서 발생하는 경우가 적지 않으며, 따라서 적절한 예방이나 사후대응은 쉬운 일이 아니다. 따라서 사전에 발생 가능한 모든 상황을 예측하여 이에 대한 대비 훈련을 시행하는 것이 중요하며, 재난이 발생한 후에는 어떠한 절차로 조기에 피해를 최소화하면서 복구할 것인가를 사전에 숙지하고 있어야 한다. 아래에서는 자연적 재해로서 지진, 그리고 인위적 재해로서 건물붕괴 등을 살펴보기로 한다.[27]

1) 자연적 재해

자연적 재해로서 지진을 들 수 있다. 지진의 발생은 지하 내부의 맨틀층에 응력이 생겨서 이것이 일순간에 에너지를 분출하여 상하로 흔들리는 상하진동(S파형 지진)과 맨틀 위의 지각이 서로 부딪혀 충돌할 경우 그 여파로 인하여 지진이 발생하는 종횡지진(P파형 지진)이 있다. 일반적으로 지진피해는 상하진동이 종횡진동보다 크다. 한번 지진이 일어난 후에는 수차례 여진이 발생하기 때문에 지진의 발생이 끝났다고 해서 방심하는 것은 절대 금물이다.

지진으로 인한 재해는 크게 지진자체에 의한 1차 재해와 지진이 끝난 후 발생하는 부수적인 2차 재해로 나눌 수 있다. 1차 재해는 지표가 갈라지거나 침하하여 생기는 지상 · 지하 구조물의 붕괴, 도로와 교량의 유실, 해안지역의 해일로 인한 각종 피해, 이에 따른 인명손실 등을 말한다. 2차 재해는 1차 재해로 생기는 화재, 수도, 전기, 가스, 통신, 유통시설의 파괴에 따른 다른 사회생활의 혼란 등을 말한다.

지진과 관련하여 1995년 1월 17일 일본 고베(神戶)에서 발생한 대지진으로 6,300여 명이 사망하였다. 그동안 한반도에는 지진의 위험성이 거의 없다고 하였으나, 지난

---

27) 이윤근(2001), 앞의 책, pp. 135~136.; 김두현 · 김정현(2002), 앞의 책 pp. 358~360.

2017년 11월 15일에 발생한 포항지진 사태 등에 비추어 볼 때, 이의 발생 가능성 및 위험성이 상당히 높다고 볼 수 있다. 따라서 지진발생에 대한 정확한 예측 및 대응(지진 발생시 일반인의 대피, 부상자와 사망자에 대한 적절한 조치 등)이 이루어져야 할 것이다(만약 부상자와 사망자가 동시에 발생한 경우에는 부상자를 우선적으로 처리하여야 한다).

2) 인위적 재해

인위적 재해로서 건물붕괴 등을 들 수 있다. 빌딩이 붕괴되었을 경우, 내부에 있는 모든 인명이 몰살하게 될 가능성이 높기 때문에 대단히 위협적이다. 건물붕괴 역시 위에서 살펴본 지진과 같은 자연적 재해로 인해 발생할 수도 있다. 그러나 한편으로는 잘못된 건축설계 및 시공(규격자재를 사용하지 않은 경우, 지나친 증축공사 등)에 의해서 발생하는 경우도 적지 않다.

국내에서 이러한 안전준수사항을 지키지 않아 발생한 대표적인 사례로 1995년 6월 29일 서울 서초구에 위치한 삼풍백화점 붕괴사고를 들 수 있다. 이 사고로 사망 501명, 실종 5명, 부상 937명의 인명피해가 발생하였다. 이 사고를 계기로 긴급구조구난체계의 문제점이 노출되어 119중앙구조대가 서울·부산·광주에 설치되었다.

따라서 시설 내에 근무하는 경비원은 항상 자신이 근무하는 건물의 벽에 금이 가거나 균열이 있는가를 확인하고 물이 새는지, 지반이 내려앉았는지 등을 확인하여야 한다. 그리고 전문가들로 하여금 정기적인 내부검사를 실시하고, 문제점이 발생하면 사후대책을 수립해야 할 것이다.

2. 비상사태에 대한 민간경비의 역할

비상사태에 대한 대비 및 대응훈련은 평상시에 정기적으로 이루어져야 하는데, 특히 실제로 비상사태가 발생하였을 경우 어떠한 대응을 할 것인가를 사전에 공식화하는 작업이 필요하다. 이러한 준비에 의해 작성된 비상계획서는 사태 발생시, 사태 대응에 책임을 지는 모든 사람에게 배포·주지되어야 할 것이다.[28)]

비상사태와 관련하여 경비부서는 일정한 규정 아래에서 보호시설에 대한 물리적 경비뿐만 아니라 기타의 안전을 모두 책임지는 역할을 해야 한다. 따라서 응급환자에 대한 조치도 중요한 경비임무의 하나이다. 따라서 경비부서는 비상사태 발생 시 1차적 책임

28) Gallati, Robert R.(1983), Introduction to Security, N.J.: Prentice Hall, Inc., pp. 159~161.

을 지며, 경찰이나 의료진·소방차가 도착하였을 경우, 현장의 질서유지와 사람의 대피, 화재진압, 사태의 악화방지와 같은 역할을 보조하여 가능한 모든 지원을 해야 한다.[29]

한편, 비상사태 발생 시 가장 신속하게 대응할 수 있는 지휘명령체계가 구축되어 있어야 한다. 일단 비상사태가 발생하였다면 초기에 어떤 조치를 내렸는가에 따라서 그 피해규모나 손실규모에 매우 큰 차이가 나기 때문에 초기대응을 잘못하거나 미처 손쓰지 못할 경우에는 실로 돌이킬 수 없을 정도의 손실을 입게 된다. 따라서 반드시 초기에 사태대응을 보다 효과적으로 할 수 있도록 하기 위하여 미리 준비된 절차에 따라 관계자들에 대해 명령을 내릴 수 있는 지휘체계가 갖추어져 있어야 한다.[30]

또 비상사태에 대해 책임을 지고 있는 자에게는 그에 상응하는 책임관계를 명확하게 해주어야 한다. 이는 책임구역과 같은 지역적 책임과 주간책임자나 야간책임자와 같은 시간적 책임구역을 설정할 수 있다. 따라서 이상과 같은 논의를 바탕으로 비상사태 발생 시에 경비원은 비상요원으로서 다음과 같은 역할을 하게 된다.[31]

비상사태 발생시 민간경비원의 역할

① 비상사태에 대한 초동조치
② 사람에 대한 보호
③ 특별한 대상(장애인, 노약자 등)의 보호 및 응급조치
④ 경제적으로 보호해야 할 자산의 보호
⑤ 외부지원기관(경찰서, 소방서, 병원 등)과의 통신업무
⑥ 비상인력의 이동통제 업무
⑦ 시설 내의 이동통제 업무
⑧ 출입구와 비상구의 출입통제 업무
⑨ 위험지역의 출입통제 업무 등

29) Ricks, Ttuett A. & VanMeter, Clifford W.(1981), Principles of Security: An Introduction, Kansas: Anderson Publishing Co., p. 159.

30) Wanat, John A., Guy, Edward T.(1981), Supervisory Techniques for the Security Professional, Boston: Butterworth Publisher, Inc., p. 38.

31) 이윤근(2001), 앞의 책, pp. 138~139.

제15장
민간경비의 공공관계 개선전략

제1절 기본논의

일반적으로 개인이 어떤 목적으로 기업 또는 관련시설에 출입하게 되었을 때, 가장 먼저 제복을 입은 경비원들을 만나게 되는데, 이들에 대한 첫인상을 어떻게 받느냐 하는 것은 해당 기업 및 시설에 대한 이미지 형성에 적지 않은 영향을 미친다고 본다. 만약 처음 접한 경비원이 당당하면서도, 미소를 짓고 친절하게 방문목적을 묻고, 적절하게 안내를 해주었을 때에는 매우 편안하고 긍정적인 인상을 받게 될 것이다. 반대로, 경비원이 방문객의 앞길을 저지하고 방문목적을 명령조로 물었을 때, 부정적이고 불쾌한 인상을 받게 될 것이다. 따라서 기업 또는 관련시설에서 근무하는 민간경비원이 어떠한 자세 및 태도를 취하느냐 하는 것은 기업의 공공관계를 형성하는데 있어서 매우 중요하다는 점을 인식할 필요가 있다.

이 장에서는 공공관계의 개념과 공공관계 개선을 위한 민간경비의 역할에 대해서 살펴보기로 한다. 그리고 직무수행과정에서 접하게 되는 특별한 개인(예컨대, 노약자, 장애인, 환자, 외국인, 노숙자, 주취자, 난동꾼 등)에 대해서 어떻게 대응해야 할 것인가에 대해 논의하고자 한다. 다음으로 신문사와 TV와 같은 언론기관과 경찰과 같은 공공기관과의 상호작용 및 상호협력의 중요성, 그리고 관계개선 방안에 대해서 논의하고자 한다.

제2절 민간경비의 공공관계 중요성과 관련요소

1. 민간경비의 공공관계 중요성

기업에 있어서 공공(Publics)이라는 것은 고객, 거래처, 일반시민, 경쟁사, 내부직원, 그리고 경찰과 같은 공무원 등 사회의 모든 구성원을 의미한다. 따라서 공공관계(公共關係, Public Relations)의 개선이라는 것은 기업이 이들 공공의 신뢰와 이미지를 증대시키기 위해서 적용되는 모든 관련 정책 및 프로그램을 의미한다고 볼 수 있다.[1)]

1) Hess, Kären M. and Wrobleski, Henry M.(1996), Introduction to Private Security, N.Y.: West Publishing Company, p. 313.

일반적으로 민간경비원은 어떤 시설의 최일선에서 근무하게 된다. 따라서 이들은 어떠한 방문객이 처음으로 접하는 직원이기 때문에 이들에 대한 첫인상의 중요성은 아무리 강조해도 지나치지가 않다고 본다. 사람들이 경비원과 접촉하였을 때, 이들이 깔끔한 외모와 전문성을 갖춘 태도를 보여준다면 기업에 대해서 상당히 긍정적인 인상을 받게 될 것이다.

예컨대, 많은 현금이 거래되는 금융시설과 같이 공공의 신뢰성 및 안정성이 무엇보다도 요구되는 장소에서 적절한 외모와 전문성을 갖춘 경비원이 근무하도록 하는 것은 무엇보다도 중요한 일이다. 또 유명한 호텔에서 근무하는 대부분의 경비원은 높은 수준의 전문성과 직무만족, 그리고 자부심을 가지고 있다. 이들 경비원은 깔끔한 제복을 착용하고, 어떠한 사건이 발생했을 때, 고객들의 체면과 품위를 손상하지 않고 적절하게 다루는 방법을 알고 있다.

어떻게 보면, 이들은 단호함과 공손함을 모두 갖춘 전형적인 모델이라 할 수 있다. 물론 호텔과 같은 숙박시설에 있어서 고객의 안전은 가장 중요하다. 호텔과 같은 숙박시설에서 고객의 안전과 관련된 어떠한 사건이 발생하게 되면 호텔의 이미지는 손상되고 그로 인해 오랫동안 경영상의 적지 않은 손실을 겪게 됨은 물론이다. 마찬가지로 다른 여러 시설에서도 고도의 전문성을 갖춘 경비원이 가시성을 갖고 근무함으로써 기업에 많은 이익을 가져다준다고 본다.

사실, 민간경비원들이 현장에서 어떻게 대응하느냐에 따라 기업 및 고용주에 대한 공공의 이미지를 떨어뜨리기도 하고 향상할 수도 있다고 본다. 기업의 이미지는 기업의 생존과 매우 밀접한 관련성을 맺고 있으며, 따라서 민간경비원이 긍정적인 공공관계를 유지 · 개선하는 것은 매우 중요한 일이다.

주지한 바와 같이 미국의 경우 제2차 세계대전을 전후해서 민간경비가 발전하였는데, 당시 대부분의 민간경비원은 야간에 후레쉬를 들고 산업시설을 경계순찰 하는 것이 주요임무였다. 그런데 당시 근무환경이 좋지 못하고 또 인적이 드문 야간순찰을 주로 하였기 때문에 적절한 제복을 착용하지 못하였고, 제대로 된 교육훈련을 받지 못한 경비원들이 일상복을 입고 근무를 하는 것이 다반사였다. 많은 사람들에게는 오늘날까지도 이러한 민간경비의 이미지가 남아있는 것이 사실이다.

우리나라의 경우에도 1970년대 이후 민간경비가 제도적으로 도입된 이래로 많은 개선과 발전을 거듭해오고 있지만 아직까지도 민간경비에 대한 사회적 인식이 그리 좋은 편은 아니라고 본다(물론, 민간경비업체의 규모와 활동업무 등에 따라서 차이는 있다). 최근 노사분쟁과 관련하여 과거 기업의 구사대가 수행하였던 역할을 민간경비가 개입하여 불법폭력을 자행하는 경우가 언론에 종종 보도되어 사회적 이미지를 크게 실추시킨 사건도 발생하였다.

2. 민간경비의 공공관계 형성에 영향을 미치는 요소

민간경비원들이 공공관계를 증진하기 위해서는 무엇보다도 주어진 업무수행과 관련하여 고도의 전문성을 가져야 한다. 이러한 전문성은 두 가지 차원에 설명될 수 있다.[2) ㉠ 민간경비원을 외적으로 보았을 때, 전문성을 가지고 있다는 인상을 받아야 한다(Look Professional). ㉡ 그러한 민간경비원은 실제로 전문성을 가지고 직무를 수행해야 한다(Act Professionally).

1) 외모

일선 현장에서 경비업무를 수행하는 민간경비원들이 전문성을 가지고 있다는 인상을 갖게 하는 가장 중요한 요인 가운데 하나는 제복(Uniform)이라 할 수 있다. 따라서 시설에서 근무하는 경비원을 단지 '문지기' 또는 '수위'처럼 보이게 해서는 안 되고, 전문적인 경비업무를 수행하는 전문가로서의 외모와 인상을 주어야 한다. 이것은 민간경비원을 고용한 사용자가 이들이 착용한 제복에 얼마만큼 관심을 가지고 있느냐와 관련된다고 볼 수 있다. 일반적으로 민간경비원이 착용하는 제복은 3가지로 구분된다. 군대식 복장(Military Uniform), 경비원 고유의 복장(Security Officer Uniform), 그리고 부드러운 이미지를 갖게 하는 복장이 있다. 각각의 복장은 저마다 장단점을 가지고 있다.[3)]

(1) 군대식 복장

군대식 복장은 경찰관 또는 군인이 착용하는 제복과 유사한 것을 말한다.[4)] 전형적으로 이러한 복장은 테두리 선이 분명하고 넓은 모자, 암청색 외투와 바지, 하얀색 셔츠, 검은 넥타이, 검은 구두, 그리고 검은 양말을 착용한다. 그리고 이러한 복장에는 종종 금색·구리색 단추, 수실, 견장 등과 함께 금속으로 만들어진 배지를 부착하기도 한다.

---

2) Ibid., p. 314.

3) Brennan, J.(1985. 06), "Outfitting Your Guard Force," Security Management, p. 32.

4) 그러나 주의 할 것은, 우리나라 민간경비원의 복장은 경찰공무원 및 군인과는 명확히 구분되어야 한다는 점이다. 이와 관련하여 경비업법에서는 경비업자는 경찰공무원 또는 군인의 제복과 색상 및 디자인 등이 명확히 구별되는 소속 경비원의 복장을 정하고 이를 확인할 수 있는 사진을 첨부하여 주된 사무소를 관할하는 시·도경찰청장에게 행정안전부령으로 정하는 바에 따라 신고하도록 하고 있다(제16조 제1항 단서).

군대식 복장을 착용했을 때의 장점은 경비원이 전문성을 갖추고 있다는 인상을 갖게 하고, 아울러 일정한 권한을 행사할 수 있다는 모습을 보여준다. 그러나 이러한 복장은 단점을 가지고 있는데, 이는 부피가 제법 있기 때문에 직무수행과정에서 때때로 거추장스럽고, 이를 구입·유지하는데 상대적으로 비용이 많이 들어간다는 것이다. 더욱이 군대식 복장을 착용할 때 유의할 점은 공공경찰이 착용하는 제복과 지나치게 유사해서는 안 된다는 점이다. 일반시민이 경찰과 경비원을 혼동하는 정도의 제복을 착용하게 해서는 안 될 것이다. 이러한 군대식 복장이 모든 형태의 경비업무에 적합한 것은 아니고 특히 고도의 가시성을 필요로 하는 일정한 장소에서 고정적으로 근무하는 경비원들에게 적합하다고 할 수 있다.

(2) 경비원 고유의 복장

경비원 고유의 복장은 공공경찰 또는 군인과 비슷한 인상을 주지는 않는다. 많은 경비회사에서는 자기회사의 고유의 정체성을 가지고 있는데, 따라서 이들 경비원이 착용하는 복장 역시 이러한 정체성을 반영할 수 있도록 하고 있다. 이러한 복장은 전통적인 경찰복장 색깔(이른바 'Police Blue')과는 다른 갈색, 연한 하늘색, 초록색 등이 사용된다. 그리고 관련소재와 복장스타일이 보다 기능적이며, 원래상태를 보다 오래 동안 유지할 수 있다. 따라서 재킷의 경우 군대식 복장보다 짧고, 가벼우며, 방수기능도 갖는다. 그리고 군대식 복장과 같이 무거운 장식물도 부착하지 않고, 배지도 금속이 아닌 섬유소재 등을 사용한다.

경비원 고유의 복장을 착용했을 때, 우선 공공경찰과 뚜렷이 구분할 수 있고, 직무수행과정에서 거추장스러움이 적고, 상대적으로 구입 및 유지비용이 저렴하게 든다. 또 이처럼 적절하게 복장을 착용한 경비원들은 주어진 근무지역 내에서 공공경찰과 유사하게 전문적 지식을 가지고 관련업무 즉, 범죄 등에 대해 효과적으로 억제·대응할 수 있는 것처럼 인식된다.

(3) 부드러운 이미지를 갖게 하는 복장

부드러운 이미지를 갖게 하는 민간경비원의 복장은 군대식 복장 또는 경비원 복장보다 훨씬 캐주얼한 느낌을 갖게 한다. 이러한 복장은 일반적으로 빌딩, 박물관·도서관·병원 등과 같은 시설물의 실내에서 근무하는 경우에 착용한다. 부드러운 이미지를 갖게 하는 경비원 복장은 시설물 내의 구성원들과 친밀하고 부드러운 관계를 형성하는 것에 강조점을 두기 때문에 외적으로 그렇게 드러나지 않고, 주변 환경과 조화되어 업무를 수행하는 경우에 적합하다고 할 수 있다. 바꿔 말하면, 시설물 내부가 아닌 시설물 밖에서 어떠한 전문성과 권위를 갖고 경비업무를 수행해야 하는 장소에서는 적합하지 않다는 것을 의미한다.

그런데 주의할 것은 이와 같은 복장형태가 경비원의 외모를 결정짓는 유일한 요소는 아니라는 점이다. 복장형태 못지않게 중요한 것은 깨끗함과 단정함이며, 경비원의 신체구조와 조화를 이루어야 한다는 점이다. 따라서 정상적인 근무수행과정에서 청결한 셔츠, 광택이 나는 구두, 단정한 헤어스타일, 그리고 산뜻한 미소를 가져야 한다. 결과적으로 민간경비원의 복장과 외모는 기업의 '움직이는 광고'(Walking Advertisement)라 할 수 있다.[5)]

한편, 경비회사 또는 기업의 차량을 운전하는 경비원은 차량의 상태를 유지·관리하는 것 역시 중요한 일이다. 이들 차량은 외적으로 운행되기 때문에 일반시민에게 적지 않은 인상을 심어준다. 따라서 차량을 정기적으로 세차하고, 차량 내부 역시 지저분한 물건이나 쓰레기가 있게 해서는 안 된다. 더욱이, 경비원의 차량운전 습관 역시 중요한 일이다. 난폭하고, 참을성 없거나 교통법규를 위반하는 운전은 철저하게 지양해야 할 문제이다.

2) 행동

그런데, 민간경비원이 외적으로 전문성을 가지고 있다는 인상을 받는 것만으로는 충분하지가 않다. 실제 주어진 업무를 전문적으로 수행하는 것이 중요하다. 주어진 업무를 전문적으로 수행하기 위해서는 우선적으로 자신들이 수행하는 업무에 대해서 적극적이고 긍정적인 태도를 갖추고 있어야 한다.

이처럼 긍정적인 태도를 갖추기 위해서는 민간경비원은 스스로에 대해서 자아효능감(自我效能感, Self-Efficacy)을 갖는 동시에 유머감각, 동정심, 건전한 상식 등을 가지고 있어야 한다.[6)] 민간경비원들은 단지 회사규정이나 정책들을 집행한다는 것에 그치지 않고, 더 나아가 스스로 일정한 도움을 제공하는 역할을 한다는 생각을 가져야 한다. 따라서 민간경비원들은 주변사람들로부터 적대적 관계가 아닌 친밀한 관계라는 인식을 갖도록 행동해야 할 것이다.

민간경비원이 직무수행과정에서 어떠한 물리적 강제력을 집행해야만 하는 상황에 직

5) Hamit, Francis(1994. 09), "A Corporate Culture for Security," Security Technology and Design, p. 98.
6) Zaleski, J.E., Jr.(1986. 08), "Should You Remake Your Security Image?" Security Management, p. 186.

면했을 때, 이들의 행동은 객관적이고, 감정에 치우치지 않고, 모두가 공감할 수 있는 방향으로 이루어져야 한다. 예컨대, 한 방문객이 접근이 금지된 구역에 들어가 있을 때 (어떤 공격목적을 가지고 무단 침입한 것이 아니라고 판단되었을 때) 무작정 공격적으로 거칠게 대하기보다는 상황을 침착하게 설명해 주고 당사자가 밖으로 안전하게 나올 수 있도록 도와줘야 할 것이다. 민간경비원이 상황에 대한 명확한 설명과 그에 따라 줄 것을 분명하게 요구하는 것은 일반적으로 모든 업무수행과정에서 필요하다고 본다.[7)]

그런데, 민간경비원들이 주어진 상황에서 전문적으로 행동하기 위해서는, 자신들이 보호해야 하는 대상이 무엇인지, 왜 보호되어야 하는지를 분명하게 이해하고 있어야 한다. 이를 위해서는 회사의 목표뿐만 아니라 회사의 정책에 대해서도 이해하고 있어야 한다. 이는 적절한 교육훈련이 함께 이루어져야 한다는 것을 의미한다.

그리고 이러한 직무수행이 효과적이기 위해서는 무엇보다도 이들의 직무에 대해서 회사의 관심과 지원이 실질적으로 이루어지고 있다는 인식을 갖도록 해야 한다.[8)] 직무만족에 영향을 미치는 요인으로서 회사 내에서의 인정, 만족감, 성취감 등이 중요함은 이론의 여지가 없다고 본다. 따라서 민간경비원이 이처럼 긍정적인 가치관을 갖고, 회사의 관심과 지원을 받고 있다는 생각을 하게 되면, 이는 결과적으로 회사의 이미지를 극대화하는 방향으로 업무를 수행하게 될 것이다.

---

7) 지난 2017년 8월 오전 3시경에 서울 송파구에 소재한 대형호텔에 행동거지가 다소 이상한 A씨가 무단으로 들어와서 7층부터 31층까지 무작위로 돌아다니며 객실 초인종을 누르는 사건이 발생하였다. 이에 대해 출동한 보안요원 2명은 A씨가 퇴거명령에 불응하고 거칠게 저항하자, 그에게 '헤드락(상대 머리를 팔로 감싸는 레슬링 잡기 기술)'을 건 뒤 주먹으로 때리고, 그를 넘어뜨린 뒤 올라타 가슴과 목을 눌러 바닥에 엎드리게 하고, 10여 분간 팔다리를 움직이지 못하도록 제압하였다. 이후 경찰이 현장에 도착해서 A씨를 체포하였다. 그러나 호텔 보안요원들에게 제압당하는 과정에서 신체에 이상이 생겨 A씨는 낮 12시 30분경에 한 병원의 응급실에서 사망하였다. 이 사건에 대해서 법원은 직접 폭행하여 사망에 이르게 한 두 명의 보안요원에게는 각각 2년의 징역형을 선고하고, 직접 가담하지 않은 이들에게 지시 등을 한 다른 한 명에게는 징역 8개월에 집행유예 2년을 선고하였다. 재판부는 "호텔에 무단으로 들어온 사람이라도 그 사람에게 가장 피해가 작은 방법으로 호텔의 안전을 유지해야 한다"며 "다수가 피해자를 바닥에 엎드리게 한 채로 압박해 질식사하게 한 책임은 결코 가볍지 않다"고 양형 이유를 밝혔다. 이 사건은 민간경비원들이 부적절하게 대응한 하나의 사례라고 볼 수 있다. 한국일보(2018. 01. 22).

8) Zaleski, J.E., Jr.(1986. 08), op. cit., p. 135.

제3절 민간경비와 시민의 관계 개선

1. 일반시민과의 관계

민간경비원은 내부직원, 방문객 또는 고객 등 지역사회내의 관계자들과 적절하게 상호작용하는 것이 무엇보다도 중요하다고 본다. 이러한 상호작용능력을 향상시키기 위해서는 관계자들의 사회적 지위 및 인구사회학적 특성(성별, 연령, 교육수준 등)에 따라 각자의 특성이 상이하다는 점을 인식하고 그에 맞는 공공관계개선 프로그램을 운영해야 할 것이다.

아직까지 민간경비와 일반시민 간의 상호관계는 활발하게 논의되지 않고 있으며, 어떤 면에서는 민간경비를 이용하는 시민은 단순히 이를 이용하는 고객에 한정되기 때문에 민간경비와 고객과의 관계에 불과할 수도 있다. 그러나 민간경비 역시 공공경찰과 마찬가지로 치안서비스 영역에서 시민과 끊임없는 상호작용을 하고 있기 때문에 이들과 적절한 관계를 형성하는 것은 중요한 일이다. 민간경비는 지역사회(Community) 내의 다양한 환경(산업시설, 상업시설, 공공시설 등)에서 다양한 형태의 시민들과 상호작용하고 있다는 것이다.

그리고 어떻게 보면 민간경비서비스를 이용하지 않는 일반시민일지라도 이들 역시 잠재적 고객이며, 따라서 이들에 대한 적절한 배려 및 긍정적인 이미지 형성은 매우 중요한 일이라고 본다.

따라서 민간경비원들이 일반시민들로부터 긍정적인 인식을 받고, 더 나아가 일반시민의 협조를 통해 치안활동의 효과를 보다 향상하는 것은 보호대상에 대한 안전성 증진뿐만 아니라 외부효과성(外部效果性)을 가져다주게 되어 국가 또는 사회전체적인 안전 확보에 보다 기여하게 될 것이다. 따라서 민간경비의 일반시민과의 관계 개선은 ㉠ 민간경비와 민간경비 이용자(고객) 간의 상호협력관계의 개선, 그리고 ㉡ 민간경비와 일반시민(잠재적 고객)과의 상호협력관계 개선이 동시에 이루어져야 할 것이다.[9)]

9) 최선우(2001), 치안서비스 공동생산론, 서울: 대왕사, p. 187.

민간경비와 시민의 상호협력 · 관계개선 프로그램

① 민간경비 이용자(고객)에 대한 정기적인 위험분석(Risk Analysis) 및 안전관리서비스의 제공
② 일반시민(잠재적 고객)에 대한 기본적인 위험분석 · 안전관리서비스의 제공
③ 민간경비 이용자가 범죄 및 위험 관련정보를 경찰뿐만 아니라 민간경비원에게도 제공할 수 있도록 하는 일정한 의사전달 프로그램의 마련
④ 민간경비의 시민자율방범단체의 활성화를 위한 방범자문 및 재정적 지원
⑤ 시민자율방범단체에서 해당 지역의 민간경비 활동현황 파악 및 이들과의 지속적인 정보교환 및 범죄대응 등에 있어서 상호협력관계의 구축
⑥ 민간경비 이용자의 범죄피해 발생 시 이에 대한 적절한 보상체계의 확립
⑦ 민간경비의 영리활동 이외의 지역사회 발전을 위한 자체적 활동 및 시민단체와의 공동활동 실시
⑧ 민간경비의 이미지 개선을 위한 민간경비 자체적인 또는 경비협회와 공동으로 대외적인 홍보활동의 정기적 실시
⑨ 민간경비의 교육기관(대학 등)에 대한 장학금 수여 등을 통하여 대외적 이미지 개선 및 잠재적 우수인력 확보방안 강구 등

물론, 민간경비와 일반시민(잠재적 고객) 간의 건전한 상호관계를 형성하는 것은 쉬운 일이 아니다. 민간경비는 본질적으로 영리목적을 위하여 치안서비스를 하나의 상품으로 판매하고 있기 때문에 민간경비 이용자 이외의 지역사회 내의 다양한 계층의 일반시민들로부터 적극적인 협력관계를 형성하기가 쉽지 않은 것이다.

뿐만 아니라 우리나라의 경우, 민간경비산업이 안고 있는 문제점 중의 하나로서 기업의 영세성, 그리고 지역 편중성 등이 제기되고 있다. 이 때문에 민간경비와 지역사회가 상호협력관계를 구축하는 것 자체가 고려되지 않을 수도 있다. 또한, 민간경비는 본질적으로 공공경찰과 같은 공권력을 가지고 있지 않기 때문에 시민들의 협력을 이끌어내기가 어렵다는 사실이다. 그리고 민간경비가 권한 없이 시민의 권리와 자유를 제한할 경우에는 오히려 시민들로부터 불만을 일으킬 수도 있다는 점을 인식해야 할 것이다.

2. 특정 대상과의 상호작용

민간경비의 시민과의 상호관계는 일반시민뿐만 아니라 고령자, 장애인 및 환자, 외국인, 노숙자, 알코올중독자 등 특별한 상황에 처한 사람들에 대해서도 적절하게 형성되어야 할 것이다. 이를 위해서는 이러한 특정 사람들의 특성을 잘 이해하고 있어야 한다.[10)]

10) Hess, Kären M. and Wrobleski, Henry M.(1996), op. cit., p. 318.

1) 고령자

오늘날 고령화시대에 직면하여 노인 인구층이 상당부분을 차지하고 있음은 주지의 사실이다.[11] 따라서 민간경비원들이 이들 고령자를 대상으로 일정한 직무수행을 하게 되었을 때, 이들이 갖는 어떠한 특성(고령자라는 점, 연약하다는 점, 경우에 따라서는 정신적 문제를 앓고 있다는 점, 그러면서 한편으로는 잠재적 문제를 일으킬 가능성이 있다는 점 등)을 고려해야 한다.

고령자의 경우 특히 정신적인 문제, 이른바 '치매'(Alzheimer's Disease)를 앓고 있는 경우가 적지 않으며, 이로 인해 문제가 발생하기도 한다는 점이다. 치매를 앓고 있는 노인의 특징은 자기가 살고 있는 곳을 기억하지 못하고 방황하여 노숙자가 되는 경우가 많다. 이들의 정신 상태는 상당히 혼란스럽게 뒤섞여 있으며, 협동과 같은 상호작용을 하지 못하고, 안절부절하는 태도를 보이기도 한다. 그리고 어떠한 행동을 반복적으로 계속하고, 심지어는 질문을 받았을 때 공격적인 반응을 보이기도 한다. 그리고 외설적이고, 비위생적인 행태를 보이며, 또 주어진 환경을 잘 견디지 못해 지나치게 덥다고 느껴지면 스스럼없이 옷을 벗어던지기도 한다.[12]

이들 치매를 앓고 있는 고령자들은 상점절도 즉, '들치기'(Shoplifting)를 저지를 수 있는데, 이는 이들이 절도를 의식적으로 하려고 해서 저지른 것이 아니라 단순히 물건을 계산했는지의 여부에 대해 기억을 하지 못한 결과에서 비롯되기도 한다. 더욱이 이들은 자신의 지갑 및 가방과 같은 소지품을 쇼핑 도중 아무 곳에 두기도 하는데, 나중에는 자신의 소지품을 직원이 훔쳐갔다고 억지를 부리는 경우도 없지 않다. 한편, 치매를 앓고 있는 고령자의 경우 운전을 제대로 하지 못해 교통사고를 유발하는 경우도 발생한다. 또 자신이 운전해서 주차시킨 차량의 위치를 파악하지 못해 도난신고를 하는 경우도 있다. 그리고 이들은 술 취한 사람처럼 행동하기도 한다.

따라서 민간경비원들이 근무지 내에서 고령자 가운데 특히 치매를 앓고 있는 사람들에 대해서는 이들의 증상을 제대로 알고, 적절한 대응조치를 취할 필요가 있다.

---

11) 전 세계에서 가장 빠른 속도로 '늙어가는' 나라가 한국이다. 통계청 인구 추계에 따르면, 고령인구는 2013년 614만명(12.2%)에서 2040년 1650만명(32.3%)으로 급증한다. 일반적으로 65세 이상 인구 비율이 7% 이상이면 '고령화사회', 14% 이상이면 '고령사회', 20%를 넘어서면 '초고령국가'로 분류한다. 한국은 이미 지난 2000년에 고령화사회가 됐고, 2018년 고령사회에, 2026년 초고령사회에 진입할 것으로 예상된다. 통계청(http://kostat.go.kr).

12) Alzheimer's Disease and Related Disorders Association(1987), Victim, Not Criminal: The Alzheimer Suffer, Chicago, I.L., p. 5.

2) 장애인

장애인은 어떠한 육체적 결함 또는 정신적 결함을 안고 있어서 실질적으로 정상적인 생활을 하는데 한계가 있는 사람을 의미한다. 따라서 민간경비원들은 직무수행과정에서 이러한 장애증상이 있는 사람들에 대해 적절한 보호 및 안내 조치를 취해주어야 한다. 그러나 장애인들과 상호작용 할 때 가장 주의해야 할 것은 이들 역시 다른 정상인들과 같은 욕구와 도움을 필요로 하는 똑같은 인간으로 대해주어야 한다는 점이다(물론, 이들도 다른 정상인들처럼 범죄를 저지를 수도 있다는 점을 인식하고 있어야 한다).

(1) 거동이 불편한 장애인

주위를 둘러보면 휠체어, 목발, 지팡이, 기타 보조기구에 의존해서 이동하는 사람들과 직면하는 경우가 있다. 이들은 교통사고 및 각종 재해사고의 피해를 당했거나, 뇌성마비나 발육장애와 같은 질환에서 비롯되기도 한다. 민간경비원이 이들과 직면하였을 때 다음과 같은 인식과 태도를 보여주어야 할 것이다.[13]

먼저, 장애인 역시 동일한 인간이라는 인식하에 이들과 공감대를 형성하는 것이 중요하다. 그리고 이들의 사생활을 보호·배려해 주어야 한다. 또 어떠한 문제가 발생했을 때 옆에 있는 보호자 대신 장애인에게 직접 의사표시를 하는 것이 바람직하다. 또 장애인이라고 해서 무조건 다른 사람의 보호를 필요로 한다고 생각해서는 안 된다. 대부분의 장애인은 일상화된 어려움은 잘 극복할 줄 알기 때문에, 만일 극복하지 못할 장애물이 있다고 생각되면 도움을 주기 전에 먼저 장애인에게 도움이 필요한지 물어볼 필요가 있다. 그리고 휠체어를 탄 장애인의 경우, 이들과 눈높이를 맞추어 대화를 하고, 이들 앞에서 크게 소리치는 것은 바람직하지 않다.

한편, 정신적 장애가 없고 단지 육체적 장애가 있어 이동이 불편한 장애인들이 휠체어나 다른 보조수단을 이용해서 접근이 제한된 지역에 들어갔을 때에는 일반인과 마찬가지로 상황에 대해서 명확하게 의사를 전달해주어야 한다. 또 건물 내에 장애인 전용 주차장이 확보되어 있다면, 정상적인 사람이 이를 사용하지 못하도록 통제하는 것이 요구된다.

(2) 시각 장애인/청각 장애인

많은 시각 장애인은 돌아다닐 수는 있지만, 표지판이나 경고 문구를 읽지는 못한다.

13) Miller, Linda S. and Hess, Kären M.(1998), The Police in the Community: Strategies for the 21st Century, N.Y.: Wadsworth Publishing Company, pp. 211~213.

따라서 경우에 따라서는 이들은 어떠한 금지규정을 위반한다는 사실을 인식하지 못한 채 위반하기도 한다. 민간경비원이 맹인 또는 중증 시각장애를 가지고 있는 사람과 상호작용하는 경우에는 민간경비원의 신분을 확인시키기 위해서 배지나 표지장, 모자, 무전기, 순찰차 등 경비장비를 만져볼 수 있게 해야 한다.

한편, 청각 장애인들에 대해서는 청각기능을 상실했기 때문에 정상적인 소리(경우에 따라서는 매우 큰 소리)를 전혀 알아들을 수 없기 때문에 이들과 상호작용하는 경우에는 수화(手話)가 중요한 의사전달 수단이 된다. 그런데 주의할 것은 청각 장애인들은 듣지 못하는 것을 제외하고는 정상인과 똑같이 생활할 수 있다는 점이다. 어쨌든, 민간경비원들은 모든 수화기법을 알고 있지는 않더라도 적어도 간단한 수화기법을 배워둘 필요성도 있다.

예컨대, '구급차, 부상, 혈액, 의약품, 무엇을 도와드릴까요?, 무슨 일이 있었나요?, 천천히 신호해 주세요, 알겠습니까?, 천만에요' 등과 같은 필요한 단어와 문장을 숙지하고 있으면 특정 사건에서 유용하게 활용할 수 있다. 그리고 수화기법을 숙지하고 있지 않다면 종이와 필기도구를 사용하여 간결하게 의사소통을 할 수 있어야 한다. 한편, 수화기법은 민간경비활동의 다른 분야에서도 사용될 수 있다. 사건이 발생한 현장 주변이 시끄러워 일정한 거리에 떨어진 경비원 상호간에 무전대화를 하기 어려울 때 수화기법을 사용해서 의사전달을 할 수도 있을 것이다.[14)]

3) 외국인

오늘날과 같은 국제화시대에 수많은 외국인이 출입하고 있으며, 따라서 민간경비원은 직무를 수행하는 과정에서 우리말을 거의 못하거나, 매우 제한적인 의사표현 밖에 하지 못하는 외국인들을 만나게 된다. 이러한 문제를 해결하기 위해서는 무엇보다도 외국인과 자주 접하게 되는 시설 내에서 근무하는 민간경비원들은 일정한 외국어능력을 가지고 있는 자를 대상으로 선발할 필요성이 있다. 또 외국어능력을 가지고 있지 못한 민간경비원이 이들과 접하게 되었을 때에는 손짓, 몸짓 등 일정한 방법을 통해 의사표시를 해 주어야 할 것이다.

4) 노숙자

사회 · 경제적인 문제 등으로 수많은 노숙자(Homeless)가 특정한 주거 없이 생활하고 있는데, 이들의 경우 상당부분이 알코올 중독 또는 정신적 질환을 앓고 있는 것으로

14) Ibid., pp. 213~219.

나타났다.15)

버스터미널, 공항, 철도, 그리고 다른 여러 시설물 등에 이들 노숙자는 일시적인 거취를 마련하고 노숙하려고 하기 때문에 민간경비원은 이들에 대한 적절한 대응 및 관련시설의 안전관리 책임을 지게 된다. 민간경비원은 근무지역 내에 있는 이들 노숙자에 대해 일정한 조취를 취하고(노숙자를 위한 보호소에 연락조치, 도움을 제공할 수 있는 부분에 대해서는 배려조치 등), 사용자의 자산에 어떠한 침해가 발생하지 않도록 보호조치를 취해야 한다. 사실, 많은 시설에서 근무하는 민간경비원들은 근무지 내에서 노숙자들이 휴게실을 사용하거나 비나 추위를 피하기 위하여 시설물 내로 들어오지 못하도록 하는 책임을 지고 있다. 그러나 이러한 상황에서 민간경비원들이 부적절하고 비인도적으로 행동을 하게 되었을 때에는 대중매체나 인권단체로부터 부정적인 비난을 받게 되기 때문에 유의할 필요가 있다.

제4절 민간경비와 언론의 관계 개선

1. 민간경비의 언론매체 대응 방법

우수한 민간경비원의 선발과 교육훈련에도 불구하고 이들이 근무수행과정에서 부적절한 행태를 보이거나 또는 어떠한 사건에 직면하였을 때 부적절한 대응(근무 중이거나 비번인 경우 포함)을 하게 되어 그것이 언론에 보도되었을 때에는 자신이 속한 기업에 매우 부정적인 이미지를 가져다주게 된다. 사실 이러한 문제는 민간경비의 활동이 공경비인 경찰과 같이 인권침해의 여지가 적지 않기 때문에 자주 발생하게 된다. 그리고 언론에서는 경찰활동과 관련하여 보도할 경우, 대부분 잘한 부분보다는 잘하지 못한 부분에 초점을 두는 경향이 있으며, 그러한 경우 경찰의 이미지와 신뢰는 상당히 실추되기 마련이다.

마찬가지로 민간경비에 대한 언론의 관심은 항상 민간경비의 잘못된 부분을 밝혀내는 데 있다고 본다. 따라서 민간경비는 이와 같은 언론의 보도관행에 대해 나름대로 적절한 대응을 해야 한다.

이러한 문제를 해결하기 위해서 민간경비의 언론관계는 무엇보다도 정직성(Honesty)

15) Glensor, Ronald W. and Peak, Ken(1994. 10), "Policing the Homeless: A Problem-Oriented Response," The Police Chief, p. 101.

과 전문성(Professionalism)에 그 기초를 두어야 한다고 본다. 그리고 어떠한 비용이 들더라도 언론관계는 신뢰성(Credibility)을 유지해야 하는데 이는 무엇과도 바꿀 수 없는 필수불가결한 것이라고 할 수 있다. 따라서 민간경비가 언론을 대하는데 이러한 신념을 가지고 상호작용이 이루어져야 할 것이다. 일반적으로 민간경비의 언론대응은 근본적으로 다음과 같은 3가지 선택사항 속에서 이루어질 수 있다.[16)]

(1) 사전적 대응

사전적(Proactive) 대응은 언론에 대해서 사전에 적극적으로 관련정보를 제공하고 다른 관련기관(경찰 등)과 협력적으로 상호작용을 하는 것을 의미한다. 이를 통해서 주어진 상황을 보다 빠르게 종결시키고, 의도했던 적절한 결론에 도달할 수 있도록 하는 것이다.

(2) 반응적 대응

반응적(Reactive) 대응은 조직에서 침묵으로 일단 사태를 주시하고 특별한 사건이 공론화되었을 때 또는 비난이 제기되었을 때 정보를 제공하는 것을 의미한다. 이 경우 가능한 모든 상황을 통제하고 필요한 상황에 대해서만 대응한다. 반응적 대응은 기본적으로 모든 관련정보의 외부유출을 최소화하기 위하여 외부에 대한 반응을 줄이고 객관적으로 들어난 특정사실에 대해서만 대응하는 방식을 취하게 된다.

(3) 무반응적 대응

무반응적(Inactive) 대응은 우리에게 널리 알려진 '노코멘트'(No Comment) 방식으로 언론을 대하는 방식을 의미한다. 이러한 대응은 언론에 대한 모든 관련정보를 통제하면서 한편으로는 사태를 해결하고자 한다. 따라서 문제가 해결될 때까지 모든 정보를 외부로 노출하지 않는 방식이라 할 수 있다.

2. 민간경비의 효과적인 언론 대응

이상과 같은 3가지 언론에 대한 대응방법 가운데 사전적 대응이 커뮤니티에 대해서 신뢰를 유지·확보할 수 있는 가능성이 높다는 사실을 인식해야 한다. 따라서 모든 민간경비분야는 대(對) 언론관계에 있어서 정직하고 성실한 태도를 취해야 할 것이다. 위

16) Poulin, K.C. & Nemeth, Charles P.(2005), Private Security and Public Safety: A Community-Based Approach, N.J.: Prentice Hall, p. 238.

에서 제시한 대응방법 가운데 반응적 대응은 예상된 답변을 만들어 놓고 사태의 전개 상황에 따라 기회주의식으로 대응하는 방식으로 자칫하면 오히려 기업에 안 좋은 이미지와 적대감을 가져다주는 등 보다 심각한 문제를 초래할 수 도 있기 때문에 유의해야 한다. 한번 잃은 기업의 명성은 쉽게 회복하기 어렵다는 점을 명심할 필요가 있다.

마찬가지로 무반응적 대응은 가장 위험한 대응방식이다. 이러한 접근방식은 해당기업이 진정으로 잘못 또는 범죄를 저질러놓고 그것을 은폐시키려는 인상을 받게 하며, 이로 하여금 지역사회 내의 모든 구성원이 그 사실에 관심을 갖게 되는 결과가 된다. 이는 결과적으로 가장 회복하기 어려운 이미지 손상을 초래하게 된다.

따라서 민간경비는 사전적 접근방식을 사용함으로써 언론에 대해서 신뢰관계를 형성할 수 있으며, 한편으로는 관련사태가 발생한 해당 기업에 대해서 적대감을 가지고 관련정보를 수집하여 부정적으로 활용하고자 하는 외부조직에 대해서도 사전대응이 가능하다고 본다. 그런데, 여기에서 무엇보다도 중요한 것이 사전적 대응은 상호협력적으로 이루어져야 한다는 점이다. 상호간에 협력적인 접근이 이루어지면, 명확하고 객관적인 정보를 전달할 수 있고 이를 통해 잘못된 오해를 예방할 수 있기 때문이다. 여기에서 말하는 상호협력은 민간경비와 언론간의 부적절한 비밀거래에 의한 협력관계를 의미하는 것이 아니다. 이렇게 되면 문제는 더욱 심각한 상황에 이르게 되는 것은 자명하다.

카우드(G. Cawood)는 민간경비원들이 언론매체와 상호작용을 하게 되었을 때 다음과 같은 사항을 준수할 것을 제시하였다.[17] 이처럼 언론관계에 대해서 적절한 대응을 하게 된다면, 기업 및 고객의 이미지를 손상하지 않으면서 최선의 성과를 기대할 수 있을 것이다.

민간경비의 언론매체 대응 시 준수사항

① 평상심을 유지할 것
② 정직할 것, 절대로 '의견없습니다/말하지 않겠습니다'(No Comment)라고 하지 말 것
③ 그렇다고 해서 자청해서 필요 이상의 정보를 제공하지는 말 것
④ 미소 띤 모습을 유지할 것
⑤ 의무감을 가질 것
⑥ 적절한 답변을 미리 준비할 것 등

17) Cawood, Gil.(1995. 04. 05), "Managing the Media" ASIS Dynamics, p. 5.

제5절 민간경비와 경찰의 관계 개선

이상에서 민간경비와 시민, 민간경비와 언론의 관계 개선에 대해서 살펴보았다. 그런데, 역사적으로 공경비인 경찰은 민간경비와 중요한 역학관계를 형성해온 것으로 인식되고 있으며, 따라서 이들 간의 상호관계 인식 및 관계 개선전략은 매우 중요한 의미를 갖는다.

사실, 치안서비스와 같은 공공서비스의 공급에 있어서 민간부문이 정부와의 어떤 협력적 관계 또는 상호간의 역할인식 또는 적극적인 교환이나 거래 없이 역사적으로, 관습적 · 전통적으로 참여해 왔다고 볼 수 있다. 인류의 등장과 함께 자신들이 속한 집단 내외에서 지속적인 상호작용을 하는 과정에서 이들은 자신들의 이익과 안전추구를 하여 왔음은 당연한 것이다.

따라서 개인 및 집단의 안전 추구는 일종의 자경주의 차원에서 비롯되어 국가라는 실체가 등장하면서 개인을 대신해서 국가가 전문적으로 이러한 역할을 수행하는 것이 오늘날의 공공경찰의 시작이라면, 한편으로는 일반시민 스스로도 경찰과는 무관하게 자신들의 영역을 안전하게 지키고자 하는 노력을 계속해온 것이다. 그리고 사유재산이 점차 확대됨에 따라 자신들의 재산을 지키고자 경비원을 고용하거나 경비시설을 설치하는 양상도 나타나게 된 것이다. 국가 및 지역사회에 대한 안전욕구는 시대를 막론하고 인간이 갖는 본질적인 것이라 할 수 있다. 아래에서는 이와 관련하여 미국, 일본, 그리고 우리나라를 중심으로 역사적 관점에서 살펴보기로 한다.[18]

1. 미국의 민간경비와 경찰의 관계 개선

민간경비와 경찰의 상호협력 및 관계개선이 중요한 관심사로 등장한 것은 오래 전의 일이 아니다. 미국과 같은 경우에는 민간경비와 경찰이 19C 중반에 이르러 각자 독자적인 영역을 가지고 거의 비슷한 시기를 전후로 해서 성장 · 발전하여 왔으나, 이후 양 조직 간의 상호작용이 활발하게 이루어지지 못했다. 1980년대 중반전까지만 하더라도 민간경비와 경찰의 상호교류 또는 협력관계가 활발하게 논의되지 않다가 최근 들어, 민간경비와 경찰의 상호협력관계 증진을 위한 노력이 지속적으로 이루어지기 시작한 것이다.

미국의 경우 1980년대 초에 실시된 홀크레스트(Hallcrest) 조사연구의 핵심적 목표

18) 최선우(2001), 앞의 책, pp. 178~186.

는 경찰과 민간경비간의 상호작용(Interaction), 상호관계(Relationships), 상호협력(Cooperation) 증대를 제고하기 위한 것이었다.[19] 홀크레스트조사는 이전에 실시된 랜드(Rand)보고서와 1974년 법집행지원행정기구(LEAA: Law Enforcement Assistance Administration)에 설치된 민간경비자문위원회(PSAC: Private Security Advisory Council)의 선행연구결과를 토대로, 경찰과 민간경비 담당 행정기구 그리고 민간경비 경영자들에 대한 국가조사를 실시하여 민간경비와 경찰의 상호작용과 협력관계를 제약하는 요인에 대한 자료를 수집하는 동시에 이들 간의 관계개선 방안을 개발하고자 하였다.

조사결과, 민간경비와 경찰 간에 역할갈등 · 부정적인 고정관념 · 존중의 결여 · 지식부족 등 상호작용과 협력을 저해하는 몇 가지 요인들이 존재하고 있음을 확인하게 되었다. 따라서 이러한 조사결과를 토대로 장애요인들을 극복하고 상호작용과 협력을 증진하기 위한 몇 가지 대안이 제시되었다.[20]

이와 관련하여 먼저 ㉠ 민간경비원에 대한 선발 및 교육훈련과정의 개선, ㉡ 민간경비의 질적 수준을 향상하기 위한 자격증제도의 도입과 민간경비를 규제하는 법적 장치의 개선, 그리고 ㉢ 민간경비의 역할과 경찰에 대한 이해를 증진하고 상호간의 의견교환 및 정보교환을 위한 방안으로서 민간경비 경영자와 경찰감독자 간의 모임개최와 경찰에 있어서 민간경비에 대한 '공식연락관'(Liaison-Officer)을 지정할 것 등이 제시되었다. 여기에서 특히 민간경비와 경찰 상호간의 양질의 정보교환과 의사전달과정은 상호간의 자원을 보다 효과적으로 이용하기 위해서 우선적으로 중요시되어야 한다고 하였다.

그런데, 실질적으로 1980년대 초에 민간경비와 경찰이 상호협력적으로 범죄문제 등에 대응하는 경우가 거의 나타나지는 않았다. 그러나 1980년도 중반에 이르러 범죄문제 등 경찰과 민간경비 상호간의 이해관계에 영향을 미치는 요인들에 대응하기 위하여 이들 양자 간의 상호협력 프로그램이 이전과는 달리 매우 빠른 속도로 개발되었으며, 이러한 양자간의 파트너십(Partnership)은 1990년대 이후에도 계속되었다.[21]

한편, 1986년 국가보안관협회(NSA: National Sheriffs' Association)의 경비산업위원회에서는 국가사법기구(NIJ: National Institute of Justice)의 지원하에 법집행과

19) Cunningham, William C., Strauchs, John J., Van Meter, Clifford W.(1990), Private Security Trends: 1970 to 2000 The Hallcrest ReportsⅡ, Washington: Hallcrest System Inc., p. 244.

20) Ibid., pp. 244~245.

21) Fennelly, Lawrence J.(1996), Handbook of Loss Prevention and Crime Prevention, New Delhi: Butterworth-Heinemann, p. 12.

민간경비협회 전체에 걸친 연합위원회를 설립하여 민간경비와 경찰의 의사전달 및 협력 프로그램을 향상하기 위한 방법으로서 공통된 목표를 달성하고자 하였다. 1986년 8월 제1차 모임이 이루어졌는데, 여기에서 우선순위에 따른 15가지 영역에 걸친 협력 프로그램이 제시되었다.[22]

미국 민간경비와 경찰의 상호협력 · 관계개선 프로그램

① 민간경비와 경찰의 협력을 위한 규약(Protocols)과 지침서의 작성
② 상호협력 · 관계개선과 관련된 성공적인 사례들의 책자 발행
③ 민간경비에서 이용할 수 있는 범죄자 정보(Criminal Intelligence)의 작성
④ 민간경비와 경찰 간의 전문적 지식 · 교육훈련 · 기술 등의 교환
⑤ 범죄예방에 있어서 양 조직 간에 실질적인 관계 증진
⑥ 민간경비에 대한 적정한 선발 및 교육훈련 기준의 마련
⑦ 근무지 내에서의 약물 등의 복용 금지
⑧ 경찰의 민간경비 역할에 대한 이해의 증진
⑨ 경찰기능 가운데 민영화가 가능한 것의 구분
⑩ 민간경비와 경찰의 요인경호, 위험물질 운송, 국외의 정보위협 등에 대한 연합활동(Joint Operating)의 실시
⑪ 배경조사(Background Checks)에 있어서 상호협력
⑫ 민간경비와 경찰 간의 운영상의 의사전달(Communication) 증대
⑬ 거짓말탐지기(Polygraph) 사용에 대한 입법제정 검토
⑭ 경찰이 부업(Moonlighting)으로 민간경비업무를 수행할 수 있는 지침의 개발
⑮ 오경보(False Alarm) 발생의 감소방안 강구

이러한 연합위원회의 활동은 자금 및 구성원의 지원 부족으로 어려움을 겪기도 하였으나, 이후 민간경비와 경찰 간의 협력적 치안활동을 하고자 하는 프로그램 개발에 많은 영향을 미쳤다. 여러 협회는 경찰과 민간경비의 관계개선 및 협력증대 방안을 마련하였는데, 대표적인 예로서 미국경비산업협회(ASIS)의 법집행연락위원회(LELC: Law Enforcement Liaison Council)는 민간경비와 경찰의 파트너십모델 등을 계속적으로 발전시켜 나가고자 하였다.[23] 경찰과 민간경비의 파트너십모델(Police/Private Security Partnership Models)은 먼저 민간경비와 경찰이 공동 네트워크를 구축하기 위하여 운영지침을 개발하였다. 위원회는 이 지침에서 조직구조 · 멤버십 등의 형태에 대한 제안뿐만 아니라 상호지원 프로그램의 필요성을 강조하였다. 한편, 이 프로젝트는

22) Minutes of The Joint Council of Law Enforcement and Private Security Associations(1986), Chicago, IL: National Sheriffs' Association, pp. 4~6.
23) Cunningham, William C., Strauchs, John J., Van Meter, Clifford W.(1990), op. cit., p. 251.

실현 가능한 잠재적인 민간경비와 경찰의 협력적 프로그램과 합동투자를 제시하였다.

이러한 민간경비와 경찰의 협력적 관계는 이미 국제경찰장협회(IACP: International Association of Chief of Police) 등에서도 유사하게 실시하고 있는데, 여기에는 오경보 문제, 계약경비서비스에 대한 경찰의 부업문제, 민영화 문제, 그리고 민간부문에서 담당할 수 있는 다양한 기능들에 대한 논의가 이루어졌다.[24]

그런데, 미국의 경우 민간경비와 경찰은 제도적·운영적으로 상호 독립적임을 알 수 있다. 이는 민간경비의 다양한 시큐리티활동이 경찰의 지휘·감독 등을 받지 않는다는 것을 의미한다. 다만 민간경비는 일반 민간인 신분에 가까우면서도 경비업무 자체가 상당히 공공재적 성격을 띠기 때문에 주(州)정부의 규제위원회(Regulatory Board)에서 규제입법을 제정(약 45개 주)함으로써 규제하고 있음을 알 수 있다. 주정부 차원에서 규제하는 방법으로는 앞에서 언급한 민간경비관련 각종 자격증제도의 실시 등을 들 수 있다.

따라서 우리나라와 일본과 같이 법규정상으로 경찰과 민간경비가 상호 수직적 관계를 형성하고 있다고 보기는 어렵다. 그러나 비록 우리나라와 사회적 배경을 달리하고 있지만 미국의 이와 같은 경찰과 민간경비의 상호관계 개선을 위한 노력은 우리나라에 시사하는 바가 크다고 할 수 있다.

2. 일본의 민간경비와 경찰의 관계 개선

일본의 경우, 현대적 의미의 민간경비는 1960년대에 들어서야 비로소 시작되었다고 볼 수 있으며, 이후 1964년 동경올림픽과 1970년 오사카의 만국박람회를 계기로 민간경비의 사회적 인식이 크게 증대되면서 급성장하기 시작하였다. 민간경비가 이와 같이 크게 성장하여 현재 일본 민간경비산업의 규모는 경찰의 규모 이상으로 성장하고 있다는 사실은 주목할 만하다.

일본의 민간경비와 경찰의 관계를 볼 때, 기본적으로 국가공안위원회(國家公安委員會) 또는 도도부현(都道府県) 공안위원회의 지휘·감독을 받게 되어있다.[25] 이러한 면을 볼 때, 제도적으로 경찰과 민간경비는 수직적 관계를 형성하고 있다고 볼 수 있다. 따라서 국가공안위원회에서는 민간경비와 관련된 각종 규칙제정과 허가 및 허가취소권 등을 행

---

24) Fennelly, Lawrence J.(1996), op. cit., p. 12.

25) 일본 민간경비와 공안위원회와의 관계에 대한 법규상의 내용은 이윤근(1989), "한국 사경비 발전방안에 관한 조사연구," 동국대학교 박사학위논문, pp. 252~262의 부록편에 있는 日本警備業法을 참조.; 日本全國警備業協會(1989), 警備業法の解說, 東京法令出版社.

사하고 있으며, 그 구체적인 집행업무는 우리나라와 마찬가지로 경찰(생활안전국 생활안전과 관할)이 행하고 있음을 알 수 있다.

그런데 어떤 면에서는, 일본의 민간경비산업이 짧은 역사에도 불구하고 급속히 발전한 이유 중의 하나로 관할경찰의 적절한 지도·감독을 들 수 있다. 이를 통해 단지 법적 규제나 행정처분을 위한 지도·감독적인 것뿐만 아니라 경비업무를 수행하는데 부적격자를 배제하는데 기여했기 때문이다.[26)]

또한 경찰은 민간경비와의 관계를 개선하고 이들의 범죄예방활동상의 사기진작을 위하여 경비업체 및 경비원들에게 표창장을 수여함으로써 좋은 반응을 얻고 있다. 그러나 아직까지는 일본의 각 현(縣)의 약 절반 정도가 경비업협회장과 경찰청장과의 공동표창을 실시하지 않는 것으로 나타났다. 따라서 가능한 모든 지역에서 경비원 등에 대한 표창을 하고, 이미 실시하고 있는 곳에서는 이를 더욱 활성화하고자 노력하고 있으며, 전국경비업협회에서도 다양한 표창제도를 실시하여 경찰과 민간경비의 상호협력을 유도하고자 노력하고 있다.[27)] 표창은 경비업자보다는 주로 경비원을 대상으로 이루어지고 있는데, 경비원에 대한 표창의 예를 보면 ㉠ 기계경비업무에 의한 건물침입미수 피의자 현행범 체포, ㉡ 신고에 의한 절도범 체포협력, ㉢ 인명구조 등이 있다. 협력내용별로는 1998년의 경우, 범인검거 현장에서 경찰관 등에 대한 협력공로에 의한 경우가 121건, 현행범 체포가 113건으로 현장 경비원에 의한 활동이 가장 많음을 알 수 있다.[28)] 이러한 경찰기관의 경비업자 또는 경비원에 대한 표창 등을 통하여 이들 양 조직 간의 상호협력관계를 개선시켜 나가고 있음을 알 수 있다.

또한 일본 경찰의 지도·감독활동으로서 특징적인 점은, 경비협회의 활동을 활성화하기 위한 노력을 하고 있다는 점이다.[29)] 일본 전국경비업협회는 민간경비가 자주적으로 발전하기 위해서는 민간경비를 대표하는 경비업협회의 기능이 무엇보다도 중요하게 요구되기 때문에, 경찰은 협회를 적극 지원하고 있으며 동시에 협회 가입율 향상 등에 의한 협회 재정기반의 확립·조직체제의 강화 등 활성화를 도모하고 있다.

이밖에도 경찰은 민간경비의 발전을 위하여 1998년 4월에 검정규칙의 일부를 개정하여 상주경비에 대한 검정제도(자격증시험)를 도입하게 되었다. 또한 각종 범죄발생에 대응하기 위하여 민간경비와 긴밀한 상호협조체제를 구축하고자 노력하고 있으며, 한편으로는 부정직한 경비원에 대한 철저한 규제활동을 병행하여 실시하고 있다.[30)]

---

26) 박병식(1996), 민간경비론, 서울: 법률출판사, pp. 233~234.
27) 이윤근(1998), "평성10년 일본 민간경비산업의 동향," 동국대학교 행정논집, 제26집, p. 235.
28) 日本全國警備業協會(1998.7), Security Time, vol. 219, p. 18.
29) 警備保障新聞社(1993), "平成6年 保安警察 當面の諸問題," 警備業年鑑, p. 12.; 박병식(1996), 앞의 책, p. 234.

3. 한국의 민간경비와 경찰의 관계 개선

우리나라의 경우에는 1960년대 이후에서야 현대적 의미의 민간경비가 등장하게 되었으며, 1980년대 아시안 게임과 올림픽, 2002년 한일월드컵 등을 계기로 민간경비가 비약적인 발전을 하게 되었다. 그리고 1990년대에 이르러서야 민간경비에 대한 학문적 관심과 함께 경찰과 민간경비의 상호관계와 관련된 문제에 관심을 갖기 시작하였다.

우리나라의 경우, 일본과 마찬가지로 경찰과 민간경비의 상호관계가 수평적 관계이기보다는 수직적 관계 속에서 형성되어온 것이 사실이다. 법적으로 볼 때, 우리나라의 민간경비는 군, 경찰과 같은 공경비의 보조적 수단으로 인식되고 있으며, 따라서 민간경비의 모든 운영 및 활동은 경찰의 허가 및 지휘 · 감독을 받게 되어 있음은 주지의 사실이다(경비업법, 청원경찰법, 통합방위법 등 관련규정 참조). 다만, 일본의 경우 기본적으로 공안위원회의 지도 · 감독하에 있지만 우리나라의 경우 시 · 도경찰청장 등에 의한다는 점에서 차이가 있다.

현대적 의미의 민간경비의 등장은 불과 1950년대 이후에서야 시작되었고 남북한 대치상황 등과 관련하여 청원경찰과 용역경비로 제도적 이원화되었으며, 경찰 또는 군의 통제에 놓이지 않을 수 없는 상황이었다. 이러한 문제점 등으로 인해 그동안 경찰과 민간경비의 상호관계는 수직적 관계로서 민간경비가 보조적 수준 정도로 인식되어온 것이 사실이다. 그러나 한편으로는 사회경제적 요인 등으로 인해 민간경비의 역할이 중요시되고 점차 독자적으로 시장규모를 확대해 나가고 있으며, 따라서 경찰과의 관계도 새롭게 인식되고 있다.

그러나 이와 같이 이들 양 조직이 공동으로 또는 독자적으로 성장 · 발전해오고 있음에도 불구하고 이들 간의 상호협력관계는 여전히 개선되어야 할 문제점으로 남아있다. 민간경비원들과 경찰을 대상으로 이들 상호간의 관계에 대한 설문조사 결과, 평소 서로간의 인식에 대해서 그다지 긍정적으로 나타나지 않고 있으며, 특히 정보교환 등과 관련하여 상호교류는 별로 이루어지지 않는 것으로 나타났다.[31)]

따라서 민간경비와 경찰의 상호관계 개선을 위해서는 양 조직이 가지고 있는 조직의

---

30) 이윤근(1998), 앞의 논문, pp. 237~239.

31) 경찰과 민간경비 관련 당사자들을 대상으로 심층면접을 실시한 결과, 이들 간의 상호협력성과 관련하여 비교적 우호적인 입장을 보이고 있으나 실제로 보면 범죄대응, 상호연락 및 접촉횟수, 역할인식, 협력기구설치 등이 매우 미흡한 것으로 나타났다. 또한 설문조사 결과, 치안서비스 수혜자인 시민의 입장에서 볼 때에도 이들 양 조직 간의 상호협력관계는 잘 이루어지지 않고 있는 것으로 나타났음을 주지할 필요가 있다. 서진석(1999), "치안환경 변화에 따른 경찰과 민간경비의 역할분담에 관한 연구," 경원대학교 박사학위논문, pp. 172~173.

기대와 특성을 먼저 이해하지 않으면 안 된다. 민간경비와 경찰은 그들의 업무범위 내에서 범죄를 예방하고 개인의 생명과 재산을 보호한다는 것이다. 그러나 민간경비원은 신분상 민간인으로서 경찰과는 분명한 차이가 있다. 이는 ㉠ 범죄예방이라는 공통된 기대를 가진 양 조직이 업무수행 대상이 일반국민과 특정고객이라는 점, ㉡ 치안서비스가 각각 국민의 세금과 고객의 경비료에 의해서 운영된다는 점, ㉢ 법집행 권한과 업무수행상의 한계에서 오는 지위상징(Status Symbols)상의 문제, ㉣ 범죄예방과 손실예방 그리고 질서유지 등을 주요업무로 하는 민간경비와 상대적으로 범죄예방뿐만 아니라 범죄수사와 범인체포를 동시에 수행하는 경찰조직과의 업무 우선순위에서 오는 문제 등과 같이 양 조직은 각자의 업무수행에 있어 다른 기대와 특징을 가지고 있다.

따라서 양 조직 상호간의 기대와 특성에서 오는 이해관계를 충분히 고려하고, 이들이 가지고 있는 인적 · 물적 자원과 풍부한 경험을 효과적으로 활용하여, 상호간의 실질적인 상호협력 작용을 위한 보다 심층적인 논의가 제기되어야 할 것이다. 이상과 같은 미국과 일본의 예와 우리나라의 현실을 기초로 민간경비와 경찰의 상호협력 및 관계 개선을 위하여 다음과 같은 대안을 제시할 수가 있을 것이다.

민간경비와 경찰의 상호협력 · 관계개선 프로그램

① 민간경비와 경찰의 상호협력을 위한 규약과 지침서 작성
② 민간경비와 경찰의 책임자 회의의 정기적인 개최
③ 경찰조직 내에 일정규모 이상의 민간경비 전담부서 설치
④ 민간경비와 경찰 상호간의 역할에 대한 이해의 증진 노력
⑤ 민간경비와 경찰의 공공안전과 관련된 전문지식 · 교육훈련 · 기술 등의 지속적인 교환
⑥ 퇴직경찰에 대한 민간경비의 재취업 방안 마련
⑦ 민간경비와 경찰의 상호 정보교환 네트워크 구축
⑧ 경찰과 경비협회 공동으로 우수 민간경비에 대한 표창제도의 현실화
⑨ 경찰의 경비협회 활성화 지원 등을 통한 민간경비 자체의 위상 확립
⑩ 민간경비와 경찰의 지역방범 네트워크 구축
⑪ 민간경비와 경찰의 지역방범 개선을 위한 경비자문센터의 운영
⑫ 민간경비와 경찰 공동으로 지역방범활동에 대한 홍보활동 실시
⑬ 민간경비의 오경보 감소에 대한 상호노력

이상에서 논의된 상호협력관계 증진을 위한 프로그램 중의 일부는 다소 논의된 바 있으며,[32] 민간경비업체에 대한 표창제도와 같은 경우는 이미 1978년부터 실시되고 있다. 그러나 현장에서 경비활동을 수행하고 있는 경비원을 대상으로 한 것이 아니라 민

32) 이윤근(1989), 앞의 논문, pp. 146~151.

간경비업체 경영진 또는 간부에 대한 표창이나 감사장 수여가 전부라 할 수 있다.

한편, 미국과 같은 경우에는 경찰관의 민간경비업계 진출이 현저하게 이루어지고 있으며, 그중에서도 퇴직경찰관이 관련산업에 재취직을 하는 경우는 흔한 일이다. 또한 경찰이 민간경비업무를 부업으로 하는 경우도 많다.[33] 우리나라의 현실 여건상, 경찰이 민간경비 업무를 부업으로 하는 것은 불가능하지만 퇴직 후 민간경비업무를 수행할 수 있도록 재취업하는 방안은 고려할만하다.

또한 경찰활동의 대부분이 지역사회의 순찰지구대 및 파출소를 중심으로 운영되고 있다는 점을 감안 할 때, 파출소가 관할구역내의 민간경비의 실태를 파악하고 이들에게 조언 및 정보를 제공하거나 행정지도를 하는 한편, 민간경비로부터 지역사회의 치안유지와 관련된 각종 정보를 얻음으로써 종합적이고 구체적인 지역방범체계의 구축이 가능해질 것이다.[34] 또한 민간경비와 경찰이 지역방범체계를 구축하는 과정에서 상호 합동 순찰활동 등을 실시하는 것도 좋은 방법이 될 것이다.

4. 관련주체 상호간의 협력관계 구축

이상에서 민간경비의 관점에서 시민, 경찰, 언론과의 관계 개선에 대해서 살펴보았다(이 밖에도 정치 · 사회 · 경제적으로 수많은 관계 대상을 설정할 수도 있을 것이다. 다만, 민간경비 관점에서 중요하다고 인식되는 관계 대상을 설정했을 뿐이다). 민간경비 차원에서 각 주체와 적절한 협력관계 및 관계 개선을 하게 되었을 때 그만큼 범죄 및 손실예방의 성과를 가져다주고, 결과적으로 이는 민간경비를 이용한 고용자의 이익 증진을 가져다주기 때문이다.

그런데, 이는 민간경비의 관점뿐만 아니라 각 주체의 관점에서 접근하는 것도 가능하다. 민간경비 이외에 경찰, 시민, 언론기관 역시 범죄예방과 손실예방의 성과에 일정한 영향을 미칠 수 있다는 것을 의미한다. 언론의 범죄예방과 손실예방 역할에 의문이 제기될 수도 있지만, 이는 전혀 그렇지가 않다. 예컨대, 언론에서 공개수배 등을 했을 경우 범인 검거율(자수포함)은 매우 높게 나타난다. 또 언론에서 경찰과 민간경비 등에 대해 부정적인 관련보도를 하게 되면 그 파급효과는 지대하다. 그리고 언론에서 범죄 및 화재와 같은 각종 재해 문제를 심각하게 보도하느냐 아니면 무시하느냐에 따라 시민의 안전의식이나 두려움에 적지 않은 영향을 미치게 된다. 시민 역시 개별적으로 대응하는 소극적 · 적극적 범죄예방 및 손실예방 활동은 대단히 중요하다.

---

33) 정진환(1994), 미국경찰론, 서울: 양영각, p. 263.
34) 박병식(1996), 앞의 책, pp. 237~238.

따라서 범죄예방 및 손실예방이라는 목표를 두고 시민의 관점에서 민간경비와의 관계, 언론과의 관계, 경찰과의 관계가 설명될 수 있을 것이다. 또 경찰의 관점에서 시민과의 관계, 민간경비와의 관계, 언론과의 관계가 설명될 수 있다. 매스미디어의 관점에서도 마찬가지이다. 물론, 이들 각 주체의 활동이 동일한 지역에서, 동일한 시간에, 동일한 대상으로, 동일한 효과를 가져다주는 것은 아니다. 각각의 주체 간의 치안활동은 상황에 따라 개별적으로 이루어질 수도 있고, 양자 간에 이루어질 수도 있고, 또는 삼자, 다자간에 이루어질 수도 있다. 실제로 이들 서비스주체간의 활동영역 및 활동대상이 서로 구분되는 것이 일반적이다(물론, 상호 중복되는 영역도 존재한다고 본다).

어쨌든, 민간경비와 경찰, 시민, 언론 등 각자의 영역이 일정한 범위 내에서 서로 구분되어 있다면 이들 간의 '관계정도'(Degree of relationships)는 치안활동의 결과에 매우 큰 영향을 미치게 된다. 예컨대, 민간경비가 어떤 용의자에 대한 정보를 입수하고 있지만 자기 민간경비회사에 특별한 이해관계가 생기지 않는다고 하여 경찰에 비협조적일 때 경찰이 그 범죄자를 수사 · 체포하기 위해서는 더 많은 인력과 예산을 투입해야 할 것이다. 그리고 경우에 따라서는 그 용의자를 수사 · 체포하는데 실패할 수도 있을 것이다. 반대로 민간경비원이 용의자를 현장에서 확인하여 경찰의 출동을 기다리고 있는데 경찰이 수동적으로 대응하여 용의자가 도주하였을 경우, 민간경비는 고객에 대한 경비를 효과적으로 수행하지 못하는 경우도 발생할 것이다. 치안활동과 관련하여 어떤 면에서는 경찰은 스스로를 전문조직으로 인식하면서 민간경비를 비전문적인 것으로 보는 면이 없지 않은 것도 사실이다. 이와 같은 이유는 경찰의 경우 지원자들의 사회적 배경과 임용과정에 있어서의 적정성 등이 민간경비에 비하여 높기 때문이라고도 할 수 있다.

또한 시민이 이웃 또는 자신에게 범죄가 발생하였는데 보복에 대한 두려움이나 수치심 때문에 신고를 기피하였을 경우 더 많은 범죄피해자를 야기할 수도 있으며, 경찰력은 그만큼 소모될 것이다. 반대로 시민이 경찰에 범죄신고를 하였는데 사건이 경미하다는 등의 이유로 성실하게 범죄대응을 하지 않았을 경우 시민은 경찰에 대한 불신 등이 높아질 것이다. 마찬가지로 민간경비와 서비스 이용자 간에도 자신들의 범죄예방활동상의 어려움이나 정보교환을 하지 않는다면 이용자는 민간경비를 이용하고 있음에도 불구하고 범죄에 대한 두려움은 감소하지 않고, 사건 발생시에도 불만족스러운 상황이 발생하게 될 것이다. 또한 민간경비 입장에서도 고객을 단지 단기적 영리추구를 위한 수단으로만 파악하고 경우에 따라서는 고객관리를 소홀히 할 때, 양자 간의 발전적인 관계는 기대하기 어려울 것이다.

따라서 중요한 것은 각 주체의 상호협력관계가 요구되는 시점에서, 이들 간의 긴밀한 협조체계가 이루어지기 위해서는 이상에서 언급한 바와 같이 각 서비스주체간의 치안활동에 대한 인식전환과 역할정립 그리고 협력체계 및 관계 개선이 적절하게 이루어질 때 가능하다는 것이다.[35] 이들 서비스주체간의 상호협력관계의 개선은 치안서비스의 양적·질적 수준향상을 위한 것임은 이론의 여지가 없을 것이다. 결론적으로 이들 각 주체는 범죄예방 및 손실예방과 관련하여 자신만의 고유한 영역을 가지고 다른 주체들과 관계를 형성하여 상호작용하고 있음을 알 수 있다. 따라서 거시적인 차원에서 볼 때 각 주체들은 복잡한 역학관계를 형성하고 상호 간에 원인과 결과를 순환적으로 제공하는 모습을 보여준다. 이는 어느 한 부분이 제기능을 하지 못했을 경우 그 성과를 극대화시키기가 어렵다는 것을 의미한다.

35) 최선우(2001), 앞의 책, p. 188.

제4편

민간경비의 실제

제16장 위험관리

제17장 국가중요시설의 경비

제18장 금융시설의 경비

제19장 판매시설 · 의료시설의 경비

제20장 경 호

제21장 공연 · 행사장의 안전관리

제4편에서는 이상에서 논의한 것을 바탕으로 민간경비가 현실적으로 각 분야에 어떻게 운용되고 있는지를 살펴보고자 한다. 그리고 이에 앞서 위험관리(危險管理, Risk Management)에 대해서 논의하고자 한다. 이는 실질적으로 민간경비시스템을 운용하는데 기본적으로 요구되는 접근단계라고 할 수 있다.

다음으로 각각의 보호대상에 민간경비가 실질적으로 어떻게 운용되는지를 살펴보고자 하였다. 먼저, 시설경비와 관련하여 국가중요시설, 금융시설, 판매시설/의료시설을 대상으로 접근하였다. 그리고 민간경비의 한 영역인 경호와 최근 정부 및 기업 차원에서 각종 공연 및 행사가 빈번하게 이루어지고 있는데, 이와 관련된 민간경비의 안전관리와 관련하여서도 다루고자 하였다. 물론, 이 밖에도 민간경비의 활동 영역은 무궁무진하다고 본다. 다만, 여기에서는 민간경비의 실제 영역과 관련하여 몇 가지를 선정하여 이를 중심으로 살펴보고자 한다.

제16장
위험관리

제1절 기본논의

실질적으로 모든 개인 및 조직은 내부환경을 통제하고 외부환경과 상호작용하는 과정에서 발생할 수 있는 일정하게 내재한 위험(Risk)을 처음부터 어느 정도 예상하고 있다. 이와 관련하여 예컨대, 보험회사에서는 일정한 사람 및 시설에서 발생할 수 있는 위험을 예측하여 이를 상품으로 판매하게 된다. 고객 역시 아무렇게나 보험상품을 이용하는 것이 아니라 스스로 판단하여 발생 가능성이 높은, 그리고 문제 발생시, 많은 비용이 들어가는 사고 및 질병 등에 대해서 보험가입을 하게 된다. 바꿔 말하면, 위험과 비용 정도에 따라 신체, 건물, 차량, 발명품, 금전 등과 같은 가치 있는 모든 것에 대해 보험에 가입하도록 하는 것이다.

따라서 일정한 규모를 가지고 있는 대부분의 조직은 관리자 차원에서 위험관리부서를 운영하고 있다. 이들 위험관리부서의 관리자들은 고용주에게 노출된 위험성을 평가하고, 그러한 위험성을 상쇄할 수 있는 보험에 가입하게 된다. 이러한 위험에는 화재, 침입 절도, 내부절도, 재난, 과실과 근무태만, 직원 및 제3자에 대한 상해 등을 들 수 있다. 따라서 어떻게 보면, 위험이라는 것은 보험과 밀접한 관련성이 있다고 본다.

보험과 마찬가지로 민간경비 역시 발생 가능한 위험에 대해서 어떠한 대책을 수립하는 것이다. 다만, 보험에서 의미하는 위험과 민간경비에서의 위험은 차이가 있다. 그렇다고 해서 양자가 의미하는 위험이 전적으로 다른 것은 아니다. 오늘날 보험상품은 질병뿐만 아니라 화재, 사고, 그리고 범죄피해 등 개인과 조직이 겪을 수 있는 모든 손실 분야를 망라하고 있다. 따라서 고객의 입장에서 일정한 사고가 발생하게 되면, 보험회사와 민간경비 양자에 대해서 책임을 물을 수 있고, 또 양자는 상호 간의 책임 범위에 대해서 다툼이 발생하는 경우도 있다. 그렇다면, 보험과 민간경비의 근본적인 차이점은 무엇인가?

이는 무엇보다도 위험과 관련하여 사전예방(事前豫防)에 초점을 두고 있는지, 아니면 사후대응(事後對應)에 초점을 두고 있는지의 문제라고 본다. 보험은 위험발생 전에는 아무런 의미가 없게 된다. 따라서 보험은 근본적인 처방이 되지 못하기도 한다. 보험은 단지 금전적인 보상에 불과하기 때문이다. 예컨대, 화재 · 범죄로 사망한 경우나 이로 인해 회복하기 어려운 부상을 당한 경우, 보험은 피해당사자에게는 그다지 의미가 없다고 본다.

반면, 민간경비는 기본적으로 위험에 대한 사전예방에 초점을 두고 있다는 점에서 의미가 있다. 민간경비에 의해 보호대상이 안고 있는 위험을 사전에 최적의 방법으로 예방을 할 수 있다면, 위와 같이 회복하기 어려운 피해는 경험하지 않아도 되기 때문이다. 그러나 민간경비가 아무런 과실 없이 최선을 다해 예방활동을 했음에도 불구하고 피해 또는 손실이 발생할 경우에는 어떠한 보상을 기대하기가 어렵다. 결국, 개인과 조직은 보험과 민간경비 등을 적절하게 활용함으로써 위험에 대한 최적의 사전예방 · 사후대응 방법을 모색할 수 있을 것이다.

그런데, 일반적으로 개인 및 기업에서 이러한 보험문제 등을 담당하는 위기관리부서의 역할과 중요성은 전반적으로 인식하고 있는 반면, 일부는 민간경비부서 및 이의 역할의 중요성에 대해 여전히 제대로 된 인식을 하지 못하고 있다. 객관적으로 말해서 민간경비부서의 관리자들보다 누가 더 직접적으로 조직의 위험관리를 할 수 있을 것인가? 사실, 위험관리자들은 중간 수준 정도의 보험 가입을 통해서 조직의 손실을 최소화시키려고 한다. 그러나 이러한 위험관련 업무의 주체는 오히려 그러한 위험의 예방을 위해 프로그램을 개발하고 적용하는 책임을 지고 있는 민간경비 관리자들이 되어야 한다고 본다.[1)]

결론적으로, 민간경비부서의 관리자들이야말로 조직 내에서 위험관리를 맡는 진정한 당사자들이라고 볼 수 있다. 그러나 이러한 주장을 하기 위해서는 적어도 민간경비 관리자들이 고용주에게 노출된 위험성과 관련된 문제들을 확인하고, 확인된 위험요소를 분석하고, 그에 따라 대응해야 할 우선순위를 설정하고, 설정된 위험을 감소 또는 제거할 수 있는 방법을 모색할 수 있는 전문성과 능력이 있어야 할 것이다. 아울러 조직의 민간경비부서에 대한 적극적인 지원이 이루어져야 함은 물론이다. 이 장에서는 이러한 위험관리와 관련된 제반 사항을 중심으로 살펴보기로 한다.

1) Burstein, Harvey(1994), Introduction to Security, New Jersey: Prentice Hall, pp. 86~87.

제2절 위험관리의 과정

위험관리(Risk Management)는 모든 개인 및 조직에 있어서 어느 정도의 차이는 있지만 근본적으로 이루어지고 있다. 이는 더 나아가 지역사회, 그리고 국가 차원에서까지 이루어지고 있다.

위험관리의 중요성에 대해 충분한 인식을 하지 못하고 이에 대한 적절한 대응책을 마련해 두지 않으면, 결과적으로 피해자가 될 가능성이 높다고 할 수 있다. 물론, 많은 사람은 위험에 대한 두려움은 있지만 자신에게서는 직접 발생하지 않고 다른 사람이 겪는 일로 생각하는 경향을 가지고 있다. 또 한 번 피해를 당한 사람들은 '두 번 다시 그러한 위험을 당하지는 않겠지'하는 마음을 갖기도 한다. 그러면서도 한편으로는 한번 그러한 위험상황을 경험하게 되면 그것에 대한 두려움은 내면화되고, 따라서 두 번 다시 이를 경험하기를 원치 않을 것이다.[2)]

아래 표에서 보는 바와 같이 위험관리의 과정은 기본적으로 5단계를 거치면서 이루어지게 된다. ㉠ 위험요소의 확인(Identifying Risks), ㉡ 위험요소의 분석(Risk Analysis), ㉢ 우선순위의 설정(Setting Priorities), ㉣ 위험요소의 감소(Reducing Risk), 그리고 ㉤ 안정성 · 보안성의 감사 · 평가(Security Audits)로 나뉜다.[3)] 마지막의 안전성 · 보안성 평가 · 감사활동은 각 단계에 대해 점검하는 것으로서 일종의 환류과정이라고 할 수 있다.

2) Crowe, Timothy(2000), Crime Prevention Through Environmental Design, Boston: Butterworth Heinemann, p. 31.

3) Burstein, Harvey(1994), op. cit., pp. 87~96.

위험관리의 기본과정

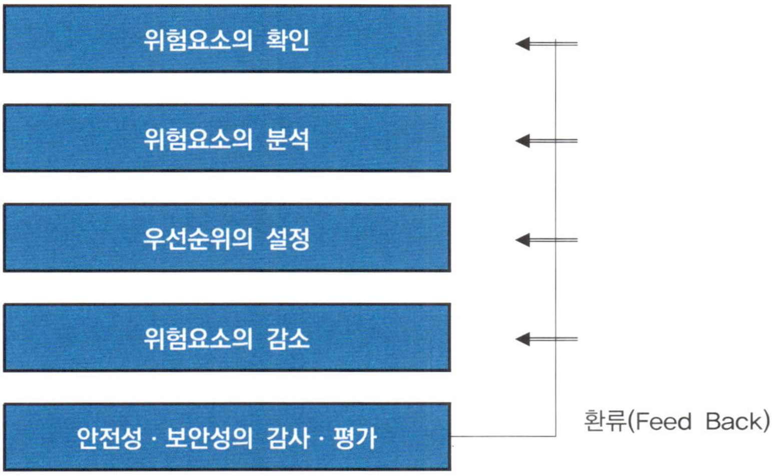

1. 위험요소의 확인

1) 위험의 의미

위험(危險)이라는 용어는 보는 관점에 따라서 다양하게 정의 될 수 있다. 민간경비 상에서 논의되는 '위험'은 어떠한 인적 · 물적 대상이 육체적 상해, 경제적 손해 및 손실 등과 같은 위험에 노출될 가능성을 의미하는 것이라고 할 수 있다.[4] 아울러 인적 대상의 경우 육체적 피해(경우에 따라서는 죽음까지 포함)뿐만 아니라 정신적 피해 역시 고려되어야 할 것이다. 따라서 민간경비의 관점에서 위험요소를 확인한다면, 우선적으로 '피해, 손해 및 손실을 겪게 될 가능성이 있는 자산(사람 포함)은 어느 것인가?'라는 첫 번째 질문에서 출발하게 된다.

물론, 이에 대한 현실적인 답변은 '모든 자산은 보호받을 가치가 있다'는 것이다. 여기에는 유형(有形) 및 무형(無形)의 자산과 직원들도 포함된다. 또 어떤 경우에는 조직구성원이 아닌 제3자 역시 고려 대상이 되기도 한다. 이와 관련하여 예컨대, 소매점에 물건을 구입하러 온 소비자, 호텔과 모텔 같은 숙박업소의 손님, 그리고 대중교통시설을 이용하는 승객 등을 들 수 있다. 사실 어떤 조직이든 그 조직에 속한 모든 자산은 보호가치를 가지고 있으며, 따라서 이를 확인하는 것은 특별히 어려운 일이 아니라고 볼 수 있다.

4) Ibid., p. 87.

2) 보호가치의 상이성

여기에서 중요한 것은 사용자의 입장에서 볼 때, 모든 자산이 동등한 보호가치를 가지고 있지 않다는 점이다. 예컨대, 보석판매자는 고가의 다이아몬드뿐만 아니라 그다지 비싸지 않은 보석류까지 함께 판매한다. 그러나 분명한 것은 다이아몬드가 보다 보호가치가 있다는 점이다. 결론적으로 보호대상의 범위를 확인하는 작업보다는 그러한 보호대상 가운데 어떠한 것을 우선순위에 두고 특별한 보호를 해야 할 것인지를 결정하는 일이 보다 어렵다는 것을 인식할 필요가 있을 것이다.

2. 위험요소의 분석

따라서 모든 자산이 동일한 보호가치를 가지고 있지 않다면, 이에 대한 동일한 보호전략을 취할 필요는 없다고 본다. 자산의 보호가치가 동일하지 않다면, 하나의 기준만 가지고 예방 및 보호프로그램을 수립·운영하는 것은 비용/효과적이지 못하다는 것을 의미한다. 따라서 자산의 개별적 유형에 따라 영향을 미칠 수 있는 위험요소에 대한 분석이 이루어져야 할 것이다. 이는 보호대상의 유형에 따라 다양한 수준의 보호계획을 수립하는데 도움을 줄 뿐만 아니라 보호대상의 우선순위를 적절하게 설정하는데 있어서도 유용하다고 본다.

1) 위험상황의 현실적 인식

민간경비관리자들이 이러한 위험요소를 분석하는데 우선적으로 '현재에 처한 상황 자체'(Reality)에 초점을 두어야 한다. 여기에서 중요한 것은 위험분석 대상(사람 또는 시설 등)이 실질적으로 무엇과 관련되어 있는지를 명확히 파악하는 일이다. 그런데 주의할 것은 가장 발생 가능성이 없는 사건이 발생할 수도 있으며, 따라서 단지 과거의 사건자료 등에 기초를 두고 보호계획을 수립하게 되면, 현재 처해있는 상황을 제대로 고려하지 못하게 될 수도 있다. 바꿔 말하면, 과거의 관련 자료를 토대로 발생사건을 예상하여 준비한다 할지라도 기대했던 사건이 발생하지 않을 수도 있기 때문이다.

물론, 과거의 관련 자료가 전혀 의미가 없다는 것은 아니며, 따라서 이 역시 충분히 고려되어야 한다. 그러나 그것이 고려해야 할 유일한 기준은 아니라는 점이다. 마찬가지로, 위험요소를 분석하는데 가장 중요한 것은 향후 이의 결과가 보호대상에 대한 보호수준의 우선순위를 설정하고 적절하게 실행하는데 활용되어야 하기 때문에 분석절차가 합리적이고 신중하게 이루어져야 할 것이다.

2) 위험발생 가능성 분석

이를 위해서는 각각의 보호대상에 대해서 두 가지 사항이 반복적으로 검토되어야 할 것이다.[5] 두 가지 검토사항이라는 것은 바로 '㉠ 낮은 수준의 위험발생 가능성'(Possibility)과 '㉡ 높은 수준의 위험발생 가능성'(Probability)이 어느 정도냐 하는 것이다. 사전적 의미로 본다면 'Possibility'는 상황 여하에 따라 발생할 수 있는 정도이며, 'Probability'는 십중팔구의 발생 가능성을 가지고 있다고 볼 수 있다. 따라서 민간경비 관리자의 관점에서 본다면, 위험성과 관련하여 '높은 수준의 발생 가능성'을 안고 있는 보호대상에 대해서는 '낮은 수준의 발생 가능성'보다 많은 고려(상위의 경비 · 보호계획의 수립 등)를 해야 한다는 것을 의미한다. 유괴범죄와 관련하여 누구나 그 대상이 될 수 있지만, 어린이의 경우 그 가능성이 훨씬 높은 것이다.

이와 같은 합리적인 기준은 자산의 상해, 손해 및 손실 등과 관련된 모든 위험요소의 분석에 있어서 적용되어야만 할 것이다. 이와 관련하여 예컨대, 모든 건물은 방화, 사고, 전기적 문제, 그리고 알 수 없는 원인 등에 의한 화재의 위험성을 안고 있다. 모든 건물은 화재의 발생 가능성을 어느 정도 안고 있다는 점이다. 그런데 이 가운데 특히, 화재의 발생 가능성이 높은 건물이 있는데, 여기에 살수장치를 설치하고, 화재지연소재를 사용하여 시공을 하고, 근무자가 전원을 모두 끄고 퇴근하였다면, 화재가 발생하여도 상대적으로 피해는 경미할 것이다. 반대로, 만약 그 건물에 살수장치가 설치되지 않고, 화재지연소재 등을 사용하지 않았다면 화재를 최소화하는 것은 어려울 것이다.

한편, 화학물질이나 가스 등과 관련된 업종의 회사는 여성의류나 남성의류를 생산하는 회사보다 훨씬 높은 폭발의 위험성을 안고 있다. 그리고 스포츠용품을 생산하는 회사의 사장실보다는 은행과 같은 금융시설이 무장 강도의 피해대상이 될 가능성이 높다. 그리고 여러 지역에 체인점을 가지고 설치된 쇼핑몰 또는 음식점보다는 정치적 · 사회적 · 경제적 불안정으로 어려움에 처한 국가에서 운영되는 다국적 기업이 테러의 대상이 될 가능성이 높다. 물론, 의류제조회사 역시 폭발의 위험성을 가지고 있으며, 스포츠용품 제조회사의 사장실 역시 무장 강도의 위험성이 있고, 각 지역에 체인점을 가지고 운영하는 소매점 역시 범죄 및 테러의 대상이 될 위험성은 충분히 가지고 있다.

그러나 민간경비관리자들은 보다 높은 발생가능성에 초점을 두고, 아울러 회사의 규모 등을 고려하여 보다 세밀하게 위험요소를 분석해야 한다는 점이다. 만약 사용자의 회사 또는 사업장이 한 지역에만 설립되어 있다면 각 자산과 관련된 위험의 발생 가능

5) Ibid., p. 88.

성 분석은 쉽게 이루어질 수 있다. 그러나 만약 전국의 각 지역에 회사 또는 사업장(예: 홈플러스나 이마트 등과 같이 전국적으로 설치된 대형 쇼핑센터 등)이 설립되어 있다면, 이는 또 다른 문제가 된다. 그리고 특히, 회사 또는 기업이 국제적으로 설치되어 있을 경우, 위험성(종업원의 안전, 테러 위협 등)은 높게 나타날 것이다.

결론적으로, 위험요소의 분석은 세 가지 요인이 고려되어야 한다고 본다.[6] 첫째, 기업에 역효과를 가져다줄 높은 수준의 위험발생 가능성(Probability)이 어느 정도 인지를 파악해야 한다. 둘째, 모든 자산이 동일한 보호가치를 가지고 있는 것은 아니기 때문에, 자산 가운데 가장 침해 또는 피해 가능성이 높은 자산을 확인해야 한다. 셋째, 보호대상이 어느 정도의 지역적·공간적 범위(단일지역인지, 전국적인지, 아니면 국제적인지 등)를 갖고, 어디에 위치해 있는가를 확인해야 한다. 이는 위험발생의 가능성과도 관계를 갖는다고 볼 수 있다.

3. 우선순위의 설정

1) 우선순위 설정의 필요성

모든 기업 또는 공공시설의 경우, 민간경비와 관련된 예산이 책정되어 운영되고 있다. 여기에서 민간경비관리자는 경비대상의 보호수준을 보다 향상시키고, 비용/효과적이며, 단기간 내에 투자 원금을 회수할 수 있다면, 관련 예산의 추가배정을 제안할 수도 있을 것이다.

그러나 정규적인 시큐리티시스템의 운영은 일차적으로 주어진 예산의 범위 내에서 위험발생 가능성을 최소화시키는데 기초를 두어야 한다는 점에는 변함이 없다. 사용자의 입장에서 기업의 예산배정은 우선적으로 사업목적에 초점을 두고 이루어지기 때문이다. 따라서 민간경비 관련 추가비용이 항상 예비비로서 준비되어야 할 필요가 있는 것은 아니기 때문에 민간경비관리자는 관련 운영예산을 계획하고, 제안하는데 이러한 점을 명심해야 할 것이다.

따라서 민간경비관리자들이 모든 자산을 보호하는데 관심과 노력을 기울여야 하지만, 한편으로는 주어진 예산범위 내에서 적절한 운용계획을 세워야 할 것이다. 이 문제는 결국 모든 보호대상을 동일한 비중을 두고 접근해서는 안 되며, 보호대상의 보호가치에 따라 차별화 즉, 우선순위를 설정해야 한다는 것을 의미한다.

6) Ibid., p. 89.

2) 우선순위 설정의 어려움

일반적으로 모든 사람은 살아가면서 일정한 선택상황에 놓이게 되고, 그에 따라 우선순위를 설정하게 되는데, 이는 매우 일상적으로 발생하며, 따라서 그다지 어려운 일이 아니라고 생각할 수도 있다. 사실, 우리 일상생활에서 어떠한 우선순위를 설정하는 것은 항상 반복적으로 일어나는 일이기 때문이다. 예컨대, 학생들은 정규교과과정보다는 시험공부에 높은 우선순위를 두고 있다. 병원응급실은 단순 골절상을 입은 환자보다는 사고나 범죄에 의해 과다출혈 된 환자를 치료하는데 우선순위를 두게 된다. 또 항공사는 다른 승객들보다 일등석 승객에 대해서 배려를 하게 된다.

이와 같은 우선순위는 알려진 사실에 기초를 두고 이루어짐을 알 수 있다. 학생들은 반복적으로 이루어지는 정규교과과정보다는 시험에 통과하는 것이 중요한 일이라는 것을 알고 있다는 것이다. 병원응급실 관계자들은 과다출혈 된 환자는 사망까지 이르게 될 수 있는 보다 어려운 문제를 내포하고 있다는 점을 알고 있다는 것이다. 마찬가지로 항공사는 특정 승객에 대해서 보다 많은 서비스를 제공하는 것이 사업상 유리하다는 사실을 알고 있다는 점이다.

그러나 이와는 대조적으로 민간경비관리자가 보호대상에 대한 우선순위를 설정하는 것은 쉬운 일이 아니다. 민간경비관리자는 언제, 어디에서 사건이 발생할 것인가에 대한 정확한 확신을 하지 못하고, 단지 어떠한 위험의 발생 가능성이 높다는 것 자체만으로 우선순위를 설정해야 하기 때문이다. 그러나 그것만으로는 충분하지 않다. 따라서 우선순위를 설정하는데 다른 요인들을 고려하면서, 통상 자신들의 전문적 지식과 경험을 토대로 접근할 수밖에 없을 것이다.

3) 우선순위의 결정 요소

그렇다면, 단순히 높은 위험발생 가능성 문제는 차치하고 보호대상에 대한 우선순위를 설정하는데 고려되어야 할 것이 무엇인지를 파악할 필요가 있다. 이는 무엇보다도 위험발생 가능성이 현실화되었을 때 조직에 미치는 영향 즉, 파급효과가 어떻게 나타나느냐를 기준으로 해야 한다는 점은 분명하다.[7] 아마도 이 점이 가장 명확한 설명이 될 수 있을 것이다.

예컨대, 제약회사의 연구개발부서가 새로운 암 치료제를 개발하고 있는데, 그에 대한 개발이 완료되고, 테스트 및 사용 허가까지 취득했다면, 이는 회사로서는 천문학적인

7) Ibid., pp. 89~90.

가치를 가지고 있다고 볼 수 있다. 이는 해당 제약회사의 저장창고에 이미 개발된 감기약(기존의 다른 제품과 특별한 차이가 없는)이 저장되어 있는 것보다는 가치가 훨씬 높은 것이다. 이러한 상황에서 기존에 상용화된 감기약에 대한 보호보다는 암 치료 관련 연구개발정보를 공모하여 절도와 같은 범죄 및 다른 형태의 손실로부터 보호하는 것은 다른 어떠한 것보다도 높은 위선순위를 두어야 할 것이다.

그리고 일반적으로 화재는 호텔과 같은 숙박시설에서 발생할 가능성이 높기 때문에 건물과 객실 내에는 화재 지연소재를 사용하고, 곳곳에 살수장치가 설치되어 있다. 그러나 여전히 화재가 발생했을 때 시설 내에 있는 사람들은 높은 위험에 노출되어 있다. 따라서 화재가 발생하게 되면, 투숙객(이 가운데 일부는 장애인도 포함)과 종업원들은 대피할 수 있어야 한다. 그리고 이 가운데 어떠한 특별한 도움 없이 이동할 수 있는 투숙객이나 종업원보다는 거동이 불편한 노약자와 장애인들이 우선적으로 대피할 수 있는 방법이 강구되어야 한다.

이러한 예를 보다 확대하여 접근한다면, 다른 회사와 마찬가지로 제약회사는 연구개발부서가 위험에 처하게 되는 것을 원하지 않을 것이다. 그러나 그렇게 되었을 경우 천문학적인 이익손실과 대중적 이미지 손실을 경험하게 될 것이다. 마찬가지로 호텔에 화재가 발생했을 경우, 대피상황에서 도움이 필요한 노약자와 장애인에 대한 적절한 조치가 취해지지 못했을 경우 호텔의 책임과 악화된 이미지, 그리고 향후의 이용객 저하 등의 문제로 인해 호텔은 문을 닫게 될 수도 있을 것이다.

결론적으로, 민간경비관리자는 보호대상 가운데 기업에 가장 많은 악영향을 미칠 수 있는 위험의 발생 가능성에 대해서 보다 우선순위를 두어야 할 것이다. 이렇게 본다면 위험의 발생빈도보다는 발생결과가 더 중요하다는 것을 의미한다. 양보다는 질이 우선시된다고 볼 수 있다.

다음으로 각각의 보호대상 가운데 상대적으로 위험의 발생 가능성이 높은 것(위험의 발생빈도가 높은 것)을 고려해야 할 것이다. 어떠한 특정사건 및 사고는 다른 사건 및 사고보다 자주 발생할 가능성이 있으며, 경우에 따라서는 양자가 모두 발생할 수도 있을 것이다. 예컨대, 은행강도 사건은 대부분 개장시간 동안인 낮에 발생하는 반면, 은행침입절도나 현금인출기내의 현금절도 사건은 야간에 발생하게 되는데, 이들 사건 모두가 발생할 수도 있을 것이다.

이상과 같이 민간경비관리자는 만약 어떠한 사건이 발생하여 손실이 발생하였을 경우, 그것이 회사나 공공시설에 미칠 영향을 고려해야 할 것이다. 이상과 같은 위험요소의 분석이 이루어지고 난 다음에서야 비로소 우선순위를 설정할 수 있을 것이다.

논리적으로 보면, 보호대상 가운데 가장 높은 우선순위는 상해, 손실 및 손해 등의 위험이 발생했을 때, 그 가운데서 조직의 정상적 운영에 가장 큰 악영향(심지어는 조직의 생존과 직결되는)을 미치는 자산에 두어야 한다는 것을 의미한다.

4. 위험요소의 감소

그런데 현실적으로 경비 및 보호대상에 내재하는 위험요소를 완전히 제거하는 것은 불가능하다고 본다. 더욱이 회사와 공공시설 등과 같은 조직은 그 자체가 하나의 실체를 가지고 있다기보다는 개개의 사람들이 모여서 만들어진 것이며, 이들은 완벽한 존재가 아니기 때문에 일정부분의 손실은 발생할 수밖에 없을 것이다.

1) 관련 프로그램의 개발 및 시뮬레이션

따라서 계획된 민간경비 관련프로그램을 통해 조직에 내재하는 위험요소들을 가능한 제거하고, 이를 통해 손실비용을 최소화하도록 해야 한다. 이를 위해서 민간경비관리자는 주어진 상황에 맞는 적절하고, 서로 다른 접근방법을 개발·적용해야 할 것이다.

예컨대, 민간경비관리자는 요인(VIP)의 이동과 관련하여 발생 가능성이 있는 위험을 감소시키고, 이의 보호 및 경호수준을 높이기 위해서 이용 가능한 첩보 및 정보에 기초를 두고 작성한 안전지침을 시의적절하게 보고할 필요가 있다. 또 비상사태 및 재난 등이 발생한 경우, 민간경비관리자는 현지의 상황을 최대한 적절하게 평가·분석하여 손실위험을 최소화하는 조치를 취해야 할 것이다. 그러나 대부분의 경우, 위험과 손실 등을 최소화하는 주요방법은 민간경비 관련정책과 절차를 활용하는 것이라 할 수 있다. 사전에 위험대응 관련 시뮬레이션(Simulation) 등을 통해 마련된 기본적인 대응방안과 대응절차를 통해 주어진 상황에서 적절하게 활용하는 방법이 기본적으로 이루어져야 한다고 본다.

2) 직원들과의 협력적 상호관계 구축

이러한 점에서 민간경비관리자는 평상시 동료직원(부하직원 및 다른 부서의 직원 포함)과 좋은 상호관계를 형성·유지하는 것이 무엇보다도 중요하다고 본다. 그러나 부하직원들과 좋은 관계가 형성되어 있다 할지라도, 또는 각 부서의 관리자들이 기꺼이 협조하고자 한다할지라도 일반적으로 직원들(특히 다른 부서의 관리자 및 감독자)에게 비상대응에 대한 적절한 지시가 이루어져 있지 않으면 상호관계를 형성·유지하기가 어렵다. 그러한 지시사항은 사전에 조직전체 구성원들에게 안내·학습된 정책과 절차를 통해서 이루어져야만 할 것이다.

따라서 회사 및 공공시설 등에서 민간경비와 관련되어 있는 사안은 거기에 상응하는 민간경비부서와 다른 부서 간에 상호협력(또는 다른 부서의 협조)을 필요로 하는 정책과 절차가 있다는 것을 의미하는 것이다. 물론, 그러한 정책과 절차와 관련된 실질적인 문제는 민간경비 관련 프로그램을 회사 집행부에서 어느 정도 지원을 해주고 있느냐의 여부, 민간경비부서의 특성화 · 전문화 정도, 그리고 민간경비관리자가 다른 부서의 관리자들에 대해 어느 정도의 영향력을 행사할 수 있는지의 능력 여부 등에 크게 달려있다고 볼 수 있을 것이다.

3) 정형화된 지침서의 개발

그러나 이와 같은 부서간의 상호협력 외에도 대부분의 민간경비 관련정책과 절차는 직접적으로 보호기능과 관련된 일들을 다루게 되며, 그러한 정책과 절차는 민간경비관리자에 의해 작성되어 '문서화'(文書化)할 필요성이 있다.

이렇게 하여 작성된 민간경비 관련정책과 절차에서는 조사, 폭탄 위협, 독자적으로 가지고 있는 정보의 보호, 운송 중인 자산의 보호, 소화물 검색 · 검열, 직원의 신원확인, 시설내의 접근 통제, 화재 및 다른 비상사태의 대응, 안전성 · 보안성의 감사(Security Audits), 민간경비 관련회의, 계약경비의 이용에 대한 제안, 시설 내의 특정 지역에 직원 및 제3자의 행동을 감시할 수 있는 감시카메라의 설치, 그리고 민간경비원에 의한 압수와 수색 등과 같은 수많은 관련업무 등을 모두 포함하고 있어야 한다.

그리고 마련된 민간경비 관련정책과 절차가 제대로 적용되고, 최대한으로 활용되기 위해서는 그러한 내용들이 명확하고 엄격한 형태의 '지침서'(Guidelines)로 개발되어야 할 것이다. 이는 일종의 '표준운영절차'(SOP: Standard Operational Procedures)를 의미하는 것이다. 이러한 지침서를 통해 실질적으로 여러 부서의 관리자들이 규정된 정책과 절차를 준수 · 적용함으로써 그 성과를 높일 수 있기 때문이다. 이는 또한 환경변화에 따라 민간경비 관련정책과 절차를 개발하는데 드는 시간과 비용을 절감할 수 있게 해준다.

물론, 만들어진 민간경비 프로그램이 명확성과 엄격성을 원칙으로 하되 어느 정도 융통성을 가질 경우, 그리고 전혀 융통성이 없이 엄격하게 적용될 경우 등이 고려되어야 할 것이다. 예컨대, 회사 내에 어떠한 사고가 발생했을 경우 비록 하위부서의 관리자가 그 문제를 다루는데 일정한 재량을 가지고 있을지라도, 그 문제를 접한 회사의 최고 관리층 관계자의 명령은 명확해야 한다는 것을 의미한다.

반면, 시설 내에 유입되는 소화물, 지갑, 또는 서류가방 등에 대한 수색과 같이 민감하고 잠재적으로 직원과 여론관계에 모두 악영향을 미칠 수 있는 문제에 대해서는 어떠한 상황에서, 어떠한 방법으로 수색이 이루어져야 할 것인가에 관한 보다 상세한 규정을 두는 것이 일반적으로 유용하다고 본다.

4) 적절한 실행 및 준수

비록 체계적으로 문서화되고, 예정된 민간경비 관련정책과 절차라 할지라도 그것들이 적절하게 실행되지 못한다면, 아무런 의미가 없을 것이다. 더욱이, 다른 부서와 협력적 관계를 형성하고 있을지라도 민간경비 관련정책과 절차에 영향을 미칠 수 있는 인사의 변화가 이루어질 수 있다.

이러한 상황에서 이는 민간경비관리자는 정기적으로 관련 정책과 절차의 실행단계를 결정하고, 일단 이것들이 실행되면, 여러 관계자들이 인사의 변화와는 관계없이 이에 순응할 수 있도록 하는 방법을 강구하고 있어야 할 것이다.

5. 안전성 · 보안성의 감사 · 평가

1) 안전성 · 보안성의 감사 · 평가가 갖는 의미

이상에서 살펴본 바와 같이 위험관리는 어떠한 보호대상이 안고 있는 위험요소를 확인하고, 이를 분석하고, 이에 대한 우선순위를 설정하고, 이를 감소시키는 활동이라고 할 수 있다. 그러나 이것으로 끝난 것은 아니다. 이러한 제반활동이 적절하게 이루어지고 있는지를 감사 · 평가하는 작업이 주기적으로 이루어져야 하기 때문이다. 따라서 민간경비의 총괄책임을 맡고 있거나, 또는 지역적으로 책임을 맡고 있는 관리자가 실시하는 안전성 · 보안성의 감사 · 평가는 다음과 같은 4가지 차원에서 의미가 있다.[8)]

첫째, 조사받는 시설물의 물리적 안전성 · 보안성 상태를 재검토할 수 있는 기회를 제공해 준다. 예컨대, 경비조명, 경보장치가 정상적으로 작동하는지를 점검할 수 있다. 둘째, 민간경비부서의 운영에 있어서 주목할 만한 문제점이 있는지의 여부를 재검토 할 수 있게 해준다. 셋째, 민간경비 관련프로그램의 실행과 유지 상태를 파악할 수 있을 뿐만 아니라 감사 · 평가하는 부분이 모든 민간경비 관련정책과 절차에 맞게 이루어지고 있는지를 확인할 수 있게 해준다. 이는 어떻게 보면 감사 · 평가 대상 및 방법이 적절하게 이루어지고 있는지를 스스로 평가할 수 있는 기회가 된다는 점을 의미한다. 마지막

8) Ibid., p. 92.

으로, 안전성 · 보안성의 감사 · 평가자는 이를 토대로 민간경비 담당자에게 일정한 제안을 하여 일정한 개선 및 협력관계를 이끌어 낼 수 있을 것이다.

2) 감사 · 평가 방법의 정형화

일반적으로 민간경비 관련 프로그램과 특히, 시설에 대한 감사 · 평가가 최대한의 성과를 얻어내기 위해서는 그러한 활동이 일정하게 정형화된 형식과 절차 속에서 이루어지도록 하는 것이 무엇보다도 중요하다.

만약 그러한 기본형식과 절차를 따르지 않게 된다면, 아주 많은 경험과 지식을 가지고 있는 민간경비 관리자일지라도 어떤 감사 항목을 간과할 위험이 있기 때문이다. 왜냐하면 이러한 감사 · 평가 절차는 안전성 · 보안성과 관련된 많은 항목을 조사하기 위해 설계된 것이기 때문에 규정된 기본형식과 절차를 따르지 않으면 자칫 누락되거나 소홀히 할 가능성이 있는 것이다. 또한, 경우에 따라서는 단일조직은 감사 · 평가되는 대상에 따라 약간의 차이를 갖는 두 가지의 감사 · 평가기법을 개발함으로써 이점을 가질 수도 있을 것이다.

예컨대, 자체적인 영업부서와 서비스부서를 가지고 있는 제조회사는 모든 생산 공장과 다른 여러 부서가 기본적으로 동일하기 때문에 하나의 감사 · 평가형식을 사용하는 것이 유용하다는 것을 알게 될 것이다. 그러나 일반적 감사 · 평가형식이 동일하게 모든 경우에 적용될 수도 있지만, 부서 간의 운영되는 형태에 따른 어떠한 차이점이 존재하기 때문에 그에 내재하는 특별한 문제는 불가피하게 고려하지 않을 수 없을 것이다.

이는 감사 · 평가자가 생산 공장 또는 영업 및 서비스부서의 특징에 따라 적용되는 물리적 경비시스템(Physical Security System)의 수준을 고려해야 한다는 것을 의미한다. 그러나 비록 생산 공장의 외부에 있는 연료저장시설에 적용되는 보호시스템이 허가를 위한 합법적인 기준에 부합할지라도, 또 그 회사가 제3의 장소에 영업과 서비스부서를 설치하기 위하여 임대하게 된 경우는 정상적인 상황이라고 보기는 어렵다. 어떤 건물에 대한 접근통제가 이루어지는 것도 동일한 것이다. 비슷한 예로, 공장시설 내의 민간경비부서의 운영 상태를 재검토하는 것은 적절한 감사기능이 된다. 그러나 회사의 영업 및 서비스부서가 위치하고 있는 건물 내에서 나타날 수 있는 가능성은 동일하게 존재하지 않는다는 점이다.

다른 한편으로는 제조와 영업 및 서비스부서의 환경에 대한 감사행정 및 운영상의 평가는 각 부서가 안고 있는 동일한 문제들을 실질적으로 극복해 줄 수 있음은 물론이다. 회사 내의 고유한 정보의 보호(외부유출 및 파괴 등으로부터), 정규직원들의 신원을 확인할 수 있는 신분증의 발급과 이의 활용, 외부방문객에 대한 에스코트 실시 등은 동일하게 적용될 수 있을 것이다. 따라서 개별적이지만 아주 유사한 정형화된 감사 · 평가방법을 사용할 가능성은 얼마든지 있다고 본다.

3) 정기적인 감사 · 평가의 실시 및 기록

안전성 · 보안성의 감사 · 평가를 개념적 차원에서 볼 때, 안전성 · 보안성에 영향을 미칠 수 있는 물리적 환경의 변화가 없다고 해서 각 부서의 상태(또는 적어도 각 중요부서)를 정기적으로 감사할 필요가 없다고 가정하는 것은 옳지 못하다고 본다. 기업에 직접적인 영향을 미치지 않는 외부환경의 변화일지라도 안전성 · 보안성에 영향을 미칠 가능성이 있으며, 따라서 새로운 또는 서로 다른 물리적 경비수단을 항상 모색해야 한다.

그리고 이러한 경우가 아니더라도 각 부서의 물리적 통제가 적절하게 운영 · 유지되고 있는지에 대해 정기적인 감사 · 평가가 이루어져야 한다. 예컨대, 근무시간 이후에 모든 출입문이 안전하게 통제되고 있는지, 퇴근 후 서류함 등에 잠금조치를 제대로 하는지 등에 대해 살펴보아야 한다. 만약, 출입문이 통제되지 않거나 잠겨있지도 않고, 중요 문서함이나 개인 서류함의 열쇠가 아무렇게나 방치되어 있다면, 이는 물리적 통제가 적절하게 이루어지지 못하고 있음을 의미하는 것이다.

민간경비부서는 다른 일반부서가 불완전하게 안전조치를 하는 것에 책임을 질 필요가 있다. 그리고 이와 더불어 민간경비부서의 경비인원이 부족한지 아니면 초과된 것인지, 그리고 민간경비부서의 경비원 교육훈련이 적절하고, 충분하게 이루어졌는지 등을 주의깊게 살펴볼 수 있는 하나의 기회가 된다.

한편, 민간경비부서의 효율적인 운영을 위해서는 감사 · 평가된 내용을 적절하게 기록하고 유지 · 보존하는 것이 필요다고 본다. 주기적으로 오랫동안 적절하고 명확하게 기록된 감사 · 평가 자료는 민간경비부서를 보다 잘 활용할 수 있는 기회를 제공해 줄 것이다.

4) 관련 프로그램의 성과 검토

안전성 · 보안성과 관련된 감사 · 평가를 통해 달성할 수 있는 가장 의미 있는 일 중의 하나는 시설 내에서 실시되고 있는 모든 민간경비 프로그램이 어느 정도 성과(지금까지 실행되고 온 민간경비 관련정책과 절차, 감사 · 평가 받는 민간경비부서가 어느 정도 이에 순응하고 있는지의 정도 등)가 있는지를 판단할 수 있는 기회를 제공해 준다는 점이다.

조직 상부의 지시에 따라 민간경비부서에서 일정한 민간경비 프로그램을 운영하면,

다른 각 부서에서 이를 자동적으로 준수하고 순응할 것이라고 생각할 수도 있지만, 항상 그러한 것은 아니라는 점에 주의할 필요가 있다. 주어진 규정대로 항상 준수되는 것은 아니기 때문에 감사·평가를 통해 이러한 부분을 세밀하게 점검할 필요가 있다.

민간경비 관련 규정 및 정책의 준수·순응과 관련하여 예컨대, 회사 규정에 따라 직원들이 퇴근 후에 안전조치(자기 책상위에 어떠한 회사서류도 남겨두지 않고, 서랍에 넣고 잠금장치를 채우는 행위 등)를 제대로 취하고 있다면, 관련프로그램은 성공적으로 적용되고 있다고 볼 수 있다. 그리고 민간경비부서가 내부직원들에게 신분증의 제시 및 열쇠의 반납을 정당하게 요청하고, 안전관리 차원에서 부적절한 장소에 놓인 내부시설물 또는 물건을 적절한 장소로 이동할 것을 요구할 수 있다면, 이는 민간경비부서에 부여된 권한을 적절하게 행사하고 있다고 평가할 수 있다. 이 밖에도 감사·평가를 통해 민간경비부서뿐만 아니라 다른 모든 부서가 안전과 관련하여 효율적으로 운영되고 있는지를 재검토할 수 있는 좋은 기회가 될 것이다.

끝으로, 민간경비관리자가 감사·평가를 하고, 감사를 받는 부서의 경비책임자들과 어떠한 관계를 형성하느냐의 여부는 경비프로그램의 성공 혹은 실패에 중대한 영향을 미칠 것이다.

제3절 확인된 위험의 대응방법

일단 보호대상에 대한 어떠한 위험요소가 확인되면, 이의 관련된 위험발생 가능성을 감소시키기 위한 대안이 선택되어야 한다. 확인된 위험에 대응하는 방법은 논리적·체계적인 관점에서 이루어져야 한다. 위험에 대한 대응방법은 다음과 같은 6가지 차원에서 선택적으로 이루어질 수 있을 것이다.[9)]

1. 위험의 제거

위험관리에서 최선의 방법은 확인된 모든 위험요소를 제거(Risk Elimination)하는 것이라 할 수 있다.

예컨대, 고용한 직원이 사장 몰래 계산대의 돈을 넣어 두는 서랍에서 현금을 빼내어

9) Hess, Kären M. and Wrobleski, Henry M.(1996), Introduction to Private Security, N.Y.: West Publishing Company, pp. 439~440.; Crowe, Timothy(2000), op. cit., p. 31.

가는 위험성을 막기 위해서는 이들의 접근을 차단하면 가능하다. 그런데, 이처럼 직원의 접근을 철저하게 통제할지라도 어떠한 형태로든 직원이 접근할 수 있는 가능성은 항상 존재하며, 따라서 확인된 위험을 완벽하게 제거하는 것은 사실상 어렵다. 더욱이 잠재적 위험요소가 외부에 존재하고 있다면 아무리 철저한 방비를 할지라도 이를 예방하는 것은 쉬운 일이 아니다.

2. 위험의 회피

위험의 회피(Risk Avoidance)는 범죄 및 손실이 발생할 기회를 아예 제공하지 않는 것과 관련된다. 사실, 위험의 제거와 위험의 회피는 유사한 점이 많다. 그러나 위험의 제거는 적극적인 접근까지 고려되는 반면에, 위험의 회피는 주로 소극적인 접근방법을 주로 사용한다.

따라서 위험의 회피는 기본적으로 손실을 일으키는 수많은 활동 또는 노출을 감소시킴으로써 이루어진다. 예컨대, 유괴의 위험이 있다면, 아예 밖으로 외출하는 것을 금지함으로써 발생할 수 있는 위험을 피할 수 있을 것이다. 따라서 이는 어떤 활동을 계속함으로써 얻을 수 있는 이익보다 어떤 잠재적 손실이 클 것이라는 비용/편익분석을 통해서 정당화되는 소극적인 접근방법이라 할 수 있다.

3. 위험의 감소

완벽한 위험의 제거 또는 위험의 회피가 불가능하다면, 어떻게 보면 가장 현실적인 최선의 대응방법은 물리적·절차적 관점에서 위험을 감소(Risk Reduction)시키거나, 최소화하는 방법을 모색하는 것이다.

예컨대, 침입절도가 발생했을 경우 잠금장치, 경비조명, 경보시스템 등을 통해서 이들의 침입을 지연 또는 탐지함으로써, 발생할 수 있는 손실위험을 감소시키는 방법을 들 수 있다. 그리고 만약 보호대상의 가치가 매우 높으면, 그러한 위험감소 전략은 체계적으로 이루어져야 할 것이다.

4. 위험의 분산

어떻게 보면, 위험의 분산(Risk Spreading)은 위험의 감소 방법과 밀접한 관련이 있다. 이러한 접근 역시 발생할 수 있는 잠재적 손실을 감소시키는 하나의 방법이기 때문이다. 다만, 방법론적으로 위험성이 높은 보호대상을 한 곳에 집중시키지 않고 여러 곳에 분산시킴으로써 단일사건에 의한 손실을 감소시킨다는 점에서 특징이 있다.

위험의 분산에서는 거리, 위치, 그리고 시간 등이 적절하게 적용된다. 예컨대, 값비싼 보석을 한 곳에 모아서 진열하지 않고, 전시장 곳곳에 분산시켜 진열시키는 방법을 들 수 있다. 이렇게 되면, 절도범은 곳곳에 분산된 값비싼 보석을 일일이 확인해서 훔치는 것은 쉽지 않을 것이다. 물론, 이러한 위험분산은 분산된 위험을 개별적으로 관리해야 한다는 점에서 한편으로는 추가적인 경비비용이 들 수 있을 것이다.

5. 위험의 대체

위험의 대체(Risk Transfer)는 직접적으로 위험을 제거하거나 감소 및 최소화하기보다는 보험과 같은 대체수단을 통해서 손실을 전보하는 방법이다. 대부분의 기업 및 시설물은 화재나 그 밖의 자연재해에 대한 대책으로서 보험을 들고 있다. 또 개인 역시 범죄로 인한 일정한 상해 및 손실을 보상해 주는 보험상품이 있다. 그러나 보험금액 역시 적지 않은 부담이며, 더욱이 특정 손실에 대해서는 사실상 보험으로 회복하기 어려운 부분이 있다. 사건이 발생했을 경우 손상된 고객의 신뢰와 의기소침 해진 직원의 사기, 그리고 범죄피해를 당했을 경우 회복하기 어려운 피해자의 정신적 피해나 사망 등이 바로 그것이다.

따라서 분명한 것은 보험이 결코 민간경비 프로그램을 대신할 수 없다는 점이다. 한편, 위험을 대체시키는 방법으로 판매시설의 경우 제품의 판매가격을 높게 책정해서 판매하는 것도 들 수 있다. 많은 판매점에서 매장 내 절도로 인한 손실을 처음부터 고려하여 제품가격을 책정하고 있는데, 이 역시 많은 문제 및 한계가 있다.

6. 위험의 감수

위에서 살펴본 바와 같이 보호대상에 존재하는 모든 위험성에 대한 대응책을 개발하는 것은 한계가 있으며, 경우에 따라서는 불필요하기도 하다.

이는 바로 위험의 감수(Risk Acceptance) 또는 위험의 수용과 관련된 문제인데, 만약 자산의 가치가 별로 없다면, 발생한 사고 및 사건으로 입을 피해액도 낮고, 또 실제로도 발생 가능성도 낮다고 본다. 따라서 이러한 경우 최소한의 보호대책을 마련하거나 아니면 보호대상에서 제외하는 방법을 고려하게 된다.[10] 위험요소는 완벽하게 제거될 수 없으며, 따라서 일정부분은 어느 정도 감수해야 한다고 본다.

---

10) Eberhart, John A.(1994. 6/7), “Planning a Security System,” Security Technology and Design, p. 8.

7. 접근방법의 통합

사실, 이상에서 논의된 각각의 대응책이 뚜렷이 구분되는 것은 아니다. 그리고 저마다의 방법은 일정한 한계를 가지고 있기 때문에 확인된 위험요소에 대해서 통합적 관점에서 대응책을 개발하는 것이 최상의 위험관리 전략이라 할 수 있다. 따라서 보호대상에 대한 철저하고 체계적인 경비조사(Security Survey)를 통해, 보고된 분석결과를 통해서 가장 위험성이 높은 것부터 확인하고, 이에 대한 적절한 대안개발 및 대응이 통합적으로 이루어져야 할 것이다.

제17장

국가중요시설의 경비

제1절 기본논의

국가마다 약간의 차이는 있지만 국가안보 및 경제질서와 밀접한 관련성을 맺고 있는 국가중요시설(國家重要施設, National Critical Infrastructures)이 존재한다.

이는 개인의 자유와 권리의 보호 차원을 넘어서 국가라는 보다 거대한 존재의 안전과 밀접한 관련성을 갖는다. 그리고 이처럼 국가적으로 중요한 시설이 전적으로 국가가 소유한 시설에만 국한되는 것은 아니다. 현대 자본주의사회에서는 공적인 시설뿐만 아니라 사적인 영역에서도 수많은 영역은 대규모로 산업활동(석유, 화학, 제조 등)이 이루어지고 있고, 여기에 테러와 같은 범죄 및 재해의 위험이 발생했을 경우 그것은 사적 소유의 여부를 떠나서 국가경제에 미치는 악영향은 상상하기가 어렵기 때문이다.

사실, 20세기 서구의 민간경비가 본격적으로 활용된 계기는 제1차 세계대전 전후에 바로 이와 같이 국가적으로 중요한 대규모 제조공장에서 발생하는 테러, 사보타주(Sabotage)와 산업스파이 활동을 통제하기 위한 것이었다. 제2차 세계대전 동안에도 많은 제조공장은 이를 위해 자체적으로 경비조직을 운용하였다. 당시 이들의 1차적 임무는 중요시설과 전쟁물품 및 장비 그리고 관련요인을 보호하기 위한 것으로서 20만명이 넘는 민간경비원이 주정부의 허가를 받아 보조경찰로서 제조공장에서 경비업무를 수행하였다. 제2차 세계대전 후에도 많은 대규모 제조공장에서는 자체경비를 그대로 유지·운영하여 왔다(그런데, 최근 들어 이러한 자체경비의 운영은 많은 비용이 들기 때문에, 많은 시설에서는 계약경비를 이용하는 경향이 늘고 있다. 자체경비와 계약경비에 대해서는 이미 제8장에서 설명한 바 있다).[1)]

한편, 우리나라 초기의 민간경비산업은 국가중요시설의 경비를 놓고 청원경찰과 경쟁하는 과정에서 성장의 기틀을 조성하였다. 자체적으로 시설의 경비를 운용해야 했던 국가중요시설의 시설주들이 비용/효과성에 입각하여 청원경찰을 민간경비원으로 대체하는 과정에서 민간경비의 시장 확대 계기가 된 것이다.

어떻게 보면, 청원경찰과 민간경비의 관계는 '자체경비와 계약경비'의 관계라고 볼 수 있다. 이러한 점에서 20세기 이후 현대 민간경비에 대한 제반 논의는 바로 이 국가중요

---

1) Hess, Kären M. and Wrobleski, Henry M.(1996), Introduction to Private Security, N.Y.: West Publishing Company, pp. 448~449.

시설의 경비에서 출발한다고 볼 수 있다. 이 장에서는 이러한 국가중요시설의 경비와 관련하여 의의 및 운영체계, 발전방안 등 몇 가지 사항을 중심으로 살펴보기로 한다.

제2절 국가중요시설 경비의 의의와 발전과정

우리나라에서 국가중요시설은 국가안보 및 사회경제 질서유지와 밀접한 관련을 맺고 있기 때문에 이에 대한 평상시 및 특히 비상사태 시의 안전문제는 매우 중요하게 고려되고 있으며, 따라서 경찰과 군 등 국가공권력에 의해 특별한 관리의 대상이 되고 있다. 따라서 경찰의 경우 경비경찰(警備警察)의 업무영역에서 국가중요시설이 관리되고 있다. 그런데, 경찰의 인적·물적 자원의 한계 등으로 인해 모든 국가중요시설에 직접적으로 경찰력을 배치하지 못하고 있으며, 그 대신 경찰의 관리하에 민간경비(청원경찰 포함)를 활용하고 있다.

1. 국가중요시설 경비의 의의

1) 국가중요시설의 개념

일반적으로 국가중요시설은 적의 공격으로부터 파괴 또는 기능이 마비될 경우, 국가적으로 중대한 영향을 끼치는 시설을 말한다. 이와 관련하여 행정관서·방송국·발전소·공항·군시설·과학연구소·교통시설·상수원 등 경비 및 보안이 요구되는 시설이 이에 해당한다. 그런데, 주의할 것은 국가중요시설이라고 해서 모두 공적(公的) 소유는 아니라는 점이다. 국가중요시설은 그 소유주체의 문제가 아니라 그 시설이 갖는 기능 또는 역할과 관련된 것이다.

국가중요시설의 개념적 근거

통합방위법 제2조 제13호	공공기관, 공항 · 항만, 주요 산업시설 등 적에 의하여 점령 또는 파괴되거나 기능이 마비될 경우 국가안보와 국민생활에 심각한 영향을 주게 되는 시설을 말한다.
청원경찰법 제2조	① 국가기관 또는 공공단체와 그 관리하에 있는 중요 시설 또는 사업장 ② 국내 주재(駐在) 외국기관 ③ 그 밖에 행정안전부령으로 정하는 중요 시설, 사업장 또는 장소[2]
경비업법 시행령 제2조	경비업법상의 대통령령이 정하는 국가중요시설이라 함은 ① 공항 · 항만, 원자력발전소 등의 시설 중 국가정보원장이 지정하는 국가보안목표시설과 ② 통합방위법 제21조 제4항의 규정에 의하여 국방부장관이 지정하는 국가중요시설을 말한다.

여기에서 국가보안목표(國家保安目標)란 국가적으로 중요하여 군사전략상 적에게 노출되거나 파괴되었을 때 막대한 손실을 입게 되는 대상을 말한다.[3] 이러한 국가중요시설은 이의 기능 · 역할의 중요성과 가치의 정도에 따라 각각 '가, 나, 다' 급으로 분류하고 있다.

중요도에 따른 국가중요시설의 분류

구분	기준 및 유형
가 급	적에 의하여 점령 또는 파괴되거나, 기능 마비시 광범위한 지역의 통합방위작전수행이 요구되고, 국민생활에 결정적인 영향을 미칠 수 있는 시설
나 급	적에 의하여 점령 또는 파괴되거나, 기능 마비시 일부 지역의 통합방위작전수행이 요구되고, 국민생활에 중대한 영향을 미칠 수 있는 시설
다 급	적에 의하여 점령 또는 파괴되거나, 기능 마비시 제한된 지역에서 단기간 통합방위작전수행이 요구되고, 국민생활에 상당한 영향을 미칠 수 있는 시설

한편, 국가중요시설은 크게 경찰이 관리하고 있는 경찰지도시설과 군에서 관리하고 있는 군지도시설로 구분되며, 이들의 경비관할의 경계는 통합방위작전 책임의 구분에 따라 경찰지도시설은 주로 내륙지방, 군지도지설은 해양을 중심으로 이루어지고 있다. 여기에서 경찰지도시설로서 경비경찰이 상주하는 곳은 국회 · 김포공항 · 인천국제공항

2) '그 밖에 행정안전부령으로 정하는 중요 시설, 사업장 또는 장소'란 다음의 시설, 사업장 또는 장소를 말한다. ① 선박, 항공기 등 수송시설, ② 금융 또는 보험을 업(業)으로 하는 시설 또는 사업장, ③ 언론, 통신, 방송 또는 인쇄를 업으로 하는 시설 또는 사업장, ④ 학교 등 육영시설, ⑤「의료법」에 따른 의료기관, ⑥ 그 밖에 공공의 안녕질서 유지와 국민경제를 위하여 고도의 경비(警備)가 필요한 중요 시설, 사업체 또는 장소(청원경찰법 시행규칙 제2조).

3) 이윤근 · 최선우 · 안창훈(1998), "국가중요시설경비의 효율화방안에 관한 연구: 경비전문화방안을 중심으로," 치안연구소, pp. 36~37.

· 정부세종로청사 · 과천청사 · 대전청사 등이며, 이러한 시설 및 나머지 시설은 자체고용된 청원경찰과 계약 고용된 민간경비원(특수경비원)이 경비업무를 수행하고 있다.

2) 국가중요시설 경비의 중요성

국가중요시설은 평시에는 산업발전과 국력의 신장을 도모하고 전시에는 전쟁수행능력을 뒷받침하는 골격을 형성하는 시설로서 이러한 중요시설의 경비는 여러 면에서 중요한 의미를 갖는다.[4)]

첫째, 중요시설의 손실방지는 곧 새로운 자원생산의 보장을 의미한다. 둘째, 중요시설의 경비는 평시 · 전시를 불문하고 전투력의 확보 · 보호를 의미한다. 셋째, 보호의 대상인 국가중요시설은 국력과 국가기밀로서 정치 · 경제 · 사회 · 문화 등 각 부분과 밀접한 관계를 갖고 있다. 넷째, 국가중요시설에 테러 및 범죄가 발생했을 경우, 수많은 인명피해 및 국가의 근본적 안녕질서가 침해된다는 점 등을 들 수 있다.

따라서 국가중요시설에 위협이 되는 요소는 적국의 도발행위, 불순분자의 테러행위, 그리고 경제적 가치를 노리는 산업스파이 등 여러 가지를 들 수 있을 것이다. 이러한 위협요소는 현재에 이르러 더욱 커지고 있다. 이는 비단 북한의 위협뿐만 아니라 범죄 등 각종 사회문제가 사회 곳곳에 미치지 않는 곳이 없을 정도로 양적 · 질적으로 증가하였고, 따라서 국가중요시설도 예외일 수 없게 되었다. 이러한 문제는 특히, 지난 1997년 국제통화기금(IMF) 체제 이후 지금까지 계속되고 있는 경제적 위기 상황으로 인한 실업 등으로 범죄문제가 증가하고 있기 때문이다. 또 국제화시대에 직면하여 내외국인의 출입이 자유로운 상황에서 불순분자들의 국가중요시설에 대한 위협 역시 적지 않게 증대되고 있기 때문이다.

3) 국가중요시설의 경비관련 법적 근거

이상과 같은 배경 속에서 현재의 국가중요시설의 경비활동은 경찰, 군, 대통령경호실, 청원경찰, 민간경비원(특수경비원) 등에 의해서 이루어지고 있는데, 여기에서는 군을 제외한 경찰과 청원경찰, 그리고 민간경비원(특수경비원)과 관련된 법규정을 살펴보기로 한다.[5)] 이에 대한 법적 근거로는 통합방위법, 경찰관직무집행법, 청원경찰법, 경비업법 등을 들 수 있다.

---

4) 한종욱(1998), 경찰경비론, 경찰대학, p. 227.
5) 이윤근 · 최선우 · 안창훈(1998), 앞의 논문, pp. 35~36.

(1) 통합방위법

「통합방위법」(1997년 제정)은 적(敵)의 침투·도발이나 그 위협에 대응하기 위하여 국가총력전(國家總力戰)의 개념을 바탕으로 국가방위요소를 통합·운용하기 위한 통합 방위 대책을 수립·시행하기 위하여 필요한 사항을 규정함을 목적으로 하고 있다(제1조). 이 법은 종전의「대통령훈령 제28호」를 대신하여 보다 체계적인 국가방위를 위해 제정된 법이라 할 수 있다.

이 법에서 '통합방위'(統合防衛)란 적의 침투·도발이나 그 위협에 대응하기 위하여 각종 국가방위요소를 통합하고 지휘체계를 일원화하여 국가를 방위하는 것을 말한다. 그리고 '국가방위요소'란 통합방위작전의 수행에 필요한 방위전력 또는 그 지원 요소를 말한다(통합방위법 제2조 제1호, 제2호).

통합방위법상의 국가방위요소(통합방위법 제2조 제2호 각목)

① 「국군조직법」 제2조에 따른 국군
② 경찰청·해양경찰청 및 그 소속 기관과 「제주특별자치도 설치 및 국제자유도시 조성을 위한 특별법」에 따른 자치경찰기구
③ 「소방기본법」 제2조 제5호에 따른 소방대
④ 국가기관 및 지방자치단체(①부터 ③까지의 경우는 제외한다)
⑤ 「예비군법」 제3조에 따른 예비군
⑥ 「민방위기본법」 제17조에 따른 민방위대
⑦ 「통합방위법」 제6조에 따라 통합방위협의회를 두는 직장

한편, 이 법에서 말하는 '방호'(防護)란 적의 각종 도발과 위협으로부터 인원·시설 및 장비의 피해를 방지하고 모든 기능을 정상적으로 유지할 수 있도록 보호하는 작전 활동을 말한다(통합방위법 제2조 제12호).

이 통합방위법에서 규정하고 있는 국가방위요소에는 청원경찰이나 민간경비가 포함되어 있지는 않다. 그러나 청원경찰법과 경비업법에 의해 청원경찰과 특수경비원 역시 국가중요시설에 근무하면서 방호업무를 수행하고 있기 때문에 이른바 '공무위탁사인'(公務委託私人)으로서 국가방위요소에 포함된다고 본다.

(2) 경찰관직무집행법

「경찰관직무집행법」에서 직무의 범위로서 '경비, 주요 인사(人士) 경호 및 대간첩·대테러 작전 수행'을 규정하고 있으며(제2조 제3호), 대통령령인「경찰청과 그 소속기관직제」에서 경비국의 분장사무로서 '중요시설의 방호 및 지도'를 규정하고 있다(제13조 제

3항 제6호). 이러한 규정 등에서 일반 경비업무 및 국가중요시설의 경비업무는 중요한 경찰활동의 영역 가운데 하나임을 알 수 있다.

(3) 대통령 등의 경호에 관한 법률

그리고「대통령 등의 경호에 관한 법률」상의 대통령경호처 역시 일정한 경우에는 국가중요시설의 안전관리와 관련하여 역할을 한다고 볼 수 있다. 대한민국에서 개최되는 다자간 정상회의(예: 2012 서울 핵안보정상회의 등)에 참석하는 외국의 국가원수 또는 행정수반과 국제기구 대표의 신변보호 및 행사장의 안전관리 등을 효율적으로 수행하기 위하여 대통령 소속으로 '경호 · 안전 대책기구'를 둘 수 있도록 하고 있다(대통령 등의 경호에 관한 법률 제5조의2 제1항).

이러한 상황에서 경호 · 안전 대책기구의 장(대통령경호처장)은 다자간 정상회의의 경호 및 안전관리를 위하여 필요하면 관계기관의 장과 협의하여「통합방위법」제2조 제13호에 따른 '국가중요시설'과 '불특정 다수인이 이용하는 시설'에 대한 안전관리를 위하여 필요한 인력을 배치하고 장비를 운용할 수 있도록 하고 있다(제5조의2 제5항).

(4) 청원경찰법

「청원경찰법」에서는 청원주(관련기관의 장 또는 시설 · 사업장 등의 경영자) 등이 소요경비를 부담할 조건으로 관리관청인 경찰에게 관련경비시설에 근무할 청원경찰을 신청하도록 하고 있다(제2조). 이에 해당하는 시설로서 '국가기관 또는 공공단체와 그 관리하에 있는 중요시설 또는 사업장', '국내주재 외국기관', '기타 행정안전부령으로 정하는 중요시설 · 사업장 또는 장소' 등으로 국가중요시설을 의미하는 것이다. 따라서 청원경찰법상에서 청원주에 의해 신청 · 배치된 청원경찰은 국가중요시설의 경비업무를 담당하고 있음을 알 수 있다.

(5) 경비업법

「경비업법」상의 민간경비원도 경우에 따라서는 국가중요시설의 경비업무를 수행하고 있음을 알 수 있다. 경비업법에 규정된 '특수경비업무'에서 '공항(항공기 포함) 등 대통령령이 정하는 국가중요시설의 경비 및 도난 · 화재 그 밖의 위험발생을 방지하는 업무'를 수행하도록 규정하고 있다(제2조 제1호).

2. 국가중요시설 경비의 발전과정

국가중요시설의 경비가 어떠한 역사적 배경 속에서 이루어졌는지를 살펴보는 것은 의미가 있다고 본다. 따라서 아래에서는 건국 이후 오늘에 이르기까지 국가중요시설의 경비과정에 대해서 살펴보기로 한다.[6)]

1) 건국초기의 국가중요시설 경비

우리나라는 한국전쟁 이후 사회안전과 경제회복 등 전후 복구의 과제와 북한의 무력도발에 대한 대비를 하지 않으면 안되는 상황에 놓여 있었다. 전쟁 이후 극도로 혼란스러운 사회분위기 속에서 특히, 국가안전질서를 위협하는 북한의 도발행위는 철도 및 국가기간산업에 대한 파괴, 어선 및 항공기 납치, 대통령을 비롯한 정부요인 암살 기도, 무장공비의 침투 등으로 나타났다.

1960년대 후반에 북한은 수차례에 걸쳐 국가기간산업과 중요시설 등에 대한 공격을 감행하였다. 경원선 열차 폭파사건(1967.9.5), 경의선 화물열차 폭파사건(1967.9.13), 김신조 일당의 청와대 습격사건(1968. 1.21), 울진 · 삼척 무장공비 1개 중대 침투사건(1968.11.30) 등이 바로 그것이다.

이러한 상황은 북한의 공격으로부터 국가중요시설에 대한 경비를 강화하는 계기가 된 것이다. 이에 따라 1968년 1월 대통령훈령 제18호가 공포되면서, 동년 2월에는 국무총리 직속기관으로 대간첩대책본부가 발족되었다. 그리고 동년 4월 1일 '내 고장은 내가 스스로 지켜야 한다'는 개념의 향토예비군(현 예비군)이 조직화되었다. 그리고 1969년 12월에 치안관계관회의에서 '국가보안목표시설 및 시설보안지침'이 확정되었으며, 이후 '대통령훈령 제28호'(통합방위지침)에 평상시 중요시설의 경비가 이루어지고 있게 되었다.[7)]

따라서 최근까지는 북한의 비정규전과 관련된 저강도분쟁(LIC: Law Intensity Conflict)에 대해서 대통령훈령 제28호에 의해 합참의장을 통합방위장으로 국방부(합참), 행정안전부(경찰청), 국정원 해당부서를 통괄하는 통합방위본부를 설치하여 비정규전 대비태세를 유지해왔던 것이다.

그런데, 체계적이고, 통합적인 대응에 있어서 한계점을 드러내고 있었다. 이러한 상황에서 1996년 9월 강릉 북한잠수함 침투사건을 계기로, 1997년 1월 13일 법률 제5264호「통합방위법」(統合防衛法)을 제정 · 공포함으로써 체계적이고, 통합적인 대응을 할 수 있는 기틀을 마련하였다고 볼 수 있다.

---

6) 위의 논문, pp. 20~21.
7) 한종욱(1998), 앞의 책, pp. 227~228.

2) 청원경찰에 의한 국가중요시설의 경비

1970년대에 들어서면서 급속한 산업화 · 도시화와 함께 각종 사회문제(시국치안 · 민생치안)가 급증함에 따라 경찰력은 이에 대응하는데 인적 · 물적 한계에 직면하게 되었다. 이러한 상황 속에서 경찰과 같은 공경비와 사적인 민간경비의 영역에서 볼 때 일종의 과도기적인 제도로서 청원경찰(請願警察)제도가 도입되었다.

1961년 5.16 군사정변 이후 계속되는 경제발전 5개년계획의 성공적인 수행으로 인하여 1960년대의 경공업 위주의 산업구조에서 1970년대에는 중화학공업으로 경제체제가 전환되어 가고 있었다. 이에 국가발전상 고도의 보호를 요청하는 중요시설의 경비가 필연적으로 요청된 까닭에 1962년 4월 3일 청원경찰법이 제정되어 청원경찰제도가 도입되었고, 1967년 11월 19일에 내무부령 제22호로 청원경찰법 시행규칙이 제정됨으로써 중요시설에 청원경찰이 배치되기에 이르렀다(1973년 전부개정 됨).

청원경찰은 준경찰력(準警察力)으로서 배치대상은 국가기관 또는 공공단체와 그 관리하에 있는 중요시설 사업장, 국내에 주재하는 외국기관, 선박 및 항공기를 포함한 수용시설, 금융 및 보험을 주요 업무로 하는 금융기관, 기타 국민의 경제상 고도의 보호를 필요로 하는 중요시설 사업 등이며, 그 임무는 배치된 시설에 대하여 관할 경찰서장의 감독을 받아 경비구역 내에서 경찰관직무집행법에 의하여 경찰의 직무를 수행하도록 하였다.

3) 국가중요시설의 경비에 대한 민간경비의 참여

1976년에 이르러 완벽한 치안확보 방안으로서, 각 업무소관별로 준경찰력의 확대강화를 위한 또 다른 연구과제가 진행되었는데, 이때 논의된 것이 바로 지금의 민간경비의 전신이라 할 수 있는 용역경비제도이다.

이를 위해 한국전력 등 국가중요시설에 대한 경비 실태를 자세히 조사 · 분석하였고, 당시 주한 미8군 시설의 경비를 담당하고 있던 민간경비업체의 제반 활동현황을 파악하였다. 아울러 다른 국가중요시설에서 경비 경험이 있는 민간경비업체와 민간경비산업이 발달되어 있는 미국, 일본 등으로부터 많은 자료를 입수하여 지금의 경비업법의 전신인 용역경비업법을 제정(1976)하기에 이르렀다. 이러한 배경에서 등장한 민간경비 역시 국가중요시설의 경비를 담당하게 되었다. 현재에는 청원경찰과 민간경비(특수경비)가 국가중요시설의 일정한 영역에서 활동하고 있다.

제3절 국가중요시설의 경비운용시스템

1. 경비운용의 민간위탁과 제관계

국가중요시설의 경비운영체계와 관련하여 다음과 같은 문제가 제기될 수 있다. 먼저, 국가소유의 국가중요시설의 경우 그에 대한 경비를 당연히 군이나 경찰이 담당해야 하는 것인가 아니면 민간에게 위탁할 수 있는가? 한편, 국가중요시설은 공적 소유뿐만 아니라 사적 소유인 경우도 있다. 이러한 상황은 다른 나라도 마찬가지이다.

예컨대, 미국에는 전국적으로 국제공항이 115개가 있는데, 군용기 전용의 3곳만 제외하고는 모두 공항 자체가 민간소유이다. 민간소유의 국가중요시설에서 생산되는 수익의 대부분이 사인에게 귀속된다. 이 경우 중요시설의 중요성 및 기능면에서 봤을 때 군이나 경찰에서 이의 경비책임을 지는 것이 바람직한데, 이를 민간에 위탁하는 것이 가능하느냐 하는 것이다.

이러한 문제와 관련하여 원칙적으로 국가(군과 경찰 등)가 이의 직접적인 경비활동을 수행하는 것이 바람직하다고 본다. 그러나 우리나라뿐만 아니라 다른 나라의 경우에도 행정수비범위의 부담 등으로 인해 공경비인 경찰만으로는 이를 담당하는데 한계가 있다는 것이 일반적이다. 특히, 사적 소유의 국가중요시설의 경우 비록 기능면에서 국가적으로 중요할지라도 수익이 사인에게 귀속되기 때문에 수익자가 이를 부담해야 한다는 주장이 제기된다.

이러한 상황 속에서 국가중요시설의 경비에 대한 민간위탁 또는 민영화 등의 논리에 의한 민간조직의 활용은 세계적인 추세가 되고 있다. 미국의 경우, 2001년 발생한 9.11테러 사건 이후에도 공공시설의 경비 강화정책으로 과거의 기업성 위주에서 공공성 추구가 병행되고 있지만, 근본적인 민간경비시스템에는 변화가 없다는 점에 주목할 필요가 있다.[8] 따라서 국가중요시설의 경비는 21세기 세계화 · 정보화시대에 더욱 그 중요성이 강조되고 있지만, 그 경비업무의 수행에는 민간경비의 활용이 더욱 늘어나고

8) 2001년 9월 11일 알 카에다 테러리스트들에 의해 납치된 여객기가 미국 뉴욕 세계무역센터와 워싱턴 국방부에 자살충돌 한 사건으로, 이로 인한 피해는 4대의 항공기에 탑승한 승객 266명 전원 사망, 워싱턴 국방부 청사 사망 또는 실종 125명, 세계무역센터 사망 또는 실종 2,500~3,000명 등 정확하지는 않지만, 인명피해만도 2,800~3,500명에 달한다. 경제적인 피해는 세계무역센터 건물 가치 11억 달러(1조 4,300억 원), 테러 응징을 위한 긴급지출안 400억 달러(약 52조 원), 재난 극복 연방 원조액 111억 달러(약 52조 원) 외에 각종 경제활동이나 재산상 피해를 더하면 화폐가치로 환산하기 어려울 정도이다.

있음을 알 수 있다.[9]

결국, 이러한 논의는 공공재인 치안활동의 일부라고 할 수 있는 경비활동에 시장경제 원리를 도입하여 민간 분야에 전환할 수 있느냐 하는 공공성의 문제와 민간 분야에 전환함으로써, 얼마만큼의 국가재정상의 이익을 가져다줄 것인가라는 능률성이 함께 고려되어야 할 것이다.

이러한 점에서 볼 때, 국가중요시설의 경비는 치안활동의 일부로서 공공재의 성격을 가지나 모든 일반인을 대상으로 하는 간접편익을 중심으로 하기보다는 국가중요시설 자체의 범죄예방, 질서유지, 이용객 보호 및 서비스제공 등 직접편익에 해당하는 경우가 많다. 또한 이러한 국가중요시설의 경비부담을 국가가 아닌 수익자에게 전가함으로써 국가재정상의 능률성도 꾀할 수 있다는 장점을 갖게 된다.[10] 따라서 이를 종합 할 때, 민간경비분야에서 국가중요시설의 경비를 운용하게 되었을 때 관련된 제반문제는 아래와 같이 요약될 수 있을 것이다.[11]

국가중요시설의 경비의 민간위탁관계

요 인		결 과
• 경찰 등 국가공권력의 한계	**공공성과 능률성의 조화**	• 국가차원의 관리 · 감독을 토대로 한 청원경찰 및 민간경비(특수경비) 등에 의한 국가중요시설의 경비 실시
• 경비활동의 특징 – 범죄 · 테러에 대한 국가적 통제 필요 – 국가적 통제의 한계	⇨ **전제조건** 국가중요시설의 특수성에 따른 경찰 등 국가기관의 효율적인 관리 · 감독	
• 자본주의 경제원리에 따른 수익자부담의 필요 – 능률성		

따라서 우리나라의 현행 국가중요시설은 경찰과 군의 지도 · 감독하에 청원경찰과 민간경비를 활용하여 경비활동을 수행하고 있는데, 통합방위법, 청원경찰법, 경비업법 등에 따라 시설 유별, 지역, 규모에 따라 적정수준의 경비인력과 장비를 확보하여 운영하도록 하고 있다.

여기에서 경찰책임 국가중요시설의 경비운영체계를 살펴보면, 그동안 경찰의 관리하에 ㉠ 청원경찰의 단독 근무, ㉡ 민간경비의 단독근무, 그리고 ㉢ 청원경찰과 민간경비

9) 정진환(2006), 경찰행정론, 서울: 대영문화사, p. 425.
10) 이상안(1995), 신경찰행정학, 서울: 대한문화사, pp. 439~443.
11) 이윤근 · 최선우 · 안창훈(1998), 앞의 논문, p. 24.

합동근무 형태로 운영되어 왔다. 이 가운데 청원경찰은 점차 감소하고 있으며, 민간경비는 증가하고 있는 추세이다. 특히, 2001년 경비업법 개정을 통한 특수경비원제도의 도입으로 인해서 국가중요시설에 대한 민간경비의 활동영역은 보다 확대되고 있다고 볼 수 있다.

2. 경비운용의 기본지침

통합방위법에서 국가중요시설의 경비 · 보안 및 방호에 대한 기본지침을 규정하고 있다. 통합방위법에 의하면, '국가중요시설의 관리자(소유자 포함)는 경비 · 보안책임을 지며, 통합방위사태에 대비하여 자체방호계획을 수립하여야 한다. 이 경우 국가중요시설의 관리자는 자체방호계획의 수립에 관하여 필요한 경우에는 시 · 도경찰청장 또는 지역군사령관에게 협조를 요청할 수 있다'고 규정하고 있다(제21조 제1항).

그리고 시 · 도경찰청장 또는 지역군사령관은 통합방위사태에 대비하여 국가중요시설에 대한 방호지원계획을 수립 · 시행하여야 하며, 국가중요시설의 평시 경비 · 보안활동에 대한 지도 · 감독은 관계 행정기관의 장과 국가정보원장이 수행하도록 하고 있다. 아울러 국가중요시설은 국방부장관이 관계 행정기관의 장 및 국가정보원장과 협의하여 '지정'(指定)하고, 국가중요시설의 자체방호 · 방호지원계획 및 그 밖에 필요한 사항은 대통령령으로 정하도록 규정하고 있다(제21조 제2항~제5항).

한편, 국가중요시설의 경비 · 보안 및 방호를 위하여 국가중요시설의 관리자(소유자 포함), 시 · 경찰청장, 지역군사령관 및 대대 단위 지역책임 부대장은 아래의 구분에 따른 업무를 수행하도록 하였다(통합방위법 시행령 제32조 각호).

관리자, 시 · 도경찰청장, 지역군사령관의 업무지침

① 관리자(소유자 포함)의 경우
㉠ 청원경찰, 특수경비원, 직장예비군 및 직장민방위대 등 방호인력, 장애물 및 과학적인 감시장비를 통합하는 것을 내용으로 하는 자체방호계획의 수립 · 시행(이 경우 자체방호계획에는 시설주 및 특수경비업자의 책임하에 실시하는 통합방위법령과 시설의 경비 · 보안 및 방호업무에 관한 직무교육과 개인화기를 사용하는 실제의 사격훈련에 관한 사항이 포함되어야 함)
㉡ 국가중요시설의 자체방호를 위한 통합상황실과 지휘 · 통신망의 구성 등 필요한 대비책의 마련
② 시 · 도경찰청장 및 지역군사령관의 경우
관할지역 안의 국가중요시설에 대하여 군 · 경찰 · 예비군 및 민방위대 등의 국가방위요소를 통합하는 것을 내용으로 하는 방호지원계획의 수립 · 시행(이 경우 경찰은 경찰서 단위의 방호지원계획을 수립 · 시행하고 군은 대대 단위의 방호지원계획을 수립 · 시행하여야 함)
③ 관리자, 대대 단위 지역책임 부대장 및 경찰서장의 경우
국가중요시설의 방호를 위한 역할분담 등에 관한 협정을 체결하고, 자체방호계획 또는 대대 단위나 경찰서 단위의 방호지원계획을 작성하거나 변경한 때에는 그 사실을 서로 통보함(이상 통합방위법 시행령 제32조 각호)

3. 경비운용과정

1) 경비진단

국가중요시설의 경비진단은 중요시설과 공업단지 및 관계기관과의 유기적인 협조체제를 확립하고 중요시설별 경비계획의 적절성과 경비인력 및 경비시설물을 확보 · 운영하여 긴급 또는 우발상황 발생 시 중요시설 및 공업단지를 효과적으로 경비하기 위하여 중요시설 경비업무 지도감독부서 및 주무부서 책임하에 실시하도록 하고 있다.

그리고 당해지역 중요시설 경비업무 지도감독관 책임하에 중요시설 경비위원회를 비상설기구로 구성하여 운영토록 하고 있으며, 한편 시설주는 당해지역 중요시설 경비업무 지도감독관에 의해 경비진단 결과에 의거하여 경비계획을 수립 · 보완하고 경비진단 근거를 첨부 · 보관토록 하고 있다.

2) 경비구역의 설정 및 운용

(1) 경비구역의 설정

국가중요시설의 경비와 관련하여 중요시설의 특징, 지역여건, 가용인력 등을 고려하여 체계적으로 경비시설물을 설치해야 한다. 이를 3가지 경비구역으로 구분할 수 있는데 제1 경비구역은 경계지대, 제2 경비구역은 주방어지대, 제3 경비구역은 핵심방어지대로서 이는 각 경비구역에 대한 기능 및 특성에 따른 것이다.

(2) 경비구역의 운용

국가중요시설의 통제절차 및 내용은 다음과 같은 방법으로 이루어지게 된다.[12]

① 출입자 통제

국가중요시설에 출입하는 사람의 통제를 위하여 정문 및 각 출입문에서 통제를 실시한다. 외부인의 경우 대부분의 국가중요시설에 출입하려면 반드시 출입절차를 거쳐야 한다. 일반적인 통제이유는 불순분자의 출입을 금지하고, 시설보안을 유지하기 위한 것이다.

이와 관련하여 면회실과 외래주차장은 울타리 외곽에 설치하며, 방문자는 면회실로 유도하고, 방문목적과 방문자 신분을 철저히 확인하는 제도적 장치를 마련한다. 출입자는 반드시 경비요원 및 안내요원의 안내 및 지시를 받아서 경비구역 내에서 이동하여야 하며, 경비구역 내에서는 사진촬영불가 등의 경고사항이 반드시 지켜지도록 통제하고, 위반사항 발생시에는 법적인 조치를 취하도록하고 있다.

② 보호지역 설치

국가중요시설 내에 시설장비 및 자재의 보호를 위한 필요한 장소에 일정한 범위를 정하여 보호지역(保護地域)을 설정하여 운영할 수 있도록 하고 있다(보안업무규정 제32조 제1항 단서).

이러한 보호지역은 ㉠ 제한지역(制限地域), ㉡ 제한구역(制限區域), ㉢ 통제구역(統制區域)으로 구분된다. 다만, 여기에서 주의해야 할 점은 보호지역 가운데, 제한구역 및 통제구역의 설정은 '필요한 최소한의 범위'로 제한되어야 한다는 점이다(보안업무규정 시행규칙 제55조). 제한구역 및 통제구역을 확대하여 설정할 경우, 인권침해의 여지가 있기 때문에 이를 방지하기 위한 조치라고 할 수 있다.

---

12) 한종욱(1998), 앞의 책, pp. 232~235.

보호지역의 구분(보안업무규정 시행규칙 제54조 제1항)

구분	내용
제한지역	비밀 또는 국 · 공유재산의 보호를 위하여 울타리 또는 방호 · 경비인력에 의하여 보안업무규정 제34조 제3항에 따른 승인을 받지 않은 사람의 접근이나 출입에 대한 감시가 필요한 지역
제한구역	비인가자가 비밀, 주요시설 및 Ⅲ급 비밀 소통용 암호자재에 접근하는 것을 방지하기 위하여 안내를 받아 출입하여야 하는 구역
통제구역	보안상 매우 중요한 구역으로서 비인가자의 출입이 금지되는 구역

보호지역에 대해서는 보안업무규정 제34조 제3항에 따른 승인을 받지 않은 사람의 접근이나 출입을 제한하거나 금지할 수 있는 보안대책을 수립 · 시행해야 하며, 제한구역 및 통제구역에는 그 구역의 기능 및 구조에 따라 다음과 같은 대책이 마련되어야 한다(보안업무규정 시행규칙 제54조 제2항).

㉠ 출입할 수 있는 사람의 지정과 비인가자에 대한 출입 통제대책

㉡ 주야간 경계대책

㉢ 외부로부터의 투시, 도청 및 파괴물질의 투척 방지 대책

㉣ 방화대책

㉤ 경보대책

㉥ 그 밖에 필요한 보안대책

③ 작업노무자의 통제

한편, 작업노무자에 대해서는 긴급신원조회를 실시한 후 출입을 허가하고, 작업장은 담벽이나 판자로 막아 외부인이 볼 수 없도록 차단장치를 설치하며, 작업인원은 별도의 신분증을 착용토록 하고 항상 경비원들에 의해 감시가 될 수 있도록 한다.

④ 사태별 조치

사태는 크게 평시(平時)와 전시(戰時)로 구분된다. 그리고 시설장이 시설경비계획을 수립할 때 조정과 통제를 실시하여 계획에 반영이 되도록 조치하여야 한다.

이러한 국가중요시설 내의 경비시설물 설치에 있어서는 적의 침투로부터 자체 시설경비가 가능하도록 담장(울타리), 경비조명, 경비초소, 망루, 기타 장애물 및 현대화된 경비장비(장력선, 적외선, CCTV 등)와 시설물 등을 설치 · 운용하도록 하고 있다. 그리고 국가중요시설의 경비통제 및 지속적인 경비활동을 위하여 중요시설별 일원화된 경비지위체계에 의하여 경비상황실을 설치 · 운용토록 하고 있다.

또한 시설주는 당해시설의 경비상황실을 중심으로 상황보고 및 지휘망, 경비활동망,

지원부대 협조망 등 유·무선 통신시설을 설치·운용토록 하고 있으며, 경비담당 조직(군, 경, 예비군 등) 간에는 반드시 비상연락망을 설치·운용토록 하고 있다. 더욱이 동일지역에 수개의 국가중요시설이 위치할 때에는 당해지역 책임부대장과 경찰서장 및 비상계획관이 합동으로 경비진단을 실시하여 통합방위체계를 구축하도록 하고 있다.

이러한 협력체계는 미국도 마찬가지다. 우리나라의 국가중요시설에 해당하는 국가방위산업시설(Defense Industry Security)에 근무하는 민간경비원은 연방법집행기관(FBI), 방위수사국(Defense Investigative Service), 그리고 산업안전국(Office of Industrial Security)과 연락망을 유지해야 하고, 경비관련 위반사항, 절도 등 관련범죄에 대한 모든 보고를 하도록 하고 있다. 그리고 미국에 있어서 방위국(Department of Defense)과 관련 산업시설의 민간경비와의 공식연락망 구축은 매우 조직적일 뿐만 아니라 복잡하게 이루어졌다. 방위국의 산업안전지침은 군대, NASA, 원자에너지협회 등과 마찬가지로 매우 엄격하게 규정되어 있다.[13)]

3) 국가중요시설의 경비지휘 및 지도감독

국가중요시설의 경비활동이 민간에 위탁되어 이루어지고 있다 할지라도 이에 대한 국가의 적절한 관리·감독 및 지도를 전제로 함은 물론이다.

앞에서 살펴본 바와 같이 통합방위법에 따라 국가중요시설의 관리자는 경비·보안에 대한 책임을 지며, 통합방위사태에 대비하여 자체방호계획을 수립하도록 하고 있다. 그리고 관리자는 자체방호계획 수립에 관하여 필요한 경우에 시·도경찰청장 또는 지방군사령관에게 협조를 요청할 수 있도록 하고 있다. 여기에서 '통합방위사태'라는 것은 아래 표에서 보는 바와 같이 적의 침투·도발이나 그 위협에 대응하여 일정한 구분에 따라 선포하는 단계별 사태를 말한다.

13) Hess, Kären M. and Wrobleski, Henry M.(1996), op. cit., p. 450.

국가중요시설의 지휘통제체계(통합방위법 제2조 제6호~제8호)

평상시 경비 · 보안활동		관계 행정기관의 장과 국가정보원장이 행함
통합 방위사태	갑종사태	일정한 조직체계를 갖춘 적의 대규모 병력 침투 또는 대량살상무기(大量殺傷武器) 공격 등의 도발로 발생한 비상사태로서 통합방위본부장 또는 지역군사령관의 지휘 · 통제하에 통합방위작전을 수행하여야 할 사태
	을종사태	일부 또는 여러 지역에서 적이 침투 · 도발하여 단기간 내에 치안이 회복되기 어려워 지역군사령관의 지휘 · 통제하에 통합방위작전을 수행하여야 할 사태
	병종사태	적의 침투 · 도발 위협이 예상되거나 소규모의 적이 침투하였을 때에 시 · 도경찰청장(市 · 道警察廳長), 지역군사령관 또는 함대사령관의 지휘 · 통제하에 통합방위작전을 수행하여 단기간 내에 치안이 회복될 수 있는 사태

그리고 국가중요시설의 경비와 관련하여 경비업법에서는 시 · 도경찰청장으로 하여금 대통령령이 정하는 바에 따라 특수경비업자에 대하여 보안지도 · 점검을 실시하여야 하고, 필요한 경우 관계기관에 보안측정을 요청하도록 규정하고 있다(경비업법 제25조). 이 규정에 근거하여 시 · 도경찰청장은 특수경비업자에 대하여 '연 2회 이상'의 보안지도 · 점검을 실시하도록 하고 있다(경비업법 시행령 제29조).

통합방위법에 의해 통합방위작전의 관할구역이 구분되고 있다(제15조 제1항). 여기에서 말하는 '통합방위작전'이라는 것은 통합방위사태가 선포된 지역에서 그 사태의 구분에 따라 통합방위본부장 · 지역군사령관 · 함대사령관 또는 시 · 도경찰청장(이하 '작전지휘관'이라 함)이 국가방위요소를 통합하여 지휘 · 통제하는 방위작전을 말한다.

통합방위작전 관할구역의 구분(통합방위법 제15조 제1항)

① 지상관할구역: 특정경비지역 · 군관할지역 및 경찰관할지역
② 해상관할구역: 특정경비해역 및 일반경비해역
③ 공중관할구역: 비행금지공역 및 일반공역

한편, 시 · 도경찰청장 · 지역군사령관 또는 함대사령관은 통합방위사태가 선포된 때에는 즉시 통합방위작전(공군작전사령관의 경우에는 통합방위지원작전)을 신속하게 수행하도록 하고 있다. 다만, 을종사태가 선포된 경우에는 지역군사령관이, 갑종사태가 선포된 경우에는 통합방위본부장 또는 지역군사령관이 각각 통합방위작전을 수행하도록 규정하고 있다(통합방위법 제15조 제2항).

통합방위작전의 수행 주체(통합방위법 제15조 제2항)

① 경찰관할지역: 시 · 도경찰청장
② 특정경비지역 및 군관할지역: 지역군사령관
③ 특정경비해역 및 일반경비해역: 함대사령관
④ 비행금지공역 및 일반공역: 공군작전사령관

제4절 국가중요시설 경비의 민영화과정

이상에서 살펴본 바와 같이 국가중요시설에 대한 경비는 국가차원과 민간차원이 모두 연계되어 이루어지고 있음을 알 수 있다. 이와 관련하여 여기에서는 공항을 중심으로 살펴보기로 한다.

우리나라 공항은 순수하게 여객과 화물수송을 목적으로 사용되는 공항과 군사적 목적으로 사용되는 공항, 그리고 군사적 목적과 승객 및 화물수송을 겸용하는 공항으로 구분할 수 있다. 군사적 목적으로 사용되는 공항의 경비와 보안문제는 일반여객과 화물소송을 전담하는 공항과는 다른 성격을 띠기 때문에 공항경비의 민영화는 후자의 형태를 중심으로 진행되게 된다. 이와 관련하여 아래에서는 우리나라 공항 중에서 그 역사가 가장 오래된 김포공항의 경비 및 보안관리체계의 변화를 중심으로 공항경비의 민영화와 민간경비와의 관계 등을 살펴보기로 한다.[14)]

1. 김포공항의 발전과정과 관리주체의 변화

김포공항은 1939년 일본군에 의해 활주로 건설이 착공되었으며, 해방이 되던 1945년에는 미군이 활주로의 포장공사를 담당하였다. 1949년 9월 한국과 미국 간에 김포비행장 운영협정 체결로 미군 측이 김포비행장 시설을 확장하였다. 1951년 3월 주한 유엔사령부는 미 공군의 군사목적으로 유엔군 관할하에 김포비행장을 운영하였다.

한국은 1954년 5월부터 미 5공군의 김포비행장 활주로 일부를 사용하기 시작하였다. 1957년 4월 27일 한국과 미국 간에 항공협정이 체결되고, 이때부터 김포공항은 사실상 국제공항으로서의 기능을 수행하게 된다. 1958년 1월에는 교통부에서 김포국제공항 확장공사를 착공했으며, 여의도에서 김포로 국제공항을 이전하였다. 1959년 2월 김포국

14) 이하 김성언(2004), "민간경비의 성장과 함의: 치안활동의 신자유주의적 재편과 계약적 통치의 등장," 서울대학교 박사학위논문, pp. 233~241 재구성.

제공항청사가 완공되었고, 1961년 7월 1일자로 김포국제공항의 관할권이 미 5공군에서 우리정부로 완전히 넘겨졌다. 따라서 해방이후 1961년 7월 이전까지 김포공항의 운영 및 경비에 대한 제반책임은 미군 측에 있었다.

그 후 1970년대 말까지 김포공항은 정부의 책임하에 운영되었으나, 1979년 12월 28일 법률 제3219호로 국제공항관리공단법이 제정됨으로써 공항운영과 관리의 민영화(民營化)가 본격적으로 추진되었다. 1970년대 중반 이후 세계적인 공항들이 민영화되는 추세에 있었다. 이에 국제공항관리공단은 1980년 7월 1일부터 김포국제공항을 인수 운영하기 시작하였다. 1980년대 들어 경제가 성장하면서 국제 교류 및 교역이 증가하였고, 또한 86서울아시안게임과 88서울올림픽 등 국가적 대행사를 앞두고 항공수요의 급증에 발맞춰 김해 국제공항과 제주 국제공항을 개선 확충하였다. 또한 공항운영의 선진화를 위해 김해국제공항(1983)과 제주국제공항(1985)을 국제공항관리공단에서 인수하여 관리 · 운영하였다.

한편, 국제공항관리공단은 1990년 4월 7일 법률 제4235호에 의해 한국공항관리공단으로 명칭을 변경하였으며, 1991년 12월 14일 법률 제4436호로 한국공항관리공단법이 개정됨에 따라 다시 한국공항공단으로 바뀌었다. 한국공항공단은 2002년 1월 14일 한국공항공사법(법률 제6607호)에 의해 한국공항공사가 설립되기 전까지 국내의 공항운영을 관리하였다.

이렇듯 1980년대부터 2000년 초반까지 국내 대부분의 공항이 한국공항(관리)공단에 의해 운영 · 관리되어 왔지만, 공항경비와 보안문제만은 민간부문이 아닌 국가경찰이 담당하였다. 항공기 운항과 여객터미널의 운영과 관련된 사항은 이미 1980년대에 민영화 방식을 통해 민간경영 방식이 도입되었지만 국가중요시설로서의 공항에 대한 경비는 주로 국가경찰에 의해 이루어져 왔던 것이다. 이러한 국가경찰중심의 공항경비가 민간중심으로 이양되기 시작한 것은 2001년 특수경비원제도가 신설되고 '공단'(公團)의 형태로 운영되던 공항관리가 독립체산재 방식으로 운영되는 '공사'(公社)형태로 바뀌는 2002년도부터이다.

한국공항공단이 한국공항공사로 체제변화를 한 것은 공항운영에 대한 본격적인 민영화의 시작을 상징한다. 공단체제에서는 수익금을 국가에 반납하고 그 시설유지에 필요한 비용을 할당받아 공항을 운영해왔으나, 공사체제로 전환된 다음부터는 독립경영이 가능하게 된 것이다. 그에 따라 지금까지 공항에 상주해왔던 국가기관의 입주비용이나 기타 비용 등을 청구할 수 있게 되었으며, 반대급부로서 국가로부터 누렸던 여러 가지 혜택들은 더 이상 유지할 수 없게 되었다. 그 대표적인 것이 공항경비 및 보안업무에 대한 국가의 철수이다. 정부는 수익자부담원칙에 입각하여 공항경비와 보안에 대한 책임을 한국항공사로 이관하였다. 이에 경찰은 한국공항공사가 독자적인 책임 하에 공항경비와 보안을 이행할 수 있을 때까지 과도기적으로 이를 관리하고 그 후에는 경찰 본연의 기능인 방범순찰과 교통관리, 검문검색에 치중하게 된다.

2. 김포공항 경비시스템의 기본구조와 변화과정

1) 경비시스템의 기본구조

공항경비에 대한 경비는 크게 ㉠ 공항외곽, ㉡ 활주로, ㉢ 항공기 계류장, ㉣ 여객터미널 등의 시설경비, ㉤ 항공기에 대한 경비와 순찰, 그리고 ㉥ 승객과 수화물에 대한 보안검색 등으로 나눌 수 있다. 공항시설에 대한 경비는 처음에는 군 병력이 담당하였으나 경찰 중심으로 바뀌었고, 한국공항관리공단 소속 청원경찰이 국가경찰을 보조하였다. 특수경비원제도가 신설된 다음부터는 경찰과 민간경비업체가 혼합된 경비형태가 한시적으로 시행되고 있으며, 점차적으로 민간경비업체가 전담하는 방향으로 이행하고 있다.

공항의 일반적인 경비 및 보안 문제

공항의 안전과 관련하여 일반적 보안문제는 테러리스트에 의한 공중피랍, 폭발물 및 폭탄 위협, 항공화물절도, 승객의 수화물 · 항공티켓 · 물품절도, 그리고 주차장 내의 절도, 혼잡통제, VIP경호, 교통통제 및 잠재적 재난 예방활동 등이 포함되는 매우 복잡하고 전문성을 요구하는 분야라고 할 수 있다.

여기서 특히 항공테러리즘은 항공운항의 지연과 공항전체의 폐쇄를 가져다주며, 실제의 폭발상황 발생시 수많은 인명피해와 재산상의 손실을 가져다주기 때문에 사전에 보안검색 단계에서부터 철저한 예방책이 마련되어야 한다. 따라서 1972년도에 증가하는 공중피랍과 폭탄위협에 대처하기 위해 미연방항공국(FAA: Federal Aviation Authority)은 일정한 안전규정을 마련하였다. FAA의 안전항공규칙은 미국의 모든 주요 공항의 접근통제 확인절차와 안전시스템의 수준을 향상할 것을 촉구하고 있는데, 이러한 목적은 오직 자격 있는 사람(승객 등)만이 제한구역에 들어올 수 있도록 할 것을 강조하는데 있다.[15)]

〈FAA의 공항안전규정〉

① 항공기 출발에 앞서 모든 승객과 소지품에 대한 검색
② 검색지역에서 법집행관에게 3~5분간의 재량권 부여
③ 검색요원과 항공기관리자 간의 FAA승인 하에 안전프로그램의 수립 및 실행
④ 항공재난계획의 수립[16)]

---

15) Joe, Jenkins(1993. 7/8), "Airport Security System: Where to Begin?" Security Techonology and Design, p. 20.; 강맹진 · 최선우(1998), "공항 보안검색의 효율화 방안에 관한 연구," 한국공안행정학회보 제7호, pp. 453~454.

16) 공항의 안전성과 관련하여 공항이 안고 있는 독특한 문제인 항공기 추락사고에 의한 잠재적 대규모 재난발생 가능성 때문에, 이에 대응하기 위하여 소방, 의료, 법집행기관, 민간경비, 그리고 공

김포공항을 중심으로 2002년 이전의 공항시설 경비현황을 보면, 여객터미널 내 계류장 통로와 탑승교 등의 경비는 경찰의 지도감독하에 한국공항(관리)공단 소속의 청원경찰이 담당해왔다. 보안검색을 마친 승객과 상주근무자(격리대합실 내의 스넥코너 근무자, 환경미화원, 항공사 근무자, 광고물 등의 시설점검 · 보수자 등 포함)가 근무하는 격리대합실의 경우 탑승교 방향은 청원경찰이 담당하고 보안검색 지점에서는 경찰관이 근무하였다. 또한 터미널 내의 순찰은 공항경찰대 소속의 전투경찰 중대가 담당하며 검문검색과 유 · 분실물 처리, 돌발 상황 발생 시 현장보존과 인파에 대한 격리 등의 임무를 수행하였다.[17]

특수경비원제도 도입 이전의 공항경비의 운용 사례와 한계

민간경비업자에게 청원주 자격을 부여하였던 예는 김포공항의 경비를 담당하였던 한국산업안전(주)의 경우를 들 수 있다. 1977년 당시 김포공항의 경비구역 내에는 30여개 국내외 항공사 사업장 및 화물창고가 있었으므로 사업체별로 경비체계 운영시 각 업체의 특성 및 경비장소, 대상의 다원화로 인해 공항 전체의 효율적인 경비운용이 어렵다는 판단을 내리게 되었다. 이에 따라 김포공항주재 기관장회의(1977)에서 '공항경비 일원화 방침'을 결정하여, 민간경비업체인 한국산업안전에 일괄하여 민간경비업무를 의뢰하였던 것이다. 한국산업안전은 동 방침에 근거하여 청원경찰을 임용하여 경찰의 지휘감독하에 관련 업무를 수행하였다.

그러나 1994년 이후 청원경찰법상 민간경비업체는 청원주 자격이 없다는 이유로 청원경찰의 신규임용을 하지 못하게 되었다. 서울지방경찰청은 대통령훈령 제28호에 근거하여 국가중요시설의 경비는 청원경찰이 담당해야 할 보안시설임에도 불구하고 청원경찰의 임용권한이 없는 민간경비업체인 한국산업안전에서 관련 경비업무를 담당한다는 것은 부당하다는 것이 주요 내용이었다(한국산업안전은 1997년 현재 청원경찰 175명, 일반경비원 412명을 두고 항공기 경비, 국내선 보안검색, 국제선 출국 보안검색 등의 업무를 담당하고 있다).[18]

이상과 같이 민간경비업체는 청원경찰의 임용권한이 없기 때문에(보다 정확히 말하면, 국가중요시설내에서 청원경찰과 같이 일정한 물리적 강제력을 행사할 수 있는 경비원을 둘 수 없다는 점), 국가중요시설의 경비에 대해서 상당히 제한적일 수밖에 없는 것이 당시의 현실이었다.

그런데 2001년 특수경비원제도가 신설된 다음부터는 김포공항의 시설경비 방식에 변화가 나타났다. 앞서 설명한 대로 공항경비의 주된 책임이 국가경찰로부터 한국공항공사로 이관되었으며, 경비책임 이행의 과도기적 상황으로 말미암아 경찰과 한국공항공사가 합동으로 공항경비를 담당하고 있다.

이를 좀 더 자세히 살펴보면, 2003년 11월 현재 공항외곽의 울타리 경비는 한국공항공

항관계자 간의 밀접한 협력체계를 구축하고 있어야 한다. Boynton, Homer A.(1992.6), "An Eye on Airline Security Technology," Security Management, p. 22.

17) 강맹진(2001), "한국의 공항보안에 관한 연구," 동국대학교 박사학위논문, p. 46.

18) 이윤근 · 최선우 · 안창훈(1998), 앞의 논문, p. 112.

사 소속 청원경찰과 공사로부터 경비계약을 체결한 민간경비업체에서 담당한다. 활주로 및 활주로 주변으로 진입하는 출입검문소 4개소는 경찰(전투경찰)이 맡고 있다. 여객청사 지역의 출입통제 업무는 한국공항공사 소속 청원경찰이 전담하며, 대합실 및 도로 등의 방범순찰, 교통관리는 경찰이 담당하고 있었던 것이다. 그리고 계류장에 주기(駐機)되어 있는 항공기에 대한 경비는 항공사에서 자체경비원을 고용하여 맡기거나 경비업체에 경비를 위탁하고 있었다.

2) 경비시스템의 변화과정

국내 공항에서의 체계적인 보안활동이 시작된 것은 1970년대 들어오면서부터이다. 1969년 12월 11일 강릉발 서울행 대한항공 여객기가 북한 간첩에 의해 납치되는 사건이 발생하였다. 이 사건을 계기로 이듬해 1월 7일 내무부 치안국(治安局)에 김포공항 외사분실이 설치되어 공항관련 첩보수집 및 보안검색에 참여한 것이 정부기관에 의한 공항보안의 시작이라고 할 수 있다.[19]

1970년 2월 26일부터는 경찰공무원으로 구성된 보안관 50명이 당시 유일의 국적기인 대한항공기에 직접 탑승하는 등 정부는 적극적으로 항공기와 탑승객의 안전문제에 관여하였다. 분단 상황이라는 특수성으로 인해 1970년 1월 29일자로 대통령 특별지시(대통령훈령 제28호)가 내려져 항공기 승무감독을 실시하였으며, 1971년 7월 1일에는 공항운영위원회(국적기와 국내 취항 중인 외국항공사 공항지점 대표자들로 구성된 협의체) 소속의 보안검색원 7명을 선발하여 경찰의 지도감독하에 출국승객의 신체 및 휴대품과 탁송화물에 대한 보안검색을 실시하였다. 이러한 체계는 그 후 수년 동안 크게 변하지 않고 계속되었다.

이러한 공항에서의 보안검색과 경비체계는 1970년 말부터 서서히 변화하기 시작하였다. 우선 1979년 7월 29일자로 탁송화물에 대한 검색업무가 경찰에서 세관으로 이관되었다. 1980년 6월 30일을 기해 국제선 전 노선에 탑승했던 경찰보안관이 철수하고 대한항공 자체 보안관(대한항공에서 고용한 청원경찰 신분의 보안승무원)이 매 편마다 2명씩 탑승하여 취약노선에만 경찰관이 탑승하여 지도하는 식으로 항공기 보안업무체계가 바뀌었다.

1980년대에 들어와서는 보안검색 방식이 과거의 수작업에 의한 검색방법에서 X-Ray 판독훈련을 받은 전투경찰요원 24명이 배치되었다. 그리고 1984년 9월 14일 국제선 제1청사에서 발생한 폭발물 사고와 86서울아시안게임, 88서울올림픽을 계기로

19) 이하 강맹진(2001), 앞의 논문, pp. 43~48.

1986년 9월 20일부터 여객터미널 출입객에 대한 검색강화를 위해 각 청사출입문에 문형금속탐지기와 휴대용 금속탐지기를 갖추고 전투경찰대원으로 구성된 검색요원을 배치하였다. 1988년 2월 5일에는 남자 전투경찰대원이 여성들을 검색하는 것과 관련해서 나타나는 불편을 해소하기 위해 한국공항관리공단 소속의 여성 검색대(당시 1개조당 여성 검색원 2명, 전경대원 1명 등 3인 1조로 편성)가 발대되었다.

1990년에는 보안검색 방식과 관련하여 몇 가지 변화가 나타났는데, 우선 1993년 5월 1일자로 취약노선에 대한 경찰보안관 탑승제도가 폐지되었으며, 1994년 1월 1일에는 각 청사출입문에 배치된 여성검색대가 폐지되었다. 여성검색대의 폐지는 민간인 신분인 여성 검색원이 출입객에 대한 검문검색의 법적 근거가 없다는 비판과 아울러 1994년 한국방문의 해를 맞아 국제적인 이미지를 개선하고자 하는 의도에서 비롯된 것이다. 대신 전투경찰대 순찰인원을 대폭 증원하여 운영하였다.

1990년대의 공항에서의 보안업무의 중심은 여전히 국가경찰이었지만, 경찰은 점차 공항의 경비와 보안검색 업무의 부담을 줄여나가기 시작하였다. 1993년 9월 6일에는 경찰의 지도감독을 받는 민간경비업체 경비원으로 공항보안검색대가 구성되었다. 이에 따라 당시 공항파견 경찰관 97명 중 61명이 복귀하여 36명만이 보안업무를 수행하였으며, 보안검색요원 98명이 이를 대체하였다.

그런데 2000년대 들어와 한국공항공단이 공사로 전환되면서 탑승객과 휴대물, 위탁수하물, 그리고 일반화물에 대한 보안검색 방식에도 대대적인 변화가 나타났다. 기존에는 경찰책임하에 항공기 탑승객, 휴대물품, 위탁수하물 및 화물에 대한 보안검색이 실시되었는데, 2002년 8월 26일 법률 제6734호로 전문개정 된 항공안전 및 보안에 관한 법률은 승객 및 휴대물품과 위탁수하물은 공항운영자(한국항공공사와 인천국제항공공사)가 검색하도록 하고 일반화물은 항공운송업자가 검색하도록 하였다.

2000년에 이르러 한국항공공사에서는 민간경비업체와 계약을 체결하여 보안검색을 실시하였으며, 공사 측은 보안검색에 대한 전반적인 감독만을 행하고 있었다. 다만, 신분증 미소지자에 대한 확인작업은 여전히 경찰이 담당하고 있었다. 그리고 한국보안공사에서는 공항에서 발생할 수 있는 테러에 대비하여 전문요원으로 구성된 폭발물처리반(EOD: Explosive Ordnance Disposal)을 운영하고 있었다. 22명으로 구성된 폭발물처리반 중 6명은 공사에 소속된 직원이고 나머지 16명은 특수경비업체 소속 특수경비원으로 구성되어 있다.

3. 논의 결과

이러한 일련의 변화들은 그동안 경찰 중심의 공항경비가 민간경비 등 민간부문 중심으로 이동하고 있음을 잘 보여주고 있다. 김포공항의 사례가 경찰에서 민간부문으로 실질적인 공항경비 책임이 이동하는 과도기에 위치해 있다면, 인천국제공항은 전적인 민간부문 책임하에 공항경비와 보안검색이 이루어지고 있다.

인체국제공항의 운영과 관리를 위해 1999년 1월 26일 법률 제5689호로서 인천국제공항공사법이 제정되고, 이에 근거하여 인천국제공항공사가 설립되었다.「항공안전 및 보안에 관한 법률」(현 항공보안법, 2014.4 법률명칭 개정)에 의해 인천국제공항에서도 2002년 8월 말 이후로는 인천국제공항공사가 공항외곽은 물론 터미널 내부 등 모든 시설의 경비를 담당하고 있다. 이를 위해 2003년 현재 인천국제공항공사는 특수경비업체에게 공항의 주요시설에 대한 경비를 위탁하였다.

인천국제공항의 보안검색은 과거 김포국제공항에서의 검색체계와는 다르다. 김포공항 국제노선의 경우 탑승객 및 수하물에 대한 검색은 항공사 대표자들로 구성된 항공사운영위원회에서 비용을 부담하여 선발한 보안직원이 담당하고 경찰이 이를 총괄적으로 감독했었다. 위탁수하물에 대한 검색 역시 항공사운영위원회에서 고용하는 보안직원이 담당하고 관세청에서 이를 감독하였다. 그러나 인천국제공항에서는 항공사운영위원회의 비용부담으로 경비업체에서 승객과 휴대수하물, 위탁수하물에 대한 보안검색을 실시하고 국가기관이 아닌 인천국제공항공사에서 이를 감독하고 있다.[20] 2003년 11월 현재 인천국제공항에도 경찰이 배치되고 있으나 이들은 공항경비를 담당하는 것이 아니라 테러에 대처하기 위한 기동타격대, 방범순찰, 외사 등에만 전념하고 있다.

이상에서 국가중요시설의 하나인 공항에서의 경비와 보안검색의 민영화를 중심으로 공적인 장소에서의 치안활동 책임이 국가기관으로부터 민간조직으로 이양되어 가는 과정을 간략히 살펴보았다. 이러한 이행은 특히, 1990년대에 들어와서 가속화되었는데, 그것은 형사사법체계 전반에서 일어나고 있는 민영화와 밀접한 관련이 있다고 본다.

이러한 민영화는 지금까지 국가가 독점해왔던 공권력의 일부를 민간부문도 공유할 수 있게 허용하고 있다. 또한 그것은 민간경비업체가 진출할 수 있는 경비 및 보안시장을 확대하는 효과를 낳았다. 공항시설에 대한 실질적인 경비는 특수경비업체에 위탁 경영되고 있기 때문이다. 이러한 추세라면 형사사법에 있어서의 민영화(예: 교정의 민영화) 역시 빠르게 진행될 것으로 보인다.

20) 위의 논문, pp. 50~51.

제18장
금융시설의 경비

제1절 기본논의

전통적으로 금융시설은 많은 액수의 현금 등을 보유하고 있기 때문에 강도 및 절도를 저지르는 범죄자들의 주요 범행대상이 되어 왔다. 그리고 이러한 문제는 오늘날에도 여전히 중요한 위협요인이 되기 때문에 전통적인 물리적 방어수단(금고, 자물쇠, 경보장치, 감시카메라, 경비원 등)은 매우 중요한 역할을 하고 있다.

그런데, 오늘날 금융시설의 위험요소는 훨씬 다양해지고 복잡해지고 있다. 이러한 외부의 침입뿐만 아니라 신용카드 사용의 일반화와 이를 악용한 범죄, 내부직원에 의한 횡령 및 사기, 그리고 특히 전자통신기술(텔레뱅킹, 인터넷 등)의 발달에 따른 온라인상의 금융서비스의 발달은 한편으로는 그에 따른 잠재적 위험요소(보이스피싱 등 신종금융사기)를 더욱 복잡하고 어렵게 하고 있다. 또 최근의 현금자동지급기(CD: Cash Dispenser) 또는 현금자동입·출금기(ATMs: Automatic Teller Machines, 이하 '현금자동지급기'라 함)의 증가에 따른 위험요인도 무시하지 못할 수준에 이르고 있다.[1] 그리고 최근 들어 개인정보를 불법으로 빼내어 범죄에 악용하는 사례가 급증하고 있어 이에 대한 시급한 대책이 요구되고 있다.

이러한 금융시설의 위험성은 특히 최근과 같이 경제불황 등으로 인한 사회구조의 불안정, 그리고 향락주의적 사회환경 속에서 잠재적 범죄자가 금융시설 안팎으로 급증하고 있기 때문에 더욱 문제가 되고 있다. 따라서 금융시설에서는 자신들에게 중대한 악영향을 미치는 범죄 및 손실로부터 보호 및 유지하기 위하여 일정한 표준적 안전관리기준을 마련해야 할 것이다. 또 이에 대한 정확한 보고와 통계를 확인하여 그에 따른 안전관리대책을 수립해야 할 것이다. 이러한 문제인식하에 이 장에서는 금융시설의 안전과 관련하여 외부의 위협요소(내부 위협요소 일부 포함)를 중심으로 살펴보기로 한다.

1) Fennelly, Lawrence J.(ed.)(1996), Handbook of Loss Prevention and Crime Prevention, Boston: Butterworth-Heinemann, p. 444.

제2절 금융시설의 위험요소

일반적으로 금융시설 또는 금융기관은 은행, 협동조합(농업, 임업, 수산업, 축산업, 중소기업 등), 그리고 이 밖에도 우체국, 증권회사, 보험회사, 새마을금고, 투자신탁, 단기종합금융, 상호신용금고 등을 가리킨다. 이들 금융기관이 일반적으로 하는 업무는 ㉠ 예금을 받아 이자를 주는 예금업무, ㉡ 돈을 빌려주고 이자를 받는 대출업무, ㉢ 원하는 사람에게 돈을 보내주는 송금업무, ㉣ 지로창구에서 세금 · 등록금 · 범칙금 등을 받는 공과금 수납업무, ㉤ 신용카드업무, ㉥ 어음이나 수표의 현금교환업무, 그리고 ㉦ 현금지급기 운영 등 모두 돈과 관련된 것이다. 결국, 금융시설은 이상과 같은 업무의 수행 자체가 돈과 관련되어 있기 때문에 범죄의 좋은 표적이 된다.

1. 외부의 위험요소

전통적으로 금융시설의 위험요소는 주로 외부의 침입 또는 공격에 의해 발생하였다고 볼 수 있다. 이는 강도나 야간침입절도 등에 의한 손실과 관련된다. 이와 관련하여 한 조사에 의하면, 우리나라 금융기관 10곳 중 3곳이 범죄에 취약하여 방범대책이 시급한 것으로 나타났다. 2007년 1월 강원경찰청은 지난 22일부터 26일까지 도내 금융기관 본점과 지점, 출장소 등 770곳에 대한 정밀 방범진단 결과, 29%인 223곳이 강력범죄에 취약한 것으로 나타났다(점포 유형별로는 제1금융권인 은행 지점과 출장소가 각 1곳이며, 제2금융권 본 · 지점 110곳, 제2금융권 분소와 우체국이 각각 67곳과 44곳 등이다).[2] 이들 금융시설에 대한 범죄의 위험은 특히, 경기불황 및 연말연시를 앞두고 많이 발생할 우려가 있다.

금융시설에 미치는 위험요소와 관련하여 범죄의 수법을 기초로 분류한다면 ㉠ 영업시간 중 점포 내에 침입하여 현금 등을 강 · 절도하는 유형, ㉡ 점포주위에 대기하고 있다가 점포에 출입하는 고객을 상대로 현금 등을 강 · 절도하는 유형, ㉢ 운송중에 있는 현금을 강 · 절도하는 유형, ㉣ 야간이나 공휴일에 점포에 침입하여 금고 등에 보관되어 있는 현금이나 유가증권 등을 강 · 절도하는 유형 등으로 구분할 수 있다.[3] 대중매체에서 범죄사건을 보도할 때 일반적으로 사용하는 '은행강도', '은행털이'라는 용어는 각각

2) 강원도민일보(2007. 1. 29).
3) 조병인(1993), "현금다액취급업소의 방범대책 연구," 한국형사정책연구원, p. 23.

영업시간 중에 점포에 침입하여 출납부서 또는 고객으로부터 현금을 강탈해 가는 경우와 야간이나 공휴일에 점포에 침입하여 금고를 부수거나 열고 현금 등을 절취해 가는 범죄를 일컫는 말이다.

미국 등 선진국에서는 금융기관의 관리책임자를 납치하여 무사히 석방시켜 주는 대가로 몸값을 요구하는 유형의 범죄가 발생하는 경우도 있다.[4] 또 금융기관의 약점을 포착하여 이를 빌미로 관리책임자로부터 금품을 받아내는 범죄유형도 있다.

사례: 금융시설의 안전과 민간경비의 중요성

2015년 7월 20일 오후 12시 20분쯤 서초구 S금고에 30대로 보이는 강도가 흉기를 들고 침입해 현금 2,400만원을 빼앗아 달아나는 사건이 발생하였다. 창구직원은 강도가 S금고로 들어오자, 비상벨을 눌렀으나 강도의 침입에서 도주까지는 불과 5분밖에 걸리지 않았다. 결국 다음날인 21일 경찰은 S금고 강도사건 용의자에 현상금 1,000만원을 걸고 공개수배에 나섰다(범행 6일 만에 퀵서비스 기사 최모씨는 경찰에 검거됨).

다행히도 범인이 검거되었기 때문에 사건이 어느 정도 일단락된 것처럼 보이지만 사실 S금고는 항상 은행강도의 표적이 되어 왔다. 지난 3년간 7번의 강도사건이 발생한 것이다. 2014년 7월 경기도 의정부에 위치한 S금고에도 서초구 S금고 강도처럼 범인이 오토바이 헬멧을 쓰고 얼굴을 가린 채 은행직원을 위협해 현금 1,000만원을 빼앗고 도주한 사건이 발생하였다(범행 8일 만에 검거됨).

한편, 지난 2013년은 S금고에는 강도사건이 연속적으로 발생하였다. 그해 3월에는 경기도 성남에 위치한 S금고에 강도가 침입해 현금 1,700여만원을 빠앗아 도주하다가 시민의 도움으로 검거에 성공했다. 같은 해 4월 1일 경기도 안산 S금고에 2인조 형제강도가 흉기로 직원들을 위협해 1,000만원을 빼앗아 달아나는 사건이 발생하였다(범행 4일 만에 검거됨). 그리고 안산에서 사건이 발생한지 11일 뒤인 4월 12일에는 대전 S금고에 마스크를 쓰고 흉기를 든 강도가 침입하였으나 다행히 미수로 그쳤다. 또 같은 해 5월에는 울산에 위치한 S금고에 600여만원을 가지고 달아난 강도 사건이 발생하였다(16일 만에 검거됨). 그해 8월에는 대구 S금고에 강도가 침입해 현금 5,600여만원을 빼앗아 달아났다(범행 2일만에 검거됨).

이처럼 잊을만하면 S금고에는 은행강도 사건이 발생한다. 이는 이번에 발생한 서초구 S금고 사건이 그 이유를 잘 설명해 준다. 범인인 최씨는 S금고에 경비원이 없는 점을 노리고 범행일 저질렀던 것이다. 경비원이 없는 S금고는 은행털이범들에게 표적이 되기 좋은 장소가 되어버린 것이다. 물론, S금고 강도가 침입했을 경우를 대비해 비상벨이 각각의 지점마다 설치되어 있지만 항상 경찰이 오기 전에 범인이 도망간 경우가 다반사이다. 경비원이 없는 지점에서 강도 사건이 발생하면 현장에서 곧바로 범인을 제압하기 어려울 뿐만 아니라 직원과 고객들의 안전에도 문제가 일어날 수 있다.

S금고 관계자에 의하면, “S금고를 이용하는 고객들의 재산에 피해가 가지 않게 현금도난공제라는 보험을 통해 보상받을 수 있다”고 한다. “다만 S금고는 하나의 법인체가 아닌 개별적으로 운영되는 협동조합이기 때문에 중앙회에서 경비원을 뽑아 각 지점에 채용하라고 강요할 수 있는

4) Strobl, Walter M.(1978), Crime Prevention Through Security, N.Y.: Marcel Dekert, Inc., pp. 312~320.

시스템은 아니다"며 "S금고 지점마다 따로 경비원 채용해 운영하는 곳도 있고, 경비업체 혹은 보안업체와 계약을 한 지점, 지점 자체적으로 가스총이나 방범장비를 휴대하고 있는 곳도 있다"고 한다. 다만, 경비원이 상근하는 지점의 비율에 대한 질문에 대해서는 "거의 없다고 볼 수 있다"고 하였다.5)

은행강도 잡고 보니 '전직 경비보안 업체' 직원

강원민간경비업체 경비원을 제압하고, 현금인출기 열쇠를 빼앗아 1천900만 원을 꺼내 달아났던 용의자가 하루 만에 붙잡혔다. 당시 현금인출기를 관리하는 사무실의 CCTV에 녹화된 상황을 보면 다음과 같다.

후드를 눌러쓴 용의자가 현금인출기를 관리하는 사무실 출입문의 열쇠 구멍을 잠시 살피더니, 금세 열쇠 꾸러미에서 딱 맞는 열쇠를 찾아 문을 열고, 문 안쪽 인출기에서 현금을 빼내 가방 속에 집어넣었다. 달아나기 전에는 CCTV에 소화액도 뿌렸다. 용의자가 1천 9백여만원을 훔치는 데 걸린 시간은 단 5분이었다. 용의자는 범행 전날 새벽 2시 50분쯤, 순찰 중이던 경비보안업체 직원을 제압하고, 마스터키를 빼앗아 이를 범행에 사용하였다. 용의자는 전날 밤 10시 45분쯤, 경찰에 긴급체포 되었다.

체포된 용의자는 해당 경비보안업체에서 일했던 전직 직원이었다. 경찰이 용의자를 특정해서 신속하게 체포할 수 있었던 것은, 그가 범죄를 저지르기 위해 경비보안업체 직원을 기다렸다 습격하여 제압하고 마스터키를 빼앗은 점, 그리고 빠른 시간에 돈을 탈취한 점 등을 고려해 전·현직 직원의 범행일 가능성이 높다고 봤기 때문이다.

조사결과, 용의자는 범행에 앞서 여러 은행에서 경비업체의 출동 속도를 확인하는 등 사전 계획을 하였던 것으로 나타났다. 그리고 용의자는 경비보안원에게 빼앗은 차는 버리고, 집 방향으로 바로 가지 않고 돌아가기도 하는 등 치밀한 모습도 보였다. 그러나 용의자는 범행 뒤, 강릉에 갔다 늦은 밤 원주로 돌아오던 자신의 차량이 고속도로 나들목의 수배차량 검색 시스템에 감지되면서 덜미를 잡혔다. 경찰은 공범 여부를 조사하는 한편, 영장을 청구해 구속 수사를 이어갈 방침이다.6)

---

5) 투데이신문(2015.7.30.) 재구성.; S금고의 경비 · 보안 문제는 여전히 해결되지 않고 있으며, 2018년(7월까지)에만 벌써 4번째로 강도사건이 발생하고 있는 실정이다. 이와 관련하여, 예컨대, 지난 7월 16일 낮 12시 20분쯤 복면강도가 경북 영주의 한 S금고에 침입하여 현장 직원 4명을 위협해 55초만에 4천 3백여만 원을 빼앗아 달아나는 사건이 발생하였다. S금고 직원이 돈을 가방에 담는 동안 경찰에 신고를 했지만 경찰이 출동한 건 7분이 지난 뒤였고, 강도는 은행 뒤쪽 담장을 넘어 미리 준비해 둔 오토바이를 타고 달아났다(참고적으로 S금고 100m 이내에는 파출소가 소재하고 있었다). 다행히 이들 4건의 사건을 저지른 범인 모두 체포되기는 했지만 훔쳐간 돈의 일부만 회수되었다는 점과 특히, 이로 인한 지역사회 내의 불안감 · 두려움이 증대되기 때문에 이에 대한 대책 마련이 시급하다고 본다. S금고는 지리적으로 대도시보다는 중소도시에 위치해 있고, 소규모이기 때문에 경비 · 보안요원을 고용하는 것도 재정적으로 한계가 있기 때문에 범죄자들의 좋은 표적이 되는 것으로 나타났다. 이에 대해 S금고 측은 이러한 강도사건 및 관련 모방 범죄를 예방하기 위해 경비인력의 확대 등 대책을 강구하고 있다. KBS NEWS(2018. 07. 23) 재구성.

6) MBC뉴스(2024. 05. 07) 재구성.

2. 내부의 위험요소

금융시설이 안고 있는 문제는 이처럼 외부의 침입에 의한 현금강도 또는 현금절도 문제뿐만 아니라 더욱 심각한 것은 내부 운영상의 문제라 할 수 있다. 내부직원에 의한 횡령, 사기(대출 및 수수료), 신용카드관련 문제 및 서류위조 등에 의해 발생하는 손실은 그 손실규모가 매우 크고 외부의 강·절도 문제보다 훨씬 심각한 것으로 나타났다.[7)]

이와 관련하여 지난 5년(2001년~2005년)간 금융기관 직원들이 횡령하거나 유용한 금액이 8,000억원에 달하는 것으로 집계됐다. 금융감독원으로부터 제출받은 국정감사 자료에 따르면, 이 기간 동안 금융기관에서 발생한 횡령·유용 사고는 1,496건이며 사고금액은 총 7,991억원에 이른 것으로 나타났다.

금융기관의 한해 영업일 수가 250일이라고 가정하면 하루 평균 1.2건에 6억 4,000만원의 피해가 발생한 셈이다. 피해액 규모로는 1억원 미만이 834건으로 가장 많았으나 10억원 이상 대형 사고도 136건이나 됐다. 지난해 7월 발생한 국민은행의 양도성예금증서(CD) 횡령사건의 예상 손실 금액은 650억원으로 단일 사고로는 최대 피해액을 기록했고, 2004년 코오롱캐피탈 상무보의 횡령사건(472억원)이 두 번째였다. 그리고 금융감독원에서는 "횡령·유용 외에 사기나 도난 등을 포함할 경우, 같은 기간 금융사고는 2,300건에 피해액 1조 4,000억원에 달한다"며 "지난해 이후 올해 상반기까지 400회 이상이나 금융기관의 내부통제시스템을 점검했지만 대부분 사후 처리에 급급한 모습이 오늘날의 현실"이라고 하였다.[8)]

더욱이, 각 금융시설은 내부직원 등에 의한 이상과 같은 문제가 외부로 드러날 경우, 기업의 이미지에 치명적인 악영향을 미칠 수 있기 때문에 이를 은폐하려는 경향이 적지 않다는 점이며, 따라서 이의 심각성은 크게 내재되어 있다고 볼 수 있다.

---

7) Hess, KärenM. and Wrobleski, Henry M.(1996), Introduction to Private Security, N.Y.: West Publishing Company, p. 525.

8) 금융권역별로는 은행이 505건(3,831억원)으로 가장 많았고 농·수협 등 비은행권 예금기관 468건(2,080억원), 보험사 441건(382억 원), 증권사 82건(926억원)의 순이었다. 개별 금융기관별로는 사고건수의 경우 농협 단위조합이 149건으로 가장 많았고 삼성생명137건, 국민은행 95건, 농협중앙회 92건 순이었다. 사고금액은 국민은행(1,158억원), 조흥은행(647억원), 농협 단위조합(533억원) 순으로 컸다. 한국일보(2006. 10. 10).

제3절 금융시설의 안전관리 대책

금융시설은 평상시 수많은 고객이 이를 이용하고 있기 때문에 안전관리시스템은 본질적으로 금융시설 자체 재산을 보호하기 위한 안전관리뿐만 아니라 고객들의 안전관리가 함께 고려되어 운용되어야 한다.

위에서 살펴본 바와 같이 금융시설 자체적인 위협은 외부인이 시설 내외에서 저지르는 강·절도 등의 문제와 내부직원에 의한 횡령 및 사기, 그리고 전산시스템상의 문제 등으로 나눌 수 있는데, 아래에서는 이 가운데 외부인에 의한 시설 내외에서 직접적으로 저지르는 범죄문제에 대한 대책을 중심으로 살펴보기로 한다.

1. 입법적 대응

금융시설을 상대로 한 범죄는 이로 인한 부정적인 사회적 파급효과가 크기 때문에 이에 대한 대책은 중요하다고 본다. 이와 관련하여 특히, 금융시설의 자체적·체계적인 범죄예방활동이 이루어져야 한다고 본다. 미국이나 일본의 경우에도 사정은 우리나라와 비슷하다. 그리고 더욱 중요한 것은 금융시설의 안전관리 차원에서 일정한 입법(立法)적인 조치가 이루어져야 한다는 점이다. 그런데, 우리나라는 금융기관의 안전대책과 관련하여 특별한 개별법적인 입법조치 없이 각 금융기관이 개별적인 활동을 하고 있는 실정이다. 물론, 경찰 등에서 관할구역 내의 금융기관에 대한 안전대책을 마련하여 대응(특히, 연말과 명절을 전후하여 실시하는 방범대책 활동 등)하고 있지만 이는 한계가 있기 마련이다.

이와는 달리 미국은 연방적 차원에서 1968년에 「은행보호법」(BPA: Bank Protection Act)을 제정하여 금융기관의 안전관리에 대응하고 있다. 은행보호법의 제정으로 인해 연방에서 확인한 은행, 신용조합, 대출기관 등 모든 금융기관에 대해서 일정한 안전기준(정책, 절차, 장비 등)과 관련하여 최소한의 가이드라인을 마련하도록 의무화하였다.[9] 사실 당시 미국에서 은행보호법이 마련된 결정적 계기는 바로 은행강도사건이 크게 증가하여 사회적 이슈로 대두되었기 때문이다. 그러나 이후에도 은행강도는 지속적으로 증가하였는데, 1993년에는 8,578건에 이르는 것으로 나타났다.

그리고 1968년에 제정된 미국의 은행보호법은 강도와 같은 외부침입을 예방하는데

9) Hess, Kären M. and Wrobleski, Henry M.(1996), op. cit., p. 526.

목적을 두고 있으며, 따라서 금융시설에 막대한 손실을 입히는 횡령과 같은 내부직원에 의해 저질러지는 범죄에 대해서는 규정하고 있지 않았다. 또한 은행강도보다 훨씬 더 생명에 위험을 가할 수 있는 유괴·협박에 대한 사항도 규정하지 않았다.

다만, 당시의 은행보호법에서는 우선적으로 범죄예방적 차원에서 직원들의 대응 훈련과 물리적 경비시스템(경보 및 감시장치 등) 구축에 초점을 두고 규정하였으며, 은행에 경비업무를 담당하는 경비원을 배치할 것을 규정하고 있다(다만, 경비원으로서 어떠한 특별한 교육훈련이나 자격요건을 갖출 것을 필요로 하지는 않고 있다). 그리고 사건이 발생한 각각의 은행은 개별적으로 사건기록을 유지하고 이를 경찰과 같은 관할 법집행기관에 보고하도록 하였다. 아울러 보고책임자를 지정하여 관할 법집행기관에 협조하도록 하였다.

따라서 당시의 은행보호법은 크게 두 가지로 요약될 수 있는데 하나는 물리적 경비를 위한 '경비장치와 관련하여 최소한의 기준'(Minimum Standards for Security Devices)을 규정하고, 둘째, 은행강도와 같은 외부침입 시에 내부직원의 개별적인 적절한 대응방법을 규정한 것이었다.

이 은행보호법은 1991년에 다시 개정되었는데, 이는 기존의 법이 경비장치 등에 초점을 둔 것이라면, 여기에서는 경비관련 운용프로그램의 관리 및 절차에 초점을 두었다. 이전의 법에서는 경비에 있어서 이의 운용 및 보고 등과 관련하여 누가 직접적인 책임을 질 것인가에 대해서 명확한 기준이 없었다. 그러나 이 법에서는 이러한 역할을 하는 경비프로그램 운용 책임자를 지정하도록 하였는데, 이러한 경비책임의 업무를 은행에서 채용한 경비원이 담당하도록 하였다.

이는 경비원의 전문화를 가져다주는 계기가 되었는데, 이전까지 특별한 전문성이 없는 경비원을 고용하였지만 이제는 경비업무와 관련하여 일정한 전문적 경력을 가지고 있거나, 또는 경찰과 같은 법집행 경력을 가진 자를 채용하는 계기로 받아들이게 되었다. 이러한 변화는 민간경비산업의 사회적 인지도와 수준을 한층 높이는 역할을 하였고, 아울러 금융시설의 경비업무가 전문적 경력을 요구하는 직업으로 인식되는 계기를 가져다주었다(지방의 소규모 금융시설에서는 여전히 일반직원들이 경비업무를 보조적으로 수행하고 있음은 물론이다).

한편, 개정된 은행보호법에서는 이전의 은행보호법에서 명시하고 있었던 물리적 경비를 위한 최소한의 경비장치의 구비기준에 대한 사항을 삭제하였다. 이는 다분히 형식적인 기준에 불과하기 때문이다. 따라서 개정된 법에서는 이러한 기준대신 경비책임자로 하여금 해당 금융시설에 최적의 경비시스템을 구축하도록 하였다. 개정된 법의 또 다른 특징은 경비프로그램 운용과 그에 상응하는 내부직원들에 대한 교육훈련을 경비원이 수행하도록 한 것이다.[10)]

미국의 금융시설의 범죄예방관련 의무사항

① 경비원을 배치할 것
② 연방법집행기관(FBI) 및 다른 법집행기관(주경찰 · 지방경찰 등)과 협력체계를 구축하고 자문을 받을 것
③ 연방정부에서 제시한 표준방범기준에 맞는(또는 그 이상의) 총체적인 경비프로그램을 개발하고, 이를 통해 보호활동을 실행할 것
④ 미끼현금(Bait Money)을 보유하고 있을 것[11)]
⑤ 주기적으로 관리하여 현금창구 등에서 보유한 현금이 일정액을 넘지 않도록 할 것
⑥ 은행 개 · 폐점시 철저한 방범절차를 수립하고 엄격한 감시체계를 운영할 것

물론, 우리나라에 미국과 같은 은행보호법이 제정되어 있지 않다고 해서 금융시설이 자체적인 보호수단을 구축하지 않는 것은 아니다. 금융기관은 저마다 자신들의 자산을 보호하기 위해 일정한 보호수단을 활용하고 있다. 한편, 일본의 경우에는 금융시설의 자율적 범죄예방 대책에 관한 규정은 없으나, 경찰의 직권으로 '금융시설의 범죄예방기준'을 마련하여 각 금융시설이 반드시 이를 준수하도록 압력을 가하고 있다.

그런데 문제가 되는 것은 제1금융시설과 같이 상대적으로 규모가 큰 금융시설은 나름대로 적절한 안전조치가 이루어지고 있으나, 상대적으로 규모가 적은 금융시설에서는 안전관리에 적절한 투자를 하지 못하고 있는 것이 사실이다. 실제로 은행강도 및 침입절도 사건들은 주로 소규모 금융시설에서 발생하고 있기 때문이다. 따라서 금융시설의 보호뿐만 아니라 고객보호 차원에서도 입법적으로 일정한 요건을 갖추도록 하는 관련규정을 제정하는 것은 바람직하다고 본다.

---

10) Fennelly, Lawrence J.(ed.)(1996), op. cit., pp. 444~446.

11) 미끼현금(Bait Money)는 일련번호를 기입한 통화로서 은행이 보유하고 있는 현금 가운데 일정부분의 현금(보다 정확하게 말하면 현금에 기록된 고유번호)을 사진 복사하여 은행창구에 비치하도록 한 것이다. 만약 은행강도가 침입하여 현금을 요구할 때 Bait Money를 다른 현금과 함께 가져가도록 주고, 후에 강도를 체포한 후 그 현금을 회수할 때 Bait Money를 확인하여 법정에서 증거로 사용하도록 한 것이다. 이러한 목적을 달성하기 위해서는 많은 현금을 사진 복사하여 항상 비치 · 관리해야 한다. 그런데, 미국 연방법집행기관(FBI)보고에 의하면, 은행강도 사건 가운데 Bait Money를 회수하여 결정적인 유죄입증의 증거로 사용하는 경우가 3%가 채 안 되는 것으로 나타나 이의 유용성에 대해 논란이 없지 않다. 오늘날에는 Bait Money에 의한 강도체포보다는 강도침입시의 감시카메라 촬영, 은행직원에 의한 목격자 진술, 그리고 DNA감식 등에 의한 방법이 일반적이다. 그러나 미국에서 발생한 은행 강도사건의 경우, 해결율이 75~80%에 정도의 수준인 점을 감안한다면, 그리고 Bait Money를 대신할 어떠한 방법이 강구되지 않는 한, 이의 활용은 어느 정도 고려되고 있다.

2. 운영관리적 대응방법

우리나라의 경우, 경찰에서는 금융시설의 자율방범활동을 활성화하기 위하여 '금융기관 방범지도요령'을 마련하여 각급 금융시설의 자율방범활동을 지도하는 데 활용하고 있다. 이와 관련하여 ㉠ 방범책임자 지정, ㉡ 경비원의 근무요령, ㉢ 시설의 구조적 정비, ㉣ 방범설비의 설치, ㉤ 현금호송요령의 숙지, ㉥ 직원에 대한 방범지도, ㉦ 점포주변에 대한 경계강화, ㉧ 기타 방범대책 등으로 구분하여 살펴보기로 한다.[12)]

1) 방범책임자의 지정

각 금융시설의 본점, 지점, 영업소 등의 단위마다 관리직원 1명을 방범책임자로 임명하도록 하고 있다. 임명된 방범책임자는 방범체제에 관한 계획 및 지도, 방범설비의 정비 및 점검, 현금호송업무에 대한 계획 및 지도, 방범훈련의 실시 기타 직원에 대한 방범지도, 경찰과의 연락 및 방범정보 교환 등의 임무를 수행한다. 그리고 점포의 규모 등을 감안하여 필요하다고 인정되는 경우에는 부책임자를 지정하여 방범책임자의 임무를 보조하도록 하도록 하고 있다.

2) 경비원의 근무요령

금융시설에서는 영업시간 중에는 전문경비원을 배치하여 출입구, 점포내부의 주변을 경계토록 하고, 거동이 수상한 자를 파악하는 임무를 수행하도록 한다. 아울러 점포내부뿐만 아니라 외부에 대한 경계도 소홀히 해서는 안 되며, 특히 주차되어 있는 차량 등에 대해서도 주의 깊은 관찰이 요구되고 있다.

그리고 경비원의 근무위치는 고객 등의 출입이 완전히 확인되고, 경비원 측에서 먼저 의심스러운 자를 쉽게 발견할 수 있어야 한다. 경비원에 의한 경비 및 경계활동은 가능한 한 2인 이상이 하는 것이 좋다(그러나 현실적으로 대부분의 금융시설에서는 1인의 경비원이 근무하고 있는 실정이다).

점포의 개점 직후, 폐점 시간 등 고객의 출입이 별로 없는 때, 그리고 다액의 현금이 입·출금 되는 때에는 범죄발생의 가능성이 높기 때문에 특히 철저하게 주변경계를 해야 한다. 또 월말, 연말, 보너스 시기 등 다액의 현금이 입·출금되는 기간 역시 주의해야 한다.

경비원 교대 시, 휴가 및 휴식 시에도 경비의 공백이 생기지 않도록 하고, 근무 교대

---

12) 조병인(1993), 앞의 논문, pp. 70~74.

시 취급사항 및 경비상의 참고사항에 대한 인수인계를 철저히 해야 한다. 그리고 경비활동 중 취급사항에 대해서는 기록보존하고 상황에 따라서는 방범책임자 또는 경찰에 보고하도록 한다.

한편, 금융시설에 위협을 가할 수 있는 거동이 수상한자의 행동에 대해서는 당사자가 불쾌감을 갖지 않는 상태에서 지속적인 감시활동이 이루어져야 한다.[13] 명확히 의심스러운 행동을 한 자에 대해서는 기선을 제압하기 위하여 큰 소리를 내어 외침과 동시에, 상황에 따라서는 상근자 또는 방범책임자가 경찰에 지원요청을 할 수 있어야 한다.

거동이 수상한 자의 확인과정

① 점포 등의 출입문 부근 도로상에서 자동차 엔진을 켜놓은 채로 주차하고 있는 자
② 점포 주변 혹은 점포 내에서 배회하는 자
③ 다른 출입객 등의 옆에 숨어서 출입하는 자
④ 단시간 내에 공연히 여러 번 예금의 입·출금을 반복하는 자
⑤ 부당한 어음이나 융자 등을 요구하는 자
⑥ 침착함이 부족하고, 부자연스러운 자
⑦ 용무가 끝났는데도 할 일 없이 점포 내에서 계속 머무르고 있는 자
⑧ 의식적으로 바쁜 척하는 자 등

영업시간 종료 후에는 거동이 수상한 자의 유무를 확인한 후 출입문, 통용문, 창문 등을 시정하고 외부와의 교통을 차단하도록 한다. 또 외부와의 교통을 허용할 때에는 상황에 따라 다수의 직원이 입회하여 인터폰, 도어스콥(Door Scope, 보통 아파트 출입문 상단부에 설치되어 문을 열지 않고 렌즈를 통해 내부에서 외부를 확대하여 확인할 수 있도록 하는 장치), CCTV 등을 이용하여 상대방의 신분과 외부상황 등을 확인한 후 허용여부를 결정하도록 한다.

야간의 사람이 없는 점포에 대해서는 기계경비시스템의 도입 또는 경비업무의 위탁 등으로 야간경비에 만전을 기하도록 한다. 숙직직원을 둘 때에는 그 안전을 확보하기 위한 조치를 충분히 취함과 동시에 이상 징후의 발생시 대응요령을 구체적으로 정해두도록 한다.

3) 시설의 구조적 정비

고객들이 은행에 방문했을 때 이들을 적절하게 통제할 수 있어야 하고, 내부에서 이들의 움직임을 환하게 관찰할 수 있도록 설계해야 한다. 그리고 고객이 사용하는 로비

---

13) 이윤근(2001), 민간경비원론, 서울: 엑스퍼트, pp. 152~153.

와 직원들이 사용하는 영업장은 쉽게 넘어가지 못하도록 카운터(스크린 포함) 등에 의하여 구역이 구분되어야 한다. 고객이 사용하는 로비와 영업장과의 통로에 출입문을 설치할 때에는 출입문을 영업장 내에서 조작하지 않으면 쉽게 개방될 수 없는 구조로 설치하도록 한다.

출입문 등에 셔터를 설치할 때에는 개폐장치를 여러 곳에 설치하도록 한다. 그리고 비상사태가 발생할 경우를 대비하여 고객용 로비 및 영업장을 칸막이한 벽에 비밀통로를 만들어 두는 것도 고려할 수 있다.

4) 방범설비의 설치 및 정비

출입문 및 통용문의 잠금장치에는 주잠금장치 외에 보조잠금장치 및 경보장치를 설치하고, 통용문에는 도어스콥 · 인터폰 · 도어체인 · CCTV 등의 방문객 환인장치 및 조명장치를 설치한다. 그리고 각 층의 창문에는 상황에 따라 창살, 셔터, 경보장치 그 외의 침입방지장치를 설치도록 한다. 금고(실) 및 금고(실)입구로 통하는 문에 경보장치를 설치한다.

비상신고장치를 설치하고 그 스위치를 금고(실), 응접실, 숙직실, 통용문 및 사무실 등의 적당한 장소에 보이지 않게 설치한다. 비상사태 발생시 점포 직원 및 외부(경찰 등)에 위기를 알려 도움을 받을 수 있도록 한다. 그리고 연계하여 점멸하는 구조의 적색등을 점포외벽에 설치하여 이를 인지할 수 있도록 한다.

CCTV는 여러 장소에 설치될 필요가 있는데, 출입문, 통용문, 사무실, 고객이 사용하는 로비, 현금자동인출기, 금고 기타 필요한 지역에 적절히 설치하도록 한다. 감시장치를 여러 개 설치할 때에는 그 중 일부를 위장 설치하는 것도 고려할 수 있다.

5) 현금호송요령의 숙지

현금을 호송할 경우, 가급적 전용차를 사용하고, 운전자 이외에 가스총 등을 휴대한 경비원을 동승시키도록 한다. 현금호송차에 통신장비를 두고 긴급무선망을 구축하고, 방범책임자 등이 수시로 지휘 · 감독할 수 있도록 한다. 그리고 단일 노선을 이용할 경우. 범죄의 목표가 되기 쉽기 때문에 몇 개의 현금호송노선을 지정하여 운행의 획일화를 피하도록 한다. 현금의 인수인도는 원칙적으로 금융기관의 건물 내에서 행하도록 하고, 부득이하게 건물 외에서 할 때에는 경비원을 증강 · 배치토록 한다.

6) 직원에 대한 방범지도

모든 직원으로 하여금 비상신고장치, 경보장치, CCTV 등의 조작요령을 숙지하도록 교육을 실시한다. 정기적(통상 월 1회 이상)으로 직원에 대한 방범지도를 실시하고, 다른 지역에서 금융시설을 대상으로 한 강도사건 등이 발생하였을 경우에는 직원들에게 사건의 개요, 피해의 원인 등과 관련된 정보를 교환하고 이를 통해 방범의식을 강화하는 계기로 삼도록 한다.

그리고 사건발생에 대비하여 평소 직원들에게 범죄발생시 행동요령과 신고요령 등을 숙지하도록 하고, 년 1회 이상 모의훈련을 실시하도록 한다. 사건이 발생했을 때에는 인명피해가 발생하는 것을 피하면서 신속하게 신고·대처할 수 있는 방안을 강구하고, 사태를 정확히 주시하면서 냉정하고 침착하게 대응한다. 한편, 소규모 점포의 경우 자체 경비원을 배치하지 않는 점을 고려해서, 직원들에 대한 가스분사기와 비상벨 사용법 등에 대한 지속적인 교육훈련이 필요하다.

7) 시설주변에 대한 경계강화

금융시설을 대상으로 한 범죄현상을 보면 금융시설 내에 침입하여 저지르는 범죄뿐만 아니라 점포주변에서 발생하는 범죄(들치기, 날치기, 소매치기 등)가 증가하고 있는 추세이다.

정부(기획재정부 등)가 작성한 금융시설 자율방범대책 추진계획에 의하면, 점포 내에서 발생하는 범죄와 현금수송탈취범죄에 대해서 뿐만 아니라 점포주변에서 발생하는 범죄에 대해서도 예방대책을 수립할 것을 강조하고 있다. 그러나 금융시설 관계자들은 점포 밖에서 고객이 피해를 당하는 경우에 대해서는 그다지 관심을 두지 않는 것으로 보인다. 조사결과, 금융시설 관계자들의 약 33%가 점포주변에 대해서는 순찰활동을 실시하지 않는다고 응답한 것으로 나타났다.[14]

따라서 금융시설에서는 특정한 시기 및 상황에서는 업무 분담조의 하나로 '경계조'(警戒組)를 두어, 방범책임자의 지시에 따라 점포내부, 주차장, 점포외부를 순찰하여 거동이 수상한 자의 동향을 파악하는 것도 고려할 수 있을 것이다. 이러한 외부의 경비순찰활동은 고객을 대상으로 한 잠재적 범죄뿐만 아니라 시설 내에 침입하여 범죄를 저지르려고 하는 자들에 대한 감시차원에서도 중요한 의미를 갖는다고 본다.

14) 조병인(1993), 앞의 논문, pp. 135~136.

일본 아이치현 금융기관 범죄예방 대책

일본 아이치현(愛知県) 나카가와(中川) 경찰서에서는 최근 금융기관을 대상으로 하는 범죄예방 대책의 일환으로 영업시간 중 금융기관 앞 도로변에 택시 1대를 상시 대기시키는 방안을 시행하고 있다. 이는 택시기사가 거동이 의심스러운 사람을 항시 관찰함으로써 범죄억제 효과를 기대할 수 있는 동시에 금융기관 직원 및 시민들을 안심시키는 효과도 있을 것이라는 판단에 따른 것이다. 금융기관과 택시회사 양측 모두에게 이익이라는 점 등 그 효용성을 적극 설명하여 성사된 것이라고 한다.

시행 이후, 금융기관에서는 '항상 외곽경계를 할 수 없어 불안했는데, 이를 대신해 줘서 안심'이라는 반응인 한편, 택시회사에서도 '승객을 태우기가 수월 해졌다'는 반응을 보이는 등 양측 모두 환영하고 있다고 한다. 한편, 이 경찰서에는 이와 같은 방식으로 지난해 10월부터 편의점 앞 노상에도 택시를 상시 주차하도록 하고 있는데, 그 효용성을 고려하여 향후 시행 범위를 확대해 나갈 방침이라고 하였다.[15)]

8) 기타 방범대책

이 밖에도 다음과 같은 방범대책을 논의할 수 있을 것이다. 각 금융시설 별로 방범조치요령을 정하고, 방범책임자의 성명, 점포의 구조 등을 표기한 개요도를 작성하여 관할 경찰서장에게 제출하도록 할 필요가 있다. 그리고 점포의 방범시설을 설치 및 신설, 변경하고자 할 때에는 전문경비업체 및 관할경찰관서에 의견을 구하도록 하는 것도 고려할 수 있다.

아울러 관할경찰관서와 긴밀하게 연락을 유지하면서 수시로 방범정보 등을 교환하도록 해야 할 것이다. 그리고 금융시설을 이용하는 시민 또는 고객들에 대해서도 경찰 및 금융시설 차원에서 일정한 방범지도를 할 필요가 있고, 평소에 인근 지역주민들과 우호적인 관계를 유지하도록 노력하여 거동이 수상한 자가 발견되거나 범행현장을 목격하면 즉시 연락받을 수 있도록 하는 것도 중요하다.

15) 사이버경찰청(http://www.npa.go.kr).

은행강도와 염색폭탄

대낮에 저지른 은행강도가 바로 체포되지 않은 것은 이들이 사전에 주도면밀하게 범행계획(범죄실행과 도주 등)을 세우고 특히, 이들의 복장이 일반시민과 비슷하다는 점이다. 따라서 은행강도 후 은행 밖으로 나가버리면 언뜻 일반인과 구분이 쉽지 않아 검거하는데 어려움이 있다. 그리고 검거한다고 할지라도 수일이 걸리고 그러한 과정에서 범죄자는 빼앗은 돈을 모두 다른 용도로 다 써버리는 경우가 일반적이다.

미국 한 은행 강도가 들고 나간 다이팩(dye pack)이 터진 후의 모습/위키디피아에서 발췌

이에 대해 전문가들은 미국에서 사용하는 염색 폭탄(Dye Pack, 일명 '다이팩') 도입을 검토해 볼만 하다고 제안한다. 다이팩은 겉에서 보면 지폐 뭉치와 비슷하다. 하지만 실제 돈이 아니고 돈과 비슷하게 보이도록 만든 위조지폐 뭉치다. 그리고 그 안에는 전자칩이 달린 염색약 팩이 들어 있다. 전자칩은 은행 문에 달린 센서에 반응을 해서, 다이팩을 갖고 나서는 순간 폭발해 버린다. 이후 이를 들고 있는 사람의 전신을 순간적으로 염색시키고, 이 염색은 웬만해선 지워지지 않는다. 따라서 은행강도가 아무리 멀리 도망가더라도 눈에 잘 띄고 쉽게 검거할 수 있다. 실제로 미국에선 다이팩으로 상당히 많은 은행강도를 검거하고 있는 것으로 나타났다.[16)]

제4절 현금자동지급기의 문제와 안전관리 대책

1. 현금자동지급기의 문제

현금자동지급기는 은행이 은행출납창구 이외의 곳에서 현금을 인출 할 수 있도록 편의를 제공하는 기계장치를 말한다. 현금자동지급기를 이용하기 위하여 고객은 먼저 은행과 계약을 체결해야 한다. 그리고 난 후 본인의 예금상황과 유효기간 등의 정보를 기계가 읽을 수 있도록 고안된 카드를 발급받아야 한다. 현금자동지급기에서 발생하는 문제는 주로 이러한 시스템을 고객이 이용하는 과정에서 직·간접적으로 발생하는 각종 위험을 말한다.

현금자동지급기는 매장(출납창구)이 있는 곳에 설치되기도 하고, 매장 없이 현금자동지급기만 독립적으로 설치되어 있는 경우도 있는데 이를 흔히 '무인점포'라고 부른다. 이 무인점포에서는 은행에서 발급해 준 직불카드나 신용카드 등을 이용하여 현금의 입·출금이나 계좌이체가 가능하다. 따라서 은행의 입장에서는 직원 없이도 고객들의 은행 업무 및 서비스를 제공해 줄 수 있기 때문에 일반화되어 있다. 그러나 현금자동인출기에는 보통 수천만원에 이르는 적지 않은 양의 현금이 들어 있고 이러한 인출기가 무

16) 조선일보(2015.07.29.).

인점포 당 2~3대 이상 설치되어 있기 때문에 이에 대한 안전관리는 무엇보다도 중요한 일이다.[17]

일본 등에서는 이미 1990년대 이전부터 현금자동지급기의 설치가 확대되면서 이를 파괴하고 그 속에 보관되어 있는 현금을 절취해가는 등 관련범죄가 빈번하게 발생하였다.[18] 당시까지만 하더라도 우리나라에는 아직 그러한 유형의 범죄가 발생하지 않았다(1990년에 우리나라에서 발생한 관련 범죄는 불과 3건으로 나타났다).[19] 그러나 최근에는 이러한 현금자동지급기가 확산(금융시설 및 무인점포, 그리고 각종 편의점 내의 설치 등)되었고, 따라서 이와 관련된 범죄문제가 빈번하게 발생하고 있다.

(1) 현금자동지급기 개봉

이는 현금자동지급기에 교묘한 기술적 장치 또는 강제적 물리력을 행사하여 현금보관함을 개봉 또는 파괴하고 그 안의 돈을 절취해 가는 방법이다.

- **사례**: 2005년 9월 18일(추석연후 이틀 째) 새벽 3시 30분경에 의정부 축협지점에 복면을 한 남자 한명이 침입하여 현금자동지급기를 뜯고 현금 272만원을 털어 달아난 사건이 발생하였다. 경찰조사 결과, 정체불명의 남자가 현금지급기가 설치된 축협 뒷문에 그라인드로 구멍을 낸 다음 문을 열고 침입한 것으로 확인되었는데, 현금을 절취하고 달아나는데 7분 정도 걸렸다. 민간경비업체로 연결된 비상벨이 울리면서 경찰이 출동했지만 범인은 이미 도주한 뒤였다. 목격자도 없고 CCTV에도 찍히지 않아 경찰은 아직 단서조차 파악하지 못하고 있다.[20]

(2) 타인의 신용카드를 획득하여 사용

현금자동지급기 관련 문제는 위와 같이 단순히 지급기 내에 들어 있는 현금절취뿐만 다른 범죄의 연장선에서 이를 악용하는 경우가 적지 않게 발생하고 있다는 점이다. 예컨대, 주거침입 강도 및 절도, 납치 등에 의해 피해자의 신용카드 및 직불카드 등을 빼앗은 범죄자들이 신원파악을 우려하여 매장이 있는 현금자동지급기는 사용하지 않고 있다. 대신 무인현금자동지급기에 모자와 마스크 등을 착용하여 신원을 숨긴 채, 버젓이 피해자의 현금을 강탈해 가는 경우를 들 수 있다.

---

17) 이윤근(2001), 앞의 책, p. 56.
18) 일본대장성(1992), 경찰백서, p. 153.
19) 조영관(1993), "컴퓨터범죄에 관한 연구," 한국형사정책연구원, pp. 55~56.
20) 노컷뉴스(2005. 09. 18).

(3) 위조한 신용카드 사용

위조한 신용카드의 사용은 고객의 신용정보 등을 몰래 빼내어 불법으로 이를 제작하여 사용하는 등의 수법을 의미한다. 이와 관련하여 최근에는 신종범죄로서 이른바 '가짜 현금자동지급기'사건이 발생하기도 하였다.

■ **사례**: 부산지방경찰청 광역수사대는 2007년 7월 3일 가짜 현금자동지급기로 알아낸 카드 정보로 복제카드를 만든 뒤 돈을 빼낸 혐의(특수절도 등)로 김모(31) 씨 등 2명을 구속하고 달아난 일당 6명을 수배했다. 김 씨 등은 올 2월부터 최근까지 부산 수영구 민락동 유흥가 골목과 동구 초량동 상점 앞에 가짜 현금자동지급기 2대를 설치해 놓고 돈을 찾으러 온 100여 명의 카드 개인정보를 빼내 7,000만원을 인출하는 등 기상천외한 범죄수법을 사용한 것이다. 이들이 직접 만든 현금자동지급기에는 중국산 카드 판독 컴퓨터, 카메라, 소형 액정화면, 비디오가 설치됐으며 외관은 국산 중고 현금자동지급기 껍데기를 사용했다. 가짜 현금자동지급기 2대의 내부 장비 구입비와 제작비로는 2억원이 들었다. 인출이 가능한 은행 안내표, 인출명세표, 현금 출구도 있어 겉보기에는 진짜 현금자동지급기와 구별하기 어려울 정도였다. 물론 현금자동지급기 내부에는 현금 및 명세표 용지, 은행 전산망과 연결되는 통신망은 없었으며 가짜 현금자동지급기 전원을 켜는 데 필요한 전선만 연결했다. 가짜 현금자동지급기에는 현금이 없으며, 이용자가 카드를 넣으면 '한도가 초과됐다'는 엉뚱한 메시지만 뜨게 조작되어 있다.

이러한 과정에서 범죄자들은 기계 안에 설치된 판독기로 사용자 카드의 금융 정보를 빼냈고 숫자 버튼 위에 숨겨 놓은 카메라로 비밀 번호를 알아냈다. 이들은 이렇게 빼낸 개인정보로 전북 완주군 소재 비밀창고에 있던 카드리더기로 복제 현금카드 100장을 만들어 돈을 수시로 빼낸 것으로 드러났다. 이들은 가짜 현금자동지급기를 설치할 수 있게 해 준 건물주나 가게 주인에게 월 10만원의 임차료를 건넸고, 설치 과정에서 의심을 받지 않기 위해 은행직원 유니폼을 차려 입었다. 이들은 돈을 찾는 과정 역시 치밀하게 하였다. 예금주의 개인정보를 손에 넣은 이들은 복제카드로 진짜 현금자동지급기에서 돈을 찾을 때에는 변장한 뒤, 가짜 현금자동지급기에서 멀리 떨어진 곳을 이용했다. 피해 예금주들은 어디선가 예금 잔액이 빠져나간 것을 알았으나 가짜 현금자동지급기에 속수무책으로 당할 수밖에 없었다. 또 오랫동안 현금이 나오지 않으면 꼬리를 잡힐 수 있다고 판단해 가짜 2대를 부산 남천동 유흥가 골목이나 서울 양천구 목동, 경기 성남시 분당, 경남 창원 등지로 3~5

일 간격으로 옮기기도 했다. 경찰은 이들이 전국 곳곳에 가짜 현금자동지급기를 설치했다는 진술에 따라 피해 규모가 더 클 것으로 보고 수사를 확대하고 있다.[21]

2. 현금자동지급기의 안전대책

1) 적절한 경비조명

기본적으로 현금자동지급기의 이용은 밤낮을 가리지 않고 항상 이루어지기 때문에 이에 대한 적절한 경비조명(Security Lighting)설치는 중요하다. 어떠한 조명상태가 좋은가에 대해서는 현금자동지급기를 이용하는 고객들이 안심할 수 있고 편안함을 느낄 수 있는 분위기를 조성해 주어야 한다고 본다. 이는 야간에 이를 이용하는 경우 특히 중요하다.[22] 그리고 적절한 경비조명은 잠재적 범죄자들로 하여금 범행의욕을 좌절시키는 기능도 제공할 것이다.

2) 자동통제 및 감시카메라의 설치

은행 등 금융시설과 일정한 거리를 두고 설치된 현금자동지급기는 노상에 그대로 노출되어 있는 것이 아니라 일정한 출입문을 통과한 후에 이용할 수 있도록 하고 있다. 이러한 점에 착안하여 현금자동지급기를 물리력을 사용하여 강제적으로 절취하려고 하는 경우에는 자동적으로 방범셔터가 작동하여 출입문을 폐쇄할 수 있는 기계적 장치를 도입할 수 있다. 이렇게 함으로써 침입절도범의 도주 및 탈출시간을 지연시켜 체포의 가능성을 높일 수 있을 것이다.

그리고 현금자동지급기 주변에 CCTV와 같은 감시카메라를 설치하는 것은 매우 중요하다. 감시카메라를 통해서 현금자동지급기 주변에서 발생하는 강도와 절도를 적절하게 감시할 수 있기 때문이다. 물론, 최근 무인점포를 불법적으로 이용하는 자들은 모자나 선그라스, 그리고 마스크를 착용하고 범행을 저지르기도 하지만, 경우에 따라서는 주취자나 약물중독자, 그리고 정신이상자들에 의해 순간적으로 저질러지는 범죄도 발생하기 때문에 감시카메라의 설치는 매우 중요하다.[23]

---

21) YTN(2007. 07. 04); 동아일보(2007. 07. 04).

22) Goetzke, Richard(1994. 9), "Shedding New Light on ATM Security," Security Management, p. 60.

23) Schreiber, F. Barry.(1992. 4), "Tough Trends for ATMs," Security Management, pp. 30~31.

3) 안면인식을 통한 현금자동지급기 보안 시스템

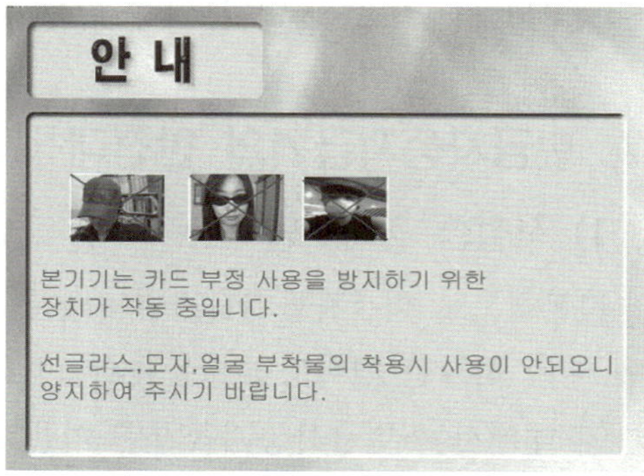

얼굴인식의 예

최근 국내 기업에서 '얼굴인식기술을 이용한 현금자동지급기 부정사용 방지 솔루션'을 개발하여 특허를 취득하였다. 이 기법은 현금자동지급기에 설치되어 있는 카메라(USB/CCD)로 사람의 얼굴(눈, 코, 입, 얼굴 윤곽 등)을 자동 인식해서 정상얼굴은 촬영 후 거래와 연동하여 영상을 보관하고, 불량얼굴(모자, 선글라스, 마스크착용 등)은 거래를 자동방지하는 기능을 가지고 있다. 이는 99.98%의 얼굴 인식율을 공인 받았다.

특히, 이 기술은 지난 2005년 9월에 금융감독원에서 전자금융거래 안전성 강화 종합대책의 일환으로 얼굴의 일정 비율이상 스캔 조건으로 자동화기기를 작동시키는 '안면인식 CCTV 등을 통한 부정사용 차단'기법의 도입을 권고한 바 있다. 이와 관련된 시범 운영과정에서 고객설문조사를 실시한 결과, 현금자동지급기 이용고객의 72.5%가 현금자동지급기를 이용한 범죄노출 우려를 경험하였으며, 97.5%의 고객이 얼굴인식 부정사용 방지장치의 설치를 희망하는 것으로 나타났다. 물론, 현금자동지급기에서 얼굴을 촬영하는 것에 대하여 거부감을 가지고 있는 고객들을 위해서는 얼굴인식 사용여부를 고객이 직접 선택할 수 있는 기능도 갖추고 있다.[24]

4) 비상버튼 및 감시거울의 설치

그리고 비상사태 발생시, 경비원 및 경찰을 호출할 수 있는 비상버튼 또는 비상전화를 설치할 필요가 있다. 아울러 현금자동지급기 정면 상단부에 거울 등을 설치하여 돈을 인출하는 과정에서 뒤를 확인할 수 있도록 하는 장치도 설치해야 한다.

5) 카드출입장치의 설치

현금자동지급기 출입구에 카드출입장치를 설치하는 것도 고려할 수 있다. 자신의 허용된 카드를 소지한 자만이 현금자동지급기 점포 내에 출입하도록 함으로써 현금인출과정에서 불의의 공격을 당하는 것을 차단하는 효과를 갖는다.

24) 스카이벤쳐(http://www.skyventure.co.kr).

6) 경비순찰의 실시

현금자동지급기가 설치된 장소에 대하여 담당 민간경비원 및 관할경찰이 일정시간 대에 또는 임의로 순찰활동을 실시하여 주변을 감시할 필요가 있다. 3개 또는 5개의 금융시설을 1개 권역으로 묶어 순찰과 거점근무를 반복하도록 하는 것이다. 특히, 범죄취약지역에 설치된 무인점포의 경우에는 세심한 순찰활동이 필요하다고 본다.

또 경찰의 입장에서는 관할구역 내에 설치된 현금자동지급기의 현황을 정확히 파악할 필요가 있다고 본다. 위의 가짜 현금자동지급기 사건에서와 같이 범죄자들은 이를 관리가 엄격한 금융기관과 편의점보다는 유흥가 골목이나 동네 상점 앞, 소형 상가 복도 등 보안이 허술한 곳에 설치하였던 점을 인식할 필요가 있다(물론, 편의점 등과 같이 CCTV 등이 있는 곳에선 현금자동지급기 설치 장면이 금방 들통나기 때문에 이를 설치하기가 어려웠을 것이다).

7) 안전수칙에 관한 고객홍보

현금자동지급기를 이용하는 고객에 대한 금융시설 및 경찰의 홍보가 필요하다고 본다. 이와 관련하여 현금자동지급기 출입문 및 주변에 안내문 또는 경고문을 부착하고, 우편 등으로 현금을 이용할 경우 주변경계요령 및 방법 등을 발송할 수도 있을 것이다.

제19장
판매시설 · 의료시설의 경비

제1절 판매시설의 경비

1. 판매시설의 손실규모

판매시설은 일반적인 여러 상품을 판매하는 백화점 · 대형마트, 또는 개별적으로 의류, 음식, 가구, 전자제품, 악세사리, 패스트푸드, 약국, 자동차 판매 및 주유소 등 우리 주변에서 볼 수 있는 수많은 상품을 판매하는 모든 시설을 가리킨다. 최근 국민의 소득수준이 높아짐에 따라 소비 또한 증가하고, 따라서 판매시설의 이용이 증가하고 있다. 이러한 판매시설의 이용 증대는 관련 범죄 및 위해요소의 증가를 가져다주고 있다. 이 가운데서도 특히 백화점과 대형마트의 경우에는 규모가 크고 유동인구가 많기 때문에 잠재적 위험이 높다고 볼 수 있다. 물론, 소매점 역시 정도의 차이가 있을 뿐, 범죄로부터 자유롭지는 않다.

미국의 경우, 플로리다 대학의 연구조사에 의하면 실제 소매점의 범죄로 인한 손실액은 2003년 310억 달러에서 2005년에는 370억 달러로 늘어난 것으로 조사되었다. 그리고 이 연구조사에서 2003년엔 소매점에서 발생한 범죄 한 건당 피해액이 265달러였으나, 2005년엔 3배 이상인 855달러로 늘어났다고 밝혔다.[1]

또 플로리다대학과 전미소매업협회(NRF: National Retail Federation)의 공동연구 결과에 따르면,[2] 2006년 유통업체들이 절도로 입은 손실액은 416억 달러에 달한다고 밝혔다. 그리고 세계 최대 유통업체인 월마트(Wall Mart)가 고객과 종업원의 절도가 증가하여 2007년에 30억 달러(한화 900원 기준으로 했을 때, 2조 7천억원)가 넘는 손실을 입게 될 전망이라고 밝혔다.[3]

판매시설은 무엇보다도 고객들을 많이 유인시켜 판매량을 높이는데 중점을 두고 있다. 그러나 많은 고객이 출입하는 과정에서 차량이 일시에 집중되는 상황을 가져다주기 때문에

1) 한겨레(2006. 10. 26).
2) 이에 대한 자세한 내용은 전미소매업협회(http://www.nrf.com/) 참조.
3) 머니투데이(2007. 06. 14).

항상 판매시설을 중심으로 교통체증과 교통사고, 구급상황, 비상사태 및 범죄 등 여러 가지 비정상적인 사태가 발생할 가능성이 잠재되어 있다.

이러한 판매시설의 문제를 진단하기 위해 미국의 경우, 손실예방 전문가 및 판매시설 실무집행가 등은 이에 대한 안전 · 보안수준을 조사한다. 이의 목적은 범죄와 시설의 비정상적인 상황발생에 대한 예방책을 얻기 위한 것으로서, 이를 통해 경영자와 경비관리자, 그리고 고객에게 신뢰성 있는 정보를 제공하고 안전성을 확보하기 위한 것이다. 이와 관련하여 미국의 국가쇼핑센터 안전보고서(NSCSR: National Shopping Center Security Reports)에서는 경비안전을 위한 비용효과적인 다양한 방안을 제시한 바 있는데, 이전까지는 국가적 차원에서 이러한 경비조사가 실시되지 못하였다.

2. 판매시설의 손실유형

판매시설이 겪는 손실의 중요한 3가지 원인으로는 ㉠ 부정직한 내부직원에 의한 손실, ㉡ 좀도둑 및 절도 등 외부인에 의한 손실, 그리고 ㉢ 부주의나 경영상의 잘못에서 오는 관리상의 손실을 들 수 있다.[4)]

실제로 위의 플로리다대학의 연구팀과 전미소매업협회(NRF)가 조사한 바에 따르면, 2006년의 미국 판매시설의 손실 가운데 47%는 내부직원에 의한 손실, 32%는 고객 등 외부인에 의한 손실, 14%는 전산상의 오류 등 관리상의 손실 등의 순으로 나타나고 있다. 이 밖에도 4% 정도는 공급업체의 횡령 등으로 파악되었다. 그런데, 외부인에 의한 범죄 가운데 상당 부분은 고도의 새로운 기술로 무장한 전문적인 도둑들이 저지른 결과로 나타났다. 이와 관련하여 미국 월스트리트저널은 2006년 10월 25일 바코드 위조나 선물카드 사기 등 하이테크기술로 무장한 소매점의 좀도둑들이 갈수록 기승을 부리고 있으며, 이들 가운데 상당수는 기업형 조직범죄단체와 연계되어 있다고 보도했다.[5)]

1) 부정직한 내부직원에 의한 손실

위에서 살펴본 최근 판매시설의 가장 주요한 손실 가운데 하나가 내부직원의 부적절한 절도행위로 인해 발생한 것으로 조사되고 있는데, 과거에도 이와 동일한 결과가 나타났음에 주목할 필요가 있다. 1994년 미국판매시설 안전조사에서도 판매시설 전체 손실 가운데 42.1%가 내부직원의 절도, 32.4%가 들치기, 19.2%가 잘못된 관리상의 실수, 기타 6.3% 등으로 나타났다는 점이다.[6)] 따라서 우리의 경우에도 판매시설에 손실

4) 이윤근(2001), 민간경비원론, 서울: 엑스퍼트, p. 160.
5) 한겨레(2006. 10. 26).

대책에 있어서 내부직원에 대한 적절한 관리는 매우 중요한 요소임을 알 수 있다.

이러한 문제와 관련하여 아디스(Addis)는 판매시설 전체 직원 가운데 1/3 정도가 어떠한 형태로든 절도문제와 관련되어 있다고 보았다.7) 더욱이 미국연방법집행기관인 FBI의 보고에 따르면 파산한 5개의 판매기업 가운데 3개는 내부절도가 가장 주요한 원인으로 작용한 것이라고 추정하고 있다.8)

따라서 겉으로 보기에는 판매시설에서 발생하는 많은 손실이 부정직한 고객의 범죄행위(들치기 등)에 의한 것처럼 보이지만 실제로는 내부직원에 의해 꾸준히 저질러지고 있음을 알 수 있다. 사실, 내부직원은 매장 내외에서 운용되고 있는 경비시스템을 잘 알고 있기 때문에 범죄를 저지를 수 있는 최적의 장소와 시간을 확보할 수 있으며, 또 이들은 매장 내외에서 아무도 없는 장소와 시간에 근무하는 경우가 많기 때문이다. 더욱이 이직률이 높고, 성수기 동안에 추가직원(아르바이트 등)을 고용하는 경우에는 평상시보다 절도의 위험이 높은 것으로 나타났다.9)

- **사례**: 전주 덕진경찰서는 2007년 4월 20일 일하던 편의점에서 상습적으로 현금을 훔친 혐의(특가법상 절도)로 조모(23. 대학 1년)씨에 대해 구속영장을 신청했다. 경찰에 따르면 조모씨는 2006년 11월 24일 전주시 덕진동 모 편의점에서 아르바이트 점원으로 일하면서 금고에 보관하고 있던 현금 2만 5천원을 훔치는 등 2개월간 수십 차례에 걸쳐 현금 660만원을 훔친 혐의를 받고 있다. 조사 결과 조모씨는 손님이 구매해간 물건을 환불 처리하는 수법으로 업주의 재고 파악을 어렵게 한 뒤 현금을 절취한 것으로 드러났다.

- **사례**: 인천 남동경찰서는 2007년 6월 8일 인천과 서울시내 편의점, 고시원에 취업해 금품을 훔친 혐의(절도)로 김모(26)씨를 구속했다. 경찰에 따르면 김씨는 2006년 10월 25일 인천시 남동구 모 편의점에서 업주 안모(34)씨의 감시가 소홀한 틈을 타 카운터 금고에서 18만원을 훔치는 등 최근 1년 사이에 편의점과 고시원 11곳에서 455만 원 상당의 금품을 훔친 혐의를 받고 있다. 경찰 조사결과, 김씨는 인

---

6) Hess, Kären M. and Wrobleski, Henry M.(1996), Introduction to Private Security, N.Y.: West Publishing Company, pp. 503~504.
7) Addis, Karen K.(1991. 9), "When Employees Beat the System," Security Management, p. 115.
8) Champman, William E.(1994. 4), "Retail Loss Prevention Corner," Security Concepts, p. 26.
9) Hess, Kären M. and Wrobleski, Henry M.(1996), op. cit., p. 504.

터넷 채용광고를 보고 이들 업소에 위장취업 해 2~3일 정도만 일하면서 절도행각을 벌인 것으로 드러났다.[10)]

2) 부정직한 고객에 의한 손실

(1) 절도 등

절도 또는 들치기(Shoplifting)는 판매시설에서 가장 대표적·일반적으로 발생하는 범죄 가운데 하나라고 볼 수 있다. 그리고 이 문제는 경찰과 같은 공경비의 범죄수사와 관련된 문제라기보다는 안전관리상의 문제로 고려된다. 들치기는 판매시설 내에 합법적으로 출입하는 사람(고객)이 판매목적으로 진열된 상품을 훔치는 일종의 절도범이라 할 수 있다. 한편, 다수의 사람이 움직이는 매장에서 손님들을 상대로 상습적으로 소매치기를 하는 경우도 있다.

■ **사례**: 충남 서천경찰서는 2005년 9월 23일 담배 가게를 돌아다니며 절도행각을 벌인 김모군(18. 학생) 등 10대 2명을 특수절도 혐의로 체포·조사하였다. 친구 사이인 이들은 2005년 6월 25일 밤 11시께 충남 서천군의 한 담배소매점(업주 유모씨. 56. 여)이 비어 있는 틈을 타 침입해 담배 5보루와 현금 5만원을 훔치는 등 최근까지 같은 수법으로 서천지역 담배소매점 5곳에서 모두 100여만원 상당의 담배와 금품을 훔친 혐의다. 김군 등은 주변 친구들에게 범행 사실을 마치 '무용담'처럼 자랑하고 다니다 첩보를 입수한 경찰이 자진출두를 요구하자 가출해 여관 등지를 전전하며 도피생활을 하다 추적에 나선 경찰에 의해 검거되었다.[11)]

■ **사례**: 서울 구로경찰서는 2007년 6월 13일 대형마트에서 상습적으로 매장 이용객들의 지갑을 훔친 김모씨(39. 여)에 대해 절도 혐의로 구속영장을 신청했다. 김씨는 4월 20일 오후 7시20분께 서울 구로구 구로동 E마트 매장에서 쇼핑을 하던 이모씨(51. 여)의 핸드백을 들고 달아나는 수법으로 지난 4월 20일부터 5월 23일까지 수차례 걸쳐 모두 250여만 원 상당의 금품을 훔친 혐의를 받고 있다. 경찰은 김모씨가 상습적으로 지갑을 훔친 점으로 미루어 보아 더 많은 피해자가 있을 것으로 보고 김모씨를 상대로 여죄를 추궁 중이다.[12)]

---

10) 연합뉴스(2007. 6. 8).
11) 뉴시스(2005. 09. 23).
12) 뉴시스(2007. 06. 13).

■ **사례**: 용인경찰서는 2007년 3월 4일 대형 할인마트에서 상습적으로 부녀자의 핸드백을 훔친 혐의(절도)로 김모씨(54)를 구속했다. 경찰에 따르면 김모씨는 2007년 2월 11일 낮 12시 21분경 용인시 수지구 신봉동 E마트 식품 판매점에서 정모씨(62 · 여)가 한눈을 판 사이 카트 위에 올려놓은 지갑을 훔쳐 달아나는 등 용인, 성남지역 대형 할인마트에서 17차례에 걸쳐 400만원 상당의 금품을 훔친 혐의를 받고 있다.[13]

■ **사례**: 편의점과 금은방 10여 곳을 털어 온 대학 휴학생이 강모씨(24세)가 구속되었는데, 조사결과 유흥비 마련을 위해서 범행을 저지른 것으로 드러났다. 용의자의 범행수법은 단순하였다. 모자를 눌러쓰고 편의점 계산대에 서서 물건값을 계산하는 척하면서 흉기를 들이대고 현금을 빼앗은 뒤 이내 도망치는 수법을 사용하였다. 다만, 강 모 씨는 밤늦은 시간이나 새벽에 주로 주인이나 직원이 혼자 있는 편의점과 금은방을 범행대상으로 노렸다. 그는 12월부터 두 달 동안 14곳을 털어 귀금속과 현금 등 1천 2백여만원을 빼앗은 혐의를 받고 있다. 강모씨는 집 근처인 신림동과 봉천동, 상도동 일대의 편의점에서 집중적으로 범행을 저질렀다. 강모씨는 처음 범행은 어려웠지만, 그 뒤부터는 쉽게 성공할 수 있었다고 경찰 조사에서 말하였다. 경찰은 편의점 CCTV 사진을 확보해 수사를 벌인 끝에 지난 1일 강모씨를 체포하고, 특수강도 혐의로 구속하였다.[14]

(2) 가격 바꿔치기

판매시설에서 가장 흔한 범죄수법이 바로 바코드 위조라 할 수 있다. 예컨대, 대형소매점에서 값싼 제품에 붙어있는 바코드를 떼어내 훨씬 비싼 제품에 붙이는 방식이다. 그다음에 나이가 어리고 약간 어리숙해 보이는 직원이 배치된 계산대를 찾아 값을 치르는 방법이다. 이러한 수법은 대개 무사통과지만 혹시 직원이 의심을 갖는 태도를 취하면, 그때는 제값을 치르거나 혹은 살 생각이 없다고 하고 제품을 반납한 채 상점을 나가버리면, 통제할 수 있는 방법이 없게 된다.

13) 경기일보(2007. 03. 05).
14) SBS(2007. 02. 08).

■ **사례**: 2005년 11월 절도혐의로 체포된 미국의 윌리엄 스완버그가 3년 동안 미국 서부지역의 문구점에서 '훔친' 블록 쌓기 완구인 레고의 총 가격은 무려 60만 달러(한화 약 6억원)에 이르는 것으로 나타났다. 대개 20~100달러 수준에 불과하고 부피가 제법 나가는 레고를 이 기간 동안 수천 개나 훔친 셈이다. 어떻게 가능했을까? 가격이 찍힌 바코드 조작이 그 답이다. 100달러짜리 레고 바코드 위에 위조된 19달러짜리 바코드를 붙여 산 뒤 인터넷을 통해 되팔아 차익을 남긴 것이다.[15]

3. 판매시설의 손실예방 대책

1) 위험요소의 분석

이상과 같은 범죄로 인한 손실 외에도 판매시설에서 발생하는 문제는 단순절도, 부랑자 구걸행위, 자동차범죄, 위조수표 및 지폐, 신용카드 범죄, 직원의 절도, 소매치기, 야간 침입절도, 폭발물 위협, 성폭행, 방화, 살인, 유괴, 음주소란 등 수없이 많다. 판매시설에 있어서 어떠한 수준의 비정상적인 행동들이 자주 발생하는가를 조사하기 위해서는 경비문제와 관련된 5가지 기본적 구성요소를 중심으로 위해요소의 분석이 이루어져야 한다.[16]

판매시설의 안전확인 요소

① 고객 및 직원에 대한 기본적 통제
② 공공지역과 주차지역에 대한 통제
③ 재산범죄
④ 폭력범죄
⑤ 공공지원의 수준 등

이 밖에도 판매시설의 경비관리자는 판매시설에서 사건이 발생하였을 때 경찰 및 응급지원의 출동시간과 건물구조의 성질 그리고 그 지역 교통상황 등을 고려하여 위해요소를 분석해야 한다.

2) 내부직원의 범죄에 대한 대책

앞에서 살펴본 바와 같이 부정직한 내부직원에 의한 불법행위는 외부침입자에 의한 것 못지않게 심각한 수준이라는 점을 인식할 필요가 있다. 사실, 내부직원은 시설 내부

15) 한겨레(2006. 10. 26).
16) 이윤근(2001), 앞의 책, p. 161.

에서 활동하기 때문에 어떤 방범시스템이 마련되어 있더라도 이를 빠져나갈 수 있는 방을 알고 있으며, 특히 외부범죄자와 연결될 경우 문제는 더욱 심각해진다. 내부직원의 불법행위로는 현금등록기의 불법조작, 물건의 가격 바꾸기, 상품절도, 직원의 사기행위 등을 들 수 있다. 따라서 직원을 고용하는 것도 신중하게 해야겠지만, 이들에 대한 감시 체계도 별도로 마련되어 있어야 할 것이다.

따라서 판매시설의 손실은 시설 내의 경비시스템을 어떻게 운용하느냐와 매우 특별한 관련성을 맺고 있다. 이와 관련하여 첫째, 정직한 직원을 채용하기 위한 적절한 채용시스템을 갖추고 있어야 한다. 둘째, 채용된 직원들이 정상적으로 근무할 수 있는 환경을 조성해야 한다. 직원들이 근무여건이나 보수체계에 있어서 정당하고 공평한 대접을 받게 된다면 내부절도 문제는 감소할 가능성이 높다고 볼 수 있다. 따라서 내부직원에 대한 관리 및 일정한 인센티브와 관련하여 각 개인의 특성에 맡는 업무의 부여, 합리적인 운영규정의 확립 및 이의 엄격한 적용, 권한과 책임의 명백한 규정, 실적에 따른 보상체계의 강구, 실적에 대한 공정성, 절도의 유혹에 빠지지 않은 환경의 조성 등을 고려해야 할 것이다.

그러나 이러한 채용과정을 통해서 모든 문제를 해결하는 것은 불가능하다. 따라서 이와 더불어 내부직원에 의한 부정직한 행동을 감시·통제할 수 있는 장치 또는 방법이 강구되어야 한다. 플로리다대학 연구팀의 조사에 의하면 내부직원이 일으키는 문제 가운데 약 40%는 동료의 귀뜸 또는 보고를 통해서 알아낼 수 있다고 한다. 생각건대, 함께 근무하는 동료만큼 근무지 내에서 발생하는 사정을 잘 아는 사람도 없을 것이다.[17]

여기에 물리적 통제와 절차적 통제는 매우 중요하다. 외출하는 직원 수의 제한, 저장창고에 잠금장치를 설치하고 권한을 가진 자의 출입 허용, 직원 라커 및 짐 꾸러미의 확인, 시설내의 자산에 대한 접근통제, 전자감시, 회계감사 등 모든 부분은 판매시설의 경비프로그램으로서 활용할 수 있을 것이다.

한편, 내부절도의 억제와 관련하여 CCTV는 매우 효과적일 수 있다. 일반적으로 CCTV는 외부 범죄자를 통제하기 위해 설치되는데, 이는 내부직원의 범죄행위에 대해서도 효과적인 것(특히, 현금이 주고받는 업무를 담당하는 경우)으로 나타났다.[18] 한편, 제품과 현금을 관리하는 직원 등에 대해서는 특별한 경비프로그램이 마련되어야 할 것이다.

17) Hess, Kären M. and Wrobleski, Henry M.(1996), op. cit., p. 504.
18) Tesorero, Francis X.(1993. 2), "Turn In to Turn Off Employee Theft," Security Management, p. 34.

2) 외부의 범죄자에 대한 대책

판매시설의 안전관리를 위해서는 법률적 사항, 감독기술, 현금기록기의 통제 그리고 수많은 안전요소가 경비프로그램 운용에 적용된다. 판매업자들은 자체적으로 다양한 예방프로그램들을 운용함으로써 최선의 방어대책을 모색해야 할 것이다. 방어대책의 모색은 발생하는 수많은 위험요소 가운데 그 발생빈도와 심각한 문제를 일으키는 것부터 이루어져야 할 것이다.[19)]

(1) 감시 및 순찰

판매시설의 경비에 있어서 가장 기본적인 형태는 경비원 또는 CCTV와 같은 기계장치를 통한 감시체계를 확립하는 방법을 들 수 있다. 범죄는 충동적인 동기로 유발되는 경우가 적지 않기 때문에 감시절차의 체계화는 매우 유용한 결과를 가져다줄 수 있다. 범죄자들은 자신이 감시되고 있지 않다고 여길 때 물건을 훔치기 때문에 경비원 및 CCTV 등이 자신들의 주위에 인접해 있다는 사실만으로도 초보 절도범들의 절도의욕을 좌절하게 하는데 효과적일 수 있다. 또한 매장안을 순찰하는 경비원은 범죄에 대한 감시 및 대응과 잠재적으로 발생하는 여러 비상사태 등에 효과적으로 대응할 수 있다. 한편, 강도와 같은 잠재적 범죄는 판매시설의 개점이나 폐점 시 항상 발생할 가능성을 안고 있기 때문에 이에 대한 감시 및 대응대책을 마련해야 할 것이다.

(2) 현금보관소 안전관리

판매시설에 설치된 경보시스템은 시설 내의 강도, 폭력 등의 문제발생시 경보를 발함으로써 순찰경비원, 경찰관서 등에 연계하여 문제를 제거할 수 있다. 그리고 시설 내의 현금보관소에는 경보장치 이외에 장소적 안정성과 출입통제, 기타 순찰강화 등 안전대책이 수립되어야 한다. 한편, 전문적 강 · 절도범을 예방하기 위해서는 기본적으로 시설 내의 현금을 은행 등으로 옮김으로써 현금보유를 최소화하는 방법인데, 이 경우에는 전문 현금수송경비원 및 경찰에 보호요청을 해야 한다.

---

19) 이윤근(2001), 앞의 책, pp. 161~162.

(3) 모의훈련의 실시

범죄상황과 비상사태에 대한 모의훈련(Simulation)을 경찰과 같은 전문기관과 합동으로 실시함으로써 문제에 효과적으로 대처할 수 있다. 또 적절한 모의훈련 등을 통해 불상사가 발생하는 것을 미연에 예방할 수도 있을 것이다. 예컨대, 월마트에서는 2007년 3월에 좀도둑 대응과정에서 과잉진압으로 인해 큰 손실을 입었다. 월마트 보안요원이 절도 용의자를 과잉 진압하는 과정에서 용의자가 질식사한 사건이 발생한 것이다. 당시 월마트는 죽은 사망자의 가족에게 75만 달러(한화 약 8억 7천만원)의 위로금을 주는 것으로 사건을 마무리했다.20)

(4) 직원 교육

시설 내의 모든 직원의 협조노력은 안전예방에 있어서 매우 중요하다. 평소에 훈련된 직원은 침착하게 경보를 작동시킬 뿐만 아니라, 수상하게 배회하는 사람들을 감시 또는 어떠한 조치를 할 수도 있기 때문이다. 그런데 직원이 의욕적으로 주어진 업무를 수행하고 아울러 범죄 등 비상사태에 대응하기 위해서는 적절한 근무환경을 마련해 주어야 한다.

예컨대, 월마트는 회사 경영방침에 따라 보안요원을 비롯한 전체 종업원을 감소시켰는데, 이는 절도범죄를 증가시킨 주된 요인이라는 지적이다. 당시 유통업계에 따르면 월마트는 지난해 보안요원을 관리직으로 전환 배치했다. 이로 인해 보안요원이 감소하여 시설내의 안전관리 능력이 떨어졌으며, 한편으로는 다른 직원들의 불만도 초래하는 결과를 가져다주었다. 2007년 3월 월마트를 그만둔 한 직원은 "나는 물건에 손을 대본 적은 없다"면서도 "그러나 회사에 대한 불만으로 좀도둑질을 봐도 대처하지 않았다"고 고백하였다. 그는 "센서가 울려도 신경 쓰지 않는 직원들이 늘고 있다"고 덧붙였다. 한편, 정규직원을 줄이는 대신 시간제 종업원을 증원한 것도 한 원인으로 지적되고 있다. 바쁜 시간대를 위해 일시적으로 시간제 보안요원이나 매장직원의 고용을 추가한 것이 문제라는 것이다. 전문가들은 "이들은 애사심이 떨어져 좀도둑 적발에 덜 적극적일 수 있다"고 하였다.21)

20) 머니투데이(2007. 06. 14).
21) 위의 글.

제2절 의료시설의 경비

1. 의료시설의 특징과 관련문제

대부분의 상업시설과 마찬가지로 많은 병원과 같은 의료시설은 일반시민들에게 개방되어 운영되고 있으며, 각 시설의 특성에 따라 안전상의 관련 문제를 가지고 있다고 볼 수 있다. 사실 종래에는 의료시설과 관련된 범죄 문제는 주목을 받지 못했다. 이는 이들 시설에서는 범죄관련 문제가 빈번하게 발생하지 않았다는 것을 의미할 수도 있으며, 한편으로는 발생했다 할지라도 그다지 큰 손실이 야기되지 않았기 때문에 문제시되지 못한 것일 수도 있다. 아니면 심각한 문제를 안고 있음에도 불구하고 내부적인 문제로 인해 공론화되지 못했을 수도 있다.

그런데 최근 들어 이들 의료시설에서 적지 않은 범죄문제가 발생하고 있다는 사실이 밝혀지고 있으며, 따라서 대부분의 의료시설에서 일정 수준의 민간경비시스템을 운용하고 있다는 점이다. 이는 범죄 등으로 인한 위험에 더 이상 자유로울 수 없다는 것을 의미한다.

의료시설은 공적 · 사적으로 운영되고, 개인병원, 종합병원, 양방시설, 한방시설, 그리고 각종 클리닉센터에 이르기까지 그 종류가 매우 다양하고 그 규모가 매우 거대하여 하나의 산업으로서 인식되고 있다. 이러한 의료시설 가운데 병원은 가장 심각한 안전상의 문제를 안고 있다고 볼 수 있다.[22] 병원은 시설자체적인 특수성으로 인하여 수많은 위험에 노출되어 있으며, 사태발생시 인명피해가 크게 우려되기 때문에 효과적인 안전관리를 통하여 발생 가능한 모든 위험을 사전에 제거해야 한다.[23] 의료시설의 경비관련 주요목표는 병원 등 관련시설 내에서 발생하는 화재, 절도, 강도, 폭력, 천재지변, 출입관리 등의 안전에 관한 총괄적인 관리를 하기 위함이다. 보호대상으로는 환자와 환자가족 및 방문객, 의사 및 간호사와 같은 의료진, 의료장비 및 관련시설, 개개인의 자산 등을 들 수 있다.

그런데, 많은 의료시설 운영자는 이러한 다양한 위험요소를 크게 인식하지 못하고 있으며, 설혹 인식하고 있다 할지라도 크게 비중을 두지 않는 경향이 있다. 그러나 매우

---

22) Hess, Kären M. and Wrobleski, Henry M.(1996), op. cit., p. 568.

23) 지난 2014년 5월 28일 0시 27분경에 장성군 소재한 요양병원에서 화재가 발생하여 입원환자 20명과 간호조무사 1명이 사망하는 참사가 발생하였다. 환자 대부분의 70~90대의 고령인 데다 치매와 중풍 등으로 거동이 불편한 점을 고려할 때 병원 측의 안전조치가 허술했다는 지적이 나오고 있다. 이 요양병원은 한 달 사이에 안전점검을 2차례 받았으나 '이상 없다'는 결과가 나와 부실 점검 의혹도 제기되고 있다. 서울신문(2014. 05. 28).

심각한 위험요소가 내재해 있는 것이 사실이며, 만약 범죄 및 화재와 같은 특정 위험사태가 발생하게 되어 회복이 어려운 것은 물론이고, 언론에 공개되면 경영상의 심각한 타격을 입게 될 가능성도 없지 않다.

2. 의료시설의 취약성

1) 개방성으로 인한 출입통제의 어려움

병원과 같은 의료시설은 대부분 출입이 개방되어 있는데, 문제는 이러한 개방성으로 인해 외부인에 대한 접근통제(Access Control)가 쉽지 않다는 점이다. 대형병원의 경우 시설 내에 식당, 커피숍, 선물가게, 매점, 꽃집, 직원 사무실 등 여러 시설이 함께 운영되기도 한다. 사실, 환자의 생명보호라는 제1차적인 목표차원에서 본다면 병원은 항상 개방되어 운영될 필요성이 있으며, 수술장비나 의료품의 출입에 대한 엄격한 절차적 통제가 지나치게 까다로워서는 안 된다고 본다.

그런데 병원이 아무리 개방되어 있다 할지라도 의료 · 보호적 목적과 공공관계 차원에서 일정한 출입통제가 요구되는 부분도 있다. 예컨대, 위와 같은 병원에 들어오는 환자 치료 용품에 대해서도 가능한 한 일정한 통제절차(그 내면에 어떠한 위해요소가 잠재되어 있을 가능성이 존재하는 경우)가 필요하다고 본다. 한편, 병원에 수많은 행상인이 출입하면서 환자 및 환자가족을 대상으로 물건을 판매하는 경우가 적지 않은데, 이들의 경우 좋지 못한 물건을 판매하거나, 환자 등의 귀중품을 절취하기도 한다는 점이다. 따라서 규모가 큰 병원의 경우 심야시간 대에는 출입구가 적절하게 통제되고 있으며, 환자와의 면담이 제한적으로 이루어지고 있다. 환자와의 면담은 경비부서에 의해 관리되는데, 여기서 출입허가증을 지급하고, 방문객들을 안내하고, 여러 가지 관련서비스를 제공하는 역할을 한다.

더욱이 이러한 개방성 문제는 1년 365일, 1일 24시간 지속적으로 존재한다는 점이다. 매일 같이 입 · 퇴원하는 환자, 방문객, 직원들의 출퇴근(심야출퇴근 포함), 자원봉사자의 출입, 그리고 그에 따른 차량출입 등이 빈번하게 이루어진다. 그리고 직원 가운데 여성이 상당부분을 차지한다는 점, 의사와 같은 전문직의 경우 경비절차를 제대로 준수하지 않는다는 점, 그리고 약품, 혈액, 주사바늘 등 수많은 일회성 소모품(그러나 인체에 치명적인 위해를 가할 수 있는) 등의 안전관리문제는 경비부서의 입장에서 볼 때, 계속 긴장상태에 놓이게 한다고 볼 수 있다.

한편 병원에 출입하는 대다수 외부인은 병원환경과 친숙하지 않다는 점이다. 또한 환자와 환자가족, 그리고 의료진들 간의 긴장상태 분위기와 긴급성은 병원을 독특한 분위기로 만들기 때문에 병원의 경비시스템은 이러한 특성을 고려하여 이루어져야 한다. 따라서 병원의 건물설계절차부터 병원의 특성에 맞게 효과적으로 출입을 관리·통제할 수 있는 출입문의 설계가 필요하며, 출입문의 개수와 위치선정도 매우 중요하다.

2) 화재 및 비상사태 대응의 어려움

어느 시설이든 간에 화재의 위험성으로부터 완전히 보호되기는 불가능하지만 의료시설은 특히 화재에 취약한 특성을 갖고 있다. 실제로 의료시설에 화재가 일어날 경우, 그 피해는 다른 시설물에 비해 100배에 달한다고 하기도 한다.

의료시설이 화재에 취약한 것은 환자들이 자신이 직접 화재로부터 대피·보호하기 어렵고, 또 극소수의 환자들만이 그 병원의 대피지역에 대해 알고 있기 때문이다. 그리고 수많은 전기기구, 산소통, 약품, 가연성 액체 등과 같은 용품들은 병원 특유의 화재발생 요인이 된다.

3) 응급실의 위험성

의료시설의 각 병실 및 관련시설은 하나하나가 중요하지 않은 곳이 없지만, 특히 응급실(Emergency Room)은 안전관리가 철저히 이루어져야 한다. 응급실은 24시간 개방, 일반인에 대한 통제가 없는 접근 가능성, 환자 생명의 긴박성 등으로 인해 각종 위험요소가 항상 상존해 있다는 점을 인식할 필요가 있다. 이 밖에도 신생아실, 산부인과 및 소아과 등 진료 및 치료대상의 특성에 따른 적절한 조치가 요구된다. 또한 조제실 및 약품창고 등에 대해서도 체계적인 안전관리가 요구됨은 물론이다.

응급실의 폭력위험성 문제

2015년 6월 25일 경기 동두천시에서 유일하게 야간응급의료를 하던 한 병원 응급실에서 50대 환자가 술에 취해 의사를 폭행한 사건이 발생하였다. 이번 사건은 의사가 CT 촬영을 안 하고 퇴원하려는 환자에게 '자의퇴원동의서' 작성을 요구했다는 이유로 폭행을 당한 일이었다. 이 사건으로 전치 3주의 부상을 입은 의사는 병원을 그만뒀고, 이 병원은 이런 일이 빈번하다며 야간응급진료 폐쇄 여부를 고심하고 있다. 이 사건으로 의정부지검은 폭력을 행사한 환자에게 응급실 의사 얼굴 등을 때려 다치게 한 혐의(상해)로 벌금 300만원에 약식기소하였다. 의료계는 이번 사건을 두고 다시 한번 격분했다. 의사의 생명을 위협하는 무차별한 폭력이 잇달아 발생하고 있는데도 이에 대한 법적 제도가 제대로 마련되고 있지 않기 때문이다.[24)]

2004년 응급실 폭력에 대한 보고에 따르면, 전국 33개소 병원응급의료센터에 근무하는 응급의학과 의료진이 응급실 근무시 신변의 위협을 느낀 적이 있다는 응답이 84.8%나 되었다. 폭력문제가 발생했을 때 내원환자 10만 명당 경찰 출동요청 빈도는 5.4회였으나, 경찰이 응급실 폭력해결에 도움이 되지 않는다는 대답이 84.8%에 달했다. 그 이유로는 92.8%가 경찰의 방관자적 자세 때문이라고 응답했다. 이러한 응급실 폭력은 71.1%가 야간 및 새벽(20~04시)에 발생하여 상대적으로 이러한 상황에 대응할 수 있는 행정 및 의료 인적 자원이 부족한 시간대에 집중되고 있음을 알 수 있다. 또한 이러한 난동 환자의 73.8%가 비응급에 해당하는 경증의 환자로 중증 질환자들의 정당한 진료권이 영향을 받는다는 것을 알 수 있다.

폭력의 유형은 언어적 폭력(77.4%), 주먹질 및 물건 던지기 등의 물리적 폭력(13.9%), 가해행위가 동반된 난동(8.7%) 순이었다. 국내 응급실 폭력의 특이점 중 하나는 환자의 난동보다 보호자나 주변 동료들에 의한 폭력이 압도적으로 많고 심지어는 보호자들 간에 싸우는 경우가 많다는 점인데, 이는 보호자 출입 제한이 없는 국내 상황에 따른 것이라 할 수 있다.[25)]

3. 의료시설의 안전예방대책

따라서 병원과 같은 의료시설은 각종 비상사태 및 환자병동에서 발생하는 절도 및 폭력문제, 의사와 간호사에 대한 공격, 그리고 의료시설 내의 현금인출기 및 주차지역 내의 범죄 등 수많은 문제가 야기될 수 있기 때문에 유의해야 한다.

따라서 의료시설내의 경비담당자들은 시설 내에서 근무하는 관계자(의사, 간호사, 의료기기 담당자, 행정직원 등), 그리고 환자 및 방문객들과 유기적인 상호작용을 할 수 있어야 한다. 특히 이러한 문제는 비상사태 발생 시에 요구되며, 따라서 민간경비의 적절한 공공관계 형성은 매우 중요한 요소가 된다.

과거에는 의료시설의 경비담당부서는 주로 화재예방과 같은 업무에 주로 초점을 두었는데, 최근에는 범죄예방과 같은 법집행 분야 역시 중요하게 고려되고 있으며, 따라서 민간경비의 활동영역이 범죄예방 및 대응으로 확대되고 있음을 알 수 있다.[26)] 대규모

24) 디지털 의사신문(2015. 07. 31.).

25) 박정규 외 7인(2002), "응급의료센터의 폭력의 실태와 대처방안," 대한응급의학회지, 15(6), pp. 575~580.; 김진철 외 2인(2003)," 대한응급의학회지, 14(3), p. 309.

의료시설에서는 24시간 동안 중앙통제센터를 운영함으로써 안전한 경비관리를 수행하고 있다. 시설 내에서 순찰임무를 수행하고 있는 경비원들은 호출시스템을 통해 긴급히 출동 · 지원될 수 있도록 해야 할 것이다. 의료시설의 안전관리 책임자는 다음과 같은 사항들을 주기적으로 적절하게 검토해야 할 것이다.[27]

의료시설의 안전확인 요소

① 소화기, 소화전, 소화호스의 상태 점검
② 산소 차단 밸브의 상태 점검
③ 비상구의 상태 점검
④ 경보시스템의 상태 점검
⑤ 금연구역 및 위험지역을 알리는 표시의 상태 점검
⑥ 비상계단의 이동 중 장애물의 상태 점검
⑦ 시설 내의 중요지역의 지속적인 감시 및 순찰
⑧ 잠재적 범죄에 대한 지속적인 감시 및 순찰 등

한편, 이러한 경비의 일환으로 최근에는 밤늦게 출퇴근하는 간호사들에 대한 에스코트서비스가 등장하고 있다. 야간에 출퇴근하는 간호사들의 경우 개개인이 아닌 집단으로 퇴근하는 방법도 중요한 범죄예방대책이 될 수 있을 것이다. 아래에서는 의료시설에서 특히 잠재적 위험요소가 높은 응급실, 신생아실, 영안실, 환자소지품 및 환자 개인정보보호 등을 중심으로 살펴보기로 한다.[28]

1) 응급실 보호

병원의 응급실에는 최소한 한 사람의 경비원이 배치되어 24시간 동안 상주해야 한다. 병원의 범죄비율에 따라서 필요하다면 경비원은 보호장구를 착용하고, 무장한 상태에서 출입자에 대한 감시 및 대응 등 적극적인 조치를 해야 한다. 그리고 응급실 입구에는 금속탐지기를 설치 운용하여 위험한 금속물 및 흉기 등의 반입을 통제할 수 있어야 한다. 사실, 병원의 응급실에는 호전적인 환자나 그의 보호자들, 그리고 경우에 따라서는 조직폭력배들에 의한 소란이나 말싸움과 폭력, 기물파괴 등이 발생할 우려가 있다. 따라서 응급처치구역은 필요한 경우에 격리시키고, 비상버튼을 설치할 필요가 있다.

26) Darty, David.(1994. 6), “Hospital Security through the 20th Century,” Security Concepts, p. 12.
27) 이윤근(2001), 앞의 책, p. 156.
28) 김두현 · 김정현(2002), 민간경비론, 서울: 백산출판사, pp. 415~417.

2) 신생아실 보호

태어난 유아의 유괴는 부모에게나 직원, 경찰 등에게 큰 부담을 주는 문제이다. 유아의 유괴범들은 대체로 병원직원이나 유아의 보호자와 같은 행세를 하면서 신생아실에 잠입을 시도한다. 따라서 유아의 유괴방지를 위하여 유아의 신원을 확인할 수 있는 조치(족문을 찍는 등)를 하고, 내부직원(의사 및 간호사 등)과 봉사자들에 대한 사진 ID카드를 발급·패용하도록 해야 한다. 그리고 방문객들을 철저하게 통제하고, CCTV를 설치·운영할 필요가 있다. 한편, 유아의 팔찌에 전자감시시스템을 적용할 수도 있을 것이다.

3) 영안실 보호

어떻게 보면 영안실에서는 병적인 범죄행위가 발생하는 장소라 할 수 있다. 범죄자들은 사망자의 신체로부터 귀금속(금니 등) 등을 훔쳐 가기도 하고, 상주 및 가족들의 심신 피로를 악용하여 심야시간을 이용하여 조의금 및 기타 귀중품을 훔쳐 가기도 한다. 따라서 영안실에도 적절한 감시장치를 설치하고 경비원을 배치·운영할 필요가 있다.

4) 환자 소지품 보호 및 환자 개인정보의 보호

병원에서 환자와 환자의 보호자들이 소지한 현금이나 귀금속 등 소지품들이 절취당하는 경우가 빈번하게 발생하기도 한다. 이러한 절도 및 도난사고를 방지하기 위해서는 환자들의 귀중품 목록을 작성해서 안전한 장소에 보관하는 것도 고려할 수 있다.

한편, 환자의 개인정보는 안전하게 보호되어야 한다. 환자에 대한 개인정보가 보호되지 않으면 프라이버시와 기밀성은 파괴된다. 여기에서 프라이버시는 환자가 개인적인 이유로 어떤 정보가 유출되지 않기를 바라는 것이며, 기밀성은 환자와 의료기관 직원들 간의 자유로운 대화를 한 이후에 정보가 누설되지 않기를 바라는 한계를 말한다. 그리고 꼭 필요하다면 환자 개인의 정보가 외부로 알려지기 전에 의사 등이 환자의 동의를 얻기 위한 절차가 확립되어야 한다.

특히, 컴퓨터시스템에 의한 환자기록은 많은 보호가 요구된다. 환자의 개인 신상에 관한 중요한 정보가 병원에의 직원들에 의해 일상적인 업무로서 아무런 거리낌 없이 공유하는 사례가 빈번하게 발생하고 있기 때문이다. 따라서 컴퓨터 전자시스템의 안전관리를 유지하고, 인터넷이나 전자메일과 같이 공공의 통신망을 통하여 환자의 정보가 유출되는 것을 예방할 수 있는 대책이 마련되어야 한다. 이를 위해서는 컴퓨터보호대책 등이 요구된다.

제20장 경 호

제1절 기본논의

경호(警護, Protection) 또는 신변보호는 '경호대상자의 절대적 신변안전을 확보하기 위하여 사용가능한 모든 수단과 방법을 동원하여 직 · 간접적인 위해요인을 사전에 방지 · 제거하기 위한 제반 활동'이라고 정의할 수 있다. 경호는 경찰과 같은 국가기관에서 수행하는 공경호(公警護)와 영리목적하에 특정한 의뢰자에게 제공하는 민간경호(民間警護)로 구분할 수 있다.

경호의 목적은 경호대상에 대한 납치 · 혼란 · 암살 등 신체적 위해로부터 보호하는 것이며, 나아가 질서유지 및 보호대상의 권위 유지 등을 도모하는데 있다. 우리나라에서는 이러한 요인경호(Executive Protection)업무가 주로 국가기관에서 행사되었지만 점차적으로 민간경비분야에서도 발전하고 있다.1) 국가기관에 의한 경호대상은 대통령 · 국왕, 수상 · 국무총리, 국회의장, 대법원장, 각부 장관 등 주요 요인(VIP)이 대상이 된다. 이처럼 종래의 경호대상은 국가적으로 중요한 정치인을 대상으로 하였으나, 최근에는 민간차원에서 정치인, 경제인, 연예인, 그리고 부녀자 · 아동 등도 경호서비스를 이용하고 있는 추세라고 할 수 있다. 또한 민간차원의 주주총회 경호 및 예식장 경호 등 특별한 행사와 관련해서도 적용되는 등 그 활동영역이 확대되고 있다. 이는 무엇을 의미하는가? 그만큼 우리사회 구성원들이 범죄 및 테러와 같은 공격으로 안전하지 못하다는 것을 의미한다.

사실, 대부분의 기업 및 시설 등을 대상으로 한 민간경비 활동에서 시설 내외의 경비 및 구성원들에 대한 보호는 일정부분 포함된다고 본다. 이장에서 논의하는 경호는 그러한 일반적인 형태의 신변보호 활동이라기보다는 특정인의 경호와 관련된 보다 전문화된 영역에 해당하는 것이다. 따라서 경호와 관련하여 학문적으로도 그 이론적 토대가 확립되어 있으며, 실무에 있어서도 경호대상별 접근방법이 심도 있게 논의되고 있는 실정이다.2) 이 장에서는 국가기관에서 형성 · 발전되어 온 경호이론을 바탕으로 민간차원에서

---

1) 이윤근(2001), 민간경비론, 서울: 엑스퍼트, p. 146.; 경호에 대한 자세한 논의는 최선우(2024), 경호학, 서울: 박영사 참조.

2) 경호의 법적 근거로서 ① 공경호는 '대통령등의 경호에 관한 법률', '경찰법 및 경찰관직무집행법', '전직대통령 예우에 관한 법률' 등을 들 수 있다. 이러한 법적 근거에 따라 대통령경호처(大統領警護處)에서는 대통령 등 국가요인에 대한 경호(갑호)를 중심으로 관련업무를 수행하고 있다. 그리고

이루어지고 있는 경호와 관련하여 기본적 논의를 하고자 한다.

제2절 경호 관련 위험요소

1. 경호 대상별 위험요소의 확인

경호대상자에 대한 효과적인 신변보호를 위해서는 기본적으로 어떤 위해요소들이 있는지, 그리고 경호대상자가 어떻게 공격을 받을 수 있는지를 먼저 파악해야 할 것이다.[3)]

1) 경호대상자의 신분

이와 관련하여 먼저 경호대상자의 특성에 따라 위해요소를 평가할 수 있다. 경호대상자가 어떠한 사회적 신분 및 위치에 있고, 어떠한 활동을 하는지에 따라 위해요소가 달라진다. 예컨대, 영화배우, 가수, 정치가와 같이 대중에게 잘 알려진 인물들은 호의적인 사람, 사진 촬영자, 팬 등의 군중에 많이 노출되는데 통상 이들에 의한 악의적인 공격보다는 무질서한 근접행동에 의해 부상당하기 쉽고, 확률은 낮지만 분노나 적대감에 의한 극단적인 공격 또한 배제할 수 없다. 그리고 경호대상자의 신변을 위협하는 사람들은 총기, 도검류, 폭발물, 독극물, 방화, 납치 등 폭력적인 방법을 사용하기도 하는데, 이는 경호대상자의 신분 및 행동반경에 따라 그 방법이 달라질 수 있으며, 복합적으로 적용될 수도 있다.

2) 경호대상자의 생활 패턴

경호대상자의 생활방식이나 습관이 공격자의 종류를 결정하지는 않으나 공격의 기회를 조성·제공 할 수 있는 취약성을 내포할 가능성이 많다. 예컨대, 호의적인 대중적 지지 뿐만 아니라 비호의적인 대중적 적대감을 동시에 가지고 있는 유명정치인이 평상시 아무런 준비나 거리낌 없이 군중들과 악수 및 포옹을 한다거나 하는 식의 예상 밖의 행동을 하는 경우 경호원들은 긴장하지 않을 수 없다. 따라서 경호원들은 사전에 경호대

경찰에서는 국무총리 및 각부 장관 등에 대한 경호(을호·병호)를 수행하고 있다. 한편, ② 민간경호는 '경비업법'에 근거를 두고 '신변보호'차원에서 고객에 대한 경호업무를 제공하고 있다(청원경찰법상의 청원경찰 역시 공경호와 민간경호의 중간영역에서 근무지 내에서 경찰관직무집행법에 따라 일정부분 경호업무를 수행할 수 있음은 물론이다).

3) 김두현·김정현(2002), 민간경비론, 서울: 백산출판사, p. 247.

상자의 생활습관에 대해 철저한 준비 및 대응을 강구하고 있어야 할 것이다.

또 정치인 및 연예인과 같은 경호대상자들은 지명도 및 공연을 위해 대중 앞에 나서게 되는데, 이 과정에서 이들이 보여준 반복적인 생활습관 등은 잠재적 공격자들에게 좋은 기회를 제공해 줄 수 있다.

2. 위험인물의 유형 및 행태

그렇다면 경호 대상이 된 사람에게 위험을 끼칠 수 있는 사람들은 누구인가? 여기에는 군중, 특정인, 장난꾸러기 및 성가신 사람들, 개인적 공격자, 적대적인 단체와 조직, 중독자 및 정신질환자 등을 들 수 있을 것이다.[4]

1) 일반적 군중

(1) 호의적인 군중

먼저 경호대상자에 대한 위험인물로서 일반군중을 들 수 있다. 일반군중들은 영화배우나 인기 있는 정치인이 모습을 나타낼 때 보통 호의적인 태도를 보이는 사람들이다. 그런데 이들 군중이 저명인사와 악수 등 상호작용을 했을 때, 순간적으로 비이성적인 행동을 저지를 수가 있다.

그리고 이들 호의적인 군중 중에는 유명인을 뒤쫓아 다니는 극렬한 열성팬과 같은 특정한 사람들도 있다. 이들은 경호목적상의 안전을 위해 설치된 방어선을 뚫고 경호대상자에 근접 및 접촉하기 위해서 갖은 방법을 동원하기 때문에 더욱 위험하다.

(2) 비호의적인 군중

군중들이 항상 호의적인 것은 아니다. 저명인사에 대해 이른바 '안티'(Anti)가 있으며, 또 노골적인 불만과 적대감을 표출하는 사람들이 있다. 이들은 고성 및 욕설을 하거나 계란을 던지고, 또 일부는 위험한 행동을 하는 경우도 있다. 비호의적인 군중들 역시 경호대상자가 가는 곳마다 나타날 수 있으며, 따라서 이에 대한 적절한 대응이 필요하다. 그리고 이들 비호의적인 시위행동이 직접적인 위해행위가 되지 않더라도 위해를 가하려는 개인이나 조직에 이용당할 수도 있다.

4) 위의 책, pp. 247~250.

(3) 파파라치

또 유명인을 뒤쫓아 다니는 프리랜서 사진작가, 일명 '파파라치'(Paparazzi)가 있다. 이들은 경호대상자의 사생활을 취재하여 공개함으로써 일반 대중들의 흥미를 자극하는 인물들로 특히 연예인들에게는 매우 귀찮은 존재들이다. 파파라치의 행위가 직접적으로 경호대상자에게 위해를 가할 가능성이 낮다고 할지라도 직·간접적인 위해상황이 발생하도록 유도하는 촉매제 역할을 할 가능성은 항상 존재한다.

예컨대, 2001년 8월 프랑스 시라크 대통령이 남부해변에서 여름휴가를 보낼 때, 파파라치들에 의해 나체사진이 찍히는 해프닝으로 망신을 당할 뻔하였다. 당시 휴가를 보내던 중 망원렌즈로 벌거벗고 발코니에 나와 있는 대통령의 모습을 찍은 것으로, 대통령경호실은 나체사진이 공표되지 않도록 사진작가를 설득하여 언론에 공개되지는 않았으나 톡톡히 고생을 치렀다.5)

이처럼 유명인의 사생활이 외부로 노출될 경우, 이들의 권위가 상당히 실추될 가능성이 있으며, 이들의 위치가 파악되어 또 다른 위험이 발생할 가능성도 있기 때문에 경호원들은 이에 대해 상당한 관심과 신경을 써야 할 것이다.

2) 개인적 테러범

비호의적인 군중과 개인적인 테러범을 구분하는 것은 명확하지 않다. 다만, 개인적인 테러범은 비호의적인 군중들에 비해 훨씬 위험하고 극단적인 방법으로 경호대상자를 공격한다는 점이다.

개인적인 테러범들은 연예인이나 정치인, 또는 경제인 등을 대상으로 개인적 목적을 위해서 공격을 가하게 된다. 여기에서 개인적 목적은 정치적·경제적·사회문화적 모든 요인 등이 해당한다. 자신의 사상과 배치되는 유력한 특정 정치인이 내세운 당선공약(낙태허용)의 실현을 저지할 목적으로 당사자를 공격하는 경우가 있다. 그리고 자신의 경제적인 어려움을 극복하기 위하여 기업의 사장이나 부유층의 당사자 및 가족을 대상으로 유괴·납치하는 경우도 있다.

또 회사의 처우에 불만을 품은 직원이 회사관리자를 대상으로 공격을 저지르는 경우도 있다. 그리고 지나치게 성(Sex)에 개방적인 연예인의 행태에 불만을 품은 개인은 연예생활을 아예 하지 못하도록 극단적인 방법을 사용하여 공격할 수도 있다. 이들의 위해행위는 조직적인 테러분자들보다는 덜 위험하지만 보통 혼자 계획하고 준비하는 관계로 계획에 대한 보안이 잘 유지되며, 따라서 이들의 위해행위가 실행에 옮겨지기 전까

5) 문화일보(2002. 08. 03).

지는 이들의 위험을 사전에 파악하기가 어렵다. 한편, 정신분열증 및 약물중독 등으로 인해 체계화된 망상 및 무분별한 공격을 가하는 경우도 있는데, 이들의 공격은 예측하기가 어렵고 무차별적이어서 경호대상자 주변에서 언제든지 위험요인으로 연결될 수도 있다.

3) 조직적인 테러범

어떻게 보면 경호대상자에 대하여 조직적으로 적대감을 표출하는 단체가 가장 위험한 존재일지도 모른다. 이들은 철저하게 조직화되어 있고, 일정한 공격훈련을 거친 구성원들을 양성하여 일정시기에 공격을 감행하기도 한다.

조직적인 테러범들은 일반적으로 특정 정치인, 다국적기업의 CEO 등의 정치적 노선 및 경제적 침략 등에 대항하여 공격을 감행한다고 볼 수 있다. 물론, 경제적인 목적을 위해서 수단과 방법을 가리지 않고 범죄를 저지르는 조직범죄집단 역시 기업인 및 노약자, 여성 등을 공격하여 경제적 이익을 취득하기도 한다.

따라서 이들은 암살, 폭파, 하이재킹(Hijacking), 유인 납치, 방화, 매복공격 등 다양한 방법을 동원하고 있다. 그런데 이들 조직적인 테러범들은 사전에 매우 치밀하게 준비된 절차에 따라 공격을 감행하기 때문에 경비원들은 현장에서 공격자의 신원 및 공격방법을 파악하는 것은 매우 어렵다. 따라서 사전에 철저한 경호활동을 통해서 대응전략을 모색해야만 한다.

제3절 경호의 기본원리

경호의 성패여부는 보호대상자의 생명과도 직결될 수 있기 때문에 매우 중요하다고 본다. 그리고 경호를 필요로 하는 보호대상자는 그만큼 위해를 받을 가능성이 높다는 것을 의미하기 때문에 이에 대한 안전한 보호원리가 요구된다.

따라서 여기에서 논의하고자 하는 것은 경호와 관련하여 하나의 기본원리를 제시하고자 한 것이며, 각각의 상황에 따라 이를 적절하게 적용·운용해야 할 것이다. 이와 관련하여 아래에서는 경호대상자를 안전하게 보호하기 위해서는 요구되는 '3중경호이론'과 '경호의 4대원칙'을 중심으로 살펴보기로 한다. 이러한 접근은 주로 국가적 차원에서 이루어지는 기본적 경호원리인데, 이를 민간경비차원에서 원용하여 접근할 수 있을 것이다. 물론, 보호대상자의 사회적 신분 및 중요성 등에 따라 경호의 규모 및 접근방법에 차이가 있음은 물론이다. 예컨대, 국가적으로 중요한 정치적 요인에 대한 보호와 사적으로 초등학생의 등하교하는 것을 보호해 주는 경호는 질적으로 다르다고 본다.

1. 3중경호이론

3중경호이론은 영국에서 일찍이 정립되어온 것인데, 이는 국가적 차원에서 중요한 인물의 보호를 위한 것이다. 국가원수나 국가적으로 중요한 사람에 대해서 가장 근거리부터 ㉠ 근접경호(Inner Ring, 제1선 안전구역), ㉡ 중간경호(Center Ring, 제2선 경비구역), ㉢ 외곽경호(Outer Ring, 제3선 경계구역)로 나누어 그에 따른 일정한 조치와 경호원의 배치 및 임무가 부여되는 것이다.[6)]

3중경호의 기본구조

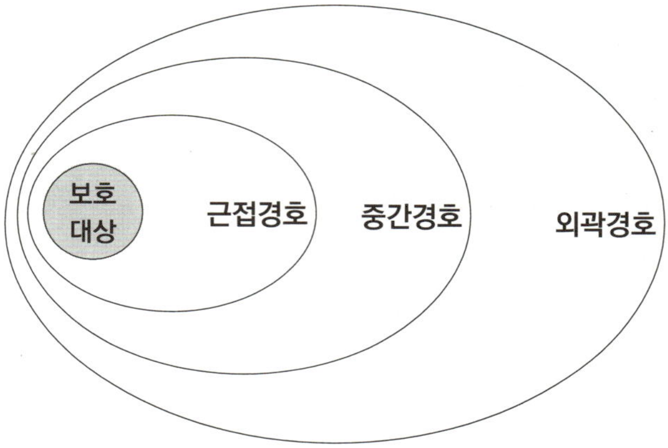

- 근접경호: 요인(VIP)경호팀
- 중간경호: 정복경호경찰, 교통경찰, 경호경계팀, 통신팀
- 외곽경호: 정보분석팀, 공항, 상대지역 국가담당팀, 항구보안팀

그런데 3중경호이론은 이처럼 지리적·공간적 관점에 국한되어 적용되는 것은 아니라는 점에 주의할 필요가 있다. 시간적 관점에서도 3중경호이론이 적용되는데, 장기적 관점에서 정보분석과 예측, 중기적 관점에서 위해요인 포착 및 제거, 단기적 관점에서 현장경호로 구성되어 적용된다는 점이다.

지리적·공간적 경호 측면에서 구체적으로 보면 근접경호, 중간경호, 외곽경호를 거

6) 최평길(1989), "3중경호·경비이론," 서재근박사 화갑기념논문집, pp. 95~104.

시적이고 철학적 이론으로 정립하여 영국 경찰청 경호국이 이를 실제 운용하고 이를 기법으로 승화시켜 미국 백악관 경호실이 자체 개발하여 그 나름의 이론을 가지고 있다. 따라서 영국 국가원수의 근접경호는 수상 집무실 중심으로 신변보호활동이 이루어지며, 중간경호는 정복경찰관의 일상적인 경찰활동, 교통질서정리, 관찰, 통신 등의 활동을 통해 수상의 경호를 담당하게 된다. 외곽경호는 정보분석, 항만관리, 위험인물작성, 사건발생소지의 사건제거 등을 통한 예방차원의 제반 활동이 이루어지게 된다.

1) 외곽경호

이러한 3중경호에 있어서, 경호업무를 담당하는 경호기관은 각 경호단계에 대해 동일하게 비중을 두는데, 어떤 면에서는 외곽경호에 더욱 비중을 두기도 한다. 외곽경호원의 정보분석에 의해 위험요인을 사전에 제거하는 것이 중요하다는 것을 의미한다. 이러한 관점에서 볼 때, 영국수상에 대한 3중경호원칙은 경호개념으로서 존재하는데, 수상을 중심으로 하여 거리 및 지역을 고려한 것이기는 하나 정보 분석적 차원에서는 단순한 현장거리감각을 초월하여 경호의 철학으로 존재하고 있다.

예컨대, 영국수상을 경호하는데 있어서 외곽경호는 수상이 집무실에 있을 때 이란에서 일어나고 있는 과격시위나 스칸디나비아 반도 해상에서 발생하는 소련 핵잠수함의 화재·침몰, 등을 수상에 가해질 수 있는 위협요인으로 연계하여 분석하고 제기되는 구체적인 요인이 있을 때 이를 적절히 제거하는 조치를 마련하는 것이다. 따라서 이 경우 수상을 위한 외곽경호는 이란, 핀란드, 모스크바에 이르는 영역에서 진행된다는 다분히 정보전략 및 정책적 차원에서 접근할 수 있다. 어떤 사건의 발생계기는 중대한 내부적 요인에 의한다기보다는 외관상으로는 사소해 보이는 외부적 요인에 의할 수도 있으며, 이는 복잡·다원화된 국제환경 속에서 더욱 예측하기 어려운 불확실성을 가져다주고 있다.

2) 중간경호

위와 같은 상황에서 중간경호는 이란, 핀란드, 모스크바에서 발생된 위협요인이 서서히 영국내로(구체적으로 수상집무실) 접근한다고 고려할 때, 이란공항, 북구해역, 모스크바공항, 소련해역, 그리고 런던공항이 중간경호의 활동영역으로 적절히 통제될 수 있는 것이다. 따라서 외곽경호가 정보·전략적 차원에서 이루어지는 것이라면 중간경호는 현장정보를 중심으로 일정 지점에서 사전에 예방경호활동으로 이어지는 개념이라고 할 수 있다.

3) 근접경호

근접경호(近接警護)는 이러한 상황에서 직접적으로 수상의 신변을 보호하는 실질적·현실적인 경호활동이라 할 수 있다. 이는 실제로 경호원의 행동으로 순발력, 기민한 판단력, 강인한 물리력으로 수상의 신체적 보호를 위한 최종 보호막으로 행동하는 것을 의미한다.

결론적으로, 3중경호이론은 시설 및 행사장을 중심으로 완전한 경호를 하기 위하여 가장 중심부를 안전지역으로 정하여 완벽한 통제를 목표로 근접경호원을 배치하고, 그 다음 내곽지역을 경비구역으로 정하고 부분적 통제를 위하여 근접경호원 또는 지원요원을 근무하게 하고, 끝으로 시설 및 행사장의 외곽을 경계구역으로 설정하여 인적·물적·자연적 취약요소에 대한 첩보수집 및 경계를 실시하는 것을 의미한다고 볼 수 있다.[7)]

- **사례**: 지난 2007년 12월 6일 강화도에서 군인을 공격하여 총기를 탈취한 사건이 발생하였다. 이 사건에서 범인이 탈취한 무기는 총과 실탄 75발, 유탄 6발, 수류탄 1발로 수많은 인명을 살상할 수 있는 엄청난 화력을 가지고 있다. 당시 대통령선거(12월 19일)를 얼마 남겨두지 않는 상황에서 이 사건이 발생하였기 때문에 대선후보들의 경호에 있어서 매우 긴박한 위험신호로 인지되었다. 외적으로는 총기탈취 사건과 대통령선거와 직접적인 인과관계가 보이지는 않지만, 그러한 증후가 향후 어떠한 위험사태를 일으킬지는 모르기 때문이다. 따라서 대선후보들에 대한 경호가 한층 강화된 것은 물론이다.

  이 사건으로 인해 경찰에서는 기존에 주요 대선 후보자의 주변에는 경찰특공대 2~3개 팀을 배치해 경호해 왔는데, 6일 저녁부터는 3~5개 팀을 배치하는 등 경호를 대폭 강화하는 조치를 하였다. 또한 경찰은 주요 후보자 자택에 배치된 기동대 규모도 소대급에서 중대급으로 확대했으며, 경찰특공대 대테러팀(SWAT)도 함께 배치했다. 일반 경호요원들은 권총과 전자충격기, 방탄 장비 등을 휴대하고 있지만, 대테러팀은 기관총으로 중무장한 특수 요원들이라 할 수 있다. 이 사건으로 인해 특히 대통령후보 1위인 이명박 한나라당 후보는 7일 오후로 예정된 청주 거리유세를 취소하였고, 앞으로도 장외 대중연설은 최대한 자제한다는 방침을 세웠다. 그리고 이날 이 후보의 대전 방문에는 폭발물 탐지견이 등장해 이 후보가 도착하기 전에 주변을 탐색하였다. 택시기사 간담회가 열린 순대국집과 대전시당사 주변에는 전경 외에 형사들도 대거 배치되었다. 경호원들은 행사 도중에도 선대위 관계자와

7) 김두현(2003), 경호학개론, 서울: 백산출판사, p. 55.

기자들의 신분증을 일일이 확인하며 출입을 통제했다. 이 후보의 서울 가회동 자택 주변에는 지난 6일 밤부터 전경 1개 중대 100여명이 골목마다 배치되었고, 이 후보 개인 사무실인 견지동 안국포럼 주변에도 1개 소대가 추가로 배치되었다. 물론, 12월 12일 총기 탈취범은 검거되었고, 실제로 총기탈취가 대통령후보 위협과 직접적인 관련성이 있는 것으로 밝혀지지는 않았지만, 이들 간의 인과관계는 충분히 고려할 수 있는 상황이었던 것이다.

4) 3중경호이론의 실제 적용

영국에서 거시적·철학적 이론으로 정립된 3중경호이론은 미국에서 실제 적용되고 있는데, 미국에서는 외곽 및 중간경호보다는 근접경호에 큰 비중을 두고 있다. 아래에서는 구체적으로 근접경호가 어떻게 이루어지는지를 살펴보기로 한다.[8] 이러한 경호이론의 구체적 적용은 대통령뿐만 아니라 일반기업인, 정치인, 연예인 등에 대해서도 적절하게 응용된 형태로 적용할 수 있을 것이다.

미국 백악관의 경우, 대통령이 움직일 때 8명의 경호원이 수행하여 경호하는 형태인데, 대통령의 바로 뒤에 수행과장(Detail Leader, ①)과 부과장(Shift Leader, ②)이 뒤따르고 전방에는 선도경호원(Advance Agent, ③)이 경호를 담당한다. 또한 선도경호원은 중간, 외곽경호원의 상황보고와 수행과장의 지시를 종합하여 대통령의 진로를 안내하는 역할도 담당한다. 대통령의 좌우로(④, ⑤) 180도의 각도에서 경호하는 경호원은 항상 대통령, 수행과장, 부과장과 날개를 편 것 같이 일직선을 유지하며, 상황에 따라 대통령의 좌우에서 이동하면서 경호하게 된다.

그리고 대통령과 수행과장, 부과장 후미에서 2명의 경호원(⑥, ⑦)이 좌우로 경호하고 있으며, 이들 7명의 팀 뒤에 1명의 저격수(⑧)가 소총이나 기관총으로 무장하여 경호하는 구조를 이루고 있다.

8) 최평길(1989),앞의 논문, pp. 97~100.

8인 경호의 기본구조

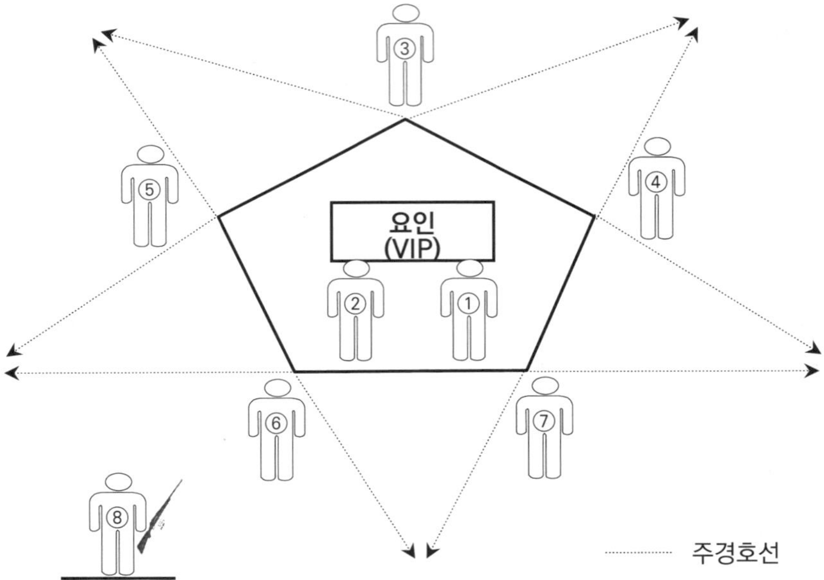

대통령 근접경호의 기본골격은 결국 8명이 1개조(7명 근접경호, 1명 엄호사격수) 구성된 형태이며, 위기 발생시에는 대통령의 몸을 구부리게 하거나 자동적으로 수행과장이나 부과장이 왼손으로 대통령의 허리띠를 잡고 오른손으로 등을 눌러 굽히게 하여 위기를 모면하게 하고 신속히 안전한 장소로 피신시키는 방어경호를 담당하게 된다.

그리고 근접경호의 경호원은 대통령과 호흡이 맞아야 하고 대통령의 양해 하에 경호실장이 임명하는 것이다. 대통령이 다수의 군중 앞으로 접근하여 악수를 할 때에는 바리케이트 근처에서 중간 및 외곽경호를 담당하던 지방경찰이나 정복경찰은 좌우, 뒤로 물러나며 근접경호원 전원이 직접 나서며 ④번 경호원과 저격수를 제외하고는 바리케이트를 따라 일렬로 정리된 상태에서 경호를 하게 된다. 이 경우, 중간경호나 외곽경호에 임하는 경호원들은 기자나 TV카메라맨으로 위장하고 여자경호원은 어린애를 안거나 업고 군중 속에서 위험인물을 제거하는 것이다. 대통령의 차량이동시나 정규 경호상태에서 다수군중과 악수 및 담소를 나눌 때에는 예상지역을 미리 비서실과 협의하여 대통령 양해하에 일정지역을 선정 경호실 요원과 신원이 확실한 인물들로 배치하여 대통령을 환영하게 하거나 악수하게 하는 것이다.

한편, 대통령이 다수 군중에 에워싸인 경우, 근접경호원은 수행과장이 몸으로 대통령을 감싸서 1차 경호를 하고 선도경호원, 좌우, 후방경호원 및 수행부과장이 대통령과 수행과장의 허리띠를 붙잡고 몸을 밀착시켜 에워싸는 것이다. 그리고 대피통로를 통해 빨리 그 위치를 벗어나야 한다. 대통령에게 접근하여 물러서지 않는 군중은 손을 비틀거나 발을 밟거나 배 부분에 충격을 가함으로써 본인도 모르게 물러서게 하여 대통령의 진로를 확대시키는 것이다.

차량 경호시, 차량 배치는 도로 및 지역 정찰차, 선도차, 1번 경호차, 대통령 또는 수상 등 요인차, 2번 경호차 혹은 예비차, 엄호 저격차, 비서진차량 순이다. 그리고 공식행사의 경우 일반경호차와 요인차 주위에 중간 및 외곽경호원이 배치되며 주요 건물에는 2명 1개조의 경호원이 배치된다. 어느 차량이고 경호책임자는 운전석 옆에 위치하여 차량 정차시 경호과장이나 요인차량의 경호조장만이 문을 열도록 해야 한다.

2. 경호의 4대 원칙

경호의 성패는 경호대상자의 안전과 직결된다. 따라서 경호대상자를 안전하게 보호하기 위해서는 직무수행상 일정한 기본원칙을 철저하게 준수해야 한다. 아래에서는 이와 관련하여 몇 가지 사례를 중심으로 살펴보기로 한다.[9] 물론 경호의 성패요인은 개별적 원칙의 문제라기보다는 총체적으로 관련원칙을 제대로 준수하지 못해서 발생한 것으로 보아야 할 것이다.

1) 자기희생의 원칙

경호에 있어서 '자기희생의 원칙'이란 어떠한 대가를 치르더라도 경호대상자의 신변이 보호·유지되어야 한다는 것을 의미한다. 따라서 극단적인 상황에서는 경호원은 경호대상자가 신변의 위험에 처하게 되었을 때 육탄방어의 정신으로 보호해야 한다.

■ **사례**: 이 사건은 1952년 6월 25일 발생한 것인데, 당시 김성주부통령이 사표를 제출하는 등 임시수도 부산에서 정치파동이 한창 고조되어 있던 당일 충무로 광장에서 거행된 6.25사변 2주년 기념식장에서 이승만 대통령이 기념사를 하고 있을 때 귀빈석에서 갑자기 60세가량의 노인이 뛰어나와 이승만대통령의 바로 등 뒤에서 권총을 쏘았으나 불발되었다. 다시 노인은 권총의 방아쇠를 당기려는 순간 곁에 있던 윤우경 치안국장이 뛰어나가 노인의 팔을 잡아채며 목을 조여 연단 아래로 끌고 내려감으로써 대통령은 암살을 모면할 수 있었다. 범인은 당시 국민당원인 62세의 유시태라는 사람으로서 전 의열단원이었으며, 국회의원 김시현으로부터 기념식장에

9) 경찰대학(1998), 경찰경비론, pp. 279~280.; 김두현(2003), 앞의 책, pp. 57~59.

참석할 수 있도록 국회의원 뱃지가 달린 양복을 빌려 입고, 권총을 제공받아 수건에 싸서 머리에 얹고 그 위에 중절모를 써 국회의원으로 가장하고 단상의 귀빈석으로 올라가서 범행하였던 것이다.

■ **사례**: 또 한 가지 좋은 예로는 미국의 트루먼(Harr S. Truman) 대통령이 해변에서 수영을 하고 있을 때 상어가 접근해오고 있었다. 같이 수영하던 경호원들은 대통령에게 급히 피할 것을 권하는 한편, 자기를 희생할 것을 각오하고 대통령으로부터 반대쪽으로 상어를 유인하여 바다 가운데로 나감으로써 대통령의 신변을 보호하고 안전하게 피할 수 있게 하였으며, 다행스럽게 경호원도 무사하였다.

2) 자기담당구역 책임의 원칙

'자기담당구역 책임의 원칙'이라는 것은 경호원 각자가 자기담당구역 내에서 일어나는 어떠한 사태에 대해서도 자신만이 책임을 지고 완벽하게 해결해야 한다는 것을 의미하다. 따라서 원칙적으로 자기담당구역이 아닌 타 구역 상황은 결코 책임을 질 수도 없고, 비록 인근지역에 특별한 상황이 발생했다고 해서 자기 책임구역을 이탈해서는 안된다.

■ **사례**: 이 사건은 1950년 11월 1일 미국대통령 관저인 백악관을 수리하고 있을 당시 트루먼 대통령이 건너편 블레어하우스(Blair House)에서 집무하고 있었을 때 발생한 사건이다. 그날 오후 2시경 암살범 콜라조(O. Collazo) 등 2명은 동쪽과 서쪽으로부터 블레어하우스에 침입하여 대통령을 저격암살하려고 하였다. 장총으로 무장한 이들은 집무실 계단 앞에 있는 경호원을 사살하고 집무실 옆문으로 나오는 경호원들을 쏘면서 2층으로 진입하려고 하였으나, 경호원들과 총격 중 범인들은 뜻을 이루지 못한 채 사살되고 말았다. 당시 2층 집무실 앞에서 근무하던 경호원들은 자기의 동료 경호원들이 범인들과 총격전을 하면서 지원을 요청하였으나, 그들은 자기 담당구역인 집무실 앞을 끝까지 지켜 자기에게 주어진 임무만을 충실히 이행함으로써 경호대상자를 보호하였다.

3) 하나의 통제된 지점을 통한 접근의 원칙

'하나의 통제된 지점을 통한 접근의 원칙'이라는 것은 경호대상자와 접근 또는 접촉할 수 있는 통로는 통제된 유일한 통로만이 필요하다는 것을 의미한다. 여러 개의 통로와 출입문은 오히려 공격자에게 접근할 수 있는 기회를 부여해 주어 취약성을 노출하는 결과를 가져다주게 된다. 그리고 하나의 통제된 통로나 출입문을 통한 접근 역시 반드시 경호원에 의하여 확인된 후 허가절차를 밟아 이루어져야 한다.

4) 목표물보존의 원칙

'목표물보존의 원칙'이라는 것은 경호대상자를 공격자들로부터 격리하는 것을 의미한다. 따라서 경호대상자가 안전하게 보호되기 위해서는 원칙적으로 경호대상자의 예정된 행사 일시, 장소, 이동경로 등이 알려지지 않는 것이 좋다. 물론 일반대중과의 회합이나 중요한 공개적 행사 등과 같이 행사일시와 장소를 비공개하기가 어려운 경우가 있다. 이처럼 공개적 행사의 경우에는 경호대상자의 잠재적 위험성이 더 크다고 볼 수 있기 때문에 이동경로 등에 있어서 신중을 꾀하고, 행사장소의 안전성 확보가 중요한 요소가 될 것이다. 따라서 습관적으로 동일한 시간과 장소에 대한 이동은 위험하기 때문에 수시로 변경시키는 것이 좋으며, 대중에게 노출된 도보이동은 가급적 제한하는 것이 바람직하다.

- **사례**: 이 사건은 1974년 8월 15일 서울 국립극장 내 광복 29주년 기념식장에서 재일 조총련 소속 문세광이 권총을 휴대하고, 식장 1층을 통하여 입장하여 214호석에 앉아 있다가 10시 15분경 대통령이 입장하여 연설하는 도중, 처음에 대통령에 권총을 발사하였으나 빗나가고 그다음 옆에 앉아 있던 영부인 육영수 여사에게 발사하여 피살된 사건이다. 이때의 취약점은 공식행사로서 경호대상자가 예정된 시간에 예정된 장소에 위치한다는 것을 범인은 알 수 있었다는 것이며, 총기를 휴대하고 식장에 출입이 가능할 수 있었다는 것은 당시 경호의 허점이 바로 경호대상자의 행차가 알려진 상태에서 목표물 보존을 잘 못한 실례가 된다.

3. 경호원의 자격

일반적인 생각과는 달리 최고의 경호원 또는 보디가드는 가능한 한 타인에 대해 상해를 가하지 않으면서 주어진 역할을 다한다. 육체적 능력을 가지고 자신의 실력을 입증하려고 하는 경호원들은 자신들의 그러한 능력을 과시하기 위해 애를 쓰게 되고, 이는 결과적으로 자신과 보호대상자에게 치명적인 손상을 가져다주게 된다는 것이다.

따라서 유능한 경호원은 건전한 도덕성과 높은 청각과 시각, 인내력, 그리고 철저한 행동 가짐을 가지고 있어야 한다. 그리고 경호원은 약물이나 알코올 중독, 그리고 범죄경력을 가지고 있어서는 안 되며, 팀의 일원으로서 경호자격증을 획득하고 응급구조 등과 관련된 전문적인 지식을 가지고 있어야 한다. 아울러 건전한 신체적 조건과 많은 긴장상태를 가져다주는 주위의 불안정한 환경 속에서 오랜 시간 동안 극복해 낼 수 있는 능력, 그리고 폭발물 및 무기 등과 같은 위험물에 대한 일정한 지식을 가지고 있어야 한다. 또한 경호원은 주어진 상황에 적절히 대응할 수 있는 유능한 의사소통능력 역시 갖추고 있어야 한다.10)

이러한 점에서 볼 때, 모든 사람이 경호업무를 적절하게 수행할 수 있는 능력을 갖추고 있는 것은 아니라는 점은 분명하다.

국제경호전문가조직(INPS: International Network Protection Specialists)에서는 전문적인 경호원들은 다음과 같은 12가지 항목과 관련된 주요업무를 능숙하게 처리할 수 있어야 한다고 하였다.11) 이들 항목은 일반적으로 경호원들이 갖추어야 할 기본적·전문적 지식이라고 할 수 있다. 또 이러한 기본적·전문적 지식을 토대로 특정한 경호대상자들에 대한 경호업무를 효율적으로 수행할 수 있을 것이다.

경호원들의 기본적 · 전문적 지식

① 테러리즘과 범죄에 대한 지식	⑦ 자기보호 능력
② 폭발물에 대한 지식	⑧ 보호에 필요한 안전절차관련 지식
③ 유괴 및 납치에 대한 지식	⑨ 모의훈련의 실시
④ 사전 예비조사 능력	⑩ 사건에 대한 분석능력
⑤ 적절한 신체적 조건	⑪ 전자적 경비 · 보안장치에 대한 지식
⑥ 응급구조 능력	⑫ 사격능력 등

제4절 경호대상별 경호 방법

경호대상이라는 것은 '누가 경호를 받는가, 아니면 경호를 받을 필요가 있는가?'와 관련된다. 그런데, 문제는 경호를 필요로 하는 대부분의 특정 개인은 많은 이동을 하는 편이며, 평소에는 그러한 위험성을 잘 인식하지 못하고 있다는 점이다. 그리고 경호원들의 규모와 경호의 수준과는 관계없이 경호대상자에게 공격목적을 두는 테러리스트, 범

10) Heine, Kimberly(1994.2), "Body Double: Protecting Company Executives," Security Management, pp. 57~58.
11) Dermaut, John M.(1993.12), "Executive Protection," Security Concepts, pp. 29~30.

죄자, 열광자 등은 자신들이 사전에 계획한 대로 공격을 가하고자 할 것이다. 이들뿐만 아니라 불만이 많은 직원, 그리고 환경주의자와 같은 사람들에 의해서도 공격을 받을 가능성을 안고 있다. 이러한 점에서 본다면, 오늘날에는 정치인, 기업인(CEO)뿐만 아니라 외교관, 판사, 그리고 법집행기관 종사자, 그리고 일반시민 등 모든 사람은 테러와 범죄의 잠재적 피해자가 될 수 있다.[12)]

그리고 요인의 경호에 있어서 잠재적 위해요소를 감소시키기 위해서는 주어진 상황에 맞는 특별한 전략을 수립할 필요가 있다. 여기서 중요한 것은 이러한 특별한 대응전략을 수립하는데, 경호 관련 기계적 · 물리적 장비에 의존하기보다는 경호원 개인의 전문적 능력에 의존하는 것이 바람직하다는 점이다. 그리고 특정 개인에 대한 경호에 있어서 안전상의 문제는 위험에 대응하는 원칙적 기준 준수, 위험 징후에 대한 사전인식, 위험한 장소의 확인, 이동에 앞서 이동경로 및 목적지에 대한 사전조사, 반복적인 이동패턴의 금지 등을 통해서 어느 정도 감소시킬 수 있다.[13)] 아래에서는 이러한 기본적 원칙을 토대로 기업인, 정치인, 연예인, 기타 일반인 등을 중심으로 살펴보기로 한다.[14)]

1. 기업인 경호

기업인이란 영리를 위하여 스스로 경영을 맡아 회사를 운영하는 사람을 말한다. 기업인은 경제적 목적 달성을 위해 회사특성이나 제품에 따라 외국 방문이 빈번하게 있을 수 있기 때문에, 이처럼 해외에 출장을 나가는 기업인에 대한 경호가 효과적이기 위해서는 그 나라의 풍습과 지리 · 언어를 가능한 한 익혀두어야 한다.

경제적 · 사회적으로 중요한 위치에 있는 경제인들은 일반적으로 1인 경호가 아닌 다수에 의해 구성된 팀경호(Team Protection)를 필요로 한다. 물론 일부는 팀경호가 아닌 1인에 의한 경호에 의존하기도 하는데, 이로 인해 여러 가지 위험상황 노출되기도 한다는 점에 유의할 필요가 있다. 그런데 오늘날 테러리즘의 발생가능성이 높아지고 있으며, 따라서 이러한 위험성은 경제적으로 강력한 영향력을 미치는 중요한 인물뿐만 아니라 그다지 중요한 위치에 있지 않은 경제인을 공격대상으로 선정하여 위협하기도 한다.[15)]

기업의 중요인물에 대한 경호업무를 수행하는 사람을 일반적으로 '보디가드'(Body

---

12) Ibid., p. 3.
13) Hess, Kären M. and Wrobleski, Henry M.(1996), Introduction to Private Security, N.Y.: West Publishing Company, p. 615.
14) 김두현(2003), 앞의 책 pp. 57~59.
15) Olick, M.(1995.1), "From Primal to Polished: A New Age in Executive Protection," Security Concepts, p. 1.

Guard)라고 부르는데, 이들은 평소에 보호대상이 되는 중요인물에 대한 사전지식을 충분히 숙지하고 있어야 한다. 아울러 보호대상이 되는 중요인물의 가족에 대해서도 충분한 지식을 가지고 있어야 한다. 결국, 경호원의 경호활동은 보호대상이 되는 사람의 생활방식과 자연스럽게 조화되어 이루어지는 것이 가장 이상적일 것이라 본다.

2. 정치인 경호

정치인이란 정당대표, 국회의원, 지방자치단체장, 지방자치의원 등 일정한 지위를 차지하여 정치활동에 종사하는 사람을 말한다. 또 정치직에 지원하고자 하는 정치후보 역시 정치인의 범주에 포함된다고 볼 수 있다. 이들 정치인은 정치적 · 사회적 영향력이 강한 인물들이기 때문에 일반 범죄와는 다른 형태의 공격이 이루어질 수 있다. 그리고 일반범죄보다 오히려 더 치명적인 공격을 감행할 수도 있다. 정치인들에 대한 공격자들은 완벽한 범죄를 위하여 조직적으로 공격을 계획할 수도 있으며, 숙련된 범죄자 및 테러리스트가 과학적인 장비를 동원할 수가 있기 때문에 이에 따르는 경호계획을 신중히 수립할 필요가 있다.

우리나라에서 법적으로 경찰의 상시 경호를 받을 수 있는 인사는 대통령과 국무총리, 국회의장 등을 들 수 있다. 정치인은 대통령후보로 확정될 경우, 경찰의 신변보호를 받을 수 있다. 그리고 일반적인 정치인은 법적으로는 경찰의 경호대상이 아니다. 다만 여야 정당대표의 경우 당사자들의 요청이 있으면 경찰 재량으로 요인보호를 할 수 있다. 경찰청 훈령을 통해 정해진 '요인신변보호 대상'으로는 국가안보나 과학과 관련한 장관이나 국회의원, 정당 대표 등이 포함되어 있다. 이외에 지방자치단체장이나 국회의원, 선거 출마자들은 경찰의 보호를 받을 수 없어 필요에 따라 사설 경호원을 두고 있다. 따라서 현재 각 정당 대표 등 유력 정치인들은 사설경호원을 고용하거나, 경호팀 없이 비서진 등 당직자들과 함께 움직인다. 특정행사 때 경찰 보호를 요청하지만 빈도는 그리 높지 않을 편이다. 다만, 선거기간 때 경찰은 유세현장의 외곽에서 경비를 지원하는 정도이다.

- **사례**: 박근혜(54) 한나라당 대표는 2005년 5월 20일 선거유세 도중 흉기를 든 괴한의 피습을 당했다. 사건은 이날 오후 7시 15분쯤 서울 신촌 현대백화점 앞에 마련된 오세훈 한나라당 서울시장 후보 연설장에 발생했다. 당시 오 후보가 연설을 마치자 박 대표가 지지연설을 위해 단상에 오르려던 순간 50대 남성 2명이 갑자기 달려들어 흉기를 휘둘렀다. 사건 당시의 목격자인 양모(50)씨는 "박대표가 걸어서

단상위로 올라가자 경호원들의 경호가 잠시 풀렸는데, 이때 모여 있던 지지자들 가운데 남자 2명이 악수하는 것처럼 다가가 갑자기 박대표의 얼굴 쪽으로 칼을 들이밀었다"고 말했다. 당시 현장에 있었던 한나라당 관계자는 범죄자가 흉기를 휘두를 당시에도 "민주주의를 위해 박근혜는 죽어라"고 외쳤고 연단 아래쪽에서도 4~5명이 "죽어라!, 죽어라!"라고 소리쳤다고 전했다. 박 대표는 이들이 휘두른 흉기에 오른쪽 귀 아래 부분부터 턱 밑까지 1~3 센티미터 깊이로 11센티미터 정도가 찢어졌으며, 사건 직후 인근 연세대 세브란스 병원으로 옮겨져 응급조치를 받은 뒤 60바늘을 꿰메는 성형수술을 받았다. 사건 발생 직후 용의자 한명은 경호원들에 의해 현장에서 붙잡혔고, 도망가던 나머지 한 명도 단상에서 내려온 직후 지지자들에 의해 바로 붙잡혔다.

한나라당 박근혜 대표도 피습 당시 유세에 대비, 3명의 사설경호원을 고용, 경호팀을 운영해 왔다. 이들은 유세 및 연설을 위해 주로 길을 확보하는 역할을 수행하였다(당시 민주당 한화갑 대표는 지역유세 때마다 지역의 청년당원 5~6명의 보호를 받았고, 열린우리당 정동영 의장은 경호 없이 대변인 · 비서실장 등과 움직였다. 민주노동당 문성현 대표도 별도의 경호팀이 없이 활동을 하였다). 하지만 시민과의 접촉빈도가 높아지는 선거기간 중에는 불상사가 발생할 확률이 높아진다. 이 사건을 계기로 각 정당은 경찰보호를 요청하거나 사설경호팀을 두는 방안을 검토 중이라고 한다.[16]

따라서 특히, 선거에 출마하는 정치후보자와 이를 도와주는 주변 정치인들은 경호에 의한 중요한 보호대상이 된다. 기업의 중요인물의 경호와 마찬가지로 정치후보자에 대한 경호 역시 정치후보자뿐만 아니라 그의 참모진, 가족(배우자, 자녀 등) 등에 대해서 이루어져야 한다. 선거운동은 몹시 흥분된 상황에서 이루어지는 것이며, 따라서 그러한 상황에서 선거후보자 등의 보호는 쉬운 일이 아니다. 더욱이 선거직에 출마하는 정치인들은 유세기간 동안 유권자들과 일일이 악수를 해야 하는 등 시민들과 접촉이 불가피하다. 특히, 인파가 많이 몰리는 거리유세 때는 돌발 상황과 위험에 그대로 노출되지만 유권자에게 거부감을 줄 수 있어 선뜻 밀착 경호를 못하는 경우가 많은 것이 사실이다.

경호를 필요로 하는 특정 정치후보자에 대한 경호수준은 그가 도전하고자 하는 정치적 지위(대통령, 국회의원, 광역자치단체장, 기초자치단체장 등)의 수준, 그에 대한 대중적 이미지와 평판, 유권자들의 태도, 선거유세 방법, 선거공약 사항 등에 의해 결정된

16) YTN(2006. 5.21).; 국민일보(2006.5.21).

다. 예컨대, 선거공약 사항과 관련하여 해당 후보자가 낙태문제와 사형제도의 문제를 진보적으로 접근해서 이의 폐지를 주장하는지, 아니면 보수적으로 접근해서 이의 유지를 주장하는지 등과 관련하여 반대유권자들의 극단적 · 노골적인 태도를 가져올 수도 있을 것이다. 이러한 점 등을 고려하여, 그 잠재적 위험성이 그다지 높지 않을 때는 1인 경호에 의해서 적절한 보호가 이루어질 수 있을 것이다. 그러나 잠재적 위험성이 높을 때에는 팀경호가 이루어져야 한다. 정치후보자에 대한 경호상의 위험수준과 관련하여 다음과 같은 요인들은 매우 밀접한 관련성을 갖게 된다.[17]

정치후보자에 대한 위험수준

① 선거구역의 규모와 유권자의 수
② 선거후보자가 내세우는 공약사항의 민감성 정도
③ 선거후보자가 지원하는 정치적 지위에 대한 후보자들의 경쟁 정도
④ 선거후보자의 반대세력이 선거후보자에 대해 사용하는 화법 · 표현의 정도
⑤ 유권자들의 사회 · 경제적 성향 정도
⑥ 대중매체가 쟁점이 되는 공약사항에 대해 보도하는 태도의 정도
⑦ 선거후보자의 대중매체와 군중 · 유권자에 대하는 태도 정도 등

3. 연예인 · 이벤트행사 경호

연예인이란 대중적인 음악, 무용, 연극 등 연예에 종사하는 배우, 가수 등을 통틀어 일컫는 말이다. 사실, 민간경호분야에서 가장 많은 부분을 담당하고 있는 것이 이벤트행사 경호라 할 수 있다.[18] 이 부분에 대해서 각 언론사에서도 외국인 인기연예인이 이벤트관계로 입국하는 경우, 이를 대대적으로 보도함으로써 경호원에 대한 사회적 인식이 상당히 개선된 부분도 있다.

최근 외국의 유명 연예인들이 우리나라에 방문하는 사례가 크게 늘고 있는데, 이는 우리나라의 영화나 음반시장이 크게 성장하였다는 것을 반증하는 것이기도 하다. 따라서 이들 외국 연예인은 우리나라에 선전 및 홍보하기 위해서 내한하는 경우가 늘고 있는데, 이들이 들어오는 경우 전적으로 이벤트사에서 담당하게 되어있다. 따라서 이 경우에 이벤트업체의 직원이 안내와 경호를 해 주는 경우가 많았다. 그러나 외국 인기연예인의 까다로운 요청에 맞추기 위하여 최근에는 민간경호원을 고용하여 이들의 경호업무에 투입하고 있다. 또 최근에는 국내의 인기 가수, 배우 역시 국내외 출장 시에 경호

17) Kochis, Joseph A.(1994.11), "Campaign Security Hits the Hustings," Security Management, p. 33.
18) 염장호(1995), 세계경호학개론, 서울: 오성출판사, pp. 171~174.

원들의 신변보호를 받으며 이동하고 있는 것이 일반적이다.

그런데, 이들 연예인에 대한 경호 역시 쉬운 일이 아니다. 연예인들의 팬 사인회나 TV방송 출연, 기타 콘서트, 기자와의 인터뷰 등 쉴 틈 없는 스케줄과 복잡한 환경에 경호원이 적응하면서 업무를 수행해야 하기 때문에 어려움이 크다. 연예인이라는 특정한 직업 때문에 많은 청중 앞에 설 기회가 많으며, 특히, 열광적인 팬들을 뚫고 나가려는 경우에는 과도한 몸싸움으로 부상의 우려가 높고, 또 열광팬들의 기습적인 접근이 손쉽게 발생할 수도 있다. 연예인 이벤트 행사는 주로 10대 소년을 중심을 계획되어 있기 때문에 그 열기란 상상하기 어려울 정도로 과열되어 있다.

예컨대, 1980년대 말부터 1990년대 초를 주름잡았던 세계적인 아이돌 팝그룹인 뉴키즈 온더 블록(New Kids On The Block)이 지난 1992년 내한공연을 하였는데, 당시 수많은 팬들이 몰려들어 50여명이 실신하고, 그중 1명이 압사당하는 사고가 발생하여 커다란 충격을 주었다. 이 사건을 계기로 사설 경호 · 경비원의 필요성이 대두되기 시작하면서 실제로 이벤트행사에 많이 이용되었다.

■ **사례**: 2007년 9월 탤런트 김미숙을 17년 동안 따라다니며 괴롭혀 왔던 여성 스토커가 구속되었다. 조사결과, 이 여인은 '나는 여자가 좋다'며 김미숙씨를 집요하게 따라다녔다고 한다. 2001년과 2002년에는 무단침입과 절도혐의로 2번이나 복역할 정도로 김미숙을 괴롭혀 왔던 것으로 나타났다. 김미숙 측에 따르면 최근에는 스토커를 멈추는 대가로 1억을 요구하기도 하고, 쪽지에 자신의 전화번호와 은행계좌번호를 전달할 정도로 대담했다고 한다. 이번에 김미숙이 다시 고소하게 된 것은 자녀들의 안전문제가 컸다고 한다. 이번 사건을 계기로 일부 극성팬들의 스토킹 문제가 사회적 이슈로 떠오르고 있다.

그런데, 연예인이나 기타 유명인사가 참여하는 경우에 이들을 보고 찾아오는 관중들이 실망하지 않도록 하기 위해서는 경호원들의 역할이 중요하다. 대중스타나 인기인들을 직접 만나보기 위해서 접근하는 사람들을 강제로 무턱대고 막아서거나 폭언하는 등의 행동을 하게 되면 그 연예인에 대한 명예실추를 하는 행위가 된다. 따라서 과도한 접근은 물리적으로 통제는 하되 친절한 미소를 띠면서 대응할 필요가 있다. 과거에 미국의 톱가수 마이클 잭슨의 사설경호원이 그에게 접근하려는 10대 소녀를 폭행하고 폭언을 퍼부은 사실이 언론에 폭로되어 미국전역에서 물의를 빚은 적이 있다. 그리고 연예인 역시 기업인 및 정치인과 마찬가지로 그의 가족이나 연예계활동과 밀접한 관련을 맺은 매니저 등에 대한 보호 역시 함께 고려되어야 한다.

■ **사례**: 이와 관련하여 1994년 인기연예인 최진실의 매니저인 ○○○가 살해 암매장 당한 사건은 사회적으로 대단한 이슈가 되었다. 당시 ○○○는 최진실을 비롯하여 영화배우 최민수, 가수 엄정화 등을 길러낸 스타매니저로 웬만한 스타의 지명도를 능가하는 인기를 누리고 있었다. 그 사건은 최진실의 운전기사인 전모씨와 그와 우연히 알게 된 김모씨 등에 의해서 저질러진 것으로 알려졌다.

4. 기타 일반인 경호

경제인, 정치인, 그리고 연예인 등 저명인사 또는 대중적으로 알려진 사람이 아니더라도 범죄의 위협에 공격받는 경우가 있다. 인신매매나 납치 등이 최근에 급증하면서 부녀자와 아동, 학생에 대한 국민의 경호수요가 증가하고 있는 것이다. 이처럼 과거에는 경호라고 하면 권력층이나 부유층에서만 이용하는 것으로 알려져 왔으나 이제는 중산층에서도 경호서비스를 이용하고 있는 실정이다.

가까운 일본이나 미국에서는 이미 경호가 변호사와 같이 일상생활화 되어 있다. 따라서 위험한 업무를 해야 하거나 과다한 현금을 가지고 이동해야 하는 경우에는 경호업체에 연락을 해서 경호원의 도움을 받고 있다.[19]

일본의 경우에도 신변경호의 수요자는 대부분이 기업의 경영자 및 연예인 등 사회유명인사라 할 수 있는데, 근래 잔업 등으로 혼자서 귀가하는 여성이나 어린이, 노년층을 대상으로 한 경호서비스가 주목받고 있다. 혼자서 귀가하는 여성을 노린 노상강도와 날치기 그리고 치한 등의 범죄행위에 피해를 당하지 않도록 하는 경호서비스, 유아에서 중고등학생 등의 안전한 귀가 및 학원폭력으로부터 보호하는 경호서비스, 그리고 여행중인 노인이 불의의 사고나 사건 및 재해로부터 보호하고 건강을 관리해주는 경호서비스 등이 바로 그것이다.[20]

19) 위의 책, pp. 177~180.
20) 박병식(1996), 민간경비론, 서울: 법률출판사, p. 225.

제21장
공연 · 행사장의 안전관리

제1절 기본논의

민간경비는 각종 공연, 행사, 축제, 운동시합, 정치적 집회, 거리행진 등 수많은 사람이 모이는 장소에서 사람 및 차량에 대한 통제 등 질서유지에 있어서 매우 중요한 역할을 하고 있다. 따라서 공연 및 행사와 관련하여 안전관리 상으로 질서유지, 무임 관람객의 통제, 절도 및 폭력예방, 난동꾼 및 알코올 중독자, 부상자에 대한 응급처지, 주변 보행자 및 차량 통제 등 다양한 문제들이 포함될 수 있다.[1)]

사실, 많은 도시에는 수많은 사람을 일시에 수용할 수 있는 다용도 대규모 종합시설이 설치되어 있다. 따라서 월드컵경기장, 각종 야구장, 축구장, 시민체육관, 컨벤션센터, 노천광장, 놀이동산 등을 곳곳에서 볼 수 있으며, 여기에서는 단순한 스포츠경기뿐만 아니라 각종 공연, 행사 등이 일상적으로 진행되고 있다. 또 최근 들어 많은 지방자치단에서 지방축제를 하고 있다.

이러한 각종 공연 및 행사 등이 진행되면 남녀노소를 불문하고 수많은 사람이 일시에 모여들어 심각한 안전문제를 일으키는 경우도 적지 않게 발생하고 있다. 물론, 최근 들어 이러한 각종 공연 및 행사장에서 발생하는 안전문제에 대해 어느 정도 경각심을 갖고 대응하는 추세에 있지만 여전히 이러한 잠재적 위험성에 대해서 신중하고 체계적인 대책을 마련하지 않는 경우도 비일비재한 것이 현실이다. 그러나 예상하지 못한 사건 및 범죄, 그리고 비상사태 등이 발생했을 경우 수많은 사람들이 모인 만큼 이들의 신체 및 재산에 대한 손실은 대단히 크며, 즐거운 분위기가 순식간에 공포와 불안감이 휩싸인 절망적인 분위기를 가져다주게 된다.

이와 관련하여 지난 2005년 10월 3일 상주 시민운동장에서 MBC가요 콘서트를 보기 위해 입장하던 많은 시민이 압사되고 다치는 대형사고가 발생하여 11명이 사망하고, 162명이 부상당하였다. 또 2006년 3월 26일 서울 롯데월드가 무료 놀이동산 개방행사를 하여 35명이 부상당하는 사건이 발생하였다. 이러한 사건들을 계기로 행사장에서 유사한 사고가 발생하는 것을 방지하고 관람객의 안전을 도모하기 위한 대책을 마련해야 한다는 것이 사회의 중요한 이슈로 대두되었다. 그러나 그럼에도 불구하고 2007년 8월

---

1) Hess, Kären M. and Wrobleski, Henry M.(1996), Introduction to Private Security, N.Y.: West Publishing Company, p. 546.

13일 부산 영도구 동산매립지 안에 설치된 이동식 놀이공원인 월드카니발 행사장의 리프트에서 5명이 추락하였는데, 4명이 그 자리에서 숨지고 나머지 1명은 병원에서 치료받던 중 숨졌다. 이들은 부산 영도구 청학동에 살고 있는 일가족들로 파악되었다.

이태원 압사사고와 대응문제

2022년 10월 29일 서울특별시 용산구 이태원 세계음식거리에 위치한 헤밀톤호텔의 서쪽 골목에서 할로윈 축제를 즐기는 수많은 인파가 순식간에 몰려들어 159명이 사망하고, 195명이 부상한 대형참사가 발생하였다.
사고 당일인 오후 10시경, 해밀톤호텔 서쪽 골목 저지대 중간(저지대 입구에서 약 25m 올라간 곳)의 18.24m²(5.5평) 공간에서 병목 현상이 일어나 행인들끼리 우왕좌왕하는 과정에 서로 뒤엉켜 불편한 자세를 유지한 상태가 되어 있었다.
한편, 해밀톤호텔의 북서쪽 세계음식거리 삼거리에서는 20분만에 막대한 인파가 빠르게 유입되는 바람에 서쪽 골목 중간에 위치한 18.24m²(5.5평) 공간의 상황은 순식간에 심각해졌다. 사고 초반 뒤쪽에 있던 사람들도 이동하여 앞쪽으로 누적되어 갔고, 뒤쪽 인파에서 세 차례 정도 밀치자 사람들이 우르르 넘어져 이른바 '연쇄 깔림'으로 인해 앞쪽 참변이 가중되었다.
이러한 극도의 혼잡 속에서 사람들은 스마트폰을 꺼내 도움을 요청하기도 어려웠을 뿐만 아니라, 트래픽 과잉으로 인해 전화와 데이터 통신까지 먹통인 상황이었다. 그리고 뒤쪽에서 이동하는 사람들은 이때까지도 상태의 심각성을 파악하는 것은 불가능하였고, 그저 멈추지 않고 아래로 내려오고만 있었다. 이때, 경사로 앞쪽에서 심각한 압박을 받은 많은 사람이 안면에 청색증 및 구토 현상을 보였다. 이를 목격한 많은 사람은 일제히 '뒤로! 뒤로!'를 외쳤고, 다행히 18.24m²(5.5평) 뒤쪽에 있던 대부분의 사람은 역행하여 빠져나갔다.
그러나 18.24m²(5.5평) 공간에는 이미 300여 명의 사람들이 의식을 잃고, 몸이 서로끼어 있어서 빼내기조차 힘든 상황이었다. 일부 사람들은 이미 외상성 질식이 진행되었고, 밑에 깔린 사람들은 장기 파손으로 인한 복부 팽창이 진행되던 상태였다. 이로 인해 18.24m²(5.5평) 공간에서 수많은 사상자가 발생한 것이다.
당시 압사사고 신고를 받고 출동한 구급차들은 도로 상황이 원활하지 못해 현장 진입에 어려움을 겪다가, 경찰의 도로통제가 정상적으로 이루어진 11시경이 되어서야 비로소 진입이 원활해졌다. 그러나 구급차가 들어오는 건 가능했지만, 수많은 구급차가 서로 뒤엉키면서 인근의 이용 가능한 병원으로 빠져나가는 것 또한 지연되었다. 그리고 일부의 구급차는 부상자가 아닌 사망자를 먼저 이송하는 등의 혼란이 가중되어 상황은 더욱 심각한 결과를 낳게 되었다.[2)]

이처럼 각종 행사장에서 대형사고가 빈번하게 발생하고 있다는 사실은 비극적인 일이다. 사회전체가 안전 불감증에 걸린 것 같다는 우려의 목소리가 설득력을 갖는다. 이러한 대형사고를 사전에 철저하게 예방하기 위해서는 관계기관(행사주최 측, 지방자치단체, 경찰, 소방, 그리고 민간경비 등)의 체계적이고 종합적인 대책이 시급한 것이 사실이다. 아울러 시민들의 안전에 대한 재인식도 요구된다.

2) https://namu.wiki/w/이태원 압사 사고

제2절 군중심리와 안전사고의 원인

1. 군중심리

1) 정상군중심리

넓은 의미에서 군중심리(群衆心理)는 개개인이 각 군집상황 속에서 갖게 되는 심리상태를 말한다. 불특정다수의 대규모 군중이 운집한 상황에서 안전사고가 발생하는 이유는 시설물자체의 결함에서 비롯되기도 하지만, 평상시에 가지고 있는 정상적인 심리적 균형상태가 깨지고 이로 인한 혼란으로 사태가 악화되기 때문이라고 볼 수 있다. 물론 불특정다수의 군중이 모였다 할지라도 항상 위험한 상황이 발생하는 것은 아니지만, 일반적으로 정상적인 상황에서는 군중들은 호기심, 동정심, 안전, 수치심, 집단동질성 등과 같은 정상군중심리(Normal Crowd Psychology)를 가지고 주어진 상황을 파악하게 된다. 정상군중심리는 구성원 상호간의 신임, 충성, 단결 등의 내적심리기재가 작동하게 된다.[3)]

정상군중심리의 특징

구분	내용
호기심리	새로운 상황에 직면하였을 때 탐구를 통한 상황인식 및 문제이해를 하게 되는 심리
동정심리	다른 사람의 슬픔, 기쁨 등에 대하여 동질적인 감정을 가지게 되는 심리
안전심리	다른 사람과의 상호작용 속에서 자신의 안전을 추구하는 심리
수치심리	다른 사람의 시선을 의식하고 자신의 명예나 체면을 의식하는 심리
집단심리	사회적 동물인 인간이 타인과 어울려 집단을 구성하려는 심리

2) 이상군중심리

그러나 대규모 군중이 운집한 상황에서 특별한 외부의 자극(생명위협 등)이 주어지면 비정상적인 이상군중심리(Abnormal Crowd Psychology)가 발생하기도 하는데, 이는 불안, 불만, 항거, 냉소, 파괴 등의 행위와 관련된다.[4)] 예컨대, 감정이 격해진 시위현장, 흥분된 경기장, 화재가 발생한 시설 등은 그 좋은 예이다. 따라서 대규모의 군중이 운집한 상황하에서는 때로는 의외의 무모하고 잔인한 반사회적인 행동이 일어나는 경향이 있는가 하면 조금만 질서를 지키면 모두가 안전하게 대피할 수 있음에도 불구하고 밀고

3) 경찰대학(1998), 경찰경비론, pp. 10~11.
4) 위의 책, pp. 11~14.

밀리는 혼잡 와중에 대형사고를 당하는 모습을 지켜보게 된다. 이처럼 사람들이 큰 무리를 지었을 때 지극히 비합리적이고, 비도덕적이며, 퇴행적인 행동을 함으로써 사회의 안녕질서의 파괴와 인명 및 재산의 손실을 초래하게 된다.

이상군중심리의 특징

정서의 충동성	정서적 평형작용의 붕괴로 사랑, 슬픔, 두려움, 분노 등 개인의 강렬한 감정하에 주관적으로 경험하는 심리적 격동 상태
추리의 단순성	개인이 혼자 있을 때에는 이지적 판단이 지배하는 반면 군중 속에 있으면 정서적 충동에 의해 크게 지배를 받는 상태
욕망의 확장성	사회적 평가와 제약 때문에 개인적으로 추구하지 못했던 누적된 욕망이 증폭되면서 군중 속에서 비합법적인 수단을 강하게 표출하는 심리상태
도덕적 모순성	개인이 군중 속에 있을 때 정서적 격정에 의해 이지의 상실과 욕망의 확장에 따라 개인이 군중 속에 들어가면 도덕관념이 모호해져서 모순된 가치체계를 동시에 갖게 되는 상태

(1) 정서의 충동성

이러한 정서적 충동에 의해 신체는 많은 변화를 가져오게 되는데, 호흡곤란 · 심장박동수의 증가 · 혈압상승 · 동공확대 · 내분비증가 및 근육긴장 등의 현상이 일어난다. 만약 한 사람이 정서가 지나치게 과민하면 감정이 불안해지거나 폭발하기 쉽고, 그 반대의 경우에는 정신위축상태가 나타난다. 따라서 개인이 군중 속에 있을 때, 정서의 상호작용 · 상호전염의 결과로 그 행위는 종종 극단적으로 가는 경향이 있다. 이로 인해 군중 속에서 개인의 정서는 극히 충동적이고, 이러한 충동은 이상폭력행위를 유발하게 되며, 일상생활 속에서 쌓였던 분노와 불만을 군중행동에 실어서 자신도 모르는 사이에 위법적인 행동으로 나아가게 된다.

(2) 추리의 단순성

평상시에는 이지적 · 이성적으로 판단하는 것이 일반적이다. 그러나 수많은 군중이 모인 상황에서는 정서적 충동에 의해 어떠한 결의나 행동을 취하는데 복잡한 판단을 필요로 하지 않는다. 따라서 그것이 옳고 그른지를 판단하지 못하게 되고 군중이 찬성하는 방향 또는 군중이 취한 행동에 동조하여 따르게 된다. 추리의 단순성으로 인해 군중은 어떤 관찰이 결여되고, 리더의 제시에 의해 바로 행동하는 것이 특징이다.

(3) 욕망의 확장성

욕망은 어떠한 것을 필요로 하여 획득하기 위하여 가지는 일체의 행동의 원동력이 되는 심리상태라고 정의할 수 있다. 욕망과 감정 및 이지는 매우 밀접한 관련성을 가지고 있는데, 욕망이 커지면 긴장된 정서 상태를 불러오고, 격렬한 행동을 표현하게 된다. 개인이 군중 속에 있을 때 심리적으로 서로의 영향을 받기 때문에 욕망은 자연히 무한대로 확장되는 경향을 띤다.

(4) 도덕의 모순성

도덕은 개인이 사회생활 중에 당연히 준수해야 할 행위규범을 의미한다. 어떤 사회든 그 나름대로 공인된 도덕적 표준행위를 가지고 있다. 그런데 개인이 군중 속에 있을 때 정서적 격정에 의하여 이지적 · 이성적 판단력이 약해지고 욕망이 확장됨에 따라 도덕에 대한 인식이 평소와는 다르게 나타난다. 물론 완전히 야만인이 되거나 도덕성을 상실하는 것은 아니다. 그리고 어떤 때에는 파괴 · 난동 · 잔인한 행동 등을 하고, 또 어떤 때에는 충성 · 의협 · 단결 등의 행위를 하기도 한다. 이는 바로 개인이 군중 속에 들어가면 도덕관념이 모호해져서 모순된 가치체계를 동시에 갖게 되는 특징을 말해주는 것이다.

2. 안전사고의 원인

공공기관 및 많은 기업은 해마다 기업이미지 재고를 위해서 거액의 비용을 책정하여 특별한 이벤트 및 행사 등을 개최하고 있는데, 문제는 이러한 행사를 진행하는데 발생할 수 있는 잠재적 위험성에 대해서는 그다지 신중한 고려를 하지 못하고 있다는 것이다. 그런데 예기치 못한 안전사고, 범죄사건, 그리고 비상사태 등이 발생하게 되면, 행사의 본래 의도는 완전히 사라지고 불행한 결과를 가져다준다.[5] 군중이 모인 집회장소에서 발생할 수 있는 안전상의 문제는 질서유지, 무임으로 행사장에 진입하려는 사람의 통제, 행사장 내외에서 발생하는 범죄문제의 예방, 부상자에 대한 응급조치, 그리고 보행자 및 차량에 대한 통제 등과 관련된다.

공연 · 행사안전의 1차적 책임자는 행사주최자 측에 있다. 그러나 행사주최자는 행사진행 및 의전에 많은 비중을 두고 질서유지나 안전관리는 소홀히 하는 경향이 있고, 이는 안전사고의 원인과 직결되는 결과를 가져다준다. 따라서 '설마'하는 '안전 불감증'은 대형 안전사고를 유발하는 주요한 원인이 된다.[6]

5) Werth, Richard P.(1994.01), "The Special Needs of Special Event Security," Security Management, p. 32.

1) 시설물에 대한 안전성 검토의 미흡

이러한 안전 불감증으로 인해 1차적으로 공연 · 행사장에 시설물을 설치할 때 안전성 문제를 정확하게 고려하지 않고, 아울러 이에 지속적인 안전점검이 이루어지지 못하고 있다는 점이다. 따라서 어떤 시설 또는 장소가 공연 · 행사장으로서 적합한지를 결정하기 전에 현장을 방문하여 사전에 여러 가지 안전점검을 실시하는 것이 중요하다. 예컨대, 시설물 내의 각종 시설(관람객 좌석, 출입문 및 비상출입문, 소방시설, 응급시설 및 설비, 위생시설, 각종 놀이기구의 상태 등)의 상태, 각종 설비(물, 하수, 가스, 전기, 전화 등)의 상태, 도로 및 보행로(비상진입로), 주변환경(호수나 강과 같은 사고 발생 위험 요인의 존재 여부)의 검토, 관람객 수용능력 정도 등 수많은 요소들을 고려할 수 있을 것이다.

2) 현장관리능력의 부족

(1) 현장 안전관리요원의 전문성 부족

현장에 투입된 안전관리요원들의 전문지식 부족으로 구체적인 임무와 행동요령에 대한 이해가 부족하다. 지난 2005년 10월 3일 상주MBC 가요콘서트에서 발생한 사건(일명 '상주참사')당시, 상주공설 운동장 직3문에서 일어난 안전사고도 출입문을 관리하는 담당자가 현장상황을 제대로 예측하지 못하고 출입문을 개방하여 대형사고가 발생하였음을 주목할 필요가 있다.

현장 안전관리요원은 대부분 자원봉사자로서 전문 민간경비업체의 경비원들에 비해 질서유지 및 안전관리요원으로서의 기본지식 및 전문성이 부족하다. 그러나 민간경비업체 역시 적지 않은 문제점을 안고 있다. 공연 · 행사장 진행에 드는 비용을 절감시키기 위해 무자격 민간경비업체에 경비용역을 맡기는 경우가 있기 때문이다. 실제로 위 상주참사 당시 경비책임을 맡았던 경비업체는 무허가인 것으로 밝혀졌다.

(2) 동선관리의 소홀

현장관리 가운데 동선관리는 특히 중요하다. 동선관리는 장소 · 시설 등의 구조물의 활용, 대상자 · 행사일정 등 시간의 적절한 관리(지연), 이동거리의 연장과 단축, 대상자별 이동로 · 통로의 분리 등 안전관리의 핵심적 요소에 해당한다.

따라서 충돌이 예상되는 열성팬, 응원단 간의 공간이나 동선을 사전에 분리하지 않아 분위기 과열 시 압사, 집단충돌, 폭력난동 상황 등으로 발전하는 경우가 있다. 2000년

6) 소방방재청(2006), 공연 · 행사장 안전매뉴얼, pp. 12~13.

10월 14일에는 올림픽 공원 합동콘서트장에서 팬클럽회원 상호간에 야유하다가 물리적 충돌이 일어났다. 그리고 2001년 7월 28일 프로축구 수원과 대전 경기 직후 흥분한 양 팀 응원단이 수원경기장 밖에서 집단 충돌하는 사건이 발생하였다. 따라서 집단별 블록 설정과 시차별 간격을 두고 해산을 유도하여 자연스럽게 동선이 분리되도록 하는 조치가 중요하다.

한편, 수백 명 또는 수천 명 이상이 모이는 공연·행사 등을 초정장이나 입장권 없이 선착순 또는 무료입장시키는 경우 동선관리는 무엇보다도 중요하다. 지정좌석 없이 선착순 또는 무료로 입장하는 관람객들의 경우 서로 관람하기 좋은 자리를 차지하기 위해서 성급한 마음을 갖게 되고, 질서를 지키기보다는 앞을 다투어 행사장 안으로 진입하려는 경향이 강하다. 이는 혼란한 상황으로 전개되어 결국 대형참사를 일으킬 우려가 있다. 따라서 다수의 인원이 일시에 운집하는 출입문 주변에 임의의 통제선(統制線)을 설치할 필요가 있다. 위의 상주참사 발생시, 행사를 관람하기 위해 운동장 직3문 출입문에 약 5천명의 관람객이 모여 있었는데, 이들의 동선을 적절하게 유도 및 통제할 수 있는 통제선이 설치되지 않은 상태에서 출입문이 열리자 일시에 이들이 밀리면서 11명이 사망하고, 162명이 부상하는 등 대형 압사사고가 발생한 것이다.

이러한 출입문 앞 또는 매표구 앞의 통제선은 직선보다는 'ㄹ'자 또는 'S'자와 같이 힘을 분산시킬 수 있는 형태가 중요하다고 본다. 그리고 최근 행사장 및 위락시설, 그리고 공공시설에 이러한 형태의 통제선을 설치하는 것은 바람직하다고 본다. 예컨대 광주기차역의 경우 종래에는 일정한 통제선을 설치하지 않아 매표시간에 다수의 사람이 매표구에 운집하여 혼란한 상황을 일으키는데, 최근 매표구 앞에 'ㄹ'자 형태의 통제선을 설치하여 이용객들의 혼잡을 예방하고 질서 있는 상태를 유도하고 있다.

■ **사례**: 2005년 10월 3일 상주시민운동장에서 벌어진 MBC '가요 콘서트' 공연장 참사의 원인은 안전 불감증이라는 진단이 대체적이다. 당시 안전요원은 130명뿐 이었고, 이들도 전문요원이 아니라 대학생들이라는 것이다. 더구나 경찰들도 뒤늦게 대응하였다는 지적이 있다. 여기에 출입문을 하나만 열어 놓아, 사고를 결정적으로 불러왔다는 것이다. 여기에 급경사 구조로 된 입구를 고려하지 않은 점도 들 수 있다.

그리고 공연장에는 자리가 정해지지 않고 최대한 먼저 들어가면 좋은 자리에 앉을 수 있었기 때문에 무대를 잘 볼 수 있는 자리를 맡기 위해 급하게 쏟아져 들어갔던 것이다. 여기에서 이날 공연은 모두 돈을 내고 지정석을 받는 것이 아닌 공짜표에 따른 임의 좌석제라는 점을 알 수 있다. 1996년 12월 대구 우방랜드에서 열린 MBC '별이 빛나는 밤에' 공개방송 압사사고도 마찬가지로 지정석이 없는 공짜 공연이었다. 근본적으로 보자면, 이러한 '공짜 공연문화'는 많은 문제점을 갖는다. 공짜 공연문화는 지정석이 대개 아니므로 상주참사와 같이 경쟁적 행동을 불러 대형사고를 항상 내재한다는 점을 인식할 필요가 있다.

■ **사례**: '빛(L.I.G.H.T)'을 주제로 2007년 10월 5일 김대중 컨벤션센터에서 개막된 '2007 광주디자인 비엔날레'에는 지난 28일까지 내 · 외국인 관람객 19만3,937명이 다녀갔다. 개막 24일 동안 하루 평균 8,080명의 유료 관람객이 전시장에 찾아온 것이다. 특히, 단체 관람 위주의 과거 비엔날레와는 달리 외국인을 제외한 전체 관람객 17만 8,986명의 절반을 웃도는 수치인 9만 7,703명이 개인관람객이었다. 행사주최측은 단체 관람객들의 관람편의를 위해 지난 23일부터 하루 5,000명 이상의 단체 관람객이 올 때만 운영요원의 인솔하에 관람하고, 5,000명 이하일 때는 단체관람일지라도 줄을 세우지 않고 자유 관람을 할 수 있도록 하였다.
그런데 당시 행사장의 경우 입구와 출구의 불명확하여 상당수의 사람이 출구를 찾지 못해 입구로 다시 나오는 경우가 종종 발생하였다(물론 입구에서는 행사진행요원이 출구로 나갈 것을 다시 지시함). 그리고 행사사장 내의 이동경로가 불명확하여 관람객의 동선이 곳곳에서 교차되었다. 이러한 문제는 전시장 내부구조가 복잡하고, 조명상태가 매우 어둡기 때문이며, 이로 인해 관람객이 일괄적인 동선을 유지하며 관람하는 것은 사실상 불가능하였다. 대낮인데도 불구하고 전시된 작품의 특성을 살리기 위해 전시장 내부의 전체조명을 어둡게 설정한 까닭이다. 아울러 관람객의 휴식공간의 절대 부족하였다. 중앙센터에 설치된 약간의 의자들과 화장실 옆에 비치된 음료수자판기가 전부였다. 더욱이 관람객들은 전시장 내에는 음료를 가지고 갈 수 없기 때문에 화장실 옆에서 음료를 마셔야 하는 불편한 상황이 연출되었다.
그리고 행사장에 진입하는 관람인원은 행사장 내부규모와 출입문의 규모를 고려해야 하는데, 그러한 점을 전혀 고려하지 않아 곳곳에 지나치게 많은 불특정 다수인이 밀집함으로써 관람객들의 정체현상이 두드러지게 나타났다. 특히 통로에서의 밀집성은 문제시되었다. 그리고 행사진행요원의 주요 역할은 어린이 및 관람객이 작품에 손을 대지 못하도록 하는 것에 치중하였고, 화재나 비상사태에 대한 안내 및 주의의 공지는 관람기간 내에 전혀 이루어지지 않았다. 그리고 특히 주말에 노약자나 어린이 및 유아를 동반한 가족 관람객의 수가 많은 상황이었다는 점을 지적하지 않을 수 없다. 이상과 같은 문제로 인해 화재 등 비상사태가 발생했을 경우 대단히 치명적인 결과를 가져다줄 우려를 안고 있다.

제3절 안전관리의 주요대상과 기본원칙

1. 안전관리의 주요대상

많은 사람이 모이는 공연 · 행사장에서 발생하는 안전상의 문제는 모든 장소에서 발생할 가능성이 있다. 그러나 그렇다고 해서 공연 · 행사장의 모든 장소가 동일한 비중의 잠재적 위험성을 갖는 것은 아니다. 특정장소와 그에 상응하는 특정 시간대에 그러한 위험성의 발생가능성이 높다는 점을 인식할 필요가 있다. 따라서 안전상의 문제는 일정한 시간과 공간의 역학관계 속에서 발생한다는 점이다.[7]

안전문제의 주요장소 및 시점

안전문제의 주요장소	안전문제의 주요 시점	비고
주 차 장	행사 전과 종료 후	행사진행 중에는 절도 및 반달리즘
티켓창구	행사 전	경우에 따라서는 예매기간 동안
출 입 문	행사 전	행사 직전에 가장 우선적인 고려
시설내부	행사진행 중	-

1) 주차장

행사장의 안전문제와 관련하여 먼저 주차장을 들 수 있다. 주차장에서는 자동차절도, 강간, 강도, 폭행 등이 발생할 수 있다. 특히 야간에 진행되는 행사의 경우 조명장치의 미흡 등으로 인해 주차장에 대한 안전관리가 소홀해질 수 있기 때문에 안전문제에 보다 신경을 써야 할 것이다. 사실, 관람객 및 참가자 등이 행사장에 안전하고 편리하게 주차하는 것 자체만으로도 깊은 인상을 갖게 한다. 따라서 주차장 내의 안전요원들의 적절

7) Shirley, Joe(1987), "Sporting Event Security in the Year 2000," In Security in the Year 2000 and Beyond, by Tyska, Louis A., Fennelly, Lawrence J.(eds.), CA: ETC Publication, pp. 255~256.

한 안내 및 주변경계, 적절한 경비조명의 설치, CCTV를 적재적소에 설치하는 것 등은 매우 중요하다(그리고 중요한 국제행사의 경우에는 헬리콥터 및 망루 등이 적용될 수도 있을 것이다). 또 일부 시설의 경우, 관람객들이 매우 많거나 행사장의 특성상 행사장과 주차장이 상당한 거리를 두고 떨어져 있으며, 그 사이를 운송열차 및 전동차 등이 운용되기도 한다.

앞으로 행사장에 찾아온 관람객들이 주차장에 들어오게 되면 컴퓨터시스템에 의해 자동으로 출입을 통제되고, 적절한 주차장소를 안내하는 역할까지 수행하게 될 것이다. 또 주차장과 같이 넓은 장소를 적절하게 경계·감시하기 위해서는 주차장 천정에 감시카메라를 설치하고 이것이 이동 케이블에 의해 자유롭게 주차장 전역을 움직이면서 감시하는 기능을 수행하게 될 것이다.

2) 티켓창구

행사장의 안전문제와 관련하여 티켓창구 역시 빼놓을 수 없는데, 특히 다수의 관중 및 열렬한 팬들이 행사가 진행되기 몇 시간 전부터 장사진을 이루고 길게 줄을 서서 기다리는 상황에서 주의할 필요가 있다. 티켓창구에서 발생할 수 있는 문제점으로는 소매치기, 대기하는 줄의 배치, 화장실 등 위생·편의시설의 이용가능성, 그리고 돌발적인 상황의 발생 가능성 등을 들 수 있다. 그리고 티켓창구와 줄을 서서 대기하는 관람객 사이에 일정한 완충지대(Buffer Zone)를 두는 것은 군중통제에 상당히 유용한 방법이 된다. 티켓창구 바로 앞에 관람객들이 대기하도록 하기보다는 주변의 구조적 특성에 따라 일정거리를 유지해야 할 필요가 있다. 또 기다리는 줄을 일직선으로 하기보다는 'S'자 형이나 'ㄹ'자 형 등으로 배치하여 군중이 한꺼번에 몰리는 것을 통제하는 것이 바람직하다.

한편, 컴퓨터 전자시스템이 적용되어 관람객들에게 보다 편리성을 제공하는 것도 고려할 필요성이 있다. 티켓창구 앞에 설치된 전자스크린에 의해 좌석배치 확인서비스가 제공되고, 아울러 구입가능한 잔여좌석도 확인할 수 있을 것이다. 티켓창구 역시 안전관리요원이 배치될 필요가 있음은 물론이다. 이들 안전관리요원은 티켓창구에서 발생가능한 위험성을 경계·관찰하고, 아울러 군중들이 질서 있게 티켓을 구입하고 행사장에 진입할 수 있도록 적절하게 통제해야 하기 때문이다. 최근 인터넷예매가 일반화되고 있으며, 이로 인해 인기 있는 행사 및 이벤트의 경우 단시간에 많은 인원이 인터넷사이트에 접속함으로써 서버가 다운되는 등의 문제도 발생하고 있다. 따라서 적절하게 대응할 수 있는 시스템구축 역시 강구되어야 할 것이다.

3) 출입문

행사장 진입시, 군중통제를 적절하게 하고, 특히 갑작스럽게 군중들이 밀치고 들어오거나 나아가는 것을 피하기 위해서는 시설에 충분한 출입문을 설치해야 한다. 따라서 출입문 내외의 안전질서를 적절하게 유지하기 위해서는 티켓확인자의 능률적인 티켓처리, 제복을 착용한 민간경비원의 적절한 통제, 안내 게시판에 의한 출입 시의 주의사항에 대한 명확한 고지, 그리고 출입문의 적절한 작동 등 모든 요인이 고려되어야 한다. 앞으로 출입문 통제는 비상조명, 비상차단장치, 확성장치(Public Address System, 약칭 PA system), 감시카메라, 그리고 자동잠금장치 등이 갖추어진 컴퓨터시스템에 의해 기계적으로 작동될 것이다. 출입문에서 관람객을 통제 · 유도와 관련하여 다음과 같은 방법을 고려할 수 있을 것이다.[8)]

(1) 대열 정렬

출입구에서 행사장에 진입하기 위하여 대기하는 관람객의 줄은 출입구와 같은 너비로 만드는 것을 기본으로 한다. 바꿔 말하면 출입구의 폭보다 줄을 서 진입하는 관람객의 폭이 커서는 절대로 안 된다. 그리고 출입구 앞 공간의 상태에 맞추어 구불구불하게 사행시키거나 구역별로 줄을 세운다. 또한 이러한 사행, 구역별 정렬에서 행사장 입구 가까이에 도로 등이 있을 경우에는 관람객의 맨 끝줄에서 도로로 불거져 나오는 것을 막을 수 있다.

(2) 선두 유도

개장하는 것과 동시에 관중이 앞을 다투어 뛰어나오는 현상(통칭 버펄로 현상)으로 인해 넘어지는 사고를 방지하기 위하여 선두그룹을 억제하며 질서 있게 행사장에 진입하도록 유도하는 것이 중요하다.

(3) 분단 유도

행사장이 포화상태에서 전진이 불가능한 경우에는 대기 인원을 나누어 뒤에서부터 오는 관중의 진입압력을 완화하기 위하여 분단유도(일명 '뗏목 타기') 방법을 사용하도록 한다. 안전요원의 지시와 통제에 의해 다수의 관람객을 몇 집단으로 구분하여 일정한 거리상의 간격을 두고 대기 · 진입하도록 하는 것이다.

---

8) 소방방재청(2006), 앞의 책, pp. 31~32.

4) 시설내부

시설내부 또는 행사장 내부에서도 마찬가지로 고도로 숙련된 안전요원들은 공경비와 협력하여 군중통제 역할을 하게 된다. 그런데, 시설내부에서 발생하는 안전문제는 시설외부에서 발생하는 것보다 훨씬 심각한 수준에 이를 수 있다. 그것은 시설내부가 갖는 특성(밀폐성 · 협소성 등) 때문에 비롯된다. 따라서 시설내부에 대한 안전질서유지는 난폭한 행동을 할 우려가 있는 군중에 대한 감시카메라의 작동, 비상 경비조명의 작동, 비상대피(Emergency Evacuation) 등이 총체적으로 결합된 사전 모의훈련에 의해 체계화된 안전절차에 따라 철저하게 이루어져야 한다.

시설내부에서는 특히 적절한 공공관계(Public Relation)의 형성이 강조된다. 시설내부에 들어온 관람객들과 안전요원 간에는 상호신뢰에 의한 협력관계가 형성되어야 유사시에 질서 있게 대응할 수 있게 된다. 고도의 숙련성을 갖춘 안전요원의 친절 · 공손하고, 어떤 문제발생시 도움을 제공하는 능력은 향후 관람객들이 다시 관련시설을 방문하게 하는 중요한 작용을 할 것이다.

2. 안전관리의 기본원칙

1) 안전관리계획의 수립

공연 · 행사는 아무런 계획 없이 이루어지는 것이 아니라 일정한 단계와 절차를 거치게 된다. 일반적으로 공연 · 행사 계획단계, 공연 · 행사 시작 전 단계, 공연 · 행사 관중입장 시 단계, 공연 · 행사 진행 중 단계, 공연 · 행사 종료 시 단계 등으로 구분된다. 여기에서는 공연 · 행사와 관련하여 첫 단계인 안전관리관련 계획단계를 중심으로 살펴보기로 한다.[9)]

공연 · 행사 준비 및 계획단계에서는 관람객통제, 교통통제, 화재대비, 응급처치, 그리고 행사 중 발생할 수 있는 경미한 사고 및 대형사고, 그리고 돌발상황 등에 대비해 안전계획을 수립해야 한다. 따라서 「공연법」(公演法)에 따라 '공연장 운영자는 화재나 그 밖의 재해를 예방하기 위하여 그 공연장 종업원의 임무 · 배치 등 재해대처계획을 정하여 관할 특별자치도지사 · 시장 · 군수 · 구청장에게 신고하여야 한다. 이 경우 특별자치도지사 · 시장 · 군수 · 구청장은 신고 받은 재해대처계획을 관할 소방서장에게 통보'도록 규정하고 있다(제11조, 재해예방조치).

이러한 재해대처계획의 신고사항에는 아래와 같은 사항이 모두 포함되어야 하며, 재

9) 각 단계에 대한 자세한 논의는 앞의 책, pp. 17~80 참조.

해대처계획의 신고는 공연장 등록 신청과 함께 하여야 하고, 신고한 재해대처계획을 변경하려는 경우에는 그 계획을 적용하기 전에 변경신고를 하도록 규정하고 있다(공연법 시행령 제9조 제1·2항).

재해대처계획(공연법 시행령 제9조 제1항)

공연법 제11조(재해예방조치) 제1항에 따른 재해대처계획에는 다음 각호의 사항이 모두 포함되어야 한다.
① 공연장 시설 등을 관리하는 자의 임무 및 관리 조직에 관한 사항
② 비상시에 하여야 할 조치 및 연락처에 관한 사항
③ 화재예방 및 인명피해 방지조치에 관한 사항
④ 공연법 제11조의2부터 제11조의4까지의 규정에 해당하는 안전관리비, 안전관리조직 및 안전교육에 관한 사항

그리고 공연장 외의 시설이나 장소에서 '1천명 이상'의 관람이 예상되는 공연을 하려는 자는 법 제11조 제2항에 따라 해당 시설이나 장소 운영자와 공동으로 공연 개시 '7일 전'까지 위 표(제1항 각 호)의 사항과 안전관리인력의 확보·배치계획 및 공연계획서가 포함된 재해대처계획을 관할 특별자치도지사·시장·군수 또는 구청장에게 신고하여야 하며, 신고한 사항을 변경하려는 경우에는 해당 공연 '3일 전'까지 변경신고를 하도록 하고 있다(공연법 시행령 제9조 제3항).

한편, 공연·행사장의 안전관리와 관련하여 민간경비원들의 적절한 배치도 요구된다. 이와 관련하여 「경비업법 시행령」에서는 "시·도경찰청장은 행사장 그밖에 많은 사람이 모이는 시설 또는 장소에서 혼잡 등으로 인한 위험의 발생을 방지하기 위하여 경비업법 제2조 제3호의 규정에 의한 경비원에 의한 경비가 필요하다고 인정되는 때에는 행사개최일 전에 당해 행사의 주최자에게 경비원에 의한 경비를 실시하거나 부득이한 사유로 그것을 실시할 수 없는 경우에는 '행사개최 24시간 전'까지 시·도경찰청장에게 그 사실을 통지하여 줄 것을 요청할 수 있다"고 규정하고 있다(제30조).

이상과 같은 법적 근거를 토대로 공연·행사장의 설계시 다음과 같은 사항들이 기본적으로 고려 될 수 있을 것이다.

(1) 최대 수용인원 확인

공연 · 행사장의 최대 수용인원은 관람객 수용면적 및 비상 탈출구의 수에 따라 결정된다. 그리고 공연 · 행사장에 관람좌석이 비치될 경우, 최대 수용인원은 좌석이 차지하는 공간과 비상 대피처로 인해 더욱 적어진다. 그 외에는 수용 인구밀도 수를 이용하여 계산하도록 한다.

(2) 비상탈출구 및 대피로 확인

공연 · 행사장에 필요한 탈출구 및 대피로는 예상 수용인원과 행사장의 구조에 의거하고, 대피에 소요되는 시간에 따라 달라진다. 그리고 행사장 담장에 비상 탈출구 및 탈출방법을 형광으로 표시하고 관람객들이 쉽게 알아볼 수 있도록 한다. 그리고 출구 안팎으로 장애물이 없도록 한다.

- **사례**: 2003년 2월 18일에 대구지하철에서 192명이 사망하고, 148명이 다치는 참사가 발생하였다. 이 사건은 정신지체장애 2급 판정을 받은 방화범이 갑자기 휘발유를 뿌리고 전동차에 불을 붙여서 일어난 것인데, 전동차에 불이 나라 수백여명의 승객들이 서로 먼저 빠져나오려고 아우성을 지르는 등 아비규환으로 변했다. 그런데, 사고 직후 정전으로 지하철 중앙로역 일대가 암흑천지로 변해 승객들이 출입구를 찾느라 우왕좌왕하는 등 큰 혼잡을 빚어 피해는 더욱 컸다. 대구지하철참사는 비록 공연 · 행사장의 안전과 관련된 사례는 아니지만, 사건발생시 정전상황에서 적절한 비상탈출구에 대한 안내표시가 이루어지지 못하였고, 또 승객들이 평소에 대피방법을 잘 숙지하지 못하고 있었다는 점은 시사하는 바가 크다.

(3) 공연 · 행사장 진입로 확인

공연 · 행사장 진입은 교통수단에 대한 계획 및 위치, 주차시설, 진입도로에 관한 계획 등을 다룬다. 행사장 진입로는 주차시설의 위치에 따라 달라지며, 진입로는 최대한 여러 군데로 분산하여 한 곳으로 집중되지 않도록 한다. 아울러 진입로는 최대한 단순하고 찾기 쉽게 하며, 교차지점을 피하여 직선으로 만든다.

(4) 공연 · 행사장 출입구 확인

출입구를 같이 사용하는 공연 · 행사장이 있는가 하면 축구경기장처럼 출구와 입구를 분리하는 경우도 있다. 그리고 출연자와 귀빈을 위한 출입구는 별도로 계획하여야 한다. 출입구와 관련된 설계 및 위치는 필요한 출입구 숫자와 어디에 위치할 것인지, 출입구별 수용 가능한 최대 인원은 몇 명인지에 따라 달라진다. 관람객들이 질서 정연하게 공연 · 행사장 안으로 들어가기 위해서는 최대 수용인원에 맞게 출입구를 충분히 마련해야 한다.

한편, 출입구의 출입문은 진행방향으로 열려야 한다. 진행방향으로 출입문이 열려야 비상사태 시에 피해를 최소화할 수 있기 때문이다. 그리고 출입로의 모든 문은 손잡이로 열리거나 수평압력을 이용하여 스스로 밖으로 열리도록 설계해야 한다. 또 공연 · 행사장의 출입구는 평지로 계획하여 안전사고를 예방하도록 하여야 한다. 출입구가 경사졌을 경우 비상사태 시에 많은 관람객이 경사 아래방향으로 쏠리게 되고 이는 대형 압사사고로 이어질 우려가 있다.

(5) 소방시설 및 응급설비 등의 확인

응급처치실, 대피처, 환자 대기소 등은 사전점검 후 눈에 띄는 지점에 설치하도록 한다. 소방시설은 공연 · 행사장 곳곳에 비치하여 특히, 시설물별 50m 이내에 비치하도록 하는 것이 바람직하다. 또 비상진입로를 마련하고 장애물이 가로막지 않도록 하여야 한다.

- **사례**: 2007년 12월 25일 프로복서 최○○은 경기 후 제대로 된 응급조치와 치료를 받지 못해 사망한 것으로 인식되고 있다. 사고발생 당시, 구급차가 복싱경기가 열린 체육센터 앞 주차장에서 20분 가까이 지체한 것은 최 선수의 생명에 치명적이었다. 구급차가 불법주차 차량 5~6대를 피하느라 애를 먹었기 때문이다. 또 불법으로 이중 주차한 차량 가운데는 사이드 브레이크를 채운 것도 있었다니 주차상식마저 지키지 못한 것이라 할 수 있다. 도로교통법상 응급상황에서 불법주차로 인한 피해가 발생하였다면 형사처벌도 가능하다. 이들 차량에 대해 처벌을 고려하지 않는 경찰만 나무랄 일은 아니다. 그러나 근본적인 문제는 행사 주최측이나 구급차 운전자가 구급차 주변을 미리 정리해 두었어야 했다는 점이다. 아울러 시민의 기초질서 준수의식을 다시 한번 성찰하게 하는 계기가 되어야 할 것이다.

(6) 시설물의 안전성 확인

공연 · 행사장의 기초시설이라 할 수 있는 시설 내의 기둥, 보 등 구조물의 손상 및 균열여부, 지반침하 등에 따른 구조물의 위험여부, 철골 등 철골구조물의 위험성 여부, 행사장 내 석축 · 옹벽 등의 붕괴위험 여부, 축대 · 울타리 등 부대시설의 안전성 여부에 대하여 철저하게 검토하여야 한다. 이 밖에도 관람객 좌석배열이나 각 지점의 경사도 등을 철저하게 확인하는 것이 요구된다. 문제발생의 여지가 있다고 판단하는 경우에는 사전에 전문기관에 의뢰하여 결과에 따라 행사를 추진해야 할 것이다.

2) 안전관리요원의 배치 및 역할

공연·행사장에는 일정한 안전관리요원을 배치해야 한다. 이들은 행사장 내의 일정한 안전관리업무를 수행하고, 필요시 경찰이나 구조대를 지원하는 임무도 맡는다. 안전관리요원은 경비업법의 허가를 받은 경비업자가 채용한 민간경비원으로서, 채용 후 일정한 교육과 비상대피훈련을 받고 배치하여 안전사고에 대비하여야 한다. 그리고 공연·행사의 규모 및 지역적 특성, 관람객의 규모, 위험성 정도에 따라 안전관리에 필요한 안전진행요원의 숫자를 파악해야 한다.

대부분의 다용도 시설은 평상시에 자체적으로 소규모 경비부서를 운영하고 있는데, 큰 행사를 치를 경우 주최자 측에 대해서 추가적인 경비인력을 증원·배치하여 운용하도록 하는 것이 일반적이다. 특히, 개최되는 특별행사의 예상되는 관람객 수에 따라서 경비인력의 규모는 다르게 된다. 개최되는 행사에 따라 관람객이 수천 명에서 수만 명에 이르는 등 차이가 있기 때문에 그에 상응하는 경비시스템이 운용될 필요성이 있는 것이다.[10] 예컨대, 평상시의 국내 축구경기에서는 관람객 수가 수천 명에서 1~2만 명 정도에 불과하지만 지난 2007년 7월 20일 상암경기장에서 FC서울과 맨체스터 유나이티드와의 축구 친선경기에서 무려 6만 3천여 명의 관람객이 경기장을 방문한 것으로 나타났는데, 이러한 경우 경기장 내의 안전관리문제는 보다 체계적으로 수립되어야 하는 것은 당연한 일이다.

따라서 경비책임자 또는 경비관리자는 사전에 관람객의 수를 파악하기 위하여 공연 및 행사 관람티켓의 예매 현황을 수시로 체크하고, 공연 및 행사의 특징에 따라 그에 맞는 안전관리시스템을 운용해야 할 것이다. 공연 및 행사의 특징과 관련하여 그것이 정치적 행사인지, 스포츠 행사인지, 공연 행사인지, 아니면 종교적 행사인지 등에 따라 참가하는 관람객의 성향(성, 연령, 세대, 신념 등)은 차이가 있기 마련이다.

안전관리요원의 배치에서 무엇보다도 중요한 것은 바로 행사장 내의 안전관리요원의 위치이다. 이는 위에서 제시한 안전관리의 주요대상(주차장, 출입구, 티켓창구, 시설내부 등)을 중심으로 안전관리요원을 배치해야 한다는 것을 의미한다. 관중들이 주로 이용하는 주출입구, 현장테두리, 통제선, 통로, 사고의 위험성이 있는 곳, 노점상 단속 등

10) Hess, Kären M. and Wrobleski, Henry M.(1996), op. cit., p. 546.

을 총괄적으로 책임지는 관리자가 판단하여 중요도 순으로 안전관리요원의 인원을 배치하여야 한다. 이러한 안전관리요원은 쉽게 확인할 수 있는 별도의 제복을 착용하고, 일정한 안전관리 관련사항을 숙지하고 있어야 한다.[11]

안전관리요원의 숙지사항

① 공연 · 행사장의 안전과 관련하여 사전에 점검활동을 실시한다.
② 현장도면을 잘 숙지하여 관람객에게 필요한 정보를 잘 전달할 수 있도록 한다.
③ 관련정보에는 범죄, 화재, 응급처치 등이 포함되며, 아울러 공연 · 행사장 내의 위생시설, 편의시설, 기타 부대시설의 안내 등도 해당이 된다.
④ 공연 · 행사장 입장 및 퇴장시 관중 통제 및 자리안내를 한다.
⑤ 공연 · 행사장 내에서 이동하는 관람객의 원활한 흐름을 유지관리하도록 한다.
⑥ 관람객의 안전한 분산 배치 및 몰림현상을 방지하기 위해 관람객의 유동상태를 점검한다.
⑦ 통로 및 출입구를 통제하여 공연 · 행사의 안전한 진행을 유도하며, 관람객이 좌석위로 올라가는 등 돌발행동을 금지 및 제지해야 한다.
⑧ 공연 · 행사 시 일정한 사고 및 문제가 발생한 경우에는 즉시 보고하도록 한다.
⑨ 쉽게 흥분하는 관람객을 자제시킨다.
⑩ 화재 초기단계와 같은 긴급상황 발생시 대처요령을 잘 숙지하고, 경보음을 울리거나 응급대처행위를 수행한다.
⑪ 비상사태 발생시 관중대피에 대해 코드화된 메시지나 관련 대응업무를 적절하게 수행할 수 있도록 한다.
⑫ 비상사태 발생시 통제실이나 지휘 · 감독자와 긴밀한 연락을 취한다.
⑬ 공연 · 행사장의 노점상 단속 등을 실시한다.

3) 군중관리의 기본원칙

대규모 군중이 운집한 상황에서는 때때로 무모하고 잔인한 반사회적인 행동이 일어나는 경향이 있는가 하면, 조금만 질서를 지키면 모두가 안전하게 대피할 수 있음에도 불구하고 밀고 밀리는 혼잡의 와중에 대형사고가 발생하기도 한다. 이와 같은 사람들이 큰 무리를 형성할 때 비합리적이고 비도덕적이며, 극단적인 행동을 함으로써 결과적으로 인명 및 재산의 손실을 초래하게 된다.

따라서 공연 · 행사장의 안정성확보의 성패는 '군중통제'(Crowd Control)보다는 효율적인 '군중관리'(Crowd Management)에 그 초점이 있다. 군중관리에 있어서 공연 · 행사를 진행하는 안전관리요원과 공연 · 행사에 참가하는 군중은 서로 다른 철학과 생각을 가지고 있다는 것을 명심해야 한다.

11) 소방방재청(2006), 앞의 책, p. 55.

군중관리의 기본원칙

밀도의 희박화	제한된 면적의 특정한 지역에 많은 사람이 모이게 되면 상호간에 충돌현상이 나타나고 혼잡을 야기하게 되므로 가급적 많은 사람이 특정 장소에 밀집되는 것을 막아야 한다.
이동의 일정화	군중은 현재의 자기 위치와 갈 곳을 잘 몰라 불안감과 초조감을 갖게 되므로 일정 방향을 향해 일정한 속도로 이동시켜 주위의 상황을 파악할 수 있는 여건을 조성시킴으로써 안정감을 갖도록 해야 한다.
경쟁적 상황의 해소	군중이 질서를 지키면 손해를 볼 수 있다는 분위기를 느끼게 되면 남보다 먼저 가려고 하는 심리상태로 인하여 혼란한 상태가 발생하므로 안내방송을 통해 질서를 지킴으로써 모두가 안전할 수 있다는 것을 납득시켜야 한다(차분한 목소리로 안내방송을 하는 것도 한 방법이다).
지시의 철저	자세한 안내방송으로 지시를 철저히 하여 혼잡한 사태와 사고를 예방하도록 한다.

군중통제는 안전관리요원들이 수행해야 할 많은 사항 중 한 가지에 불과하고, 안전관리요원은 군중에게 지시사항을 알려주고, 시설물을 안내하며, 위험지역이나 허가가 나지 않은 지역으로 군중이 들어가지 않도록 하는 일들을 수행한다. 군중관리와 군중통제의 가장 기본적인 차이점은 군중통제가 군중에게 강압적인 방법을 사용하는 것이라면, 군중관리는 개개인이 아닌 대중에게 초점을 맞추고 있다는 것이다.

효율적인 군중관리는 군중이 공연 및 행사를 즐기도록 하는 것이고 그들에게 지원·설득·제재를 적절히 잘 활용하는 것이다. 지원은 규율이나 지시사항에 대한 정보를 군중에게 제공하는 것을 말하는데, 이러한 지원을 통하여 군중들이 자발적으로 협조할 수 있는 토대를 마련해야 한다. 또한 설득을 통하여 상호 개인 간의 의사소통 스타일을 존중하면서 공연 및 행사에 참여하는 군중에게 바라는 바를 전달하고 이러한 지원과 설득에 의하여 효율적인 군중관리가 이루어지지 않을 경우 최종적인 수단인 제재를 사용해야 한다.[12)]

4) 관람객의 행동요령

공연·행사장을 찾은 관람객 역시 안전사고 및 관람예절과 관련하여 일정한 기본지식을 갖추어야 한다. 안전관리요원의 적절한 관리 및 통제만으로는 안전관리를 하는 데에는 한계가 있기 마련이다. 따라서 공연·행사장에 찾아온 관람객은 다음과 같은 행동요령에 따라 관람하는 것이 사고를 사전에 예방하고, 효과적인 사후대응을 유도할 수 있다.[13)]

12) 위의 책, pp. 10~11.
13) 위의 책, p. 14.

관람객의 행동요령

① 공연 · 행사장 입장 및 퇴장시 뛰거나 앞사람을 밀면 안전사고의 원인이 되므로 걸어서 입장 및 퇴장하여야 한다.
② 관람객은 입장 및 퇴장시 안전관리요원의 안내를 받아 줄을 서서 이동통로와 정해진 출입문을 이용하여야 한다.
③ 관람객은 공연 및 행사시간을 사전에 확인하고 입장 및 퇴장하는 등 공연시간을 잘 준수해야 한다.
④ 공연 · 행사 주최자와 시설물 운영자는 관람객들에게 행사 시작 전에 위급상황 발생시 대처방법을 충분히 설명하여야 하며, 관람객은 이를 숙지하여 위급상황 발생시 협조하여야 한다.
⑤ 공연 · 행사장 등 공공장소에서는 흡연해서는 안 된다.
⑥ 공연 · 행사장 내에서 관람객이 소리를 지른다거나 장난을 쳐서는 안 되며, 특히 어린아이와 함께 행사장을 관람하는 경우에는 더 주의가 요구된다.
⑦ 공연 · 행사시간에는 핸드폰이 울리지 않도록 진동으로 하거나 꺼야 한다.
⑧ 공연 · 행사장 내에서는 행사 주최자의 안내에 따라 행동하여 행사가 잘 진행될 수 있도록 협조하여야 한다.
⑨ 공연 · 행사시간에는 옆에 있는 관람객이 관람하는데, 지장을 주는 행동을 해서는 안 된다.
⑩ 공연 · 행사장에서는 폭죽, 폭음탄 등 위험물을 사용하는 경우에는 화재의 위험성이 있으므로 사용하지 말아야 한다.
⑪ 공연 · 행사장에 관람객이 가지고 온 물건 등은 버리지 말고 가져가야 한다.

제4절 유관기관과의 상호협력 및 관계 재정립

1. 유관기관과의 상호협력체계의 구축

행사장 내에서 안전문제를 담당하는 안전관리요원들은 공경비인 경찰 등과 밀접한 상호작용을 해야 한다. 또 경찰뿐만 아니라 지방자치단체, 소방기관 등 유관기관과의 밀접한 상호작용 속에서 행사가 진행되는 것이 일반적이다. 따라서 행사 주최자는 계획단계에서 지방자치단체, 경찰, 소방 등 유관기관과 사전 합동회의를 개최하여 협의하여 사전에 안전대책을 모색하는 것이 매우 중요하다. 이들 유관기관의 주요 협의사항으로는 다음과 같은 것을 들 수 있다.[14]

14) 위의 책, p. 36.

유관기관 주요 협의사항

① 행사장에 참여하는 예상 군중규모 예측
② 행사진행 안전관리요원의 적정인원 파악
③ 안전관리요원의 배치장소 및 행동요령 숙지
④ 안전관리요원에 대한 사전 안전교육의 실시
⑤ 예상 위험요소에 대한 해결방안의 모색
⑥ 유사시 각 기관별 역할분담 논의
⑦ 사고발생 가능성 및 발생시에 대한 사전 협의사항 수립
⑧ 최악의 상황을 고려한 모의훈련의 실시 등

공연 · 행사장의 안전관리 또는 혼잡경비와 관련하여 민간경비와 유관기관과의 관계는 특히 경찰과 관련된다. 그러나 이러한 공연 · 행사장의 안전관리를 위해 투입된 경찰과 민간경비가 유기적으로 상호협력체계가 잘 이루어지지 않는다는 점이 지적된다.

민간경비의 관점에서 볼 때, 일반적으로 공연 · 행사 기획단계에서부터 민간경비의 적극적인 참여가 이루어지지 않고 있으며, 정보교환 및 효율적인 역할분담 · 배치가 이루어지지 않고 있다. 선진국에서는 민간경비와 경찰이 적절히 조화되어 사회안전망을 공동으로 구축하고 있으며, 민간경비에 대한 경찰과 시민들의 신뢰를 바탕으로 대규모행사를 진행하고 있다. 따라서 우리나라에서도 민간경비의 역할이 상호 존중되어 다양한 협력방안을 모색할 필요가 있다고 본다.

2. 경찰과의 관계 재정립

공연 · 행사장의 안전관리와 관련하여 공경비인 경찰과 민간경비의 관계는 나라마다 차이가 있다. 미국의 경우, 일부 지역에서는 군중이 모이는 장소에는 경찰이 의무적으로 참관할 것을 요구하기도 하고, 또 일부지역에서는 비번중인 경찰공무원들이 민간경비와 협력하여 안전문제를 담당하도록 하고 있다. 종래 우리나라의 경우 시민참여 대규모행사시 발생할 수 있는 다양한 긴급상황에 대비하여 공경비인 경비경찰이 주축이 되어 안전관리활동을 수행해 왔다. 그러나 오늘날 수익성 행사의 안전관리의 경우 민간경비에 위탁하여 실시하는 경우가 일반적이고, 국제적 규모의 행사 또는 귀빈(VIP)이 참석하는 각종 공식행사의 경우 경찰인력의 추가적인 지원이 이루어지고 있다.

그러나 우리나라의 경우, 여전히 경찰의 역할이 중요한 비중을 차지하고 있는 것이 사실이다. 영국 · 미국 · 일본 등의 각국에서는 민간경비제도가 상당히 정착되어 영리를 목적으로 하는 공연 등 행사에 대해서는 수익자부담의 원칙에 입각하여 관련시설 및 행사주최자 측에서 자체적으로 민간경비원을 고용하여 활용하고 있으나 우리나라의 경우에

는 공경비인 경찰이 직접 그 임무를 수행하는 경우가 상대적으로 많은 것이 사실이다.[15]

이는 비록 수익자부담원칙에 의해 주최 측에서 공연 · 행사장의 안전관리에 책임이 있다 할지라도 경찰은 법적으로 혼잡경비에 대한 안전관리 책임을 지기 때문에 공연 · 행사장의 안전관리에 대해 일정한 역할을 하도록 요구되고 있기 때문이다. 그러나 공경비인 경찰이 일일이 이러한 행사에 적극적으로 관여하여 안전관리책임을 지는 데에는 한계가 있다. 2002년 기준으로 서울지역에서 방송 및 언론사가 주최가 된 대형 마라톤대회를 포함해서 시민단체가 주축이 된 가족걷기대회, 단축마라톤 행사 등 한 해 동안 개최되는 마라톤대회가 약 20여개에 달하는 것으로 나타났다. 이처럼 많은 행사에 경찰이 직접적으로 관여하는 것은 한계가 있기 마련이다.

어쨌든 공연 · 행사장의 안전관리와 관련하여 상호협력체계를 구축하는 것은 중요한 일이며, 그러한 과정에서 향후 상호 적절한 역할관계를 설정(경찰의 필요최소한의 개입, 양적인 개입보다는 질적인 개입의 요구 등)하는 것 역시 중요한 일이라고 본다.

따라서 대규모 공연 · 행사에 대한 안전관리에 있어서 민영화(Privatization)는 단기적으로 경찰과 같은 국가공권력의 경비업무 부담을 감소시키고, 장기적으로는 민간경비산업을 발전하게 하는데 있어서 필요한 과제라고 할 수 있다. 시민참여 대규모 공연 · 행사가 민간경비업체에 위탁관리 되어 안전서비스를 제공하게 될 경우, 민간경비업체는 행사주최 측과 긴밀한 사전 협의 및 협조를 통하여 질서유지 및 긴급상황 발생 시 대처할 수 있는 구급팀, 예비대, 비상팀을 효율적으로 운용할 수 있을 것이다. 아울러 상황에 따라 소방대 및 경찰지원을 요청하는 등 탄력성 있는 안전관리 활동이 가능할 것이다.

한편, 거리행사의 경우, 이동 간에 이루어지는 행사로서, 시민들의 질서유지의 어려움 및 차량통제의 어려움이 배가되는 상황이기 때문에 사전 행사기획 단계에서부터 이동경로의 선택 및 참가예상인원의 파악 등이 민간경비업체를 통하여 관리되도록 하는 것도 가능할 것이다. 이와 함께 행사가 개시되면 행사종료 시까지 행사주최 안전요원, 안내요원, 경비요원 등의 유기적인 상호협조체제가 이루어질 수 있도록 행사 전, 그리고 행사 후까지 안전사고대책계획의 준수여부가 안전관리요원에게 각별히 요구된다.

실제로, 2002년 한 · 일 월드컵대회를 공동으로 주최한 일본의 민간경비업계는 그동안 지속적으로 발전해왔던 민간경비산업을 바탕으로 일본경찰과 함께 경기장 시설관리를 비롯한 각종 안전관리활동을 주도적으로 수행하여 성공적으로 대회운영을 진행했다는 평가를 받고 있다.[16]

15) 경찰대학(1998), 앞의 책, p. 106.
16) 이윤근 · 김창윤 · 조용철(2007), 민간경비론, 서울: 엑스퍼트, pp. 293~295.

- **사례**: 일본에서 개최된 월드컵경기의 경우 일본축구협회가 주축이 된 '일본 월드컵 조직위원회'(JAWOC)에서 안전관리에 관련된 제반사항을 별도의 민간경비업체에 위탁하여 실질적으로 월드컵경기대회의 안전관리에서 민간경비가 중요한 역할을 담당하였다.17)

  특히, 일본 월드컵 조직위원회에서는 경기장 지역의 안전관리와 관련하여 민간경비원과 정리원, 그리고 자원봉사자로 구분하여 행사지역의 경비 등 안전관리에 만전을 꾀하였다. 여기에서 민간경비원은 해당지역의 경비상 중요한 장소를 중심으로 고정 배치시켜 ㉠ 경기장 및 시설물의 출입관리, ㉡ 수하물 및 반입물품 검사, ㉢ 차량검문 및 차량유도, ㉣ 기타 안전과 관련된 제반 경비활동을 책임지게 하였고, 정리원은 경비원을 보조하면서 입장객들의 행렬정리 및 좌석배치 유도, 안전관리 홍보 등의 활동을 수행하였다.

한 · 일 월드컵 대회의 일본지역 경기장 민간경비 활동 현황(단위: 명)

경 기 장	경비원수	정리원수	소 계	자원봉사자	합 계
삿 포 로	870	251	1,121	696	1,817
미 야 기	851	175	1,026	474	1,500
이바라기	902	156	1,058	531	1,589
사이마타	1,031	191	1,222	834	2,056
요코하마	1,397	264	1,661	829	2,490
니 가 타	869	78	947	606	1,553
시즈오카	829	270	1,099	650	1,749
오 사 카	926	225	1,151	586	1,637
고 베	925	174	1,099	449	1,548
오 이 타	883	118	1,001	504	1,505

이러한 전반적인 안전관리활동을 경찰로부터 지도감독을 받으면서 기타 필요한 지원상황을 협의하였으며, 전반적인 인력의 운용 및 관리는 일본 월드컵조직위원회가 책임을 맡았다. 따라서 이러한 시민참여 대규모 행사시 안전관리활동은 일본 월드컵조직위원회와 계약을 맺은 일본의 민간경비업체들이 참여하여 활동하게 된 것이다. 이미 일본은 월드컵 이전부터 대규모 행사시의 안전관리는 민간경비회사에서 지원받아 민간경비원들에 의해 이루어져 왔다는 점에서 우리나라와 같이 전투경찰이나 의무경찰의 지원을 받아 대규모행사의 안전관리활동을 수행하는 것과는 구별된다고 할 수 있다.

17) 일본전국경비업협회(2002.10), Security Times, vol. 274, p. 12.

색 인

색 인

가

사

아

자

차

카

타

파

하

1

2

3

9

C

F

저자약력

최선우(崔善羽)

[학력 및 주요경력]
동국대학교 경찰행정학과 졸업
동국대학교 경찰행정학과 대학원 졸업(법학박사, 경찰학전공)
치안연구소 연구원(외래)
행정고시, 7급 행정직 시험출제위원
경찰공무원 간부후보생 · 순경 시험출제위원
경비지도사 · 청원경찰 시험출제 · 선정위원
동국대, 경찰대, 광운대, 원광대, 관동대, 인천대, 순천향대, 대불대 등 외래교수
현재 광주대학교 경찰행정학과 교수
한국공안행정학회, 한국경찰학회, 한국경호경비학회, 한국치안행정학회
한국민간경비학회, 한국범죄심리학회, 한국해양경찰학회 이사

[주요저서 및 논문]
저서: 경호학(2024, 제3판)
경찰학개론(2022)
경찰학총론(2021)
경찰학각론(2021)
환경설계와 범죄예방: 지속가능한 도시발전과 CPTED(2020)경찰면접(2020, 공저)
커뮤니티 경찰활동(2017)
경찰교통론(2008, 공저)
치안서비스 공동생산론(2002)
지역사회 경찰활동: 각국의 이슈 및 현황(2001, 역서) 외 다수

논문: 헌법정신과 인권에 관한 연구(2023)
색채가 인간심리에 미치는 특성 연구(2021)
인간의 본성에 대한 연구(2019)
경찰공무원의 독직폭행에 관한 연구(2017)
권력모델에 의한 형사사법 연구: 검사의 지위와 역할을 중심으로(2017)
방어공간의 영역성 연구(2017)
권력모델에 의한 형사사법 연구(2017)
영국경찰의 정당성확보와 저하에 관한 역사적 연구(2016)
수사구조의 근대성과 미군정기의 수사구조 형성과정 연구(2015)
영국 근대경찰의 형성에 관한 연구(2015)
개화기 근대 해양경찰의 등장과 역사적 함의(2015)
국가중요시설의 위험요소 평가 및 대응전략(2015)
영국 민간경비산업의 제도적 정비와 민간조사에 관한 연구(2014) 외 다수